“十一五”国家重点图书出版规划项目

总 主 编　路甬祥
执行总主编　牛文元

中国可持续发展总纲

The Overview of China's Sustainable Development

第19卷

中国反贫困与可持续发展

主　编　李　周

科学出版社
北京

内容简介

本书是《中国可持续发展总纲》第19卷。

1980年以来，中国已经使4亿多人口脱离了贫困线，脱贫人数占发展中国家脱贫人数的75%，取得了举世瞩目的成就。中国反贫困最为重要的经验是：政府主导、努力创新、国际经验本土化和争取社会支持。中国通过贫困人口就业能力的培育，政府扶贫力度的增强，社会慈善机制的完善，促进人力资本对自然资源的替代，促进不确定性小的产业结构对不确定性大的产业结构的替代，促进依赖资源少与环境影响小的产业结构对依赖资源多与环境影响大的产业结构的替代，实现公平与效率的统一，实现体制变革与社会和谐的统一，实现减缓贫困与可持续发展的统一。

本书可为各级决策者、规划者、管理者，以及从事可持续发展理论研究与实践的各类国际组织、有关科研院所、企业的研究者和高等院校师生提供参考。同时作为《中国可持续发展总纲》大型文献集成之一，将成为国内外图书典藏的理想选择。

审图号：GS(2007)122号

图书在版编目(CIP)数据

中国反贫困与可持续发展/李周主编. —北京：科学出版社，2007
(中国可持续发展总纲；19/路甬祥总主编，牛文元执行总主编)
ISBN 978-7-03-017983-8

Ⅰ. 中… Ⅱ. 李… Ⅲ. 不发达地区-经济发展-可持续发展-人口-研究-中国 Ⅳ. F129.9

中国版本图书馆CIP数据核字（2006）第104042号

责任编辑：李　敏　李晓华　盖　宇/责任校对：李奕萱
责任印制：钱玉芬/整体设计：黄华斌

科学出版社 出版
北京东黄城根北街16号
邮政编码:100717
http://www.sciencep.com
中国科学院印刷厂 印刷
科学出版社发行　各地新华书店经销
*
2007年2月第　一　版　开本：A4(880×1230)
2007年2月第一次印刷　印张：25
印数：1—4 000　字数：624 000

定价：90.00元

《中国可持续发展总纲》编委会

总　序

人类历史的进化规律表明，生产力的发展是社会进步的最终决定力量。只有坚持以经济建设为中心，不断解放和革新生产力，才能为人的全面发展提供坚实的物质基础。在这样一个特定的物质基础上，必然又将紧密地联系政治文明和精神文明的形态和内容。与此同时，政治文明和精神文明也会反过来促进生产力的积极进步。

中国在未来50年的时间内，将会基本实现现代化的宏伟目标，即达到经济更加稳健、社会更加公平、民主更加健全、文化更加繁荣、生态更加良好、精神更加富足，全民的生活质量得到很大提高，这就必然要求用科学发展观统领全局，实现全面、协调、可持续发展，坚持以人为本，促进人的自身完善，努力走出一条生产发展、生活富裕、生态良好的文明发展道路。这条道路充分体现了中国国家战略对“发展理论”的创新，对“发展思路”的深化，对“发展实践”的提升。

依照大部分学者的归纳，在21世纪，中国的发展将不可避免地面对以下六项基本压力的挑战：庞大的人口数量所带来的压力；能源和自然资源超常规利用所带来的压力；加速整体生态环境质量的保持和提高所带来的压力；全面实现城市化战略目标所带来的压力；缩小区域间收入差距并逐步实现社会公平所带来的压力；不断提升国家可持续发展的能力建设水平所带来的压力。上述六项严重制约中国未来发展的压力，只有在国家“全面、协调、可持续发展”的战略思想指导下，才能得到真正有效的化解和克服。

中国学者指出：可持续发展的理论核心，紧密地围绕着两条基础主线：其一，努力把握“人与自然”之间关系的平衡，寻求“人与自然”的协同进化及“人与自然”关系的合理调适；同时，必须把人的生存与发展同资源的消耗、环境的退化、生态的胁迫等联系在一起，这一主线的实质体现了“人与自然”之间关系的协调与可持续发展。其二，努力实现“人与人”之间关系的和谐。这既要通过舆论引导、伦理规范、道德感召等人类理性的觉醒，更要通过法制约束、社会有序、政策导向等人类活动的有效组织，逐步达到“人与人”之间关系（包括代际关系）的协调、和谐与公正。归纳起来，全球所面临的“可持续发展”这一宏大命题，从根本上体现了“人与自然”之间和“人与人”之间关系的深层认知。正确认识“人与自然”的关系，是保障可持续发展的基础；正确处理“人与人”之间的关系，则是实现可持续发展的社会核心。

"发展"这一术语，随着生产力的不断进步，其内涵已进入到一个更为深刻、也更为丰富的新层次。《大英百科全书》对于"发展"一词的释义是："虽然该术语有时被当成经济增长的同义语，但是一般说来，发展被用来叙述一个国家的经济变化，包括数量上与质量上的改善。"可以看出，所谓"发展"，其内涵更加强调动态上的量与质的双重变化。

到了1987年，在布伦特莱委员会的报告《我们共同的未来》中，又对"发展"作了如下的描述："满足人的需求和进一步的愿望，应当是发展的主要目标，它包含着经济和社会的有效变革。"在这里，"发展"已从单一的经济领域，扩大到以人的理性需求为中心以及联系到社会领域中那些具有进步意义的变革。

1990年，世界银行资深研究人员戴尔和库伯在他们合著的一部书中进一步建议："发展应指在与环境的动态平衡中，经济体系的质的变化。"这里，经济系统与环境系统之间保持某种动态均衡，被认为是衡量国家或区域发展的最高原则。

在一种更为普遍的意义上，中国的一些科学家进一步提出了"发展"的定义："'发展'是在一个'自然－社会－经济'复杂系统中对行为轨迹的正向识别。'发展'将导致上述复杂系统朝向更加合理、更为协调的方向进化。"在此强调了"发展"的不可逆性、进步性、正向性及关联到"自然－社会－经济"系统的复杂性。

在西纳索为法国著名学者佩鲁的《新发展观》所写的序言中，引入了孔德在19世纪所总结的名言："就其实质而言，'发展'这一术语对确定人类究竟如何实现真正的完美，有着难以估量的优势……"这里，孔德显然把发展与文明有机地联系在一起了。

许多学者有着共同的感触，他们对发展问题的关注预示着传统经济学及其所应用的分析方法，将发生某种深刻的变革。其中必须强调指出，只要一谈到"发展"，就是一个以人的全面发展为主线的社会整体进化，它远远超过了"满足人类生存"这一简单的初步诉求。由此出发，其合理的顺延就逐渐导致了"可持续发展"产生的源头。联合国教科文组织在20世纪90年代就认为："'发展'越来越被看作是社会灵魂的一种觉醒。"而可持续发展思想的形成，正是对上述"发展"概念的采撷、萃取、深化和拓广。

追求可持续发展是人类整体进化在特定时段的本源冲动，它与不断满足人的理性需求、不断提高人的素质、不断培育人的能力、不断实现人的理想，在本质上是一个事物在不同侧面的不同体现。由此出发，在人类整体进化的长河中，物质文明与精神文明的创造与积淀，国家富强与人民福祉的提高与巩固，先进文化与思想价值的发扬与延续，政治制度与人文规则的演进与创新，往往被看作是可持续发展的内涵本质与外在特征的综合反映。

人类在漫长的农业文明时代，由于各个国家、各个民族、各个区域在生产力水平上的差异程度相对而言不是很大，表现在生产对象、生产方式、生产能力基本上互相接近；人均的物质投入与能量投入在数量上与规模上基本处于相近等级；生产产品的多样性与社会分工的程度均不太发达；对生态环境的干扰程度与对资源的攫取程度在本质上都未超出自然的承载能力。因此，这个时代对于发展的提法和要求，其认识深度与迫切程度尚不十分明显。

进入18世纪，人类开始迎接工业文明时代，尤其到了20世纪80～90年代末，信息时代与知识经济时代初现端倪。各个国家、各个民族、各个区域在生产力水平上的差异程度，已经产生了质的变化并形成了巨大鸿沟，表现在发展阶段上的巨大落差，加上人在需求上被满足的欲望所形成的巨大惯性，显著地拉大了国家与国家之间、民族与民族之间、区域与区域之间的差距，由此在全球尺度上要求实现可持续发展的政治背景、经济背景、社会背景、文化背景，乃至心理背景尽管仍存在着较大差异，但由于经济的互补、文化的融合、信息的交流和“只有一个地球”的共识，在可持续发展观念上所产生的共鸣和在可持续发展行动上所产生的共振，却呈现出了不可遏止的加速趋势。这也就是为什么越是到了现代，可持续发展越是受到各国重视的原因。

到了21世纪，经济全球化、世界网络化、社会知识化和普遍追求可持续发展的趋势，已经成为全世界共同体验的四大基本现实。它们既主导着资源、生态、环境的演化方向，同时也主导着经济、社会和人文基础的创新变革。无论是对生态、环境退化的忧虑，还是对人文基础创新的憧憬，都在可持续发展战略的实施过程中得到了充分的解脱和体现。

由上述观念引发对国家发展战略的整体构想，既应从经济增长、社会进步和生态安全的功利性目标出发，也应从哲学观念更新和人类文明进步的理性化目标出发，几乎应从全方位总结“自然－经济－社会”复杂巨系统的运行规则和深层次认识“人口、资源、环境、发展”四位一体的辩证关系，并将此类“规则”与“关系”在不同时段和不同区域的差异表达，融入到时代演化的趋势之中。以可持续发展为基础的国家发展战略，具有坚实的理论基础和丰富的哲学内涵。面对实现可持续发展战略目标所规定的内容，不同的国家或区域都要根据自己的国情和具体条件，设计实现战略目标的方案和行动，从而形成一个完善的战略体系，在理论上和实证上努力寻求国家战略实施过程中的“满意解”。

可持续发展的系统学本质，具有三个明显的特征：其一，它必须能衡量一个国家或区域的“发展度”（通常亦称之为“数量维”）。发展度强调生产力提高和社会进步的动力特征，即判别一个国家或区域是否在真正地发展、是否在健康地发展、是否在理性地发展，以及是否在保证生活质量和生存空间改善的前提下不断地发展。其二，它是衡量一个国家或区域的“协调度”（通常亦称之为“质量维”）。协调度强调效率转化和要素整合的能力，即强调合理地优化财富的来源、财富的积聚、财富的分配及财富在满足全人类需求中的行为规范，也即能否维持环境与发展之间的平衡、能否维持效率与公平之间的平衡、能否维持市场动力与政府调控之间的平衡。其三，它是衡量一个国家或区域的“持续度”（通常亦称之为“时间维”），即判断一个国家或区域在发展进程中的持续合理性，以及能否维持代与代之间在利益分配上的平衡。持续度更加注重从可持续意义上去把握发展度和协调度。总括而言，识别可持续发展系统所提炼的三大特征，即数量维（发展度）、质量维（协调度）、时间维（持续度），并力图实现“三维交集”的最大化，表达了科学度量可持续发展的完满追求。

进一步引申可持续发展的内涵，可以概括为三个有机统一的基本共识与宏观认知：

其一，发展的“动力”表征。一个国家或区域的“发展能力”、“发展潜力”、“创新能力”、“管理能力”及其可持续性，构成了推进国家或区域发展的“动力”表征。其中包括对于国家或区域的自然资本、生产资本、人力资本和社会资本的总体协调水平与优化配置能力。

其二，发展的“质量”表征。一个国家或区域的“自然进化”、“生态平衡”、“文明程度”和“生活质量”及其对理性供需曲线（包括物质的和精神的供需）的接近程度，构成了衡量国家或区域发展的“质量”表征。其中包括对物质支配水平、环境支持水平、精神愉悦水平和文明建设水平的综合度量。

其三，发展的“公平”表征。一个国家或区域的“共同富裕”程度及其惠及全体社会成员的水平，对贫富差异和城乡差异的克服程度及提供机会平等的能力，构成了国家或区域判断发展“公平”的表征。其中体现了共建共享的人际公平、资源分配的代际公平和平等参与的区际公平的总和。

只有上述三大宏观认知同时包容在可持续发展的不同进程之中，任何区域的“发展状态”才具有统一可比的基础，各个区域对可持续发展的追求才具备了可观控的和可测度的共同内容。

如何体现可持续发展战略实施的有效性，通常可以归纳成以下七大主题：

第一，始终保持经济的理性增长。在这里特别强调一种“健康状态”下的经济增长。它既反对限制财富积累的“零增长”，也反对不顾一切条件的过分增长。所谓健康地增长，一般是指在相应的发展阶段内，以“财富”扩大的方式和经济规模增长的度量，去满足人们在自控、自律等理性约束下的需求。著名经济学家索洛认为：“可持续发展就是在人口、资源、环境各个参数的共同约束下，人均财富可以实现非负增长的总目标。”

第二，全力提高经济增长的质量。它意味着新增财富的内在质量应当持续地改善和提高。除了在结构上要不断合理与优化外，新增财富在资源消耗和能源消耗上应越来越低；对生态的干扰强度上要越来越小；在知识的含量上和非物质化增长方面要越来越高；在总体效益的获取上要越来越好。罗默理论认为：“经济收益递增型模式，是以知识创新和专业化人力资本为核心的经济增长，它不仅可能形成资本收益的内部递增，而且能使传统的生产力要素也随之产生递增效益，从而拉动整个经济的规模效益递增，突破传统意义上的增长极限。”

第三，满足“以人为本”的基本发展需求。可持续发展的核心以围绕人的全面发展而制定，人的基本权利始终被保障和人的基本需求不断被满足，是一切发展的基石。可持续发展战略目标的实质是把人口自身再生产同物质的再生产“同等地”保持在可持续发展的水平上。因此一定要把全球、国家或区域的生存与发展支持系统维持在合理范围之内。通过基本资源的开发提供充分的生存保障程度；通过就业的提供和调配达到收入、消费、储蓄等结构的合理性，进而共同维护全社会成员的和谐共处与身心健康。

第四，维持、扩大和保护自然的资源基础。地球的资源基础在可以预期的将来，仍然是供养世界人口生存与发展的唯一来源。科学发展观规定了必须保持财富的增长并满足人类的理性需求，它的实物基础主要是依赖于对资源的维持、对资源的深度发现、对资源的合理利用乃至于对废弃物的资源化。

第五，关注科技创新对发展“瓶颈”的突破。科学发展观始终强调“人口、资源、环境与经济发展”的充分协调，科技进步在可持续发展战略的实施中，能够迅速把研究成果积极地转化为经济增长的推动力，并克服发展过程中的“瓶颈”，以此实现可持续发展的总体要求。科学技术的创新、经济社会的发展、管理体制的进步，这三个主要方面将作为一个互为联系的大系统，通过宏观的调适和寻优，达到突破发展“瓶颈”的总体要求。经济学家库兹涅茨在诺贝尔经济学奖获奖演说时曾表达了他的严肃思考：“先进技术是经济增长的一个巨大来源，但是它还只是一个潜在的、必要的条件，本身并不是充分条件。如果技术要得到高效而广泛的应用，必须作出制度的和意识形态的调整，以实现正确利用人类知识中先进部分所产生的创造力。”

第六，始终调控环境与发展的平衡。科学发展观不赞成单纯为了经济增长而牺牲环境的容量和能力，也不赞成单纯为了保持环境而不敢能动地开发自然资源。两者之间的关系可以通过不同类型的调节和控制，达到在经济发展水平不断提高时，也能相应地将环境能力保持在较高的水平上。为此，一些地区在构造“循环经济”、“生态补偿制度”、“工业生态园”、“全过程无害化控制”、“绿色化学体系”等，其根本目的都在于维系“人与自然”之间的协调发展。

第七，始终维持效率与公平的平衡。效率是积聚社会财富的引擎，在最大限度调动智慧、创造、组织、管理等要素中，萃取了规模、等级、分工的有序协调，获取以最小成本换取最大利益的结果，成为社会不断前进的基本动力要素。与此同时，社会环境的和谐、社会公平的体现、社会正义的诉求，又必须符合人类文明的整体原则和道德标准。因此，效率与公平的平衡，其根本目的在于维系“人与人”之间的协调发展。

可持续发展是人类发展长河中不断自我觉醒的连续进程，具有正向矢量演化的动态特征。可持续发展的阶段目标也不是一成不变的，而是在前进中逐步提升的，也就是说实现可持续发展的程度和要求是与时俱进的。综观人类历史整个情景断面的连续演进，以及对世界发展总体进程的本质抽象，可持续发展实际就是在统一基础上对深层次发展元素的认识升华，同时也是在寻求人文轨迹中的理性积淀。

在统一的基础上，可持续发展总是意味着去扩大“对时间和空间的压缩和放大能力”。从古代到现代，人的活动半径扩大（空间放大能力）与行动速度增加（时间压缩能力），有着连续的和显著的提高。可持续发展的过程代表着人类在获取物质、能量和信息的能力上，总是随着对时空压缩和放大程度的提高而提高。

在统一的基础上，可持续发展总是意味着去扩大“对物质、能量和信息的理性支配能力”。人不仅要具有对物质、能量和信息的获取能力，还必须具有不断提高对物质、能量和信息的利用能力和管理能力。可持续发展的过程，事实上表现了这种理性支配能力的不断增强。

在统一的基础上，可持续发展总是意味着去寻求“对科学技术发展具有革命性提升的创新能力”。可持续发展的过程，应当把科技创新能力的持续性进步作为推动可持续发展的基石和动力。

在统一的基础上，可持续发展总是意味着去寻求“对配置生产力要素的优化能力”。无论是传统的工业化时代，还是进入新世纪的知识经济时代，生产力要素优化配置将会在不同组合、不同水平、不同广度和不同深度上实施结构性优化与功能性提高。可持续发展的过程，可以合理地归纳为此类生产力要素在层次上和阶段上的优化能力。

在统一的基础上，可持续发展总是意味着去寻求“对社会公平的实现能力”。毋庸置疑，社会公平程度及缩小贫富之间、区域之间、国家之间的不均衡是社会中人际关系、代际关系和区际关系中的最高准则，是保障社会稳定与有序运行的基础。可持续发展的过程，必然体现出以公理完善、道德完善、制度完善、法律完善去支持社会公平的提高和社会公平的实现。

在统一的基础上，可持续发展总是意味着去寻求“对物质文明与精神文明的协调能力”。一个现代化的社会，不能只是满足对物质财富的积聚和扩大，它同时还应当满足对精神追求和文明进步的整体响应。可持续发展的过程，同时也是物质财富创造能力与精神财富富集程度的和谐统一。

在统一的基础上，可持续发展总是意味着去寻求“对提高制度的整合能力和规范社会的有序能力”。在高尚的哲学理念和积极的价值取向导引下，制度的、法律的、道德的不断完善和与之相应的政治体制、民主方式与人文关怀的适宜性选择，是构成可持续发展人文环境的基本主题，也是提高可持续发展组织程度与认同能力的保证。

可持续发展是一个庞大而复杂的哲学体系、学科体系、社会体系和战略体系，不可能期待在短暂的时间内立即获得圆满的答案。因此，《中国可持续发展总纲》只能是在当代知识水平上，发挥众多学者的才能和智慧，编织出近20年在中国可持续发展事业上所取得的阶段性成果。进一步作出更为深刻的研究和更加完整的总结，尚待在未来有更多的创见和积累。

《中国可持续发展总纲》是一部面向国家决策机构、行政机构、学术机构和社会公众的大型文献工程，它由国家卷（共20卷）和区域卷（共31卷）（暂未包括香港特别行政区、澳门特别行政区和台湾省）组成，是自1983年以来特别是自1992年以来中国在可持续发展领域中的系列研究论述，也是向国内外阐释中国可持续发展的基础性学术成果。

在《中国可持续发展总纲》策划过程中，得到了周光召教授、蒋正华教授、罗豪才教授的全力支持和帮助，吸取了许多中国科学院院士和中国工程院院士的意见和建议，邀集北京大学、清华大学、中国社会科学院、香港中文大学、美国耶鲁大学等学术团体的专家对方案进行研讨和修订，依照“整体规划、顶层设计、严格标准、分卷协调”的原则，力图保证《中国可持续发展总纲》的水平和质量。在《中国可持续发展总纲》的整体编纂与成书过程中，牛文元教授作为全书的执行总主编，在各卷主编的共同襄助下，有计划、按进度完成了这部具有战略性、前瞻性、文献性和应用性的大型学术论丛。

《中国可持续发展总纲》的战略性，表现在这项计划针对中国可持续发展的历史和现状，依照可持续发展的内在规律，结合中国国情设计出可持续的发展方向、发展理念、战略目标、实施原则、能力建设、区域表达等，并在国家层面上提出可操作的总体描述。

《中国可持续发展总纲》的前瞻性，表现在这项计划针对国际国内的可持续发展规律和不同发展模式的比较分析，对中国可持续发展的空间布局和要素构成、人口资源环境与发展的协调、经济效率与社会公平的整体把握、可持续能力建设的长远规划等，作出了有效的预测。

《中国可持续发展总纲》的文献性，是指这项计划在权威学术团体和著名学者的直接参与下，吸取可持续发展的最新研究成果，探讨中国可持续发展的内在规律和时空表达，为决策者提供有指导价值的学术成果，从而在中国同时也在世界上实现对中国可持续发展的系统归纳。

《中国可持续发展总纲》的应用性，表现在这项计划在国内外可持续发展成功经验的全面借鉴下，将中国不同类型区域的模式选择、制度建设、实施内容、管理体制，以定量的数值统计和规范的指标体系，动态地予以监测、调控和预报，分析区域可持续发展的比较优势和比较劣势，使得《中国可持续发展总纲》具有明显的可操作性，达到对中国可持续发展全貌的深刻认识。

中国科学院历来重视科学与社会的互相作用和密切联系，重视和支持通过自然科学与社会科学交叉研究的互补功能，对中国所面临的重大社会问题、经济问题和发展战略，提出有价值的科学思想和方法。多年来，中国科学院不断组织精干力量，与各方学者紧密合作，为国家重大战略的制定和执行，献计献策，提供有价值的参考和咨询。《中国可持续发展总纲》的编纂和出版就是此类努力中的一部分。我相信，通过这种持之以恒的努力，一定会对中国可持续发展的深入探讨，作出应有的贡献。

经过百余位学者艰苦、细致的工作，《中国可持续发展总纲》即将出版问世。今后，我们还将继续坚持下去，系统地、持续地认识和研究中国人口、资源、环境与可持续发展的复杂关系。尽管《中国可持续发展总纲》可能还存在这样或那样的不足，但我坚信在各位专家的关注和努力下，中国可持续发展的理论建设和能力建设终将以其客观性、科学性和系统性赢得国内外读者的认同和积极评价。

中国作为一个世界上人口最多的大国，又是一个快速发展中的大国，可持续发展战略的实施与不断进步，不仅是中国自身发展的正确选择，也是对整个人类的巨大贡献。勤劳智慧的中华民族，既然在人类文明史上写下过辉煌的篇章，也一定能够在实现可持续发展的现代文明进程中，作出同样辉煌的贡献。

中国科学院院长

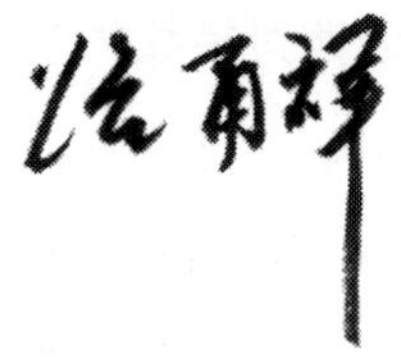

2006 年 9 月

前 言

一

可持续发展本质上是反贫困的，消除贫困是可持续发展的重要目标，也是实现可持续发展的基本前提。贫困人口为解决温饱而造成的土地过度利用，已经使全球约70%的山地、40%的旱地和30%的水浇地出现了土壤退化，超过1/4的陆地面积受到荒漠化的影响；资源过度开发和环境恶化，又反过来致使贫困人口健康恶化、寿命减短和贫困加剧，进而对可持续发展施加负面影响。贫困人口并非有破坏资源与环境的偏好，所以最适宜的政策举措不是强行地禁止贫困人口采用某些对资源与环境施加较大负面影响的生产技术，而是向贫困人口提供有利于减轻资源和环境压力且他们有能力采用的替代技术，并在减缓贫困的进程中，逐步把越来越多的可持续发展因子融合进来，逐步实现可持续发展。

没有贫困人口的发展，人类的发展将是不协调的。发展中国家的贫困问题得不到解决，发达国家的发展也难以为继，所以解决贫困问题是世界各国共同的责任。人类已经开始拥有消除贫困、实现可持续发展的能力，但成功地运用这些能力打破因贫困而耗竭资源、破坏环境，又因资源环境恶化而加剧贫困的恶性循环，需要全人类的共同行动。

经济增长是减缓贫困的必要条件。经济停滞的国家，贫困往往变得更加严重。经济增长快的国家，贫困人口的数量就会大幅度下降，即便是短期的经济增长，也会有减贫效果。

政府的主要举措是改善治理结构和向贫困人群赋权。具体内容包括：建立与市场经济体制相适应的、依法行政的工作程序，完善扶贫体系，改进扶贫管理制度，赋予贫困农民拥有资源产权的权利、发展民营经济的权利和建立农民合作组织的权利等。

所谓可持续的减缓贫困方式，就是使贫困者成为减缓贫困的主体，提高贫困者综合素质和自我发展能力，培育贫困社区民主管理机制和自治能力，使扶贫活动合乎贫困人口的实际需求，使贫困人口的生产经营活动合乎可持续生计的原则，使他们能采用更有效的资源利用方式。对于生态地位极为重要，尚未找到资源利用替代方式，又亟待实施禁令的地区，则要采用生态补偿的方式来维护依赖这些资源谋生的穷人的利益，使禁令的实施不会对贫困人口的生计施加不利的影响。

按照可持续减贫的理念，政府的职责是：加大转移支付对贫困地区和贫困人口的倾斜力度，以教育培训和医疗保健为切入点提高贫困人口的素质，以增加水、电、路和通讯等基础设施为切入点改善贫困地区的发展环境，以引进适宜技术为切入点促进贫困地区的自然资源利用和环境管理，从而通过贫困人口发展能力的提高，贫困社区发展环境的改善和贫困地区资源管理的改进，实现可持续的减缓贫困。可持续发展实际上包括代内公平和代际公平两层含义；其中，代内公平强调发展的普遍性，代际公平强调发展的持续性，即不能以削弱子孙后代满足需要的方式来满足当代人的需要。在促进代内公平方面，社会的力量要大于政府的力量，所以，放松行政管制，为非政府组织的发育提供更为宽松的环境，也是政府的重要职责。

可持续减贫的理念提倡“奖勤抑懒”的扶持方式。如果脱贫绩效越差，政府投入越多，绩效越好，政府投入反而越少，贫困群体就会选择消极脱贫，以获得更多的政府扶贫资源，这样就会形成依赖政府扶贫的“等、靠、要”倾向。为了抑制这种倾向的形成，必须“奖勤抑懒”，以激发贫困社区和贫困人口努力脱贫的主动性和创造性。

二

贫困曾是困扰中国的重大问题。1949年，中国处于普遍贫困的状态，人均国民收入27美元，不足整个亚洲平均水平44美元的2/3，不足印度57美元的1/2。20世纪70年代，中国乡村大约有2/3的人口得不到食品保障。中国大规模减少贫困的成就，得益于以共同富裕为终极理想的社会制度，得益于20多年来的社会稳定和经济增长，得益于中国政府实施的有组织、有计划、大规模扶贫开发。

从总体上看，1978~2004年，按国内贫困标准与国际贫困标准计算的中国农村贫困人口和贫困发生率都具有持续下降的趋势。其中，按国内贫困标准划定的贫困人口由1978年的2.5亿减少到2004年的2610万，贫困发生率由30.7%下降到2.8%；按每天生活消费支出低于1美元的国际标准划定的贫困人口由1981年的6.34亿减少到2004年的1.35亿，贫困发生率由61.0%下降到10.4%。分阶段的观察表明，无论按国内贫困标准（1天收入不超过按购买力平价计算的0.66美元）还是按国际标准（1天生活消费支出不超过按购买力平价计算的1美元）计量，中国的贫困人口和贫困发生率最初都有一个快速下降阶段。其中，按国内标准计量的贫困人口由1978年的2.5亿减少到1984年的1.28亿，在6年内减少了将近50%；按国际标准计量的贫困人口由1981年的6.34亿减少到1987年的3.08亿，在6年内减少了一半以上。之后，贫困人口和贫困发生率都进入下降速度相对平稳的阶段。由此看出，农业家庭联产承包责任制的普遍推行，为消除农村贫困做出了巨大贡献。1984年这项改革完成之后，由于没有后继的制度变革和技术创新的支持，农业和农民收入增速减缓，贫困发生率的下降也明显减慢。

贫困人口和贫困发生率的变化都具有波动性。1985 年按国内标准计算的绝对贫困人口为 1.25 亿，1986 年为 1.31 亿，增加了 600 万；按国际标准计算，1987 年农村绝对贫困人口为 3.08 亿，1990 年为 3.75 亿，增加了 6700 万，这说明刚脱贫的绝对贫困人口很脆弱，一旦遭遇自然灾害等负面影响，有可能返贫。按国内标准计算的贫困人口和贫困发生率的波动都小于按国际标准计算的贫困人口和贫困发生率的波动，说明按国际标准计算的脱贫人口的脆弱性大于按国内标准计算的脱贫人口的脆弱性。1991 年后这两种波动趋小，说明脱贫有稳定性越来越好、返贫可能性趋小的态势。

按两个标准计算的贫困发生率的差异不断趋小。1981 年二者相差 36.7 个百分点，1993 年和 2003 年二者的差值分别减少到 20.2 个百分点和 10 个百分点，2004 年二者的差值减少到 7.6 个百分点。由此可以得出两个判断：①按国际标准计算的贫困发生率下降得更快，说明贫困人口的分布越来越向贫困线附近集中，由此可以作出农村贫困人口的贫困深度趋于减缓的推论。②当绝对贫困人口降至很小的数量后，尚未脱贫的绝对贫困人口越过国内贫困标准的难度，要大于已越过国内贫困标准的相对贫困人口再越过国际贫困标准的难度。由此引申出的政策含义是，如何帮助绝对贫困人口越过贫困线，是比提高贫困标准更为重要的工作。

1988～1992 年，按国际贫困标准计算的贫困人口和贫困发生率有一个特别明显的反向波动，而按国内贫困标准计算的贫困人口和贫困发生率却没有如此大的波动。出现这种情形的主要原因是：①经济增长趋缓。这个时期恰好是经济增长较慢的治理整顿时期，经济增长趋缓对减缓贫困施加了负面影响。②宏观经济形势对生活消费支出略超过 1 天 1 美元的相对贫困人口的影响大于收入略超过 1 天 0.66 美元的相对贫困人口。③经济增长趋缓不仅影响人群的即期收入，而且影响他们的收入预期和消费行为。这可能也是导致当时一些相对贫困人口生活消费支出 1 天不足 1 美元的重要原因。

在 1978～1985 年、1986～1993 年、“八七”扶贫攻坚阶段（1994～2000 年）、2001～2004 年四个阶段，西部农村的贫困发生率的下降速度都远远超过东部农村。在“八七”扶贫攻坚前的两个阶段，中部农村的脱贫人口居三大地区首位，脱贫贡献率远高于东部，略高于西部地区。其中，1978～1985 年中部农村脱贫贡献率为 39.02%，高过西部地区（36.35%）2.67 个百分点；1986～1993 年中部农村脱贫贡献率为 45.69%，高过西部地区（44.76%）0.93 个百分点；实施“八七”扶贫攻坚计划以来，西部农村的脱贫人口居于三个地区的首位，脱贫贡献率远高于东部以及中部。在“八七”扶贫攻坚阶段，西部农村的脱贫贡献率为 47.49%，比中部（39.16%）多 8.33 个百分点。1978 年体制改革推动大规模扶贫开发至 2004 年底（1978～2004 年），中部地区农村贫困人口脱贫 8850.1 万，脱贫贡献率最大，为 39.53%，略高于西部地区（38.13%）；而西部农村的贫困发生率下降得最快，从 1978 年的 57.37% 下降到 2004 年的 5.43%，减少了51.94个百分点。

三

中国扶贫政策的演进可划分为四个阶段，即1978～1985年，政府把贫困视为一个重要的政治问题，开始酝酿相关的政策；1986～1993年，政府出台了一系列有利于贫困地区发展的经济政策，并安排了三个专项资金；1994～2000年，政府制定了专项扶贫规划，并确立了极为明确的扶贫目标；2001～2004年，政府推出旨在可持续减缓贫困的政策体系。本书对这四个阶段的扶贫政策做了系统的梳理和概括。

中国反贫困进程中主要采用了基础设施扶贫、教育扶贫、科技扶贫、劳务输出扶贫、产业化扶贫和整村推进扶贫等六项重大举措。本书从目标、资金来源、具体做法、扶贫成效、成功案例、经验和挑战等六个方面分别对它们进行了系统的介绍和评价。

四

如何评价中国的扶贫绩效，如何改善中国的扶贫政策和措施，学者们做了大量的研究。

关于经济增长与减缓贫困关系的计量研究表明，在经济增长的初始阶段，贫困发生率的下降与经济增长密切相关，但经济增长对贫困发生率下降的影响力会随着时间的推移逐渐趋小。这个研究结论的政策含义是，经济发展到一定程度后，减缓贫困将越来越依赖于专门的扶贫工作。在经济增长的初始阶段，农业产出比例每提高1个百分点，将导致贫困发生率减少0.487个百分点。农业增长得越快，贫困发生率下降得越快。这一结论支持了农业发展在扶贫中具有重要作用的观点。但从较长的时期看，农业增长的减贫作用在初期表现得更为显著。这个研究结论的政策含义是，经济发展到一定程度后，非农收入对减缓贫困的影响力会越来越大。

关于收入分配与减缓贫困关系的计量研究表明，经济增长有利于减缓贫困，但收入分配的恶化会不利于减缓贫困。具体地说，1985～2003年，经济增长使贫困发生率下降了19.44个百分点，而收入分配状况的恶化，却使贫困发生率上升了9.71个百分点，以致贫困发生率实际只下降了9.73个百分点。

关于扶贫资金的配置与效率的研究表明，1998～2001年，国定贫困县每年人均获得扶贫资金138.58元，其中，农业扶贫资金所占比例最大，为46.27%，基础设施投资占19.81%，工业为13.53%，交通运输为6.09%，文教卫生为3.35%，商业服务业为1.37%，技术培训为0.88%，其它8.7%。在农业扶贫资金中，种植业所占比例最大，为46.23%，畜牧业为34.20%，林业为10.35%，渔业为9.22%。在基础设施投资中，基本农田建设投资占53.77%，人畜饮水占23.25%，道路修建占22.98%。从4年的变动来看，基本农田建设投资所占比例逐渐减少，人畜饮水和道路修建都呈波动式增加。

这项研究还表明，人均农业投资每增加1元，人均纯收入增加0.17元，回报率为17%；人均增加1元的商业、餐饮业和服务业投资，人均纯收入增加0.76元，回报率高达76%。

关于扶贫资金瞄准的计量研究表明，贫困县的贫困发生率每增加1个百分点，人均总扶贫资金、中央扶贫资金、中央扶贫专项贷款、中央财政扶贫资金和中央以工代赈资金的分配则分别增加0.76元、0.90元、0.46元、0.20元和0.23元。所有扶贫资金的分配都与乡村人口数呈高度负相关，说明中央扶贫资金配置决定于贫困县的贫困人口数量，而不是乡村人口数量。其他来源的扶贫资金与贫困发生率呈负相关，说明贫困发生率较低、获得中央扶贫资金数量相对较少的贫困县，会下工夫开拓其他可获取扶贫资金的渠道。

少数民族贫困县获得的人均扶贫资金要比其他贫困县多13.65元，其中8.95元来自中央三项扶贫资金。边境贫困县获得的人均扶贫资金要比其他贫困县多67元，其中52.94元来自中央三项扶贫资金。由此说明，扶贫资金的分配对少数民族县和边境县都给予了倾斜，且对边境县的倾斜力度显著地大于少数民族县。边境县大多是少数民族县，这些位于边境的少数民族县实际上获得了双重倾斜。尽管国家在确定贫困县时对革命老区县给予了特殊照顾，但老区县与其他贫困县相比，人均扶贫资金少25.83元，其中，中央三项扶贫资金少22.99元。

在其他投入条件不变的情况下，贫困地区农户人均自筹资金每增加1%，农村居民人均纯收入增加0.119%~0.124%；通电村数占总村数的百分比每增加1%，农户人均纯收入增加0.410%~0.420%；农户人均有效灌溉面积每增加1%，农户人均纯收入增加0.030%~0.037%；户均工业劳动力和户均其他劳动力每增加1%，农户人均纯收入分别增加0.053%~0.055%和0.096%~0.100%，而农林牧渔业户均劳动力每增加1%，农户人均纯收入减少0.075%~0.079%。

关于政府公共支出的扶贫效果的计量研究结果显示，从全国来看，教育投资的扶贫效果最好，每增加1万元投资可使8.8人脱贫；农业研发投资的扶贫效果位居第二，每增加1万元投资可使6.8人脱贫；道路投资的扶贫效果位居第三，每增加1万元投资，可使3.2人脱贫。电力投资的扶贫效果位居第四，每增加1万元投资可使2.3人脱贫；农村电话投资的扶贫效果与电力投资接近，每增加1万元投资可使2.2人脱贫。

公共投资扶贫效果的地区差异很大，且变化极有规律。具体地说，西部地区的扶贫效果最好，每增加1万元农业研发、教育、道路、电话和电力、灌溉投资，可分别使33.0人、29.0人、11.0人、9.0人、6.0人和4.0人脱贫；中部次之，可分别使4.4人、5.4人、3.6人、1.9人、1.7人和0.8人脱贫；东部最低，可分别使2.0人、2.7人、0.8人、0.6人、0.8人和0.6人脱贫。农业研发扶贫效果的地区差异最大，西部的扶贫效果分别是中部和东部的7.5倍多和16.6倍；教育、道路和电话的扶贫效果也有较大的差异，分别为10.5倍和5.3倍、12.9倍和3.0倍、14.2倍和4.5倍；电力和灌溉扶贫效果的地区差异相对较小，分别为8.1倍和3.7倍、7.4倍和5.3倍；政府扶贫贷款的扶贫效果的差异最小，西部的扶贫效果分别是中部和东部的2倍多和1.7倍。由此得出的基本结论是：贫困的集中度越高，政府公共投资的扶贫效果越好。换言之，对于特定数量的公共投资，瞄准越好，产生的减缓贫困的效果越好。

进入21世纪后，各项公共投资的扶贫效果的排序有所变化，教育投资的扶贫效果位居第一；农业研发位居第二；公路仍然位居第三；灌溉位居第四，上升了两个位次，电力仍然位居第五；电话位居第六，下降了两个位次；扶贫贷款仍然位居第七。

关于基础设施投资对农户收支的影响的计量研究表明，有基础设施投资的村庄，贫困农户的户均生活消费支出增长了26%，而没有基础设施投资的村庄，贫困农户的户均生活消费支出仅仅增长5%。

关于劳务报酬收入对贫困县收入增长的贡献的统计结果表明，1999年，贫困县按抽样调查资料计算的贫困发生率为14.46%；如果不包括劳动者报酬收入，贫困县的贫困发生率将上升到26.25%，增加11.79个百分点。1999年与1998年相比，全国592个国定贫困县的贫困人口减少380万。按上述结果推算，如果不包括劳动者报酬收入，592个国定贫困县内将有1970.7万贫困人口；全国会有3941.4万贫困人口，贫困发生率为4.26%。以此可以推测，1999年全国农村贫困人口减少量的44.9%和贫困发生率下降的70%是由贫困人口劳务输出做出的贡献。

1993年底，中国社会科学院农村发展研究所在非政府组织和国际机构的支持下，率先在中国开展联保型小额信贷试验。极高的到户率、还款率和项目成功率引起了中央和各级地方政府扶贫部门的浓厚兴趣。陕西、云南、四川等地扶贫部门的试验获得成功后，中央政府开始将小额信贷扶贫提升到国家扶贫政策的层面上。由于小额信贷扶贫等扶贫措施的实施，全国扶贫资金到户率从1997年的44.4%提高到1999年的82.75%。小额信贷作为确保扶贫资金和扶贫项目到户并实现借贷循环的一条途径，增加了贫困农户参与项目选择的机会和权利，减少了扶贫资金配置决策的盲目性，强化了扶贫的组织和管理。2000年初，《农村信用社农户联保贷款管理指导意见》和《农村信用社农户小额信用贷款管理暂行条例》这两项政策的出台，标志着中央银行已经开始在正规金融制度框架内试验过去主要由非政府组织实行的社会担保贷款方式，开始考虑应通过金融创新来改善对那些缺乏抵押和担保能力的低收入人群的金融服务。

健康与生产率之间存在互为因果关系。健康状况的改善可以提高生产率从而增加收入，收入的提高可以增加旨在改善健康状况的投资。从短期看，劳动力的健康状况对生产率以及收入的影响最为重要；从长期看，改善贫困地区儿童的健康状况，是贫困地区实现持续快速发展的最为重要的因素。研究结果表明，良好的健康状况有利于孩子成长，并减少家庭不必要的医疗开支。但贫困地区儿童的营养和健康问题非常严峻，必须给予充分的关注。母亲的营养知识对儿童健康状况有显著影响。提高家庭收入对儿童健康有显著的正影响，但它不及母亲营养知识的影响大。因此，对母亲进行营养知识方面的培训和教育，是有效改善这些地区儿童营养状况的关键举措。

五

1980年以来，中国已经使4亿多人脱离了每天生活消费支出不足1美元的贫困线，中国的脱贫人口占发展中国家脱贫人数的75%，取得了举世瞩目的成就。中国扶贫最为重要的经验有四点：①政府主导。具体包括高度的政治承诺，制度的不断完善，组织的不断改进，特别是通过促进发展来带动减贫。②努力创新。具体包括：战略创新；模块创新，如扶贫模块创新，参与和赋权模块创新，资金传递模块创新，项目管护模块创新，贫困监测模块创新，信息反馈模块创新；组织创新，如组建扶贫实体，整合扶贫机构，培育非政府组织；建立扶贫基金的创新，如建立财政型扶贫基金，捐赠型扶贫基金，实物型扶贫基金，激励型扶贫基金；双赢模式创新，如金融企业与非政府组织双赢，企业与农民双赢。③国际经验本土化。包括小额信贷、综合扶贫、参与式扶贫三种国际经验的本土化。④争取社会支持，如动员部门扶贫、引导对口扶贫和推动社会扶贫。

六

减缓贫困的过程，是以遭遇不确定性因素冲击概率小的产业结构替代遭遇不确定性因素冲击概率大的产业结构的过程，所以，随着贫困的不断减缓，经济增长会越来越稳定，越来越具有可持续性。

减缓贫困的过程，是以提升贫困群体的人力资本为切入点，实现人力资本替代自然资源的过程，是以对资源与环境依赖程度小的产业结构替代对资源与环境依赖程度大的产业结构的过程，所以，随着贫困的不断减缓，资源和环境的可持续性会越来越好。

减缓贫困的过程，是贫困人口的就业能力以及收入水平不断提高、政府财政转移支付能力不断增强、社会慈善机制不断完善的过程。所以，随着贫困的不断减缓，居民收入分配差异的不断缩小，代内不公平程度将被控制在越来越被社会普遍认同的范围内。贫困人口的减少意味着社会发展动力的增强，社会差距的缩小有利于社会的内部和谐，社会群体或成员之间的摩擦和冲突的减少，而政府作用的发挥有利于社会成员对政府的信任度的增加，从而使社会发展的可持续性越来越强。

2006年8月

目　录

◎第一章 贫困对可持续发展的负面影响

本章从理论和实践两个层面上论述贫困与可持续发展的关系。首先，从贫困是可持续发展的最大障碍、减缓贫困是可持续发展的先决条件和减缓贫困是可持续发展的优先主题三个方面，论述了贫困会对可持续发展施加负面影响，而减缓贫困会对可持续发展发生积极作用的关系；其次，从人力资本提升是可持续发展的基础和贫困是制约人力资本提升的根源两个方面，论述贫困和减缓贫困对人力资本提升的不同影响。第三，从贫困对资源与环境的负面影响和减缓贫困对解决资源与环境问题的作用两个方面，探讨了贫困和减缓贫困对资源与环境的不同影响。

第一节 贫困与可持续发展的关系

一、贫困是可持续发展的最大障碍

从经济学的角度分析，贫困的主要原因是：①劳动生产率相对较低。贫困地区或贫困家庭的劳动力大多没有受过良好的教育，他们的生产率相对较低。在有些情形下，贫困是相对低效率的生产方法所致。教育是提高劳动力素质的关键。②资本积累率低。要跳出贫困的陷阱，必须要有资本积累，无论是国家还是个人概莫能外。根据国际发展的经验，积累率要达到12%以上。然而，在劳动生产率很低，人均GDP很低，维持生存都成为严重问题的时候，很难实现12%的资本积累率。③技术停滞不前。由于缺乏技术开发、资本积累和人力资源培训，贫穷地区使用的生产技术非常原始，直接导致了生产率的低下。④资源利用效率低。在贫困国家或贫困地区，由于技术相对落后，可利用的资源，包括劳动力资源，往往没有被充分或有效地使用，没有达到最大的生产效率。⑤人口增长过快。虽然人口压力不是贫困的根本原因，但人口的过快增长，会使稀缺资源的可持续利用问题变得更为复杂。

从可持续发展的角度分析，贫困的5个原因，即劳动生产率低、资本积累率低、技术停滞不前、资源利用效率低和人口增长过快，实际上是从5个方面对资源和环境施加压力，从而对可持续发展造成负面影响。例如，由于资源利用效率低，生产一定数量的产品就得耗用更多的自然资源，并排放更多的污染；由于资本积累率低，就得用更多的自然资源来替代资本，造成自然资源的耗竭性开发，并排放出更多的污染；由于人口增长过快，就得生产出更多的产品，从而对自然资源和环境施加更大的压力。由于贫困不仅使穷人难以维持温饱，而且使经济增长越来越偏离可持续发展的轨道，所以，贫困是可持续发展的最大障碍。

美国经济学家迈克尔·P. 托达罗（Michael P. Todaro）（1988）在他所著的《第三世界的经济发展》一书中曾经用地域差异理论来解释贫穷国家经济发展缓慢的原因。他指出：

"从整体来看，当今第三世界国家所拥有的自然资源要少于目前发达国家开始现代增长时所拥有的自然资源。除了少数几个第三世界国家拥有世界需求日益扩大的大量石油、其他矿产品和原材料资源外，大多数欠发达国家，如几乎占世界人口 1/3 的亚洲国家，自然资源都很贫乏。同时，恶劣的气候条件也是直接影响生产条件的一个明显的因素，大多数贫穷国家位于气候极度炎热和潮湿的地带，这个地带上的土壤结构极易分解，农产品不易保存，极度的炎热和潮湿不仅使劳动者感到不舒服，而且使他们的健康状况下降，减低他们从事紧张的体力劳动的欲望，从而普遍降低他们的劳动生产率水平和生产效率。"大量的研究表明，最贫困的人口大多生活在世界上生态恢复能力最低、环境破坏最严重的地区，由于穷人比富人更加依赖于自然资源，在无法以其他资源替代自然资源的情形下，他们不得不依赖更快地消耗自然资源来维持生计。世界环境与发展委员会 1987 年对非洲撒哈拉地区的贫困现象做了极具说服力的论述，"任何一个地区都没有比承受着这种贫困—环境退化—进一步贫困的恶性循环的痛苦更悲惨的了"。

贫困发生率的高低和贫困深度的轻重与生态环境状况存在着极为密切的关系，经济贫困与生态退化的恶性循环是破坏或削弱贫困地区经济社会可持续发展的重要原因。世界银行出版的《贫困与对策（1992 年减缓贫困手册）》在分析了影响贫穷国家资产积累的各种政策后指出："贫困与环境有密切关系。这种关系是双向的：贫困影响环境，环境也影响贫困。这里有两个问题值得特别注意：低收入与追求近期利益之间的明显关系以及贫困与生存风险间的联系。"人们为了获取近期利益而急于开发资源，缺乏为若干年后方能产生回报的资源利用项目投资的激励。必须指出，尽管追求近期利益与贫困具有密切相关性，但这并不是穷人决策的过错，而是市场、政策和体制失败的结果。所以，这一问题的有效解决，主要取决于市场体系的完善、政策框架的修正和体制安排的改进，而不是对穷人的行为加以严厉的限制。环境与贫困的恶性循环使穷人的健康受到极大的影响，如饮用受污染的水而得寄生虫病和传染病以及使用薪柴造成室内空气污染而导致呼吸道疾病。这些环境公害将永久地伴随着贫困。

1994 年 9 月，联合国人口与发展会议报告指出，贫困与人口分布不均、土地分配不公和自然资源利用方式不当以及环境严重退化有密切的关系。贫困的普遍化同人口增长、经济落后、资源匮乏、环境恶化、生活质量下降等形成恶性循环，从而增加了经济社会发展的不可持续性。

可持续发展本质上是反贫困的，消除贫困是可持续发展的重要目标，也是实现可持续发展的基本前提。可持续发展的核心是发展，只有通过广泛的经济发展才能最终消除贫困。但是，发展经济、增加社会财富还不是消除贫困的充分条件。为了避免以过度消耗自然资源和破坏生态环境，以牺牲贫困地区的可持续发展为代价的反贫困方式，发展中国家必须改变现行的政策，必须把人口的严格控制、生态环境的保护和资源的有效利用作为减缓贫困的政策选项，必须更好地开展反贫困工作，必须更好地保护和管理生态系统，使贫困人口的生计更具有资源和环境上的可持续性，使贫困地区在人口、资源、环境、经济和社会协调发展的基础上消除贫困。

二、减缓贫困是可持续发展的先决条件

早在 1987 年，世界环境与发展委员会就在其报告中明确提出了"贫困是最大的污染

源”的论断。不难想像，在一个存在数以亿计的贫困人口的世界上，是不可能实现可持续发展目标的，更不可能达到可持续发展的理想状态。

无论从理论上分析还是从现实中观察，都可以发现贫困加剧与环境恶化之间存在着内在的联系，即贫困导致的资源过度开发和环境过度利用会造成资源和环境的恶化，而后者引发的自然和环境灾害又反过来致使贫困人口健康恶化、寿命减短和贫困加剧，进而对可持续发展施加越来越大的负面影响。生态系统退化导致的干旱、洪水、山体滑坡、森林大火和其他自然灾害发生频率的加大，还会造成贫困人口获取食物和水的竞争和冲突。反过来，贫困的减缓会对保护环境提供支持，而环境问题的解决也会对减缓贫困提供支持。为了同时追求减缓贫困和遏制环境恶化两个目标，必须选择可持续的经济增长方式。

人们对自然资源的依赖性、应对环境变化的能力和开展生态恢复的实力有很大的差别，这种差别使贫困人口应对环境退化负面影响的能力更低，更容易受到其为谋生而从事的基本活动所产生的各种自然资源短缺和环境灾害的影响。统计显示，1999～2001年，全世界常年面临饥饿、营养严重不足的人口达8.4亿，其中95%生活在发展中国家。他们陷于贫困的恶性循环之中不能自拔，并因过度利用有限的自然资源和环境资源而对社会的可持续发展造成一系列的负面影响。农业是发展中国家经济增长的重要部门，也是提高穷人的食品安全，打破贫困的恶性循环的重要部门。因此，对于发展中国家来说，选择可持续的农业增长模式，是促进经济发展，努力消除贫困的关键举措，也是走向可持续发展的必由之路。

在很多情形下，贫困对资源和环境造成的持续性的破坏，其规模和深度往往超过一时的战争。联合国粮食与农业组织公布的有关资料表明，贫困人口为解决温饱而造成的土地资源的过度利用，已经使全球约70%的山地、40%的旱地和30%的水浇地出现了土壤退化；超过1/4的陆地面积受到荒漠化的影响，10亿人口受到了荒漠化的威胁。土地退化破坏了生物多样性，降低了农地的质量。有关调查表明，土壤肥力下降使作物平均产量减少了8%。土地垦殖引起的过度用水，已造成全球约1/4的湿地消失。在过去的10年中，人类失去了约9400万hm^2的森林，预计今后每年还会有约1460万hm^2的森林将从地球上消失；生物资源的过度利用，已经导致800多个物种灭绝，11 000多个物种濒临灭绝。许多研究表明，土地退化已成为世界上贫困人口面临的最大的潜在威胁。20世纪50年代至80年代初，我国西部农民为解决温饱，发生过3次大规模的毁林毁草种粮的风波。因采挖甘草、发菜而破坏的草原面积超过2.2亿亩（1亩$\approx$666.6m^2），2700万亩草地退化成沙漠和戈壁，亩均产草量在50年间下降了40%，甘草的面积和储量分别由200万hm^2、250万t，减少到66万hm^2和50万t。

贫困人口大多通过利用生物多样性的活动谋生，生物资源提供的可再生商品和服务的多寡是减缓贫困的一个重要因素。生态系统具有涵养水源、净化水质、维护土壤、稳定气候等功能，生物资源是食物、药材和工业原材料的重要源泉，它们是经济增长和社会繁荣的基础。生态系统退化，生物资源被耗损，人类的安全就会受到威胁，人类社会可持续发展的基础就会受到伤害。由于生态系统退化和生物资源耗损对穷人的影响尤其严重，因此，生态系统和生物资源的管理对贫困的减轻尤其重要。

世界上大约有一半人口生活在生态环境脆弱、又不得不依靠自然资源谋求生存的贫困山区。在许多发展中国家，贫困地区是那些自然条件恶劣、自然资源贫乏、生态破坏严重、土地生产率低下的地区。贫困人口的可支配收入极为有限，仅能维持温饱，甚至满足不了最低标准的营养需求，因而无法用来改进生产，他们不得不以最简易、最原始的方法利用自然资源，从而对这些地区的资源和环境施加了很大的压力，这个压力还随着人口的持续增长而不断加大，以致出现贫困与环境之间的恶性循环。这种现象实际上是发展中国家的贫困地区普遍存在的问题。例如，为增加农产品产量而开展的毁林扩耕，曾造成泰国森林面积的急剧下降，到20世纪80年代末，森林覆盖率减少到20%。同期，印度尼西亚在消除贫困的过程中也忽视了资源的可持续利用和环境的保护，致使许多地区出现生态恶化，水土流失对农业可持续发展构成严重威胁。我国的贫困地区也有类似的问题。例如，20世纪80年代甘肃省对256万多农户的调查表明，农村能源的74.4%来自秸秆、畜粪和草皮，一些地区一个5口之家每年铲草皮30亩左右，挖尽6～8m^2草坡才能拾到1kg草根作燃料，这对自然资源和环境造成了严重冲击。

需要指出的是，贫困人口并非具有破坏资源与环境的偏好，并非感受不到环境恶化的负面影响，所以，强行禁止贫困人口采用的某些不尽合理的资源利用方式是很难行得通的。例如，生物资源具有提供独特产品和服务的巨大潜力，然而由此产生的收益穷人所得甚少，且并非经常得到；这迫使穷人不得不采用直接和简单地使用生物资源的方式，并成为生境毁坏或其他形式的环境退化所造成影响的最大受害者。切实可行的做法是，向贫困人口提供他们能采用的替代技术和替代资源，在维护他们应该拥有的最基本的人权（即生存权）的前提下，不断地减轻自然资源和生态环境的压力，把减缓贫困与可持续发展整合起来，并在减缓贫困的过程中把越来越多的可持续发展因子融合进来，实现减缓贫困的近期利益与长期利益的有机统一，实现社会的可持续发展。

贫困人口缺乏财产，极易遭受经济波动、自然灾害的冲击，极难享受到充分的教育和医疗卫生服务，极难享用清洁的饮用水和卫生的环境，所以，各级政府要努力增加公共品供给，改善贫困地区的农田水利，教育、医疗卫生和安全饮水等基础设施，逐步完善社会保障体系，并通过有效的制度安排，确保贫困人口用得起这些设施和服务，不断地消除经济波动、自然灾害、健康恶化和寿命减短对贫困人口的负面影响。

没有贫困人口的发展，人类的发展将是不健康的、不协调的。发展中国家的贫困问题得不到有效解决，发达国家的发展也将难以为继。所以，解决贫困问题，是世界各国共同的责任。为了形成发达国家和发展中国家共同承担减缓贫困的责任的局面，必须改革国际金融、投资和贸易体系，改善发展中国家面临的国际经济环境。为了做好共同减贫的工作，发展中国家和发达国家既要做好责任的分解，又要实行有效的相互监督；发达国家要通过降低贸易壁垒、增加发展援助的数量、提高发展援助的有效性等措施帮助发展中国家减缓贫困，发展中国家则要通过改善治理结构和投资环境，增加对贫困人口的投资和服务，全面地履行减缓贫困的责任。

三、减缓贫困是可持续发展的优先主题

当今世界，讨论经济话题离不开贫困，讨论可持续发展话题更加离不开贫困。

人的基本需要得到满足是人应该享有的基本权利，而贫困是对这种权利的剥夺，它使人的价值得不到实现。为了让所有的人都能享有最基本的权利，世界环境与发展委员会撰写的《我们共同的未来》强调，要把满足贫困人口的基本需要“放在特别优先的地位”。贫困与破坏环境往往是互为因果的，所以，消除贫困，是实现代内公平的内在要求，也是可持续发

展的内在要求。

十多年前，联合国粮食与农业组织总干事萨乌马（Edouard Saouma）将环境问题直接归因于贫困。他说，当人们衣食无着的时候，他们不会有兴趣维护环境生态和保护野生动物。

柬埔寨首相洪森在东盟工程联合会第20次会议上说，消除贫困与可持续发展应该是相辅相成的，缺一不可，各国政府、人民及国际社会都应为实现这一目标作出努力。

2001年9月25日，欧洲经济委员会区域部长级会议通过的《可持续发展世界首脑会议的部长声明》指出，消除贫困对可持续发展至关重要。增加生产性资源和有效的公共机构对于消灭贫穷不可或缺。向教育、保健和其他社会事业投资是促使穷人加入市场经济并从中受益的先决条件。强劲、有力、开放的全球经济，加上能妥善处理环境社会问题以及能促使普遍分享利益的政策，是消除贫困的要素。为了更好地整合减缓贫困和经济发展的政策，需要更好地了解贫困、环境与可持续发展之间的联系。

贫困的普遍存在和它产生的消极影响，是导致发展中国家缺乏可持续发展能力的最基本原因，也是影响发展中国家可持续发展的最大障碍。所以，发展中国家，尤其是贫困发生率高、贫困程度深的发展中国家，实施可持续发展战略的首要问题就是迅速、有效地减缓贫困，消除贫困。由于贫困是代内不公平的突出表现，甚至会对代际不公平施加负面影响，所以对所有致力于可持续发展的行动者而言，减贫是压倒一切的优先事项。

人类社会已经开始拥有消除贫困、战胜落后，实现可持续发展的能力、知识和资源。而成功地运用这些能力、知识和资源，打破因贫困而耗竭资源、破坏环境，又因资源环境恶化而加剧贫困这一恶性循环，给子孙后代留下一个美好的地球或社区，需要全人类的共同行动。

在2000年9月召开的“联合国千年峰会”上，与会的各国首脑重申了他们的承诺，即努力建立一个以消除贫困和实现可持续发展作为最优先目标的世界。联合国大会成员国一致通过了由147个国家的首脑签署的《千年宣言》。《千年宣言》的主要内容之一是把联合国制定的《千年发展目标》作为监测发展和消除贫困进程的框架。《千年发展目标》涵盖8个方面：①消除绝对贫困和饥饿。具体目标是在1990～2015年，将每天收入不足1美元的人口比例减少一半；将食不果腹的人口比例减少一半。②普及初等教育。到2015年，确保所有男童和女童都能完成全部小学教育课程。③促进性别平等并赋予妇女权利。最好到2005年，在中、小学教育中消除性别不平等现象，不迟于2015年消除各级教育中的性别不平等现象。④降低儿童死亡率。1990～2015年，5岁以下儿童的死亡率降低2/3。⑤改善孕妇保健。1990～2015年，孕产妇死亡率降低3/4。⑥遏制艾滋病病毒和艾滋病、疟疾和其他疾病。到2015年，遏制并扭转艾滋病病毒和艾滋病的蔓延；遏制并扭转疟疾和其他主要疾病的发病率。⑦保护环境与可持续发展。将可持续发展原则纳入国家政策和规划，扭转环境资源的恶化趋势；到2015年，将无法持续获得安全饮用水的人口比例减少一半；到2020年，明显改善至少1亿贫民窟居民的生活。⑧建立全球发展伙伴关系。增加官方发展援助，扩大市场准入，提倡债务的可持续性，建立一个开放的、有章可循的、可预测的和非歧视性的贸易和金融体系。这些目标实际上就是监测和评价发展结果的尺度，这些尺度用于发展中国家，适用于为发展中国家的发展项目提供援助的发达国家，适用于帮助发展中国家实现这些目标的多边机构。

《千年宣言》提出的主要任务能否按时完成，取决于发展中国家的行动，也取决于发达国家和国际机构的努力。为了完成消除贫困和实现人与自然和谐发展的双重任务。发展中国家的主要职责是制定适合本国国情的扶贫战略和可持续发展战略，并增加医疗、教育等投资。发达国家的主要职责是降低农业保护，使发展中国家每年获得近3500亿美元的收益，从而为发展中国家加速脱贫创造条件；增加援助，使每年大约500亿美元的援助翻一番，并减免发展中国家的债务，以改善发展中国家经济增长和脱贫的外部环境。

2002年8月26日在南非首都约翰内斯堡召开的可持续发展世界首脑会议，将减缓贫困与保护环境并列为两大主题。此次会议通过的重要文件《执行计划》指出，当今世界面临的最严重的全球性挑战是贫困，消除贫困是全球可持续发展必不可少的条件。把消除贫困纳入可持续发展理念之中、并作为这次首脑会议的主旋律之一，标志着人类的可持续发展理念提高到了一个新的层次。与里约会议通过的《21世纪行动议程》相比，这次首脑会议为减缓贫困设立了更加明确的目标，例如，在2015年前，将全球无法得到卫生设施的人口比例降低一半。发展中国家按照里约会议提倡的“共同但有区别责任”的精神，要求把反贫困、增强执行可持续发展战略的能力作为重点。鉴于这些年来发达国家对发展中国家提供的资金和技术援助只相当于它们的GDP的0.2%，与其承诺的0.7%相比还有很大距离，发展中国家要求发达国家履行承诺，进行由“言”到“行”的转变，做到“言”“行”一致。

脱贫实际上是贫困地区和贫困人口的共同心愿。然而，在基础设施极为薄弱的、人力资本严重不足的情形下，摆脱贫困，尤其是可持续地脱贫，并非易事。值得欣慰的是，发达国家和发展中国家都在为实现千年发展目标而采取行动。截至2005年6月，有47个低收入国家完成了减贫战略的编制工作。减贫战略的推出，实际上为国际机构和捐赠机构资助的项目提供了一个框架。对于发展中国家来说，除了编制减贫战略外，改善政府治理结构，改进资源配置，增加扶持贫困人口的活动，减少他们可能面临的各种风险，提高援助的扶贫效果，也是亟待解决的问题。2002年蒙特雷发展融资大会以来，官方发展援助持续增加。最近，又有不少关于进一步加大对贫困国家，特别是非洲贫困国家的官方发展援助力度的承诺。2005年7月在英国的格伦伊格尔斯（Gleneagles）举行的八国集团峰会一致同意，到2010年实现对非洲的援助翻番的目标。欧盟承诺到2010年将其官方发展援助额增加到国民总收入的0.56%，2015年达到0.70%。到2010年，经济合作与发展组织（Organization for Economic Cooperation and Development，OECD）对发展中国家的援助额将会每年增加约500亿美元。

第二节 贫困对人力资本提升的影响

一、提升人力资本的作用的理论分析

新古典增长理论根据资本收益递减的基本假设，作出了人均拥有资本量较少的国家，其资本回报率相对较高，因而具有较高的经济增长率的结论。由于收入水平低的国家或地区的经济增长率将高于收入水平高的国家或地区的经济增长率，新古典增长理论进而作出了推论：假以时日，国家或地区之间的人均收入差距将逐渐消失。

然而事实并非如此。战后几十年来，发展中国家与发达国家之间的人均收入差距不断扩大。例如，1985~1995年，发展中国家人均收入年均增长0.4%，而发达国家人均收入年均

增长 1.9%。为了弄清这个问题，经济学家对经济增长的因素进行了系统的实证研究。美国经济学家索罗门·法布里坎特（Soloman Fabricant，1959）估计，1889～1957 年，美国国内私人经济总产出年均增长 3.5%，而全部投入年均增长 1.7%，两者相差 1.8 个百分点；1919～1957 年，前者年均增长 3.1%，后者年均增长 1.0%，两者相差 2.1 个百分点。经济学家认为，经济增长快于投入增长的原因，一是规模报酬递增的作用，二是劳动者素质的提高，而后者是最主要的因素。西奥多·舒尔茨（Theodore W. Schultz，1987）估计，1929～1959 年，教育收益占余值增长率［余值增长率 = 国民收入增长率 - 国民资源（资本和劳动）增长率］的 30%～50%。美国经济学家爱德华·丹尼森（Edward F. Denison，1967）根据美、英、西北欧 9 国 1950～1962 年的统计数据所作的估计表明，教育、医疗卫生、知识的增进等因素对余值增长率的贡献率达 60% 以上。麦迪逊（Angus Maddison，1970）研究了 22 个发展中国家 1950～1965 年的经济增长。他作出的估计是，有效的劳动供给，包括就业增长、劳动者素质提升和劳动者年龄构成变化 3 个因素，对经济增长的贡献率平均为 35%。1972 年，纳德里（M. Ishaq Nadiri，1972）对一些发展中国家经济增长的实证研究进一步证实，人力资本投入对经济增长有较为显著的贡献。以上研究成果表明，经济增长将越来越取决于人力资本的投入，这也是人类社会的发展具有可持续性的关键所在。发展中国家或落后地区要缩小与发达国家或发达地区的差距，最为重要的是增加对人力资本的投资，即增加教育和健康投资。

经济发展的过程，实际上是用以科学技术为基础的经济增长模式替代以自然资源为基础的经济增长模式的过程，更直截了当地说，就是以人力资本替代人造资本和自然资本的过程。这是在经济发展过程中收入分配、人口增长、污染排放和资源消耗相继呈现出“倒 U 型”变化的关键所在，也是人类社会能步入可持续发展轨道的关键所在。由于每个人占有的人力资本的差异会显著地小于每个人占有的资源和资本的差异，每个人占有的人力资本的差异会随着经济和社会的发展而变得越来越小，所以，随着人力资本的提升，人力资本对经济增长的贡献率会越来越大，资源和资本对经济增长的贡献率会越来越小，于是就会出现收入分配差异由最初的越来越大到越来越小的“倒 U 型”变化；随着人力资本的提升，经济增长对劳动力质量的依赖性越来越大，而对劳动力数量的依赖性越来越小，加上社会保障体系对家庭保障体系的替代，经济增长就会越来越不依赖于劳动力数量的增长，于是就会出现人口总量的“倒 U 型”变化。同理，经济增长也会越来越不依赖于资源和资本的增长，于是就会先后出现污染排放总量和资源利用总量的“倒 U 型”变化。

为了便于读者理解，有必要介绍一些背景知识。所谓社会经济问题的“倒 U 型”曲线的含义是，在发展的初期，社会经济问题会表现出逐渐加重的特征，当经济发展进入成熟阶段以后，社会经济问题又会表现出逐渐减轻的特征。这类研究始于美国经济学家库兹涅茨（Simon Kuznets，1955）对收入分配差异的研究。库兹涅茨通过考察许多国家经济增长与收入分配的关系，提出了人均收入的差异在经济发展过程中呈“倒 U 型”变化的假说。该假说的含义是：在进入现代经济增长之前，绝大多数人是小生产者，人与人之间的收入差距很小；在现代经济增长的最初阶段，资源占有的差距开始扩大，社会再分配机制又没有建立起来，导致人与人之间收入差距的不断扩大；当现代经济发展到一定阶段之后，随着人力资本对经济增长的贡献率越来越大，以及社会再分配机制的愈益完善，人与人之间的收入差距又逐渐缩小。

环境库兹涅茨曲线的含义也是如此：在进入现代经济增长之前，人口总量不大，经济增长速度很低，开发和利用资源的能力有限，对环境的负面影响并不大；在现代经济增长最初阶段，主要发展资源密集型产业并采用了污染型技术，加上人口增长显著加快和过于强调经济增长，导致环境污染越来越严重；经济发展到一定水平后，人造资本进而人力资本密集型产业和清洁型技术占据越来越重要的地位，环境污染又逐渐减轻。需要指出的是，确保经济发展过程中不突破生态不可逆的阈值，是出现这种“倒U型”变化的基本前提，否则，解决环境问题的可能性就不再存在了。玛雅等古文明的衰败，就有可能是突破生态不可逆的阈值所致。由于现实中很难把握生态不可逆的阈值究竟在哪个区间，所以，越早把污染总量控制住，遭遇突破生态不可逆的阈值之灾难的风险就越小。

世界统计资料显示，发达国家实际上已经出现了收入差异、人口总量和污染总量的“倒U型”变化，鉴于此，这里仅就资源消耗总量的“倒U型”变化做一些分析。在人类历史上，最初关注的是土地资源，如何化解土地资源的稀缺性和土地资源分配不平均对经济发展的制约，成为重要的研究课题。20世纪50年代以来，能源成为越来越受关注的资源，与此相对应，如何化解能源对经济发展的制约成为重要的研究课题。随着淡水资源短缺的问题越来越突出，淡水将会成为21世纪越来越受关注的资源，基于这种认识，我们选择水资源进行“倒U型”变化的分析。

图1-1是利用美国（见左纵轴）和瑞典、日本（见右纵轴）用水总量的时间序列资料勾勒出的“倒U型”曲线。需要指出，这三个国家的用水总量都是在GDP持续增长的情形下表现出“倒U型”曲线变化的特征。

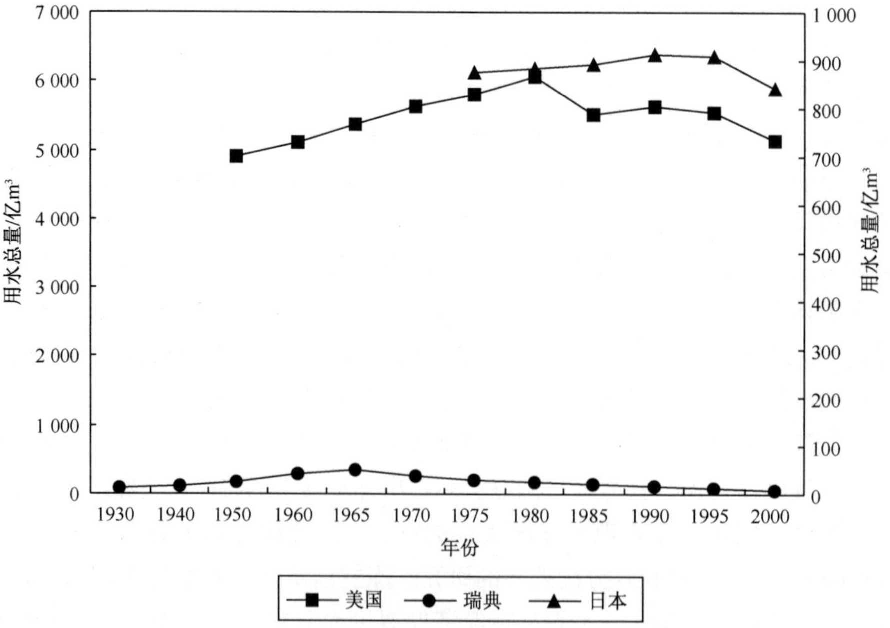

图1-1 美国、瑞典和日本用水总量的“倒U型”曲线变化

通过对世界52个国家90年代末的横截面数据的观察，也可以看出水资源利用水平与人均GDP的关系。这些数据表明，水资源利用水平与经济发展水平具有“倒U型”曲线的关系，即具有水资源库兹涅茨曲线的特征（图1-2）。

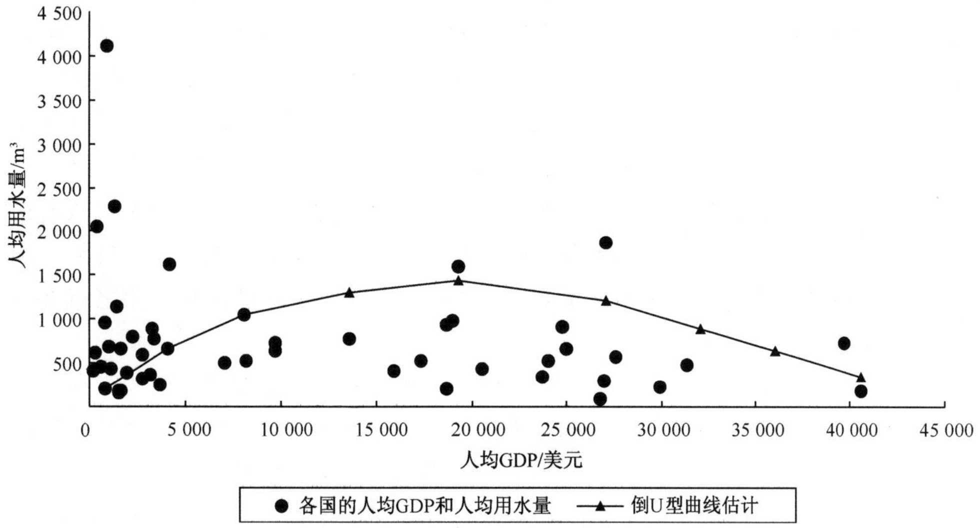

图 1-2　部分国家用水量与人均 GDP 的库兹涅茨曲线图

为了全面地认识这种具有规律性的现象，1995 年世界银行对全球 192 个国家的财富进行了估算，国家财富包括产品财富、自然财富和人力财富。估算结果表明，从总体上看，产品财富占财富总量的比例为 16%，自然财富所占的比例为 20%，人力财富所占的比例为 64%。也就是说，人力财富已成为国家财富的主体。分国别看，经济发展水平越高的国家，人力财富所占的比例越大，经济发展水平越低的国家，人力财富所占的比例越小，由此可以作出人力资本提升是减缓贫困、实现可持续发展的关键所在的结论。

二、贫困是制约人力资本提升的根源

人力资本不足的负面影响是多方面的。①影响资源密集型产业的形成和发展。自然资源是形成资源密集型产业的前提，但是仅有自然资源，而无相应的技术以及掌握技术的各类人才，资源密集型产业仍难以形成，即使在特定的背景下得以形成，也难以在逐步开放的市场中生存和发展。②影响产业运行的成本，从而影响产业的竞争力。在技术水平一定的情况下，作为生产过程中重要的生产要素，劳动者素质的高低直接影响着产业的劳动生产率，并进而影响产品的市场竞争力。在劳动力成本相同的情况下，劳动者素质越高，产业的竞争能力越强。尽管贫困地区劳动者的工资很低，但由于缺乏技能，产业的市场竞争力并不高。③影响创新能力进而影响新产业的形成。产业结构的提升是可持续发展的基础。人类社会发展的历史，实际上就是通过创新不断地提升产业结构的历史。一个国家和地区的人力资本越充分，创新能力就越强，产业结构提升的速度就越快，反之亦然。贫困地区缺乏人力资本投资，缺乏创新能力，技术变迁和产业结构提升都处于停滞状态，不仅影响贫困人口的脱贫，而且对资源和环境造成越来越大的冲击。

发展中国家和贫困地区通常是教育、医疗状况很差的国家。有关统计数据表明，1995 年，除中国和印度之外，低收入国家的男性成人文盲率达 37%，女性成人文盲率达 55%，30% 以上的儿童受教育不足 5 年。发展中国家的人均教育支出仅为发达国家平均水平的 10%，而文盲率比发达国家高 10 倍以上。

贫困地区通常也是人口营养和健康状况很差的国家。联合国开发计划署（2000）发表的《1998年人类发展报告——消费模式及其对人类发展的影响》表明，全球约有26亿居民因为贫困而缺少最基本的卫生设施，20亿人无法喝到合乎标准的饮用水，15亿人住房简陋，全世界营养不良人口估计为8.42亿，其中7.98亿在发展中国家。最近几年，26个国家的营养不良人数有所增加，占总人口的比例已超过20%。贫困人口及营养不良人数增加的国家，通常也是自然或人为灾害频发，艾滋病和其他流行病的感染率较高的国家。从家庭层面上看，成年人病倒和死亡导致生产力下降、财产和收入减少及家庭开支增加，打破了传统社会的安全机制。例如，在过去5年中，主要受艾滋病病毒和艾滋病的影响，津巴布韦小农的农业产出减少了50%。

营养不良，如铁元素摄入的不足会导致缺铁性贫血，对儿童早期成长极为不利，甚至会造成认知性残疾，从而影响到儿童将来的智力发展。加拿大多伦多大学经济学教授苏珊·霍顿所做的一项研究表明，仅南亚地区每年因铁元素摄入不足造成的社会生产力损失就达到了50亿美元。世界银行的估算是，在发展中国家，因缺乏维生素A、碘和铁而导致的残疾、死亡和生产率的降低，所造成的损失相当于GNP的5%。

饥饿和营养不良每年夺走600万儿童的生命。由于贫困，很多儿童死于可以治愈的传染病，比如痢疾、肺炎、疟疾和麻疹。如果他们的身体和免疫系统没有受到饥饿和营养不良的削弱，他们本来可以活下来。2000多万低体重婴儿出生在发展中国家，这些婴儿夭折的概率非常大，即使存活下来也很可能留下终生生理缺陷或认知性残疾。如果任由这种状况继续下去，预计将来会造成5000亿~1万亿美元的损失。

营养不良总是和贫困、饥饿联系在一起的。因贫困而没有足够的收入购买食品，是导致农户食品匮乏，进而造成饥饿和营养不良的主要原因。而饥饿和营养不良造成的劳动生产率下降、对疾病的抵抗力的下降和人力资本作用的下降，又加剧了贫困。所以经济学家帕萨·达斯古普塔（Parthas Dasgupta，1993）在他的著作《福利与贫困研究》中指出，低收入是营养不良的原因，而营养不良又是低收入的原因，因为营养不良损害了工作效率和生产率。

三、人力资本投资是减缓贫困的重要举措

对于贫穷国家来说，投资于教育、健康，具有明显的经济和社会效益。世界卫生组织在印度所做的研究表明，如果在结核病控制项目上投资2亿美元，病人治疗成本的减少和生产率的增加合在一起，经济收益将超过7.5亿美元。

消除营养不良，能带来显著的回报。例如，保证一个健康婴儿顺利诞生需要花费580美元，远远低于一个低体重婴儿诞生带来的损失，而实际所需的投入要比这个数字小得多。如尼泊尔为孕妇提供健康营养摄入的项目表明，避免低体重婴儿诞生的花费只需150美元，仅为估计数的1/4左右。与饥饿和营养不良带来的损失相比，解决这一问题所需的资源要少得多。联合国粮食与农业组织公布的《2004年世界粮食不安全状况》指出，为消除饥饿，每投资1美元，可以产生5~20美元的回报。如果每年对消除饥饿的公共项目投入240亿美元，将得到1200亿美元的GDP增长。

从长远看，人力资本投资是减缓贫困的根本性措施。20世纪70年代和80年代，马来西亚和印度尼西亚在发展经济和减缓贫困方面取得了举世瞩目的成就，教育投资发挥了不可或缺的作用。从60年代中期起，马来西亚政府就开始增加教育投资。1972~1977年，马来

西亚实行了新经济政策，政府的教育支出占国家财政预算总额的22%，提高了国民教育水平。1987年全体国民平均受教育年限，男子为7.5年，女子为6年；贫困发生率从1970年的50%降至15%，教育对减缓贫困产生了深远影响。20世纪70年代，印度尼西亚大幅度增加对农村地区教育设施的投资，从1977年起对贫困家庭的子女免收学费，大大提高了初等教育入学率。1998年初等教育入学率达到98%，贫困家庭儿童入学率达到92%。韩国和泰国的经验也证明了教育投资对于经济发展和减缓贫困的重要作用。

以人力资本投资为切入点消除贫困和饥饿，是实现可持续性发展的基本环节。1988年以来，联合国粮食与农业组织在洪都拉斯的帕罗拉苏尔（Prolesur）贫困地区实施了一系列可持续发展项目，主要内容是以可持续农用林业耕作体系替代刀耕火种法。结果表明，农户的粮食安全得到了保障，生态环境得到了改善，农民的生计实现了多样化。项目地区已成为中美洲亚区域实现可持续农业和乡村发展的模式，吸引了其他捐赠方的资助，得到了应用性推广。

减缓贫困需要增加社会福利开支，实施灾民救济计划，制定涵盖老、弱、病、残和失业者的社会保障体系，但就可持续发展而言，最重要的是母婴健康和营养计划。

第三节　贫困对资源与环境的影响

一、贫困对资源与环境影响的分析

贫困地区通常具有4个特征：①养老依赖家庭和农业劳动生产率极低。②地处偏僻、交通不便，缺乏发展非农产业的条件。③缺少适用技术和启动资金，难以拓展自然资源的利用范围和提高自然资源的利用效率。④自然条件恶劣、土地生产力极低和农业技术又停滞不前。农户通常采用多生孩子的策略来化解养老风险，由此造成了人口的快速增长；农户收入的绝大部分来自农业生产活动，由此对自然资源造成了很大的压力；由于自然资源的利用范围狭窄和利用效率低下的格局长期不变，土地的垦殖率随着人口压力的不断加大越来越高，从而对自然资源和环境造成越来越大的冲击。一般来说，越是贫困的地区，对自然资源的依赖程度越高，自然资源的耗竭速度越快，对生态环境施加的压力越大，生态环境恶化的程度越严重。由此可见，从社会层面上看，贫困与社会发展滞后、人口增长过快密切相关；从资源与环境层面上看，贫困与自然资源耗竭速度加快、生态环境恶化程度加重密切相关。

从世界范围看，人口的增加主要表现为依赖于农业的人口的增长，由此加大了对土地资源的压力。目前，大约有20亿hm^2的土地被划为退化土地，这个土地面积比美国和墨西哥两国相加的国土面积还要大。造成土地和土壤退化的主要因素有：过度放牧（35%）、林木砍伐（30%）、农业耕作（27%）、植被过度利用（7%）和工业活动（1%）。由此可以看出，贫困是土地退化的主要原因，反过来，土地退化又成为贫困加剧的原因。

中国的情形也不例外。由于贫困地区和贫困人口缺乏发展非农产业的条件，家庭收入过度依赖农业和农业技术的停滞不前，土地垦殖率的提高造成了土地退化。为了在人口快速增长的情形下维持生存，贫困农民不得不继续开发土地资源，又进一步加剧了土地退化。有关调查表明，在我国严重沙化土地中，绝大部分是人为原因所致，其中，24.5%（447万hm^2）由于过度耕作所致，28.3%（499万hm^2）是过度放牧所致，31.8%（560万

hm^2）是过度采伐木材和采集薪柴所致，8.3%（147万hm^2）是由于不适当地利用淡水资源所致，只有0.7%（13万hm^2）是采矿、修筑道路和城市开发所造成的（王涛，吴薇，1999），自然原因所致的只有6.4%（114万hm^2）。

国家统计局农村社会经济调查总队的王萍萍（1999）利用1998年全国农村住户调查资料，根据贫困人口的一系列社会经济特征值，用聚类分析方法，对全国农村贫困地区的致贫因素进行了分析。结果表明，在河北、山西、辽宁、安徽、江西、山东、河南、湖北、湖南、广西、海南、重庆、四川省（自治区、直辖市）的第二类贫困地区内的贫困农户中，有66.7%的农户人均粮食产量低于全国非贫困地区农户人均粮食产量。由于这类地区人均拥有的土地多于全国非贫困人口的人均拥有量，所以这类地区的贫困显然与土地退化有关。中国科学院地理研究所的郭来喜和姜德华（1994）在《贫困与环境》一文中将592个贫困县分成三大类型进行研究，发现土地退化与贫困度密切相关。赵名茶（1995）利用贫困与土地退化相关度模型分析桂西北喀斯特山区的贫困状况，也得出贫困与土地退化有关的结论。

由于在很多情形下，资源和生态环境的破坏是由贫困造成的。所以只有减缓贫困，才有可能遏制资源和环境退化的局面，才有可能走上可持续发展的道路。这个问题的解决，需要发展中国家的努力、贫困地区的努力和贫困人口的努力，也需要开展国际间的磋商和对话，建立有效的国际合作机制，使贫困地区因履行生态环境义务而带来的经济损失得到补偿。

二、经济增长是减缓贫困、化解资源与环境问题的必要条件

过去几十年的经验表明，经济增长停滞的国家，贫困往往变得更加严重。例如拉丁美洲和加勒比地区，由于受外部冲击和宏观经济调整的影响，20世纪80年代许多国家的经济呈负增长，贫困人口数量大幅度增加，生活条件进一步恶化。撒哈拉以南非洲地区，70年代以来的经济增长停滞是其贫困状况持续恶化的根本原因。

经济增长较快、人均收入有明显增加的国家，贫困人口数量都有大幅度下降，贫困状况显著减缓，例如巴西、印度尼西亚、马来西亚和泰国。1960～1970年，巴西的经济年均增长率一直保持在8%以上。1970～1980年，印度尼西亚、马来西亚、泰国的GDP年均增长率一直超过6%。相应地，1960～1980年，巴西的贫困发生率从50%下降到21%。1970～1998年，印度尼西亚的贫困发生率从58%下降到17%，马来西亚的贫困发生率从50%下降到15%。1962～1998年，泰国的贫困发生率从59%下降到26%。韩国的情形更为突出，1962年韩国人均GDP只有87美元，但1965～1986年经济全面高速增长，贫困发生率从40.9%下降到7.7%，农村绝对贫困已消除。智利（1987～1998年）、哥斯达黎加（1987～1998年）和委内瑞拉（1987～1998年）的经验证明，即便出现短期的高速经济增长，也会使贫困明显减缓。

在贫困人口数量发生大幅度下降的国家或地区，由贫困造成的资源和环境压力也相应地下降了，具体表现为自然生态系统和林草植被的改善。经济增长、减缓贫困和环境保护三者之间的联系是，减缓贫困需要保护环境，只有环境的可持续性才能使减缓贫困工作长期化，保护环境又需要经济增长和贫困减缓。

改善政府治理结构和向贫困农民赋权，是加快贫困地区脱贫，进而化解资源与环境压力的重大举措。其中，改善政府治理结构的内容包括：建立与市场经济体制相适应的、依法行

政的工作程序，完善扶贫体系，改进扶贫管理制度、提高管理人员素质和扶贫运作效率，使有限的扶贫资金更好地发挥减缓贫困的作用。向贫困农民赋权的内容包括：赋予贫困农民拥有资源产权的权利，发展民营经济的权利和建立农民合作组织的权利等。发展中国家的贫困人口绝大部分集中分布在农村，以农业为主要收入来源，所以，农业增长的减缓贫困效果最为显著。

需要指出的是：第二次世界大战后，许多国家致力于发展经济，减缓贫困。数十年后发现，经济发展的好处大部分落到了社会的非贫困群体甚至富人头上。由此可见，经济增长是减缓贫困的基本前提，而并不一定能够产生减缓贫困的结果。正是在这一背景下，从20世纪70年代起，世界各国开始实施各种专门扶贫的项目。

三、如何实现减缓贫困的可持续性

生态系统的承载力具有再生性、修复性和递增性（李周，2003），即减缓贫困会使资源与环境的压力一时加大，但只要新增的压力在生态系统弹性的阈值内，并不会对生态系统构成致命性的冲击。随着一时加大的压力的逐渐消失，生态系统将逐渐恢复原有状态。这就是所谓的“先破坏，后治理”模式。

然而，现在得到广泛认同的是可持续的减缓贫困方式。所谓可持续的减缓贫困方式有两层含义，一是不会对资源与环境施加更大的压力，二是不会造成收入差距拉大和新的社会不公。它的核心是以具有正和博弈特征的“转变（通过转变得到提升）”模式替代具有零和或负和博弈特征的“转嫁（转嫁他人或后人）”模式。

所谓可持续的减缓贫困方式，就是通过提升贫困人口的自我发展能力和创新资源利用技术，使他们有能力以更为有效的资源利用方式替代原有的资源利用方式，而绝不是通过设置各种禁令来限制他们采用的资源利用方式。对于生态地位极为重要，尚未找到资源利用替代方式，又亟待实施禁令的地区，则采用生态补偿的方式来维护仍要依靠这些资源谋生的贫困人口的利益，使禁令的实施不会对他们的生计施加不利的影响。

可持续的减缓贫困方式强调，扶贫旨在提高贫困人口综合素质和自我发展能力，发挥贫困人口的积极性、主动性和创造性，培育贫困社区民主管理机制和自治能力。为了实现这些目标，必须让贫困人口成为减缓贫困的主体，必须采用民主参与的方式，以确保扶贫活动合乎贫困人口的实际需求，进而获得他们的理解和合作，从而使所制定的扶贫政策都合乎可持续发展的要求，使所有的贫困社区和贫困人口的生产经营活动都合乎可持续生计的原则。增强社区的互助能力，是使贫困农户不再因为遭受意外灾害（如患病）而返贫的重要举措，所以，减缓贫困不仅要以家庭为对象，也要以社区为对象。

扶贫济困是政府必须持续履行的重要职责。按照可持续减缓贫困的理念，政府在这方面应履行的职责主要包括两点：①做好第二次分配，即通过公共财政转移支付的适当倾斜，有效地促进代内公平。②通过制度安排，引导社会力量参与扶贫，充分发挥第三次分配在促进代内公平方面的作用，并通过社会参与培育公民互助的精神。目前，中国用于第三次分配的资金仅占GDP总量的0.3%，而美国用于第三次分配的资金占GDP总量的7%，差距非常大。鉴于在促进代内公平方面，社会的力量要比政府的力量大得多，所以，放松行政管制，为旨在改进第三次分配的非政府组织的发育提供更为宽松的环境，是政府更为重要的职责。同时，政府还要防止两种倾向：①利用行政手段干预第一次分配的政策倾向，第一次分配是市场机制发挥作用的范围，以行政手段干预第一次分配，即人为地扭曲生产要素和产品的市场价格，会削弱企业的竞争力，进而影响国家的可持续发展。②防止少数政府官员把个人政绩作为扶贫首要目标的倾向。这样的扶贫不可能具有可持续性，也不可能得到贫困人口的配合和支持。

可持续的减缓贫困方式提倡“奖勤抑懒”的扶持方式。如果贫困地区和贫困人口脱贫的绩效越差，政府投入的资源就越多，绩效越好，政府投入的资源反而越少，贫困群体就会选择消极脱贫，以获得更多的政府扶贫资源，这样就会形成依赖政府扶贫的“等、靠、要”倾向。国内外的扶贫经验表明，无偿的援助或补贴不仅不利于穷人确立发展目标，反而会助长他们的依赖思想。为了使减缓贫困具有可持续性，必须将食品救助性扶贫转变为能力培育性扶贫，必须将道义性扶贫转变为制度扶贫。

可持续的减缓贫困方式认为，直接救助是减缓贫困的快捷方式，而提升能力是减缓贫困的根本性措施。穷人的能力和素质包括：认识到摆脱贫穷主要靠自己而不是外援；文化水平、生产技能和管理能力不断提高，外部援助撤出后仍能实现生产经营和家庭收入的稳定增长。所以，要以教育培训和医疗保健为切入点提高贫困人口的素质，以增加水、电、路、通讯等基础设施为切入点改善贫困地区的发展环境，以引进适宜技术为切入点促进贫困地区的自然资源利用和环境管理。即通过贫困人口发展能力的提高，贫困社区发展环境的改善和贫困地区资源管理的改进，实现可持续的减缓贫困。

绝大多数穷人生活在农村，主要依靠农业维持生活，穷人的绝对量还随着人口的增长不断增多，是发展中国家广大农村资源承载压力增大、生物多样性破坏加剧的重要原因。据统计，农业用水约占全球淡水用量的70%，农业用地约占全世界土地用量的40%，农业生产不仅占用了大量的水土资源，而且对环境的影响很大。农业发展不可持续，世界就不可能实现可持续发展。所以，减缓贫困的关键是创造有利于农业可持续发展的宏观政策环境，在确保自然资源可持续利用的前提下提高农业的生产力和竞争力，使农业成为实现可持续扶贫的重要部门。

◎第二章 中国贫困状况

本章着重介绍贫困的基本概念，贫困的界定方法，特别是1985年以前中国农村贫困状况，以便读者了解中国实施大规模扶贫政策的背景。贫困曾是困扰中国的重大问题。1949年，中国处于普遍贫困的状态，人均国民收入27美元，不足整个亚洲平均水平44美元的2/3，不足印度57美元的一半（朱凤岐等，1996）。20世纪70年代，中国乡村大约有2/3的人口得不到食品保障（周彬彬，1991）。在中国政府实施大规模扶贫政策之前的1985年，全国农村人均年纯收入低于200元的贫困人口还有1.25亿，占农村总人口的14.8%。

第一节 贫困的基本概念

一、贫困的定义

最近100年来，随着贫困研究的不断深入，学者们对贫困的认识不断深化，贫困所涵盖的内容不断丰富，对有关贫困的概念的共识也不断提高。下面简略地介绍几个被人们普遍接受的贫困概念。

(一) 收入贫困

1901年，英国学者朗特里（B. S. Rowntree）对英国约克市（York）工人家庭的收入与生活支出状况进行了普查。在对收集到的普查资料进行处理分析后，他发现约克市有10%的人口处于生存难以为继的贫困境地。据此，朗特里（Rowntree，1901）将贫困定义为："家庭总收入不足以支付仅仅维持家庭成员生理正常功能所需的最低量生活必需品开支。"朗特里所说的最低量生活必需品，包括食品、衣物、住房和取暖等项，但不包括报纸、邮票、烟酒、消遣等"享受品"、"娱乐品"或"奢侈品"。根据最低量生活必需品的数量及其价格，可以确定或计算出划分贫困家庭的收入标准，即贫困线。

朗特里关于确定收入贫困或贫困线的方法一直沿用至今。世界银行在《2000/2001年世界发展报告》中展示了它完成的有关发展中国家处于收入贫困状态的人口规模现状的统计分析结果。世界银行在这份报告中指出，与朗特里的研究相比，尽管两次收入贫困的计算相隔了1个世纪，"不过它们采用的基本概念和方法非常相似"（世界银行，2001）。

经济学家大多从家庭或个人收入的角度定义贫困概念。美国经济学家萨缪尔森（P. Samuelson）在其主编的教科书《经济学》（Economics）中说："贫困是一种人们没有足够收入的状况。"由于收入是评价家庭和个人生活状况的一个十分重要的指标，并且它比较容易进行统计、测量和监测，因此，收入贫困成为当今贫困研究中一个非常重要的概念。

（二）社会贫困

以马克斯·韦伯（Max Weber）为代表的西方社会学家提出的关于社会不平等和社会分层理论认为，社会不平等的实质是社会资源或有价值物（如财富、收入、权力、声望、教育机会等）在社会成员中的不均等分配，处在社会下层的贫困群体正是上述社会资源分配的匮乏者。该理论得到了国际社会和众多学者的认同。如欧洲共同体委员会在《向贫困开战的共同体特别行动计划的中期报告》中给贫困下的定义是："贫困应该被理解为个人、家庭和人的群体所拥有的资源（物质的、文化的和社会的）十分有限，以致他们被排除在社会可以接受的最低限度的生活方式之外。"这里所说的资源是多方面的，它不仅限于物质生活资源，还包括文化生活资源、社会生活资源等。英国社会学家皮特·汤森（Peter Townsend）将贫困定义为：在一个社会中，一个人缺乏参与社会惯例或社会所广泛认同的活动和享受普通生活水平所必需的资源（Townsend，1979）。

社会贫困以社会为切入点来分析贫困问题。它强调贫困是社会制度不公平的结果，具体包括财富分配的不公平、权利分配的不公平和机会分配的不公平；强调要从制度变革和创新入手改善财富分配格局、改善赋权体系和机会分享的环境；强调社会努力对于减缓贫困的重要性。

（三）人类贫困

人类贫困是联合国开发计划署在《中国人类发展报告——人类发展与扶贫》中提出的一个概念。这份报告对人类贫困的解释是："贫困不仅仅是缺乏收入的问题，它是一种对人类发展的权利、长寿、教育、尊严和体面生活标准等多方面的剥夺。"所以，建议用人类贫困指数（HPI）来评价或度量某个发展中国家、某个地区的贫困程度，指数越大，贫困程度越重；指数越小，贫困程度越轻。人类贫困指数（HPI）的计算公式为

$$HPI = \sqrt[3]{\frac{1}{3}(P_1^3 + P_2^3 + P_3^3)} \qquad (2\text{-}1)$$

$$P_3 = \frac{1}{2}(PSW + CUW) \qquad (2\text{-}2)$$

式中，P_1代表寿命不足40岁的人口的比例，反映贫困对人的寿命的剥夺；P_2代表成人文盲率，反映贫困对人的受教育机会的剥夺；P_3代表最基本的卫生健康缺失率，反映贫困对最基本的卫生保健权利的剥夺。P_3是两个指标的平均数，其中PSW代表无法获得安全饮用水的人口占总人口的比例，CUW代表5岁以下儿童发育不良（用体重严重不足考量）人数占儿童总数的比例。

发展中国家人类贫困指数排在前26名的国家见表2-1。

人类贫困以特定空间（如区域、国家和地区）为切入点分析贫困问题，关注的是人们普遍关心的3项权利，即延续生命的权利、获得最基本的教育的权利和最基本的卫生保健的权利，这是它不同于收入贫困和社会贫困的显著特点。人类贫困指数既能够反映对人的最基本权利的剥夺造成的严重后果，也可以用来度量赋予这些权利对特定地区居民的作用。与其他贫困测量指标相比，人类贫困指数最突出的特点是：①避免了贫困线确定过程中存在的诸

多问题。②只适用于测量发展中国家的贫困。③直接使用人类发展最基本的福利指标来衡量贫困而不是通过收入或消费这些中间指标。表 2-2 是关于人类贫困与收入贫困的差异比较。

表 2-1　2002 年人类贫困指数在前 26 位的发展中国家的排序

国　家	贫困指数	国　家	贫困指数	国　家	贫困指数	国　家	贫困指数
乌拉圭	3.6	巴拿马	7.7	毛里求斯	11.3	秘　鲁	13.2
智　利	4.1	哥伦比亚	8.1	马尔代夫	11.4	中　国	13.2
哥斯达黎加	4.4	委内瑞拉	8.5	巴　西	11.8	叙利亚	13.7
古　巴	5.0	墨西哥	9.1	土耳其	12.0	多米尼加	13.7
新加坡	6.3	牙买加	9.2	厄瓜多尔	12.0	玻利维亚	14.4
约　旦	7.2	黎巴嫩	9.5	圭亚那	12.9		
特立尼达和多巴哥	7.7	巴拉圭	10.6	泰　国	13.1		

资料来源：据 UNDP（2003）Human Development Report 整理

表 2-2　人类贫困与收入贫困的差异比较

	人类贫困	收入贫困
贫困含义	对物质和非物质福利的剥夺	对物质福利的剥夺
状　态	动态过程	静态条件
因果性	反映贫困的原因和结果	只表现结果
贫困原因	缺乏物质资本和非物质资本	主要缺乏物质资本
分析单位	地区、国家	家　庭
指标界定	较容易	较　难
贫困指数计算	较　难	较容易

（四）能力贫困

1998 年诺贝尔经济奖获得者阿玛蒂亚·森（Amartya Sen）在 1999 年出版的《以自由看待发展》（*Development as Freedom*）一书中指出："狭隘的发展观包括发展就是国民生产总值的增长、或个人收入的提高、或工业化、或技术进步、或社会现代化等等的观点。"森认为，财富、收入、技术进步等固然可以是人们追求的目标，但它们最终只属于工具性的范畴，是为人的发展、福利服务的；而以人为中心的最高价值标准就是自由，自由才是发展的主题、才是发展的最高目标。

森所说的"自由"，决定于人们享受有理由珍视的那种生活的可行能力，具体包括人们免受困苦（诸如饥饿、营养不良、可避免的疾病、过早死亡）的可行能力，以及接受教育和参与政治等的可行能力。与这种认识相对应，森认为贫困是对人们基本的可行能力的剥夺，而不仅仅是收入低下。森指出，贫困用可行能力被剥夺来识别，是从人的自由发展目标层面上来解释的，具有"目的性"；而贫困用收入被剥夺来解释，只具有"工具性"。消除收入贫困是重要的，但这不应成为反贫困的终极动机；关键是要提高人的可行能力，如享受教育、医疗保健、社会参与、政治权益等。提高人的可行能力一般会扩展人的生产能力和挣钱能力。森的这一思想产生了重大影响，成为国际社会制定反贫困战略和政策的一个重要理论依据。

能力贫困是以对实际结果施加决定性影响的能力为切入点分析贫困问题，它关注的是原因而不是结果，关注的是发展的目标而不是达到目标的手段，关注的是捕获“鱼”的能力（“渔”）而不是捕获到的“鱼”的数量。减缓贫困必须从消除能力贫困入手，能力贫困消除了，收入贫困也就消除了。就此而言，开发式扶贫的关键，是贫困人口的可行能力的开发，而不是贫困地区具有比较优势的资源的开发。

（五）福利贫困

1985年，瑞典社会研究所学者斯坦·林恩（Stein Ringen）在《走向贫困衡量尺度的第三阶段》（Toward a third stage in the measurement of poverty）一文中，把收入范畴的绝对贫困和相对贫困的概念，分别称为贫困衡量的第一阶段和第二阶段，而把福利贫困，称为贫困衡量的第三阶段。论文指出，“贫困问题的研究是一种可称作‘福利问题的研究’，即研究社会的福利水平与分配。”这里所说的福利并非狭义的经济福利，而是包括物质消费品和“非物质”消费品，如工作条件、闲暇、社会关系、政治权利和组织参与等的广义福利。

福利贫困概念目前已被国际社会所接受和采用。世界银行在《1990年世界发展报告》中对贫困概念所下的定义是“缺少达到最低生活水准的能力。”所谓最低生活水准，既包括收入或消费，还包括医疗卫生、预期寿命、识字能力等。10年后，世界银行在《2000/2001年世界发展报告》中明确提出“贫困是指福利的被剥夺状态。”报告解释道，贫困不仅指物质的匮乏，而且还包括低水平的教育和健康；除此之外，贫困还包括风险和面临风险时的脆弱性，以及不能表达自身的需求和缺乏参与机会。由此可见，在我们所引的世界银行的后一份报告中，其贫困的定义具有福利贫困的含义，即贫困实际上是指广义福利被剥夺的状态。

在上述五种贫困定义中，收入贫困用来度量贫困家庭和个人数量的变化，人类贫困主要用来度量特定空间贫困程度的变化，社会贫困、能力贫困和福利贫困旨在揭示减缓贫困的路径和方法。

二、贫困的类型

在贫困研究中，由于提出的命题或关注的重点不同，贫困的分类也有所不同（表2-3）。

表2-3 贫困的类型

	类 型	贫困类型释义
类别	收入贫困	家庭总收入不足以支付仅仅维持家庭成员生理正常功能所需的最低量生活必需品开支
	人类贫困	以寿命、教育、保健等结果综合反映某一地区的总体贫困情形及其变化
主体	区域贫困	超越国界的大尺度贫困，如撒哈拉以南非洲
	国家贫困	最不发达国家、低收入国家
	地区贫困	国内贫穷落后的地区，如贫困县、贫困乡、贫困村
	群体贫困	一国或一地区内的贫困人口群体，也称贫困阶层
	家庭贫困	居民家庭的贫困，如城市贫困家庭、农村贫困家庭
	个体贫困	单个穷人或贫困者的贫困

续表

	类　型	贫困类型释义
原因	物质性贫困	缺乏维持生存或体面生活所必需的物质生活资料。可分为收入贫困、资产贫困、公共产品贫困和环境资源约束性贫困等
	能力性贫困	体质、智力、知识、技能和心理能力低下。可分为健康贫困、知识贫困和精神贫困，也称素质贫困
	参与性贫困	缺乏应有的经济、社会、文化和政治生活的参与权，不同程度地被社会所排斥或歧视
程度	绝对贫困	收入无法满足衣、食、住等人类生活的最低需求
	基本贫困	收入不能满足社会认可的人的基本需求或体面生活水准
	相对贫困	低于社会认可的收入水准。通常把低于社会平均收入30%～40%的人口视为相对贫困

绝对贫困与相对贫困是最容易理解的贫困分类。绝对贫困是指收入无法满足衣、食、住等人类生活的最低需求的贫困；相对贫困是指收入已能满足衣、食、住等人类生活的最低需求，但低于社会认可的收入水准的贫困，在发达国家，通常把低于社会平均收入30%～40%的人口视为相对贫困。收入贫困和人类贫困也是比较容易理解的贫困分类，收入贫困瞄准的是家庭和个人，以单个尺度度量贫困规模、贫困发生率和贫困程度等多个指标的变化；人类贫困瞄准的是国家或地区，以多个尺度度量贫困程度单个指标变化。以贫困集中度对贫困主体进行分类，主要是为了降低贫困瞄准的费用。也就是说，在普遍贫困的情形下，贫困瞄准的对象可以大一些；在贫困极为分散的情形下，贫困瞄准的对象必须小一些。以原因进行贫困分类旨在强调，减缓贫困既要关注物质形态的贫困，也要关注能力形态的贫困，以及机会形态的贫困。

三、贫困的量化标准（中国贫困地区经济开发课题组，1988）

（一）贫困的营养标准（Ahluwalia et al.，1979）

世界银行于1979年提出了贫困的营养标准，即每人每天所需最低热量为2250kcal（1cal＝4.186J）。如果低于这个标准，人们从事最低限度的必要活动的能力就会受到损害。中国有关部门在确定农村贫困线时，将每日2100kcal作为最低热量摄入量。

（二）贫困的收入（支出）标准

虽然贫困的定义，包括贫困的营养标准是统一的，但由于世界各国的物价水平存在很大的差异，各国以货币形式确定的贫困标准或贫困线会有较大的不同。1976年国际劳工组织在国际劳动就业会议上划定的贫困线在西欧相当于人均年收入500美元水平。由于其他地区生活费用较低，这个贫困线在拉丁美洲相当于180美元，在非洲相当于115美元，在亚洲只相当于100美元。1979年联合国确定的贫困标准为人均年收入200美元（以上均为1970年美元）。

最低的生活标准与消费支出的关系显然要比它与收入水平的关系更为密切，所以，许多国家以消费支出水平来划定贫困线。同样，为了消除汇率差异的影响，近些年来发展中国家普遍采用世界银行提议的以购买力平价计算的一人一天消费支出低于1美元作为贫困线的标准。

必须指出：①以上介绍的是发展中国家特有的绝对贫困的划定问题，而不是相对贫困的划定问题。关于相对贫困的确定，一般以低于社会平均收入30%～40%来确定。这主要是发达国家探讨的问题。②各个发展中国家认定的绝对贫困的标准仍然有较大的不同，购买力平价方法没有完全解决绝对贫困人口的可加性问题，但它增强了发展中国家的绝对贫困人口的可比性。

（三）贫困的综合标准

营养标准和收入标准都是用单个指标来划定贫困与非贫困的界限，而且它们实际上是同一个问题的两种表达方式，即营养标准是确定收入标准的基础，收入标准是达到营养标准的条件。它们可以用来估计和分析贫困的规模、贫困发生率和贫困程度，但无法反映贫困造成的结果。为了解决后一方面的问题，又提出了贫困的综合标准，亦称“有形生活质量指数”。这个指数是一年中的婴儿死亡率、文盲人数、人均寿命和人均收入的加权平均数，能较全面地反映一个国家的贫困程度和后果。

中国的专家学者不仅关注维持温饱所需的最低营养标准，以及相对应的收入贫困界限，也关注有形生活质量问题。表2-4～表2-6就是有关专家通过抽样调查，分析中国营养不良的情况，以及营养不良对患病，特别是主要疾病的影响。从中可以看出，影响最大的是慢性营养不良，其次是一般营养不良，急性营养不良的影响相对小一些。

表2-4　1986年中国营养不良患病率

调查地点	调查人数	一般性营养不良比例/%				慢性营养不良比例/%				急性营养不良比例/%			
		中重度		重　度		中重度		重　度		中重度		重　度	
		九市	WHO	九市	WHO	九市	WHO	九市	WHO	九市	WHO	九市	WHO
湖　北	1 776	6.6	17.4	0.7	2.0	16.4	25.6	3.1	5.0	2.4	3.2	0.3	0.3
甘　肃	1 370	7.2	19.4	0.4	2.0	22.1	30.8	4.5	7.5	1.3	2.0	0.2	0.2
四　川	1 521	9.1	24.3	1.5	2.6	28.7	39.0	7.6	10.5	1.2	1.2	0.1	0.1
江　西	1 996	9.9	26.0	1.2	2.9	32.8	43.3	8.9	14.5	1.9	2.6	0.4	0.3
广　东	1 224	14.9	33.2	2.2	5.7	37.2	49.2	10.1	15.7	2.9	3.5	0.5	0.5
广　西	911	19.0	35.0	3.7	6.6	60.0	67.8	24.5	33.3	3.2	2.4	0.7	0.2
湖　南	1 051	21.4	47.7	2.7	7.5	51.9	62.6	18.5	26.4	3.2	4.5	0.4	—

注：“—”示数据暂缺

资料来源：常莹等．2001．我国贫困地区学龄前儿童营养状况及改善效果的观察．见：何道峰．中国扶贫论文精粹．北京：中国经济出版社，230

表2-5　1986年中国不同年龄组儿童营养不良患病率

年龄组/岁	调查人数	一般性营养不良比例/%		慢性营养不良比例/%		急性营养不良比例/%	
		九市	WHO	九市	WHO	九市	WHO
<0.5	774	10.0	3.8	17.2	11.5	2.3	0.8
0.5～1.0	1 050	14.7	15.1	22.7	23.1	3.9	2.2
1.0～2.0	1 890	14.7	35.6	30.7	45.8	4.3	6.8
2.0～3.0	1 637	14.7	31.5	38.6	43.5	1.5	2.4
3.0～4.0	1 681	8.9	28.1	36.7	51.9	0.8	1.3
4.0～5.0	1 604	9.0	29.6	38.7	52.2	1.2	1.6
5.0～6.0	1 233	7.5	30.4	34.1	48.7	1.5	2.0

资料来源：常莹等．2001．我国贫困地区学龄前儿童营养状况及改善效果的观察．见：何道峰．中国扶贫论文精粹．北京：中国经济出版社，230

表 2-6　1986 年中国分年龄组儿童贫血患病率

年龄组/岁	患病率/%	年龄组/岁	患病率/%
<0.5	57.5	2.0～3.0	37.7
0.5～1.0	62.3	3.0～5.0	28.4
1.0～2.0	49.9		

资料来源：常莹等．2001．我国贫困地区学龄前儿童营养状况及改善效果的观察．见：何道峰．中国扶贫论文精粹．北京：中国经济出版社，230

第二节　中国农村贫困线的界定

在国际上，确定贫困线的常用方法有两种：一是以人们的收入状况来确定的收入法，其计算公式为：贫困线＝适量的饮食价值/饮食支出占家庭总支出的比率；二是以人们基本生活必需的货物和服务来确定的直接法，即通过研究确定维持基本生存需要摄取的热量、蛋白质，以及所需的衣物、住房面积、赡养系数、卫生教育等。

贫困线的测定通常采用 7 个指标，即人均收入、家庭消费和人均消费、人均食品消费、食品比率、热量、健康和营养状况，以及非食品基本需求。确定贫困线时，主要考虑的 5 个因素是指标、测量单位、家庭规模和构成、时间和价格指数。

一、20 世纪 70 年代末的农村贫困线

中国政府一直关注农村贫困救助工作。但在很长的时间里，政府对农村贫困的救助没有相对统一的标准。1981 年，这种情形发生了变化。这就是农业部首次在操作层面上把年人均集体收入 50 元和 40 元作为划分农村穷县和穷队的工作标准，划分出全国 1977～1979 年各年的贫困县和 1977～1979 年的持续贫困县。

划分贫困的工作标准以农民从生产队里获得的分红为依据，最为重要的原因是在人民公社体制下，集体分配有账可查。采取这种做法，既可以最大限度地降低信息搜寻成本，又可以实现划分结果的客观性和可比性。

接下来的问题，就是弄清农户自留地和家庭副业的收入占集体收入的比例。有关调查表明，就全国而言，1976 年农户家庭经营收入占集体收入的 1/3 或总收入的 1/4；1978 年全国农民年人均纯收入 133.57 元，其中集体收入 88.53 元，占 2/3，家庭收入 45.04 元，占 1/3。按 1/4 的低限和 1/3 的高限加上家庭经营收入，贫困线分别为人均纯收入 53.2～66.5 元和 60～75 元。因为当时的食品支出大约占总收入的 2/3，而非食品支出大约占总收入的 1/3，且基本上没有剩余。这样，40 元和 50 元就相当于食品支出的贫困标准。

20 世纪 70 年代末，40 元可购买 150kg 小麦或 200kg 稻谷。200kg 稻谷按 70%～75% 的出米率，可加工成 140～150kg 大米，每天 0.38～0.41kg，相当于每天摄入 1260～1350kcal 的热量。小麦的出粉率约为 85%，150kg 小麦可加工成 130kg 面粉，相当于每天摄取热量约 1200kcal。按照中国营养学会的标准，中国农村居民维持温饱的最低热量摄取量为 2100kcal。也就是说，对应于人均 40 元和 50 元食品支出的热量消费水平，只相当于最低热量摄入量的 57.1%～64.3%。

更何况，上面是按全国平均水平计算的，而贫困地区农户的家庭经营收入占集体收入的

比例往往低于全国平均水平。例如，据云南省4县8村的调查统计，1978年5个年人均纯收入高于50元的村，农户家庭经营收入占集体收入的24%；3个年人均纯收入低于50元的村，农户家庭经营收入占集体收入的21.7%。由此可见，人均集体收入40元或50元所代表的贫困线水平非常低下。

二、20世纪80年代中期的农村贫困线

1986年，中央政府确定了划分贫困县的标准。这个贫困标准实际上有3个尺度：①一般而言，以农民人均纯收入低于150元为标准。②老革命根据地、少数民族自治县和半牧区以农民人均纯收入低于200元为标准。③井冈山地区、赣南地区、闽西南地区、武陵山地区、大巴山地区、大别山地区、太行山地区和沂蒙山地区等对中国革命做出过巨大贡献、影响较大的老革命根据地，以及内蒙古、青海、新疆等省、自治区中有特殊困难的少数民族自治县和牧区县，贫困线放宽到300元（国务院贫困地区经济开发小组办公室，1989）。

与1981年相比，这次采用的划分贫困的尺度有以下不同：①由于人民公社已经解体，所以用人均纯收入替代了人均集体收入。②划定贫困县时不仅考虑了经济因素，而且考虑了政治因素。③贫困县确定的时间标准有差别，牧区和半牧区县（旗）按1984～1986年年均农民人均纯收入为依据，其余的县以1985年农民人均纯收入为基础。④由于以一年的农民人均纯收入为依据，而1985年的灾情有些异常，即一些长期贫困的县灾情轻，农民人均纯收入上升较多；而一些相对好一些的县灾情重，农民人均纯收入下降较多，结果造成了贫困县确认的偏离。

当时，贫困农户的食品支出为100元左右，按照当时的价格计算，可购买218kg小麦或280kg稻谷（1986年全国小麦的平均收购价格为0.4575元/kg，稻谷的平均收购价格为0.3582元/kg，玉米等其他粮食的价格为0.35～0.80元/kg），相当于186kg面粉和210kg大米；每日热量的摄取量约1730kcal。由此可见，与农民人均纯收入150元相对应的热量摄入，要高于20世纪70年代末人均集体收入50元的热量摄入，但也是一个较低的标准。

与农民人均纯收入200元相对应的热量摄入，可达到合理营养标准的最低需求。而与农民人均纯收入300元相对应的热量摄入，则大大超过合理营养标准的最低需求。但200元的贫困线仍是一个较低的标准，300元的贫困线也不是一个宽裕的标准。

三、中国确定农村贫困线的方法

贫困线的确定主要取决于两个因素，一是维持温饱所需的最低的食品消费支出，二是最低的食品消费支出占全部生活消费支出的比例。

食物消费不仅是人们基本生活消费中最为重要的部分，而且也是确定性最强、计量最容易的部分，关于穷人食品消费支出占全部生活消费支出的比例，有诸多的研究结果可供参考。所以，采用这种方法确定或计算贫困线，不仅具有很强的可操作性，而且可以最大限度地消除贫困线确定中的主观随意性。

中国农村的贫困线，是依据1984年全国农村67 000住户调查资料计算出来的。虽然我国划定的农村贫困线的标准相对较低，但它们与当时我国的综合国力和政府的扶贫能力基本

上是相吻合的，而且有较强的计算依据。计算程序可概述如下。

(一) 确定维持温饱所需的最低热量摄入量

要弄清维持温饱所需的最低的食品消费支出，首先要弄清楚维持温饱所需的最低热量摄入量。所以，计算贫困线的第一个步骤是确定维持温饱所需的最低热量摄入量。

最低热量摄入量是指维持人的正常生活所必需的热量摄入量的最低限。需要指出的是，这个数量界限不仅在不同的国家、不同的地区会有所不同，即便在同一国家或同一地区，不同的研究机构或学者计算出来的最低界限也有可能不同。根据中国营养学会测算，中国居民维持正常生活每日所需的热量摄入量应为2400kcal，其最低限为2000kcal。考虑到农村居民主要从事重体力劳动，需要消耗较多热量的实际情况，所以中国有关部门在确定农村贫困线时，将每日摄入2100kcal作为最低热量摄入量。

(二) 选择合理的食物消费项目和数量

当维持温饱所需的最低热量摄入量确定下来以后，下一步的工作是选择哪些食品及其数量来达到最低热量摄入量。一般来说，对应于最低温饱需求的食品消费项目及其消费量的选择应当符合以下3个原则：①根据贫困的定义，所选择的食品消费项目及其消费量应该与维持人们最低温饱需求相对应。②根据这些食品消费项目及其消费量计算的热量摄入量必须达到2100kcal。③食品消费项目及其消费量的选择必须符合中国农村居民的消费偏好。

按照上述原则，中国营养部门的专家根据1984年全国农村住户调查资料，去掉食品消费中的烟、酒、糖果和糕点等非必需的食品消费项目，保留了粮食、蔬菜、动物油、植物油、猪肉、牛羊肉、牛羊奶、家禽、蛋类、鱼虾、食糖、水果等12类必需的食品消费项目。然后，根据合理的营养结构，制定了每人每天摄入热量为2100kcal的“标准食谱”(表2-7)。

表2-7 标准食谱

食物	单位热量/(kcal/kg)	贫困人口食物消费量/[kg/(人·年)]	全国平均食物消费量/[kg/(人·年)]	中国营养学会推荐的食物消费量/[kg/(人·年)]	摄入热量/(kcal/日)	比例/%
粮食	3 150	220.00	249.51	170.40	1 898.6	87.2
蔬菜	204	100.00	130.08	144.00	55.9	2.6
植物油	8 990	2.45	3.28	3.00	60.3	2.8
动物油	8 960	1.36	1.48	—	33.4	1.5
猪肉	3 950	8.70	10.05	18.00	94.2	4.3
牛羊肉	1 746	0.54	0.66	4.00	2.6	0.1
牛羊奶	1 522	0.75	1.08	24.00	3.1	0.1
家禽	1 845	0.74	1.25	5.00	3.7	0.3
蛋类	1 635	1.30	2.28	6.00	5.8	0.3
鱼虾	1 091	0.96	1.91	6.00	2.9	0.1
食糖	3 970	1.00	1.41	—	10.9	0.5
水果	604	3.00	5.03	9.60	5.0	0.2

注：“—”示数据暂缺

资料来源：①国家统计局农村社会经济调查总队. 1992. 关于中国农村贫困状况的评估和监测. 开发与致富，(12)：30

②汪三贵，李文. 2005. 中国农村贫困问题研究. 北京：中国财政经济出版社，5

（三）计算最低食品消费支出

当对应于维持温饱所需的热量摄入量的标准食谱确定下来以后，就可以计算最低食品消费支出了。我国农村住户调查方案规定：凡是出售的产品按出售价格计算，凡是购买的产品按购买价格计算，对于自产自用的产品，则按国家牌价计算。根据上述计价原则，计算最低食品消费支出的混合平均价格的公式为

$$P_i = P'_i \cdot R_i + P''_i \cdot (1 - R_i) \tag{2-3}$$

其中，P_i为某项食品的混合平均价格；P'_i 为某项食品的国家牌价；P''_i 为某项食品的购买价格；R_i为某项食品中自产自用的比例。

根据各项食品的消费量及相应的混合平均价格计算的最低食品消费支出之和。如表2-8所示，1984年农村居民的人均最低食品消费支出为119.73元/年。按1985年的价格指数计算，维持生存的最低食品需求的费用为124.80元/年。

表2-8 基本食品消费量、混合平均价格和消费金额

食 物	单位热量/(kcal/kg)	混合单价/(元/kg)	消费量/kg	消费金额/元
粮 食	3 150	0.30	220.00	66.00
植物油	8 990	1.90	2.45	4.66
蔬 菜	204	0.21	100.00	21.00
猪 肉	3 950	1.85	8.70	16.10
蛋 类	1 635	2.06	1.30	2.68
动物油	8 960	1.40	1.36	1.90
牛羊肉	1 746	2.47	0.54	1.33
牛羊奶	1 522	0.40	0.75	0.30
家 禽	1 845	2.84	0.74	2.10
鱼 虾	1 091	1.14	0.96	1.09
食 糖	3 970	0.92	1.00	0.92
水 果	604	0.55	3.00	1.65

资料来源：①国家统计局农村社会经济调查总队. 1992. 关于中国农村贫困状况的评估和监测. 开发与致富，(12)：29
②汪三贵，李文. 2005. 中国农村贫困问题研究. 北京：中国财政经济出版社，69

（四）确定恩格尔系数

恩格尔系数是指食品消费支出在全部生活消费支出中所占的比例。恩格尔系数是由19世纪德国的统计学家恩格尔（Ernst Engel）提出来的。恩格尔在统计分析中发现，一个家庭收入较少时，其用来购买食物的支出占全部生活消费支出的比例较大；随着家庭收入的增加，用来购买食物的支出占全部生活消费支出的比例将会逐渐下降。后来，人们把这一反映生活消费结构变动的规律，称为恩格尔定律。

国际上一般认为，可以根据恩格尔系数对生活水平大体划分如下：60%以上为贫困，

50% ~60% 为温饱，40% ~50% 为小康，30% ~40% 为富裕，30% 以下为极富裕。鉴于此，我国政府有关部门在计算中国农村贫困线时，将贫困人口食品消费支出占全部生活消费支出的比例，即恩格尔系数，定为 60%。

（五）农村贫困线

农民维持基本生存所必需消费的物品和服务的最低支出主要包括两部分，一部分是维持温饱所需的最低食品消费支出，另一部分是最低的衣服、住房、交通、燃料、日用品等生活必需品支出以及医疗、教育等非食品支出。

根据上述方法，农村居民的贫困线等于最低食品消费支出除以食品消费支出占全部生活消费支出的比例。根据中国营养学会推荐的标准食谱（表 2-7）及当年的食品混合平均价格，1984 年农村居民人均食品消费支出为 119.73 元，而贫困家庭食品消费支出占全部生活消费支出的比例，即恩格尔系数为 60%，前后两项相除的商为 199.6 元，取整为 200 元/(人・年)，即 1984 年中国农村的贫困线为 200 元/(人・年)。同理，采用 1978 年和 1985 年的食品混合平均价格，可算出 1978 年和 1985 年中国农村居民的贫困线分别为 100 元/(人・年)和 206 元/(人・年)。

第三节　中国农村贫困的规模、程度和分布

一、中国农村的贫困概况

（一）1954 ~ 1976 年的农村贫困状况

我国把 2100kcal 作为维持生活的热量摄入的最低标准，与世界银行提出的 2250kcal 标准很相近。从表 2-9 可以看出，除 1956 年我国农村居民的人均热量摄入超过 2100kcal 外，其余几个年份农村居民的人均热量摄入均低于 2100kcal。这意味着这个时期农民平均营养水平普遍没有达到人体营养所需的最低标准，即从总体上看，我国农村居民处于贫困状态。

表 2-9　1954 ~ 1976 年中国农村居民每日热量和营养摄入量

年　份	热量/kcal	蛋白质/g	脂肪/g
1954	1 984	51.5	24.4
1956	2 136	53.5	25.1
1957	1 991	50.6	22.7
1965	2 002	49.9	25.7
1973	2 015	—	—
1974	1 996	—	—
1975	2 001	—	—
1976	1 977	—	—

注：“—”示数据暂缺

资料来源：周彬彬，高鸿宾. 2001. 对贫困的研究和反贫困实践的总结. 见：何道峰. 中国扶贫论文精粹. 北京：中国经济出版社，478 ~ 479

粮食是贫困农民最重要的食物和最基本的营养来源。国家统计局把220kg作为最低需要食谱中的粮食消费量，并把全国各省（自治区、直辖市）分为粮食严重不足（≤175kg）、不足（175~200kg）、持平（200~225kg）、有余（≥225kg）4个档次，分组统计结果如表2-10。

表2-10 1973~1977年中国年均粮食分组统计

	省（自治区、直辖市）数	比例/%	人口规模/亿
严重不足（≤175kg）	4.6	16.0	1.000
不足（175~200kg）	8.0	27.0	2.854
持平（200~225kg）	6.6	22.8	—
有余（≥225kg）	8.8	30.3	—

注："—"示数据暂缺

资料来源：周彬彬，高鸿宾. 2001. 对贫困的研究和反贫困实践的总结. 见：何道峰. 中国扶贫论文精粹. 北京：中国经济出版社，481

从表2-10可以看出，1973~1977年，每年平均有12.6个省（自治区、直辖市）（占全国省（自治区、直辖市）数的43%）存在粮食不足或严重不足问题，人口规模约为3.9亿，占同期农村总人口的50.15%，其中有1亿人口粮严重不足，占同期农村总人口的12.9%。需要指出的是，以200kg粮食为界限定义"不足"，并没有达到220kg的最低消费标准，所以在"持平"档次中实际上仍有一部分人摄入的热量未达到2100kcal，加上这部分人口，处于食品营养不足状态下的农村人口会超过农村总人口的50%。遇到收成不好的年份，这一比例接近60%，说明农村绝对贫困仍然普遍存在。

（二）1977~1980年的农村贫困状况

表2-11为农业部人民公社管理局公布的20世纪70年代末中国农村贫困县的情况。从中可以看出，尽管以年人均集体收入40元和50元作为贫困线会低估贫困状况，但1977年，全国仍有22.5%的县和39%的生产队的人均集体收入低于50元，1979年还有12.4%的县和27.2%的生产队的人均集体收入低于50元，说明这一阶段中国农村的贫困问题仍然相当严重。

表2-11 1977~1979年中国人均集体收入50元以下的穷县、穷队数

年 份	人均集体收入50元以下穷县数	占全国县数的比例/%	其中40元以下县数	占全国县数的比例/%	穷队数/万个	占全国总队数的比例/%
1977	515	22.5	182	7.9	180	39.0
1978	381	16.8	97	4.3	139	29.5
1979	283	12.4	81	3.5	137	27.2

资料来源：农业部人民公社管理局. 1981. 1977~1979年全国穷县情况. 农业经济丛刊，(1)：48

（三）1985年中国农村贫困状况

世界银行《1990年世界发展报告》估测，1985年全世界大约1/4的人口处于贫困状态，发展中国家有10多亿人生活在贫困之中，他们的年人均收入低于370美元（按购买力平价计算）。

同期，按照中国的贫困标准，国家扶持的贫困县总计达328个，占全国总县数的11.6%，贫困县的农村人口达10 643万；省、自治区扶持的贫困县370个，两项相加，全国贫困县多达698个，贫困县农村人口超过2亿，贫困发生率达26.5%（汪三贵，1994）。中国的贫困标准低于世界贫困标准，但中国处于贫困状态的农村人口比例高于世界平均水平，由此可见，直至1985年，中国的贫困状况仍超过世界平均水平。

二、中国农村的贫困人口规模及贫困发生率

国内、国际的研究机构和学者对我国农村贫困人口规模和贫困发生率做过大量的研究。我们根据《中国统计年鉴》和《中国农业发展报告》公布的官方数据，整理汇编了1978～1985年中国农村的贫困人口规模及贫困发生率（表2-12）。据国家统计局公布的数字，1978年中国农村的贫困人口为2.6亿，占全国贫困人口的87%，贫困发生率为32.9%。世界银行的研究结果表明，1978年，中国的绝对贫困人口数量为2.7亿，贫困发生率为28.0%；其中，农村贫困人口为2.6亿，农村贫困发生率为33.0%（世界银行，1990）。

表2-12　1978～1985年中国农村贫困人口规模及贫困发生率

年　份	贫困人口/百万	贫困发生率/%
1978	260	32.9
1979	239	30.0
1980	218	27.1
1981	194	24.3
1982	140	17.5
1983	123	15.2
1984	89	11.1
1985	96	11.9

资料来源：根据《中国统计年鉴》和《中国农业发展报告》有关数据整理

1977～1980年的4年里，年人均集体收入连续低于50元的穷县有72个县（占穷县总数的32.6%），共3300万人（占穷县总人口的37.5%）。1985年，全国年人均纯收入低于150元的贫困县有109个，贫困人口3864万，贫困发生率4.7%（表2-13）；人均纯收入低于200元的贫困县有356个，占全国总县数的14.3%，贫困人口12 378.7万，按农村人口计算的贫困发生率为14.9%（表2-14）。

表 2-13 1985 年中国年人均纯收入低于 150 元的贫困县

地 区	县 数	占全国贫困县数的比例/%	占省（自治区）县数的比例/%	贫困人口/万	贫困发生率/%
云 南	18	16.5	14.2	500.0	16.8
四 川	17	15.6	8.2	1 042.5	11.9
陕 西	16	14.0	15.2	282.6	11.4
河 南	14	12.8	9.9	796.4	11.7
广 西	14	12.8	15.9	404.0	12.0
甘 肃	8	7.3	9.6	205.4	12.0
贵 州	6	5.5	7.0	208.5	8.0
宁 夏	6	5.5	31.6	122.6	38.4
湖 南	3	2.8	2.8	123.0	2.6
黑龙江	2	1.8	2.5	85.6	4.9
河 北	1	0.9	0.6	1.3	0.02
山 西	1	0.9	0.9	8.5	0.4
新 疆	1	0.9	1.2	1.6	0.2
辽 宁	1	0.9	1.3	49.5	2.3
总 计	109	100.0	4.4	3 864.0	4.7

资料来源：汪三贵. 1994. 贫困问题与经济发展政策. 北京：农村读物出版社，79

表 2-14 1985 年中国农村居民人均收入低于 200 元的贫困县

地 区	县 数	占全国贫困县数的比例/%	占省（自治区）县数的比例/%	贫困人口/万	贫困发生率/%
四 川	52	14.6	25.1	3 069.0	35.1
云 南	51	14.3	40.2	1 231.3	41.3
陕 西	47	13.2	44.7	1 029.6	41.6
河 南	30	8.4	21.2	1 702.6	24.9
甘 肃	29	8.1	34.9	754.5	43.9
贵 州	28	7.9	32.6	958.6	36.8
广 西	25	7.0	28.4	750.0	22.2
湖 南	15	4.2	14.0	602.0	12.6
山 西	9	2.5	8.1	84.7	4.1
江 西	9	2.5	9.4	343.1	12.1
内蒙古	8	2.2	9.1	145.2	10.6
黑龙江	8	2.2	10.1	247.8	14.1
宁 夏	8	2.2	42.1	169.1	53.0
河 北	7	2.0	4.2	236.8	4.9
福 建	5	1.4	6.9	141.9	6.3
新 疆	5	1.4	5.9	6.3	0.9

续表

地　区	县　数	占全国贫困县数的比例/%	占省（自治区）县数的比例/%	贫困人口/万	贫困发生率/%
辽　宁	4	1.1	5.4	139.0	6.5
浙　江	4	1.1	4.7	151.5	4.5
安　徽	4	1.1	5	227.0	5.1
湖　北	3	0.8	4.3	142.8	3.7
青　海	3	0.8	7.7	14.4	5.0
山　东	2	0.6	1.5	153.8	2.3
广　东	—	—	—	—	—
西　藏	—	—	—	—	—
总　计	356	100.0	14.3	12 378.7	14.9

注："—"示数据暂缺

资料来源：汪三贵.1994. 贫困问题与经济发展政策. 北京：农村读物出版社，81～82

表2-14是1985年农村居民人均纯收入低于200元的贫困县的省级统计。从中可以看出，四川、云南、陕西、河南、甘肃、贵州、广西、湖南等8个省、自治区有277个贫困县，占全国贫困县数的77.8%；贫困人口10 097.6万，占全国贫困人口的81.6%。从贫困发生率来看，宁夏的贫困问题最为严重，50%的人口长期处于贫困状态；四川、云南、陕西、河南、甘肃、贵州、广西、内蒙古的贫困程度高于全国的平均水平，是贫困较为集中的省、自治区。

在现实中，由于贫困规模的测度方法有所不同，所估计出的贫困规模和贫困发生率也有所不同，表2-15汇总了3种不同方法所测定的贫困规模和贫困发生率。从表2-15可以看出，如果以人均纯收入200元作为贫困线，贫困发生率为12.3%；如果以193元和206元为贫困线，贫困发生率分别为11.9%和14.8%。由此可以看出贫困线的确定对贫困规模以及贫困发生率的影响。

表2-15　对贫困规模的3种不同方法的测量

年　份	国家标准/元	贫困人口/亿	贫困发生率/%	统计局标准/元	贫困人口/亿	贫困发生率/%	世界银行标准/元	贫困人口/亿	贫困发生率/%
1978	—	—	—	100	2.50	30	99	2.6	33
1981	—	—	—	—	—	—	160	1.94	24.3
1984	—	1.04	—	200	1.28	15.1	178	0.89	11.0
1985	200	—	12.3	206	1.25	14.8	193	0.96	11.9

注："—"示数据暂缺

资料来源：周彬彬，高鸿宾.2001. 对贫困的研究和反贫困实践的总结. 见：何道峰. 中国扶贫论文精粹. 北京：中国经济出版社，485

【专栏2-1】

·贫困程度的常用测定指标·

测量贫困程度的指数很多，但常用的有3种，即贫困人口比重指数、贫困深度指数和贫困强度指数。

贫困人口比重指数，也叫贫困发生率，是最简单的测量贫困的指数。它是以消费水平或收入水平低于贫困线的人口占总人口的比例的形式表示的。假设人口总数N中有Q个穷人，那么贫困人口比重指数H（贫困发生率）就是Q/N。

贫困深度指数，又叫贫困差距指数，用PG表示，是贫困人口的收入与贫困线差距的总和与达到贫困线收入的总和比，也即贫困线以下人口都达到贫困线所需全部收入的比率。这种方法也被称作贫困缺口率或贫困缺口指数。它测量的是要使贫困人口都达到贫困线以上水平时所需要的社会转让。贫困深度指数的计算公式是

$$PG = \sum_{i=1}^{n} (1 - Y_i/Z)/N \tag{2-4}$$

其中，Y_i为第i个穷人的消费水平或收入水平，Z为贫困线，N为测量总体人口。这里，使用的是收入差距指数。

贫困深度指数强调测量贫困线以下贫困人口收入的分布，对贫困人口数量本身并不是十分敏感。贫困线以下人口的收入变化直接影响贫困深度指数的大小。贫困线以下人口收入上升，贫困深度指数变小，表明贫困的程度减轻；贫困线以下人口收入下降，贫困深度指数变大，表明贫困的程度加重。

贫困强度指数，用FGT或$P2$表示，它是建立在穷人相对于贫困线的距离基础上的，只不过对越穷的人给予越大的权数，以计算贫困程度。计算公式是

$$FGT = \sum_{i=1}^{n} (1 - Y_i/Z)^2/N \tag{2-5}$$

资料来源：黄黔.2005.中国农村反贫困研究.中国科学院中国现代化研究中心.科学与现代化文集，(12)：71～80

三、贫困人口的分布

（一）贫困人口的地域分布

1. 中国农村的贫困人口主要集中在18个贫困地带

中国农村的贫困人口大多集中在中西部的18个集中连片贫困地区（表2-16），这些地区多为深山区、石山区、高寒区、黄土高原区、地方病高发区。其共同特征为：地处偏远、交通不便，生态失调、自然条件差，生产手段落后、粮食产量低、生活能源短缺，收入来源单一、就业机会少、信息闭塞，文化、教育、卫生落后等。这些地区或是干旱缺水、或是地表水渗漏严重而无法利用，或是高寒阴冷、有效积温不足，或是山高坡陡、水土流失、灾害频繁。其中典型的极贫困代表区域有两片，一片是“三西”（甘肃中部的河西、定西和宁夏南部西海固）黄土高原干旱区，包括甘肃河西地区的19个县（市、区）、甘肃中部以定西

为代表的干旱地区的20个县（区）和宁夏西海固地区的8个县，共计47个县（市、区），总面积38万km^2，农业人口约1200万。这里植被稀少，土地沙漠化和水土流失严重，地下水位低，严重干旱缺水。另一片是位于滇、桂、黔的喀斯特地貌区，面积约45万km^2，由于多年的过度开垦、樵采，植被破坏十分严重，岩石裸露，降水很快就流失和蒸发，无法涵养水分。两片地区贫困的主要原因有：人口大大超出土地资源和自然环境的承载力，致使生态环境形成恶性循环；水资源极端缺乏，水利设施不足，干旱严重，农业生产低而不稳，农民饮水困难。1986年，全国确定了664个贫困县，其中430个贫困县（占64.8%）分布在这个地区。由于这些地区绝大多数位于中西部的山区、革命老区、少数民族地区和边远山区，所以称为“老、少、边”地区。据国务院贫困地区经济开发领导小组办公室20世纪80年代中期的估计，全国有大约700万农村人口居住在基本上不具备生产、生活条件的地方。

表2-16 中国18片贫困地区

地　区	连片贫困地区数	贫困地区名称	涉及的省、自治区	涉及贫困县数
东　部	2	沂蒙山区	鲁	9
		闽西南、闽东北地区	闽、浙、粤	23
中　部	7	努鲁尔虎山区	辽、蒙、冀	18
		太行山区	晋、冀	25
		吕梁山区	晋	21
		秦岭大巴山区	川、陕、鄂、豫	68
		武陵山区	川、湘、鄂、豫	40
		大别山区	鄂、豫、皖	27
		井冈山和赣南地区	赣、湘	34
西　部	9	定西干旱地区	甘	27
		西海固地区	宁	8
		陕北地区	陕、甘	27
		西藏地区	藏	77
		滇东南地区	滇	19
		横断山区	滇	13
		九万大山地区	桂、黔	17
		乌蒙山区	川、滇、黔	32
		桂西北地区	桂	29
总　计	18			514

资料来源：中国农业年鉴编辑委员会．1990．中国农业年鉴（1989）．北京：中国农业出版社，125

从地理区域分布来看，20世纪70年代末连续贫困的县主要集中于五大区，其中以冀、鲁、豫、皖接壤的黄淮海地区和云贵高原地区的贫困问题最为严重，这两个地区连续贫困的县分别占全国连续贫困县总数的30.3%和29.9%，连续贫困人口分别占全国连续贫困人口总数的46.5%和21.9%。当时，闽东地区的连续贫困县和连续贫困人口的数量，均高于新疆西南地区。五区累计的连续贫困县占全国连续贫困县总数的90.5%，连续贫困人口占全国连续贫困人口总数的86.8%（表2-17）。

2. 20世纪70年代末，西部贫困严重，东部与中部的贫困差异并不显著

表2-18是农业部人民公社管理局对1977～1980年连续4年农村居民人均集体收入低于50元（按照当时的物价水平，可购买200kg粮食）的穷县的汇总。从中可以看出，西部有102个连续4年贫困的县，占全国149个连续4年贫困的县的68.4%，贫困问题很突出；最为突出的是贵州、云南、甘肃3省，分别有38个、22个和20个连续4年贫困的县。中部和东

部分别有22个和25个连续4年贫困的县，分别占连续4年贫困的县总数的14.8%和16.8%，说明此时中部和东部的贫困发生率还比较相近。中部的河南、山西两省连续贫困的现象比较严重，分别有8个和7个连续4年贫困的县；东部的福建和河北两省连续贫困的现象也比较严重，分别有8个和7个连续4年贫困的县。

表2-17　20世纪70年代末中国连续贫困县的地域分布

区　域	连续贫困县数	占连续贫困县比例/%	连续贫困人口/万	占连续贫困人口比例/%
冀、鲁、豫、皖贫困带	67	30.3	4 083.5	46.5
云贵高原贫困带	66	29.9	1 921	21.9
黄土高原贫困带	48	21.7	1 053	12.0
闽东贫困带	11	5.0	456	5.2
新疆西南贫困带	8	3.6	111	1.3
总　计	200	90.5	7 624.5	86.9

资料来源：汪三贵.1994. 贫困问题与经济发展政策. 北京：农村读物出版社，88

表2-18　1977～1980年中国连续4年贫困的县

地　区	县名（计149个）	县　数
贵　州	毕节、纳雍、威宁、大方、赫章、织金、金沙、黔西、水城、盘县、六枝、普安、晴隆、册亨、兴仁、安龙、贞丰、普定、修文、镇宁、紫云、仁怀、桐梓、赤水、习水、凤冈、正安、务川、德江、沿河、印江、三都、长顺、荔波、罗甸、丹寨、从江、雷山	38
云　南	盐津、大关、永善、巧家、彝良、西畴、砚山、麻栗坡、马关、广南、富宁、绿春、红河、禄劝、云龙、巍山、南涧、碧江、贡山、会泽	20
四　川	古蔺、云阳	2
甘　肃	会宁、通渭、渭源、临洮、陇西、礼县、西和、武山、秦安、漳县、清水、甘谷、张家川、庄浪、静宁、和政、东乡、广河、武都、宕昌、舟曲、卓尼	22
陕　西	子洲、府谷，神木、靖边、横山、佳县、子长、彬县	8
宁　夏	同心、固原	2
新　疆	喀什、伽师、疏附、皮山、阿图什、柯坪	6
内蒙古	伊金霍洛	1
广　西	东兰、巴马、都安	3
山　西	柳林、临县、方山、娄烦、静乐、蒲县，浮山	7
河　南	项城、新蔡、平舆、上蔡、范县、台前、长垣、封丘	8
安　徽	利辛、颍上、阜阳、临泉、界首、太和	6
江　西	广丰	1
河　北	魏县、新河、威县、巨鹿、平乡、广宗、唐县	7
福　建	惠安、安溪、永春、宁德、寿宁、罗源、连江、莆田	8
山　东	鄄城、东明、梁山、庆云、利津	5
广　东	东方	1
浙　江	永嘉、青田	2
江　苏	泗洪、沭阳	2

资料来源：农业部人民公社管理局.1981.1977～1980年全国穷县情况. 农业经济丛刊，(6)：52～54

3. 20 世纪 80 年代中期，东部农村减贫较为显著，贫困县确认偏向中部

表 2-19 是 1985 年全国贫困县分布的省级统计。从中可以看出，尽管西部的贫困问题非常严重的局面并没有改变，但只有 346 个县被划为贫困县，占全国贫困县的比例为 52.1%，与 1977～1980 年连续 4 年贫困县所占比例相比减少了 16.3 个百分点，由此说明 1985 年划定贫困县时在瞄准上存在一定的偏差。中部和东部分别有 206 个和 112 个贫困县，分别占全国贫困县的 31.0% 和 16.9%，由此可以看出东部和中部贫困差异变得显著了，说明东部减缓贫困的速度明显地快于中部。

表 2-19　1985 年中国 664 个贫困县的分布情况

地　区	县　数	占所在省（自治区）总县数比例/%	地　区	县　数	占所在省（自治区）总县数比例/%
河　北	49	35	湖　南	38	29
山　西	35	35	广　东	30	30
内蒙古	37	44	广　西	48	59
辽　宁	11	24	四　川	46	25
浙　江	3	4	贵　州	31	38
安　徽	17	23	云　南	41	33
福　建	16	25	陕　西	46	49
江　西	54	64	甘　肃	43	57
山　东	14	13	宁　夏	8	47
河　南	24	21	青　海	19	50
湖　北	37	52	新　疆	27	32

资料来源：国务院扶贫开发领导小组办公室．2001．中国农村扶贫大事辑要（1978～2000），501（内部资料）

由于国家在确定贫困县时不仅采用了多重标准，而且考虑了非经济因素，所以部分省、自治区的贫困县的贫困程度有较大的差别。革命老区江西、福建的贫困程度被显著夸大。1985 年江西省按 200 元收入标准计算的贫困发生率为 12.1%，而福建省按同样标准计算的贫困发生率只有 6.3%，都低于全国的贫困发生率（14.9%）；而按国家划定的贫困县计算，江西和福建的贫困比例分别为 23.4% 和 19.1%，大大超过全国的平均贫困程度，接近或高于按 200 元计算的贫困发生率的一倍。贫困程度被明显夸大的还有山东、安徽、湖北等老区较集中的省份。

河南、云南、四川、贵州等省的贫困程度则被显著低估。1985 年，河南省的贫困发生率约为 20%，云南省的贫困发生率约为 40%，而按国家划定的贫困县计算，这两个省的贫困发生率分别为 11.7% 和 20.5%，约为按 200 元贫困标准计算的贫困发生率的一半。新疆、内蒙古、青海是牧区比例大的省（自治区），由于牧区的基本生活费用要高于农区，以 200 元作为贫困线低估了实际的贫困。据估计，这 3 个省（自治区）的贫困发生率实际都高于 20%。

20 世纪 80 年代中期，中国农村贫困在地域分布上发生了明显的变化。①山东、福建和安徽 3 省的贫困发生率显著下降。1977 年，山东省人均集体收入低于 50 元的县共 63 个，居全国之首（表 2-20），1977～1979 年连续 3 年人均集体收入低于 50 元的连续贫困县有 24 个，在全国居第四，连续贫困人口 1282 万，连续贫困人口发生率 19.7%，几乎比全国平均水平高 1 倍。同期，安徽、福建的连续贫困人口发生率都高于 20%，也是当时贫困发生率

较严重的省。根据中国农业统计年鉴的数据，1985 年山东农民人均集体收入低于 200 元的贫困县下降到 2 个，贫困发生率下降到 2.3%；同期，安徽和福建的贫困发生率分别为 5.1%和 6.3%，不到全国平均贫困程度的一半。②甘肃、河南、云南、贵州、陕西、宁夏的贫困状况无论是在 20 世纪 70 年代末期、还是在 80 年代中后期，都是贫困程度最高的省、自治区。③四川、湖南、广西的贫困问题相对加剧。

表 2-20 1977～1979 年及 1985 年中国各省、自治区的贫困县

地区	1977 年	1978 年	1979 年	1977～1979 年连续 3 年人均收入低于 50 元			1985 年人均收入低于 200 元	
	人均集体收入低于50 元的县数	人均集体收入低于50 元的县数	人均集体收入低于50 元的县数	连续贫困县数	连续贫困人口/万	连续贫困发生率/%	贫困县数	贫困发生率/%
山东	63	46	26	24	1 282	19.7	2	2.3
贵州	52	58	53	43	1 373	61.1	28	36.8
河北	51	17	13	11	318	7.1	7	4.9
河南	49	45	31	26	1 732	27.0	30	24.9
云南	45	28	32	23	548	20.0	51	41.3
四川	39	7	3	2	163	1.9	52	35.1
甘肃	35	27	32	26	661	41.2	29	43.9
陕西	30	24	13	11	182	7.7	47	41.6
福建	23	22	12	11	456	22.6	5	6.3
山西	22	24	10	8	118	5.8	9	4.1
安徽	20	15	11	10	944	22.1	4	5.1
江苏	18	6	2	2	198	4.1	—	—
浙江	15	5	3	3	134	4.2	4	4.5
新疆	13	9	9	8	111	16.3	5	0.9
广西	8	8	6	5	162	5.4	25	22.2
广东	7	11	7	3	165	3.9	—	—
宁夏	6	4	5	3	92	32.4	8	53.0
辽宁	5	2	—	—	—	—	4	6.5
黑龙江	3	—	1	—	—	—	8	14.1
内蒙古	3	17	11	1	6	0.4	8	10.6
江西	2	5	1	1	142	5.4	9	12.1
湖南	2	—	—	—	—	—	15	12.6
湖北	2	1	—	—	—	—	3	3.7
青海	2	—	2	—	—	—	3	5.0
全国	515	381	283	221	8 787	10.8	356	14.9

注：“—”示数据暂缺。西藏和港澳台等地资料暂缺；连续贫困人口系指连续贫困县的人口；连续贫困发生率系指连续贫困人口占农业人口的百分比；总县数及农业人口按 1978 年的数字计算

资料来源：①农业部人民公社管理局．1981．1977～1979 年全国穷县情况，农业经济论丛，(1)：48～52

②农业部计划司．1989．中国农村经济统计大全（1949～1986）．北京：中国农业出版社，8

③中国农业年鉴编辑委员会．1986．中国农业年鉴（1986）．北京：中国农业出版社

从区域分布来看，20世纪70年代末中国最大的贫困区冀、鲁、豫、皖接壤地带的贫困状况到80年代中期显著减缓。山东、安徽两省的贫困状况大大减缓；河南、河北两省范围的贫困状况变化不大，但是贫困在省内的分布却发生了明显的变化，从东部平原移向西部山区。1986年，河南省17个年人均纯收入低于150元的贫困县，只有7个在豫东，其余10个在豫西；国家确定的15个贫困县只有4个在豫东，而在70年代末时26个连续贫困县中有23个在豫东。1986年河北省有13个年人均纯收入低于150元的贫困县，全都在西部；国家确定的14个贫困县中只有4个在冀东南，而在70年代末时11个连续贫困县中有10个在冀东南。按国家确定的贫困线估计，80年代中期冀、鲁、豫、皖接壤区贫困县为12个，贫困人口820.8万，只占全国贫困人口的7.7%，而70年代末这一区域的贫困人口占全国贫困人口的46.5%。云贵高原和黄土高原在80年代中期成为中国贫困最集中的两大区域，1986年这两个区域的贫困人口分别占全国贫困人口的20.9%和15.6%。

根据全国分县农村经济统计资料，整理出以下3类特点。

1）1985年农民人均纯收入低于200元的县有269个，农业人口7814万，分别占全国总县数与农业人口的11.4%和9%；其中，农民人均纯收入低于150元的县有90个，农业人口2731.9万。这些县主要分布在河南、四川、广西、贵州、云南、陕西、甘肃省（自治区）。从表2-21中的数据可以计算出，这7个省（自治区）农民人均纯收入低于200元的县为216个，占全国同等程度贫困县的80.3%；农业人口6429.9万，占269个贫困县的82.3%。其中，贵州、云南和陕西3省农民人均纯收入低于200元的贫困县数占全国的一半，3省农业人口占同类县的45.91%。也就是说，全国农民人均纯收入低于200元的低收入县的80%集中在西南、西北及河南等7个省（自治区），50%的县分布在贵州、云南、陕西3个省份。

表2-21　1985年中国农民人均纯收入低于200元县的分布

地　区	贫困县数	贫困县比例/%	农业人口/万	农业人口比例/%
河　南	15	5.6	688.2	8.80
四　川	17	6.3	823.8	10.53
贵　州	43	16.0	1 485.7	18.99
云　南	45	16.7	1 085.2	13.87
陕　西	46	17.1	1 016.7	13.00
甘　肃	25	9.3	647.3	8.27
广　西	25	9.3	683.0	8.73
河　北	6	2.2	233.8	2.99
山　西	9	3.3	85.1	1.09
内蒙古	2	0.7	25.0	0.32
辽　宁	3	1.1	112.7	1.44
黑龙江	8	3.0	258.6	3.31
安　徽	4	1.5	226.4	2.89
江　西	1	0.4	51.6	0.66

续表

地　区	贫困县数	贫困县比例/%	农业人口/万	农业人口比例/%
湖　北	1	0.4	66.8	0.85
湖　南	2	0.7	32.4	0.41
广　东	1	0.4	63.8	0.82
青　海	2	0.7	6.3	0.08
宁　夏	5	1.9	114.5	1.46
新　疆	9	3.3	116.6	1.49
总　计	269	100.0	7 823.5	100.00

注：数据根据国家统计局1986年统计资料101期整理

资料来源：周彬彬．1993．贫困的分布与特征．经济开发论坛，(2)：1～27

2）西部地区200元以下的低收入县有192个，农业人口为5285.6万，占全国低收入县和低收入农业人口的71.4%和67.6%，占西部地区总县数和农业人口的24.2%和26.4%；主要分布在四川、云南、贵州、陕西和甘肃5省；中部地区200元以下低收入县有42个，农业人口1435.1万，分别占中部地区总县数和农业人口的5.2%和4.8%，主要集中在河南、安徽、黑龙江3省；东部地区200元以下低收入县有35个，农业人口为1093.3万，分别占该地区总县数和农业人口的4.6%和2.9%，主要集中在广西和河北两个省（自治区）。

3）在农民年人均纯收入低于200元的贫困县和贫困人口中，山区分别有191个和5567.9万，分别占山区总县数和农业人口的20.5%和23.2%；丘陵区有43个和112.47万，分别占丘陵地区总县数和农业人口的6.8%和4.4%；平原区有35个和1103.4万，分别占平原地区总县数和农业人口的4.4%和3.0%。由此可见，山区县的贫困发生率最高，占农民年人均纯收入低于200元的贫困县和贫困人口的71.0%和71.3%，是贫困最集中的地区。

（二）贫困人口分布的区域特征

中国农村贫困人口集中分布在上述23个省（自治区、直辖市）的18片贫困区。老区分布在全国14个省、自治区的254个县，共有农业人口11 231.6万。1985年农民人均纯收入低于200元的县数有38个，农业人口为1 172.8万，分别占该类地区总县数与农业人口的15.0%和10.4%。少数民族地区分布在全国17个省（自治区）的635个县，共有农业人口11 078.7万。1985年农民人均纯收入低于200元的县有118个，农业人口为2653.3万，分别占该类地区总县数与农业人口的18.6%和23.9%。陆地边境地区分布在全国9个省（自治区）的139个县，共有农业人口1381.7万，1985年农民人均纯收入低于200元的县有20个，农业人口328.7万，分别占该类县和农业人口的14.4%和23.8%。三类（老、少、边）地区的贫困县169个、农业人口4154.8万，分别占全国农民年人均纯收入低于200元县和农业人口的65.4%和53.2%。

从地形、地貌看，除青藏高原外，86%的贫困县分布在中国第二阶梯的高原、山区和第一、第二阶梯的过渡带上，具有6种不同的贫困类型，即东西部接壤地带贫困类型、西南喀斯特山区贫困类型、蒙新干旱地贫困类型、东部丘陵山区贫困类型、黄土高原丘陵沟壑区贫困类型、西藏高寒山区贫困类型。

贫困分布反映经济发展的不平衡性。东部开发早、基础好、经济比较发达，贫困地区呈零星状态分布；西部开发晚、基础差、比较贫困，贫困地区集中连片。按东部、中部、西部三大经济地带划分，1986 年贫困县的分布比例为 1∶3.5∶4.7。

贫困分布有明显的边缘性。贫困地区大部分远离经济发达的中心地区，同时又位于省、自治区、直辖市及县、市的边缘地带。

在贫困区域类型划分中，1986 年，中国科学院地理研究所曾在大量调查资料的基础上，根据大的自然条件、社会经济条件地域组合的类似性、贫困地区的主要障碍性因素的相似性、未来的发展等综合因素，将贫困地区又确定为 6 种类型 22 个亚类。中国各类型贫困地区的分布范围和主要特点见表 2-22。

表 2-22　中国贫困地区类型划分及全国低收入县与贫困人口分布

贫困地区类型	低收入县数/个	农业人口/万	人均纯收入低于 200 元		人均纯收入低于 150 元	
			人口/万	比例/%	人口/万	比例/%
黄土高原丘陵沟壑区	102	2 021.0	617.0	30.5	243.8	12.06
东西部平原山区接壤地带	162	6 663.7	1 707.7	25.6	626.0	9.39
西南喀斯特山区	126	3 642.1	1 840.5	50.5	713.4	19.59
东部丘陵山区	162	7 369.3	314.7	4.3	—	—
西藏高寒山区	96	—	94（只包括青海高寒山区贫困类型）	—	—	—
蒙新干旱地	75	—	601.2	—	73.6	—

注：“—”示数据暂缺

资料来源：周彬彬．1993．贫困的分布与特征．经济开发论坛，(2)：1～27

由表 2-22 可见，贫困发生率最高的类型区是西南喀斯特山区，高达 50.5%，贫困人口主要集中在桂西北、滇南和乌蒙山区；其次是黄土高原；东西部平原与山区接壤带的贫困山区贫困发生率虽不如黄土高原高，但贫困人口规模仅次于西南喀斯特山区；前 3 种贫困类型区的贫困人口数量占总贫困人口的 80.5%；东部丘陵山区虽然政府扶持的低收入县和农业人口最多，但贫困人口却不多，县均不到 2 万人，贫困发生率为 4.3%，低于前 3 种类型（原因是该类型区的受援县多数是老区县，这些县的农民平均收入超过贫困标准，但仍被列为政府的扶持对象）。

从区域角度看，贫困人口主要集中分布在北方、西北和西南 3 个大区的欠发达地区，1985 年低收入县涵盖人口最多的省、自治区依次为四川、河南、云南、陕西、贵州、甘肃和广西等；从资源分布的角度看，贫困人口的分布状况与人均土地资源占有量、耕地的优劣程度及地域分布呈高度相关。土地优良的地区，贫困人口发生率很低；土地贫瘠的地区贫困发生率高、贫困程度重。据有关专家分析研究（钱文艳，2002），中国有 33.1% 的农村人口生活在优等土地上，51.8% 的农村人口生活在中等土地上，15.1% 的农村人口生活在贫瘠的土地上。1985 年生活在贫瘠土地上的人口有 1.27 亿，各区的分布比例为：东北 7.86%、华北 15.74%、黄土高原 20.88%、西北干旱地区 5.97%、青藏高原 1.45%、长江中下游地区 14.0%、华南 13.40%、西南 20.70%。华北、西北、西南贫瘠土地上总计有 8237 万人（1985 年数字），占全部贫困人口的 64.74%，这一数字与 3 个区域 1985 年按 206 元人均纯收入统计的低收入人口比例（67.60%）十分接近。

（三）贫困人口收入分布的变化

减缓贫困的过程，既是贫困人口数量不断减少的过程，也是尚未脱贫的人口贫困程度不断减轻的过程。从表2-23可以看出，中国年人均纯收入低于100元的贫困人口占贫困人口总数的比例，由1978年的33.3%减少到1985年的1.0%，而年人均纯收入高于300元的贫困人口占贫困人口总数的比例，则由1978年的2.4%提高到1985年的62.1%。1985年，年人均纯收入低于200元的贫困人口1180多万，占农村贫困人口总数的12.3%，其中年人均纯收入不足150元的贫困人口420多万，占农村贫困人口总数的4.4%。

表2-23 1978～1985年中国农村人均纯收入分组的农村人口分布状况

<table>
<tr><th>年份</th><th>1978年</th><th>1980年</th><th>1983年</th><th>1984年</th><th>1985年</th></tr>
<tr><td>农村总人口/万</td><td>790.0</td><td>—</td><td>—</td><td>—</td><td>808.0</td></tr>
<tr><td>贫困线/（元/人）</td><td>98.0</td><td>—</td><td>—</td><td>—</td><td>190.0</td></tr>
<tr><td>贫困人口/万</td><td>260.0</td><td>—</td><td>—</td><td>—</td><td>96.0</td></tr>
<tr><td><100元/%</td><td>33.3</td><td rowspan="2">34.5</td><td rowspan="2">7.6</td><td rowspan="2">4.6</td><td>1.0</td></tr>
<tr><td>100～150元/%</td><td>31.7</td><td>3.4</td></tr>
<tr><td>150～200元/%</td><td>17.6</td><td>27.1</td><td>13.1</td><td>9.4</td><td>7.9</td></tr>
<tr><td>200～300元/%</td><td>15.0</td><td>25.3</td><td>32.9</td><td>29.2</td><td>25.6</td></tr>
<tr><td>300～400元/%</td><td rowspan="3">2.4</td><td rowspan="2">11.5</td><td rowspan="2">34.5</td><td rowspan="2">38.6</td><td>24.0</td></tr>
<tr><td>400～500元/%</td><td>15.8</td></tr>
<tr><td>>500元/%</td><td>1.6</td><td>11.9</td><td>18.2</td><td>22.3</td></tr>
</table>

注："—"示数据暂缺

资料来源：①世界银行. 1993. 中国九十年代的扶贫战略，北京：中国财政经济出版社，2、28

②国务院扶贫开发领导小组办公室. 1989. 中国贫困地区经济开发概要. 北京：中国农业出版社

③严瑞珍，王沅. 1992. 中国贫困山区发展的道路. 北京：中国人民大学出版社，12～13

第四节 中国农村贫困的成因分析

贫困问题犹如其他社会经济问题一样，是由多种复杂的原因引起、并通过一定的运行机制和运行方式表现出来。与世界上其他国家相比，中国的贫困问题既有相似的地方又有其明显的特殊性。

中国农村贫困主要是指绝对贫困，即不能维持人类正常的基本生存条件的状况。中国是一个人口众多的发展中大国，人均资源占有量相对贫乏，生产力发展水平（特别是农业生产力水平）相对低下，资源开发利用的效率很低；有些地带虽有资源，但因交通不便，无法开发，潜力没有充分发挥，导致社会财富的有效供给短缺。

中国贫困问题的绝对性可以从3个方面来理解。①中国农村的贫困线是绝对贫困线，是维持生存所必需的一揽子食品和非食品货物的全年费用。这些食品包括数量不多的植物油、蔬菜、猪肉、鸡蛋及每天约0.5kg的粮食，在维持生存的最低热量摄入标准（2100kcal）中，非粮食供应仅占10%，90%来自粮食，而食品支出占全部支出的比例一般在60%～63%，高于59%的绝对贫困线的国际标准。②处于中国政府贫困线以下的贫困人口的实际生活状况是一种"吃不饱、穿不暖、房屋不遮风雨"的状况，处在贫困线附近的人尚未解决温饱问题。③这种贫困状况不仅是经济上的贫困，同时还包括自然环境的恶化、社会保障水平低、教育文化落后、人口素质低下。这种社会文化的贫困，相对于经济贫困而言，是一种更难消除的贫困。

康晓光认为，结构性贫困、区域性贫困和阶层性贫困并存是中国贫困人口的基本特征。结构性贫困表现为农村绝对贫困人口占全国绝对贫困人口总数的87%，这是中国特有的二元社会经济结构的产物。政府为城市居民的基本需求提供了稳定的社会保障和福利政策，而占全国人口总数近80%的农村居民则被排斥在这一福利制度之外。区域性贫困表现为中国绝对贫困人口相对集中地分布在若干个自然条件极为恶劣的地区，其中70%集中在592个贫困县中，这些贫困县分布在中西部的深山区、石山区、荒漠区、高寒区以及水库库区，这些地区远离社会经济活动中心，基础设施缺乏、社会服务落后，几乎不具备人类生活和生产的基本条件。人口的非流动性使这些地区的问题日益严重。阶层性贫困表现为贫困人口往往是那些在社区的政治资源和经济资源的分配格局中处于不利地位的人。一方面，贫困地区内也有非贫困人口；另一方面，绝大多数贫困地区是少数民族聚居的地区。1994年国家“八七”扶贫攻坚计划所确定的592个贫困县中有261个分布于少数民族地区。

根据辩证唯物主义的基本原理，内因是事物发展的根本原因，外因只有通过内因才能起作用。要揭示中国农村绝对贫困的根本原因，必须从外因和内因两个方面来分析。

一、中国农村贫困的内因

（一）自然环境恶劣、农业生产基础薄弱

贫困人口大多生活在生存环境较差的地区，如石山区、沙化区、高寒山区和洪涝多发区等农业生产条件差的地带。大多数贫困地区的农业生产条件都很差，特别是人们赖以生存的耕地资源贫瘠、土地可利用率低。

在中国西南的喀斯特地区，大部分贫困人口生活在石山区、熔岩区及红壤丘陵区。据有关资料，广西石山面积8.95万km^2，占全区总土地面积的37.8%；全区有31个石山县和19个次石山县，其中37个为贫困县，占石山县总数的74%；占全区贫困县总数的75.5%。这些县山大沟深，地理环境复杂，耕地稀少，土层浅薄，土壤贫瘠，相当部分不具备基本的生存条件。

在西北的黄土高原地区，由于历史和自然的原因，农村贫困的分布具有区域性、整体性和相对稳定性等特征。贫困人口的80%集中在陕南秦巴高寒山区、陕北干旱贫瘠的白于山区、黄河沿岸的土石山区、宁夏的西海固地区和甘肃的中部干旱山区。这些地区自然条件差，灾害频繁，交通不便，居住分散，社会发育程度低。陕南秦巴中、高山区的地域特点是山大沟深，居民长期生活在封闭落后的环境里，大山阻碍了人们与外界的联系，通讯条件落后，交通十分不便，农副产品的运输主要靠人力，相当多的村“三不通”（不通电、不通汽车、不通电话），加上广播电视普及率低，信息闭塞，人们的商品观念差，过的基本上是自给自足的生活方式。这一地区不仅耕地面积少，而且土地“陡、薄、瘦、碎”，可谓“八山一水一分田”。由于气候高寒、土壤瘠薄，风调雨顺时尚难以自给，一遇灾害，生产更难以为继。

在中国南方，贫困地区大多分布在老区、库区、深山区。湖南31个贫困县中有29个山区县（全省42个山区县）、15个少数民族自治县（全省17个少数民族自治县）、17个老区

县、8个水库淹没区县、19个边远县。其中，17个革命老根据地县贫困发生率为20.38%；16个少数民族自治县贫困发生率为28.3%；湘鄂、湘黔、湘川、湘桂、湘粤、湘赣邻接地区的贫困县贫困人口发生率为17.9%，其中湘黔、湘川交界的县的贫困发生率为26.6%。8个大型水库淹没区县的贫困发生率为27.76%。

喀斯特地区的贫困地区山高路远，居住分散，公路与人马驿道稀少，交通不便，特别是深山区、高山区的一些乡村，基本无路可走，即使有公路的地方，道路质量也很差——缺桥少涵、排水系统不全、防护工程简陋，通行能力和抗自然灾害能力低。相当数量的乡村不通电，仍以煤油灯、豆油灯或松油灯作为照明工具。

黄土高原地区交通、通讯落后，具有极大的封闭性。据湖南省新化县调查，全县“小二型”以上水库271座，因多年运行、年久失修老化，“病险库”达171座，占63.1%；2500km渠道中有1 700km老化，渗漏严重；全县旱涝保收的耕地面积20 000hm^2，仅占耕地总面积的40.6%；全县大部分的乡农业科技教育中心有名无实，没有发挥农业科技与推广应用的作用。

中国西高东低的地势使山区、半山区和丘陵县占西部11省、自治区（包括西南的云南、贵州、四川、西藏；西北的陕西、甘肃、宁夏、青海、新疆；华北的内蒙古和中南的广西）总县数的76%。绝大多数西部省份乡村农业资源贫瘠，自然条件恶劣。除云贵高原外，西部气候干旱，内蒙古和西北5省、自治区年降水量在400mm以下；而降水较多的贵州、云南和广西，60%的县为岩溶地区。这样的自然条件不利于种植业的发展（朱玲，1992）。

（二）人与自然矛盾激化，生态系统恶性循环

在土地贫瘠、产出率低的情况下，人们为了生存，不断砍伐森林，扩大耕地面积；生产率低下又刺激了人口的增长。1965年以来，西部人口的自然增长率一直高于全国平均水平，其中，宁夏、青海、广西的人口自然增长率轮流居全国之冠。人口的增长和毁林开荒面积的扩大相互作用，破坏了生态环境。1985年西部地区森林覆盖率为7.5%，其中，甘肃、宁夏、青海和新疆只有0.3%~3.9%；水土流失面积约6700万hm^2，占全国水土流失面积的51.8%。生态环境恶化、水旱灾害频繁使这些省份粮食供给普遍短缺（朱玲，1992）。

世界银行在考察中国贫困现象时，也提到贫困地区人与自然关系的失调。世界银行（1993）指出，“大多数中国的贫困者居住在农村环境严重退化的地区，（他们）除了在某些无生产性而生态环境最脆弱的土地上汲取他们微薄的生活源泉外，别无其他办法。这些贫困的人们既是旱地环境退化的作恶者，又是这种进一步销蚀农业潜力的破坏的受害者；特别是在贫困地区，持续的人口增长削弱了支撑农业生产的人均自然资源基础，农民被迫到更脆弱更陡峭的坡地去扩大生产。”

喀斯特地区气候恶劣，自然灾害频繁，人畜饮水困难。石山地区水文系统的双层结构使地表水漏失严重，地下水埋藏深，水文动态变化复杂，水利建设难度大，造成其长期受旱、涝侵害的农业生产条件难以改变。此外，石山区原有森林不多，由于过量砍伐，生态环境更加脆弱。

黄土高原地区贫困县大多集中在农村自然环境严重恶化，生态环境脆弱、基础设施落后的地区。这些地区基本处于靠天吃饭的状态，对自然条件的依附性很强，丰年温饱，灾年返贫。有的地方返贫率超过20%。历史和自然的原因使这里的人们难以冲出贫困的魇魔。

老区、库区人口、生态问题严重。人口规模的过度膨胀导致资源紧张，加剧了植被破坏和水土流失。土壤沙化，土地质量下降，形成生态系统的恶性循环。湘西自治州是湖南贫困人口集中的地区，据调查，1994 年这个地区总人口比 1980 年增长 25. 2%，比全省高 5. 7 个百分点；同期农林牧渔业总产值只增长 21. 3%，比同期人口增长幅度低 3. 9 个百分点，比全省同期农林牧渔业总产值的增长幅度低 73. 8 个百分点，人口的过快增长使得有限的自然资源和经济增长落入到“贫困—人口增长—更加贫困”的陷阱之中。贫困地区自然灾害频繁也多与人口膨胀、生态恶化有关。

人与自然的矛盾激化是导致贫困的重要原因。李周、孙若梅等对生态与贫困的相关性进行的统计分析表明，生态系统越脆弱，贫困发生率越高，两者在地域空间分布上呈显著性相关（表 2-24）。

表 2-24　中国生态敏感地带（ESZ）与贫困的相关性

地　区	ESZ 所涉及县数	ESZ 内的贫困县数	全部贫困县数	ESZ 内的贫困县比例/%	ESZ 贫困县占全部贫困县比例/%	ESZ 内的人口/万	全部贫困人口/万	ESZ 贫困人口/万	ESZ 内贫困人口比例/%	ESZ 内贫困人口占全部贫困人口比例/%
河　北	35	29	49	83	59	1 000. 5	1 580. 1	866. 6	87	55
山　西	41	28	36	68	78	519. 3	466. 6	369. 1	71	79
内蒙古	30	25	40	83	63	947. 8	831. 9	654. 0	69	79
辽　宁	8	5	11	62	46	601. 4	474. 4	257. 4	43	54
吉　林	5	3	6	60	50	113. 9	95. 9	65. 0	57	68
浙　江	11	3	3	27	100	278. 9	81. 0	81. 0	29	100
安　徽	24	13	17	54	77	1 106. 8	1 265. 0	815. 8	74	64
福　建	7	4	16	57	25	220. 8	458. 6	112. 8	51	25
江　西	54	42	56	78	75	1 647. 4	2 086. 8	1 408. 9	86	68
山　东	13	10	14	77	71	1 075. 5	1 048. 8	779. 6	72	74
河　南	28	18	26	64	69	1 693. 1	1 567. 2	1 146. 3	68	78
湖　北	35	34	37	97	92	1 407. 2	1 457. 6	1 375. 7	98	94
湖　南	37	24	28	65	86	1 275. 9	1 240. 1	817. 3	64	66
广　东	12	12	25	100	48	669. 9	1 313. 3	669. 9	100	51
广　西	44	40	49	91	82	1 266. 5	1 370. 3	1 086. 0	86	79
四　川	57	39	51	68	77	3 509. 3	2 798. 0	2 603. 8	74	93
贵　州	30	11	31	37	36	1 212. 9	1 199. 7	714. 1	59	60
云　南	30	21	42	70	50	580. 2	1 070. 0	451. 0	78	42
陕　西	35	26	34	74	76	660. 2	790. 4	566. 1	86	72
甘　肃	36	22	30	61	73	1 084. 5	867. 3	594. 6	55	69
青　海	13	10	12	77	83	227. 6	238. 4	219. 9	97	92
宁　夏	6	6	8	100	75	165. 0	191. 6	165. 0	100	86

资料来源：李周，孙若梅等．1997．中国贫困山区开发方式和生态变化关系的研究．太原：山西经济出版社

二、中国农村贫困的外因

（一）历史上的区域发展不平衡

有史以来，一国经济的发展总是从某些区位和资源较好的地区起步，然后逐步向外扩展和转移；随着政权更迭、人口转移、环境变化、资源开发、技术变革以及产业结构的演变，国家的经济中心在空间上发生位移和重组——某些开发较早、过去较为发达的地区开始衰退，而曾经落后的地区却因区位优势、新资源的发现、人口的流入和政治文化地位的崛起而繁荣起来。

中华民族的摇篮在黄河中下游。这里地势比较平坦、气候温和，黄土性冲积土疏松，易于耕作、宜于生物繁殖生长。当时的南方由于多为沼泽、洳泽地带，在决湖泄水、蓄水灌田等水利工程技术发展起来以前，农业生产受到很大的限制。因此，自殷商至秦汉，中国的经济中心一直处于黄河流域。这种以农耕文化为代表的经济发展，随着打井技术、牛耕技术、灌溉技术、轮耕制和铁制农具的使用不断向四周扩展，逐步形成了较为广阔的中原经济文化区。

东汉末年，由于军阀长期征伐，中原出现十分混乱的局面，古代农耕中心区受到严重破坏。黄河流域的农民，大部分涌向地广人稀的长江流域中下游地区。随着人口、劳动力的增加以及水利工程的兴修、蓄水灌田、决湖泄水开垦湖田的扩展，江南的农耕区随之扩大。到两晋南北朝时期，长江以南、五岭以北的广大地区以及巴蜀各地，几乎普遍发展成为比较重要的农耕区。农业生产水平已赶上、甚至开始超过一再遭到破坏的北方地区。隋唐统一时期，南方水稻区的发展大大快于北方小麦区的发展。古代九州中比较落后的扬、益二州，变成了十分重要的农业生产区，尤其是江南的太湖平原和西南巴蜀一带，形成了所谓“扬一益二”的领先地位。长江下游一带成为全国主要的余粮区，由此，农业的中心区从北方转移到南方。

南宋时期，由于宋、金对峙，人口再一次大规模南移，农业技术和生产经验也随之传到南方，从而大大促进了南方农业的发展，全国的农耕和经济中心进一步由北方转移到南方。此后，尽管元、明、清各朝都注意恢复被破坏了的黄河流域农业，并将经济区向西、向北扩展，但以农业为主的经济中心已不可逆转地转移到江南地区。

在2000多年的封建社会时期，中国的经济中心经历了由西向东、由北向南的演变过程。在这一过程中，由于多种历史原因，西部地区几乎没有发生进化性演进，而逐渐处于落后状态，其中还有部分地区由于地理环境复杂、资源条件恶劣及民族冲突频仍而始终没能得到很好的发展。例如，青藏高原区和云贵高原区的经济和社会发展进程长期落后于中原及江南地区，甚至在1949年，一些地区仍处于农奴制甚至奴隶社会状态，生产力水平十分低下。

1840年鸦片战争以后的100年间，随着近代资本主义势力的侵入，中国经济社会发展的不平衡状况进一步加剧。中国的近代资本主义工业首先是在外部力量易于控制且对外贸易方便的沿海少数几个大城市及其附近地区建立起来。这些地区一开始便集中了大部分的工业生产能力。据1949年统计，东部沿海7省（辽、冀、鲁、苏、浙、闽、粤）和京、津、沪三市，其土地面积不到全国总面积的30%，却集中着全国工业产值的70%以上。全国棉纺织工业设备约80%集中在沿海地带，其中上海、南通、无锡等地集中了全国约50%的纺锭；

面粉生产能力约40%集中在上海及附近地区；卷烟工业和其他轻工业也多与原料产地脱离而集中于东南沿海；重工业和诸如铁路等基础设施的建设也都是从这里起步。

工业发展过分集中加重了中国区域经济发展的不平衡。一方面，东南部城市由于有新的生产方式、新的技术而开始摆脱封建的生产关系，改变自给自足的生产结构，向着现代工业文明迈进，同时也通过扩散及辐射效应影响到周围地区，如纺织工业的发展使周围地区棉花生产的专业化程度大大提高；另一方面，中部特别是西部地区由于没有新的生产关系和生产技术的注入，落后的生产关系和传统的生产结构没有多少改变，部分地区的潜在资源优势也得不到发挥。这样，通过利用中西部的潜在资源，在农业文明中已经处于中心地位的东南部地区就有了新的活力；而本来已经落后的内地、特别是偏远的西部地区由于享受不到现代工业技术的成就，更显落后。

综上，中国农村的贫困主要集中在西部，这种分布在一定程度上是由历史原因造成的。

1949年后，中国共产党和中央政府为扭转区域经济发展严重失衡的状况，曾作出很大努力；在政治上，赋予边远和少数民族地区区域自治的权利；在经济上，对边疆和落后地区给予扶持，每年无偿向西部注入大量的财政拨款。此外，从“一五”时期起，国家采取了一系列调整生产力布局的措施，一方面促进传统产业内移，另一方面在内地投资兴建大批新的生产项目。20世纪60～70年代，国家通过“三线”建设，使西部地区的工业生产能力得到大大增强。然而，“一五”以后进入西部的产业部门、产业移入方式、移入产业的布局等方面常有较大的片面性和盲目性，对西部的投资在不少方面违反生产力布局的规律，从而使迁入和新形成的相当一部分产业的经济效益变差。特别是“三线”建设以“山、散、洞”为企业布点原则，使加工工业效益更差，对缓解西部贫困没有发挥应有的作用。

（二）重工业优先发展的影响

赶超战略是中国1949年后的主导发展战略，其特征是“重工优先，农轻次之”、资本与技术密集的先进部门与极端落后的其他部门形成鲜明的反差。从“一五”期间开始推行的重工业优先发展战略，内生出扭曲产品和要素价格的宏观政策环境、高度集中的资源计划配置制度和缺乏自主权的微观经营机制。这一经济体制解决了在一个经济十分落后的发展起点上把积累率提高到15%以上的增长问题（刘易斯，1989），并以较快的速度建成了比较完整的中国工业经济体系。但是，推行该战略步履艰难，所付出的代价极其高昂。

通过扭曲产品和要素的相对价格、降低重工业发展的成本并建立相应的资源计划配置制度以保证资源优先流向重工业部门，中国的确实现了重工业优先于其他部门的增长。以重工业年平均增长率与轻工业年平均增长率的比值作为重工业增长领先系数，1953～1979年重工业增长领先系数为1.47，其间，恢复时期为1.68、“一五”时期为1.97、“二五”时期高达6.00；1963～1965年经过结构调整，该系数下降到0.70，“三五”和“四五”时期，又分别达到1.75和1.32。从表2-25可以看出，“一五”期间重工业与轻工业的投资比为5.7，1976～1978年该比值上升到9.1。这种未能充分利用丰富劳动力的比较优势并有效规避资金缺乏的比较劣势的资源配置所造成的后果是：①生产结构中制造业部门的比例特别高，服务业部门的比例又异常小。在改革前的27年里，农业占国民收入的比例持续下降，工业所占比例持续上升，但其他产业（建筑业、运输业和商业）占国民收入的比例从1952年的22.75%上升到1957年的24.50%后，一直处于下降和徘徊状态，至1978年，已比1957年低六七个百分点。1949年后的头30年间，尽管中国工业产值占工农业总产值的比例从1952年的43.1%上升到1978年的75.2%，但第二、三产业所占用劳动力的比例仅从16.5%提高到29.5%，城市人口占总人口的比例也只从12.5%上升到17.92%，人口和劳动力结构呈微小变化，远远落后于国家工业化的进程。大量的人口和劳动力滞留在农村，给本已稀缺的人均农业资源造成越来越大的压力，严重阻碍了农村的发展和农民生活水平的提高（汪三贵，1994）。②在制造业中，粗加工的比例特别高，精加工的比例特别低。片面追求实物指标及其速度，致使粗加工能力的增长远远超过了精加工能力的增长。例如钢铁工业，属于粗加工的炼钢生产能力增长得非常快，而属于精加工的轧钢生产能力等却增长得极慢，造成了一方面积压大量钢锭，另一方面进口大量钢材的局面。同时，由于实行城乡分隔发展的政策，工业集中在大中城市，既没有周围地区的产业结构互补，也没有拉动相关产业的发展，导致了城市结构小而全、大而全，阻碍了城市化的正常发展。

表2-25　1952~1978年投资结构的变化（用1978年价计算）

时　期	固定资产总投资/亿元	基本建设总投资/亿元					基本建设投资结构/%			
		总　计	农　业	轻工业	重工业	其　他	农　业	轻工业	重工业	其　他
“一五”时期	611.58	587.71	41.83	37.47	212.79	295.62	7.1	6.4	36.2	50.3
“二五”时期	1 307.00	1 206.09	135.71	76.59	651.71	342.08	11.3	6.4	54.0	28.3
1963~1965	499.45	421.89	74.46	16.47	193.71	137.25	17.6	3.9	45.9	32.6
“三五”时期	1 209.09	976.03	104.27	42.62	498.89	330.25	10.7	4.4	51.1	33.8
“四五”时期	2 276.37	1 763.95	173.08	103.03	874.94	612.86	9.8	5.8	49.6	34.8
1976~1978	1 740.96	1 259.80	136.13	74.76	624.49	424.42	10.8	5.9	49.6	33.7

资料来源：①国家统计局. 1992. 中国统计年鉴（1992）. 北京：中国统计出版社，149、158

②国家统计局固定资产投资统计司. 1987. 中国固定资产投资统计资料（1950~1985）. 北京：中国统计出版社，9

在这种经济结构中，资源最大限度地配置到了资本品生产部门，消费品生产受到很大制约，严重影响了消费品总供给的增长。为了加速发展重工业，极为有限的外汇收入不可能用于消费品进口，致使提高人民生活水平缺乏最基本的物质保证。城市中的就业人员受低工资和冻结工资水平政策的制约，收入水平以及消费水平都处于增长缓慢乃至停滞的状态；而被城乡隔绝政策强行滞留在农业中的农村居民受就业不足和集体生产中劳动激励不足的制约，难以实现人均产出的增长，更是失去了增加收入、提高生活水平的条件（表2-26）。消费品工业发展不足和农产品总供给不足，造成日用消费品和食品的长期短缺，大部分基本必需品长期凭票证供应。在这种产业结构下，人民生活水平长期得不到提高（林毅夫等，1994）。

表2-26　城乡居民消费水平的变化

年　份	国民收入指数	全国居民消费水平指数	农村居民消费水平指数	城市居民消费水平指数
1952	100.0	100.0	100.0	100.0
1967	153.0	122.9	117.0	126.3
1978	453.4	177.0	157.6	212.6

注：国民收入指数和消费水平指数均按可比价格计算

资料来源：国家统计局. 1993. 中国统计年鉴（1993）. 北京：中国统计出版社，34、281

在重工业优先发展的总体战略下，由于西部在开发初期加工生产能力较弱，其大多数能源、原材料主要是运往加工工业比较发达的东部，在很大程度上形成了对西部加工工业的抑制，以致在一个较长的时期内，西部只能以输出能源、原材料和初级产品为主。长此以往，便在中国东西部之间形成了一种比较特殊的“分工协作”关系。以此关系为基础，又逐渐形成了各具特色的产业结构：东部轻纺工业所占比例较大，其重工业则以制造业为主，制造业以产品深度加工为基本特征；西部工业中，重工业比例大，以能源、原材料工业为主，制造业以初级产品加工为基本特征。据统计，1990 年东部 10 省、直辖市重工业占全部工业总产值的比例为 46.85%；而西部 11 省、自治区的重工业产值占全部工业产值的比例则高达 58.96%，比东部高出 12 个百分点，其中，山西、宁夏、青海和甘肃的重工业产值比例更是高达 70% 以上。重工业，特别是原材料工业偏向西部，使得西部的工业部门和城市对周围农村和农民的扩散和辐射效应远远低于东部。

以产业结构为基础的特定的东西部分工协作关系是在扭曲的价格体系下形成的，1985 年，采掘工业资金利税率仅为 10.38%，而制造业高达 20.00%。在加工工业中，初级产品与深度加工产品差距更大，如化工原料制造业资金利税率为 6.83%，而有机化学产品制造业高达 58.42%。

1．工、农业产品价格“剪刀差”的影响

从历史进程看，20 世纪 50 年代工业化起步时期形成的资源配置机制，一直决定着城乡居民之间收入分配的基本格局。在中国这样一个贫穷的农业国中发展工业，制约发展的“瓶颈”因素之一是资金短缺。为了突破“瓶颈”制约，中国政府实行高度集中的计划经济体制，对农副产品统购统销，让农业为工业提供原始积累。

首先，国家通过农产品低价收购政策，为工业化作强制性积累。其次，扣除集体积累后的收入才是可供社员个人分配的部分。1958～1978 年，公社的积累率[（税金＋公积金）/公社纯收入]达 13.4%～27.8%。这样，可供农民分配的收入就少到仅足以维持生存的地步了。为了保障所有成员的生存，公社只能实行平均分配的原则。由于这种分配制度缺乏激励作用，反过来又影响生产和收入的增长，因此形成一种恶性循环，使农村人口陷入慢性病式的贫穷。

对农副产品的强制性低价收购，为那些以农副产品为原料的工业部门提供低价投入品，使政府能够保证工人及其家庭的低价食品供给，从而得以实行低工资政策。这样，农业为工业提供的积累也就最终表现为部分工业利润。而对农产品的低价收购和对工业的投资倾斜，形成了资金从农业到工业、从农村到城市的定向转移机制。这种机制使农业在为工业化进程承担积累重负的同时失去了自身的发展机会，也就是从传统农业转变为现代农业的机会。

由于城市实行了低价食品配给及其他生活必需品补贴制度，而可动用低价食品和其他生活必需品又很有限，所以就不能允许农民自由地流入城市，农民被这道“城市壁垒”挡在了城市的工业化进程之外，亿万农民被“绑”在了耕地上。

中国农业科学院农业经济研究所的研究表明，1952～1989 年，国家以工农业产品剪刀差形式从农业中提取了 9716.75 亿元，加上农业税 1215.86 亿元，共达 10 932.61 亿元，农业资金净流出量达 7140.56 亿元，即农业新创造价值的 15% 被国家取走了。农业利润的外流致使农民的利益受到损害，导致农业生产率低下、农业比较效益差，农民长期生活在较低的生活水平上。直到 1978 年，中国约有 6.6 亿人生活在贫困线以下，人均年纯收入不足 200

元，约有七八亿农民人均年纯收入不足300元，农村居民的恩格尔系数一直在65%，归属联合国粮食计划署规定的绝对贫困之列。

2. 制度缺失的影响

“为什么中国在古代‘四大发明’之后就几乎没有什么举世瞩目的发明创造?”这一“李约瑟”之谜提示了中国研发制度的缺失。贫困地区制度短缺，主要表现为社会经济、政治、文化素质形态等制度因素与发展市场经济的错位和矛盾。

（1）经济管理体制落后

生产力水平低下是中国农村产生贫困的主要根源之一。农业生产仍是小农生产方式，自然、半自然经济的自我循环形成了自给自足的“低水平均衡陷阱”。农户家庭经济收入来源单一（农产品销售收入）、收入水平低、积累能力有限，公共积累因而难以提取，造成集体经济的组织能力弱化，有效的社会服务体系不能建立起来，严重阻碍贫困地区商品经济的发展。另外，农户把大部分资金投入到粮食生产当中，消费品主要来源于外地，造成资金外流，导致建设资金短缺，最后形成经济系统的恶性循环。

（2）行政管理体制落后

由于贫困地区经济落后，国家经常给予政策上的照顾或物质上的帮助，使部分贫困地区养成了对国家的依赖性，地区管理模式依然采用统包统配。在政治制度建设中党政不分现象严重，民主制度不健全，甚至很多贫困地区还盛行家长制式的管理方法，使市场经济在农村很难得到有效发展。

（3）制度安排失误

关于1959～1961年的普遍贫困，主要有三种解释：①人民公社制度取消自由退社的权利而使得社员竞相消极怠工，最终导致农业生产率和粮食生产的迅速下降（Lin，1990）。这种解释是基于传统的解释灾荒的视角，即食物短缺或供应不足（food availability decline，FAD）。②食品获取权的不对等。分省的粮食数据表明，粮食总产越高的省份灾荒反而越严重。林毅夫和杨涛以一省粮食产出代表食品供应量，将农村人口比例代表食物获取权，以1954～1966年中国28个省、自治区、直辖市的数据来检验他们的理论。最终得出结论，各省死亡率差异中，69.5%可由城市偏向解释，30.5%是由食物供应量下降解释，即中国饥荒更主要是由于食物获取权的丧失而不是食物供应量的下降导致的（Lin and Yang，2000）。③农村大办公共食堂。到1958年底，全国农村公共食堂达到345万个，在公共食堂吃饭的人占总人口的90%以上。由于采用了不设上限的免费供给制，农民在公共食堂里拼命吃饭，最终导致粮食耗尽、爆发饥荒的“公地悲剧”（Chang and Wen，1997）。但持不同意见的学者认为，农民可以“敞开肚皮”吃的食堂只是少数，大部分地区采取的是“按人定量”或者“凭票吃饭”的做法。

张欣和文贯中（Chang and Wen，1997）分析了可能引起饥荒的五类因素：①粮食减产。②食物供应量的下降。③食物分配不合理。④需求的急剧增大。⑤消费的无效率。他们通过排除法，得出了公共食堂里的浪费和过度消费，是导致部分地区严重缺粮并出现饥荒的主要原因的结论，例如，1958年四川粮食产出增加5万t，可当年的死亡率却由1.21%上升到2.52%。饥荒过后的1962年我国农村年人均粮食供给只有161kg，而饥荒最严重的1959年却有183kg。

第五节　中国农村贫困个案

一、贫困调查

三年自然灾害是贫困调查的一个焦点。有关调查表明，三年自然灾害期间，安徽省凤阳县非正常死亡50 669人，占农村总人口335 698人的15.1%。发病人口达102 994人，占30.7%。营养不良、基本失去劳动能力的17 482人，占5.2%。外流人口11 196人，占3.4%。其中，武店公社3年死亡14 952人，占总人口的27%。凤淮大队小唐家96人，死亡52人，占54.16%。凤淮大队1958年粮食总产量78.5万kg，全年总收入38.1万元，扣留后，人均78.87元。1959年粮食总产63.5万kg，总收入14.1万元，扣留后，人均29.35元。1960年粮食总产29.5万kg，总收入7.7万元，扣留后，人均4.4元。按每天人均粮食占有量计，150g以下的116个小队，8546人；150～200g的104个小队，8094人；200～250g的255个小队，20 499人；250～300g的440个小队，37 369人；300～350g的610个小队，53 104人；350～400g的892个小队，79 059人；400～450g 的273个小队，24 956人；450～500g 的247个小队，22 771人。缺少冬衣者50 400人，占全县人口的20%，计缺衣52 000件。

新疆有关部门的调查表明，1978年，位于南疆的伽师、疏附、疏勒、巴楚、和田、洛浦、柯坪、阿图什8个县社员年人均集体收入在50元左右，其中，柯坪县只有33元，人均口粮一般在150kg左右，而且大部分是粗粮（长文，1983）。

贵州省经济委员会对省内87个县32 914个农户的调查表明，1983年，人均口粮350kg以上的户占43.6%；人均收入100元以下、口粮150kg以下的贫困户占20%。即使是较发达的安顺地区，人均收入80元、人均口粮200kg以下的农户也占15%左右。关岭县人均口粮约175kg，有18%的生产队人均口粮在150kg以下。

1983年，贵州省关岭县对215个贫困队所做的调查（分别占全县农户总数和农村人口数的11.24%和10.88%）表明，人均口粮138kg、人均纯收入39元、人均衣服1.6套，户均被子1.4条，平均3.57人一张床。其中，包包人民公社6个队91户499人，人均口粮147kg，人均收入33元，人均衣服1套（即只有一衣一裤）；户均被子1条，平均5.48人一张床。鸡场公社岭岗等14个队272户1368人，人均衣服1套，户均被子1条，平均5.56人一张床。该公社黄泥宝生产队，18户73人，只有10条被子。关岭县上关公社1983年人均口粮192.5kg，没有被子的农户占10%左右；没有住房或住在四面漏风的草房的农户也占10%左右；全社70%～80%的农民一年到头只穿草鞋。

1985年，贵州省有26个县约800万人人均纯收入不到120元，其中，约300万人人均纯收入100元左右，口粮不足125kg。最贫困的从江、丹寨、纳雍、普定、雷山等县1983～1985年农民年人均纯收入分别为86、91、97、98和99元（张红宇，1987）。总体来看，全省约1/3的地区和农户尚未解决温饱问题。农村经济基本上属于传统的种植业和养殖业，多种经营和乡镇企业落后，农产品主要用于家庭需求或有不多的“为买而卖”。

1985年，广西农民人均纯收入低于200元的县有48个，占全区总县数的58.6%；贫困地区面积13.3万km²，占全区总面积的56%；贫困人口1407万，占全区总人口的36.3%。广西有11个县处于人均纯收入不足120元、口粮不足125kg的贫困状态，其中，乐业89元、德宝89.4元、那坡90.3元、凌云95元。据1983年统计，都安瑶族自治县87万人口中，没有棉被的有24 240户79 970人；住茅草棚的有17 419户88 299人；连茅草棚也没有而住岩洞的有550户2136人。取水距离3～10km的约有4000户21 000人。

广大贫困地区既缺衣少食，又缺医少药。贵州省镇宁县六马区620km²内9个公社近50 000人，区医院仅有12个床位，无透视及化验设备；9个公社卫生所，每年2～3人，都是民办公助人员，未经专门训练。乐运公社5473人，1981年卫生所仅有价值31.5元的医药器械。全区地方性甲状腺肿患者占总人口的6.35%，其中，镇宁、关岭、紫云3县患者比例分别高达18%、20%和23%。

二、家庭贫困

贵州织金县木戛乡，杨福清，苗族，全家居住在一个用土砖垒起来的破房里，4口人只有一张破床、一条破被，大孩子睡在牛栏上的包谷皮堆里，没有任何铺、盖之物。全家一年仅有约450kg粮食，而且是玉米、马铃薯、薯类等粗粮，没有稻米等细粮，也没有像样的衣物可穿，全部家产不足100元（张红宇，1987）。

广西都安瑶族自治县雅龙乡，韦瑞文一家6口人，住房是用几根木头搭起来的茅草棚，人畜同居一室，一家人全年主要粮食是500kg左右的玉米，搭以马铃薯和薯类。班老三一家三代7口人同睡在一张破席上，住的是黑糊糊的茅草棚，人畜同居一室。全部家产不足50元（张红宇，1987）。

三、社区贫困

（一）西北地区案例：甘肃省榆中县上庄公社

甘肃省榆中县上庄公社距省会兰州市约40km，1979年，该公社所有生产队分配的年人均口粮都在20～50kg。老百姓不得不靠借账买返销粮来维持生计，仅国家贷款一项，人均欠102.60元。上庄四队32户174人，属全社中等水平，1979年的日工分值仅0.19元，超支户占71.7%；分配的人均口粮27kg。全队共有65条被子，新的3条，旧的35条，破烂不堪的27条，户均2条，近3人1条；毡13条，平均3户一条；大约2/3的土坑上没有铺，只有1张破席。全公社49个生产队，有48个队年人均纯收入不足40元；家产（除房屋、猪、羊）在30元以下的有188户，占13.4%；15元以下的有41户，占2.9%。全公社25～30岁男青年758人，未婚的288人，占38%；全社7000多人，4371人没有棉衣或棉衣破烂不堪。这些人缺衣少食，又生活在海拔2300～2800m的高寒阴湿山区（陆学艺，王小强，1981）。

（二）西南地区案例

1. 贵州省织金县（张红宇，1987）

织金县位于贵州中部，是一个多民族杂居、以农业为主体的山区县。1985年，全县人口73万，其中农业人口69.9万，占总人口的95%；耕地73万亩，人均1亩；全县农业人口人均口粮不足150kg，年人均纯收入不足100元的贫困户有10.4万户共48.8万人，分别占全县总户数和农业人口总数的73.8%和72.1%；其中，人均口粮不到100kg、年人均纯收入不到80元的贫困户5.8万户27.3万人，分别占总户数和农业人口总数的41.5%和39.4%。

织金县贫困状况的基本特征是：①自然资源丰富，但开发度极低。织金县自然资源丰富，尤以煤资源突出，无烟煤遍布全县各乡镇，总储量达129万t，可采厚度为7～15m，每千克煤的燃烧值为7200～8700kcal，灰分低于10%，是大型优质无烟煤基地。磷矿资源储量占全省的60%，大理石、重晶石、铁矿储量大，品位高，具有开采价值。然而，由于缺乏资金、技术和人才，尤其是电力不足、交通不便，开发利用程度极低，全县没有一个上规模的冶炼厂，全部工业产值约1000万元，人均不足15元。②水土流失严重，生态环境恶化。由于绝大多数居民以农为生，而农业生产技术长期停滞不前，在人口增长的压力下不得不延续毁林开荒的做法，以致水土流失越来越严重，生态环境越来越恶化，自然灾害越来越频繁。反过来，这些现象又对农业生产和农民收入施加了严重的负面影响。③交通运输条件落后。1949年后的30多年里，织金县共修建公路824km，其中，等外级公路占公路总里程的81.8%。四级（事实上达不到）公路只有150km。全县101个乡中有35个乡不通公路；在通路的乡镇中，一些公路长期缺乏养护，路况极差。④科技教育发展滞后。织金县青壮年中文盲、半文盲率高达60.8%，大大超过全国27.51%和贵州省42.14%的水平；每万人中的科技人员数为2.7人，大大低于全国56人和贵州37人的水平。

2．贵州省毕节县阴底区（刘国安，1987）

贵州省毕节县阴底区是位于中国18个贫困地区之一的乌蒙山区内的一个贫困区，是一个多民族杂居的地区，区内有彝族、苗族、布依族、仡佬族、回族等少数民族。区内平均海拔1500m左右，全区土地面积192.27km^2，耕地46 070亩，占土地面积的15.97%，人均耕地面积1.06亩。

区内农民的贫困主要表现为：①粮食不能自给，温饱尚未解决。据统计，1985年阴底区人均口粮160kg，其中，星秀田、治中两个乡人均口粮分别只有136.5kg和144.5kg。由于自产口粮不足，每年都要吃国家的返销粮。1981～1985年调运的救济粮达32.25万kg，平均每年8.06万kg。贫困户的吃、穿、住都极其困难，野鸡乡踏石浪村祝德年一家6口人挤在一间7m^{2}左右的草房里，吃、住、烧在一屋之中。②人均纯收入低。1985年，全区农民人均纯收入133.58元；最高的猫场乡为184.00元，最低的治中乡仅有113.00元。农民手中缺钱，无力购买急需的生产资料和生活资料。③贫困户比例大。1985年，全区8380户42 420人，贫困户6218户，占总户数的74.20%；贫困人口32 498人，占总人数的76.61%。贫困户比例最大的治中乡贫困户占95.77%，贫困人口占98.34%。

造成阴底区贫困落后的主要原因是：①自然生态恶化。阴底区的山地与丘陵占土地总面积的90%以上，且山高谷深，坡陡梁大，经不起沟河和雨水的切割冲刷。长期的过量采伐和毁林开荒，造成阴底区森林面积锐减，植被质量下降，荒山秃岭增多，水土流失加重，自然生态恶化。阴底区耕地中土多田少，旱地占90%；水田多为梯田，位于较平坦处的水田只有200亩。境内水源缺乏，灌溉设施极少，多为“望天田”，产量很低。1985年，小麦亩产只有28kg，玉米亩产161.5kg，水稻亩产339kg。②产业结构不合理。阴底区的经济以农业为主，农业总产值748.40万元，占工农业总产值的87.30%。农业内部的产业结构也不合理：在年农业总产值中，种植业产值 500.67 万元，占 69.31%；林业产值 40.91 万元，占 5.66%；牧业产值 148.18 万元，占 20.51%；副业产值 32.44 万元，占 4.49%；渔业产值 0.20 万元，占 0.03%。从表 2-27 可以看出，农村劳动力的投向集中于农业，非农产业吸纳的劳动力很少。③商品经济不发达。阴底区的农产品以自用为主，商品率很低。例如，1985 年出售商品粮 31.5 万 kg，只占粮食总产量的 3.87%。全区 7 个乡只有两个集市，平均 96.135 km^2 一个集市；个体商业从业人员 324 人，占全区总人口的 0.074%。商业资金 71 946 元，平均每个工商户 458 元。全区人均销售额只有 31.50 元。④交通不便。阴底区距毕节县城 51km，通车里程 73.8km，但大都是四级公路，标准很低，晴通雨阻。客车只通到阴底乡，通车里程 26km，占全区公路总长度的 35.23%。交通运输车辆缺乏，只有 2 辆汽车、15 台拖拉机、180 驾马车和 22 部人力车，日用百货、支农物资和当地土特产品的运进输出非常困难，境内运输主要靠马车及人背马驮。⑤教育科技落后。全区有 2000 个学龄儿童未入学，入学率不足 80%。成人中文盲和半文盲较多，据对田坝乡田坝村第六组村民的调查，全组 15 岁以上的 168 人中，文盲有 72 人，占 42.9%。全区技术人才和经营管理人才很少，能工巧匠和乡土人才不多。⑥人口增长快。1949 年初，阴底区人口只有 17 800 人，到 1985 年增加到42 946人，36 年净增加 25 146 人，增长 141.3%；50 年代初期粮食总产量 399.495 万 kg，1985 年为 940.65 万 kg，增长 135.5%，人口增长超过粮食增长。

表 2-27 1985 年阴底区农村劳动力各业分布

行 业	农 业	林 业	牧 业	渔 业	工 业	运输业	建筑业	商业饮食业
劳动力/个	15 638	42	186	11	125	130	56	84
比例/%	92.83	0.25	1.1	0.07	0.74	0.77	0.33	0.05

资料来源：刘国安. 1987. 贵州省毕节县阴底区农村贫困问题调查. 财经科学，(6)：73 ~ 76

(三) 东部地区案例

1. 福建省安溪县（赵昭炳，1986）

安溪是一个山区县，位于福建省戴云山脉的东南坡，归福建省泉州市管辖。安溪盛产茶叶，所产的“铁观音”茶驰名中外。然而，该县 1985 年人均口粮不到 200kg，人均纯收入仅 163 元，远低于福建省平均水平（338kg 和 480 元）；是福建省 11 个贫困县之一。

安溪县有 111 个贫困村，清苑村是其中的一个。1985 年，清苑村 731 人，有 4900 亩山地和 398 亩耕地。由于过度砍伐森林，水土流失严重，肥沃的山地变成瘦瘠的荒山，有的地方基岩裸露。耕地中，有的是没有灌溉条件的山排田，有的是光照不足的山垄田，由于好地很少，粮食平均亩产只有 200 多千克。1985 年全村人均口粮仅 100 多千克，人均收入 75 元，农户缺吃少穿，难以维持温饱，居住条件很差，其中一户全家三代 11 口人挤在两间小屋子里，每间屋子里只有一张床、一个柜，以及几个破桶、破缸。清苑村的小学只有四间柱梁已斜、门窗已坏、摇摇欲倾的破房子。45 个学生中只有几个女孩。

贫困的原因主要有两点：

1）生态资源过度利用，农业根基遭受冲击。安溪历史上是一个森林茂密、山清水秀的地方。自南宋以来的 800 多年，社会变化很大，但安溪深居内陆，战乱影响很小，一直保存有一个较好的生态环境。1957 年森林覆盖率高达 60%，森林蓄积量高达 650 万 m^3。但是，其后由于乱砍滥伐，森林资源急剧下降，1972 年森林资源清查结果表明，森林覆盖率降为 39.9%，减少了 1/3；森林蓄积量减至 131 万 m^3，减少了 80%。1972～1985 年，年砍伐量一直超过年生长量，森林的面积和蓄积量进一步减少，水土流失面积则相应增加。1957 年，全县水土流失面积不到 100km^2（约占全县总面积的 3.4%）；1965 年，水土流失面积增加到 439.4km^2，占全县山地总面积的 20.3%；1981 年底，水土流失面积扩大到 666.7 km^2，占山地总面积的 30.9%。严重的水土流失使土层变薄，地力下降。1965 年安溪县土地土壤有机质含量为 2%～4%，其中大部分耕地的土壤有机质含量为 2%～3%；80 年代中期，这一指标下降到 0.5%～2%，土壤有机质含量为 2%～3% 的耕地仅占约 25%。地力下降动摇了农业生产的根基，农业产量难以提高。

2）人口增长超过资源的承受能力。1949 年，安溪全县人口为 29.7 万，到 80 年代中期约为 80 万，增加了 1.66 倍，年递增率高达 2.8%。而各类资源却因过度开发而呈缩减态势，致使人与资源之间的矛盾愈来愈尖锐。例如耕地，1950 年有 42 万多亩，人均耕地约 1.42 亩；1956 年耕地扩大到 46 万多亩，其后由于占地盖房、搞基建等，耕地面积不断减少，1985 年，全县耕地减至 41 万多亩，人均耕地减至 0.52 亩，比 1950 年下降 63.88%。由于粮食增产的速度赶不上人口增长的速度，安溪一直处于缺粮的困境。人们为了生活被迫乱砍滥伐，陡坡开垦，导致了生态环境的不断恶化。

2. 福建省闽东 3 县（陈飞天，1986）

福建省东部柘荣、寿宁、屏南 3 县（简称闽东 3 县）由于多方面的原因，经济发展缓慢。据 1985 年统计，3 个县人均纯收入在 200 元以下的贫困户分别占农村总户数的 20%、32.8% 和 21.4%。

闽东 3 县的贫困原因是：①交通基础设施落后，经济结构封闭。闽东 3 县位于福建省鹫峰山和太姥山脉的北段，海拔多在 500～800m，最高处超过 1500m，路网密度很低，路况很差，交通非常落后。例如，1986 年柘荣县仅有公路 127.8km，其中能保证通车的只有 94km，54.4% 的行政村未通公路，大部分自然村靠步行、肩挑劳作。其他两县情况类似。一些边远的自然村基本上处于与外界“隔绝”的状态，市场交换只限于粮食、竹木原料和土特产品，自然经济色彩比较浓厚。1985 年柘荣、寿宁、屏南 3 县的社会商品零售总额只占福建省社会商品零售总额的 0.81%。②教育科技文化落后，经济信息闭塞。1986 年，屏南县每千人中，大学程度的仅有 2.04 人、高中程度的 36.64 人、初中程度的 90.22 人、小学程度的 399.65 人，文盲、半文盲高达 552.45 人。全县教师 1169 人，民办教师占一半以上；全县科技队伍中，中级科技人员仅有 25 人，其中工业工程师只有 3 人。同期，柘荣县没有一个工业工程师。柘荣县 586 个自然村只有 91 个村有广播，仅占 15.4%；屏南县有广播的自然村不到 40%。不少“老、少、边、穷”的高山村落，“电话挂不通、广播听不到、报纸难看到”，经济信息非常闭塞。③自然资源和生态系统承受的压力越来越大。由于经济结构长期不变，随着人口的增长，生产活动对自然资源的生态环境的压力越来越大。由于生产效率极低，进而生产剩余极少，以致对森林不得不“重砍轻造”，对耕地不得不“重用轻养”，由此又造成水土流失的严重后果，致使农业生态系统处于退化状态。④医疗卫生、社会保障欠缺。“穷则易病，病则更穷。”寿宁县贫困户中有病灾户 2525 户，占贫困户总数的 18.2%；柘荣县贫困户中家里有常年患病人口的有 2539 户，占贫困户总数的 33.7%。该县宅中乡山樟村 232 户 962 人，其中 67 户 124 人常年患病，患病户数和人数分别占该村总户数和总人口的28.9%和12.9%。缺医少药也是贫困山区面临的重大问题。据寿宁县的调查，只有137个村有医疗站、点，占被调查的556个老区村的24.6%。⑤行政体制多变影响系统建设。柘荣县的建制曾经遭受2次撤销、2次恢复的折腾，大伤元气，导致建设慢、底子薄。屏南县前后经历过县城的3次搬迁、3次隶属关系的变更，严重影响了工农业的投资和基础设施的系统建设。

四、地区贫困

云南是一个多民族的、以山区为主的边疆省。全省共有24个少数民族，国土面积中山地占94%，最高海拔6740m与最低海拔76.4m相差6663.6m。与越南、老挝、缅甸接壤，边界线长达4060km，是中国陆地边界线最长的省份之一。

1984年，根据中共中央书记处政策研究室制定的贫困划分标准，云南省1981～1983年年人均纯收入在120元以下，稻谷生产区人均口粮低于200kg、稻杂参半区人均口粮低于175 kg、杂粮生产区人均口粮低于175kg的贫困乡共有5607个，分布在全省102个县内，分别占全省总县数、总乡数的79.7%和44.8%。据云南省贫困地区工作领导小组办公室1985年的统计，全省农村贫困人口有1212万。其中，集中连片的贫困乡共3569个，贫困人口691万，温饱问题还没有得到解决的492万人主要集中在41个贫困县。据分析，云南省的贫困县有如下特点：

1）贫困县绝大多数分布在偏僻山区、边境地区和少数民族地区。41个贫困县中，有39个是山区县、2个是半山区县。在全省面积大于100km^{2}的49个坝子中，只有1个贫困县；有24个县与邻省或邻国接壤，人口约630万，占贫困县总人口的62%，占边疆县和边疆人口数的50%以上；有31个为少数民族聚居县，其中15个属民族自治县。据1985年统计，少数民族聚居的贫困乡2518个，农业人口510万，其中贫困人口约350万，分别占全省贫困乡总数、贫困乡农业人口数和贫困人口数的70.9%、73.7%和71.1%。

2）贫困面广，贫困程度深。云南省的41个贫困县分布于全省的13个地、州、市，总面积15.4万km^2，占全省总面积的40.2%。1985年41个贫困县总人口1025万，占全省农业人口的34%，其中贫困人口约500万人，占贫困地区总人口的41%。按1985年以县为单位的人均纯收入分组（表2-28），人均纯收入低于150元的贫困人口占贫困县总人口的58.8%。

表2-28　1985年云南省41个贫困县人均纯收入分组

120元及以下				121～150元				151～200元				201元及以上			
县　名	人均纯收入/元	贫困人口/万	所占比例/%	县　名	人均纯收入/元	贫困人口/万	所占比例/%	县　名	人均纯收入/元	贫困人口/万	所占比例/%	县　名	人均纯收入/元	贫困人口/万	所占比例/%
巧　家	114	20.2	3.25	南　涧	142	10.5	1.69	永　善	187	20.0	3.21	德　钦	206	3.2	0.51
镇　雄	111	73.0	11.75	墨　江	140	18.7	3.01	寻　甸	173	20.1	3.23	中　甸	253	3.5	0.56
彝　良	119	28.3	4.55	富　宁	148	22.7	3.65	双　柏	170	10.8	1.74	兰　坪	234	7.5	1.21
贡　山	117	2.7	0.43	广　南	146	50.0	8.05	武　定	170	10.2	1.64	泸　水	265	8.7	1.40
				绿　春	127	15.5	2.49	西　畴	163	16.4	2.64	云　龙	203	8.5	1.37
				红　河	125	15.1	2.43	麻栗坡	162	11.4	1.83	马　关	257	10.9	1.76
				元　阳	131	30.4	4.89	镇　沅	171	11.2	1.80				
				屏　边	145	5.2	0.84	江　城	186	6.0	0.97				
				会　泽	150	30.5	4.91	澜　沧	173	21.2	3.41				

续表

120元及以下				121～150元				151～200元				201元及以上			
县　名	人均纯收入/元	贫困人口/万	所占比例/%	县　名	人均纯收入/元	贫困人口/万	所占比例/%	县　名	人均纯收入/元	贫困人口/万	所占比例/%	县　名	人均纯收入/元	贫困人口/万	所占比例/%
				鲁　甸	144	22.6	3.64	西　盟	170	3.6	0.58				
				禄　劝	140	20.0	3.21	漾　濞	174	5.0	0.80				
								剑　川	170	7.5	1.21				
								龙　陵	190	11.4	1.83				
								宁　蒗	171	11.1	1.79				
								福　贡	159	7.0	1.13				
								维　西	165	9.2	1.48				
								云　县	163	10.4	1.67				
								镇　康	176	10.1	1.63				
								双　江	160	7.4	1.19				
								沧　源	158	3.8	0.62				
总　计		124.2	19.98			241.2	38.81			213.8	34.40			42.3	6.81

资料来源：郭正秉，袁德政，赵俊臣．1990．云南省41个贫困县脱贫致富战略研究．昆明：云南人民出版社，66～67

3）贫困县的经济增长水平和其拥有的资源状况形成鲜明的反差。41个贫困县的人口密度为69人/km^2，比全省平均值少19人；人均耕地面积1.4亩，比全省平均值多0.2亩；人均占有土地14.5亩，比全省平均值多3.2亩，土地资源较为丰富；41个贫困县拥有较丰富的矿藏资源和热带作物资源。然而与全省人均水平相比，1980年41个贫困县的人均工农业总产值低200元，1985年差值扩大为320元；农民人均纯收入1980年相差21元，到1985年扩大为66元；人均财政收入1980年相差28元，1985年扩大为62元。差距扩大的主要原因在于贫困地区吸引科技教育人才较为困难、技术落后、人才奇缺。1982年的人口普查汇总结果表明，在41个贫困县中，每10万人中拥有大学毕业生68人，比全国和全省平均水平相比分别少448人和180人；云南省12岁以上的文盲、半文盲1097.7万人，占总人口的33.7%，41个贫困县中有34个县的文盲比例高于全省水平，其中22个县在40%以上。由于科技力量薄弱、农民文化素质较低，生产经营活动既缺乏强有力的技术指导，又缺乏掌握科学技术的一般能力，至今仍在沿用广种薄收的生产方式，耕种粗放；科学种养的示范区和点很少，扩散效应极为有限，特别是在边远民族聚居区，连适用性强的单项技术的推广也要7～12年才能基本普及。一些地方仍是刀耕火种，人无厕所畜无厩，种田不施农家肥；部分地区耕地不固定，毁林毁草，陡坡垦殖，导致植被急剧下降，生态环境日趋恶化，农业生产失去本源的依托。

4）贫困地区的经济基础薄弱，产业结构单一，劳动生产率低，缺乏自我发展的能力。41个贫困县的耕地多为坡地、旱地，土地贫瘠，坡度在25°以上的陡坡地和中低产田（地）所占比例相当大；水利基础设施较为薄弱，有效灌溉面积只占总耕地面积的23.8%，基本上还是“靠天吃饭”的农业类型。1985年，贫困地区的农业总产值占农村社会总产值的83.1%。农业总产值以种植业为主，其产值比例达53.45%，林、牧、副、渔业合计只占46.55%，贫困地区林业、畜牧业的比较优势未能发挥出来。这种以粮为主的单一产业结构不仅与资源结构不匹配，而且自我发展能力微弱，也难以与其他产业部门建立起经济关联。1985年，贫困地区的县财政自给率为35%，人均财政收入18.3元，在粮食不足的情况下，几乎全部用于吃饭，发展基础设施和教育文化事业的资金匮乏。

第六节 中国城市贫困

1978年以来，特别是进入90年代以来，随着我国城市经济体制改革的不断深入和城市化的发展，城市收入分配的不均衡程度加大，城市生活指数相对上升，中国的城市贫困人口不断增加，城市中的贫困问题日益突出。

一、中国城市贫困的定义

贫困既有绝对贫困，也有相对贫困。城市绝对贫困是指城市居民中的家庭或个人依靠劳动所得和合法收入，不能维持基本的生存需要或社会可以接受的最低标准，基本生活没有保证、简单再生产难以维持的状态。绝对贫困人口是指难以维持该地区最低水平的生活、需要得到社会救助的人口。相对贫困则是指温饱基本解决，但基本生活的满足程度以及发展机会低于或少于社会公认的基本水准、扩大再生产的能力很弱的状态。相对贫困人口是相比较而言的低收入人口，一般将收入低于城市居民平均收入50%的人口算作城市相对贫困人口。其中，城市居民指户口在市、县、镇上的非农业人口。按照常规，他们不包括流入城市但户口仍在农村的人口。

二、中国城市贫困问题的提出

(一) 20世纪90年代以前的中国城市贫困

1978年以前的中国是一个贫困发生率较高的国家，但当时的贫困现象主要存在于农村地区。1978年中国农村的绝对贫困人口达2.5亿，绝对贫困人口占农村总人口的31%；城市贫困虽然存在，但范围不大，并且主要分布在一些相对固定的老、弱、孤、寡、残等人群中。

1978年以前，中国是一个典型的计划经济国家，政府不仅决定社会的收入再分配，还决定社会的初次分配。公民的全部收入都是由政府支配，受政府控制。个人或家庭的收入由就业、社会保障和社会服务等3种制度决定，就业制度决定直接收入，社会保障制度和社会服务制度决定间接收入。在就业上，实行“高就业、低工资”的政策；在户籍制度上，严格区分城市户口（非农业户口）和农业户口、给予城市居民（即非农业人口）名目繁多的补贴。城市居民总体生活水平不高但较为稳定，生活在贫困线以下的主要是所谓“三无人员”（无生活来源，无劳动能力，无法定赡养人、扶养人或者抚养人的人员）。这部分人数量较少，由民政部门予以救助。

根据世界银行1992年研究报告《中国减少贫困策略》估计，1980年中国农村贫困人口比例为28%，约2亿多人，城市贫困人口比例为2%，约400万人；1988年中国城市的贫困距（贫困人口人均收入与贫困线的差距，贫困距越大，表示贫困程度越高）为157元，相当于贫困人口人均收入的35%，相应的贫困指数为1.0%。该数字不仅大大低于南亚和非洲国家的相应数字，也低于发展中国家3%的平均水平（世界银行，1990）。这说明中国城市居民的贫困程度不是很明显，这一点不仅仅反映在较低的贫困指数上，而且体现在贫困户中较小的收入分配不均等程度上。到1989年，农村贫困人口降到1.3亿，城市贫困人口降到100万左右（比例仅为0.4%）。因此，在90年代初，人们的注意力还是放在农村反贫困上。

1988 年国务院颁发了 51 号文件，规定家庭人均月收入大城市 50 元以下、中小城市 45 元以下、县镇 40 元以下的职工可以给予困难补助，但符合条件的人并不多。

1991 年世界银行对中国贫困进行了考察，在其提出的考察报告中，对中国城市贫困状况进行了估计，结果见表 2-29。从中可以看出，根据世界银行的估算标准，20 世纪 90 年代前中国城市贫困发生率基本上不超过 1%（除 1981 年为 1.90% 外）。因此，长期以来，城市的贫困问题并没有成为一个引人注目的社会问题。

表 2-29　1981 ~ 1990 年中国城市贫困线、贫困规模、贫困发生率

年　份	城市贫困线/元	绝对贫困人口/百万	城市人口/百万	贫困指数（设 1985 年的为 100）	贫困发生率/%
1981	171	4.0	211	80	1.90
1982	169	2.0	222	79	0.90
1983	178	1.4	230	83	0.60
1984	190	0.8	240	88	0.30
1985	215	0.9	251	100	0.40
1986	226	0.5	264	105	0.20
1987	247	0.6	277	115	0.20
1988	289	0.7	287	134	0.20
1989	304	0.9	295	141	0.30
1990	321	1.3	302	149	0.40

资料来源：蒋青，段海英，王黎华. 1996. 我国城市贫困的研究与思考. 社会科学研究，(2)：68 ~ 73

需要指出的是，世界银行所估计的贫困是绝对贫困，它所确定的基本生存需要标准很低（人均月需食品数量分别为粮食 16.22kg、植物油 0.49kg、猪肉 0.32kg、蛋 0.22kg、蔬菜 4.92kg）。但是，这个标准在定量估计其他国家的贫困水平时得到采用，与中国农村贫困标准也比较接近，因而有利于进行横向比较。

（二）城市贫困问题的日益凸显

一般而言，城市贫困问题是在 20 世纪 90 年代后才逐渐显露并引起广泛关注的（洪大用，2003）；中国城市贫困主要是 90 年代后期出现的新问题，也被称为一种“新贫困”（Knight，2000）。如表 2-30 所示，中国城乡贫困人口在总量指标上虽存在较大差距，但从贫困发生率看，90 年代以来城市与农村均在 4% 及以上，其中城市贫困人口增长势头明显。

表 2-30　中国城乡贫困人口、贫困发生率一览表

年　份	贫困人口/万		贫困发生率/%	
	城　市	农　村	城　市	农　村
1978	—	25 000	—	30.7
1991	1 420	9 700	4.6	11.5
1992	1 130	—	3.5	—
1993	1 330	8 000	4.0	9.4
1994	1 530	—	4.5	—
1995	1 240	—	3.5	4.6
1996	1 176	5 800	4.2	—
1997	1 500	—	4.1	—
1998	2 000	4 200	5.3	4.6

注：“—”示数据暂缺

资料来源：许飞琼. 2001. 中国贫困问题研究. 见：何道峰. 中国扶贫论文精粹. 北京：中国经济出版社，274

1991 年全国城市居民年人均生活费收入 1544 元，粗略地把城市居民年人均生活费收入低于1500元的城市称为低收入城市，把城市居民年人均生活费收入低于1250元的城市称为贫困城市，1991年中国各城市居民年人均生活费水平分布如表2-31。由表可见，依据上述标准，全国有90个城市（占25.8%）属于贫困城市；年人均生活费收入低于1500元的城市共有190个（东部38个、中部105个、西部27个），占全国城市总数的54.4%。

表2-31　1991年中国城市居民年人均生活费收入水平分布

年人均生活费收入/元	地区							
	东部		中部		西部		合计	
	城市数	比例/%	城市数	比例/%	城市数	比例/%	城市数	比例/%
<1250	10	7.4	67	48.2	13	17.6	90	25.8
1250~1500	28	20.6	48	34.5	24	32.4	100	28.6
1500~1750	38	27.8	20	14.4	25	33.7	83	23.8
1750~2000	34	25.0	4	2.9	8	10.8	46	13.2
2000~2250	13	9.6	—	—	3	4.1	16	4.6
>2250	13	9.6	—	—	1	1.4	14	4.0
总计	136	100.0	139	100.0	74	100.0	349	100.0

资料来源：李若建. 1997. 城市贫困问题与区域发展. 中山大学学报（社会科学版），(6)：40~47

据推算（李若建，1997），如果以城市居民人均生活费收入不足1000元为标准，把1991年低于这一水平的城市居民称为低收入群体，全国有3429万人属于城市低收入人口，占全部城市非农业人口的15.6%。这3429万人中23.4%在东部地区，53.0%在中部地区，23.6%在西部地区。

东部地区城市人口多，相对来说低收入群体占的比例比较低，仅占非农业人口的7.8%，而中部和西部的这一比例分别是22.9%和21.6%。

低收入城市人口集中在某些省份（表2-32）。内蒙古、甘肃、江西3个省（自治区）低收入人口的比例超过30%；山西、河南、吉林3省低收入人口的比例在25%~30%。1991年全国只有6个省（自治区）城市居民人均生活费收入不足1300元，上述6个省（自治区）占了5个。这6个省（自治区）集中了全部城市低收入人口的39.7%。

表2-32　1991年中国各省（自治区、直辖市）城市居民中人均生活费收入低于1000元的比例及人数

东部			中部			西部		
地区	低收入人口比例/%	低收入人数/万	地区	低收入人口比例/%	低收入人数/万	地区	低收入人口比例/%	低收入人数/万
北京	1	6	山西	28	171	四川	20	281
天津	11	53	内蒙古	47	293	贵州	21	77
河北	17	142	吉林	27	253	云南	12	48
辽宁	10	162	黑龙江	20	276	西藏	10	2
上海	1	8	安徽	18	138	陕西	21	120
江苏	13	166	江西	33	200	甘肃	46	160
浙江	3	20	河南	28	283	青海	23	24
福建	5	23	湖北	8	92	宁夏	8	8
山东	8	110	湖南	13	110	新疆	21	90
广东	2	30						
广西	14	70						
海南	11	13						
总计	8	803	总计	23	1816	总计	22	810

注：①城市居民年人均生活费收入低于1000元的比例根据五等或十等分组资料推算的，具体做法是把各等级收入的平均数作为中位数，然后用插值法计算

②各地城市居民总人数是根据各地的市与县辖镇的非农业人口计算，将城市居民年人均生活费收入低于1000元的比例乘以城市人口，从而得出低收入的城市人口数

资料来源：李若建. 1997. 城市贫困问题与区域发展，中山大学学报（社会科学版），(6)：40~47

按照收入分组户中的最低收入户（占总户数的5%）视同贫困户的方法对中国城市贫困进行估计（蒋青等，1996），所得结果如表2-33。从中可以看出，20世纪90年代初中国城市贫困户的状况呈逐渐恶化的态势，表现为消费支出处于低水平、食物支出比例在60%、负债率呈上升趋势、与高收入家庭的人均收入和消费支出差距不断拉大。

表2-33　1990～1993年中国城市贫困户的基本情况

年份	年生活费收入/(元/人)	月生活费收入/(元/人)	收支差额/(元/人)	负债率/%	食品占消费支出比例/%	与最高收入组差距/(设贫困户为1)
1990	688.92	57.41	-35.83	5.2	62.42	3.55∶1
1991	810.75	67.56	-69.03	8.5	60.06	3.30∶1
1992	957.14	81.25	-76.26	7.8	60.93	3.41∶1
1993	1 059.22	88.27	-123.93	11.7	59.19	4.15∶1

资料来源：蒋青，段海英，王黎华．1996．我国城市贫困的研究与思考．社会科学研究，(2)：68～73

随着中国经济向市场化转轨，分配制度也发生重大改变。在体现效益优先原则的同时，由于生产要素占有的不平等和分配不公、收入失控、社会转移支付的调节不力、物价上涨等，收入分配差距不断扩大，相对贫困问题突显。据统计（杨娅，1998），1994年中国最贫困的20%的家庭收入占全部收入的4.27%，而最富有的20%的家庭收入占全部收入的50.24%，这个差距已超过美国（美国的相应比例分别为4.4%和44.6%）。1995年，中国人均国民生产总值4729元，被联合国国际金融组织列为低收入国家，排名在第33位。同时，据有关部门抽样调查，1995年城市10%的高收入户与10%的低收入户，人均可支配收入之比为3.8∶1。1995年城市居民收入按下列五个类别划分的情况如表2-34。

表2-34　1995年中国城市居民收入类别划分

类别	标准	比例/%	户数/万
贫困型家庭	年总收入5 000元以下	3.8	323
温饱型家庭	年总收入5 000～10 000元	36.1	3 060
小康型家庭	年总收入1万～3万元	50.1	4 259
富裕型家庭	年总收入3万～10万元	8.0	680
富有型家庭	年总收入10万元以上	1.0	85

资料来源：杨娅．1998．我国社会转轨与城市贫困问题研究．经济问题探索，(7)：12～14

1995年中国城市居民中收入最高的20%的家庭拥有的金融资产占城市居民金融资产总额的48%，平均每户为74 357元，而收入最低的20%的家庭和次低收入的20%家庭拥有的金融资产分别占城市居民金融资产总额的4.0%和9.0%，即这40%的低收入家庭拥有的金融资产只占城市居民金融资产总额的13%（杨娅，1998）。

失业和下岗问题与城市贫困密切相关。在家庭就业者平均工资性收入和非工资性收入一定的条件下，家庭人均收入取决于家庭人口的就业面。表2-35显示了1993年全国城市居民家庭人均年收入与家庭就业面的关系。数据表明，就业面与家庭人均收入呈高度正相关，其回归相关系数为0.915 6。

失业和下岗职工的人数不断增加。以领取最低生活保障金的人数为例，1997～2002年6年间增加10倍：1997年刚建立城市居民最低生活保障制度时，领取保障金的人数不超过

200万，1999年增至281万，2000年底增加至402万，2001年底增至1170.7万，2002年底增至2053.6万。

表2-35 1993年全国城市居民家庭人均年收入与家庭就业面的关系

项 目	总平均	最低收入户	困难户	低收入户	中等偏下收入户	中等收入户	中等偏上收入户	高收入户	最高收入户
比例/%	100.00	10.00	5.23	10.00	20.00	20.00	20.00	10.00	10.00
就业面/%	57.83	45.62	43.92	52.10	55.56	59.31	62.15	64.60	66.67
家庭人均年收入/元	2 336.54	1 180.27	1 059.22	1 529.08	1 841.03	2 222.02	2 708.76	3 299.12	4 502.02

资料来源：蒋青，段海英，王黎华. 1996. 我国城市贫困的研究与思考. 社会科学研究，(2)：68～73

三、中国城市贫困线的测量

城市贫困线是城市居民基本生活必需消费的最低费用线，它是衡量城市居民个人或家庭是否处于贫困状态的数量界线，具体是指在某个具体的社会发展环境内城市居民为了维持生存所必需消费的商品和劳务的最低费用。由于不同地区和不同民族有着不同的消费结构和消费方式以及不同地区生产力发展水平存在差异、消费水平有高有低，不同地区有着不同的贫困线标准。

国家统计局城市社会经济调查总队课题组指出，测算城市居民贫困线的方法有多种，如比例法和绝对值法、马丁法和数学模型法、恩格尔系数法、基本需求法等。城市社会经济调查总队课题组认为，采用恩格尔系数法和基本需求法比较好。这两种方法不仅具有科学性和理论依据，而且具有可操作性。同时采用两种方法测算，一方面可以相互验证，另一方面各地区可以根据本地区实际，有选择地确定一种方法对本地区贫困线进行测算。根据1995年全国35 520户城市居民家庭抽样调查，中国城市居民区平均每户家庭人口为3.23人，因此课题组把三口之家视为标准家庭，把依据全国平均水平测算的贫困线视为标准家庭的贫困线。

用恩格尔系数法的测算步骤为：确定适量食品消费量；确定各类食品的混合平均单价；计算城市居民的适量饮食费用；确定恩格尔系数；用适量饮食费用除以恩格尔系数来计算贫困线。

根据中国营养学会推荐的食品定量标准，确定适量的食品消费量，这个食品消费量应该能够基本满足人体正常生理需求（表2-36）。

表2-36 中国营养学会推荐的食品定量［单位：kg/（月·人）］

类 别	标 准	类 别	标 准
粮 食	14.2	肉 类	1.5
薯 类	3.0	乳 类	2.0
干 豆	1.0	蛋 类	0.5
蔬 菜	12.0	鱼 虾	0.5
水 果	0.8	油 脂	0.25

资料来源：李军. 2004. 中国城市反贫困论纲. 北京：经济科学出版社，85

这个标准是城乡居民的平均水平，考虑到城市居民劳动强度一般低于农村居民、城市居民粮食消费逐年下降，习惯性消费中薯类消费量很小，水果、油脂类消费量逐年增长的实际情况，参考历年城市居民调查所得人均各类食品消费量，根据1995年全国35 520户城市居民家庭抽样调查资料，适当调整了若干类食品的消费定量（表2-37）。

表2-37 1995年城市居民适量饮食费用测算

类 别	适量食品消费/[kg/(月·人)]	混合平均单价/(元/kg)	金额/元
粮 食	12.4	2.54	31.75
薯 类	3.0	1.22	1.82
干 豆	1.0	2.49	2.49
蔬 菜	12.0	1.00	12.00
水 果	2.0	1.58	3.16
肉 类	1.5	11.80	17.70
蛋 类	0.5	5.85	2.93
鱼 虾	0.5	8.56	4.28
油 脂	0.5	9.22	4.61

资料来源：李军. 2004. 中国城市反贫困论纲. 北京：经济科学出版社，86

计算结果表明，适量饮食费用为80.13元，适量上浮为90元，即城市居民月人均适量饮食费用为90元。确定恩格尔系数为60%，则贫困线为90/0.6＝150元/(月·人)，即由恩格尔系数法测算出的1995年中国城市居民贫困线为月人均150元、年人均1800元。

用基本需求法测算城市贫困线考虑了3方面的问题：从食品中摄取的热量不低于2000kcal/(人·日)；恩格尔系数在60%左右；收支基本平衡。

计算方法为：根据历年城市住户资料确定必需品和非必需品；确定必需品消费额；把必需品消费额相加即为贫困线。用需求法计算的贫困线为月人均152元，年人均1824元（国城调，1997），与采用恩格尔系数法测算的贫困线接近。

为执行政策方便，将1995年城市居民贫困线定为月人均150元、年人均1800元。用支出系数除以收入系数计算家庭规模影响系数，再用贫困线1800元/(人·年)分别乘以家庭规模影响系数，所得出的不同规模家庭的户标准为：一口之家2034元/年，两口之家3636元/年，三口之家5400元/年，四口之家7056元/年，五口之家为8460元/年。经计算，1995年城市贫困人口占城市非农业人口的8.6%，约为2428万人；全国城市贫困户约659万户，占全部非农业户的7.6%（燕山，1997）。

四、中国城市贫困人口的规模和构成

（一）中国城市贫困人口的规模

表2-38是有关中国城市贫困人口规模及全国贫困发生率的估计。数据表明，中国的贫困程度自1978年到1985年有很大下降，之后基本处于稳定状态或下降速度放慢。城市里的家户贫困发生率从1981年的10.7%降为1984年的4.8%，然后又回升并保持在8%左右；人口贫困发生率在1985～1990年从10.1%下降到7.5%。从绝对数看，1990年城市里有2270万贫困人口。

表2-38 1981～1990年中国城市贫困人数规模的估计（贫困线为1985年人均收入375元）

年份	1981	1982	1983	1984	1985	1986	1987	1988	1989	1990
城市贫困家户发生率/%	10.7	9.7	7.6	4.8	8.6	9.0	8.3	8.3	8.3	6.4
	(11.2)	(8.9)	(8.1)	(4.7)	(9.9)	(5.4)	(5.3)	(7.3)	—	—
城市贫困人口发生率/%	[12.2]	[11.2]	[9.1]	[6.3]	10.1	10.4	9.7	9.8	9.6	7.5
	—	—	—	—	(13.0)	—	(6.2)	(8.6)	—	—
城市贫困人口/亿	[0.25]	[0.24]	[0.30]	[0.15]	0.25	0.27	0.26	0.28	0.28	0.23
	—	—	—	—	(0.40)	—	(0.21)	(0.37)	—	—
全国贫困人口发生率/%	44.0	30.8	24.1	17.5	16.1	15.9	13.5	15.9	14.1	13.1
全国贫困人口/亿	4.40	3.13	2.48	1.83	1.70	1.71	1.48	1.77	1.59	1.50

注："—"示数据暂缺；"（ ）"内数据来源于Ahmad E，Wang Y. 1991. Inequality and Poverty in China. The World Bank Economic Review. 5（2）：231～257；"[ ]"内为估计数。

资料来源：陈宗胜. 1993. 公有经济中减低贫困的理论与实践. 南开经济研究，（6）：10～20

根据世界银行（1993）提供的数据，在20世纪80年代末期以前，中国城市贫困人口有减少的趋势；而在90年代以后，中国城市贫困人口则有明显的增加趋势。

就绝对贫困人口而言，1991年，民政系统所进行的城市孤寡病残救济和城市贫困户救济覆盖了1660万人，占当年城市人口的5.4%；1992年，全国约有700多万职工的实际生活水平处于贫困状态，加上其赡养人口（人均赡养系数为3.03），贫困职工家庭总人数超过2000万，占当年城市人口的6.2%；1994年全国贫困职工约1120万，加上其赡养人口，约为3300万人，占当年城市人口的9.7%。"1995年底被拖欠职工工资的人数有1000万，被停发或减发退休金的退休人员有151万，劳动部公布的登记失业人数为520万，以上三部分共计1671万，若包括他们的抚养人口，则为2890万，再加上由民政系统救济的城市孤老残幼等弱者190万，共计3080万。以上数字还不包括下岗人员550多万。"（朱庆芳，1998）1997～1998年，中国城市贫困人口约3000万。进入21世纪以来，城市贫困人口稳定在3000多万的水平上。到2002年1月底，有1235万城市贫困人口得到"城市最低生活保障制度"的救助，这部分人约占城市贫困人口总数的40%。

就相对贫困人口而言，根据国家统计局的有关资料，李强（1993）测算出1990年中国城市居民家庭中相对贫困户（即家庭月人均收入60元以下的户）的比例约为7.38%。另据中国人民大学社会调查中心1994年在全国范围的抽样调查资料计算，1994年城市居民的月人均货币收入为224.14元，相对贫困线应为112.07元，相对贫困户在样本中所占比例为22.7%。

国际贫困线标准（也称收入比例法）是1976年经济合作与发展组织在对其成员国的一次大规模调查后提出的贫困标准，即以一个国家或地区中位收入或平均收入的50%作为这个国家或地区的贫困线。据此标准，以各省、自治区年人均可支配收入的50%为贫困线，估计1997年中国各省、自治区、直辖市城市贫困人口如表2-39所示。

表2-39显示的全国（除西藏和港澳台等地）1997年城市贫困发生率为7.70%，贫困人口约2300万（盛朗，1999）。

2000～2001年亚洲开发银行组织了一批国内外专家共同进行了"中国城市贫困问题"的课题研究。在2001年10月举办的成果发布会上，亚行专家组披露，根据国家统计局城市社会经济调查总队提供的1998年统计数据，专家们先用热量支出法和市场菜篮法测定各省的贫困线（最低生活保障标准），然后再据此计算全国城市的贫困人口，结果是，按照支出标准估计的中国城市贫困人口为3700万（朱庆芳，2005）。据民政部统计，2003年全国已领取最低生活保障金的城市贫困居民人数增至2246.8万，不包括由于种种原因未能纳入“低保”的贫困人口。

表2-39　1997年中国各省、自治区、直辖市的城市贫困人口估计

（贫困线规定为各省、自治区、直辖市年人均可支配收入的50%）

地　区	贫困线/元	贫困户占调查户比例/%	贫困户数	贫困户家庭规模/（人/户）	贫困人口数	贫困发生率/%
甘　肃	1 796.22	10.00b	144 782	3.60	521 217	11.54
宁　夏	1 918.27	10.00	45 845	3.79	173 751	11.84
内蒙古	1 972.34	10.00	236 435	3.67	867 718	11.36
山　西	1 994.96	18.51	446 263	3.62	1 615 473	20.49
青　海	1 999.68	10.00	38 422	4.00	153 688	11.66
陕　西	2 000.65	10.00	235 126	3.40	799 427	10.69
江　西	2 035.68	4.07	112 599	3.35	377 206	4.36
黑龙江	2 045.36	10.00	526 899	3.50	1 844 147	11.29
河　南	2 046.81	5.37	260 942	3.67	957 659	5.99
吉　林	2 095.29	5.04	180 265	3.57	643 544	5.77
贵　州	2 220.96	5.53	88 976	3.70	329 213	6.71
辽　宁	2 259.05	5.19	303 882	3.41	1 036 239	5.62
安　徽	2 299.64	5.17	184 657	3.83	707 236	6.29
湖　北	2 336.58	5.00d	246 480	3.74	921 836	5.79
四　川	2 381.63	10.00a、d	445 173	3.63e	1 615 977	11.38
新　疆	2 422.36	10.00d	180 847	4.70	849 979	14.16
海　南	2 424.97	5.50	25 203	5.04	127 023	7.00
河　北	2 479.34	5.00	190 640	3.52	671 051	5.64
广　西	2 555.15	5.64	139 240	3.79	527 721	6.64
山　东	2 595.42	5.33	388 363	3.64	1 413 642	6.12
湖　南	2 604.87	5.20	200 637	3.65	732 324	6.04
重　庆	2 661.33	5.00a、c	96 522	3.24	312 732	5.26
云　南	2 779.15	4.47	81 133	3.53	286 400	5.06
江　苏	2 882.60	5.00	292 669	3.48f	1 018 488	5.54
福　建	3 071.82	5.00	95 921	3.81	365 460	5.81
天　津	3 304.20	5.00	87 190	3.58	312 140	6.03
浙　江	3 679.36	5.00	143 704	3.35	481 408	5.56
北　京	3 906.58	5.00d	118 525	3.47	411 280	5.67
上　海	4 219.45	3.80	116 727	3.30	385 198	4.08
广　东	4 280.86	10.00	603 751	4.20f	2 535 755	11.67

注：a为按实际收入计算；b为按生活费收入计算；c为1996年数据；d为最低收入户中未分困难户；e为全国平均数值；f为估计值。西藏、港、澳、台等地资料暂缺

资料来源：盛朗．1999．中国城市贫困人口数量分析．人口研究，23（6）：1~8

据2003年城市3.6万户住户调查，收入最低的10%的家庭的人均月收入只有216元，

其中5%的家庭只有175元；如按10%的比例估算贫困人口，达5200多万；如按5%的比例估算，则达2600多万。

由于研究方法和样本不同，城市贫困人口数量估计有较大差异，但绝大多数学者认为，当前中国城市贫困人口总规模在2500万～3500万，可以按3000万计算，约占城市人口的6.5%（朱庆芳，2005）。

（二）中国城市贫困人口的构成

中国城市贫困人口主要由以下社会群体构成（李军，2004）：①社会救济人员和社会优抚人员。包括社会上的孤、老、残、幼、按国家政策应该享受救济的救济对象和享受国家补助的优抚对象。②失业下岗职工。主要是倒闭企业的职工、处于困境企业的无再就业能力的职工以及上述两类人员的家属。他们已经成为城市贫困人口的主体。③对物价上涨缺乏抵御能力的低收入者，包括已经退休的职工。他们长期以来收入低、负担重、积蓄少，物价上涨极易使这些原来处于贫困边缘的职工难以承受通货膨胀的重压而沦入贫困状态。④因竞争能力较差而在劳动力市场上被淘汰的人员。主要是被开除、辞退、解聘或辞职，以及难以被录用的待业青年等。⑤市场竞争的失败者。比如经营破产的个体户，可能会由小康甚至富裕沦为贫困。⑥偶发因素造成的贫困者。如车祸、地震、洪水以及疾病等因素导致残疾而丧失劳动能力和收入来源所造成的贫困者。⑦部分无业人员。如劳教、劳改回城人员、犯罪人员的家属以及因赌博、吸毒而衣食无着的人员。⑧"流民"贫困人口，或称"农民工"贫困人口。指流入城市务工无着落或被辞退、无经济收入或收入极低、生活贫困的农民工。他们是目前和将来中国最大的城市贫困群体之一。但至今尚未被纳入城市贫困人口的统计之列，未被列入城市社会保障网络之中，也未成为任何一项反贫困计划的对象。

（三）中国城市贫困人口构成特征的总体描述

如图2-1，中国城市贫困人口包括有劳动能力的贫困人口和没有劳动能力的贫困人口。没有劳动能力的贫困人口是指城市中的孤寡老人、收入低或不稳定的老人、部分残疾人、部分单亲家庭的未成年人等。有劳动能力的贫困人口分失业型贫困人口和就业型贫困人口两种

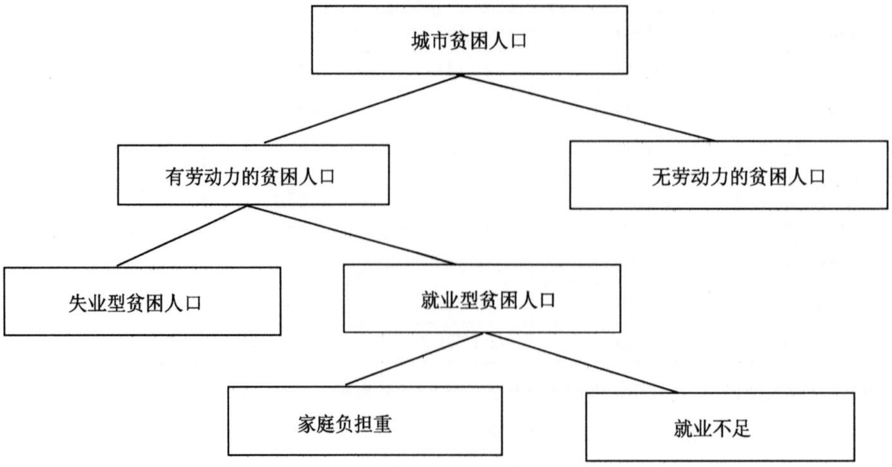

图2-1 贫困人口构成结构

情况。前者贫困的主要原因是失去工作机会，从而丧失了收入来源；后者陷入贫困是因为收入不足以保障劳动者家庭甚至本人的最低生活需求，这又可分为两种情况：一是劳动者就业不充分，收入较低；另一是劳动者家庭负担过重。

改革开放前，城市贫困者主要是“三无”人员或因意外灾害而陷入困境的社会弱者，即所谓“民政对象”。在从计划经济向市场经济转轨过程中，有许多国有或集体企业未能经受住市场经济的冲击，效益不佳，甚至破产、倒闭，产生了大量的“下岗”或失业人员；1998年以前不少企业职工的退休金由原单位发放，一旦企业效益差，退休金无法按时足额发放的现象时有发生，这就使得那些靠退休金生活的退休职工陷入困境。根据民政部2000年对最低生活保障对象的调查，保障对象的构成如表2-40所示。

表2-40　2000年中国城市贫困家庭分类

按家庭成员身份分类	比例/%	按所在单位性质分类	比例/%
在职职工	15.0	中央直属国有企业	7.0
下岗职工	30.0	地方国有企业	23.0
离退休人员	9.0	中央直属国有企业附属集体企业	4.0
失业人员	17.0	地方集体企业	20.0
“三无人员”	6.0	其他人员	46.0
无业、残疾人员、学生等	23.0		

资料来源：吴碧英．2004．城镇贫困：成因、现状与救助．北京：中国劳动社会保障出版社，144

五、中国城市贫困人口的分布

（一）中国城市贫困人口的地域分布

城市贫困人口分布地区差异显著，1997年的城市贫困人口中，有约997万人（占85.5%）分布在经济相对落后的中西部地区（邹剑仑，1999）。2002年8月中华全国总工会的一项调查表明（表2-41），全国共有城市贫困人口1795.9万，从贫困居民地域分布上看，东部地区城市贫困人口最少，共393.5万，占城市贫困人口总数的21.9%，贫困发生率为3.1%；西部地区城市贫困人口452.7万，占全国城市贫困人口总数的25.2%，贫困发生率为7.3%；中部地区城市贫困人口最多，达949.7万，占城市贫困人口总数的52.9%，超过东、西部地区城市贫困人口之和，贫困率高达8.4%。黑龙江省是城市贫困人口比例最高的省份，近30%的城市人口属于贫困人口。

表2-41　2002年中国城市贫困人口分布

	城市贫困人口/万	各区贫困人口占贫困总人口比例/%	城市居民总数/万	贫困率/%
东部地区	393.4	21.9	12 891.5	3.1
中部地区	949.7	52.9	11 333.2	8.4
西部地区	452.8	25.2	6 208.6	7.3
总　计	1 795.9	100.0	30 433.3	5.9

资料来源：李军．2004．中国城市反贫困论纲．北京：经济科学出版社，94

由于地区间在社会经济发展水平上存在巨大差距以及地区之间在社会经济结构上明显的不同，各地区失业率的差异非常大。失业最严重地区的失业率高达21.8%，失业问题最轻地区的失业率约为3.0%，两者相差7倍多。从整体上看，经济相对落后地区的失业问题更加突出，中、西部地区失业问题严重，中部的失业率比东部高2.4个百分点，西部比东部高0.7个百分点。

改革开放以来，东部沿海地区经济发展迅速，东部地区的城市经济持续上升，经济实力强于中、西部地区。东部地区的城市居民收入水平和消费水平明显高于中西部地区，城市贫困发生率低于西部地区。吴碧英（2004）根据《中国民政统计年鉴（2002）》、《中国统计年鉴（2002）》和《中国城市年鉴（2002）》等有关资料，计算了分地区城市贫困发生率（表2-42）。表中的城市贫困人口是以应领取“最低生活保障金”的人数为准（即指应保人数），从表2-42可以看出，东部地区的12个省（直辖市、自治区）中，只有广西和辽宁的贫困发生率大于全国贫困发生率；中部地区仅有内蒙古、山西两省（自治区），西部地区仅有甘肃、云南两省贫困发生率低于3.44%。贫困发生率大于5.00%的8个省（自治区、直辖市）全部位于中西部。

表2-42　2001年中国各省、直辖市、自治区城市贫困发生率

地　区	贫困人口/万	贫困发生率/%	地　区	贫困人口/万	贫困发生率/%
全　国	1 655.31	3.44	河　南	104.86	3.90
北　京	7.81	0.52	湖　北	115.71	5.32
天　津	19.58	2.50	湖　南	154.61	8.50
河　北	32.22	1.50	广　东	17.86	0.50
山　西	44.60	3.24	广　西	51.05	4.10
内蒙古	30.79	2.49	海　南	8.36	2.34
辽　宁	118.54	4.27	重　庆	53.55	5.92
吉　林	122.93	9.09	四　川	142.97	6.94
黑龙江	103.88	4.50	贵　州	30.69	3.84
上　海	33.85	2.39	云　南	38.55	3.38
江　苏	22.71	0.80	西　藏	3.03	3.89
浙　江	3.35	0.17	陕　西	53.25	3.64
安　徽	104.11	5.65	甘　肃	24.36	3.07
福　建	11.78	0.86	青　海	13.25	6.16
江　西	75.82	6.14	宁　夏	11.63	4.62
山　东	56.47	1.71	新　疆	43.16	4.16

注：港、澳、台等地资料暂缺

资料来源：吴碧英. 2004. 城镇贫困：成因、现状与救助. 北京：中国劳动社会保障出版社，142

根据表2-42，经简单计算得到：东部地区的城市贫困人口共383.58万，占全国城市贫困人口总数的23.17%，如果扣除辽宁省（辽宁省是中国计划经济体制下最重要的重工业基地之一，在经济转轨中，许多国有企业陷入困境，下岗失业人员增多，因此城市贫困人口多）的118.54万，则占16.01%；中部地区城市贫困人口共857.31万，占全国城市贫困人口总数的51.79%；西部地区城市贫困人口共414.44万，占全国城市贫困人口总数的25.04%；中西部地区合计占全国城市贫困人口总数的76.83%。

（二）城市贫困人口行业分布

行业对城市贫困人口的分布有显著的影响，即工资较低、工资增长较慢的行业贫困发生率较高。表2-43列出了中国1978年、1991年和2000年3年各行业的平均工资。从中可以看出，改革开放以来，各行业的收入格局发生了很大变化。传统行业如农林牧渔业、采掘业、建筑业、地质勘探和水利管理业、批发零售贸易和餐饮业等工资增长缓慢，特别是资源消耗型的行业。例如，采掘业1978年的工资在平均工资之上，1991年的工资位居第一位（为2942元），但2000年工资已居平均工资之下（比平均工资低11%）；一些新兴行业及垄断行业的工资增长很快，如交通运输、仓储和邮电通信业、金融保险业、房地产业、科学研究和综合技术服务业、卫生体育和社会福利业，2000年的名义工资是1978年的名义工资的17倍以上，其中金融保险业为22.1倍、房地产业为23.0倍。这两个行业可作为新兴行业的代表。1978年这两个行业的工资都在平均工资（615元）之下（分别为610元和548元），而2000年的工资分别比平均工资高出43.8%和34.6%。根据国家统计局2000年的统计资料，建筑业的贫困发生率为5.52%，批发零售贸易和餐饮业的贫困发生率为3.52%，采掘业的贫困发生率为3.51%，纺织军工制造业贫困发生率为3.32%，而金融保险业、科研综合技术服务、电力煤气及水的生产和供应业的贫困发生率几乎为零。

表2-43　中国分行业年均名义工资比较（单位：元）

年　份	1978	1991	2000	2000/1991	2000/1978
平　均	615	2 340	9 371	4.00	15.24
农、林、牧、渔业	470	1 652	5 184	3.14	11.03
采掘业	676	2 942	8 340	2.83	12.34
制造业	597	2 289	8 750	3.82	14.66
电力、煤气及水的生产和供应业	850	2 922	12 830	4.39	15.09
建筑业	714	2 649	8 735	3.30	12.23
地质勘探和水利管理业	708	2 707	9 622	3.55	13.59
交通运输仓储和邮电通信业	694	2 686	12 319	4.59	17.75
批发零售贸易和餐饮业	551	1 981	7 190	3.63	13.05
金融、保险业	610	2 255	13 478	5.98	22.10
房地产业	548	2 507	12 616	5.03	23.02
社会服务业	392	2 431	10 339	4.25	26.38
卫生体育和社会福利业	573	2 370	10 930	4.61	19.08
教育文化艺术和广播电影电视业	545	2 243	9 482	4.23	17.40
科学研究和综合技术服务业	669	2 573	13 620	5.29	20.36
国家机关、党政机关和社会团体	655	2 275	10 043	4.41	15.33
最　高	850	2 942	13 620	5.98	26.38
最　低	392	1 652	5 184	2.83	11.03
高低差	458	1 290	8 436		
高低比	2.17	1.78	2.63		

注：“平均”一行指的是各年各行业总平均工资水平；“最高”和“最低”行分别是该年度各行业中最高工资和最低工资；“高低差”即最高工资减去最低工资；“高低比”是最高工资除以最低工资；最右方两列是相应行业工资增长倍数，“2000/1991”中列出2000年的工资是1991年的倍数；“2000/1978”中列出2000年的工资是1978年的倍数

资料来源：吴碧英．2004．城镇贫困：成因、现状与救助．北京：中国劳动社会保障出版社，141

六、中国城市贫困人口的生活状况与需求

(一) 贫困群体的生活和消费状况

城市贫困者生活入不敷出，食物消费数量不足且质量较差。根据《中国统计年鉴(2001年)》的数据，吴碧英（2004）对城市困难户消费水平与城市居民平均消费水平作了比较，得到表2-44。表中共计算了32个项目的“比例”，即该项目贫困户消费量占平均消费量的比例。例如，“大豆”，贫困户消费0.26kg，而城市居民平均消费0.33kg，因此该项目的“比例”为0.79（0.26/0.33）。从表中可以看出，贫困户的消费水平是很低的。其中，食品消费比例超过0.90的只有淀粉及薯类（0.92）、食用油（0.94和1.02）和其他酒(0.92）3项；比例在0.80~0.89的有豆腐（0.86）、蔬菜（0.84）、食用糖（0.85）3项；比例在0.70~0.79的有猪肉（0.75）、卷烟（0.75）、鲜蛋（0.79）和白酒（0.75）4项，其余食品的消费比例都不到0.70，奶类消费比例不足0.40。

表2-44 城市贫困户消费水平与城市居民平均消费水平比较

项　目	比例	项　目	比例	项　目	比例
淀粉及薯类	0.92	鲜　蛋	0.79	食用动物油	1.02
家　禽	0.63	鱼	0.69	虾	0.54
白　酒	0.75	果　酒	0.39	鲜　菜	0.84
儿童服装	0.56	食用植物酒	0.94	糕　点	0.53
棉　布	0.44	其他酒	0.92	奶　类	0.40
混纺布	0.44	大　豆	0.79	呢　绒	0.20
化纤布	0.43	豆　腐	0.86	绸　缎	0.33
酸　奶	0.37	毛　线	0.50	牛　肉	0.64
男士服装	0.44	猪　肉	0.75	食　糖	0.85
糖　果	0.52	羊　肉	0.54	卷　烟	0.75
女士服装	0.44	皮　鞋	0.47		

资料来源：吴碧英. 2004. 城镇贫困：成因、现状与救助. 北京：中国劳动社会保障出版社，146

从表2-44还可以看出，贫困户的食品消费结构单一，动物蛋白质基本上只靠猪肉和鲜蛋补充，而且比例不足0.80。贫困户的服装消费水平很低，表2-44所列10项的比例都在0.60以下，其中“儿童服装”为0.56，其余都在0.50以下，最低的“呢绒”仅为0.20。

表2-45是根据《中国统计年鉴（2001)》的数据计算得到的贫困户和城市居民耐用消费品拥有量的情况，“所有户”列是每百户城市居民的耐用消费品拥有量，“贫困户”列是每百户贫困居民的耐用消费品的拥有量，“比例”列则是每百户贫困户拥有量与每百户拥有量之比。从表2-45可以看出，比例在0.90以上的有“自行车”和“缝纫机”两项；比例在0.80~0.89的有大衣柜、写字台、洗衣机、电风扇、彩色电视机5项。可见，贫困户所拥有的耐用消费品中，比例达到0.80的物品只有20世纪80年代到90年代初流行的物品；比例为0.70~0.79的有组合家具、沙发、电冰箱、录音机、电炊具。日常生活所必需的电冰箱拥有量只有平均水平的0.73，微波炉、空调器的拥有量在平均数的0.40以下。以上统计只是数量上的，很多贫困家庭使用的电器（如电视机、电冰箱等）都是旧型号产品，它们的价格和性能要低于平均水平，因此，贫困户的实际生活质量要比表2-33、表2-34中的比例数所反映的差距更大一些。

表 2-45　所有户和贫困户耐用消费品拥有量比较

项　目	所有户	贫困户	比 例	项　目	所有户	贫困户	比 例
毛皮大衣/件	61.88	32.58	0.53	影碟机/台	37.53	19.04	0.51
呢大衣/件	169.63	116.77	0.69	录放像机/台	20.13	13.27	0.66
毛毯/条	143.27	93.44	0.65	家用电脑/台	9.72	2.88	0.30
地毯/m^2	92.79	52.86	0.57	组合音响/套	22.20	11.60	0.52
组合家具/套	57.82	45.02	0.78	录音机/台	47.93	36.24	0.76
沙发床/个	52.22	32.68	0.63	照相机/架	38.44	16.28	0.42
沙发/个	198.82	147.69	0.74	钢琴/架	1.26	0.21	0.17
大衣柜/个	83.45	73.84	0.88	中高档乐器/件	5.34	1.24	0.23
写字台/张	83.44	68.60	0.82	微波炉/台	17.61	5.99	0.34
摩托车/辆	18.83	11.16	0.59	空调器/台	30.76	11.33	0.37
自行车/辆	162.72	150.80	0.93	电炊具/台	101.94	72.44	0.71
缝纫机/台	51.46	49.59	0.96	淋浴热水器/台	49.11	26.34	0.54
洗衣机/台	90.52	74.37	0.82	排油烟机/台	54.07	30.10	0.56
电风扇/台	167.91	141.07	0.84	吸尘器/台	11.17	4.28	0.38
电冰箱/台	80.13	58.68	0.73	健身器材/件	3.48	0.78	0.22
彩色电视机/台	116.56	95.97	0.82	移动电话/部	19.49	5.69	0.29

资料来源：吴碧英. 2004. 城镇贫困：成因、现状与救助. 北京：中国劳动社会保障出版社，147

（二）家庭财产和耐用消费品的拥有量

城市贫困者的金融资产很少。根据人民日报华北网报道，中国 33 963.2 万户居民户大体可划分为 4 个消费层：第一层是占有金融资产 20 万元以上的家庭，他们有 441.52 万户，只占总户数的 1.3%，却拥有 31.5% 的金融资产，户均 54.03 万元，人均 148 447 元；第二层有 2513.28 万户，占总户数的 7.4%，拥有 28.5% 的金融资产，户均 8.59 万元，人均 23 595 元；第三层有 16 166.48 万户，占总户数的 47.6%，拥有 37% 的金融资产，户均 1.73 万元，人均 4762 元；第四层有 14 841.92 万户，占总户数的 43.7%，只拥有 3% 的金融资产，户均 0.15 万元，人均 421 元。城市贫困者属于第四层次的最底层，就以这个层次的平均数计，户均不过 1500 元，如果考虑到他们还是这一层次的最底层，那么，其金融资产微乎其微。

（三）健康状况

前已述及，贫困者的食品结构单一，质低量少，营养不足。加上精神压力，大多数贫困家庭成员健康情况堪忧。贫困家庭往往陷入“因贫致病、因病更贫”的恶性循环。以北京市为例，在贫困家庭总人口中，健康人口占 41%，健康状况一般的占 25.2%，体弱的占 19.7%，严重疾病的占 14.1%（北京行政学院课题组，2001）。由于经济拮据，有病无法及时医治，甚至有“要吃饭就无钱买药，买了药就无钱吃饭”的情况，将小病拖成大病的情况经常发生。民政部曾在 2002 年 9 月 23 日至 10 月 23 日进行了“全国百城万户低保抽查”，组织了中国人民大学、南开大学师生到 100 个城市进行入户调查。调查结果是，64.9% 的低保家庭中有 1 个或 1 个以上的慢性病人或患大病的人，而且 33.7% 的低保家庭中有残疾人（民政部，2002）。

(四) 精神状况

贫困者的精神负担较重，从表2-44中看到贫困者大部分食品的消费量都远低于平均消费量，但“白酒”和“其他酒”的消费量却接近于平均消费量（其比例分别为0.75和0.92）。这可以解释为：有相当一部分贫困者精神状态不佳，“借酒浇愁”。特别是由于失业而致贫者，他们有很强的“失落感”，自卑、焦虑是他们比较普遍、明显的心理特征。北京行政学院课题组（2001）在一次对广州下岗失业人员的调查中得到如表2-46（蔡禾，2002）的数据。

表2-46　贫困者精神状况调查结果/%

感　觉	有强烈感觉	有感觉和稍有感觉	总　计
感觉自己低人一等	16.2	42.0	58.2
对自己缺乏信心	11.1	46.7	57.8
觉得生活没有意义	11.3	40.7	52.0
感到生活渺茫	21.3	46.7	68.0
常怀疑自己有病	5.7	29.8	35.5
变得爱发脾气	11.2	43.5	54.7
反感当权者	23.4	37.1	60.5
反感有钱人	12.0	28.0	40.0
对社会不满	42.1	53.0	95.1

资料来源：吴碧英. 2004. 城镇贫困：成因、现状与救助. 北京：中国劳动社会保障出版社，148

表2-46中前6项可作为心理健康的度量指标，可以看出下岗失业者的心理健康状况不佳——强烈感到“生活渺茫”的人数占21%之多，而觉得“生活没有意义”的人超过了一半。表2-46后3项反映了贫困者对社会、当权者和有钱人的看法，有23.4%的贫困人员强烈反感当权者、12%的贫困人员强烈反感有钱人。突出的是，对“社会不满”者占总数的95.1%，其中强烈不满的占42.1%。

七、中国城市贫困的成因

产生城市贫困的原因是多方面的，既有社会环境的原因，也有贫困者自身的原因；既有当前的因素，也有历史遗留下的原因。传统意义上的“民政对象”主要是由于贫困者或贫困家庭方面的因素造成的，如突发性的意外灾害、疾病、赡养系数过高等，但是，在20世纪80年代之后，产生“新增贫困者”的社会环境原因不可忽视（吴碧英，2004）。

(一) 城市贫困的社会、经济原因

1. 计划经济体制的历史遗留问题

中国在计划经济体制时期实行的是“低工资、高就业”的政策。在这种体制下，劳动力基本上是靠行政力量进行配置，企业（特别是国有企业）承担了许多社会责任。进入企业的人员并非企业所真正需要的，在企业内部人浮于事是常见的现象，许多职工在企业中无事可做，或者是几个人做一件事，工作量甚少，实际上处于隐性失业状态，只是由于计划经济的“大锅饭”体制掩盖了这种现象。随着改革的深入，计划体制所积累下来的问题开始暴露出来。许多企业为提高效益采用了“减员增效”的策略，下岗、失业人员大量出现。

从20世纪80年代后期起，中国城市登记失业人数呈增加趋势（图2-2）。

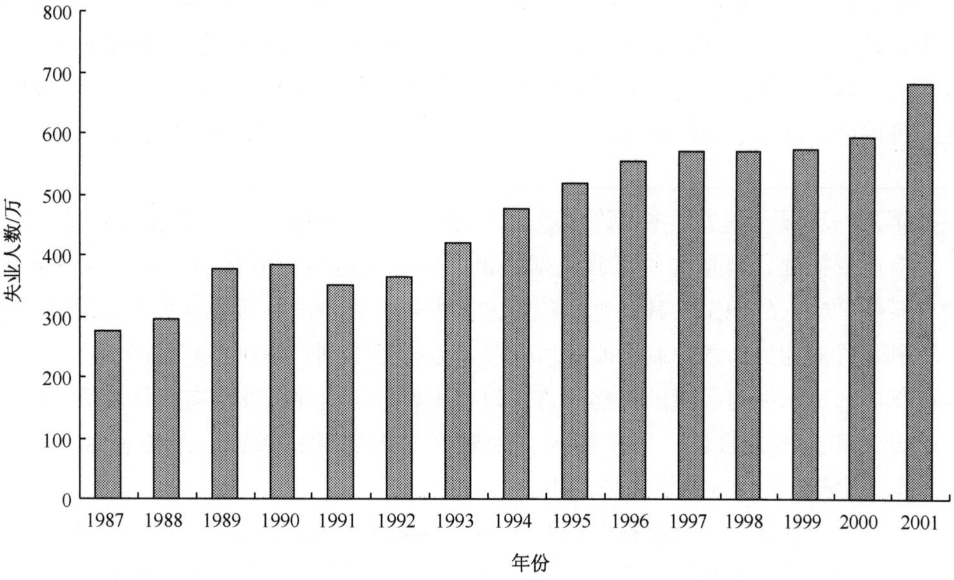

图2-2　1987～2001年中国城市登记失业人数

资料来源：吴碧英. 2004. 城镇贫困：成因、现状与救助. 北京：中国劳动社会保障出版社，150

从图2-2中可以看出，2001年城市登记失业人数达681万人，是1987年的2.46倍，1987～2001年平均以每年6.64%的速率递增。

据国家统计局《中国经济景气月报》统计，到2004年6月底，全国城市单位就业人员中在岗职工10 896万，比2003年底减少155万，其中国有单位职工6808万，比2003年底减少287万。据劳动和社会保障部统计，1998～2004年9月全国累计国有企业下岗职工有2800多万，其中有3/4实现了再就业。到2004年9月底，全国城市登记失业人数还有820万，登记失业率4.20%，加上国企和非国企下岗职工共有1200多万，实际失业率为6.40%（朱庆芳，2005）。

2. 经济体制转型、产业结构调整的影响

在中国经济体制转变期间，部分企业、特别是部分国有企业，由于企业制度和经营机制不能适应市场经济的要求，经济效益滑坡、甚至长期处于亏损状态。1997年中国城市中由于企业亏损、停产、半停产而发不出最低工资的困难职工有1500万，占职工总数的10%，其中88万职工处于贫困线以下。一些家庭中夫妻双双下岗，生活则更加困难。

3. 社会保障体系不健全

在发展社会主义市场经济、调整产业结构的过程中，部分企业的倒闭破产、被兼并、裁员，造成部分职工失业。据劳动和社会保障部公布的数据，截至1996年底，中国城市登记失业人员达552万，失业率为3%。这些失业人员按规定可以领到失业救济金，但由于中国失业保险制度的不完善、失业保险覆盖面较窄、社会统筹层次低、部分企业由于生产不景气长期滞纳失业保险费等原因，致使部分失业职工领不到足额的失业救济金，从而构成中国城市贫困人口的又一社会群体。

原有的养老保险制度已不足以保证早年从企业退休的人员免于贫困。1996年底，全国离退休职工已达3280万人，按照规定他们可以领到养老保险金，但由于养老保险制度不完善，致使部分离退休人员领不到足够的养老保险金或领不到养老保险金：①1985年以前退休的职工，退休时工资标准低，他们所领到的退休金较少。②养老保险的覆盖面小、社会统筹层次较低，部分退休人员领不到养老保险金。③部分企业亏损、停产、半停产，较长时间滞纳养老保险金，使本企业的退休职工停发或减发退休金。这就使部分离退休人员成为贫困人口。

在改革进一步深入的过程中，许多政策的出台，总的来说，对全体居民都是一件好事，但由于没有配套措施，也增加了低收入居民的负担，使他们容易陷入困境。住房制度的改革，使得某些低收入的职工倾其终生的积蓄方能求得一安身的住所，这大大地减弱了他们抵御意外不利事件的能力；医疗制度改革对低收入者也很不利，高额医药费的支出对于本来就很困难的低收入者来说是沉重的负担。许多效益不好的国有企业多年拖欠医药费，或者只给报销一部分，甚至不给报销，这使得不少困难职工有病无法就医，最终拖成大病、陷入“因贫致病，因病致贫”的恶性循环之中。

目前各项社会保险基本上是按在职职务分配，据国家统计局住户调查，养老、医疗、住房、实物福利等几项人均福利收入富裕户比贫困户高出87%，其养老金高4.2倍，医疗保险高62%，住房补贴高61%，实物福利高38%。这种分配格局不利于低收入者（吴碧英，2004）。

4. 通货膨胀的影响

从1992年开始的通货膨胀，降低了居民的实际购买能力，使城市中的一部分低收入人口陷入贫困状态。

1994年全国居民消费价格和商品零售价格指数分别比1993年上涨25%和22%，为“超重度”通货膨胀，产生了极为严重的各种负面影响。并且，价格上涨幅度较高的商品集中在与居民日常生活密切相关的方面：主副食品价格上涨30%，其中粮食上涨47%，肉食及肉制品上涨36%、蔬菜上涨37%，食品价格上涨在当年消费价格上涨中所占比例为50%以上，直接影响了城市居民的实际购买能力。1995年全国居民消费物价指数和商品零售价格指数仍然上涨18%和15%，而且上涨幅度最高的仍然是食品，直接影响到居民的日常生活（李军，2004）。1996年物价涨幅回落到6.1%，但这是高位上的涨幅回落，通货膨胀的压力仍然存在。由于物价指数中上涨最多的是食品类，这就对低收入者的生活影响比较大。据测算，在连续的通货膨胀中，中国城市居民约有20%左右的人实际生活水平下降，其中部分人成为贫困人口（管黎荔，焦士英，1997）。

（二）城市贫困者自身原因

1. 文化水平、技能偏低

文化程度高低代表一个人的基本素质和知识水平，对个人的就业选择及工作能力至关重要。在社会主义市场经济条件下，以竞争为主要特征的劳动力市场，使文化程度低、没有技术专长的人就业困难或只能从事低收入的工作，从而使他们及其家庭容易产生贫困。据调查，1995年户主文化程度在高中及以下的贫困家庭占全部贫困家庭的80.3%（管黎荔，焦士英，1997）。

据劳动和社会保障部1999年7月对5省10市下岗职工的调查（朱庆芳，2003），在下岗职工中，初中文化程度者占44%，小学及以下文化程度者占4.1%，两者相加将近一半。从技术等级分，初级工及没有技术等级的人员占52.6%，中级技工占38.9%，高级技工及技师占8.5%。从中可见，下岗职工中有一半文化仅及初中，技术只有初级水平。在激烈的市场竞争中，他们明显处于弱势，难以找到合适的工作，因失业陷入困境的概率比较大。

2. 家庭因素

贫困家庭普遍的特征是人口较多、家庭成员健康状况低下、就业者负担较重。据国家统计局城市社会经济调查总队调查，我国城市贫困家庭多集中于家庭人口多、就业人口少、赡养率高的家庭，如一对夫妇负担两个孩子或上有老人、下有孩子的三代家庭。历年的调查表明赡养率与贫困呈正相关。1995年贫困率1人户为0.9%，2人户为1.1%，3人户为3.0%，4人户以上为12.7%；全年4人及以上的贫困家庭占全部贫困家庭的56.5%。

据国家统计局调查，2000年城市困难家庭户均人口3.6人，平均每一就业者负担的人数（包括就业者本身）是2.34人；而高收入户平均2.66人，每一就业者负担的人数是1.67人。另据“全国百城万户‘低保’抽查”的结果显示，有66.2%的“低保”家庭有患大病或慢性病的病人，陷入一个“因病致贫，因贫致病”的恶性循环中。

就业者负担重，可能有以下几个方面的原因：其一是因家中有患大病的人或有残疾人，所以家庭缺乏劳动力；其二是在计划经济体制下，在用工政策上曾有过“顶替”（或“补员”）的做法，以及以“照顾多子女”家庭的实际困难，企业为职工家属在本企业内安排岗位就业，在客观上造成夫妻、父子（女）、母子（女）同在一个企业工作的现象。如果企业效益好，一家人生活不成问题。如果企业效益不好，就会出现夫妻、父子（女）或母子（女）双双下岗或者是父辈领不到退休金、子女下岗的局面。这样的就业模式，不利于分散风险，减弱了家庭抵御风险的能力。

3. 就业观念不能适应市场经济的要求

在计划经济体制下，许多企业实际上有很多富余人员，“两个人的活，三个人干”。因此造成分工过细、劳动强度减小的状态。企业“机关化”，劳动纪律松懈，上班干私活，不按照操作规程工作等现象相当普遍。这就使得一部分职工养成了懒散的习惯，无法适应市场经济激烈的竞争环境，增加了再就业的困难。媒体曾报道过一个典型案例：一名技术水平不低的车工，下岗后到一家民营企业应聘，老板对他的技术相当满意，但由于他在国有企业中养成的不按操作规程工作的习惯，多次违反该企业的操作规程，只好以被辞退而告终。还有一些国有企业职工认为到民营企业就业“低人一等”，更不愿意从事家政、保洁等工作。也有一些人害怕竞争，留恋计划经济时代的固定工资、固定收入的就业模式，希望政府帮助他们解决问题，宁肯在家领取最低生活保障金也不愿意从事较为紧张、劳动强度较高的工作。

4. 某些特殊群体特别容易陷入困境

李实和佐藤宏（2004）对1999年失业人员和就业人员陷入贫困的Probit模型分析和概率预测结果显示，有下列特征的家庭或个人易于陷入贫困：失业或下岗、身体健康状况较差、残疾而不能工作或者家务劳动者、较低文化程度、城市集体企业工人或非正式部门工人、非熟练工人。在这些特征中失业或下岗又是最重要的。

Probit模型估计结果表明，如果家庭成员或户主失业下岗，那么这些人陷入贫困的概率比普通人高出3～6倍。此外，家庭成员或户主身体残疾是另一个重要变量；受教育少和缺乏技能也会增加贫困的概率。各地的贫困发生率有所不同，部分原因是由于各地就业机会的差异，部分原因是由于各地在执行政府扶贫政策中的差异。就城市整体而言，政府扶贫政策的效果并不突出。虽然中央政府提出了扶贫政策，但是政策的实施情况值得质疑。

根据李实和佐藤宏对1999年北京、辽宁（沈阳、锦州）、江苏（南京、徐州）、河南（郑州、开封、平顶山）、四川（成都、自贡、南充）、甘肃（兰州、平凉）的城市家庭调查分析，女性的贫困发生率比男性高出0.76个百分点，但贫困发生率的性别差异并不显著。表2-47显示了不同年龄组的贫困发生率的差异。在城市中，年轻人比老年人更容易陷入贫困；21~25岁和51~55岁人口的贫困发生率明显低于其他年龄组。与其他国家相比，中国城市退休人员的贫困发生率并不低。60岁以上的年龄组的情况可以说明这一点，而70岁以上年龄组的贫困发生率较高，这基本上是由于这一年龄组的女性贫困发生率较高。在这一组人群中，只有50%的女性是退休人员并享有退休金待遇，而男性的这一比例高达91%（李实和佐藤宏，2004）。

表2-47　不同性别与年龄组的贫困发生率/%

年龄组	绝对值			占平均值的百分比	
	全部样本	男　性	女　性	男　性	女　性
7岁以下	7.41	8.26	6.54	111	88
7~15岁	7.62	7.65	7.59	100	100
16~20岁	7.13	6.38	7.89	89	111
21~25岁	3.40	2.28	4.08	67	120
26~30岁	6.83	6.23	7.40	91	108
31~35岁	6.69	6.80	6.60	102	99
36~40岁	6.60	5.34	6.50	81	98
41~45岁	7.36	6.80	7.91	92	107
46~50岁	5.33	5.75	4.94	108	93
51~55岁	3.19	3.63	2.74	114	86
56~60岁	4.55	5.23	3.85	115	85
61~65岁	2.07	0.72	3.15	35	152
66~70岁	4.27	2.74	6.28	64	147
70岁以上	7.49	3.90	11.21	52	150
全部样本	5.88	5.49	6.25	93	106

资料来源：李实，佐藤宏. 2004. 经济转型的代价：中国城市失业、贫困、收入差距的经验分析. 北京：中国财政经济出版社，54

女性职工下岗后较难找到工作。据湖南省妇联2002年的调查结果（刘东发，2004），劳动力市场普遍存在歧视女性的现象，有的用人单位进人时有性别限制，有的明文规定女性在受聘期间不得怀孕生育；一些民营企业将40岁左右的下岗失业职工拒于再就业的门外。衡阳市有1.8万女职工未实现再就业，其中72%的年龄在36岁以上。其实，40岁左右正是妇女人生和工作经验丰富、无家庭后顾之忧的大好工作年龄阶段。然而，由于中国封建社会历史长久，“男主外，女主内”的观念在相当一部分人的思想中根深蒂固，妇女在就业方面处于明显的劣势地位。根据青海省妇联在西宁市的调查，在下岗职工中，女职工占总数的51%，而就业率只占就业总数的35%，而且女职工的再就业岗位是技术含量较低、工资也较低的家政服务、家庭保洁、社区便民服务等。再就业后的月收入在200元以下的占39.7%，200～500元的占55.6%，500～1000元的仅占4.7%。再就业的收入能勉强维持生活，成为家庭生活主要来源的占83.4%（青海省妇联和西宁市妇联，2006）。

单亲家庭，特别是女性为户主的单亲家庭容易陷入贫困。大批的下岗、失业往往导致家庭的不稳定。有的地区，一个家庭中有多人下岗失业的比例相当高，并且，下岗时间较长。西宁市下岗女职工问卷调查结果显示，家庭中有2人下岗的占29.9%，3人以上下岗的占44.9%；下岗3年的占下岗总人数的22.8%，下岗4年的占下岗总人数的15.3%，下岗5年的占下岗总人数的41.7%。长时间的生活窘迫容易引起家庭成员之间的矛盾冲突，最终导致婚变的例子不少。在低收入家庭产生婚变（离婚）时，大多数的孩子会和母亲一起生活。北京市总工会女职工部曾对全市下岗职工中的单亲家庭女性户主作了调查。调查结果表明，单亲女职工家庭的人均收入比同期下岗职工家庭的人均收入低27%。《婚姻法》规定，离婚后若一方抚养子女，则另一方应负担（部分或全部）生活费和教育费。由于抚养费以工资为基数，人们收入中工资占收入的比例不高，因此，按法律条文计算出的抚养费偏低；何况，偏低的抚养费也有人不能按时足额给付。根据王世辉等人的调查，南京市的单亲家庭没有得到抚养费的占54%以上，有27.7%的单亲家庭仅得到每月100元以下的抚养费（王世辉，2001）。上海社会科学院妇女研究中心调查显示，有50%的单亲家庭的父或母说几乎没有从前妻或前夫那里得到过孩子的抚养费，而另外50%的家庭中的绝大多数都说对方不能按时足额支付。

（三）其他原因

在城市总人口中，总有一小部分人口由于先天疾病、伤残或后天意外事故等原因，丧失全部或部分劳动能力，不能靠自身的劳动从社会取得维持生存所必需的生活资料，一些孤寡老人由于无人赡养、无个人积蓄而形成贫困人口；还有一些人由于水灾、火灾、盗窃等意外灾害的袭击，财产遭受重大损失，成为贫困人口。此外，教育体制的改革使一名大学生的学杂费已从1989年的200元上涨至1万元，上涨了50倍（朱庆芳，2005），不仅使农民子女上大学成为农民家庭的沉重负担，也使城市居民不堪重负。

（四）城市贫困原因的地区差别

在东部和中、西部地区，贫困的主要原因有所不同。国家统计局1997年的一个分析表明，东部地区，城市贫困的主要原因是社会和个人因素，而在中、西部地区，贫困的主要成因则是家庭和个人因素（表2-48）。

表2-48　东、中、西部地区城市贫困的成因分解/%

地　区	家庭因素		个人因素	社会因素
	家庭主要成员丧失劳动能力	家庭负担重	文化程度低	企业关、停、并、转或生产不景气
全　国	3.39	35.14	42.27	19.20
东　部	1.40	25.35	36.61	36.64
中　部	3.11	37.69	41.12	18.08
西　部	4.56	34.51	46.19	14.74

资料来源：李军．2004．中国城市反贫困论纲．北京：经济科学出版社，126

◎第三章 中国的扶贫历程

“贫困”是所有发展中国家面临的最重大的社会问题之一。近20年来，世界经济增长相当显著，而国别之间的贫富差距却越来越悬殊了。联合国1997年版的《人文发展报告》披露，最近20年世界上的穷国从27个增加到48个，贫困人口从10亿增至13亿，并且仍在以每年2500万的速率增加。

与世界的情形截然不同，通过政府部门和社会各界的共同努力，中国在世界增加3亿贫困人口的期间减少了2亿贫困人口，在减少绝对贫困方面创造了令人难忘的纪录（世界银行，2001a）。中国巨大的扶贫成就不仅为全球反贫困事业做出了突出贡献，也为其他发展中国家提供了可资借鉴的经验。

减贫在中国具有深刻的文化传统和制度背景。2000多年前中国伟大的思想家孔子描绘的理想社会，就是一幅人人皆有所养、皆有所用、天下为公、平等博爱的“大同”美景。1949年之后，中国建立了社会主义制度，《中华人民共和国宪法》规定，社会主义的本质特征是“解放生产力，发展生产力，消灭剥削，消除两极分化，最终达到共同富裕”。中国政府和人民的全部努力，都是为了减少并最终消除贫困，实现全民族的共同富裕。

改革开放政策引发的经济高速增长和社会全面发展，是中国实现减贫目标的主要原因。自1978年以来的20多年间，中国国民生产总值年均增长8%，城市和农村居民的人均年收入增长率分别为6.4%和7.3%，婴儿死亡率和成人文盲率分别降低了18.2%和29.8%，人口的预期寿命提高了5.1%，根据官方的贫困线估计，农村贫困人口从1981年的2亿减少到2002年的2800万，贫困发生率从30%下降到3%以下。按世界银行采用的一天1美元的收入标准计算，贫困人口数量从4.9亿减少到8800万，贫困发生率从1981年的49%下降到2002年的6.9%。按一天1美元的消费标准计算，贫困人口数量从1990年的3.6亿减少到2002年的1.61亿，贫困发生率从1990年的31.5%下降到2002年的12.5%。

中国大规模减少贫困的成就，得益于以共同富裕为终极理想的社会制度；得益于20多年来的社会稳定和经济增长；得益于中国政府实施的有组织、有计划、大规模扶贫开发。本章简要地介绍中国改革、发展和扶贫开发计划对减贫的影响。

第一节 中国农村扶贫的进程

20世纪70年代末，中国的贫困主要是农村贫困（据估计，当时城市人口的0.3%和农村人口的28%处于绝对贫困）。我国第一个全面分析农村贫困状况的报告，是农业部人民公社管理局于1981年公布的《1977～1979年全国穷县情况》。该报告提供了除西藏和港澳台等地外，全国所有人均集体分配收入低于50元的县数和低于40元的生产队数，公布了

1977、1978、1979 年连续 3 年人均集体分配收入低于 50 元的贫困县在各省的分布和名单。使人们有可能较为清楚地了解 70 年代末中国农村的贫困情况。

发轫于 20 世纪 70 年代末的经济体制改革，为中国经济与社会步入持续、稳定、快速的增长阶段，奠定了不可或缺的政治基础。农业家庭联产承包责任制的普遍推行促进了农村经济的增长和农民收入的提高，为消除农村贫困做出了巨大的贡献。按官方贫困线估计，贫困人口从 1978 年的 2.5 亿减少到 1985 年的 1.25 亿，减少了一半。农业生产经营制度变革的主要效应是释放被传统体制束缚的生产力，1984 年全国农村基本完成了这项改革之后，由于没有继起的制度变革和技术创新的支持，中国农村出现了农业增长速率减缓，农民收入增长速率减缓的局面，贫困发生率的下降速率也明显地减慢了。到 1994 年，按官方贫困线计算，仍有 8000 万农村人口生活在贫困之中。针对部分地区由于历史、经济、社会、地理等因素制约造成的发展滞后，一部分农民仍然相当贫困的实际情况，从 80 年代中期开始，中国政府在全国范围内开展了以解决农村贫困人口温饱为主要目标，以改变贫困地区经济社会落后状态为重点的大规模扶贫开发工作。从时序上来看，中国减缓农村贫困的进程可以分为以下四个阶段。

一、体制改革推动扶贫阶段(1978～1985 年)

1978 年以前，按中国政府确定的国家贫困标准统计的贫困人口超过 2.5 亿，占农村总人口的 30% 以上。大面积贫困的因素是多方面的，但最主要的原因是人民公社制度对农民生产积极性，以及劳动生产率和土地产出率的抑制。因此，制度变革成为这个阶段缓解贫困的主要举措。家庭承包经营制度的推行，有效地激发了农民的生产积极性，被压抑的潜在生产力得到了充分的释放，劳动生产率和土地生产率都有显著的提高；随着农产品价格的逐步放开，农业贸易条件和农业生产结构趋于改善；随着农村就业管制的取消，乡镇企业迅速崛起，农村就业结构趋于改善。在农业生产力提升、农产品价格提升、农业生产结构提升和农村劳动力就业结构提升四种力量的共同作用下，半数左右的贫困农民迅速摆脱了贫困。农业部提供的数据表明，1978～1985 年，农民人均纯收入增长了 2.6 倍。绝对贫困人口从 2.5 亿下降到 1.25 亿，绝对贫困人口平均每年减少 1786 万，贫困发生率从 30.7% 下降到 14.8%。

除了制度改革推动脱贫外，中国政府还开展了局部性的扶贫行动。① 根据国务院的决定，国家财政部于 1980 年设立了与扶贫直接关联的“支援经济不发达地区发展资金”，专门支持“老少边穷”地区发展农业、乡镇企业和文化医疗卫生事业。当年的资金规模为 5 亿元，以后逐步扩大，并成为后来中国财政扶贫资金的一条主要资金渠道。② 1982 年，中国政府决定对以干旱和贫瘠出名的甘肃省定西地区、河西地区和宁夏回族自治区西海固地区实施“三西”农业建设计划，由中央财政专项拨款 20 亿元（每年 2 亿元），重点支持“三西”地区改善农业基础设施条件，发展种植业、养殖业，推广应用农业科学技术，稳定解决贫困农户的经济来源，稳定解决多数贫困农户的温饱问题。③ 1984 年，中央发布了《关于尽快改变贫困地区面貌的通知》，针对当时贫困人口的分布状况，提出集中力量解决 18 个连片贫困地区的贫困问题，要求各级政府高度重视贫困问题，采取切实可行的措施加以解决。④ 1984 年，为加大对贫困地区的支持力度，中央政府决定实施“以工代赈”政策，用粮棉和低档工业品支持贫困地区开展以农田水利为主要内容的基础设施建设，所需资金由财政部和中国人民银行共同负担。

"三西"农业建设计划的实施，开启了中国区域扶贫的先河。所谓"三西"，是指甘肃以定西为代表的中部干旱山区，包括定西、会宁、通渭、陇西、临洮、靖远、静宁、庄浪、秦安、榆中、皋兰、永登、东乡、永靖，环县、华池和属于河西地区的古浪、景泰，共18个县，面积69 600km^2，559万人，其中农业人口524万；宁夏西海固干旱高寒山区，包括西吉、海原、固原、隆德、泾源、同心、盐池7个县，面积49 269 km^2，166万人，其中农业人口156万。这两个地区突出的问题有二：①年降水量在300mm左右，旱灾频繁严重。定西地区从1961～1982年的22年中，大旱10年，中小旱6年，只有3年丰收。大旱年有100多万人靠汽车运水。西海固地区从1951～1982年以来的32年中，平均6年1次大旱。1982年大旱，32万人、69万头牲畜缺水，仅送水补助费就开支120万元。②自然植被破坏与水土流失极端严重。其中，甘肃18个县的水土流失面积60 700 km^2，占总面积的87.2%；宁夏7个县的水土流失面积31 000 km^2，占总面积的63%。破坏植被，使燃料十分缺乏，已严重到挖草根、铲地衣的地步。水土流失造成土壤肥力下降、农作物产量低下和农民贫困，而且给下游人民造成了严重危害。

"三西"农业建设计划的总体思路是：把停止植被破坏、解决温饱的项目放在优先建设地位；水利建设的工作重点是在建项目和现有工程的挖潜和配套；以种草种树，发展畜牧业为主体的多种经营和工副业全面发展的经济结构；加强智力开发，采取"请进来，派出去"的办法，大量培训现在急需的各种人才。奋斗目标是：力争三年（1984～1986年）停止生态破坏，五年（1987～1991年）基本解决群众温饱，十年、二十年改变贫困面貌。工作设想是：在资金层面上，国家投放的资金前期主要用于改善生产条件，特别是水利建设；后期主要用于发展生产，以加快资金的周转和循环，巩固长期发展的基础。在农户层面上，进行多样化的产业开发，以改善农户家庭经济结构。在企业层面上，建设龙头骨干项目，形成主导产业，加快贫困地区经济开发的进程。在生态层面上，抓好小流域治理和沙化土地治理，以保护和改善生态环境。在资源层面上，积极采取节水措施。在人口层面上，抓好计划生育工作。在政策层面上，稳定发展个体经济和私人经济。具体措施包括：通过发展薪炭林，利用农作物秸秆和推广节柴节煤灶，辅之以太阳灶、沼气灶、风力发电、供煤等多种能源互补的办法，尽快解决82万农户每年缺六七个月燃料的困难；大力发展旱作农业和节水农业，抓好"三田"建设、水利建设和小流域治理工程；用定西、西海固的劳力，开发河西、河套地区的荒地，初步规划十年内甘肃中部除就地迁移10万人外，向河西迁移50万人；宁夏西海固地区向河套地区迁移20万人；两省、自治区设立多种经营专项基金，采取长期、低息的有偿使用办法贷给农民，搞好服务，积极发展多种经营；重视智力开发，培养当地人才，各县建立一个培训中心，并委托大专院校、科研单位培训一批高中级技术人才。

十年来，共新建、续建、扩建、改造各类水利工程169项，衬砌渠道6584km，新建基本农田930万亩；造林1233.6万亩，种草1464.6万亩，治理水土流失面积14 100km^2；架设农电线路19.4万km，除牧区县外，100%的乡、84%的村都通了电；新建移民基地37处，移民点80多个，就地和异地搬迁安置移民45万人；修建人畜饮水工程259项，修建水窖39.3万眼；建立种、养业和矿产加工点2000多个；配套建设地、县、乡三级农林牧综合服务中心（站）992个；装备县级农业职业中学47所；培训各级干部2.9万人，培训农民215万人次。"三西"地区的生产条件和生态环境、农民生活得到显著改善。据统计，最近连续3年的粮食产量，平均比“三西”建设前翻了一番；农民人均纯收入增加200多元；人均粮食产量增加100多千克；农村贫困户从原占总农户的75%下降到10%（不包括5%的社救户）。基本解决了100万户、550万农民的温饱问题。按世界银行项目评估指标“内部收益率”对“三西”投资效益评估，其投入产出比为1∶1.27，固定资产转化率为70%。照此计算，10年的20亿元专项投资，形成的农业固定资产为14亿元左右。按主要建设的量化指标核算，建设一亩水浇地国家投资404元，建设一亩梯田投资24元，人均解决饮水问题投资20元，平均每迁移安置一人投资1200～1500元。从投入产出和积累来看，“三西”建设的投资效益是显著的。

“三西”农业建设，虽然使甘肃中部和宁夏西海固地区贫困状况明显缓解，温饱问题初步解决，但从总体上看，也只是打下了摆脱贫困的初步基础，要彻底解决贫困，实现小康，任务还相当艰巨。①温饱问题还没有完全解决。甘肃中部干旱地区尚有15%的农民没有解决温饱，已经解决温饱的农户中，尚有35%的农民人均收入低而不稳，遇到大的灾害就会返贫。宁夏西海固地区尚有15.5%的农户未解决温饱，已经解决温饱的农户中，有22.5%的户返贫。②人畜饮水问题还有很大困难。甘肃中部尚有60多万人、100多万头大牲畜，宁夏西海固地区还有14万人、50万头大牲畜，在干旱年份饮水仍很困难。三是农业生产的基本条件还没有彻底改善。甘肃中部干旱山区尚有50%的山地没有修成水平梯田；有水利条件的200万亩耕地没有变成水浇地；林木覆盖率仅为8%。宁夏西海固地区尚有67.4%的山地没有修成水平梯田；水土流失综合治理面积仅占应治理面积的25.2%。新建和续建的160多项水利工程中，还有30多项是半拉子工程，需要继续投资5亿多元才能建成。四是尚未形成自我发展的能力。民穷县也穷，绝大多数县都靠财政补贴，许多县的职工工资不能按期支付。农民用于生产性的投资，只能维持简单再生产，不少农户没有扩大再生产的能力。“三西”地区的扶贫开发，还需继续加强。

为期10年的“三西”地区农业建设计划完成后，1992年，根据“三西”地区扶贫开发的进展情况，国务院决定“三西”农业建设计划再延长十年，每年投资2亿元不变，使用重点不变，管理体制、机构不变，并同意甘肃省南部高寒阴湿山区和少数民族地区的10个县使用“三西”资金。“三西”建设的范围扩大到57个县、市、区，其中国定贫困县37个，占两省（自治区）49个国定贫困县的75.5%。

二、大规模开发式扶贫阶段(1986～1993年)

20世纪80年代中期，在改革开放政策的推动下，中国农村绝大多数地区凭借着潜在生产力和自身比较优势的发挥，很快摆脱了贫困。到1986年，全国贫困县减少到699个（其中，331个国定贫困县，368个省定贫困县），其中430个贫困县分布在18个集中连片的贫困地区。为了加快反贫困的步伐，帮助全国1.25亿贫困人口尽快摆脱贫困，特别是集中连片贫困地区的脱贫，保证国民经济的长期协调发展，中国政府开始在全国范围内实施有计划、有组织、大规模的扶贫开发工作，制定了一系列的具体政策，采取了一系列重大措施。具体包括：把扶贫开发作为一项重要内容列入国民经济发展计划，成立专门的扶贫工作机构，确定国定贫困县，1986年，考虑到不同的区域和政治因素，确定贫困县的标准分别为1985年农民人均收入低于300元、200元或150元人民币，人均产粮低于200kg，确定国定贫困县331个。安排专项扶贫资金，制定专门的优惠政策，各省（自治区）也依据自己的标准确定了368个省定贫困县，享受省级专项财政转移支付。各省（自治区）划定省定贫困县，主要是为了补偿那些人均收入低于国定标准却未被划为国定贫困县的贫困县。例如，云南省的省定贫困县包括了应得到中央政府直接扶持的15个贫困县（这15个县1985年的人均收入在120～150元之间）。省定贫困县的划定标准从云南的人均150元到江苏的400元不等，其差异要显著大于国定贫困县的差异，所以许多省定贫困县符合省级的相对贫困标准，却不符合国家的绝对贫困标准。这些省安排专项资金扶持这些县一方面说明他们对相对贫困问题的关注，另一方面也表明他们具有较强的财政转移支付能力。除划定贫困县外，大部分省（自治区）还在比较富裕的县内确定贫困乡，并给予扶持。以开发式扶贫方式取代传统的救济性扶贫方式。自此，中国的扶贫工作进入了一个新的历史时期。经过持续数年的努力，到1993年底，全国农村没有解决温饱的贫困人口由1985年的1.25亿减少到8000万，平均每年减少640万，年均递减6.2%；贫困发生率由14.8%下降到8.7%。

1986年1月1日，中共中央、国务院发出《关于一九八六年农村工作的部署》。这份文件指出：目前，全国仍有一部分地区，主要是一些少数民族地区和为中国革命做出过巨大贡献的革命老根据地，以及边远山区和水库移民区，生产条件差，社会生产力发展缓慢，经济文化落后，部分农民的温饱问题尚未解决。这是一个重大的经济问题和社会问题。要采取切实可行的措施帮助贫困地区逐步改变面貌。各级领导和每个部门都要提高认识，转变作风，把改变贫困地区面貌摆上重要议事日程。要从实际出发，分别情况，分级负责，分批治理。当前应把重点放在至今尚未解决温饱的最贫困地区，经过调查，作出规划，拨出资金，采取有效措施，使之尽快得到温饱，逐步走上能够利用本地资源优势，自力更生发展生产、改善生活的道路。要利用各种渠道为贫困地区培养干部，同时从中央、省、地三级机关抽调一批优秀干部并组织志愿者到贫困地区工作。要在贫困地区实行比一般地区更灵活、更开放的政策，纠正集中过多、统得过死的弊端，给贫困地区的农牧民更大的经营自主权；减轻负担，给予优惠，加大扶持；加强道路、能源建设，搞活商品流通，加速商品周转；重视教育事业，增强智力投资，重点发展农业职业教育，加速培养适应山区开发的各种人才；要采取措施，加快山区科技、卫生事业的发展。争取在"七五"期间解决大多数贫困地区人民的温饱问题，并在这个基础上，使贫困地区初步形成依靠自身力量发展商品经济的能力，逐步摆脱贫困，走向富裕。国家有关部门都应指定专人负责，分别作出帮助贫困地区改变面貌的具体部署，并抓紧进行，保证实施。各部门下达到贫困县的各项建设经费，由县政府统筹安排，集中用于关系群众切身利益的生产建设项目。

1990年2月23日，国务院批转的《国务院贫困地区经济开发领导小组关于90年代进一步加强扶贫开发工作的请示》指出，近几年来，我国的扶贫工作取得了令人瞩目的成绩。但是，要从根本上解决我国贫困地区的问题，任务还相当艰巨。①解决温饱问题不平衡、不稳定，而且标准很低。②生产、生活条件很差，落后面貌没有根本改变。③贫困地区的各项经济发展指标虽不断提高，但与全国平均发展水平的差距在继续扩大。因此，扶贫开发工作必须坚持不懈地抓下去。

在这个阶段，最为显著的变化是扶贫方式完成了从单纯救济性扶贫到开发性扶贫的转变。救济性扶贫是在消费领域中扶贫，是一种治标的扶贫方式。开发性扶贫，是通过开发经济资源、自然资源和人力资源，依靠科技进步，发展商品经济，真正提高贫困人口摆脱贫困的能力和贫困地区自我发展的能力，使他们获得脱贫致富、发展经济的机会，进而从根本上解决温饱问题，走上致富之路。开发性扶贫的主要举措是在贫困地区推广实用技术，推动科技进步，实施大型科技推广应用计划，如“星火计划”、“丰收计划”、“燎原计划”、“温饱工程”，促进正规和非正规教育的发展，对农民进行实用技术培训；通过以工代赈项目重点建设贫困地区的县乡公路、桥梁、人畜饮水工程、农田水利基本设施、小型水电站、农村邮电通讯以及控制人口增长、治理水土流失和帮助灾区修复水毁工程等，促进贫困地区的可持续发展。在开发式扶贫的思路下，政府扶贫资金主要投向基础设施、教育、就业、环境等为农户创造脱贫机会、提高致富能力的领域中。

科技扶贫在这个阶段发挥了重大作用。其中影响大的项目是：

（一）河北省太行山区开发研究

1986 年 3 月 2 日，国家科学技术委员会“六五”期间重点科技攻关项目——“河北省太行山区开发研究”，通过国家级鉴定。这个项目在国家科委的指导下，河北省组织了 20 多个科研单位和大专院校及地、市、县的 700 多名科研人员和教师参加规划和试验。他们从太行山的实际出发，一靠政策，二靠技术，先治穷，后治山，长短结合，先从开发利用现有资源入手，搞一些投资少、见效快的项目，使农民先富起来，待农村经济实力增强后，再进一步综合治理开发山区。经过四年来的实践，山区农民的人均纯收入由 70 多元猛增到 300 元以上。这项研究共取得 40 多项研究成果，其中 16 项达到国内先进水平，被国家科学技术委员会誉为“太行山之路”，被河北省授予科技进步特等奖。

（二）大别山经济开发

大别山经济开发的基本作法是：用科学技术培训农民，改造传统产业；在项目开发上，以科研、教育单位为依托，同具有先进技术、先进管理经验的企业联合和合作，基本做到项目上一个，成一个；向贫困地区派出科技副县长、副乡长，强化科技开发的组织管理体系；帮助贫困地区培养人才，形成永不撤走的“科技扶贫团”；实行科技有偿投入，使广大科研人员和科研单位从增产效益中取得合理报酬，调动广大农民和科技人员的两方面积极性。大别山区和其他一些地方的经验表明，贫困地区脱贫致富的路子应当是，以开发“种养加”为基础，选择当地的优势资源和拳头产品，使贫困地区自给性经济向商品经济发展，在生产原料的基础上向加工业延伸，把富民和富县结合起来。

（三）地膜杂交玉米推广

杂交玉米地膜覆盖栽培，是一项增产效果十分显著的科学技术，也是高寒山区解决群众温饱问题，实现脱贫致富的一条重要途径。为使这项技术成为贫困地区一项重要的技术扶贫项目，扶贫部门将其列入扶贫议程。在全国贫困地区具备条件的地方，采取专项贴息贷款、技术、农膜、化肥、良种综合输入，农业部门负责种植规划、技术培训，示范推广和配套服务到户的工作，大力推广杂交玉米地膜覆盖栽培增产技术，实施“温饱工程”，提高粮食产量，帮助贫困户尽快解决温饱问题。例如，1989 年专项安排扶贫化肥 22 万 t，扶贫农用膜在上年 8300t 的基础上增加到 3 万 t，并以其中部分化肥、农膜作为实施“温饱工程”的专项配套物资。

少数民族地区的扶贫工作在这个阶段也得到了应有的重视。在国家重点扶持的 331 个贫困县中，少数民族贫困县有141个，占42.6%。帮助少数民族贫困地区群众脱贫致富，是一项重要的经济任务和政治任务。

解决少数民族地区贫困问题，也要走经济开发之路。要把“种养加”的开发作为经济开发的重点和主要内容，要以农户家庭经营为基础，逐步建立能够稳定解决群众温饱的多样化的家庭经营结构。要在千家万户搞种、养的基础上，有选择地抓住优势资源，统一规划、整体开发、连片发展，形成一定规模的商品基地。要以加工企业和服务组织为龙头，形成产供销、农工商一体化的开发系列，建立健全社会化服务体系。要注重科技投入，提高资源利用水平。制定和采取向少数民族贫困地区倾斜的政策。要把计划生育作为少数民族地区扶贫工作的一项重要任务。要强化各级政府对少数民族地区扶贫工作的领导。

三、扶贫攻坚阶段(1994~2000年)

我国连片贫困地区的贫困人口在中共中央和国务院的关怀、全国人民的支援和自己的努力下，逐步走出贫困。18个集中连片贫困地区贫困人口的减少，使我国贫困地区的分布和类型发生了变化。主要是：贫困人口逐渐集中到西南大石山区、西北黄土高原区、秦巴山区和青藏高寒山区。贫困人口的分布特征，说明了地理环境恶劣、生态环境差、基础设施极为薄弱等是造成这些地区贫困的主要原因。这些地区的扶贫工作任务更加艰巨。

为了进一步解决农村贫困问题，缩小东西部地区的差距，实现共同富裕的目标，1994年，国务院制定了《国家八七扶贫攻坚计划》。这是我国政府制定的第一个有明确目标、明确对象、明确任务、明确措施和明确时限的扶贫行动纲领。该计划最值得强调的一点是：中央决心集中人力、物力、财力，在20世纪末基本解决农村贫困人口的温饱问题，争取不把贫困带入下一个世纪。为了实现这一目标，政府扶贫工作的重点由原来的“经济开发”改为“扶贫开发”，相应地，国务院贫困地区经济开发领导小组也更名为国务院贫困地区扶贫开发领导小组。鉴于1986年确认贫困县的工作存在疏漏与偏离，即有些很贫困的县没被划为国定贫困县，有些不太贫困的县却被划为贫困县，1994年按照“四进七不出”（农民人均纯收入低于400元的县统统划为国定贫困县，农民人均纯收入没有超过700元的国定贫困县仍留在国定贫困县的名单中）还重新划定了国定贫困县，国定贫困县数量从331个上升到592个，增加了78.9%。在这个名单中或许还保留了一些非贫困县，但毕竟把所有的低收入地区都划为贫困县了。“国家八七扶贫攻坚计划”采取的措施有：①帮助贫困农户改良农田，增加经济作物、林木作物和畜牧生产，增加非农就业机会。②为大多数或全部乡镇通路、通电，为大多数贫困村改善饮用水。③普及基础教育，提供基本的卫生医疗保健服务。④将沿海省份条件较好的县从新的国定贫困县名单中划出。⑤提高扶贫资金的管理水平，包括加强对扶贫投资活动的评估和财务可行性分析，提高贷款回收率，以及减少扶贫资金挪用等。⑥要求所有国家部委和政府机构、沿海省份和主要城市以及其他国内组织对扶贫工作给予更多的参与和支持。

1996年，为了落实“国家八七扶贫攻坚计划”，党中央、国务院联合召开了中央扶贫开发工作会议，并作出了《关于尽快解决农村贫困人口温饱问题的决定》。为了继续加大扶贫投入的力度，中央政府在这次会议上号召较为发达的沿海地区要从大局出发，按照“优势互补、互惠互利、共同发展”的原则，开展对口帮扶西部贫困省（自治区）的“东西扶贫协作”；并确立了新的“扶贫责任制”，即西部省（自治区）的领导以及下属的地、县领导要直接对他们管辖范围内的扶贫成效负责。1996年以后，我国政府将扶贫对象由贫困县调整至贫困村和贫困户。同时，较大幅度地增加了扶贫资金。到1995年，中国农村贫困人口下降到6500万，占农村总人口的7.1%，平均每年减少500万。在1997～1999年这3年中，每年有800万贫困人口解决了温饱问题。

1999年6月，在扶贫攻坚的关键时刻，中共中央、国务院再次召开会议，作出了《关于进一步加强扶贫开发工作的决定》。这次会议提出了“八七”计划剩下的18个月的目标和主要措施。会议重申了扶贫到村到户的政策，并强调扶贫资金要严格用于那些能解决贫困人口温饱问题的项目。优先扶持项目包括：家畜和水产养殖、小水利以及优质粮食和经济作物等。

2000年，国务院扶贫开发领导小组再次召开会议，总结中国扶贫开发工作的经验，结合21世纪中国经济社会发展的总体规划，提出要把扶贫开发同实施西部大开发战略紧密结合起来，抓住机遇，大力加强贫困地区的基础设施建设和生态环境建设，改善贫困地区的生产生活条件，发展贫困地区的科技、文化、教育事业，提高贫困地区的劳动者的素质，这是改变贫困地区面貌的基础。同时，要把扶贫开发同农业结构的战略性调整，农民收入的增长结合起来，通过调整和优化农业结构，全面提高农村经济的素质和效益，这是实现脱贫致富的最现实可靠的途径。

2001年5月，中央扶贫开发工作会议指出，历时七年的“国家八七扶贫攻坚计划”已经基本完成，到2000年底，全国农村尚未解决温饱的贫困人口减少到3000万，占农村人口的比重下降到3%左右，除少数社会保障对象和生活在自然条件恶劣地区的贫困人口以及残疾人以外，全国农村贫困人口的温饱问题已经基本解决，中央确定的扶贫攻坚目标基本实现。这是一个历史的壮举。

四、参与式扶贫阶段(2001～2005年)

进入新世纪以后，我国农村的绝对贫困人口减少到3000万，低收入人口6000万，为了解决这部分人口的贫困问题，我国政府于2001年公布了《中国农村扶贫开发纲要（2001～2010年)》(以下称《纲要》)。《纲要》明确提出了我国在新世纪的扶贫目标：尽快解决极少数贫困人口的温饱问题，进一步改善贫困地区的基本生产生活条件，提高贫困人口的生活质量和综合素质，加强贫困乡村的基础设施建设，改善生态环境，逐步改变贫困地区社会、经济、文化的落后状况。为了实现这个目标，中国政府不仅加大了扶贫力度、增加了扶贫资金，并且还对扶贫战略和扶贫方法进行了创新，开始实施以“赋权”、“参与”和“能力建设”为核心的参与式扶贫战略和方法。

具体举措是：整村推进、劳动力培训和产业化扶贫。其中，最引人注目的是整村推进。全国共确认了14.8万个重点贫困村，然后分三轮实施。截至2004年，有39 900个村完成规划、实施。根据实施的状况，认为可能存在的问题主要有以下几个：①各地方的工作进度不一样。②对整村推进的概念、目标及其意义的理解不尽相同。③从实施情况看，有的地方主要致力于基础设施的改变，有的地方则加上生产项目，有的地方加上村民自我管理，各地推进的程度不一样。④各省分期分批进行，政府投入一部分，实施两年后就顾不上管了，如何使得整村推进工作具有可持续？因此，有必要对整村推进工作做一次评估，看有什么经验可以推广，更重要的是有什么问题存在，有什么教训可以在以后的工作中借鉴。

21世纪初，中国农村扶贫的目标转向解决贫困地区人口发展的问题；扶贫对象要由关注重点地区的贫困人口转向所有贫困地区的人口；扶贫资金投入重点由大力发展贫困地区基础设施和改善自然条件转向直接帮扶贫困人口发展生产、增加收入和提高人力资源的质量。在扶贫攻坚的战略上要适应市场经济发展的需求，把行政扶贫与市场结合起来，加大市场引导分量，利用市场机制的作用，通过制定产业、金融、科技等一系列优惠政策，引导各种力量致力于贫困地区的经济发展，吸引生产要素向贫困地区流动。应积极调整农业和农村经济结构，发展农业产业化经营，促进农业劳动力向第二、三产业发展。同时，坚持科教扶贫。一方面可以通过实用技术的推广，用比较小的投入带来劳动生产率的较大提高，尽快解决尚未达到温饱水平人群的衣食问题；另一方面可以加强对贫困地区干部群众的教育和培训，提高整体素质，使其具备发展生产、缓解贫困的能力，有利于从长远保证贫困地区经济和社会的健康发展。

第二节 中国农村扶贫制度安排的进展

一、中国农村扶贫的战略调整

从20世纪80年代中期到90年代初，中国的扶贫战略从原先单纯分散的救济式扶贫转向开发式扶贫。这个期间政府扶贫的战略目标是通过区域经济的增长和贫困地区整体经济实力的增强，带动区域内贫困人口脱贫和自我发展能力的提高。进入90年代中期后，国家又将扶贫战略调整为以开发式扶持贫困人口为主，开始注重贫困人口的脱贫途径，并做出了很多努力，强调扶贫到村到户，重点实施了一些贫困户能参与且能受益的项目和计划。主要的扶贫方式有：以工代赈、科技扶贫、机关定点扶贫、横向联合与对口帮扶、社会公益扶贫、小额信贷、劳务输出、异地搬迁移民、国际合作等。中国农村扶贫战略变化如图3-1所示。

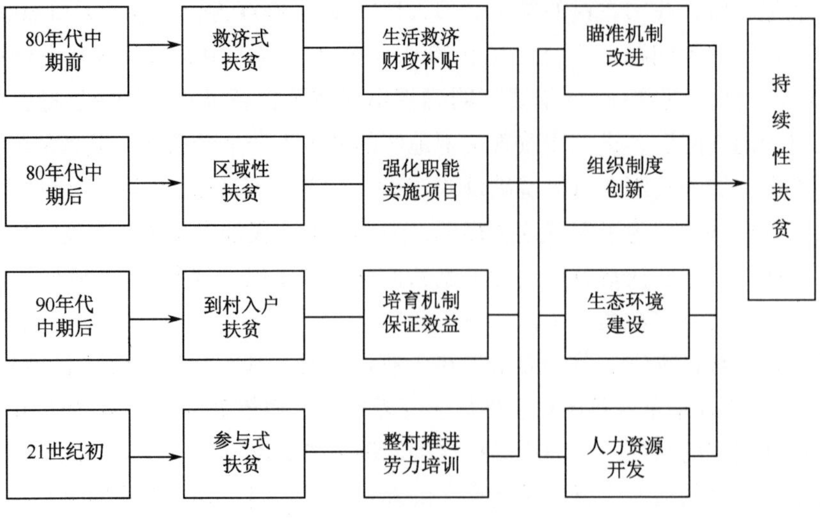

图3-1 中国农村扶贫战略转变

二、中国农村扶贫开发的组织体系

1986 年，中国政府成立了国务院扶贫开发领导小组，它是中国最高的扶贫领导机构。领导小组的主要职责是制定中国的扶贫政策和计划，分配扶贫资金，协调与扶贫有关的各部门的关系。扶贫开发领导小组是非常设性机构，这种圆桌会议式的决策机构由国务院 20 多个部门组成。领导小组组长通常由主管农村工作的国务院副总理或国务委员兼任，副组长由国务院办公厅、国家计划委员会、财政部、农业部、国家经济与贸易委员会副主任（副部长）和中国人民银行副行长担任，小组成员为其他 20 多个部委的副部长或副主任。扶贫开发领导小组下设的办公室（国务院扶贫办），作为扶贫领导小组的常设办事机构，具体负责与扶贫有关的日常工作。领导小组办公室的工作职能包括：确定扶贫的标准、目标和对象，制定扶贫开发中长期规划、年度计划和扶贫资源分配计划，并监督其实施；协调地区之间、部门之间的扶贫行动。对中国农村的贫困状况、政府扶贫政策的效果进行调研，为扶贫领导小组提出调整扶贫政策的建议；为扶贫领导小组提出信贷扶贫资金的分配计划和方案；收集反映扶贫项目执行效果的资料（如各个省和贫困县扶贫资金的分配、投向和回收情况等）。

随后，有扶贫任务的省、地、县都模仿中央政府的模式，设立了扶贫领导小组和扶贫办。由此形成了以国务院扶贫领导小组为首的从中央到地方的各个政府部门的扶贫组织体系（图 3-2）。

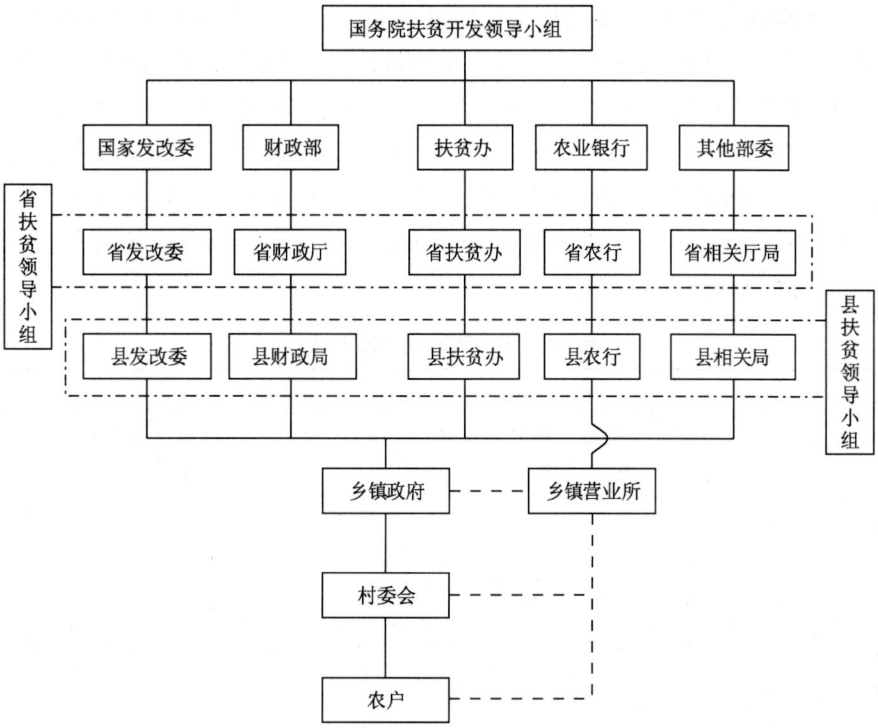

图 3-2 中国农村扶贫的组织结构图

中国绝大多数党政部门都参与农村扶贫工作而成为扶贫系统的一员。如教育部门负责管理贫困地区义务教育工程，卫生部门负责贫困地区的医疗卫生事业，各个党政机构和国家大型企事业单位都有定点扶贫任务。

中国的扶贫开发实行分级负责、以省为主的领导工作责任制。中央政府把扶贫开发作为一项政治任务，要求各省（自治区、直辖市）的主要负责人亲自抓扶贫工作，并负总责。中央政府的各项扶贫资金在每年年初一次性下达到各省（自治区、直辖市），实行扶贫资金、权力、任务、责任“四到省”。所有到省的扶贫资金一律由省级人民政府统一安排使用，并由各有关部门规划和实施项目。县级扶贫部门在决定扶贫资金的使用上起着关键的作用。

三、中国农村扶贫开发的制度安排

（一）贫困瞄准的制度安排

中国的扶贫开发一开始就采取了直接瞄准贫困人口的方法。中国政府确定贫困标准的程序是：根据低收入人口的实际食品清单和食品价格，确定达到人体最低营养标准（即每人每天摄入热量2100kcal）所需的最低食物支出（即食物贫困线）；根据回归方法计算收入正好等于食物贫困线的人口的非食品支出，把这部分非食品支出作为非食物贫困线；把食物贫困线和非食物贫困线相加作为贫困标准。按此方法，1986年，中国的农村贫困标准是年人均纯收入206元，随着物价变动，2002年为627元。

为了使各种扶贫资源有效传递到贫困人口，提高扶贫工作的效率，中国政府改进了贫困瞄准机制。最初瞄准的是18个贫困地区，1994年将区域扶贫范围界定在592个贫困县中。即把贫困人口比较集中的县确定为国家重点扶持贫困县（2001年以后改称扶贫开发工作重点县），由中央政府直接组织各种资源予以扶持。1986年，根据1985年人均纯收入，将331个县确定为国家重点扶持贫困县。1994年，为了更多地覆盖贫困人口，国家重点扶持贫困县扩大到592个，分布在27个省（自治区、直辖市），涵盖了全国72%以上的农村贫困人口（表3-1）。中央政府要求，对那些不在国家重点扶持贫困县范围的贫困人口，由各级地方政府采取措施予以扶持。

表3-1 国定贫困县调整情况

地区	全部县数	1986年				1994年				2001年	
		国定数量	国定比例/%	省定数量	省定比例/%	国定数量	国定比例/%	省定数量	省定比例/%	国定数量	国定比例/%
河北	139	14	10.1	35	25.2	39	28.1	6	4.3	39	28.1
山西	100	14	14.0	21	21.0	35	35.0	15	15.0	35	35.0
内蒙古	84	16	19.0	24	28.6	31	36.9	19	22.6	31	36.9
辽宁	44	3	6.8	8	18.2	9	20.5	7	15.9	0	0.0
吉林	41	0	0.0	11	26.8	5	12.2	5	12.2	8	19.5
黑龙江	69	0	0.0	8	11.6	11	15.9	3	4.3	14	20.3
江苏	64	0	0.0	0	0.0	0	0	13	20.3	0	0.0
浙江	67	3	4.5	0	0.0	3	4.5	5	7.5	0	0.0
安徽	72	9	12.5	8	11.1	17	23.6	5	6.9	19	26.4
福建	64	14	21.9	2	3.1	8	12.5	4	6.3	0	0.0

续表

地　区	全部县数	1986年				1994年				2001年	
		国定数量	国定比例/%	省定数量	省定比例/%	国定数量	国定比例/%	省定数量	省定比例/%	国定数量	国定比例/%
江　西	84	17	20.2	39	46.4	18	21.4	0	0.0	21	25.0
山　东	99	9	9.1	5	5.1	10	10.1	9	9.1	0	0.0
河　南	117	15	12.8	9	7.7	28	23.9	6	5.1	31	26.5
湖　北	71	13	18.3	24	33.8	25	35.2	14	19.7	25	35.2
湖　南	95	8	8.4	20	21.1	10	10.5	21	22.1	20	21.1
广　东	77	4	5.2	20	26.0	3	3.9	25	32.5	0	0.0
广　西	83	23	27.7	25	30.1	28	33.7	21	25.3	28	33.7
海　南	17	3	17.6	5	29.4	5	29.4	5	29.4	5	29.4
四　川*	181	21	11.6	30	16.6	43	23.8	37	20.4	50	27.6
贵　州	81	19	23.5	12	14.8	48	59.3	0	0.0	50	61.7
云　南	123	26	21.1	15	12.2	73	59.3	17	13.8	73	59.3
陕　西	93	34	36.6	12	12.9	50	53.8	0	0.0	50	53.8
甘　肃	75	31	41.3	12	16.0	41	54.7	12	16.0	43	57.3
青　海	39	10	25.6	10	25.6	14	35.9	0	0.0	15	38.5
宁　夏	18	8	44.4	0	0.0	8	44.4	0	0.0	8	44.4
新　疆	85	17	20.0	13	15.3	25	29.4	5	5.9	27	31.8

注：①*包括重庆市

②**2001年国定贫困县改称为国家扶贫开发工作重点县

③缺少西藏的资料（但1994年国定贫困县包括西藏的5个县）；港澳台资料暂缺

资料来源：①1994年数据来自于国务院扶贫开发领导小组办公室编扶贫统计资料（1978～1998）

②1985年数据来自：付民主编.1996.中国政府消除贫困行为.武汉：湖北科学技术出版社

③2001年数据来自于国务院扶贫办

“八七”扶贫攻坚计划完成之后，贫困人口数量大大下降，分布更为分散，以县为单位瞄准贫困人口的做法遇到挑战。到2000年，全国592个扶贫工作重点县只覆盖了贫困人口的60%左右。在2001年开始的新阶段扶贫开发中，为了更好地瞄准贫困人口，中国政府突出强调到村到户，并在全国范围内确定了14.8万个重点贫困村，覆盖了83%的贫困人口。重点村瞄准，符合中国贫困人口区域上分散、在社区内集中的趋势。由于这些村只有55%分布在扶贫开发工作重点县内，而中央政府的各项扶贫资源主要在重点县范围使用，这样，势必对地方政府加大扶贫力度提出了新的更高的要求。

（二）中国农村扶贫方式的安排

中国扶贫开发的基本目标是提高贫困人口自我发展、自我积累的能力。扶贫开发的主要内容，包括改善社区的水、电、路、通讯等基础设施；改善农业生产条件；改进教育、卫生服务水平；改造传统落后的生产方式，引入种植、养殖新品种和新方法；通过大规模的劳务输出、自愿移民搬迁和计划生育，创造新的就业机会，努力减轻人口对脆弱环境的压力等。

根据贫困地区的具体实际情况，中国政府创造出多样化的扶贫方式。主要有：①"以劳动换食品"的以工代赈扶贫。国家通过为贫困人口提供食品和日用品，引导其投工投劳进行道路、水利、农田建设。后来，这项工作由提供实物变为直接提供资金，帮助只有劳动力而没有资金的农户利用劳动改善自己的生产生活条件。②"基地＋公司＋农户"的产业化扶贫。通过扶持农产品加工企业，为贫困农户提供就业机会和农产品市场支持。③借鉴孟加拉国"乡村银行"做法推行的小额信贷扶贫。1999年，中国小额信贷余额达到30亿元，覆盖了240多万个贫困户。④科技扶贫。主要通过引进和推广适合贫困地区的实用农业技术、培训贫困地区的干部和农民等方式，帮助贫困地区推广和应用先进适用的农业技术，提高农业生产率。1989～1994年，中国政府在贫困地区实施了以推广杂交玉米地膜覆盖技术为内容的"温饱工程"，6年累计增产粮食112亿kg，增加收入87亿多元，帮助近1300万贫困户解决了吃饭问题。⑤自愿移民搬迁扶贫。对一部分生活在生态环境严重退化、生存条件极其恶劣地区的贫困人口，中国政府按照"群众自愿、就近安置、量力而行、适当补助"的原则，开展了自愿搬迁、异地开发；迄今为止，已经有260多万贫困人口搬迁到新地，这些人口基本在3年内解决了贫困问题。⑥劳务输出扶贫。通过提供信息、资金、培训等方面的服务，增强贫困人口的外出就业能力，帮助他们联系就业岗位，保障劳动权益。2001年全国重点贫困县有12%的劳动力常年在外务工。通过劳务输出获得的收入占贫困县农民年人均纯收入的30%左右。

1. 诱导自愿移民

在缺乏基本生产和生活条件的少数贫困地区诱导自愿移民。其政策是群众自愿、就近安置、量力而行、适当补助。主要做法有：①插户移民。即贫困户自己投亲靠友，政府给予一定补助。如宁夏规定，迁入县从现有水浇地中划给移民农户2亩耕地、每户安排2间住房。②基地移民。建基地前要对迁入地的情况和迁移的可行性进行周密调查，既要保证迁入户的温饱问题，又不破坏迁入地的生态环境。③吊庄移民。即搬迁初期两头有家，等移民点得到开发，生产生活基本稳定后再完全搬迁。据不完全统计，这些年来，各级政府从当地实际情况出发，通过多种方式和途径迁移安置260万贫困人口，其中已稳定在迁入地居住的达241万，占92.9%，使全国需要移民搬迁的贫困人口由750万减少到了500万左右。

2. 组织劳务输出

劳务输出项目1995年开始执行以来，已在57个贫困县的贫困村中稳定输出了32万贫困剩余劳动力。大量的原始记录资料和独立监测研究表明，该项目不仅使32万贫困劳动力实现异地就业，使近150万人口的家庭每年增加6亿～8亿元的现金收入，解决了温饱问题。更重要的是通过项目的组织和管理，使这30多万贫困劳动力在异地工作、生活、观念的冲突中学习了适应冲突，提高其自我发展的能力，成为贫困社区中一代全新的劳动力，这对于贫困家庭和贫困村彻底摆脱贫困，走上稳定发展的道路，意义更是十分重大的。

3. 关注少数民族与特殊群体

中国是一个多民族的国家，其中少数民族约占总人口的10%。由于少数民族地区的起点低、起步晚，目前大多仍处于相对落后的状态，少数民族地区的贫困人口占全国贫困人口的比例超过40%，说明少数民族地区的贫困问题突出。为了解决这一问题，国家采取了一系列措施：①在确定贫困县时对少数民族地区给予了特殊照顾，例如1986年，国家划定贫困县的标准为1985年农民人均纯收入低于150元，而少数民族自治县的标准放宽到低于200元，牧区贫困县（旗）的标准放宽到300元。在全国592个国定贫困县中，少数民族贫困县有257个，占43%。少数民族县和革命老区县被确定为贫困县的概率比其他县分别高18%和54%。②扶贫资金向少数民族地区倾斜。据不完全统计，1996～1998年国家共向257个少数民族国定贫困县投入中央扶贫资金169.5亿元，占国家投入的扶贫资金总额的45%。第三，加大基础设施建设力度。1995～1998年，257个少数民族贫困县共解决1092万人、1514万头牲畜的饮水问题，新修基本农田1000多万亩，修建公路7万km。不通公路的乡由278个减少到134个，不通电的行政村由10 902个下降到6941个。第四，促进教育、卫生等社会事业的发展。

通过国家的大力扶持和自身的努力，全国5个民族自治区和3个少数民族人口较多的省份（云南、贵州、青海）的贫困人口由1995年的2086万下降到1998年的1315万人，贫困发生率从15.6%下降到9.7%，下降了5.9个百分点；其中国定贫困县的农民人均纯收入从1995年的630元增加到1998年的1189元，增长88.7%，高于592个国定贫困县平均增长水平28个百分点。

贫困地区家庭妇女的地位更加低下。妇女为获得燃料、水和饲料等付出更多的时间。不良的营养和医疗条件，也使贫困妇女为抚养孩子付出更多的时间，承受更大的压力。由于贫困地区的男性劳力外出打工的比例很高，也使留在家庭中的妇女必须承担更多的劳动负担。贫困妇女也得到了一系列扶持。①开展扫盲和培训，使2000万妇女脱盲，近亿名农村妇女获得了实用技术培训。②建立由专业人员组成的服务体系，定期为妇女送技术、资金、物资和信息。③通过小额信贷帮助贫困妇女摆脱贫困。④动员社会力量关注贫困妇女。如救助贫困母亲的“幸福工程”、专门资助贫困地区失学女童的“春蕾计划”。经过十几年的特殊扶持，在解决温饱的贫困人口中农村贫困妇女占一半以上。据一些地区的典型调查，有50%的妇女获得的经济收入占家庭总收入的半数以上。

残疾人作为一个特殊的社会群体，也是中国扶贫开发工作的重要组成部分。中国政府编制了《残疾人扶贫攻坚计划》，设立了康复扶贫贷款（2000年为8亿元）。在2129个县建立了残疾人服务社，占全国县总数的79.8%，27 742个乡镇成立了残疾人服务分社，占全国乡镇总数的60%，初步形成了农村基层残疾人扶贫服务体系。河南、贵州、内蒙古、云南、黑龙江等15个省、自治区、直辖市在残疾人专项扶贫中，推行小额信贷的比例都已超过70%。606万适合参加生产劳动的贫困残疾人解决了温饱，334万缺乏劳动条件的贫困残疾人得到救济和社会保障，尚未解决温饱的贫困残疾人已由1992年的2000万减少到1998年的1060万，其中农村适合参加生产劳动的贫困残疾人已减少到696万人。

（三）贫困监测

我国对农村贫困问题的关注始于20世纪80年代中期，贫困监测工作由国家统计部门承担。截至1993年，我国利用农户调查系统获取农村贫困的信息。1994年，建立了旨在评价某些地区扶贫规划的影响的贫困监测体系。其中影响大的地区性贫困监测体系有西南地区贫困监测调查、秦巴山区贫困监测调查和内蒙古甘肃地区贫困监测调查。为了全面、科学、客观地反映、衡量农村贫困及扶贫成效，为决策者提供贫困及其变化的图像，为政府制定综合扶贫政策提供依据，1997 年建立了国家贫困监测体系，监测范围为列入“八七扶贫规划”的 592 个国定贫困县，监测内容包括县域社会经济发展、农户生活、社区基础设施与基本社会服务、国家扶贫项目落实以及扶贫资金使用等方面。2001 年以来，监测范围改为新确定的 592 个国家扶贫工作重点县。为了解决多维贫困问题，对贫困监测体系进行了改进，指标体系覆盖农户收支、食品消费和营养、固定资产和生活必需品、成人和学龄儿童教育、农户进入市场的能力、收入平等和性别差异、社会安全、扶贫项目覆盖面等。

国家贫困监测调查采用随机、分层的系统抽样方法。每个贫困县抽取 10 个村，每个村抽取 10 个家庭。基线调查采用个体访谈的方法，所有村、家庭、个人的信息都由县农村社会经济调查队队员通过走访收集。家庭调查以所选取的家庭的“日记”为基础。所选取的家庭记录包括所有经济活动，包括现金形式以及其他形式的各种买卖、收入、支出。每个样本村都有一个协助调查员，以提醒家庭做好“日记”，并帮助那些低文化的人记录，通常一周一次。国家贫困监测调查的数据收集方法类似于农户调查，与农户调查相比，包含更多社会方面的指标。国家贫困监测调查收集社区、家庭、个人和项目 4 个层面的信息。其中社区层面包括社会服务的情况（比如教育、健康服务、农村基础设施）和人口、自然资源以及其他与村相关的数据；家庭层面涉及收入、支出、营养、社会保障和居住条件；个人层面包括就业和受教育的情况；项目层面包括人们借贷的数量和规模，项目活动的来源。因此，国家贫困监测数据不仅可以测量经济方面的贫困，而且可用于多维度的贫困评估（Xian, 2004）。国家统计局从 2000 年起公开出版农村贫困监测报告。

扶贫系统的扶贫监测也在进行之中。它的特色是：592 个贫困县都抽取一个样本村，具有较好的全面性；所有样本村都是实施了村级扶贫规划的重点贫困村，由于这些村都做过农户分类，具有较好的分层抽样的基础；由于它们都是实施了村级扶贫规划的重点贫困村，样本村、样本农户和监测的内容具有较强的可比性。该监测体系在定量方面，监测方法与国家统计局的贫困监测方法具有较大的相似性，它的相异性主要表现在设计了一些主观判断指标。该体系目前还处在尝试阶段。

四、中国农村扶贫投资的制度安排

中央政府设立了专项扶贫资金。专项资金主要包括由国家金融机构出资、中央财政贴息的扶贫贷款和中央财政性扶贫资金两个部分。1986 年中央专项资金设立以来，资金总量呈大幅度增加的趋势。在“七五”计划（1986～1990 年）期间，中央专项扶贫资金平均每年 42 亿元；“八五”计划（1990～1995 年）期间，平均每年 80 亿元；“九五”计划（1995～2000 年）期间，平均每年 187 亿元；2001～2002 年平均每年 288 亿元。1986～2002 年，由中央政府直接安排的专项扶贫资金累计达到 2122 亿元，其中财政性资金 878 亿元，信贷扶贫资金 1246 亿元。除此之外，中央政府要求各级地方政府也要有相应的专项投入，并规定这个比例在西部省（自治区）不低于中央投入的 30%，在中部财政状况较好的省不低于中央投入的 50%。中央专项扶贫资金全部投放到国家重点扶持的贫困县（扶贫工作重点县），在资金的使用上，财政性扶贫资金主要用于改善公共服务设施和能力建设，扶贫贷款主要用于增加贫困户当年收入的种养业项目。国家每年依据中央政府制定的《国家扶贫资金管理办法》及国家相关法律，对扶贫资金进行专项监督审计。

中央财政通过转移支付的方式，对贫困地区予以援助。由于多数贫困地区产业结构相对单一，市场经济发育程度和工业化程度低，地方财政长期处于严重的入不敷出状况，严重依赖上级财政的补助来维持地方公共机构的正常运转。据统计，1994 年中央财政对国定贫困县的财政补助相当于当年所有贫困县地方财政收入的 50%。

此外，中央政府还通过部门预算，增加对贫困地区改善公共服务水平的投入。

实行一系列有利于减贫的优惠政策。主要有，减免贫困农户的粮食定购任务；根据实际情况适当延长扶贫贷款的使用期限，放宽抵押和担保条件；按照农业税条例的有关规定，减免农业税和中国农业特产税。对贫困县新办企业和发达地区到贫困地区兴办的企业，在 3 年内免征所得税等。

政府的扶贫投资计划包括：专项扶贫贷款、以工代赈和财政发展及新增财政扶贫资金，对贫困地区的其他支持包括教育专项资金、税收激励和财政补贴等。专项扶贫贷款最初主要贷给企业和其他经济实体，后来强调要覆盖到从事农业和非农活动的农户。以工代赈主要是利用农业剩余劳动力来建设各类基础设施。财政发展资金及新增财政扶贫资金主要对贫困地区的各项事业提供投资支持。这些投资计划的目标是促进贫困地区的经济增长，并直接使贫困人口受益。1994 ~ 2000 年，中央政府累计 3 项扶贫投资为 1240 亿元（约合 149 亿美元），相当于中央政府每年总预算支出的 5% ~ 7%。1997 年以后扶贫资金大幅增加，从 1996 年的 111 亿元提高到了 1997 年的 179 亿元。这些资金绝大多数都投放到 592 个国定贫困县。地方政府为以工代赈和发展及新增财政扶贫资金提供配套资金，配套资金约占财政性扶贫资金的 1/4。

中国的三项扶贫投资计划在管理上的最大特点是由不同的部门来管理。贴息贷款主要由扶贫办和中国农业银行管理，作为国有银行，中国农业银行在“八七扶贫攻坚计划”期间负责执行专项扶贫贷款的分配、管理和回收在内的各种政府职能。最近几年，随着商业化进程的加快，中国农业银行在专项扶贫贷款管理上正获得更多的自主权。以工代赈由发改委系统管理，而财政发展资金则由财政部门管理。尽管国务院扶贫领导小组强调三项扶贫资金应配套使用，以提高投入资金的整体效率，但由于资金的分配和使用受部门行政体制和利益的影响，在实际使用中很少能做到综合配套。

（一）专项扶贫贷款

在“八七扶贫攻坚计划”时期，专项扶贫贷款项目占全部扶贫资金的一半以上，它的主要目标是为贫困地区和贫困户的生产活动和经济发展提供直接信贷支持。专项扶贫贷款只能用于生产投资，不能用于消费。

中国人民银行根据国务院扶贫领导小组制定的专项扶贫贷款年度分配计划将资金划拨给中国农业银行省级分行。根据省扶贫领导小组的资金分配方案，中国农业银行省级分行再将资金下拨给地区和县级支行。县级支行与县扶贫办协同管理专项扶贫贷款的最终分配和使用。具体讲，一个项目要获得专项扶贫贷款需要首先获得县扶贫办的批准，然后再获得县级支行的认可，中国农业银行对风险大的项目有否决权。

专项扶贫贷款能带来长期的收益是极富挑战性的工作，政府尝试了多种方法去提高项目的效率。当贴息贷款计划在 1986 年开始时，中国政府认为贫困农民提高收入的主要障碍是资金不足和不能获得正规的信贷资源。政府同时认识到提供技术服务的重要性。基于这样的假设，在第一阶段的贷款发放中，重点是支持农户发展种植业、养殖业和农产品加工。根据

1987 年的一项官方调查，在计划实施的第一年，92%的贴息贷款直接或间接地贷给了农户。

1989 年，以贫困户为主的贷款模式，因实施通过发展经济实体间接帮助穷人的政策而被终止了。新的政策规定：经济实体要获得扶贫贷款，至少半数以上的职工要来自贫困户。这种政策的改变是基于这样的认识：由于缺乏必要的生产技术和管理能力且达不到一定的经济规模，多数贫困户不能有效地利用扶贫贷款。新政策的主要目标是提高贷款的生产率和回收率。有资料表明，1989 年以后 70%以上的扶贫贷款分配给了经济实体（汪三贵等，1999）。

将专项扶贫贷款发放给企业并没有达到预期的扶贫效果，于是，从 1996 年起再一次强调直接瞄准贫困农户。将扶贫款贷给经济实体的主要问题在于，贷款与穷人间缺乏直接的联系，从而可能损害贷款计划最初的目标群体。实际上，大部分贷款发放给对提高地方政府财政收入有利的乡镇企业或县办企业，并没有给贫困户带来多少利益。更为严重的是，由于受技术水平、管理能力和市场的限制，大部分用扶贫贷款兴建的工业项目都失败了，因而贷款的回收率并没有明显的提高。在 1996 年 9 月的扶贫工作会议上，中央政府决定将贴息贷款使用的重点重新放在农户的种植业和养殖业上。政府开始用专项扶贫贷款来进行小额信贷的试点。到 2001 年，以孟加拉国的乡村银行（GB）模式为基础的小额信贷试验共利用 38 亿元的扶贫资金。

扶贫效率不高已经成了专项扶贫贷款项目的一个突出问题。帮助贫困人口脱贫和促进地方经济发展的双重目标，常常会导致地方官员在实施项目时出现目标冲突，并为了地方经济发展和财政增收的目标而牺牲扶贫目标。地方政府官员也意识到以往的业绩是今后获得更多贷款的一个条件，所以他们倾向于选择他们认为会带来较高资金收益的项目而不管这个项目是否有助于扶贫。优惠的条件和大额的专项扶贫贷款引来了非贫困人口的激烈竞争。下面的因素使贷款偏向于企业和富裕农户：①多数人都认为穷人在管理项目上的能力较差。②复杂的贷款申请和审批程序使穷人望而却步。③为确保贷款的偿还，中国农业银行要求贷款申请者提供实物担保。④中国农业银行承担贷款偿还风险的责任与它作为商业银行的角色冲突促使其将贷款转向商业用途和富裕农户。中国农业银行从 1998 年起就将贷款回收的风险转给了地方政府，而后者又把风险传给了村委会。这使得村委会反对将贷款贷给贫困户。项目监督和评估上的困难使这些问题进一步恶化（世界银行，2001）。

（二）以工代赈

以工代赈项目资金占全部扶贫资金的 23%，其主要目标就是利用贫困地区的富余劳动力资源为贫困地区兴建基础设施。以工代赈为贫困地区兴建了道路、水利、农田、人畜饮水、基本草场等基础设施，以及造林和片区治理等，同时为贫困农户提供就业机会和收入来源，从而提高农户的短期收入水平和长期发展能力。

国家计划委员会负责制定以工代赈资金分配方案以及项目和资金管理有关规定。省、地、县政府都设立了以工代赈办公室，以协调参与以工代赈项目的各个部门的工作。在这个过程中，投资的主要类型（如水利、道路和土地改良）由中央和省政府决定。县政府选择参与项目的村庄，村委会负责项目投资的分配（例如，把哪块地整成梯田）和劳动力安排。以工代赈计划在管理上的一个特点是用实物的方式来支付工程成本。基本管理方式是计划委员会将能兑换成粮食、布料和日用工业品的实物券直接分配给有关的项目实施机构（如交通局、水利局等），由它们来兑换。实物通过国营商业部门（粮食局、商业局等）调拨，有些情况下也可以在银行将食物券兑换成现金。1997 年以后，以工代赈所需的全部资金都改由中央财政直接支付。

地方配套资金的短缺使以工代赈项目的实施复杂化。在多数情况下，省和县政府无力提供所要求的配套资金。这意味着中央资金负担着建设物质费用，而村民的劳动力出工则要求是义务工。在中国农村的多数地方采取农民出义务工的做法，要求每个村民每年都要出一定数量的义务工。以工代赈项目出工可以抵减年义务工数量。据估计，约 40% 的劳动力在参加以工代赈工程时是没有报酬的。大多数评估表明，以工代赈项目对参与者的选择是以公平的方式进行的。一般讲，每个家庭都要承担一定数量的工程建设任务。富裕农户有时选择出钱替代出工。

现有分析表明，以工代赈项目在为贫困地区兴建基础设施方面做得比较不错，但在直接扶贫方面它应能做得更好。农村基础设施——尤其是交通运输、灌溉和防洪设施——的改善也间接地促进了农村扶贫的进程。有关研究指出，在项目实施的头几年，经济条件较好的乡村、边远地区的乡村和人口较多的乡村似乎更容易获得以工代赈资金。到 20 世纪 90 年代中期，如果以工代赈项目针对较贫困的乡村，则会对贫困人口产生更大的扶贫作用。而且，如果所有的村民出工都能获得报酬的话，项目将使贫困人口受益更大，尽管这样可能要减少兴建基础设施的数量。国际经验表明公共工程计划由于采用的工资率低于现行市场工资率，因而在扶贫和防止那些脱贫的人重新返贫方面十分有效。把以工代赈作为公共工程计划的一部分，将构成中国社会保障体系的一个重要组成部分（世界银行，2001b）。

（三）财政发展及新增财政扶贫资金

财政发展及新增财政扶贫资金占全部扶贫资金的 23%，用于支持对贫困地区的各类投资。大部分财政扶贫资金都用于支持贫困地区生产性建设工程、小型基础设施、基础教育和文化卫生事业、科技推广、培训和产业发展等。

财政发展资金的管理由财政部负责。财政部每年向国务院扶贫领导小组提出资金的分配计划，扶贫领导小组审批后，资金由财政部分配给省财政厅，省财政厅又根据各省的计划将资金分配给地县的财政局。县财政局负责这些资金的最终支付，并组织政府专业部门（交通、水电、教育、卫生等）承担工程项目的具体施工管理。与以工代赈项目类似，省和县政府常常感到在配套资金上有困难。

财政扶贫资金取得了较好的效果。若能够采取下列措施，使用效率将进一步提高：限制将资金挪作行政开支，明确资金用途，确保资金按时足额到位，与专项扶贫贷款和以工代赈资金协调使用而形成合力。

1996 年中国政府实施了国家贫困地区义务教育工程以改善贫困县的初等教育状况。这个工程承担新建和改、扩建小学和初中；购置课桌椅和图书；配置教学仪器、设备；培训教师和校长等。为了提高教育质量，这个工程鼓励贫困县的地方政府将规模小的学校进行撤并，向学生提供住宿，同时对学校和教师进行精简。财政部负责为工程提供资金，县教育局负责工程的实施。在第一个五年工程期间，中央政府共向 568 个国定贫困县和 284 个省定贫困县投入 39 亿元，要求地方提供配套资金，但通常到不了位。第二期（2001 ~ 2005）工程开始于 2001 年，覆盖 522 个贫困县，重点是山区、牧区、边区和少数民族区（尤其是人口不足10万的少数民族地区)。工程增加了对贫困生的补助，占资金的10%。中央政府的补助主要是负担书本费。要求地方政府提供配套资金用于免除学费和减少食宿费。根据工程预算，60%将用于学校建设，10%用于信息技术和电子设备，10%用于课桌椅、书本和其他设备，10%用于学校教师和校长的培训。

(四) 扶贫资金使用的评价

扶贫资金的分配主要取决于每个省的贫困县数量和贫困人口数量以及地方政府的谈判能力。根据1997年开始实行的"四到省"原则，中央政府根据若干因素将扶贫资金分配到各个省。在这些因素当中，贫困人口数量获得的权重最高。其他主要因素包括：农民人均纯收入、当地经济资源、人均GDP和政策调整因素。《财政扶贫资金管办法》中确定的资金分配因素包括：①国家扶贫方针政策。②贫困人口数。③贫困县数。④自然条件。⑤基础设施状况。⑥地方财力。⑦贫困地区农民人均纯收入。⑧资金使用效率。⑨其他。由于调减扶贫资金在政治上的敏感性，在实际的资金分配中仍需要考虑上年的基数。

在省内，省到县的资金分配，不同的省采用不同的模式。多数省（自治区）在参照上年基数的基础上，通过申报项目来争取资金；部分省采用因素法将资金切块分配到县。与中央分配资金到省的方法不同的是，多数省（自治区）还直接管项目的审批。分配下来的资金通过地（市）直接到达贫困县。所有的资金都投向该县获准的扶贫项目。

实证分析表明，贫困县获得的扶贫资金与它们的贫困发生率高度相关。利用国家统计局农村贫困监测数据和OLS回归模型，我们分析了1998~2001年贫困县来自不同渠道的扶贫资金分配在多大程度上是由各贫困县的特征决定的以及资金分配的公平性，592个贫困县中有4年完整数据的有532个县。回归结果表明，除了其他来源的投资外，所有扶贫资金的分配都与贫困发生率呈高度正相关。具体讲，贫困县的贫困发生率每增加1个百分点，人均总扶贫资金、中央扶贫资金、中央专项扶贫贷款、中央财政扶贫资金和中央以工代赈资金的分配分别增加0.76元、0.90元、0.46元、0.20元和0.23元。

人口多的大县在扶贫资金分配中处于不利地位。我们的实证分析表明，扶贫资金分配与农村人口规模呈负相关关系。也就是说，乡村人口每增加1万人，人均扶贫资金会减少2.44元。

实证分析的另一个有趣结果是，尽管国家在确定贫困县时对革命老区县给予了特殊照顾，但它们获得的扶贫资金相对较少。具体讲，与其他条件相同的县相比，革命老区县获得的人均扶贫资金要少26元，并且主要是由于专项扶贫贷款和以工代赈资金较少所致。

少数民族县和边境县获得的扶贫资金较多。少数民族县比其他条件相同县人均多获得14元的扶贫资金，这主要来源于专项扶贫贷款和财政扶贫资金。边境县比其他条件相同的县多获得67元的扶贫资金。最后，我们的分析表明，从地理位置上讲，山区和丘陵地区的贫困县在资金分配上与平原地区相比并没有明显的差别。

一些省在中央政府扶贫资金分配上受到照顾。在我们的分析中，许多省虚变量有较大的系数并在统计上显著。与河北省相比，即使在控制了贫困发生率、人口规模、地理位置和少数民族县等特征变量后，山西、内蒙古、云南和辽宁的贫困县得到的人均扶贫资金相对较少，而吉林、黑龙江、安徽、江西、河南、湖北、湖南、广西、海南、重庆、四川、甘肃、青海、宁夏和新疆的贫困县得到的扶贫资金相对较多。例如，青海和四川的贫困县人均获得的扶贫资金要比河北高 211 元和 164 元。

资金在不同部门间的分配则侧重于生产活动和基础设施建设。1998 ~ 2001 年，在 519 个贫困县里，46% 的扶贫资金分配给了农业，20% 投向基础设施建设，14% 投向工业，6% 投向交通部门，3% 投向教育和医疗卫生。这反映了“八七扶贫攻坚计划”的重点是要在短短的 7 年里提高国定贫困县的增收能力。这显然低估了对农村教育和卫生事业投资的必要性，而农村教育和卫生事业的发展对于贫困家庭提高增收能力至关重要。

第三节　中国农村扶贫的社会支持体系

一、部门扶贫

为了加大对贫困地区信息、人才、资金的投入，同时使党和政府部门的干部充分了解贫困地区的现状和国家减贫工作的艰巨性，中央政府动员和组织中央党政机关、直属单位、中央直管的大型国有企业在各自的职能之外，与一个或几个贫困县直接结对定点扶贫。其目的是动员政府部门、国家的企事业单位和社会团体参与扶贫工作，以补充中央的扶贫投入并利用各业务部门的专业力量进行扶贫。承担定点扶贫任务多的单位有农业部（21 个县）、国家林业局（16 个县），国防科学技术工业委员会（16 个县），交通部（11 个县），中国农业银行（11 个县），中国建筑工程总公司（8 个县），水利部（7 个县），国家开发银行（7 个县），科学技术部（6 个县），信息产业部（6 个县）。一个部门扶持的贫困县通常都集中在一个或两个区域，如农业部定点扶贫的贫困县都在武陵山区，水利部定点扶持的贫困县都在重庆市管辖的三峡地区。部门扶贫的资金有三个来源：从其他活动中调剂的资金；各部门自己节省的预算外收入；部门职工的个人捐赠。根据对中央单位 1998 和 1999 两年内对定点扶贫投入的统计，共为定点贫困县直接投资 13.7 亿元，捐献钱物 1.14 亿元，引进资金 68.8 亿元（国家统计局农村社会经济调查总队，2000）。

其实，在中央政府证实动员之前，一些与农村关系比较密切的政府部门，如科学技术部、农业部、水利部和林业部等，就介入扶贫活动了。这些部门依靠动员社会力量来推动扶贫工作，开了社会扶贫的先河。尔后，中央各机关陆续参与扶贫开发活动，规模不断扩大。中央国家机关参与扶贫，是中共中央、国务院为了加快扶贫开发进程，保证本世纪基本解决农村贫困人口温饱问题的一项重大决策，是扶贫工作的一条重要方针，也是一件严肃而光荣的政治任务。实践证明，中央、国家机关定点扶贫不仅能够帮助群众解决温饱，支持贫困地区的经济发展，而且能够带动地方各级党政机关和社会各界参与扶贫。有利于密切党和政府同群众的联系，改进机关作风。20 世纪 80 年代初期，我国科技部门和地方科研、教学单位开始在贫困山区探索依靠科技脱贫的路子。“六五”期间，国家科学技术委员会、河北省科学技术委员会组织河北农业大学等多方面的科技力量，对太行山区十多个贫困县实施科技开发，成为科技扶贫早期实践的杰出代表，也是最早介入扶贫的国家机关。1986 年初，国家科学技术委员会党组向中央提交《关于开发贫困地区建议的报告》，建议中央从各部委、高等院校、中国科学院、中国社会科学院组织一批各种专业的优秀干部到贫困地区，用科学技术扶贫治穷。国家科学技术委员会的报告得到了中央的赞同。由此可见，其参与扶贫的动机是内生出来的。

当时，我国的扶贫开发工作刚刚经历了1978~1985年的体制改革推动扶贫阶段，全国广大农村实行了家庭联产承包经营制，取代了人民公社式的集体耕作制，极大地调动了广大农民的生产积极性，解放了生产力，农村经济得到了很大发展，大大缓解了农村的贫困状况。但仍有1.25亿绝对贫困人口，主要分布在中、西部地区的18个集中连片的贫困地区。中共中央针对当时贫困的具体情况，决定进行大规模开发式扶贫。一方面，成立国务院贫困地区经济开发领导小组，下设扶贫办公室组织协调政府扶贫工作，另一方面动员全社会的力量，关心和支持贫困地区改变面貌。1986年，国务院贫困地区经济开发领导小组第一次全体会议指示，“其他有关部委也可以采取科委的办法，分别联系集中连片的贫困地区，帮助、支持地方改变贫困地区面貌”。同年，农业、林业、地质矿产等16部委分别在18个集中连片的贫困地区选定一区域作为联系的地区，通过促进贫困区域经济增长带动扶贫。

自1987年国务院召开第一次中央、国家机关定点扶贫工作会议以后，越来越多的国家机关参与到这项工作中来，截至1993年底，已有81个中央部委和中央企事业单位参加了定点帮助贫困地区的计划。1994年，制定《国家“八七”扶贫攻坚计划》以后，国家调整了扶贫政策，紧缩了扶贫区域和对象，并重新界定和分配了各部委的扶贫范围，到1996年9月中央扶贫开发工作会议召开前，中央、国家机关定点扶贫的格局基本形成，并逐步走向制度化。1998年，国家机构改革之后，各部门负责扶贫的部门和人员大多发生变化，国务院扶贫办根据变化情况做了一些新的调整。

部门扶贫的最大特点是扶贫内容和方式与各部门的业务工作密切联系。例如，农业部在武陵山区的扶贫重点放在农业开发；卫生部在四川的扶贫重点是地方病控制和基层卫生医疗机构的建设；水利部扶贫的重点是提供人畜饮水、水土保持、小型农田水利工程、农村水利水电开发建设。水利部的定点扶贫主要是结合国家及水利部一些大型计划，对扶贫地区给予相应的重点扶持和政策倾斜。如农村水利水电开发计划中的全国电气化县项目。其项目本身是国家的一项计划，由水利部负责实施。水利部重点选择了定点扶贫地区的一些县为该开发计划的实施县。

总体上讲，部门扶贫注重对教育、培训和卫生等社会事业的扶持。在参与部门定点扶贫的部门中，相当一部分部门的业务活动并不能直接适应于贫困县的经济和社会发展，因而不能将自己的业务活动和掌握的资源延伸到所扶持的贫困县。因此，这些部门就将扶持重点转向文化、教育、培训和医疗卫生等社会服务领域。即使是那些将部门的业务活动作为重点扶贫内容的部门，也会将自己筹集的资金主要用于社会服务领域。一般而言，基础教育、农民培训、基本医疗卫生设施所需的投资较少，而且项目相对易于监督和管理（如兴建校舍和卫生所，为中途辍学的小学生提供补助等），因而比较适合于部门小规模的投资。而社会服务也的确是贫困地区所急需的但在“八七”扶贫攻坚计划主要项目中涉及不多的扶持领域。

由表3-2可以看出，中央、国家机关参加定点扶贫的单位由1994年的81个，增加到1995年的121个和1999年的138个，目前参与这项工作的中央单位已经达到272个，受到帮扶的国家扶贫开发工作重点县达到481个，占重点县总数的80%以上。各定点扶贫单位充分发挥各自优势，在资金、物资、技术上向贫困地区倾斜。据统计，到2000年底，定点帮扶的单位共派出3000多名干部到贫困县蹲点扶贫，直接投入资金44亿元，帮助贫困地区引进国内外各种资金105亿元。在中央政府的带动下，各级地方政府也积极开展定点扶贫工作。1995~1999年，各地先后有4.6万名干部到贫困县、村挂职扶贫，直接投入资金和物资折合人民币达 87. 62 亿元；帮助引进各类扶持资金 103 亿元，实施扶贫项目 2 万余个，帮助引进技术人才 1. 3 万余名，引进技术近 7000 项。

表 3-2　中央和国家机关参加扶贫的单位数和受扶持的国定贫困县数

年　份	1986	1987～1993	1994	1995	1996	1997	1998	1999
参加扶贫的单位数	16	81	81	121	122	124	138	138
受扶持的国定贫困县数	—	—	315	330	333	334	325	325

注：“—”示数据暂缺

如果说 1987 年国务院第一次中央、国家机关定点扶贫工作会议之前，16 个部委参与扶贫的动机是内生的话，那么此后参与扶贫的各部委是为了完成中央政府下达的一项政治任务，是一种外生的力量促使其参与扶贫工作。

二、省内扶贫

与全国一样，各贫困省（自治区）于 20 世纪 80 年代中期开始，有计划、有组织、大规模地进行扶贫开发工作。如陕西省从 1985 年开始，就采取省级机关干部下乡蹲点扶贫；广西壮族自治区从 1986 年就开始了区直单位定点扶贫。特别是实施国家“八七”扶贫攻坚计划以来，尤其是 1996 年江泽民同志发出关于“全社会扶贫，党政机关要带头”的号召以来，各有关省（自治区、直辖市）陆续组织了大规模的定点扶贫工作，省、地、县、乡各级机关单位广泛深入地开展了包县、包村、联户的帮扶工作，进而带动形成了全社会关心、支持贫困地区的良好氛围。这些省（自治区）大都制定了本省（自治区）的扶贫攻坚计划，将解决贫困人口的温饱问题作为扶贫攻坚的核心，并采取多种扶贫模式开展扶贫工作，一种主要的模式就是将省级政府部门、大专院校、科研机构、人民团体、企事业单位、发达地区等优势整合起来，发挥集团的综合优势，如重庆市的“集团式”扶贫模式、陕西省的“两联一包”扶贫模式。有的省（自治区）还采取了其他卓有成效的扶贫模式，如广西壮族自治区内部的东西对口帮扶、干部帮扶等模式。

由表 3-3 可以看出，1995 年参加统计的省（自治区、直辖市）为 22 个，到 1998 年为 27 个，没有发生多大的变化；但参加扶贫的部门则发生了较大变化，从 1995 年的 2364 个增加到 1998 年的 4084 个，增加了 73%；受扶持的贫困县数由 1995 年的 877 个，减少到 1998 年的 775 个，减少了 12%，这表明有 102 个贫困县实现了脱贫，解决了温饱问题。

表 3-3　省（自治区、直辖市）直参加扶贫的部门数和受扶持县数

年　份	1995	1996	1997	1998
参加统计的省(自治区、直辖市)数	22	26	25	27
参加扶贫的部门数	2 364	2 808	4 153	4 084
受扶持的贫困县数	877	825	825	775

注：①统计的部门均为省一级党政机关、企事业单位和人民团体单位

②以上数据为不完全统计

三、对口扶贫

改革开放以后，广大沿海地区充分利用其自身较好的经济基础、优越的地理位置，在

全国各地包括西部地区的帮助和支持下，经济、社会有了突飞猛进的发展。西部地区在这一时期也有很大的发展，但东部沿海地区发展得更快一些，加上原来的基础不同，东西部地区差距进一步拉大了。对此，中共中央、国务院始终非常关注，高度重视。江泽民同志曾指出："对于东部地区与中西部地区经济发展中出现的差距扩大问题，必须认真对待，正确处理。"

早在 1991 年，江苏省与陕西省之间就开始了相互合作，在全国率先进行大跨度的干部交流。1994 年国务院颁布的《国家八七扶贫攻坚计划》中明确要求：北京、天津、上海等大城市和广东、江苏、浙江、山东、辽宁、福建等沿海较发达的省，都要对口帮扶西部的一两个省、自治区发展经济。随着国家扶贫攻坚力度的空前加大，发达地区支援贫困地区的活动的深度和广度与日俱增。1996 年 5 月，在广泛征求有关部门和省、直辖市意见的基础上，国务院扶贫开发领导小组在京召开了"全国扶贫协作工作会议"，作出了京、津、沪 3 个直辖市、沿海六个经济比较发达的省、4 个计划单列市分别对口帮扶西部十个省、自治区的帮扶安排，具体如下：北京帮内蒙古，天津帮甘肃，上海帮云南，广东帮广西，江苏帮陕西，浙江帮四川，山东帮新疆，辽宁帮青海，福建帮宁夏，深圳、青岛、大连、宁波帮贵州。1996 年 7 月，国务院办公厅转发了《关于组织经济比较发达地区与经济欠发达地区开展扶贫协作的报告》，对扶贫协作的意义、形式、任务、要求等都作了具体部署。1996 年 10 月在《中共中央、国务院关于尽快解决农村贫困人口温饱问题的决定》中，进一步强调和部署了此项工作。至此，扶贫协作在全国 23 个省、自治区、直辖市正式启动并蓬勃开展。从此，对口扶贫不再是自发的"民间活动"，而是政府行为，成为对口双方都需认真完成的政治任务。

东部发达省、直辖市与西部贫困省、自治区的东西扶贫协作，是国家制定的又一项具有战略意义的重大扶贫政策，是邓小平同志倡导的"鼓励一部分人、一部分地区先富起来，先富帮后富，最终达到共同富裕"理论的具体实践。扩大东西扶贫协作，当前面临着新的机遇：①扩大内需，创造新的需求，就要求把各地的比较优势充分发挥出来，这有利于开拓新的市场。②东部沿海一些率先对外开放的地区，这些年来急需化解劳动力成本、土地价格上涨的压力，一些产品、产业逐步向中西部梯次转移是一个客观趋势。这也说明把东西扶贫协作推向一个新阶段，加快从政府行为、从一般性的无偿捐助向动员社会各方面、向各个领域尤其是经济技术领域的合作扩展，不仅是必要的，也是可能的。对口帮扶协作的实践表明：这是一条逐步缩小东西部差距，达到优势互补、共同发展的重要途径，是我国实现扶贫攻坚计划的一项重要战略举措。

由表 3-4 可以看出，在东西对口帮扶中，共有 235 个区县和单位参加了扶贫工作，其中参加区县和单位数最多的是四个计划单列市，有 53 个区县和单位对口帮扶贵州省的 48 个国定贫困县；其次是江苏省，有 45 个区县和单位，对口帮扶陕西省的 48 个国定贫困县；然后是浙江省，有 37 个区县和单位，帮扶四川的 12 个国定贫困县；参加扶贫区县最少的省份是福建省，只有 8 个，采取一对一的方式帮扶宁夏回族自治区的 8 个国定贫困县。

通过上面的分析不难发现：在对口帮扶中，有的区县是帮扶多个国定贫困县，有的贫困县是由多个区县和单位帮扶。这就存在一个问题：几个区县同时帮扶一个贫困县，无论是投入资金力度，还是帮扶措施都应该较其他方式集中，效果也应该不错。一个区县帮扶多个国定贫困县，往往造成扶贫资源的分散。但并不是说不能达到扶贫目的，有的扶贫投资力度非常大，效果也非常好。如广东省的广州市、东莞市对口帮扶广西壮族自治区的百色地区和河池地区，在异地安置、劳务输出、经贸合作和干部培训等扶贫项目上都取得了比较好的效果。

表 3-4　东西扶贫协作的单位和受扶持的国定贫困县数

东西扶贫协作关系	参加扶贫的区县和单位数	对口帮扶的国定贫困县数
上海—云南	12	22
北京—内蒙古	18	18
天津—甘肃	14	15
辽宁—青海	13	14
江苏—陕西	45	48
浙江—四川	37	12
福建—宁夏	8	8
山东—新疆	26	26
广东—广西	9	28
大连、青岛、深圳、宁波—贵州	53	48
总　计	235	239

目前，东部较发达的 15 个省（直辖市）对口帮助西部 11 个贫困人口比较集中的省（直辖市）。近年来，东部 15 个省（直辖市）政府和社会各界累计捐款、捐物近 21. 4 亿元，对西部贫困地区人才培训、校舍改造、建设基本农田、修筑公路、解决人畜饮水困难等方面进行了援助。这项工作还依据“优势互补、互惠互利、长期合作、共同发展”的原则，发挥东部在资金、技术、信息、人才等方面的优势，西部在自然资源、劳动力和土地成本较低的优势，进行了广泛的经济合作，迄今为止，双方已签订合作项目 5745 个，协议投资 280 多亿元，已实现投资 40 多亿元，从贫困地区输出劳动力 51. 7 万人。

四、民间扶贫

在中央和地方政府的支持和倡导下，国内各社会组织、民间团体和私营企业也积极开展扶贫活动，先后实施了“希望工程”、“光彩事业”、“文化扶贫”、“幸福工程”、“春蕾计划”、“青年志愿者支教扶贫接力计划”、“贫困农户自立工程”等计划。由中国青少年发展基金会实施的在社会产生广泛影响的“希望工程”，主要是以资助贫困失学儿童入学为目的，自 1989 年以来累计接受海内外捐款近 19 亿元，资助建设希望小学 8355 所，资助失学儿童近 230 万名。由民营企业家出资的“光彩事业”实施项目 3829 个，投资到位资金 105. 21 亿余元，安排就业 76. 15 万人，捐资办学及其他公益事业 12. 17 亿元，扶助 192. 92 万贫困人口解决了温饱问题。中国扶贫基金会自 1989 年 3 月成立以来，实施各类扶贫项目总投资达 5 亿多元。这些扶贫行动尽管规模较小，筹资额和贫困人口覆盖面不大，但其对扩大减贫工作的民众支持、形成全社会扶贫的良好氛围具有积极而重要的作用。

与政府扶贫相比，民间扶贫的特点是规模较小，一般只覆盖一部分贫困地区。民间扶贫活动通常都比较专一，集中在民间机构有优势的专业领域。如“希望工程”主要扶持贫困地区的小学教育，幸福工程主要为妇女提供小额信贷。民间扶贫活动相对更具有创造性，而且更具有效率。

五、国际机构扶贫

自20世纪80年代中期以来，中国政府先后和50多个各类国际组织开展了扶贫领域的国际合作。1996年开始，世界银行和中国政府合作，连续在中国实施了西南、秦巴山区和西部三期扶贫贷款项目，通过发展农业生产、改善基础设施、提高农户能力、提供信贷支持和各项社会服务等综合措施，实现减贫目标。三期项目利用世界银行贷款总规模达6.1亿美元，覆盖8个省（自治区）、91个贫困县，800多万贫困人口。目前，中国政府正在和世界银行积极准备第4期综合扶贫项目。国际农业发展基金会已经实现在华项目总投入4亿美元，中国的18个省（自治区）、146个县（旗、市）约625万户、2600万贫困农民在这些项目中直接受益或获得贷款支持。此外，联合国开发计划署、粮食与农业组织，亚洲开发银行，英国、德国、日本政府等，也以技术援助、实施扶贫示范项目等方式，直接参与了中国的扶贫工作。国际组织的项目尽管规模有大有小，内容不尽相同，但是均在项目区（如一个省、一个地区或几个县）形成一定的投资强度，在局部发挥了较大的作用。开展扶贫领域的国际合作，不仅壮大了中国扶贫的力量，而且对改进中国扶贫工作的工作水平，提高各级项目管理人员的能力发挥了重要作用。

国际机构在华扶贫计划的一个共同特征是，密切配合中国的扶贫战略和社会经济发展政策，在此基础上希望能够影响中国的扶贫政策或扶贫措施。

在华参与扶贫活动的国际援助项目，可分为多边组织扶贫项目和双边组织扶贫项目两种类型。多边组织主要是联合国系统的机构，在中国扶贫领域比较活跃的机构包括：世界银行、联合国开发计划署、粮食计划署、国际农业发展基金会、粮食与农业组织和人口基金会、儿童基金会等。双边机构包括一些发达国家的国际开发署和驻华大使馆的援助项目，如澳大利亚国际发展署（AUSAID）、加拿大国际开发署（CIDA）、德国技术合作公司（GTZ）、日本驻华大使馆、荷兰驻华大使馆、英国驻华大使馆、新西兰驻华大使馆等。

联合国系统是在中国扶贫方面最早的国际合作伙伴。国际农业发展基金（IFAD）援助中国的最早项目是1981年开始的（北方草原与畜牧发展项目，1981～1988）。随后，联合国开发计划署（UNDP）、粮食与农业组织和人口基金会、儿童基金会等联合国机构陆续在贫困地区实施项目。

双边机构在中国扶贫领域的项目基本是1986年以后开展的。例如：德国技术合作公司1988年在山东省沂蒙山区执行规模庞大的山东粮援项目；加拿大开发署1989年在宁夏西吉和甘肃会宁执行综合扶贫项目，同时加拿大大使基金自20世纪80年代末期开始在西北地区执行了若干小型扶贫项目；日本驻华大使馆的利民工程旨在帮助贫困地区的发展；荷兰政府援助安徽霍山综合扶贫项目，英国开发署援助甘肃省教育和社会扶贫项目等。

1994年中国政府实施“八七”扶贫攻坚战略以来，多边和双边机构扶贫领域的项目都加大了投入力度，尤其是更加强调扶贫到户领域的项目实施。

国际非专职政府组织的扶贫政策以密切配合中国政府的扶贫政策为基本特征，也经历了从经济开发、区域扶贫和扶贫到户的发展过程。20世纪80年代到90年代初期，各在华多边和双边国际组织，配合中国的改革开放，将扶持的重点领域放在区域发展领域，一般是瞄准贫困地区社会经济发展和基础设施建设的项目，教育、科技、卫生和文化等部门的人员培训项目等，也是通过社会经济发展、科技进步和基础设施的改善推动农村减缓贫困的活动。

自1994年中国政府宣布“八七”扶贫攻坚战略，并承诺努力在20世纪消除中国的绝对贫困目标以来，特别是1996年的中央扶贫工作会议明确强调将扶贫工作的重点由区域瞄准转移到贫困村的贫困户上，这与国际组织在援助的部分扶贫项目的理念相吻合。各国际组织程度不一和方式不同地增加了在扶贫领域的投入。

六、社会扶贫的进展

中央国家机关的扶贫资金最初是无偿使用的，实施“八七扶贫攻坚计划”后改无偿投入为部分有偿投入，通过回收周转，滚动开发，以提高扶贫资金使用的可持续性。扶贫项目的实施共有四种途径：①责成其下属机构负责项目的实施和管理，这是具有垂直系统的部门的一般做法，如国家林业局、农业部和卫生部等。②委托当地扶贫办组织有关部门实施，这是下面没有可借用的力量的部门的一般做法，如中央办公厅等。③交由其培育出来的扶贫实体实施，如国土资源部在江西赣南的“扶贫开发中心”。④通过签订具有法律效率的协议，委托非政府组织实施，如华夏银行委托中国扶贫基金会实施贵州小额信贷项目。

东部发达地区的扶贫资金主要来源于自己的财政收入，这是其不同于部门扶贫的显著特点。发达地区对口帮扶的目标是解决贫困人口的温饱问题。鉴于对口帮扶省（自治区）的情况不同，具体的做法和项目的构成有一定的差异。从目标瞄准看，第一阶段是区域性的公益项目，第二阶段是社区公益项目，第三阶段是贫困村的生产项目，即实现了从区域扶贫到社区扶贫，再到村到户的转变。国际机构参与中国扶贫的目标瞄准经过了贫困地区、人力资源到贫困社区的变化，在项目确定上，经历了从理念倡导需求、模式示范需求和社区发展需求三个阶段（表3-5）。

表3-5　各类扶贫机构的扶贫特性的比较

扶贫机构类别	目　标	方　式	特　征
中央各部门扶贫	出成效、出政绩	自上而下	系统垂直
东西部政府互助	树形象、拓市场	互动式	帮扶与协作
贫困区内部扶贫	完成省内的扶贫任务	集团式、分层式	优势互补、分层制
国际性政府扶贫	推广理念、影响中国扶贫政策	参与式	综合性、持续性

|附录一|　国家八七扶贫攻坚计划（1994～2000年）

社会主义要消灭贫穷。为进一步解决农村贫困问题，缩小东西部地区差距，实现共同富裕的目标，国务院决定：从1994年到2000年，集中人力、物力、财力，动员社会各界力量，力争用7年左右的时间，基本解决目前全国农村8000万贫困人口的温饱问题。这是一场难度很大的攻坚战。为此，国务院制定《国家八七扶贫攻坚计划》，这是今后7年全国扶贫开发工作的纲领，也是国民经济和社会发展计划的重要组成部分。

一、形势与任务

（一）扶持贫困地区尽快改变贫穷落后的面貌，是中共中央、国务院的一贯方针。特别是80年代中期以来，国家在全国范围内开展了有组织、有计划、大规模的扶贫工作，不仅大幅度增加了扶贫投入，制定了一系列扶持政策，而且对先期的扶贫工作进行了根本性的改革与调整，实现了从救济式扶贫向开发式扶贫的转变。经过连续多年的艰苦努力，全国农村的贫困问题已经明显缓解，没有完全稳定解决温饱的贫困人口已经减少到8000万人。这是一个巨大的历史性成就，证明中共中央、国务院制定的扶贫方针、政策是正确的，充分体现了社会主义制度的优越性。

（二）尽管目前的贫困人口只占全国农村总人口的8.87%，但是扶贫开发的任务十分艰巨。这些贫困人口主要集中在国家重点扶持的592个贫困县，分布在中西部的深山区、石山区、荒漠区、高寒山区、黄土高原区、地方病高发区以及水库区，而且多为革命老区和少数民族地区。共同特征是，地域偏远，交通不便，生态失调，经济发展缓慢，文化教育落后，人畜饮水困难，生产生活条件极为恶劣。这是扶贫攻坚的主战场，与前一阶段扶贫工作比较，解决这些地区群众的温饱问题难度更大。

（三）建立社会主义市场经济体制，给贫困地区的发展带来了前所未有的机遇和更广阔的前景，但在这个过程中贫困地区与沿海发达地区的差距也在扩大。在这种新形势下，抓紧扶贫开发，尽快解决贫困地区群众的温饱问题，改变经济、文化、社会的落后状态，解决以至彻底消灭贫困，不仅关系到中西部地区经济的振兴、市场的开拓、资源的开发利用和整个国民经济的持续、快速、健康发展，而且也关系到社会安定、民族团结、共同富裕以及为全国深化改革创造条件，这是一项具有重大的、深远的经济意义和政治意义的伟大事业。因此，各级政府必须遵循邓小平同志建设有中国特色社会主义理论和党的基本路线，坚持效率优先、兼顾公平的原则，进一步加强扶贫开发工作。

二、奋斗目标

（四）到本世纪末解决贫困人口温饱的标准：

——绝大多数贫困户年人均纯收入稳定达到500元以上（按1990年不变价格）。

——扶持贫困户创造稳定解决温饱的基础条件：

有条件的地方，人均建成半亩到一亩稳产高产的基本农田；

户均一亩林果园，或一亩经济作物；

户均向乡镇企业或发达地区转移一个劳动力；

户均一项养殖业，或其他家庭副业。

牧区户均一个围栏草场，或一个“草库仓”。

与此同时，巩固和发展现有扶贫成果，减少返贫人口。

（五）加强基础设施建设。

——基本解决人畜饮水困难。

——绝大多数贫困乡镇和集贸市场、商品产地的地方通公路。

——消灭无电县，绝大多数贫困乡用上电。

（六）改变教育文化卫生的落后状况。

——基本普及初等教育，积极扫除青壮年文盲。

——开展成人职业技术教育和技术培训，使多数青壮年劳力掌握一到两门实用技术。

——改善医疗卫生条件，防治和减少地方病，预防残疾。

——严格实行计划生育，将人口自然增长率控制在国家规定的范围内。

三、方针与途径

（七）继续坚持开发式扶贫的方针；鼓励贫困地区广大干部、群众发扬自力更生、艰苦奋斗的精神，在国家的扶持下，以市场需求为导向，依靠科技进步，开发利用当地资源，发展商品生产，解决温饱进而脱贫致富。

（八）扶贫开发的基本途径：

——重点发展投资少、见效快、覆盖广、效益高、有助于直接解决群众温饱问题的种植业、养殖业和相关的加工业、运销业。

——积极发展能够充分发挥贫困地区资源优势、又能大量安排贫困户劳动力就业的资源开发型和劳动密集型的乡镇企业。

——通过土地有偿租用、转让使用权等方式，加快荒地、荒山、荒坡、荒滩、荒水的开发利用。

——有计划有组织地发展劳务输出，积极引导贫困地区劳动力合理、有序地转移。

——对极少数生存和发展条件特别困难的村庄和农户，实行开发式移民。

（九）扶贫开发的主要形式：

——依托资源优势，按照市场需求，开发有竞争力的名特稀优产品。实行统一规划，组织千家万户连片发展，专业化生产，逐步形成一定规模的商品生产基地或区域性的支柱产业。

——坚持兴办贸工农一体化、产加销一条龙的扶贫经济实体，承包开发项目，外联市场，内联农户，为农民提供产前、产中、产后的系列化服务，带动群众脱贫致富。

——引导尚不具备办企业条件的贫困乡村，自愿互利，带资带劳，到投资环境较好的城市和工业小区进行异地开发试点，兴办二、三产业。

——扩大贫困地区与发达地区的干部交流和经济技术合作。

——在优先解决群众温饱问题的同时，帮助贫困县兴办骨干企业，改变县级财政的困难状况，增强自我发展能力。

——在发展公有制经济的同时，放手发展个体经济、私营经济和股份合作制经济。

——对贫困残疾人开展康复扶贫。

四、资金的管理使用

（十）为确保本计划的实施，国家现有用于扶贫的各项财政、信贷资金要继续安排到2000年。以工代赈资金和“三西”专项建设资金在规定期限内保持不变。适当延长开发周期长的项目的扶贫信贷资金使用期限。

（十一）国务院决定：从1994年起，再增加10亿元以工代赈资金、10亿元扶贫贴息贷款，执行到2000年。今后随着财力的增长，国家还将继续增加扶贫资金投入。各级地方政府也要根据各自的扶贫任务，逐年增加扶贫资金投入，确保本计划的实现。

（十二）原来由人民银行和专业银行办理的国家扶贫贷款，从1994年起全部划归中国农业发展银行统一办理。

（十三）调整国家扶贫资金投放的地区结构。从1994年起，将分一年到两年把中央用于广东、福建、浙江、江苏、山东、辽宁6个沿海经济比较发达省的扶贫信贷资金调整出来，集中用于中西部贫困状况严重的省、自治区。中央支援经济不发达地区发展资金，原来用于上述6省的部分，留在当地继续使用，今后中央发展资金的增量不再向6省投放。中央过去投放6省的有偿使用扶贫资金，到期回收后，仍留地方周转使用。今后，上述6省的扶贫投入由自己负责，并要抓紧完成脱贫任务。各有关省、自治区也要根据这个原则，对扶贫资金的投放作必要的调整。

（十四）中央的财政、信贷和以工代赈等扶贫资金要集中投放在国家重点扶持的贫困县，有关省、自治区政府和中央部门的资金要与其配套使用，并以贫困县中的贫困乡作为资金投放和项目覆盖的目标。其他非贫困县中的零星分散的贫困乡村和贫困农户，由地方政府安排资金扶持。

银行扶贫贷款要用于经济效益较好、能还贷的开发项目；财政扶贫资金主要用于社会效益较好的项目；新增的以工代赈主要用于修筑公路，以及解决人畜饮水困难。要重点修筑县乡之间的公路和通往商品产地、集贸市场以及为扶贫开发项目配套的道路。三者要密切结合，提高资金使用的整体效益。

（十五）改革扶贫资金的使用管理方式，建立约束和激励机制。

——国务院扶贫开发领导小组根据本计划的要求和各有关省、自治区的贫困县数、贫困人口及贫困程度，讨论决定扶贫资金及以工代赈资金的分配方案，并通知各省、自治区政府。具体计划由有关部门分别下达。

——各省、自治区扶贫开发领导小组根据本省、自治区情况讨论决定各类扶贫资金以及以工代赈资金的分配方案。各省、自治区和贫困县扶贫办公室要建立项目库，并协商有关部门共同规划，设计、论证、筛选扶贫开发项目，报扶贫开发领导小组批准进入项目库，然后由银行和资金管理部门评估、选定。县内项目由县扶贫开发领导小组批准进入项目库。跨县项目由省、自治区扶贫开发领导小组批准进入项目库。

——扶贫项目一般由相应的经济实体承包开发，承贷承还扶贫资金。跨省、自治区的示范性项目由全国性扶贫经济组织和有关省、自治区的经济实体联合开发。扶贫项目必须覆盖贫困户，把效益落实到贫困户。

——扶贫资金的投放要与使用效益和贷款的回收直接挂钩，建立综合的考核指标，实行严格的贷款使用责任制。各级扶贫开发办公室要加强项目管理和监督，保证顺利实施，并把协助银行和资金管理部门组织到期资金的回收作为一项重要的任务。要完成核定的催收贷款最高比例和到期贷款回收率的指标，否则扣减下年度的贷款规模。

——严格扶贫资金的审计制度。严禁挤占、挪用扶贫金，违者必究。

——中央扶贫资金管理的具体办法，由财政、银行等资金管理部门根据本计划的要求，国务院扶贫开发办分别制定，报国务院扶贫开发领导小组备案。各省、自治区、直辖市的扶贫资金使用办法自行制定。

五、政策保障

（十六）信贷优惠政策

——对贫困户和扶贫经济实体使用扶贫信贷资金，要从实际出发，在保证有效益、能还贷的前提下，贷款条件可以适当放宽，要有一定灵活性。

——国有商业银行，每年要安排一定的信贷资金，在贫困地区有选择地扶持一些效益好、能还贷的项目。

——对广东、福建、浙江、江苏、山东、辽宁沿海6省的贫困县，以及各省、自治区刚摘掉贫困县帽子的县，要增加地方财政和商业信贷的投入，一般不低于原来国家对这些县的扶持规模。

（十七）财税优惠政策

——对国家确定的“老、少、边、穷”地区新办的企业，其所得税可在3年内予以征后返还或部分返还。

——各级政府要把扶贫资金列入财政预算，保证用于扶贫开发。

——为减轻贫困地区农民由于生产资源价格放开和粮食提价而增加的负担，各省、自治区、直辖市可使用地方粮食风险基金对吃返销粮的贫困户以适当补贴。

（十八）经济开发优惠政策

——中央和地方安排开发项目时，应向资源条件较好的贫困地区倾斜。中央和省、自治区在贫困地区兴办的大中型企业，要充分照顾贫困地区的利益，合理调整确定与当地的利益关系。

——国家制定和执行产业政策时，要考虑贫困地区的特殊性，给予支持和照顾。

——对贫困地区的进出口贸易，要坚持同等优先的原则，列入计划，重点支持。

六、部门任务

（十九）政府各有关部门要根据本计划总的要求，分别制定本部门、本系统的“八七”扶贫攻坚实施方案，充分发挥各自优势，在资金、物资、技术上向贫困地区倾斜。

（二十）计划部门：要结合“九五”计划，制定有利于贫困地区经济和社会发展的宏观规划和产业政策；国家的资源开发型项目对贫困地区实行同等优先的原则；管好和用好以工代赈资金；做好涉及扶贫开发的宏观协调工作；组织和推动贫困地区与发达地区的经济合作。

（二十一）内贸和外贸部门：要积极帮助贫困地区建立商品生产基地，兴建商业设施，开拓市场，搞活流通，扩大包括边贸在内的对外贸易。

（二十二）农林水部门：

——农业部门要继续在贫困地区组织和实施“温饱工程”；推广“丰收计划”，发展高产优质高效农业；加强农业技术推广体系建设，农民技术培训、实用技术的推广；搞好农村能源建设；农业院校应在贫困地区定向招生，定向分配，培养一批稳定的农业技术骨干；采取有力措施，加快贫困地区乡镇企业发展。

——林业部门要支持贫困地区发展速生丰产用材林、名特优经济林以及各种林副产品，协同有关部门，形成以林果种植为主的区域支柱产业；加快植被建设、防风治沙，降低森林消耗，改善生态环境。

——水利部门要配合以工代赈项目的实施，加快贫困地区的基本农田建设和小流域综合治理；兴修小型水利设施，采用多种形式解决人畜饮水困难；利用山区资源，发展小水电；认真解决库区移民和滩区、蓄滞洪区群众的贫困问题。

（二十三）科教部门：

——科技部门要制定科技扶贫战略规划，指导和推动扶贫工作转到依靠科学技术和提高农民素质的轨道上来。要增强实施“星火计划”的力度，动员各方面力量开展多种形式的科技开发和科技服务，认真抓好扶贫开发的科学研究和科技示范。

——教育部门要积极推进贫困地区农村的教育改革，继续组织好贫困县的“燎原计划”，普及初等教育，做好农村青壮年的扫盲工作，加强成人教育和职业教育。

（二十四）公交部门：

——交通部门要配合实施以工代赈计划，增加投入，加快贫困县、乡公路建设；在有水运条件的贫困地区，要积极发展水上运输。

——铁路部门要根据国家总体计划，尽可能兼顾贫困地区的铁路建设；要把贫困地区的货物运输优先纳入计划，支持其商品物资流通。

——电力部门要与有关部门和地方协作，尽早消灭无电县；调整地处贫困地区大型电站的留利政策，尽可能照顾当地尤其是水库移民的利益，帮助发展工农业生产。

——地矿、煤炭、冶金、建材等部门，要继续帮助贫困地区探明矿产资源，并在统一规划下帮助合理开发和利用。

——化工部门要帮助贫困地区改造小化肥厂，扩大化肥的就地供应量，支持有条件的地方发展其他化工产品。

——邮电部门要加快贫困县程控电话的改造进度，努力扩大贫困乡村通电话、通邮政的网络。

（二十五）劳动部门要为贫困地区的劳动力开拓外出就业门路，做好就业服务和技术培训工作，努力扩大合理有序的劳务输出规模。

（二十六）民政部门要加强贫困地区的救灾和救济工作，建立和健全社会保障体系，为贫困人口中优抚、救济对象创造基本生活条件。

（二十七）民族工作部门要把解决少数民族贫困地区温饱问题和进一步脱贫致富作为工作重点，协调和配合有关部门做好少数民族贫困地区的科技扶贫、智力支边、普及教育和干部交流等项工作。

（二十八）文化卫生和计划生育部门：

——文化部门要为贫困地区安排一定的文化设施建设，坚持采取电影巡回放映队、文化流动车等灵活多样的形式改善群众文化生活。

——广播电影电视部门要为贫困地区建设电视差转台，扩大电视收视率和有线广播覆盖范围。

——卫生部门要建立和完善贫困地区三级医疗预防保健网；大中专医学院校要为贫困地区培养定向招生、定向分配的医务人员，稳定乡村医疗队伍，提高乡村医生服务水平；制定和落实控制地方病的措施。

——计划生育部门要特别加强贫困地区的计划生育工作，把实行计划生育与扶贫结合起来，积极开展人口与计划生育基础知识教育，提供必要的避孕药具，努力降低人口自然增长率。

（二十九）财政、金融、工商、海关等部门，要根据扶贫开发任务的要求，结合各自职能，采取积极措施促进贫困地区的经济发展。

七、社会动员

（三十）中央和地方党政机关有条件的企事业单位，都应积极与贫困县定点挂钩扶贫，一定几年不变，不脱贫不脱钩。

（三十一）各民主党派和工商联应继续发挥人才众多、技术密集、联系广泛的优势，进一步开展科技扶贫和智力开发，帮助贫困地区培训人才、推广技术、沟通信息、发展经济技术合作。

（三十二）各级工会、共青团、妇联、科协、残联要积极参与扶贫开发工作。

——工会系统要继续组织企业管理技术人员和能工巧匠到贫困地区传授技术，培训人才，攻克技术难点，救治亏损企业，开展经济协作。

——共青团组织要动员贫困地区青年带头学习技术，开拓脱贫致富门路；继续组织东西部地区青年相互交流、对口支援的工作；配合劳动部门组织劳务输出；扩大“希望工程”的范围和规模，提高贫困地区适龄儿童的入学率和巩固率。

——妇联组织要进一步动员贫困地区妇女积极参与“双学双比”竞赛活动，兴办家庭副业，发展庭园经济；也要办一些劳动密集型和适合妇女特点的扶贫项目；组织妇女学习实用技术，提高脱贫致富的能力；配合教育部门扫除文盲；配合劳动部门组织妇女的劳务输出。

——各级科协要发挥网络优势，组织广大会员在贫困地区大力开展科普活动，帮助贫困地区引进人才，引进技术，提供信息，组织培训，推广实用技术。

——中国残疾人联合会要继续做好贫困残疾人的康复扶贫工作。

（三十三）充分发挥中国扶贫基金会和其他种类民间扶贫团体的作用。

（三十四）北京、天津、上海等大城市，广东、江苏、浙江、山东、辽宁、福建等沿海较为发达的省，都要对口帮助西部的一两个贫困省、自治区发展经济。动员大中型企业，利用其技术、人才、市场、信息、物资等方面的优势，通过经济合作、技术服务、吸收劳务、产品扩散、交流干部等多种途径，发展与贫困地区在互惠互利的基础上的合作。凡到贫困地区兴办开发性企业，当地扶贫资金可通过适当形式与之配套，联合开发。

（三十五）大专院校、科研单位要充分发挥人才和技术优势，与贫困地区直接挂钩，通过科技承包、技术推广、选派科技副县长、副乡长等形式，提高贫困地区科技发展水平。

（三十六）人民解放军和武警部队要继续发扬拥政爱民的光荣传统，帮助驻地群众解决温饱、脱贫致富。

八、国际合作

（三十七）积极开展同扶贫有关的国际组织、区域组织、政府和非政府组织的交流，让国际社会及海外华人了解我国贫困地区的经济发展状况和扶贫工作。要积极扩大和发展与国际社会在扶贫方面的合作，广泛地争取对实施八七扶贫攻坚计划的支持。

（三十八）努力改善贫困地区的投资环境，以资源优势和优惠政策吸引海外客商到贫困地区兴办开发型企业，促进贫困地区的经济发展。

九、组织与领导

（三十九）本计划由国务院扶贫开发领导小组统一组织中央各有关部门和各省、自治区、直辖市具体实施。领导小组的主要任务是：全面部署和督促检查本计划的执行；抓好扶贫资金、物资的合理分配，集中使用，提高效益；组织调查研究、总结推广计划实施过程中的成功经验；制定促进本计划实施的政策和措施；协调解决计划实施中的问题。

（四十）坚持分级负责、以省为主的省长（自治区主席、市长）负责制。各省、自治区、直辖市特别是贫困面较大的省、自治区，要把扶贫开发列入重要日程，根据本计划的要求制定具体实施计划；省长（自治区主席、市长）要亲自抓，负总责，及时协调解决重要问题；要集中使用财力、物力，保证按期完成本计划规定的任务。

（四十一）所有的贫困县，要把扶贫开发、解决群众温饱作为中心任务，集中力量认真实施扶贫攻坚计划；省（自治区）、地（州）、市要挑选精明强干、吃苦耐劳、联系群众的干部，充实加强贫困县领导班子，并保持相对稳定；把计划的实施和解决群众温饱的成效作为衡量贫困县领导干部政绩和提拔重用的主要标准。同时，着力加强贫困乡、贫困村的基层组织建设，配备好带领群众脱贫致富的班子。

（四十二）贫困地区广大干部要一如既往地发扬自力更生、艰苦奋斗、与群众同甘共苦的精神。在完成解决群众温饱的攻坚任务之前，贫困县不准购买小轿车，不准兴建宾馆和高级招待所，不准新盖办公楼，不准县改市。

（四十三）充实和加强各级扶贫开发工作机构，提供必要的工作条件。机构的规格与编制要与本地的扶贫开发任务相适应。

附录二 中国农村扶贫开发纲要（2001～2010年）

（一）缓解和消除贫困，最终实现全国人民的共同富裕，是社会主义的本质要求，是中国共产党和人民政府义不容辞的历史责任。改革开放以来，特别是实施《国家八七扶贫攻坚计划》以来，我国农村贫困现象明显缓解，贫困人口大幅度减少。到2000年底，除了少数社会保障对象和生活在自然环境恶劣地区的特困人口，以及部分残疾人以外，全国农村贫困人口的温饱问题已经基本解决，《国家八七扶贫攻坚计划》确定的战略目标基本实现。扶贫开发实现了贫困地区广大农民群众千百年来吃饱穿暖的愿望，为促进我国经济的发展、民族的团结、边疆的巩固和社会的稳定发挥了重要作用。在短短20多年时间里，我们解决了2亿多贫困人口的温饱问题，这在中国历史上和世界范围内都是了不起的成就，充分体现了有中国特色社会主义制度的优越性。

（二）扶贫开发是建设有中国特色社会主义伟大事业的一项历史任务，基本解决农村贫困人口的温饱问题只是完成这项历史任务的一个阶段性胜利。我国目前正处于并将长期处于社会主义初级阶段，在较长时期内存在贫困地区、贫困人口和贫困现象是不可避免的。当前尚未解决温饱的贫困人口，虽然数量不多，但是解决的难度很大。初步解决温饱问题的群众，由于生产生活条件尚未得到根本改变，他们的温饱还不稳定，巩固温饱成果的任务仍很艰巨。基本解决温饱的贫困人口，其温饱的标准还很低，在这个基础上实现小康、进而过上比较宽裕的生活，需要一个较长期的奋斗过程。至于从根本上改变贫困地区社会经济的落后状况，缩小地区差距，更是一个长期的历史性任务。要充分认识扶贫开发的长期性、复杂性和艰巨性，继续把扶贫开发放在国民经济和社会发展的重要位置，为贫困地区脱贫致富做出不懈努力。

（三）中共中央、国务院决定：从 2001 ~ 2010 年，集中力量，加快贫困地区脱贫致富的进程，把我国扶贫开发事业推向一个新的阶段。这是贯彻邓小平同志共同富裕伟大构想和江泽民同志“三个代表”重要思想的一项战略决策，是全面建设小康社会、实现社会主义现代化建设第三步战略目标的一项重大举措。

一、奋斗目标

（四）我国 2001 ~ 2010 年扶贫开发总的奋斗目标是：尽快解决少数贫困人口温饱问题，进一步改善贫困地区的基本生产生活条件，巩固温饱成果，提高贫困人口的生活质量和综合素质，加强贫困乡村的基础设施建设，改善生态环境，逐步改变贫困地区经济、社会、文化的落后状况，为达到小康水平创造条件。

二、基本方针

（五）坚持开发式扶贫方针。以经济建设为中心，引导贫困地区群众在国家必要的帮助和扶持下，以市场为导向，调整经济结构，开发当地资源，发展商品生产，改善生产条件，走出一条符合实际的、有自己特色的发展道路。通过发展生产力，提高贫困农户自我积累、自我发展能力。这是贫困地区脱贫致富的根本出路，也是扶贫工作必须长期坚持的基本方针。

（六）坚持综合开发、全面发展。把扶贫开发纳入国民经济和社会发展计划，要加强水利、交通、电力、通讯等基础设施建设，重视科技、教育、卫生、文化事业的发展，改善社区环境，提高生活质量，促进贫困地区经济、社会的协调发展和全面进步。

（七）坚持可持续发展。扶贫开发必须与资源保护、生态建设相结合，与计划生育相结合，控制贫困地区人口的过快增长，实现资源、人口和环境的良性循环，提高贫困地区可持续发展的能力。

（八）坚持自力更生、艰苦奋斗。充分发挥贫困地区广大干部群众的积极性、创造性，自强不息，不等不靠，苦干实干，主要依靠自身的力量改变贫穷落后面貌。

（九）坚持政府主导、全社会共同参与。各级党委和政府要适应发展社会主义市场经济的要求，加强对扶贫开发工作的领导，不断加大工作和投入力度。同时，要发挥社会主义的政治优势，积极动员和组织社会各界，通过多种形式，支持贫困地区的开发建设。

三、对象与重点

（十）扶贫开发的对象。要把贫困地区尚未解决温饱问题的贫困人口作为扶贫开发的首要对象；同时，继续帮助初步解决温饱问题的贫困人口增加收入，进一步改善生产生活条件，巩固扶贫成果。

（十一）扶贫开发的重点。按照集中连片的原则，国家把贫困人口集中的中西部少数民族地区、革命老区、边疆地区和特困地区作为扶贫开发的重点，并在上述四类地区确定扶贫开发工作重点县。东部以及中西部其他地区的贫困乡、村，主要由地方政府负责扶持。要重视做好残疾人扶贫工作，把残疾人扶贫纳入扶持范围，统一组织，同步实施。

（十二）制定规划，落实任务。各有关省、自治区、直辖市要分别制定本地区的扶贫开发规划。规划要以县为基本单元、以贫困乡村为基础，明确奋斗目标、建设内容、实施措施、帮扶单位和资金来源。制定规划要实事求是、综合设计、因地制宜、分类指导，要统一评估，统一论证，一次批准，分年实施，分期投入，分期分批地解决问题。

四、内容和途径

（十三）继续把发展种养业作为扶贫开发的重点。因地制宜发展种养业，是贫困地区增加收入、脱贫致富最有效、最可靠的途径。要集中力量帮助贫困群众发展有特色、有市场的种养业项目。贫困地区发展种养业，要以增加贫困人口的收入为中心，依靠科技进步，着力优化品种、提高质量、增加效益；要以有利于改善生态环境为原则，加强生态环境的保护和建设，实现可持续发展。帮助贫困户发展种养业，一定要按照市场需求，选准产品和项目，搞好信息、技术、销售服务，确保增产增收。要尊重农民的生产经营自主权，注重示范引导，防止强迫命令。

（十四）积极推进农业产业化经营。对具有资源优势和市场需求的农产品生产，要按照产业化发展方向，连片规划建设，形成有特色的区域性主导产业。积极发展“公司加农户”和订单农业。引导和鼓励具有市场开拓能力的大中型农产品加工企业，到贫困地区建立原料生产基地，为贫困农户提供产前、产中、产后系列化服务，形成贸工农一体化、产供销一条龙的产业化经营。加强贫困地区农产品批发市场建设，进一步搞活流通，逐步形成规模化、专业化的生产格局。

（十五）进一步改善贫困地区的基本生产生活条件。以贫困乡、村为单位，加强基本农田、基础设施、环境改造和公共服务设施建设。2010年前，基本解决贫困地区人畜饮水困难，力争做到绝大多数行政村通电、通路、通邮、通电话、通广播电视。做到大多数贫困乡有卫生院、贫困村有卫生室，基本控制贫困地区的主要地方病。确保在贫困地区实现九年义务教育，进一步提高适龄儿童入学率。

（十六）加大科技扶贫力度。在扶贫开发过程中，必须把科学技术的推广和应用作为一项重要内容，不断提高科技扶贫水平。无论是种植业、养殖业、加工业，都必须有先进实用的科学技术作为支持和保证。要充分利用科技资源和科技进步的成果，调动广大科技人员的积极性，鼓励他们到贫困地区创业，加速科技成果转化。要采取更积极的措施鼓励民间科研机构、各类农村合作组织和各类科研组织直接参加项目，在扶贫开发中发挥更重要的作用，并在科学技术推广工作中提高自身的水平，拓展更广阔的发展空间。各有关省、自治区、直辖市政府要安排资金，建立科技扶贫示范基地，注重示范效应，充分发挥科技在扶贫开发中的带动作用。

（十七）努力提高贫困地区群众的科技文化素质。提高群众的综合素质特别是科技文化素质，是增加贫困人口经济收入的重要措施，也是促进贫困地区脱贫致富的根本途径，必须把农民科技文化素质培训作为扶贫开发的重要工作。切实加强基础教育，普遍提高贫困人口受教育的程度。实行农科教结合，普通教育、职业教育、成人教育统筹，有针对性地通过各类职业技术学校和各种不同类型的短期培训，增强农民掌握先进实用技术的能力。反对封建迷信，引导群众自觉移风易俗，革除落后生活习俗，不断发展社会主义精神文明。

（十八）积极稳妥地扩大贫困地区劳务输出。加强贫困地区劳动力的职业技能培训，组织和引导劳动力健康有序流动。沿海发达地区和大中城市要按照同等优先的原则，积极吸纳贫困地区劳动力在本地区就业。贫困地区和发达地区可以就劳务输出结成对子，开展劳务协作。输入地和输出地双方政府都有责任保障输出劳动力的合法权益，关心他们的工作、生活，帮助解决实际困难和问题。

（十九）稳步推进自愿移民搬迁。对目前极少数居住在生存条件恶劣、自然资源贫乏地区的特困人口，要结合退耕还林还草实行搬迁扶贫。要在搞好试点的基础上，制定具体规划，有计划、有组织、分阶段地进行；要坚持自愿原则，充分尊重农民意愿，不搞强迫命令；要因地制宜、量力而行、注重实效，采取多种形式，不搞一刀切；要十分细致地做好搬迁后的各项工作，确保搬得出来、稳得下来、富得起来。经济发达的省、直辖市要从全局出发，适当增加吸纳和安置来自贫困地区的迁移人口，并作为对口帮扶的一项重要措施来抓。地方各级政府要制定鼓励移民搬迁的优惠政策，处理好迁入人口和本地人口的关系，尽快提高迁入人口的收入水平和生活质量。县内的移民搬迁由县政府组织，跨县的由省级政府统一组织。要做好迁出地的计划生育和退耕还林还草工作，确保生态环境有明显改善。

（二十）鼓励多种所有制经济组织参与扶贫开发。地方各级政府要创造良好的政策环境和投资条件，吸引多种所有制经济组织参与贫困地区的经济开发。对于适应市场需要，能够提高产业层次、带动千家万户增加收入的农产品加工企业，能够发挥贫困地区资源优势并改善生态环境的资源开发型企业，能够安排贫困地区剩余劳动力就业的劳动密集型企业，能够帮助贫困群众解决买难卖难问题的市场流通企业，国家给予必要的政策扶持。

五、政策保障

（二十一）进一步增加财政扶贫资金。中央财政和省级财政都必须把扶贫开发投入列入年度财政预算，并逐年有所增加。要进一步扩大以工代赈规模。要针对目前贫困地区财政困难的实际情况，加大财政转移支付的力度。

（二十二）加强财政扶贫资金的管理，努力提高使用效益。中央财政扶贫资金主要用于扶贫开发工作重点县，适当支持其他贫困地区。财政扶贫资金（含以工代赈），实行专户管理。资金分配计划每年下达到有关省、自治区、直辖市，由地方根据扶贫开发规划统筹安排使用。中央和地方各级政府投入的财政扶贫资金，必须按照扶贫开发规划下达，落实到贫困乡、村，重点用于改变基本生产生活条件和基础设施建设。

（二十三）继续安排并增加扶贫贷款。中国农业银行要逐年增加扶贫贷款总量，主要用于重点贫困地区，支持能够带动贫困人口增加收入的种养业。劳动密集型企业、农产品加工企业、市场流通企业以及基础设施建设项目。对各类企业到贫困地区兴办的有助于带动贫困户增加收入的项目，应视项目效益给予积极支持。在保障资金安全的前提下，适当放宽贫困地区扶贫贷款项目的条件，根据产业特点和项目具体情况，适当延长贷款期限。积极稳妥地推广扶贫到户的小额信贷，支持贫困农户发展生产。扶贫贷款执行统一优惠利率。优惠利率与基准利率之间的差额由中央财政据实补贴。

（二十四）密切结合西部大开发，促进贫困地区发展。实施西部大开发要注意与扶贫开发相结合，着力带动贫困地区经济的发展。西部大开发安排的水利、退耕还林、资源开发项目，在同等条件下要优先在贫困地区布局。公路建设项目要适当向贫困地区延伸，把贫困地区的县城与国道、省道干线连接起来。西部基础设施建设项目，要尽量使用贫困地区的劳动力，增加贫困人口的现金收入。

（二十五）继续开展党政机关定点扶贫工作。党政机关定点联系、帮助贫困地区，对支持贫困地区的开发建设，解决我国的贫困问题，以及转变机关作风，提高办事效率，密切党群关系，培养锻炼干部都有重要意义。要把这种做法作为一项制度，长期坚持下去。从中央到地方的各级党政机关及企事业单位，都要继续坚持定点联系、帮助贫困地区或贫困乡村。有条件有能力的，要结合干部的培养和锻炼继续选派干部蹲点扶贫，直接帮扶到乡、到村，努力为贫困地区办好事、办实事。

（二十六）继续做好沿海发达地区对口帮扶西部贫困地区的东西扶贫协作工作。要认真总结经验，根据扶贫开发规划，进一步扩大协作规模，提高工作水平，增强帮扶力度。对口帮扶双方的政府要积极倡导和组织学校结对帮扶工作；鼓励和引导各种层次、不同形式的民间交流与合作。特别是要注意在互利互惠的基础上，推进企业间的相互合作和共同发展。

（二十七）进一步弘扬中华民族扶贫济困的优良传统，动员社会各界帮助贫困地区的开发建设。要充分发挥民主党派和工商联、群众团体、大专院校、科研院所、人民解放军和武警部队等社会各界在扶贫开发中的重要作用。要积极创造条件，引导非政府组织参与和执行政府扶贫开发项目。企业可以通过捐赠资金，与非政府组织合作，共同参与扶贫开发。捐赠资金可以按照国家有关规定在税前列支，计入成本。逐步规范非政府组织开展的扶贫开发活动。欢迎海外、境外的华人、华侨及各种社团组织，通过不同形式，支持贫困地区的开发建设。

（二十八）发展扶贫开发领域的国际交流与合作。继续争取国际组织和发达国家援助性扶贫项目。为保证其顺利执行，国家适当增加配套资金比例，对地方财政确有困难的可以全额配套。要根据贫困地区的特点，采取有针对性的措施，加强对外援项目的管理；努力提高外援贷款项目的经济效益，增强还贷能力。通过多种渠道、不同方式争取国际非政府组织对我国扶贫开发的帮助和支持。加强与国际组织在扶贫开发领域里的交流，借鉴国际社会在扶贫开发方面创造的成功经验和行之有效的方式、方法，进一步提高我国扶贫开发的工作水平和整体效益。

六、组织领导

（二十九）切实落实扶贫工作责任制。坚持省负总责，县抓落实，工作到村，扶贫到户。扶贫开发工作责任在省，关键在县。要继续实行扶贫开发工作责任到省、任务到省、资金到省、权力到省的原则。各有关省、自治区、直辖市的党委和政府都要按照“三个代表”的要求，以高度的责任感和使命感，切实做好扶贫开发工作。扶贫开发工作重点县，必须把扶贫开发作为党委和政府的中心任务，以扶贫开发工作统揽全局，负责把扶贫开发的政策措施真正落实到贫困村、贫困户。要继续实行扶贫工作党政“一把手”负责制，把扶贫开发的效果作为考核这些地方党政主要负责人政绩的重要依据。沿海发达省市的各级党委和政府，也要高度重视扶贫开发工作，积极采取有效措施，帮助当地农村贫困人口增加收入，改善生活。

（三十）加强贫困地区干部队伍建设。要切实搞好干部的教育培训工作，提高贫困地区干部组织领导扶贫开发工作的水平。采取挂职锻炼、干部交流等方式，加强贫困地区的干部队伍建设。贫困地区县级领导干部和县以上扶贫部门干部的培训要纳入各级党政干部培训规划，由组织、扶贫和财政等有关部门共同组织实施。

（三十一）切实加强贫困地区的基层组织建设。要扎实开展农村"三个代表"重要思想的学习教育活动，按照"五个好"的要求，以贫困村为重点，加强以党支部为核心的基层组织建设，充分发挥基层党组织的战斗堡垒作用。贫困地区的广大基层干部，要坚持党的宗旨，艰苦奋斗，廉洁奉公，改进思想作风和工作作风，不断提高带领群众脱贫致富的能力。加强民主法制建设，加强社会治安综合治理，确保贫困地区社会稳定。

（三十二）加强扶贫资金审计。国家审计部门要定期对扶贫资金进行全面严格的审计，防止和杜绝挤占、挪用、贪污，并形成制度，长期坚持。对审计中发现的问题，必须依法严肃处理。

（三十三）加强扶贫开发统计监测工作。为及时了解和全面掌握扶贫开发的发展动态，发现和研究新问题，统计部门要认真做好有关信息的采集、整理、反馈和发布。要制定科学规范、符合实际的监测方案，采用多种方法，全面、系统、动态地反映贫困人口收入水平和生活质量的变化，以及贫困地区的经济发展和社会进步情况，为科学决策提供必要的依据。

（三十四）稳定和加强扶贫开发工作机构。鉴于扶贫开发的长期性、艰巨性、复杂性以及对外交流的需要，要充实和加强各级扶贫开发的工作机构，稳定人员，改善条件，提高素质，增强扶贫开发的组织领导和协调管理能力。

（三十五）国务院有关部门要根据中央的统一要求，把扶贫开发作为本部门的重要工作，结合各自的职责范围，认真贯彻落实本纲要。各相关省、自治区、直辖市人民政府要根据纲要提出的目标和总体要求，把扶贫开发工作纳入本地区国民经济和社会发展计划，统一部署，统筹安排，把具体措施落实到贫困乡村。

（三十六）本纲要由国家扶贫开发工作机构负责具体组织实施。

|附录三|　国家扶贫开发工作重点县管理办法

根据《中国农村扶贫开发纲要（2001～2010年）》，国家将中西部地区扶贫开发任务重、贫困人口相对集中的592个县（旗、自治县、市辖区）确定为扶贫开发工作重点县（以下简称重点县）。为推进重点县的扶贫开发工作，规范管理，加强监督，特制定本办法。

第一条　重点县的确定

重点县在中西部少数民族地区、革命老区、边疆地区和特困地区范围内确定。

确定重点县的主要依据是：贫困人口数量、农民收入水平、基本生产生活条件以及扶贫开发工作情况，适当兼顾人均国内生产总值、人均财政收入等综合指标。

国务院扶贫开发领导小组负责确定重点县的原则、标准和各省（自治区、直辖市）重点县的数量，各省（自治区、直辖市）确定具体重点县，并报国务院扶贫开发领导小组审核备案。重点县实行定期确认、适时调整制。

第二条 工作目标

到2005年，对全国重点县的总体要求是：尽快解决少数贫困人口的温饱问题，进一步改善贫困地区的基本生产生活条件和生态环境，提高低收入群众的生产能力和收入水平，力争稳定解决温饱，为实现小康创造条件。

各重点县在省（自治区、直辖市）政府的指导下制定具体目标，主要包括：农民人均纯收入增长幅度，贫困村、贫困人口的减少进度，基本生产生活条件的改善程度，文化、教育、卫生、科技和生态建设等方面的进展情况。重点县经济、社会等主要指标的增长幅度要高于全省平均水平。

第三条 省负总责

各省（自治区、直辖市）对本地区重点县的扶贫开发工作负总责。要加强领导，明确责任，实行党政一把手负责制，加大扶贫投入和工作力度，确保如期实现扶贫开发目标。

国家下达的各项扶贫资金全部由省（自治区、直辖市）扶贫开发领导小组统筹安排使用，主要用于重点县的贫困乡村，适当用于重点县之外的贫困乡村。省、市两级政府要根据重点县的扶贫开发任务，增加扶贫投入，并列入同级财政预算。同时要多渠道筹措扶贫资金，努力加大扶贫开发的投入力度。

省直有关单位要优先考虑重点县的发展，各部门安排的项目、资金、物资、技术推广等要向重点县倾斜。

广泛动员和组织社会各界参与和支持重点县的扶贫开发。党政机关、企事业单位定点扶贫和东西扶贫协作要向重点县集中，确保每个重点县都有帮扶单位。

加强对重点县扶贫开发工作的指导，监督检查重点县扶贫开发规划的实施和扶贫资金的使用管理。

第四条 县抓落实

重点县要把扶贫开发作为党委和政府的中心任务，以扶贫开发工作统揽全局。落实领导责任制，确定第一责任人和具体责任人。

重点县要坚持扶贫到村、到户。要通过深入细致的调查研究，确定扶贫开发重点村，并对贫困农户建档立卡。

认真制定贫困村的村级规划，并在此基础上形成乡、县两级规划。重点县扶贫开发规划要统一评估论证，纳入当地经济社会发展总体计划，并报本省和国务院扶贫开发领导小组办公室备案。

扶贫部门要根据规划建立扶贫项目库，按照项目安排扶贫资金，凡未列入项目库的项目，扶贫资金、政策不予支持。

制定年度实施计划，严格按照规划组织实施本地的扶贫开发，负责把扶贫开发的政策措施真正落实到贫困村、贫困户。

重点县扶贫开发机构要单独设置，人员素质和数量要与扶贫开发工作任务相适应，确保工作经费。

第五条 动态监测

要严格按要求组织扶贫统计监测，及时准确地掌握贫困状况和扶贫开发工作情况。重点县要保证监测工作所需的人员和经费。

建立健全重点县扶贫资金和项目监测网络，全面跟踪扶贫资金的使用和项目进展情况。

第六条　监督检查

监督检查的主要内容是，扶贫开发规划的落实情况，项目的实施情况和扶贫资金的管理使用情况。

省（自治区、直辖市）扶贫开发领导小组办公室每年要组织一次对全省重点县扶贫开发工作的全面检查，并将检查结果报国务院扶贫开发领导小组办公室备案。

国务院扶贫开发领导小组办公室对重点县扶贫开发情况每年进行一次抽查，每两年组织一次省际交叉检查，每五年进行一次阶段性验收检查。检查结果将通报各省（自治区、直辖市）政府。

加强审计工作，定期组织对扶贫资金的全面审计。

第七条　奖优惩劣

建立激励机制，完善奖惩措施。

各省（自治区、直辖市）对扶贫开发规划落实、措施到位、扶贫成效明显的重点县，在资金分配、试点项目、政策优惠等方面予以奖励。对扶贫工作领导不力、进展缓慢的重点县，酌情调减扶贫资金，并通报批评。对扶贫开发工作中出现重大问题的，可提出取消其重点县资格的建议，报国务院扶贫开发领导小组审批。

重点县扶贫开发工作成效应作为干部考核的重要依据。

本办法已经国务院批准，自颁布之日起开始实施，由国务院扶贫开发领导小组办公室负责解释。

◎第四章 扶贫政策的演进

第一节 扶贫政策演进总论

1949年后至全面实施家庭联产承包责任制期间，我国采用的是单纯救济的扶贫办法。1978年召开十一届三中全会后，我国开始采用开发式扶贫方式来减缓农村贫困问题，这项工作开始纳入政府工作的议事日程。为了广泛动员社会力量，有组织、有计划、大规模地开展扶贫开发工作，党和国家制定并实施了一系列扶贫政策。扶贫政策不但有不断增多的趋势，而且体现出针对性越来越强、体系越来越完善的特点。概括地说，扶贫政策的演进可划分为4个阶段：20世纪70年代末，即改革开放初期，我国开始重视贫困问题，把它视为一个十分重要的政治问题，并酝酿出台相关政策；80年代中期，减缓贫困作为一项重要任务，被纳入政府工作的日常议事日程，出台了一系列有利于贫困地区发展的经济政策，并调集人、财、物力加以落实；90年代中期，为了更加有效地促进减缓贫困的工作，基本实现不把绝对贫困带入21世纪的目标，我国从整体的经济发展战略出发，制定了专项的扶贫规划。经过7年的艰苦奋战，取得了世人瞩目的扶贫效果；进入新世纪后，我国的扶贫政策更加强调减缓贫困的可持续性，力争通过“一体两翼，整村推进”的扶贫战略实现贫困地区经济整体发展的目标。

一、扶贫政策酝酿阶段(1979～1985年)

本阶段不仅提出了国家必须从政治和战略高度重视农村贫困问题以及积极开展农村扶贫工作的政策主张，而且都以中央文件的形式加以较为完整的阐述，为做好今后的扶贫工作提供了指导性意见，全面反映该阶段成果的标志性文件是1979年通过的《中共中央关于加快农业发展若干问题的决定》和1984年颁布的《关于帮助贫困地区尽快改变面貌的通知》。

(一) 从战略和政治高度认识贫困问题

1979年，中国共产党第十一届四中全会通过《中共中央关于加快农业发展若干问题的决定》。该《决定》指出，我国西北、西南一些地区以及其他一些革命老根据地、偏远山区、少数民族地区和边境地区，长期低产缺粮，群众生活贫困。这些地方生产发展较慢，不但是个经济问题，而且是个政治问题。为解决这个问题而做出的工作部署是：在国务院内设立一个由有关部门负责同志参加的专门委员会，这个非常设机构的主要任务是统筹规划和组织力量，从财政、物资和技术上对这些地区给予扶持，帮助这些地区的贫困人口发展生产，摆脱贫困。该文件的颁布，是党和政府开始从战略和政治高度关注贫困问题的标志。

（二）扶贫政策的基本框架形成阶段

1984年，中共中央、国务院发出《关于帮助贫困地区尽快改变面貌的通知》（以下简称《通知》），这是扶贫政策酝酿阶段的标志性事件。《通知》指出了我国扶贫工作所面临的艰巨任务，扶贫工作的意义以及扶贫工作的目标。《通知》认为，中共中央十一届三中全会以来，农村的经济发展取得了很大成绩，但老、少、边、穷地区的贫困问题尚未得到很好的解决。各级政府要高度重视这些问题，采取十分积极的态度和切实可行的措施，帮助这些地区改善生产条件，提高生产能力，发展商品生产，减缓农民贫困。

《通知》的主要内容可概括为如下6点：①扶贫的指导思想。当时认为，贫困地区有比较丰富的自然资源，经济增长相对较慢的主要原因有二：一是没有对这些资源进行商业性开发；二是没有形成开发这些资源的条件。基于这种认识，当时提出的是开发式扶贫的指导思想。所谓开发式扶贫，就是通过大力发展商品生产，变自然经济为商品经济；通过充分利用当地的资源，变单一经营为多种经营。②扶贫的重点区域。由于当时政府用于扶贫的投入还很有限，还没有探索出政府主导的扶贫经验，所以将18个集中连片的贫困地区作为扶贫的重点区域。③多予、少取和放活政策。一是给予贫困地区更为优惠的政策，例如下拨专项扶贫投资；二是减免农业税，减轻农民的负担；三是对贫困地区实行比一般地区更灵活、更开放的政策，给贫困地区农牧民更大的经营自主权，使贫困地区和贫困农户拥有更为宽松的政策环境。④加大基础设施建设力度的政策。基于不通路、不通电是制约贫困地区发展商品经济和开发资源的重要原因的认识，国家在政策上把加强道路和电力建设，作为促进商品生产、资源开发和搞活商品流通的重要举措。⑤人力资本投资政策。基于教育和公共卫生供给不足是贫困地区发展缓慢的主要原因的认识，国家在政策上把加大教育和公共卫生投资，发展贫困地区教育和卫生事业，作为加速人才培养和技术推广，消除病患对生产的负面影响的重要举措。⑥组建扶贫机构和安排扶贫项目的政策。有关省、自治区要成立贫困地区工作领导小组，负责督促和检查各项扶贫措施的实施情况。国家有关部门要分别安排旨在帮助贫困地区减缓贫困的项目，并指定专人负责，保证项目实施。各部门下拨到贫困地区的各项建设经费，由县政府统筹安排，集中用于关系群众切身利益的生产建设项目。

扶贫政策酝酿阶段形成的扶贫理念，正是后来的设计扶贫政策必须遵循的理念，提出的政策主张实际上已经勾勒出我国扶贫政策的基本框架，为我国后来出台的各项扶贫政策奠定了一个比较好的基础。

二、主要扶贫政策出台阶段(1986~1993年)

这个阶段与上个阶段相比最大的不同是，国家陆续出台了主要的扶贫政策，集中体现在：制定了符合国情的贫困标准，把扶贫工作纳入全国经济和社会发展计划，成立了专门协调扶贫工作的机构，培育了把扶贫政策同中央转移支付中的人、财、物对应起来的协调机制。

（一）制定贫困标准

中国贫困人口的标准最初是1986年由政府有关部门在对6.7万户农村居民家庭消费支

出调查的基础上计算得出的，即1985年农村人均纯收入206元的标准，到2000年这一标准相当于625元。这是一个能够维持基本生存的最低费用标准，是符合中国实际的。

（二）将扶贫工作纳入经济和社会发展计划

1986年，我国把扶贫工作纳入《国民经济和社会发展第七个五年计划》中，并针对不同贫困地区的特点，确定了扶贫的重点：①老革命根据地。把交通问题放在战略地位，通过发展交通，促进山区商品经济的发展。②少数民族地区。发挥资源优势，改善农牧业生产条件，因地制宜地调整农业生产结构，搞好粮食生产，加强草原建设，植树种草，逐步实现生态环境的良性循环。③陆地边境地区。本着因地制宜的原则，努力发展农林牧副业和地方工业，在有条件的地方积极开展边境小额贸易。

为了促进上述三类贫困地区的经济发展，国家将继续对老、少、边、穷地区实行扶持政策：①资金方面：国家对五个自治区和三个在财政上按照自治区对待的省，继续执行财政包干补贴和民族贸易三项照顾，以及机动金与预备费照顾的政策；对贫困地区继续发放“支援不发达地区发展资金”和低息贷款；对经济困难的省、自治区普及小学教育而进行的基建投资继续进行补助。②税费减免方面：继续实行特殊政策，减轻老、少、边、穷地区群众的负担。对温饱问题尚未解决的地区，区别情况给予减免照顾；对民间贸易及乡办工业纳税有困难的，酌情减免工商所得税；对少数民族地区的银行贷款，在额度和利率上给予适当照顾。③对口支援方面：继续组织发达地区和城市对老、少、边、穷地区的对口支援工作。动员全社会的力量，采取多种形式，在智力开发和技术咨询等方面给以支援。

扶贫工作被纳入国民经济和社会发展计划，标志着我国的扶贫政策在落实方面迈出了关键性的一步。

（三）开发式扶贫政策

1986年，国务院贫困地区经济开发领导小组在其成立后召开的第一次会议上就明确提出，要认真总结建国以来扶贫工作的经验教训，改变过去那种单纯救济的扶贫办法，改变不适宜贫困地区发展的生产方针，实行新的经济开发方式。

根据相关文件的表述，可将开发式扶贫政策的重点概括为：①加强人力资本投资。即采取多种形式，引进人才，培训人才，提高贫困地区的劳动者的素质。具体的政策举措是，通过人才引进，提高贫困地区的管理水平和生产效率，增强贫困地区的资源开发能力，加快贫困地区的发展速度；通过适用技术培训，让广大农民掌握更多实用技术，提高贫困农户减缓贫困的能力。②提升产业结构，增加产品的附加价值。具体的政策举措是从税收、信贷等方面积极支持贫困地区发展乡镇企业，通过兴办乡镇企业推动农产品加工业的发展，增加贫困地区农产品的附加价值，使农产品加工业成为县域经济发展的支柱产业和农民增收的新源泉。③改善交通条件，疏通流通渠道，活跃商品经济。通过道路等基础设施建设，把贫困地区的资源优势转变为经济优势。④积极开拓贫困地区与发达地区的横向经济联系。通过外引内联，促进贫困地区与经济发达地区的经济与技术交流。⑤改革各级政府用于贫困地区的资金的使用方式。彻底改变过去那种平均分散使用资金和单纯救济的办法。具体的举措是，由省、自治区、直辖市将国家和地方政府用于贫困地区的各项资金有选择地捆起来，统筹安排，合理使用。重点用于解决温饱问题的开发性生产和经营，开辟就业门路，增加农民收入。有些地方可以先将单纯用于救济的资金改为以工代赈，按项目使用，然后逐步做到有偿使用，循环投资。同时，要积极引进和利用外资。

此后，开发式扶贫政策逐渐成为我国主要的一项扶贫政策。

（四）扶贫到户政策

1. 扶贫到户政策的开端

1987年，国务院在下发的《关于加强贫困地区经济开发工作的通知》中指出：全国农村贫困地区的脱贫致富工作，经过一系列的调整和改革，初步完成了从单纯救济向经济开发的转变，效果明显，扶贫工作开始进入一个新的发展阶段。存在的主要问题是工作发展不平衡，扶贫没有完全落实到户，解决温饱不够稳定。当前工作的关键是狠抓落实，扎扎实实地实现“七五”期间解决贫困地区大多数群众温饱问题的目标，加快低收入人口脱贫致富的步伐。其要点为：①明确重点，把扶贫措施落实到户。要在摸清底数的基础上，把贫困户中食不果腹、衣不蔽体、房不避风雨的“三不户”作为扶持的重点。②因地制宜，兴办乡村扶贫经济实体。即突破单纯地救济贫困户的传统做法，一方面利用扶贫资金引导乡村中的能人兴办经济实体，另一方面，要求这些经济实体主要安排文化程度和经营能力低的贫困户就业，将直接救济贫困农户的办法改成为贫困农户提供就业机会的办法，使他们能分享经济增长之利，结构提升之利，社区发展之利。

2. 扶贫到户政策的深化

1998年，国务院扶贫开发领导小组进一步重申了扶贫到户的政策主张，并对其进行了较为详尽的阐释：①扶贫到户的必要性：扶贫到户，是实现20世纪末基本解决农村贫困人口温饱问题的关键所在。在贫困人口数量很大，贫困发生率很高的情况下的贫困地区，采取一项或少数几项扶贫措施就可以使大多数贫困户受益；在贫困人口数量很少，但居住得很分散，贫困农户的生产和生活条件极其困难的情形下，必须对每个贫困农户采取针对性很强的扶贫措施才能解决他们的温饱问题。②扶贫到户的范围：所谓划定扶贫范围，就是把所有尚未解决温饱的贫困户和特困户识别出来，从而使选择扶贫对象不认错人，投放扶贫资金不走错门。对划入扶贫到户范围的贫困农户必须全面覆盖，而不能再分期分批。③扶贫到户的难点：实际上就是要解决信贷扶贫资金既能到达贫困农户手中，又能按期收回的问题。更直截了当地说，就是要做出能有效地防范贫困农户投资失败和发生道德风险的制度安排。采用互保方式的小额信贷制度，就是化解扶贫到户的难点的有益尝试。

扶贫到户政策不仅有效地解决了扶贫对象的瞄准问题，提高了扶贫政策的有效性，也使贫困农户认识了履约和守信的重要性，了解了化解投资风险的方法。

（五）定点扶贫政策

为了尽快解决贫困地区群众的温饱问题，中央政府制定了一系列有关中央国家机关帮助贫困地区开展扶贫开发的政策。1987年，为实现通过科教进步振兴大别山经济的目标，国家科学技术委员会（后更名为科学技术部）出台了《关于鼓励科技人员参加大别山重点贫困县经济开发的试行办法》，来支持和鼓励科技人员到大别山区开展科技服务，内容包括技术职称评定、工资福利、子女就业在内的优惠政策。其后，依照1994年出台的《八七扶贫攻坚计划》的要求，计划、贸易、农林水、科教、工交、劳动、民政、民委、文化卫生、计划生育等政府部门分别制定了本部门、本系统的具体实施方案，充分发挥各自优势，在资金、物资、技术上向贫困地区倾斜，积极为贫困地区的开发建设作出贡献。比如中国农业银行就明确规定，对贫困农户的小额贷款适当放宽抵押、担保条件，实行信用放贷。铁道部也提出：对贫困地区的煤炭、粮食、农用物资和农副产品的运输实行倾斜政策，对捐赠给灾区和贫困地区的救灾物资，积极搞好运输工作。

定点扶贫政策既是中国扶贫开发政策的有机组成部分，也是中国政府主导扶贫模式的重要组成部分。

（六）对口扶贫政策

早在1979年，我国的相对发达地区和相对落后地区之间就搞过对口支援合作。其后，这项政策逐步成熟。1996年全国扶贫工作会议明确提出要搞好对口扶贫工作，其目的是动员东部发达省、直辖市的力量来支持西部贫困地区的发展和贫困人口的脱贫。其特点是强调扶贫与经济协作的有机统一。也就是说，除了扶贫目标外，还有调整产业结构和开拓市场等旨在共同发展、共同富裕的目标。

根据国务院扶贫领导小组的安排，从1996年开始，东部沿海的15个发达省、直辖市分别帮助西部的11个贫困省、自治区、直辖市。具体帮扶对象是：北京扶持内蒙古，天津扶持甘肃，上海扶持云南，广东扶持广西，江苏扶持陕西，浙江扶持四川，山东扶持新疆，辽宁扶持青海，福建扶持宁夏，深圳、青岛、大连和宁波共同扶持贵州，厦门、珠海帮扶重庆。根据“优势互补、互惠互利、长期合作、共同发展”的原则，开展多层次、全方位的扶贫协作。国务院扶贫开发领导小组还决定，坚持“一套马车拉到底”、“不脱贫不脱钩”的原则，即对口扶持一直要持续到被帮扶省、自治区绝对贫困问题基本解决。

与定点扶贫一样，对口扶贫政策不仅是通过先富帮后富、实现贫困地区与富裕地区共同发展的重要政策，也是中国政府主导扶贫模式的重要组成部分。

三、扶贫政策体系化阶段(1994～2000年)

这个阶段的主要特色可以概括为三点：①中央政府部署了《国家八七扶贫攻坚计划》，为了从政治高度确保“八七”扶贫攻坚计划能够顺利实现预定目标，国家增加了方方面面的扶贫投入。②提出了有利于中西部地区发展的规划。③针对“八七”计划的实施情况，对我国的扶贫政策体系做了进一步完善。

（一）编制国家扶贫规划

1979年以来，国家对扶贫工作的重视程度不断提高，扶贫政策也不断趋于完善，但没有编制过国家扶贫规划，也没有确立过何时消除农村绝对贫困的具体目标。1994年，中共中央、国务院在农村扶贫开发工作已经取得巨大成就的基础上，制定并部署实施《国家八七扶贫攻坚计划》。作为全国扶贫工作的纲领，《国家八七扶贫攻坚计划》最为显著的特点是确立了非常具体的目标，就是用7年时间，基本解决中国农村剩下的8000万贫困人口的温饱问题，争取不把绝对贫困带入21世纪。在中国历史上，绝对贫困是一直存在的社会现象，所以，这个旨在消灭农村绝对贫困的国家计划的实施，意味着我国以解决温饱为目标的扶贫开发工作进入了最后攻坚阶段，这个国家计划的完成，也将是中国农村居民首次全部跨入安居乐业门槛的标志。这是中华民族历史上的一件大事，具有十分重大的政治、经济和社会意义。

《国家八七扶贫攻坚计划》不仅确立了非常具体的目标，而且提出了比较具体的任务：①到20世纪末，绝大多数贫困户的年人均纯收入按1990年不变价格计算达到500元以上，并形成稳定解决温饱、减少返贫的基础条件。②加强贫困乡村水电路等基础设施建设，解决人畜饮水困难，使绝大多数贫困乡和有农贸市场、商品基地的地方通路、通电。③基本普及9年制义务教育，基本扫除青壮年文盲，积极开展农民技术培训，努力提供基本的医疗卫生服务，防治和减少地方病，把人口自然增长率控制在国家规定的范围内，改变贫困乡村教育、卫生的落后状态。

国家"八七"扶贫规划的制定和实施，拉开了我国农村扶贫攻坚的序幕，也表达了我国政府全面解决农村绝对贫困问题的信心和决心。

（二）把中西部的扶贫工作纳入国民经济发展综合规划

对中国来说，贫困问题并不是全局性的问题，但扶贫工作却由最初的局部性工作拓展为全局性的工作，拓展为全社会共同承担任务的一项工作。为了不把贫困带入21世纪，中央政府不仅制定了国家扶贫攻坚计划，而且把中西部扶贫工作纳入国民经济发展综合规划之中。

在第八届全国人民代表大会第四次会议批准的《中华人民共和国国民经济和社会发展"九五"计划和2010年远景目标纲要》中，为了加大对贫困现象比较集中的广大中西部地区的扶持力度，在政策上做出了如下系统性安排：①加强基础设施的建设。重点是搞好水利、交通、通信建设等基础设施建设，在同等条件下，优先在中西部地区安排资源开发和基础设施建设项目。在抓好新建项目的同时，也应充分利用现有的经济技术基础，发挥广大中西部地区的资源优势，适当调整加工工业的地区布局，引导资源加工型和劳动密集型产业向中西部地区转移，逐步把资源优势变为经济优势。②加强资金扶持力度。在财政资金方面：逐步规范中央财政转移支付制度，增加对中西部地区的财政支持。随着全国经济的发展和中央财政实力的增强，逐步提高中央财政用于支持中西部地区的比重；在贷款方面：逐步提高国家政策性贷款用于中西部地区的比重。在利用外资方面：在利用好国内资金的同时，引导外资更多地投向中西部地区。并保证国际金融组织和外国政府贷款的60%以上要用于中西部地区。③积极组织和倡导对中西部地区的援助。组织中央各部门、社会各界和东部沿海地区，以多种形式支援西藏等民族地区、三峡库区和贫困地区的工程建设。加强东部沿海地区与中西部地区的经济联合与技术合作。鼓励东部沿海地区向中西部地区投资，组织好中西部地区对东部沿海地区的劳务输出。东部沿海地区采取多种形式与中西部地区联合开发资源，利用中西部地区丰富的劳动力资源，发展劳动密集型产业。加强人才培训和交流。

在综合规划中制定对于广大中西部地区的扶持政策，标志着我国区域发展政策的完善和进步。在立足当地的资源优势的基础上，加大扶持的力度必将促进广大中西部地区经济的整体发展，而这将会对我国的扶贫工作起到积极的推动作用。

（三）完善扶贫政策体系

1996年，为了确保国家"八七"扶贫攻坚计划的顺利实施和如期完成，中共中央、国务院发布了《关于尽快解决农村贫困人口温饱问题的决定》，并制定一系列扶贫政策。

1. 增加资金投入政策

中央和地方两级政府都要增加扶贫投入，为此，国务院决定，从1997开始，再出台两项新的投入措施：①每年再增加15亿元中央财政资金，重点用于贫困面大的省、自治区，集中力量帮助贫困地区修建乡村公路、基本农田、人畜饮水设施和进行农民技术培训等。②每年再增加30亿元的扶贫贴息贷款，新增扶贫贴息贷款主要扶持种植业和养殖业的发展，重点支持经济效益好、农户增收效果显著和还贷风险小的项目。国有商业银行每年也要拿出一定比例的资金用于扶贫开发项目。地方投入的财政扶贫资金比例，根据各省、自治区的经济和财政状况，要达到中央财政扶贫投入的30%～50%。

2. 资金管理政策

为严格管理各项扶贫资金，努力提高使用效益，政策规定：今后中央的各类专项扶贫资金要全部用于国定贫困县。中央专项扶贫资金的分配和使用，要和分级负责、以省（自治区）为主的扶贫责任制结合起来，和扶贫攻坚任务结合起来，与解决温饱问题的进度直接挂钩，做到资金到省（自治区），权力到省（自治区），任务到省（自治区），责任到省（自治区）。所有到省（自治区）的扶贫资金，一律由省（自治区）政府统一安排使用，由省（自治区）扶贫开发领导小组具体负责，组织各有关部门规划和实施项目。

3. 少取多予的政策

对所有尚未解决温饱问题的贫困户，免除粮食定购任务；根据扶贫开发的特点和需要，适当延长扶贫贷款的使用期限，放宽抵押和担保条件；对所有尚未解决温饱问题的贫困户，按照农业税条例的有关规定，减免农业税和农业特产税；逐步加大对贫困地区转移支付的力度，为贫困地区提供更大的财力支持；对贫困县新办企业和发达地区到贫困地区兴办的企业，在前3年免征所得税；从1996年起，根据谁受益、谁负担的原则，适当提高库区建设基金和库区维护基金标准，专项用于解决水库移民的温饱问题；《国家八七扶贫攻坚计划》所确定的优惠政策，在2000年以前继续执行。

4. 完善定点扶贫和对口扶贫政策

定点扶贫方面：国务院各部门在实施"九五"计划时，要和《国家八七扶贫攻坚计划》的实施相衔接，优先向集中连片的贫困地区安排一批水利、交通等基础设施项目和资源开发项目，带动当地农户就业，脱贫致富，并且规定不脱贫不脱钩；在对口扶贫方面：继续组织沿海发达省、直辖市对口帮扶西部贫困省、自治区。对口帮扶的任务要落实到县，协作要落实到企业和项目。组织东部沿海富裕县和西部贫困县结成对子，进行经济合作，开展干部交流。动员东部沿海富裕县的企业到西部贫困县去，利用人才、技术、信息、市场、管理、奖金等各种优势，在互利互惠的基础上与贫困县共同开发当地资源。

为确保"八七"扶贫目标顺利实现的一系列政策，我国政府在资金上加大了投入，并进一步制定政策，确保扶贫资金的使用效率；除增加资金的投入外，中国政府对广大贫困地区采取了多予少取的财政税收政策，给予贫困户和贫困地区的企业在税收上的减免；改变贫困地区的面貌，利用自身优势资源发展经济很重要，但政府部门和先富地区的支持同样必不可少，因而中国政府调动各方力量，大力发展定点扶贫和对口扶贫。上述这些扶贫政策完善了我国的扶贫政策体系，同时也取得了非常好的政策效果。

四、可持续扶贫政策阶段（2001 年以来）

2001 年 5 月召开的中央扶贫开发工作会议，颁布了《中国农村扶贫开发纲要（2001～2010 年）》（以下简称《纲要》）。这是继国家“八七”计划之后的又一个指导全国扶贫开发的纲领性文件。《纲要》明确提出了今后 10 年，即 2001～2010 年农村扶贫开发的奋斗目标、基本方针、对象和重点以及主要政策措施。以此为标志，中国农村扶贫开发工作进入了一个新阶段。新阶段扶贫开发工作的重点是：以实施村级扶贫规划为切入点实现整村推进，改善贫困地区的生产条件和贫困农户的生活条件；以劳动力转移培训为切入点，提高贫困农民的综合素质和获得非农就业的能力；以发展龙头企业为切入点，促进贫困地区提升产业结构，增加贫困农户的经济收入。这三项工作的关系，可以形象地比喻为“一体两翼”，就像鸟的一个身体和两个翅膀。整村推进，改善基本生产生活条件，是鸟的身体；通过培训促进劳动力转移，通过发展龙头企业提升贫困地区的产业结构和培育县域经济，是鸟的两翼。

（一）整村推进政策

1. 政策的背景

进入 21 世纪后，农村贫困人口的分布更为分散了，贫困相对集中的基本单元也变得更小了。为了适宜这种变化，扶贫工作的重心必须下沉到村组。这就是国家把整村推进作为新世纪扶贫开发工作的主要原因。整村推进的工作程序是：①采用利益相关者广泛参与的方式，以村为单位进行贫困识别，把贫困比较集中的村筛选出来。全国共确定了 14.8 万个贫困村，覆盖了 80% 左右的贫困人口。②在被确定的贫困村内，采用参与式方法编制村级扶贫规划，规划内容主要包括改善社区基础设施、发展社区公益事业和培育增收产业三个方面。具体的程序是：由参加规划编制的村民代表（通常为每个村民小组 4 人，两男两女，总共 30 人左右）把村里的农户划分为救济户、特困户、贫困户和一般户；分析贫困的原因，根据贫困的原因确定需要解决的问题，根据需解决的问题找出减缓贫困的措施；通过 SWOT（优势、劣势、机会、风险）分析和经济、技术、社会、生态四方面的可行性评价，筛选出各方面的备选措施，然后由所有农户表达对各项措施的参与意愿。最后，把所有农户的参与意愿加以汇总，就得到了做什么和做多少的村级扶贫规划。到 2004 年底，已有 9.5 万个贫困村制订了村级扶贫开发规划。第三，以村为单位投放扶贫资金，依靠农户的广泛参与，全面实施村级扶贫规划。由于立足于整个贫困村和所有贫困农户的发展，所以称之为整村推进。至今，按规划已完成了 3 万个村的扶贫开发任务。

2. 政策内容

《国务院扶贫开发领导小组关于做好 2001 年扶贫开发工作的通知》强调：首先，应以贫困村为基本单位，集中力量，改善以“山、水、田、林、路”为代表的生产条件。为贫困村、贫困户稳定解决温饱问题创造必要的条件。其次，以种植业为突破口，通过支持贫困农户发展种养业，来进一步提高贫困农户的经济收入。再次，要针对市场情况，来安排生产和经营，来进行农村经济结构调整。最后，在资金支持上通过小额信贷等来加强对贫困农户发展种养业的支持。

从以上各项政策我们可以看出，在以村为单位进行扶贫开发时，我国开始强调农村整体生产条件的改善，并且强调要立足自身资源，以市场为导向，发展种养业。

《关于进一步做好贫困村扶贫工作的通知》(2003年)强调：国家扶贫开发工作重点县必须要把扶贫工作重点放在贫困村上。力争“十五”期间的扶贫开发有一个明显突破，并提出了当时工作的政策指导：①贫困村扶贫工作的主要目标与任务。把发展生产力，提高贫困人口自我发展能力，稳定解决温饱问题，增加经济收入，为达到小康创造条件，作为贫困村扶贫开发的主要目标。把改善生产生活条件等基础设施建设作为扶贫工作的主要任务。②统筹安排，分期分批整村推进政策。在深入调查摸底的前提下，统筹安排，科学规划，实行整村推进，确保所有贫困村在2010年之前都得到有效扶持。③强化各级在贫困村扶贫工作中的责任。省(自治区、直辖市)要按照“省负总责，县抓落实，工作到村，扶贫到户”的要求，实行分级负责制，省(自治区、直辖市)抓县，地(州、盟)、县抓村，具体明确各级在推进贫困村扶贫工作中的责任。④认真落实贫困村扶贫工作的各项政策。一是省(自治区、直辖市)要积极采取有效措施，进一步加强对各项扶贫资金的统筹捆绑力度，集中优先投向正在实施规划的贫困村，确保贫困村资金的支持强度；二是省、地、县三级要通盘考虑，合理安排党政机关定点帮扶工作，进一步强化对贫困村的帮扶，确保每个贫困村都有帮扶单位；要加强每个贫困村帮扶力量的协调配合，形成合力；三是要坚持以人为本，实行分类扶持，要在摸准情况的基础上，对每个贫困户建档立卡，扶持工作要紧紧围绕贫困人口特点采取针对性的措施；四是要在发展特色产业上下功夫，把它作为增加农民收入的现实和有效来源。⑤加强贫困村扶贫工作的管理。一是对贫困村规划实施的进展情况进行全面的动态监测，及时发现和解决整村推进中出现的问题；二是把检查和审计结合起来，会同同级审计部门对贫困村扶贫资金的安排使用进行审计；三是进一步严格奖惩措施，依据监测、检查和审计结果奖优罚劣，采取相应措施。

比照2001年时的政策，2003年的整村推进政策在目标与任务上更为明确，更加强调贫困地区经济的发展和提高贫困人口的自我发展能力；在整体发展规划方面，根据不同贫困地区的贫困程度来搞好整村规划，体系性更强了；在整村推进的责任制度方面更为完善了，如很好地明确了各级政府的责任，并且在扶贫责任落实到人方面也更明晰了，增加了政策的可操作性；此外，在对贫困村的监控方面，政策更加具有配套性和连续性，如把对贫困村的检查与审计结合起来，把检查结果与后续措施结合起来。从总体看，2003年的政策较2001年的政策在体系性、可操作性、明确性等方面都有较大程度进步。

3. 参与制度

推行参与制度的主要依据：农村扶贫的实践证明，政府主导选择的扶贫项目，往往与农民的实际需要有一定偏差，成为引发基层政府与农民矛盾的导火索，也是影响扶贫绩效的重要原因。政府选择扶贫项目最大的弊端在于政府对实施扶贫项目的当地实际情况可能并不十分了解，与之形成鲜明对照的是长期生活在当地的农民对社区特色的判断，对社区发展目标的确立和发展举措的选择，是不大可能脱离实际的。所以，贫困村发展规划的制订必须以农民为主体，而且不宜过多地干预农村社区和农民的选择。

在政策设计上，《中国农村扶贫开发纲要(2001~2010年)》改变了以往的政府主导的扶贫方式，更加注重农村基层组织在动员和组织群众参加改变自身命运的扶贫开发中发挥的重大作用。强调要加强贫困地区农村基层组织建设，并以此提高农户的自我组织程度，引导农户积极参与扶贫开发。

扶贫主管部门在整村推进工作中采用参与制度的结果表明，扶贫项目的选择更加切合实际了，农户，特别是贫困农户，对村级扶贫规划的认同程度和参与实施的积极性都大大提高了。

4. 公示制度

长期以来，扶贫项目和扶贫资金的管理存在着3个问题：①扶贫项目的配置不公平，如贫困村拿不到扶贫项目，非贫困村却拿到扶贫项目，有的贫困村拿不到扶贫项目，有的贫困村拿到很多扶贫项目，以及扶贫资金到位不及时，有滞留、抵扣、挪用的现象。②在扶贫项目实施过程中，擅自改变项目内容和资金投向的现象。③扶贫项目的确定和扶贫资金的使用不透明，难以进行监督检查。而所谓公示制度，就是通过扶贫项目选择结果、运行过程和实施结果的公开，让所有被政府扶贫政策瞄准的利益相关者和关注政府扶贫的机构和个人，了解政府扶贫项目确定的程序、选择的结果和实施的结果，以及扶贫资金拟投放的时间和投放量、实际到位时间和到位量的情况。公示制度是对扶贫项目和扶贫资金进行有效监督，有效地防止扶贫项目虚报及财政资金被挪用现象发生的重要制度。

2004年国务院扶贫开发领导小组印发了《关于建立和推行扶贫资金项目公告公示制度的通知》，对公告公示的对象、主要内容、公告公示的形式、时限和反馈意见的受理等内容，做出了明确的规定，并要求各省（自治区、直辖市）制定具体的实施办法。其后，许多省份制定了实施办法，采取了有针对性的措施。青海、重庆、贵州等省、直辖市的扶贫部门推行“扶贫项目资金公示制度”的结果表明：对国家投资和补助的扶贫项目实行公示制度，提高了扶贫项目和扶贫资金配置的公平性，抑制了扶贫资金被挪用的现象，提高了资金的使用效率，实现了很好的扶贫效果。

（二）劳动力转移培训政策

《中国农村扶贫开发纲要（2001~2010年）》指出：应积极稳妥地扩大贫困地区劳务输出。加强贫困地区劳动力的职业技能培训，组织和引导劳动力健康有序流动。沿海发达地区和大中城市要按照同等优先的原则，积极吸纳贫困地区劳动力在本地区就业。贫困地区和发达地区可以就劳务输出结成对子，开展劳务协作。输入地和输出地双方政府都有责任保障输出劳动力的合法权益，关心他们的工作、生活，帮助解决实际困难和问题。

尽管在以往的扶贫政策中也对劳动力的培训作了相关规定，但在劳务收入在农民收入中所处地位越来越重要的背景下，我国政府提倡要引导劳动力的合理流动，并把保护进城务工人员的合法权益放在一个突出的地位，体现了扶贫政策的体系性和实效性。

中共中央、国务院《关于进一步加强农村工作提高农业综合生产能力若干政策的意见》（2004年12月）强调：全面开展农民职业技能培训工作。要结合农业结构调整、发展特色农业和生产实际的需要，开展针对性强、务实有效、通俗易懂的农业科技培训。农村中学也要加强农业先进实用技术教育。适应产业结构升级和提高竞争力的需要，进一步搞好农民转业转岗培训工作，扩大“农村劳动力转移培训阳光工程”实施规模，加快农村劳动力转移。各级财政要大幅度增加农民职业技能培训投入，采取补助、培训券、报账制等方式，努力提高培训的实用性和资金的使用效率。广泛调动社会各方面力量参与农民职业技能培训的积极性。

在《中国农村扶贫开发纲要（2001~2010年）》的基础上，2004年中国扶贫政策中的农村劳动力转移政策强调在规模上要扩大、在转移速度上要加快，同时为保证此项政策的顺利实施，提出了补助、培训、报账制等促进劳动力转移的创新手段，提高了农村劳动力转移政策的可操作性。

（三）产业化扶贫政策

《中国农村扶贫开发纲要（2001～2010年）》强调要积极推进农业产业化经营。对具有资源优势和市场需求的农产品生产，要按照产业化发展方向，连片规划建设，形成有特色的区域性主导产业。积极采用“公司加农户”和订单农业的发展模式。引导和鼓励具有市场开拓能力的大中型农产品加工企业，到贫困地区建立原料生产基地，为贫困农户提供产前、产中、产后系列化服务，形成贸工农一体化、产供销一条龙的产业化经营。加强贫困地区农产品批发市场建设，进一步搞活流通，逐步形成规模化、专业化的生产格局。

中共中央、国务院《关于进一步加强农村工作提高农业综合生产能力若干政策的意见》（2004年12月）重点强调了发展农业产业化经营。在政策上作出如下安排：首先，继续加大对多种所有制、多种经营形式的农业产业化龙头企业的支持力度。其次，支持农民专业合作组织发展，对专业合作组织及其所办加工、流通实体适当减免有关税费。最后，鼓励乡镇企业加快结构调整、技术进步和体制创新，积极参与农业产业化经营。

2004年的产业化扶贫政策，把《中国农村扶贫开发纲要（2001～2010年）》中关于产业发展的政策进行了细化，如在资金上提出了对龙头企业支持政策，在农民专业化合作组织的发展上提供税收的优惠等。通过这些细化的政策为产业化的发展增添了新动力。

第二节 扶贫方式上的政策演变

在中国，减缓贫困是一项以政府为主导，以发展经济为中心的综合性的社会系统工程。在20世纪50年代初至70年代末的30年间，我国对农村贫困人口实行的是救济式的扶贫政策。贫困人口维持温饱所需的最低生活需求，主要靠集体经济组织预留的公益金和政府提供的救济金来满足。20世纪80年代中期，我国的扶贫方式由救济式转为开发式，这是扶贫政策的根本性转变。所谓开发式扶贫，就是以经济建设为中心，以科技创新和基础设施建设为先导，改善贫困地区发展经济的条件，使生产的发展和当地资源比较优势的发挥有机地结合起来，在经济剩余较快增加的基础上逐步提高贫困农户的自我积累和自我发展能力，从根本上解决贫困问题。进入新世纪后，针对贫困人口构成发生较为显著变化的实际情况，我国开始实行扶贫开发与贫困救助相结合的政策，以期满足不同类型的贫困人口的不同需求，以期取得较好的扶贫效果。

一、救济式扶贫政策

救济式扶贫是中国传统的扶贫形式，1949～1979年，我国采取的仍然是救济性扶贫方式。

1949年后，为了集中农村剩余用于大规模的经济建设，走的是“以农补工”的道路。由于这个阶段农村居民普遍处于贫困状态，所以只能将完全丧失劳动能力，且没有可承担赡养责任的亲属的绝对贫困人口（“五保户”）作为扶贫对象，由于这部分人没有生产能力，只能采取救济性的扶贫方式，即通过救济，使这部分绝对贫困人口能够维持最低水平的温饱。承担救济责任的主体，实际上是这部分绝对贫困人口所在的社区。在农村实行人民公社体制的 20 多年时间里，救济所需主要来源于集体经济组织预留的公益金。对于分布在“老、边、少”地区，绝对贫困人口比例很大的农村社区，以及由突发性灾害造成的很大比例的绝对贫困，由国家给予救济专款，这是国家财政每年都有的专项支出，1977 年财政部设立的“边境建设事业补助费”，就属于此类款项。当时，绝对贫困人口得到的救济以实物为主，主要是粮食。

1978 年底，中国政府率先在最贫困的农村社区推行农业生产责任制，很快就产生了减缓贫困的效果。于是，各种形式的农业生产责任制开始在各地农村推广。随着农业联产承包责任制在全国农村的普遍实行，被人民公社体制束缚的农业生产率充分地释放出来了，全国一半的贫困人口通过这种方式脱了贫。这一变化不仅证明向贫困农民赋权是减缓贫困的重要途径，而且为国家将救济性扶贫政策改为开发性扶贫政策创造了极为有利的条件。

二、开发式扶贫政策

“由救济式向开发式的过渡，标志着中国扶贫方式由‘输血式’向‘造血式’的历史性转变”。广大贫困地区，在国家必要的扶持下，利用贫困地区丰富的自然资源，进行开发性的经济建设，发展商品生产，启动内部活力，走依靠自我脱贫致富的道路，这是一项带有根本性的转变。十一届三中全会以来扶贫开发工作取得的成功经验之一，就是把救济式扶贫改变为开发式扶贫。

开发式扶贫，是对传统的救济式扶贫的改革和调整，是我国政府扶贫政策的核心和基础。实行开发式扶贫的方针，就是以经济建设为中心，支持和鼓励贫困地区的干部、群众开发当地资源、发展商品生产，改善生产条件，增强自我积累、自我发展的能力。

（一）开发式扶贫的开端

1984 年 3 月中共中央书记处农村政策研究室会同民政部，就加强扶助农村贫困户的工作，向各地发出通报，并制定了具体的政策来“扶志又扶本，扶上生产致富之路”，比如：让贫困户优先承包好地，优先安排使用队里的耕牛、农具、排灌设备，优先供应紧缺的生产资料，帮助种好责任田。生产队暂时划出部分机动地，给贫困户种植经济作物。将队里的空闲房屋、畜舍等借给贫困户使用。从集体羊群中划出一部分母羊归贫困户使用，产下的羊羔归贫困户，脱贫后归还原扶持的母羊。

这种“扶志又扶本”的政策，改变了以往对贫困户的单纯救济方式，提倡在集体经济的帮助下，通过生产资源的优先安排来发展生产，提高农户的自我脱贫能力。在政策取向上有着很大程度的进步。

（二）扶贫方式由救济式向开发式的转变

为了用开发式扶贫方式替代救济式扶贫方式，政府提出了下列政策举措：首先，强调通过发展工业来增加就业，提高农民收入；其次，号召通过兴办乡村扶贫经济实体来吸纳劳动力，实现脱贫致富；再次，把智力开发摆到重要的位置，提倡以在乡知识青年为重点，开展大规模的农民技术培训；最后，坚持把科学技术作为经济开发的支柱，集中力量抓好现有实用技术的推广和运用。

如果说在开发式扶贫开端中的"扶志又扶本"政策还局限于发展农业生产，那么在由救济式向开发式的转变过程中，政府政策已经开始重视经济实体与工业发展对扶贫的推动作用，也更加强调农民的智力开发和科技在扶贫工作中的作用。

(三)"八七"计划中对扶贫开发的规定

实行开发式扶贫，是彻底改变贫困地区落后面貌的有力措施，也是我国扶贫的基本经验。实践证明，实行开发式扶贫，以市场需求为导向，依靠科技进步，开发利用当地资源，发展商品生产，不仅能解决群众温饱，而且可以脱贫致富。这样，把国家的扶持同贫困地区干部群众自力更生、艰苦奋斗结合起来，立足当地实际搞开发扶贫，这是扶贫工作的一个根本性转变，是一个重大创造。坚持开发式扶贫方针，以经济建设为中心，引导贫困地区群众在国家必要的帮助和支持下，开发当地资源，发展商品生产，改善生产条件和生态环境，通过发展生产力，提高贫困农户自我积累、自我发展能力是扶贫成功的关键。

《国家八七扶贫攻坚计划》在维持生存的基本农田，增加收入的种养业，以及劳动力转移方面上树立了切实可行的定量化目标，使得开发式扶贫的目标更为清晰，操作性更强。

三、扶贫开发与贫困救助相结合政策

(一)扶贫开发与贫困救助相结合的必要性

1999年，为实现"八七"扶贫计划的目标，我国政府对扶贫对象的复杂性进行了分析，指出我国扶贫工作的长期性，并提出了开发式与救助式相结合的扶贫政策。

1. 扶贫对象的复杂性

基本解决群众温饱，是指在正常年景下，通过发展生产，满足大多数贫困人口基本的生存需要。截至1998年底，尚未解决温饱的4200万人当中，一部分是丧失劳动能力的残疾人和社会保障对象，需要家庭供养和社会救助。这类贫困人口的生活，可以随着经济发展和社会保障制度的完善而逐步改善。还有一部分人生活在自然环境十分恶劣的地区，缺乏基本生产生活条件，有些需要搬迁移民，不可能在短期内全部解决温饱。除了这些特殊的贫困人口，其余的贫困人口一定要争取在两年内通过扶贫开发解决他们的温饱问题。

2. 扶贫工作的长期性

由于我国将长期处于社会主义初级阶段，在较长时期内仍会存在贫困地区、贫困人口和贫困现象。基本解决农村贫困人口温饱问题以后，仍会有一部分贫困人口的温饱问题不能完全解决，需要继续扶持；一些初步解决温饱问题的群众，由于生产生活条件尚未得到根本改变，一遇灾害极易返贫，他们的温饱是不稳定的，需要巩固提高；现在基本解决了温饱的贫困人口，标准还很低。在这个基础上实现小康、进而过上比较宽裕的生活，需要一个长期的奋斗过程。至于从根本上改变贫困地区经济社会的落后状况，缩小东西部地区的发展差距，更是一个长期的历史性任务。这些情况决定了扶贫开发，消除贫困，缩小地区差距将贯穿于社会主义初级阶段的历史过程。

3. 扶贫政策的综合性

因而，在继续坚持开发式扶贫为主的扶贫活动的同时，也需要考虑到极端贫困人口中相当一部分已经失去劳动能力人口的生活保障需要。因此，应当致力于建立一个以开发式扶贫为主并有针对性地结合救助式扶贫的综合扶贫体系。

（二）充分重视救助式扶贫方式

1. 贫困人口的分布特点

经过20多年的努力，截至2004年底，我国农村的绝对贫困人口已经从2.5亿减少到了2610万，扶贫事业取得很大成就。

我国目前剩下的2610万贫困人口多生活在缺土的西南大石山区，缺水的西北黄土高原地区，水土流失严重的秦巴贫困山区以及积温严重不足的青藏高寒区，这些地区自然条件恶劣，投入与产出效益反差大，很多措施难以奏效。在原来贫困人口规模很大的时候，贫困人口中有90%以上是可以扶持的，但随着扶贫力度的加大以及时间的推延，可扶持的人越来越少。另外，还存在瞄准遗漏的贫困人口，可以说我国目前贫困人口的结构已经改变，扶贫的难度加大。

2. 扶贫方式侧重点的转移

目前中国主要采取开发式扶贫方式。即通过一定的项目，帮助贫困人群利用当地资源自我发展。包含从生产加工项目投资，改善生产和生活条件，到改善生态环境，修建基础设施，发展教育和卫生事业，直至救济和建立社会安全网等极为广泛的内容。但面对扶贫攻坚战的到来，继续沿用开发性扶贫方式，不仅成本高，而且因为问题本身已经改变了，以致这样的方法很难根本解决问题。针对剩余的不易从开发性扶贫中受益的贫困人口，可以采用教育补贴、迁移补贴以及建立和完善农村社会保障体系等救助性扶贫政策来降低贫困发生率。

第三节　目标瞄准政策的演进

扶贫开发着眼于贫困人口的生存和发展，自始至终体现以人为本的原则，从“三西”地区农业建设，到全国范围有组织、有计划、大规模的扶贫开发，再到《国家八七扶贫攻坚计划》的实施，到目前的新阶段扶贫开发，无不强调把解决贫困人口温饱和增加贫困人口收入作为扶贫开发的核心内容和目标。

为了更好地瞄准贫困人口，国家在不同时期，针对不同的贫困人口分布特点，采取了不同的办法。在20世纪80年代中期到20世纪末，我国贫困人口分布较为集中，大部分分布在18个集中连片贫困地区，我国采取了区域瞄准政策；其后，针对贫困人口“大集中、小分散”的特点，我国的扶贫开发，主要以县为单位组织实施，有着很高的覆盖率。比如，1993年列入《国家八七扶贫攻坚计划》的国家重点扶持贫困县共有592个，就覆盖了当时全国贫困人口的72.6%。到“八七”计划的最后两三年，这种分布状况已经有了较大变化，因此虽然仍以县为单位组织扶贫开发，但强调要进村入户。而到了现阶段，在调整和确定592个国家扶贫开发工作重点县时，在2003年重点县贫困人口已经减少到55%；而从重点县本身来看，重点县绝对贫困人口和低收入贫困人口只占其农村人口的8.8%和15.5%。而全国确定的14.8万个贫困村覆盖的贫困人口则达到76.0%，贫困村贫困人口比例达到33.5%。所以适应这种贫困人口的分布特点，我国在扶贫政策上强调贫困村瞄准。

一、区域瞄准政策

（一）局部的特困地区瞄准

改革开放初期，农村普遍处于贫困状态，国家财政转移支付能力极为有限，无力开展全国性的扶贫工作，所以最初瞄准的是局部特困地区，即贫困发生率极高，贫困程度极重的地区。当时国家瞄准的是甘肃的河西、定西地区和宁夏的西海固地区，即“三西”地区。1982年，国家计划委员会、国家经济委员会提出“三西”地区农业建设的构想，即兴河西、河套产粮之利，济定西、西海固之贫；逐步发展林、草，变生态环境的恶性循环为良性循环；对定西和西海固实行以工代赈，扶助生产建设；组织定西和西海固人口密度过大、生产生活条件极端困难的地区，采取“拉吊庄”的办法，有计划地把一部分人口疏散到当地的新灌区和河西、河套地区，做到山川共济，统一规划，互相促进。

“三西”建设可以看作是区域瞄准的一个典型。“三西”地区自然条件恶劣：①年降水量一般在300mm左右，旱灾频繁严重。②自然植被破坏与水土流失极端严重。当时，我国在农业的区域性开发建设方面还缺乏经验，特别是开发建设“三西”地区的路子究竟怎么走，还在摸索当中。如果“三西”建设取得成功，那将对在其他地区进行农业的区域性开发建设，形成较好的示范作用。

（二）集中连片贫困地区瞄准

1984年，中共中央、国务院发出《关于帮助贫困地区尽快改变面貌的通知》。《通知》指出：当前扶贫工作要突出重点，目前应集中力量解决十几个连片贫困地区的问题。

1986年，中共中央、国务院发出《关于一九八六年农村工作的部署》。文件指出，“当前应把重点放在帮助那些至今尚未解决温饱的最贫困地区”，并强调：全国仍有一部分地区，主要是一些少数民族地区和为中国革命作出过巨大贡献的革命老根据地，以及边远山区和水库移民区，生产条件很差，社会生产力发展缓慢，经济文化落后，部分农民的温饱问题尚未解决。这是一个重大经济问题和社会问题。中共中央和国务院对此十分关怀和重视。各级领导部门必须下大的决心，争取在“七五”期间解决大多数贫困地区人民的温饱问题，并在这个基础上，使贫困地区初步形成依靠自身力量发展商品经济的能力，逐步摆脱贫困，走向富裕。

我国选择集中连片地区作为扶贫开发瞄准的对象，首先是因为当时我国十八个集中连片地区的贫困人口集中度高；其次是在经济发展上具备了一定实力，开始对贫困问题给予更大的关注度；最后是由于有了在“三西”扶贫的成功经验，我国可以选择在更大范围内推广。

二、贫困县瞄准

（一）贫困县瞄准的开端

1986年9月，国务院贫困地区经济开发领导小组在第三次全体会议上专题研究新增10亿元专项贴息贷款的分配问题和管理暂行办法。会议决定：这项贴息贷款分配的标准为：①1985年全县农民人均纯收入150元以下的县。②1985年全县农民人均纯收入150~200元的革命老区县和少数民族自治县。③井冈山、赣南、闽西南、武陵山、大巴山、大别山、太行山和沂蒙山等对革命贡献大、影响大的革命老根据地中，1985年全县农民人均纯收入200～300元的县，以及内蒙古、青海、新疆等少数民族贫困县。按照上述标准，全国需要扶持的有258个县，其中83个贫困县农民人均纯收入低于150元，82个县在150～200元，93个县在200～300元。只有1/3的县符合150元的最低标准，这表明贫困县的选择具有很强的政治性。

（二）贫困县的调整

1987年，13个革命老区县和2个其他县被列为国定贫困县。

1988年，27个牧区和半牧区县被定为贫困县。加上自20世纪80年代初期以来就一直得到国家财政援助的"三西"地区（甘肃的定西、河西地区和宁夏的西海固地区）的贫困县，国定贫困县的总数在1988年达到328个。

中央政府要求各省（自治区）确定靠省财政支持的省级贫困县。到1988年，共有370个县被确定为省级贫困县。

1989年，海南从广东独立出来建省，国家又在海南确定了3个国定贫困县。到1993年，进入"八七扶贫攻坚计划"的海南国定贫困县增加到5个。1997年，重庆正式成为中国第四个和西部地区唯一的直辖市。2002年，重庆重点贫困县为14个。

1993年，中国政府制订了"八七扶贫攻坚计划"，决心在20世纪末基本消灭中国的绝对贫困问题。考虑到1986年确定贫困县以来的变化，调整国定贫困县已经十分必要。尽管农村贫困人口从1985年的1.25亿下降到1993年的8000万，调整后的国定贫困县却从331个增加到592个。扶贫领导小组将1990年农民人均纯收入300元作为划分新贫困县的标准，符合这一标准的贫困县只有326个。由于贫困县可以享受各种补贴和优惠资源，要将以往的贫困县从贫困县名单中去除必然会遭到强烈反对。结果，很少有贫困县从名单中去除，反而增加了很多新的贫困县。

2001年5月，国务院制订了《中国农村扶贫开发纲要（2001～2010年）》，国家在中西部21个省（自治区、直辖市）的少数民族地区；革命老区、边疆地区和贫困地区确定了592个县，作为新阶段国家扶贫开发工作重点县。辽宁、山东、广东、福建和浙江五省的33个贫困县调出，由省财政安排；西藏作为一个重点扶持单元，其原有的5个贫困县调出，中央另外配备专项扶贫资金。

我国实行了贫困县瞄准是为了更好地瞄准扶贫目标，但在最初的贫困县瞄准当中还是以"老、少、边、穷"地区的贫困县为主，当然在具体实施过程中也考虑到一些非经济因素；在其后的贫困县调整中，国家始终坚持贫困人口的覆盖率，如在"八七"扶贫攻坚计划中确定的贫困县覆盖了全部贫困人口的72.6%；值得关注的是在《中国农村扶贫开发纲要（2001～2010年）》中确定的贫困县中对发达省份的贫困县进行了剔除。通过上述一系列政策安排，我国实现了对贫困人口的较高覆盖率。

三、贫困村瞄准

（一）扶贫到村政策

1．政策实施的背景

在20世纪80年代，我国的财政扶贫对象主要是贫困县。这种扶贫方式的优点在于，它可以通过各县经济的快速增长，使贫困状况有所缓解，人均GDP、人均GNP、人均国民收入有所提高。由于这三者是衡量一个地区整体经济实力的重要标志，所以，一个地区整体经济水平的提高，也就意味着在一定程度上缓解了该地区的贫困状态。但是，在实际实行中却存在着不少问题，最主要的是以贫困县为扶贫对象的做法往往会出现对贫困人口的遗漏。这是因为各贫困县得到中央和省级扶贫资金后，在绝大多数的情况下是按照“效率原则”使用和分配的。贫困人口所处的自然条件恶劣、基础设施落后、自身竞争能力低下，在竞争中处于不利地位。贫困县为了追求经济增长，在安排扶贫资金、发放扶贫物质时往往会挑选条件相对好的贫困人口甚至是非贫困人口，而不是最贫困人口。在扶贫有偿资金的使用上，由于特困户还贷能力差，难以找到担保，无法得到有偿资金。同时，能够使大多数贫困人口受益的种植业和养殖业等项目，由于还贷周期长、比较效益低，很难得到资助。另外，在以各级地方为主投资的工业企业中，传统的计划色彩浓厚，经济效益极差，所创造的就业机会不仅有限，而且大多数被各类“地方权势人物”所把持，贫困人口无法从中收益。显然，这样的财政扶贫方式虽有它的优点，但扶贫的面积大、投资多，而真正的贫困人口收益小，是扶贫中的一大缺陷。

2. 扶贫到村政策

为了缩小扶贫对象的规模，提高扶贫措施的效率，使真正的贫困人口尽快脱贫致富，20世纪90年代初开始对以往扶贫只对贫困地区不对贫困人口的方式进行了改革。确定财政扶贫以贫困户和贫困户占绝大多数的自然村为对象，这是1990年以后我国财政扶贫方式的又一大转变。

进入21世纪后，全国农村贫困人口的分布状况发生了很大变化，集中连片、大面积的区域性贫困现象明显减少，目前更多地表现为大分散、小集中的特点。即使在国家扶贫开发工作重点县，贫困人口也主要集中分布在一些地处偏远、交通不便、条件恶劣的贫困村。贫困人口分布的新格局，要求对扶贫方式进行相应的更有针对性的调整，扶贫开发工作必须下沉到村，扶持到户。因此，新阶段扶贫开发要以贫困人口集中的贫困村为重点，以村为单位制定和实施扶贫开发规划，一次规划、整村推进。这是新阶段扶贫开发工作的一个创新。

新阶段的扶贫开发到村到户，强调以县为基本单元，以贫困村为基础，广泛动员群众参与，制定规划，分年实施，分期投入，分期分批解决问题，也即要实施“整村推进”。国务院扶贫办于2003年发出《关于进一步做好贫困村扶贫工作的通知》，对整村推进做出工作部署。2004年扶贫办又将集中力量实施整村推进计划列为当年九项工作之首。

从2001年下半年开始，国务院扶贫办组织全国各省（自治区、直辖市）用了近一年的时间，经过自上而下、自下而上的规划过程，在全国确定了14.8万个贫困村，覆盖了80%左右的贫困人口。到2004年底，多数贫困村已经完成了村级扶贫规划的制定工作，已经启动实施规划的有5.6万个村。实践证明，“整村推进”是一项直接有效的扶贫方式，有利于整合资金，集中力量，从根本上整体改变重点贫困村的贫困状况，得到了贫困地区群众的拥护和欢迎。实施“整村推进”，不仅是一项重要的扶贫措施，也是解决好“三农”问题、帮助贫困村实现小康的现实途径。

（二）扶贫到户政策

在20世纪90年代初，我国实施的扶贫到户到村政策中，对到户政策进行了强调。它与我国长期以来对贫困户的救济政策有着本质的区别。对贫困户的救济虽然也以贫困户为对象，但目的是维持他们的生存。而转变后的以贫困人口为对象的扶贫方式，是帮助、支持贫困人口发展经济，由他们自己脱贫致富，财政主要投资在贫困户的家庭种植业、养殖业、加工业等项目上。

1．扶贫到户的对象

主要是还没有解决温饱的贫困户，对这些贫困户我国采取了优先扶持措施，力争全面覆盖。

2．扶贫到户的重点

是切实解决好如下问题：①扶贫到户的首要目的是解决温饱问题。②扶贫信贷资金到户，要特别注意社会效益和经济效益的统一，还要能按期还贷。③扶贫到户要实事求是，因地因户制宜，尊重贫困户的意愿，发挥贫困户的主动性、积极性。④各部门要通力合作，积极搞好小额贷款的试验和推广。

3．扶贫到户的形式

扶贫到户是我国解决群众温饱问题的关键措施。全国各地创造了很多扶贫到户的有效形式，其中比较突出的有：干部、党员、民兵包扶到户；龙头企业、主导产业带动到户；扶贫经济实体吸收贫困户就业；希望工程、幸福工程、妇女连环脱贫直接救助失学儿童和贫困妇女；移民搬迁，异地脱贫；财政承贷，资金到户；小额贷款扶贫到户；统一规划，项目到村，效益到户等，为解决不同地区、不同类型贫困户的温饱问题，提供了有效的方法和途径（专栏4-1）。

【专栏4-1】

·中国政府扶贫到户的具体方式·

干部包扶，工作到户。组织各级干部与贫困农户结成帮扶对子，采取签订责任状的方式，明确每个干部的包扶任务。

实体带动、效益到户。通过鼓励企业与农户合作建立农产品生产加工基地，实现农产品产、供、销的良性循环。

异地开发、移民到户。本着自愿的原则，将贫困农户从生产生活条件极其恶劣的地区搬迁到条件较好的地区，实现异地脱贫。

社会各界，帮扶到户。组织社会各界对贫困农户进行帮扶。

小额信贷，扶贫到户。中国政府在借鉴其他国家和国际组织扶贫经验的基础上，积极组织小额信贷扶贫到户，取得了很好的效果。

资料来源： 国务院扶贫开发领导小组办公室. 2003. 中国农村扶贫开发概要. 北京：中国财政经济出版社

第四节　扶贫组织体系政策的演进

我国的扶贫组织体系在确保各项扶贫政策的顺利实施方面提供了有力的保障，取得了良好的效果。从组织体系看，我国扶贫工作经历了由单一部门负责到一部门为主、多部门参加；由单纯由政府专门扶贫组织负责到以政府专门扶贫组织为主的、社会和民间组织为辅的多层次组织体系的建立；由负责局部区域的扶贫组织到关注贫困地区生产发展以及促进贫困地区全面发展的组织的发展过程。

一、建立政府专职扶贫组织

改革开放后，最早的专门扶贫组织是负责“三西”建设的“三西”地区农业建设领导小组。其后，随着扶贫工作的深入开展，扶贫区域的扩大，成立了国务院贫困地区经济开发领导小组。为了把机构的扶贫职能体现出来，后来又更名为国务院扶贫开发领导小组。国务院扶贫开发领导小组和国务院扶贫办在农村扶贫政策的制订方面发挥着不可替代的作用。为了做好贫困开发的领导和管理工作，相关的省、自治区、直辖市和地（市）、县级政府也成立了相应的领导机构办公室，具体负责本地的扶贫开发工作。

（一）组织保障的初步构想

要解决贫困问题，就得在人员配备和组织机构的设置上有所保证。1979 年，在中国共产党第十一届四中全会通过的《中共中央关于加快农业发展若干问题的决定》中，就提出了国务院要设立一个由有关部门负责同志参加的专门委员会来统筹规划和组织力量，以帮助“老、少、边”等贫困地区加速发展的设想。

（二）“三西”地区农业建设领导小组的建立

中国扶贫组织体系的构想最早在“三西”地区扶贫工作中得以体现。“三西”地区（甘肃的河西、定西和宁夏的西海固），是我国贫困发生率最高、贫困程度最深的地区。1982 年，为了加强对“三西”地区建设的指导，国务院决定成立由原农牧渔业部等有关部门负责同志参加的“三西”地区农业建设领导小组。“三西”地区农业建设领导小组的具体任务是：组织各方面的力量，协助甘肃省和宁夏回族自治区制定和实施“三西”近期和长期建设总体规划，把专项资金使用好，全面贯彻落实中央财经领导小组会议纪要精神。领导小组办公室设在原农牧渔业部，负责日常工作。甘肃和宁夏也成立相应的机构。由此拉开了由中央政府成立专门机构专事解决农村贫困工作的序幕。

（三）国务院扶贫开发领导小组的建立

为了加强对贫困地区经济开发工作的指导，尽快改变这些地区的贫困面貌，1986 年，国务院成立贫困地区经济开发领导小组。领导小组的基本任务是：组织调查研究；拟定贫困地区经济开发的方针、政策和规划；协调解决开发建设中的重要问题；督促、检查和总结交流经验。国务院贫困地区经济开发领导小组下设办公室，具体承办领导小组的日常事务。办公室设在原农牧渔业部。为了配合国务院贫困地区经济开发领导小组开展工作，各有关部委以及各省（自治区、直辖市）、地（州、市）、县（旗），也相应设立了贫困地区经济开发领导小组和办公室。至此，中央政府在全国范围内开始了有组织、有计划、大规模的扶贫开发工作。

国务院贫困地区经济开发领导小组成立以后，“三西”地区农业建设领导小组作为一个独立机构的作用越来越小了。鉴于此，1988 年 7 月，该机构被并入国务院贫困地区经济开发领导小组，领导小组成员也为此作了相应的调整。

国务院贫困地区经济开发领导小组凸现的是区域特征而不是职能特征，贫困地区实际上又是边界不确定的区域，所以不是最好的称谓。为了把该机构的具有确定性含义的扶贫职能凸显出来，1993 年，国务院贫困地区经济开发领导小组更名为“国务院扶贫开发领导小组”，其办事机构也改称“国务院扶贫开发领导小组办公室”。各有关部委和各级地方政府的扶贫领导机构也随之更名。

由“三西”地区农业建设领导小组到国务院贫困地区经济开发领导小组，再到国务院扶贫开发领导小组，从表面上看只是使称谓更恰当、更准确了，其实称谓的这种变化传递了两个重要信息：①从机构名称由特指“三西”地区、特指贫困地区到特指职能，实际上是承认在社会主义的初级阶段不仅小范围有贫困问题，特定地区有贫困问题，其他地区也会有贫困问题。②从强调农业建设、经济开发到强调扶贫开发，实际上是承认贫困除了有建设不够或经济开发不够外，还有向农民赋权不够等一系列原因，即贫困绝不仅仅是经济问题。

二、动员和组织对口扶贫和定点扶贫

除设立专门机构来规划实施扶贫工作外，中国政府为更好地实现扶贫目标，还动员中央和地方机关开展定点扶贫并组织发达省份利用自身优势搞对口扶贫工作，以期实现更好的扶贫效果。

（一）东西对口扶贫

改革开放以来，中国实施差别发展战略，鼓励一部分区域条件好的地区先发展起来。实践证明，这一战略推动了中国经济的快速增长，特别是东部沿海地区发展更快。但差别发展不是目的，为实现国民经济的均衡、健康发展，加大扶贫开发力度，中国政府组织先发展起来的沿海地区对口支援内地贫困省、自治区。自 1979 年中央决定开展对口支援工作以来，一个多层次、多形式、多内容的对口支援活动全面展开。

1. 对口扶贫的开端

1979 年，为了增强民族团结、巩固边防、加速少数民族地区的经济文化建设，中央确定：北京支援内蒙古，河北支援贵州，江苏支援广西、新疆，山东支援青海，天津支援甘肃，上海支援云南、宁夏，全国支援西藏。对口支援的主要任务是，开展经济技术协作，帮助受援地区培训技术人才，在物资上互通有无，共同开发矿产资源，发展农、林、畜产品加工工业，推动少数民族地区的经济建设，这是我国对口支援的开端。

从对口扶贫的开端我们可以看出，我国在改革开放之初就存在着地区经济发展的不平衡现象，但国家当时对口支援的扶贫目标还不是特别明确。另外，受援地区还都是少数民族聚居区。当然，物资上互通有无以及经济技术合作必然对少数民族地区的经济发展产生推动作用，从而缓解少数民族地区的贫困问题。

2. 对口扶贫工作责任的确定

1982 年，国家进一步明确：对口扶贫工作由国家经济委员会、国家计划委员会、国家民族事务委员会共同负责，由国家经济委员会牵头。对口扶贫工作，是一项复杂的系统工程，扶贫责任的明确，有利于协调各方力量、调动各种资源进行扶贫，也有利于对口扶贫工作的整体规划。

3. 对口扶贫具体内容的确定

1991年4月《国务院贫困地区经济开发领导小组关于"八五"期间扶贫开发工作部署的报告》强调：要继续组织经济发达地区对口帮助贫困落后的地区。①对口扶贫的重点。要求发达地区帮助落后地区解决支柱产业系列开发各环节上的难点，提高产业开发水平；帮助企业提高管理水平、技术水平、产品质量和经济效益。② 对口扶贫的形式。采取县乡干部挂职交流、劳务输出、以劳助学等多种形式，帮助贫困地区培训人才。经济比较发达的沿海省、直辖市帮助经济比较落后的内地省、自治区，富县帮穷县，富乡帮穷乡，富村帮穷村，富户帮穷户，先进企业帮落后企业。③对口扶贫工作的组织。省之间的对口帮助由国家计划委员会负责组织，其他各层次的对口帮助由各地政府负责组织。

"八五"期间，对口扶贫政策明确了对口扶贫的重点、形式以及组织工作的落实责任，使得对口扶贫工作的操作性更强，同时我们可以看出，发达地区与贫困地区在人、财、物的交流上更加密切了。

4. 对口扶贫的对应关系的确定

引导区域经济协调发展，加强东西部地区互助合作，帮助贫困地区尽快解决群众温饱问题，逐步缩小地区之间的差距，是改革和发展的一项战略任务。经济较发达地区与经济欠发达地区开展扶贫协作，对于推动地区间的优势互补，推进社会生产力的解放和发展，加快贫困地区脱贫致富步伐，实现共同富裕，增强民族团结，维护国家的长治久安，都具有重要的意义。

1996年，为如期实现《国家八七扶贫攻坚计划》确定的目标，国家对开展扶贫协作的安排意见是：①对口省（自治区、直辖市）的安排。确定由北京市与内蒙古自治区，天津市与甘肃省，上海市与云南省，广东省与广西壮族自治区，江苏省与陕西省，浙江省与四川省，山东省与新疆维吾尔自治区，辽宁省与青海省，福建省与宁夏回族自治区，大连、青岛、深圳、宁波市与贵州省，开展扶贫协作。②开展扶贫协作的主要内容。帮助贫困地区培训和引进人才，引进技术和资金，传递信息，沟通商品流通渠道，促进物资交流；开展经济技术合作，效益较好的企业，带动和帮助贫困地区生产同类产品的经济效益较差的企业发展生产；合理、有序地组织贫困地区的剩余劳动力到经济较发达地区就业；开展为贫困地区捐赠衣被、资金、药品、医疗器械、文化教育用品和其他生活用品的活动。③对口扶贫的产业支持政策。国家产业政策的制定和实施，对贫困地区给予支持；优先在中西部地区安排资源开发和基础设施建设项目，在资金上给予倾斜；到贫困地区兴办开发性企业，可使用当地的扶贫资金，进行联合开发；在"老、少、边、穷"地区新办的企业，前3年免征所得税；在利用外资、开展对外贸易和经济合作等方面，实行同等优先，重点支持，并适当放宽外商投资的领域；对协作物资和补偿产品放宽流向限制，对贫困地区大宗的货物运输要优先列入计划；贫困地区也应制定吸引外地投资的优惠政策，加快本地资源开发。④扶贫工作的组织协调工作。各级人民政府要切实加强对扶贫协作工作的领导，要确定一位领导同志负责这项工作，并明确具体承办部门。协作双方应每年召开一次联席会议，总结经验，协商解决有关问题。跨省、自治区、直辖市的扶贫协作工作，由国务院扶贫开发领导小组负责组织和协调。

国家把经济发达的省（自治区、直辖市）力量动员起来，投入到扶贫工作中，在资金、人才、技术方面加强扶持力度，强调既要解决贫困地区基本需要问题，又要帮助贫困地区发展生产。值得关注的是国家在产业发展、税收减免、利用外资等方面给予贫困地区优惠政策，以促进贫困地区经济发展，并提倡对口双方建立起必要的沟通机制，这些都是对以往的对口扶贫政策的完善和重要补充。

（二）国家和地方机关定点扶贫

1. 定点扶贫的开端

在20世纪80年代中期全国扶贫开发之初，科学技术部等十多家中央国家机关即率先帮扶贫困地区。此后社会各界参与扶贫开发的部门、单位不断增多，规模也不断扩大。各帮扶机构都有特定的帮扶对象和明确任务，不脱贫，不脱钩。各省、自治区、直辖市以及贫困地、县也积极开展定点扶贫工作。

2. 把定点扶贫工作纳入各部委整体长远规划

1987年，国家计划委员会、国务院贫困地区经济开发领导小组在北京联合召开有40个部委局办领导同志参加的会议，部署编制2000年贫困地区经济发展规划工作。决定把扶贫规划作为专题纳入国家的2000年经济和社会发展规划。要求各部委在编制全国规划，考虑行业布局时，也要把贫困地区经济开发作为一项重要任务，提出本部门对扶贫的主要设想和措施。

我国的扶贫工作不简单是农业部门的问题，需要方方面面的部门参与进来，才能取得较为良好的绩效；同时把扶贫工作纳入各部委和全国规划也是扶贫范围扩大、扶贫难度加大的一种必然结果。

3. 继续动员国家机关开展定点扶贫

1991年，《国务院贫困地区扶贫开发领导小组关于“八五”期间扶贫工作部署的报告》要求：继续动员国家机关和社会各界帮助、支持贫困地区的开发建设。国务院各部门和省直各厅局，凡是有条件的部门，都要派出扶贫开发工作队，深入基层，定点挂钩，直接参加扶贫开发工作。各部门、各系统都要充分发挥各自的业务优势，加强在贫困地区的行业建设和工作指导。要把扶贫开发纳入本部门、本系统的“八五”计划，帮助贫困地区解决社会经济发展过程中与本部门、本系统业务相关的问题。

4. 确保“八七”计划目标实现，加强定点扶贫工作

为确保“八七”计划目标实现，国家在定点扶贫问题上，在定点扶贫条件、形式任务等方面都作了较为详细的规定，确保了定点扶贫工作的有效实施。

1994年，中共中央办公厅、国务院办公厅联合发出《关于加强中央党政机关定点扶贫工作的通知》。《通知》说：为了确保《国家八七扶贫攻坚计划》的实现，中共中央、国务院要求，中央党政机关及各有关单位和各人民团体，在连续数年联系帮助贫困地区脱贫致富的基础上，进一步动员起来，以对人民高度负责的态度，以扶贫济困为己任，积极参与贫困地区的开发建设。该政策的主要内容有：①定点扶贫的条件。中央党政机关及各有关单位和各人民团体，凡编制在100人以上、并具备条件的，都要积极参加定点扶贫工作。定点扶贫以国家确定的592个国定贫困县为对象。②定点扶贫的形式。各部门、各单位，要选派素质较好、年富力强、有开拓精神的干部组成帮扶工作组（团），深入贫困县，蹲点挂职扶贫。每县一般3人，其中1人可担任县委或县政府副职，定期轮换。③帮扶工作组（团）的主要任务。协助地方党委和政府拓宽扶贫工作思路，促进改革，扩大开放；充分利用当地资

源，因地制宜地开辟脱贫致富路子；尽快解决贫困县群众的温饱问题，并创造稳定解决温饱的基础条件。

三、国际机构和民间组织参与扶贫政策

（一）国际机构参与扶贫政策

国际机构参与中国扶贫的一个共同特征是，密切配合中国的扶贫战略和社会经济发展政策，在此基础上希望能够影响中国的扶贫政策或扶贫措施。中国政府容许国际机构参与扶贫，一方面是可以利用国外资源；更重要的是可以利用国际机构较为成熟的扶贫经验，如果经过试点后证明切实可行，可能会被在较大范围内推广（专栏4-2）。但为了保持对国际机构参与扶贫的正确引导，在资格的取得以及项目的选定等方面都制定了较为明确的政策（专栏4-3）。

1．协调、支持部门政策

在当前的组织体系下，每一个国际和双边援助机构都有一个中央政府的对口部门，如世界银行和亚洲开发银行对口财政部，联合国开发计划署对口商务部，联合国粮食与农业组织对口农业部。尽管扶贫项目并不一定由对口部门来执行和实施，但对口部门在项目的运作过程中起着重要的作用。项目的类型、项目地点的选择和项目执行的方式等都是由对口部门和国际或双边发展机构共同商定的，很多情况下，政府的对口部门甚至起到主导作用。多数情况下，国际和双边机构的扶贫项目都是由政府的业务部门来实施的。根据项目规模的大小，会分别在中央、省和县一级设立项目办公室。项目办可以完全由中方的政府工作人员组成，也可能包括外方的管理和咨询人员。对于大的工程类项目，有严格的采购和招标程序，并由专业性的公司来实施；而对于非工程项目或小型项目，主要由地方政府和村民委员会按计划组织实施。

相对于国际多边和双边机构而言，国际民间机构在中国的扶贫活动的规模都很小，但也更具有创造性和灵活性。国际民间机构在扶贫中既有与地方政府部门的合作模式，也有与国内民间机构（特别是草根性的民间机构）的合作模式，但都是独立地寻找合作伙伴和确定扶贫方式。国际民间机构的扶贫活动一般都深入到基层社区，并且特别关注农民的组织与参与，很多项目都由农民自己成立的组织来管理。

2．资金配套政策

《中国农村扶贫开发纲要（2001～2010年）》强调：为借鉴国外扶贫的成功经验，应积极发展扶贫开发领域的国际交流与合作，继续争取国际组织和发达国家援助性扶贫项目。为保证其顺利执行，国家适当增加配套资金比例，对地方财政确有困难的可以全额配套。要根据贫困地区的特点，采取有针对性的措施，加强对外援项目的管理；努力提高外援贷款项目的经济效益，增强还贷能力。通过多种渠道、不同方式争取国际非政府组织对我国扶贫开发的帮助和支持。加强与国际组织在扶贫开发领域里的交流，借鉴国际社会在扶贫开发方面创造的成功经验和行之有效的方式、方法，进一步提高我国扶贫开发的工作水平和整体效益。

【专栏 4-2】

·世界银行扶贫贷款援助项目·

中国西南世界银行贷款项目。该项目于 1995 年 7 月开始在云南、贵州、广西 3 个省、自治区最贫困的 35 个国定贫困县实施。项目总投资 42.3 亿元，其中利用世行贷款 2.475 亿美元，国内相应的配套资金为 21.8 亿元，项目建设内容包括：大农业、基础设施建设、二三产业开发、劳务输出、教育、卫生、机构建设和贫困监测等 8 个方面。项目建成后将使项目区 350 万贫困人口稳定解决温饱问题。该项目是我国第一个跨省（自治区）、跨行业、综合性的扶贫项目，也是迄今为止利用外资规模最大的扶贫项目，目前项目进展顺利，已进入收尾阶段。

中国秦巴山区扶贫世界银行贷款项目。该项目于 1997 年正式在四川、陕西、宁夏三省、自治区最为贫困的 26 个国定贫困县实施。项目总投资 29.88 亿元，其中利用世行贷款 1.8 亿美元。项目建设内容在西南项目的基础上增加了小额信贷试验项目。项目建成后将稳定解决秦巴山区 230 万贫困人口的温饱问题。

中国西部扶贫世界银行贷款项目。该项目在内蒙古、甘肃、青海三省、自治区最为贫困的 20 多个国定贫困县实施，项目建成后将使超过 200 万贫困人口稳定解决温饱问题。

资料来源：国务院扶贫开发领导小组办公室. 2003. 中国农村扶贫开发概要. 北京：中国财政经济出版社

【专栏 4-3】

·国务院扶贫办外资项目管理中心·

该管理中心是国务院扶贫开发领导小组办公室直属的事业单位。建立于 1995 年，前身是 1993 年成立的国务院扶贫开发领导小组办公室世界银行项目管理办公室。

外资项目管理中心是中国政府利用外资进行综合扶贫开发的中央级扶贫项目管理机构。其宗旨是根据中国政府确定的反贫困战略和扶贫开发的方针、政策，面向广大贫困地区和贫困人口，充分利用国内外资金、信息、技术及管理经验，为提高贫困人口的收入水平、改善他们的生存发展环境提供服务，促进贫困地区的经济、社会和环境的可持续发展。其工作职责和任务是：①组织、管理、协调外资贷款扶贫项目的准备和实施；②加强和扩大国际社会在扶贫领域的合作；③积极发展与外国政府及非政府组织在扶贫领域的合作；④争取和寻求其他国际资本、国外厂商在扶贫领域的合作；⑤组织、准备并实施国家委托的各类扶贫项目。

资料来源：国务院扶贫开发领导小组办公室. 2003. 中国农村扶贫开发概要. 北京：中国财政经济出版社

（二）民间组织扶贫政策

我国政府之所以要把扶贫列入行动日程，不仅仅是为了维护底层群体的基本权利，也是为了赢得政治支持、确保社会安定，维护民族团结、边疆稳定和国家统一。但是政府自身的资源有限，所以需要民间力量参与扶贫。20 世纪 80 年代中期以来，号召社会力量包括民间组织参与扶贫一直是政府扶贫政策的有机组成部分。政府的这种态度是极为重要的，因为在中国的国家与社会关系中，政府占据绝对主导对位，所以政府的鼓励政策是民间组织能够参与扶贫的重要前提，也是扶贫领域中民间组织数量众多、种类繁杂、影响显著的必要条件。而社会和民间组织或者是响应政府号召、或者是为了获得自身发展的机会或者是为了实现其自身理念，也开始积极从事扶贫事业。

1. 在登记注册方面进行规范管理

1989年10月25日，政府颁布了国务院制定的《社会团体登记管理体制条例》和《民办非企业单位登记管理暂行条例》，它们是有关民间组织的最主要法律文件，它们构成了社团活动的法律框架，也建立了民间组织的“双重分级管理体制”。这一管理体制有如下特征：首先是双重管理，即中国社会团体要同时接受民政部门和“业务主管部门”的管理或指导。其次是分级管理，即全国性的社会团体，向民政部门申请登记，地方性的团体向办事处机构所在地相应的民政部门申请登记。

2. 在运作上鼓励支持

在中国，所有的金融法规都禁止包括非政府组织在内的非金融机构提供任何类型的金融服务。但对于进行扶贫活动的民间组织，根据有关非政府组织的规定，只要不违反有关法规，它们就可以从事小额信贷活动。现实中，中国很多小额信贷机构都登记注册成为非政府组织。最出名的小额信贷机构，如扶贫社、中国扶贫基金会和乡村发展协会都登记注册为非政府组织。在那些一直开展小额信贷的非政府组织中，扶贫社和乡村发展协会得到了中国人民银行的批准，进行小额信贷扶贫试验。在实践中，中国人民银行一方面要求中国农业银行接管此前由贴息贷款计划资金支持的小额信贷操作，并允许和鼓励农村信用社开展小额信贷试验，另一方面，默许或部分允许非政府组织继续在扶贫的“保护伞”下提供小额信贷服务。

3. 在税收方面减免

我国于1999年颁布了《公益事业捐赠法》，该法对从事包括扶贫等公益事业的企事业、个人在税收减免方面做出了如下规定：①公司和其他企业依照本法的规定捐赠财产用于公益事业，依照法律、行政法规的规定享受企业所得税方面的优惠。②自然人和个体工商户依照本法的规定捐赠财产用于公益事业，依照法律、行政法规的规定享受个人所得税方面的优惠。

此外，中国扶贫基金会以及慈善总会等组织享有扶贫捐赠可以在税前列支的优惠政策。

对于民间组织扶贫，我国在扶贫主体的登记注册方面的政策较为严格，随着越来越多的民间组织投入到扶贫事业中来，国家在这方面应更具灵活性。在税收减免方面，我国目前还缺乏对民间组织扶贫应有的支持力度。

第五节 扶贫支持政策的演进

中国在扶贫过程中，积极动员多方面的资金、技术、人才和经验等扶贫资源，以增强对扶贫的资源投入力度，加快中国减缓贫困的进程。这种支持政策在投资方面集中体现在以贴息贷款、以工代赈和财政发展资金为主的直接投资政策和以减轻贫困地区工农业负担、改善贫困地区的投资环境和吸引外资流入为目的的间接投资政策。

一、直接投资政策

尽管中国实施了一系列针对贫困地区的扶贫，但主要的扶贫投资有三项：贴息贷款、以工代赈和财政发展资金。各项扶贫资金的投入重点是：财政扶贫资金主要用于修田造地、解决人畜饮水困难和科技培训、推广农业实用技术；以工代赈资金主要用于建设基本农田、兴修小型水利和修建乡村道路；扶贫贷款主要用于有助于增加贫困户当年收入的种养业项目。

（一）贴息贷款政策

1. 政策实施的背景

中国的贴息贷款计划实际上是一系列由不同部门管理并针对不同群体的贷款项目组成。当贴息贷款开始时，中国政府认为贫困农民提高收入的主要障碍是资金不足和不能获得正规的信贷资源，政府同时认识到提供技术服务的重要性。基于这样的假设，在第一阶段的借贷中，重点是支持农户发展种植业、养殖业和农产品加工。根据1987年的一项官方调查，在计划实施的第一年，92%的贴息贷款直接或间接地贷给了农户。

当扶贫领导小组在1989年转向通过鼓励经济实体的发展来间接帮助穷人的政策时，以贫困户为主的贷款模式就终止了。经济实体实际上是一种企业，通过生产和服务活动为贫困户的脱贫提供帮助。新的政策规定：经济实体要获得扶贫贷款，至少半数以上的职工要来自贫困户。这种政策的改变是基于这样的认识：由于缺乏必要的生产技术和管理能力，且达不到一定的经济规模，多数贫困户不能有效地利用扶贫贷款。与此相反，如集体管理的果园和销售农副产品的公司等经济实体是由专业人员管理的，可以在较大规模上从事经营活动。新政策的主要目标是提高贷款的生产率和回收率。汪三贵的研究表明，1989年以后，70%以上的扶贫贷款分配给了经济实体。

将扶贫款贷给经济实体的主要问题在于，贷款与穷人间缺乏直接的联系，从而可能损害贷款计划最初的目标群体。实际上，大部分贷款发放给对提高地方政府财政收入有利的乡镇企业或县办企业，并没有给贫困户带来多少利益。更为严重的是，由于受技术水平、管理能力和市场的限制，大部分用扶贫贷款兴建的工业项目都失败了，因而贷款的回收率并没有明显的提高。在1996年9月的扶贫工作会议上，中央政府又决定将贴息贷款使用的重点重新放在农户的种植业和养殖业上。

在贷款的管理和使用方面：贴息贷款主要由扶贫办和中国农业银行系统来管理，早期贷款的分配和项目的选择主要由各级扶贫办负责，贷款的发放和回收则由中国农业银行负责。中国农业银行以低利息发放贷款，然后从中央财政得到利息补贴，贷款期限一般为3～5年。

2. 贴息贷款的政策

（1）贴息贷款的开端

最早的贴息贷款项目开始于扶贫领导小组成立前的1984年，中国人民银行每年向革命根据地、少数民族地区和边远地区发放10亿元贷款。另一项规模较小的没有贴息的贷款是中国农业银行向同样的地区发放的。

（2）由中国农业银行管理的针对国定贫困县的大规模的贴息贷款计划

1986年，国务院贫困地区经济开发领导小组召开第二次全体会议，会议宣布：为了扶持贫困地区的经济开发，尽快解决群众的温饱问题，国务院决定，在原扶贫资金的基础上，新增加10亿元专项贴息贷款。并做了如下规定：①扶贫贷款的组织。该项信贷资金，由中国人民银行每年专项安排，由中国农业银行发放。②利率与期限。贷款的贷款期限由中国农业银行按项目收益期长短确定。贷款利率为月息6厘，中央财政贴4厘，贷款农户和单位付2厘。从1986年开始使用，连续5年，每年发放10亿元，允许跨年度使用。③贷款的投放对象。该项贷款主要投向贫困面比较大的省和自治区集中连片的最贫困地区。这项贷款，主要用于能够发挥本地自然资源优势，投资少，见效快，有市场，家家户户都能干，有助于尽快解决群众温饱的“短、平、快”生产项目。④贷款的管理。该贷款由国务院贫困地区经济开发领导小组分配到省、自治区。由省、自治区统筹安排，根据扶持县的大小、困难程度、资源开发条件和管理水平等，确定贷款发放数额并分配到县。贷款一般要通过项目负责单位、项目负责人使用到户、结算到户。也可以直接贷给有独立开发能力和条件的贫困户和贫困户的联合体。贴息贷款要与国家和地方原有的扶贫资金结合使用，同“老少边穷地区开发贷款”、“发展贫困地区经济贷款”和“支援经济不发达地区发展资金”等，一起由省、自治区统筹安排。要吸取历史教训，克服过去单纯救济、分散使用、随意挪用等弊端，采取切实有效措施，严格管理，真正用好。使用贷款的省、自治区要从“支援经济不发达地区发展资金”中划出一笔款，作为做好服务于经济开发与使用贴息贷款配套的技术培训费。

从本次政策安排上可以看出针对国定贫困县的贴息贷款，主要面向集中连片的贫困地区，并且国家贴息的比例较高。应用方向上主要集中投向立足本地资源能够快速解决贫困问题的“短、平、快”项目。

（3）针对企业的贷款

1）新增联合开发贫困地区的县办企业专项贷款。1988年国务院贫困地区经济开发领导小组、中国工商银行发出《关于新增贫困地区兴办企业专项贷款的通知》。通知说：为了发展贫困地区同发达地区的横向联合，决定从1988年起，新增联合开发贫困地区的县办企业专项贷款。1988年安排3亿元；贷款期限最长不超过5年；贷款利率按中国工商银行技术改造贷款的同期限规定利率下浮20%，即1年期的贷款利率为月息5.28厘，3年期的贷款利率为月息5.76厘，5年期的贷款利率为月息6.24厘；允许跨年度使用。如遇利率调整，按调整后的基准利率档次进行浮动。因优惠利率而造成的减收部分，由中国工商银行总行在核定财务计划时，予以考虑。这项贷款主要用于国定贫困县，适当兼顾省、自治区扶持的贫困县。

2）新增乡镇企业贷款。1993年国务院决定1993～2000年，中国人民银行每年在中西部地区新增50亿元的乡镇企业贷款规模，由中国农业银行按照效益原则分配、发放和管理。中国农业银行分配这笔贷款，将遵循下列原则：贷款分配的额度与当地自己组织资金来源的多少挂钩；贷款要适度集中发放，打破行政区域的限制，支持集中连片的工业小区和骨干企业；为了促进中西部中“老、少、边、穷”地区的经济发展，在同等条件下，对这些地区要给予适当照顾；中国农业银行将在充分听取国家有关主管部门意见的基础上，自主分配，管好用好这项贷款，健全风险防范机制，提高贷款的使用效益。

之所以贴息贷款的投向由农户转向县、乡办企业，首先在于当时认为通过发展企业，对增加农民收入，减缓贫困的效果比单纯贷给农户要好，也就是认为工业的比较效益更高；其次，分配到千家万户的小规模资金也起不到规模效益的效果，有可能造成资金的浪费；最后，贷给企业组织贷款在回收上比贷给千家万户的农户成本要小。

（4）投放重点重归农户种养业

在包括中央扶贫工作会议在内的1996年颁布的一系列政策中，我国在扶贫贴息贷款的投向上又回归于农户的种植业和养殖业；同时把地方资金的配套比例由30%调高到30%～50%，另外采取了“基数不变，增量倾斜”的政策来提高对广大中西部贫困地区的支持力度。

把扶贫资金投向贫困农户无疑是正确的，但实际实施效果却不太令人满意。一方面，真正投向农户的贴息贷款的比例在逐年萎缩，比如，2003年全国投放到贫困户的贷款数量，只占扶贫贷款总额的1.5%；另一方面，在全部扶贫贷款余额中，不良贷款比例高达48.6%，而其中36%为贴息贷款，给负责发放贷款的中国农业银行造成了很大压力。国家针对这种情况，正在进行两项重要试点：一个是扶贫贷款贴息方式试点，即将财政扶贫资金下放到试点县，由试点县招标选择金融机构发放贷款；另一项是建立扶贫贷款担保基金试点，在贷款回收时，充分调动扶贫部门和信用社的积极性，以提高贷款回收率。

（5）贫困资金的调整

2001年随着国家重点贫困县的调整，辽宁、广东、福建、浙江、山东等省、自治区的扶贫信贷资金转入中西部的重点贫困县。

由于东部沿海地区的经济在改革开放后，获得了迅猛的发展，在国家资源有限的情况下，为了增强扶贫资金的使用效果，对发达省份的扶贫资金进行调整是有其必然性的。

（二）以工代赈政策

1. 以工代赈政策实施的背景与演变

中国贫困地区一方面基础设施落后，另一方面又有大量的劳动力没有得到充分利用而处于失业或隐蔽性失业的状态。以工代赈的主要目标就是利用贫困地区的剩余劳动力资源兴建道路、水利、农田等基础设施，同时为贫困农户提供就业机会和收入来源，从而提高农户的短期收入水平和长期发展能力。以工代赈从一开始就是通过国家计划委员会（现国家发展和改革委员会）系统组织和实施的跨年度计划。在以工代赈开始的初期，贫困地区需要将国家分配的以工代赈物资从沿海和发达地区调入，然后分配给项目实施单位。项目实施单位将实物在当地市场上变卖或将实物直接分配给农户。由于从沿海地区调运物资到贫困地区的成本较高，20世纪90年代后一般是将以工代赈物资在调出地变卖成现金后汇入贫困地区，然后由计划委员会的以工代赈办公室分配给实施单位。

尽管1996年以后实行了“四个到省”改革，以工代赈资金切块到省，但是国家计划委员会仍然保留了项目审批权。政策上，中央政府提供的以工代赈资金需要省、地区和县政府配套。实际上，由于地方财政资金的紧张，地方政府的配套资金十分有限，甚至根本没有，往往出现工期拉长、质量下降的现象。

2. 政策内容

（1）针对“三西”地区的以工代赈

1982年，中央领导同志主持召开中央财经领导小组会议，听取国家计划委员会、国家经济委员会关于加快甘肃省河西商品粮基地建设和以定西为代表的中部干旱地区农业建设问题的汇报。提出把每年拨的救济款和其他资金，用于以工代赈，改造本地区的生产条件，逐步改变农业结构，恢复生态平衡。

（2）粮棉布以工代赈

1984年，国务院决定，1984~1987年，共动用粮食50亿kg，棉花1亿kg和棉布5亿m（粮棉布折价27亿元），采用以工代赈的方式，帮助贫困地区修建公路、航道和小型水利工程。

（3）中低档工业品以工代赈

1988年，先在四川、江西和宁夏3省、自治区开展试点，1989~1991年共动用价值6亿元的中低档工业品，在全国贫困地区开展以工代赈，除修建交通和水利工程外，还增加了解决人畜饮水困难的内容。

（4）工业品以工代赈

国务院决定，1990~1992年，再拿出价值15亿元的工业品，采取以工代赈的方式，在贫困地区进行“山、水、田、林、路”综合开发。投向范围主要是中、西部地区和部分东部贫困地区，特别是少数民族聚居区。

（5）粮食以工代赈

为使贫困地区稳定地解决温饱问题，国务院决定，在“八五”期间，每年投入10亿kg粮食，开展以工代赈。这批以工代赈主要用于“以粮养粮”，即通过建设基本农田，改变贫困地区的生产条件，提高粮食自给水平。实施范围较前几批缩小，重点是中、西部长期吃返销粮的贫困地区。

（6）江河治理以工代赈

1991年我国部分地区发生了特大洪涝灾害，经济损失惨重。国务院决定，“八五”期间动用价值100亿元的粮食和工业品，以加快江河湖泊治理，恢复水毁工程。这批以工代赈，不仅仅是扶贫，主要是救灾和重建家园。实施范围是以淮河、太湖为主的7大江河、5大湖泊的治理。

（7）国营贫困农场以工代赈

1991~1995年，国家每年安排1亿元资金，采取以工代赈的方式，帮助地处边远、自然条件较差的100多个国营农牧场改变面貌。

（8）基本建设以工代赈

1994~2000年，实施总价值10亿元资金的以工代赈计划，投放目标仍以改善贫困地区的基础设施、建设基本农田和解决人畜饮水困难为主。

（三）财政发展资金政策

1. 支援经济不发达地区的发展资金

1979年，国务院发出《关于试行收支挂钩、全额分成、比例包干、三年不变财政管理办法的通知》。该《通知》指出，为了帮助边远地区、少数民族自治地方、老革命根据地和经济基础比较差的地区加快发展生产，中央财政设立支援经济不发达地区的发展资金。此项资金，按国家财政支出总额的2%计算，由中央专案拨款，重点使用。对民族自治地区，仍然实行国务院1963年颁发的民族自治地方的财政体制。在落实该项政策时，为了照顾民族自治区发展生产建设和文化教育事业的需要，中央对民族自治区的补助数额每年递增10%。1980年，国家决定开始设立支援经济不发达地区发展资金，数额为5亿元。

改革开放后，我国开始关注“老、少、边、穷”地区的经济发展问题，设立不发达地区的发展资金从整体上对贫困情况集中度较高的地区给予支持，是当时政策的基本取向。尽管当时并没有明确提出扶贫目标，但是此举对缓解上述地区的贫困状况的作用是不言而喻的。

2．“三西”建设资金

1982年，中央决定从1983年开始，每年拨出2亿元的专项资金，用10年时间，扶持开发自然条件好的甘肃河西地区和宁夏河套地区，改造自然条件最差的甘肃中部干旱地区18个县和宁夏西海固干旱高寒山区的8个县。“三西”地区专项建设资金的管理意见，明确了以下几点：①采取经济办法提高“三西”资金的使用效益，有偿项目归还的资金不上缴国家，继续周转使用，但不能用于非生产性建设。②把专项建设资金用活，可与个体、集体、国有企业合资举办本地区建设的有关项目。项目安排要适当集中，保证重点。③按国家基本建设项目管理办法和有关规定，严格实行项目管理，对较大工程实行招标承包。④资金使用，按照国家计划委员会、财政部的有关规定，实行分级管理，年计划由两省、自治区人民政府提出，经“三西”地区农业建设领导小组审核后，按项目逐级实施，做到任务、资金、物质、承包者四落实。

逐步提高有偿资金使用的比例，使有偿资金由前10年占专项资金的12%提高到20%～25%，以建立一笔长期滚动使用的“三西”扶贫开发基金，这笔资金不再列入地方财政收入，而继续用于“三西”地区的扶贫开发。同时，要多渠道筹集扶贫开发资金。

“三西”地区由于其地理条件的特点，是我国贫困地区的典型代表，在“三西”地区扶贫的实践，对我国的扶贫理论与实践产生了深远的影响。从支援不发达地区资金到“三西”建设资金的设立，体现了从对落后地区的经济扶持到典型贫困地区经济发展的工作重点的转移；从对资金的管理上看，“三西”建设资金的管理系统化、体系化更强，在使用方向、审批机制、使用方式等方面都有明确规定，为资金的有效使用提供了必要保证。

3．扶贫及新增加资金

1996年，国家为提高扶贫效果，增大了在资金方面的政策支持力度：①从1997年开始，每年增加15亿元财政资金，用于扶贫开发，以后财政情况如有所好转，也可考虑适当增加。同时，每年增加一定数量的扶贫贷款，重点用于支持效益好、能还钱、能带动千家万户脱贫致富的项目。②省、自治区和各级地方政府也要相应增加扶贫投入。政策规定地方投入到国定贫困县的扶贫资金比例，要根据各省、自治区不同的经济发展水平和财政状况，分别提高到占中央扶贫投入的30%～50%。③今后中央的各类扶贫资金，由国务院扶贫开发领导小组统一协调，统筹安排，统一确定资金使用的目标、范围、用途和计划，由各资金管理部门按年度一次分配到省、自治区，由省、自治区政府统一安排使用。

为顺利实现“八七”扶贫攻坚目标，我国政府加大对扶贫的资金投入。在投向上，为了提高扶贫效率，这些资金主要用于见效快的扶贫项目；在配套资金的投入比例上，要求更为严格，由不对配套资金作具体要求到要求配套30%～50%。这些政策的变化体现了我国对扶贫艰巨性的认识以及对完成扶贫目标的必胜信心。

二、间接投资政策

间接投资政策是指中央财政通过其他政策引导，减轻贫困地区工农业负担，改善贫困地区的投资环境和吸引外资流入。主要包括：进一步理顺农产品和能源、交通、主要原材料等价格体系，提高农业和重工业的资金收益率；通过税收产业优惠政策减轻能源、交通、主要原材料等企业的税负，减轻贫困地区主导产业负担；通过税收地区优惠和产业优惠加大对贫困地区的扶持，改善贫困地区投资软环境，引导金融资金以及其他外部资金。国家财政对贫困地区实行间接投资政策的宗旨是减轻负担，给予优惠，搞活商品流通，加速商品周转，从而实现扶贫的目的。

（一）财政优惠政策

为提高扶贫效果，我国对以老、少、边为代表的贫困地区采取了一系列财政优惠政策，主要包括两个方面：①减税政策。我国在1979年即对少数民族和边境地区县（旗）的社队企业，从1979年起减免所得税五年。减免贫困户的农业税和农林特产税、免征贫困地区新办开发性企业的所得税。对民贸企业利润留成的20%不征调节税。鼓励外商到贫困地区兴办开发性企业（林场、畜牧场、电站、工厂等）开业后5年内免交所得税。②减费政策。对贫困地区免征国家能源交通重点建设基金。对民族贫困地区的耕地占用税、能源基金、口岸建设、边疆贸易等实行优惠照顾政策。

（二）分权政策

乡镇企业、农民联办企业、家庭工厂、个体商贩的所得税，是否减免以及减免的数额和时间，由县人民政府自定。

一切农、林、牧、副、土特产品都不再实行统购、派购，改为自由购销，有关国营部门和供销合作社应积极开展代销代购业务。

逐步加大对贫困地区的转移支付的力度，各有关省、自治区要尽快建立和完善二级转移支付制度，为贫困地区提供更大的财务和支持。

根据“谁受益、谁负担”的原则，适当提高库区建设基金和库区维护基金标准，专项用于解决水库移民的温饱问题。

（三）经营优惠政策

允许在边远山区和贫困地区实行包产到户，作为解决群众温饱问题的必要措施；进口一部分粮食，用以解决休养生息问题和调整农业内部生产结构。

放开一切农、林、牧、副、土特产品，不再实行统购、派购办法，改为自由购销。减免贫困户粮食订购任务。

在产业政策、基本建设安排、运输、外贸等方面，给予同等优先的照顾。公路建设项目要适当向贫困地区延伸，把贫困地区的县城与国道、省道干线连接起来。西部基础设施建设项目，要尽量使用贫困地区的劳动力，增加贫困人口的现金收入。

（四）融资优惠政策

部分缺衣少被的贫困农户，可由商业部门赊销适量的布匹、成衣等，赊销贷款免息。从事民族贸易的零售企业的自有流动资金80%由国家拨款，从事民族贸易的批发企业自有流动资金的50%由国家拨款，对西藏商业企业的资金全部由国家拨款。对贫困户小额贷款不抵押、不担保。

从总体上看，财政扶贫政策经历从较早的对社队企业减免所得税、放开农、林、牧、副、土特产品的购销，到给予地方政府在税收减免等方面更大自主权，再到对道路等基础设施以及贫困户贷款予以优先照顾的演变过程。这种政策的演进表明了，国家从对贫困地区的休养生息到关注贫困地区的生产发展，到为贫困地区发展奠定基础和必要条件，这样一种扶贫思路的变化。

三、资金管理政策的演进

（一）扶持贫困地区专项贴息贷款管理政策

1986 年，中国人民银行、中国农业银行发出《扶持贫困地区专项贴息贷款管理暂行办法》。《管理暂行办法》提出：①国务院决定从 1986 年起，连续 5 年，每年发放 10 亿元贴息贷款所需的信贷资金，由中国人民银行每年专项安排，由中国农业银行发放，由中央财政补贴大部分利息。②此项贷款是有偿使用资金，不得用于赈灾救济和无偿还能力的经营项目，要坚持有借有还，到期归还，谁用谁借谁还，和群众借款自愿、银行贷款自主的原则。③贷款的使用范围是国家核定的贫困县，投资的重点是投资少、见效快、有市场、家家户户都能干，能发挥本地资源优势，有助于解决群众温饱的生产项目；主要贷给贫困户或平民户，自主使用，或由贫困户承贷，直接参加联合体、乡镇企业入股经营，也可以贷给能为农户提供服务的或为贫困户安排劳动就业的独立核算的各种农工商合作经济组织、乡镇企业和少数县办工业，少数具有法人地位，组织生产经营开发服务的经济实体，在自愿互利、有偿还能力前提下，也可以承贷承还，使用到户。④农户贷款在 500 元以下的，不受自有资金比例的限制，贷款 500 元以上的要有一定自有资金。乡镇企业和基础设施建设贷款，自有资金不得低于 20%；贷款分配，经中央和省、自治区扶贫领导小组审查同意后由中国农业银行下达，由中国农业银行县级支行根据省有关规定和控制数额投放。⑤贷款期限根据不同用途的生产经营周期和借款户综合收入分别确定，一般为 1 ~ 3 年，最长不超过 5 年。⑥贷款的现行利率月息为 6. 1 厘，对借款户收取 2. 1 厘，中央财政贴 4 厘；要加强贷款责任和考核，按规定用途使用贷款，确保效益，按期偿还；专项贷款的发放和回收，在中国农业银行专门设立的“扶贫贴息贷款”会计科目中核算和反映。

《管理暂行办法》规定了资金的性质、使用条件、使用范围、利息和贴息等细则，为扶贫贴息贷款的运作提供了具体指导。

（二）关于扶贫专项贴息贷款使用情况和改进政策

1988 年，国务院贫困地区经济开发领导小组转发中国农业银行总行《关于扶贫专项贴息贷款使用情况和改进意见》的通知。中国农业银行总行提出的改进意见是：①统筹安排各项扶贫资金，充分发挥扶贫资金使用的总体效益。②按使用效益分配扶贫贷款。③扶贫贷款主要用于支持兴办乡村扶贫经济实体。④解决好扶贫贴息贷款周转使用的有关问题。

之所以提出上述改进意见，首先是因为当时扶贫资金使用较为分散，总体效益不高；其次是因为贷款回收情况不好，使用效果较差，因而中国农业银行和国务院贫困地区经济开发领导小组其后发布文件，要求把扶持的贫困户能否解决温饱以及放出贷款能否及时回收作为标准，进行一年一考核，根据效益考核结果来分配贷款；最后为激励县级政府的积极性，在1989年出台政策，建议“七五”后两年的贴息贷款由县组织回收，周转使用，继续投入到扶贫开发项目。

（三）对沿海六省的资金调减

1997年，中国农业银行推出《中国农业银行沿海六省扶贫专项贷款管理办法》。该《办法》规定，中央决定把扶持辽宁、江苏、浙江、福建、山东、广东6省的扶贫资金调减下来，从1997年起，另给沿海六省每年4亿元商业性（不贴息）专项扶贫贷款，贷给从事农业、加工业、工商业的国有、集体、联营、合资合作企业以及合作经济组织等各类扶贫经济实体，带动贫困户投入商业生产活动，参与企业就业，促进贫困地区区域经济的发展。贷款《办法》对贷款的范围和用途，贷款对象和条件，贷款方式、期限和利率、贷款的分配与管理等，作了具体的规定。

发达省份由于贫困现象得到基本解决，因而调减这些地区的扶贫资金有助于国家把扶贫资金投入到广大中西部地区。

（四）国家扶贫资金的管理办法

1997年，国务院办公厅发出关于印发《国家扶贫资金管理办法》的通知。其主要内容：①国家扶贫资金，是指中央为解决农村贫困人口温饱问题、支持贫困地区社会经济发展而专项安排的资金，包括支援经济不发达地区发展资金、“三西”农业建设专项补助资金、新增财政扶贫资金、以工代赈资金和扶贫专项贷款。②国家各项扶贫资金，应当根据扶贫攻坚的总体目标和要求，配套使用，形成合力，以便发挥整体效益。③国家各项扶贫资金，必须全部用于国家重点扶持的贫困县，并以这些县中的贫困乡、村、户作为资金投放、项目实施和受益的对象。非贫困县中零星分散的贫困乡、村、户和省、自治区、直辖市确定的贫困县，由有关地方各级政府自行筹措安排资金进行扶持。④支援经济不发达地区的发展资金和新增财政扶贫资金，重点用于改善贫困地区的农牧业生产条件，发展多种经营，修建乡村道路，普及义务教育和扫除文盲，开展农民实用技术培训，防治地方病等；“三西”农业建设专项补助资金的管理使用，按照财政部制定的《“三西”农业建设专项补助资金使用管理办法》执行；以工代赈资金，重点用于修建县、乡公路（不含省道、国道）和为扶贫开发项目配套的道路，建设基本农田（含畜牧草场、果林地），兴修农田水利，解决人畜饮水问题等；扶贫专项贷款，重点支持有助于直接解决农村贫困人口温饱的种植业、养殖业和以当地农副产品为原料的加工业中效益好、有还贷能力的项目。⑤地方各级政府应当根据需要和可能，增加扶贫投入。省、自治区、直辖市向国家重点扶持贫困县投入的扶贫资金，应当达到占国家扶贫资金总量的30%～50%，达不到规定比例的，中央按比例调减下一年度扶贫资金数额。⑥国家扶贫资金分配的基本依据是：省、自治区、直辖市本年度贫困人口数量和贫困程度、扶贫资金使用效益、地方配套资金落实比例。由财政部、国家计划委员会、中国农业发展银行分别提出初步意见，经国务院扶贫开发领导小组办公室汇总平衡，报国务院扶贫开发领导小组审定。⑦国家各项扶贫资金的分配计划，由有关部门在当年3月底前下达，6月底前将资金全部拨付到省、自治区、直辖市。⑧国家下达的各项扶贫资金，全部由省、自治区、直辖市人民政府统一安排使用，由同级扶贫开发工作协调领导机构具体负责，组织各有关部门规划和实施项目，并督促各项资金及时、足额到位。⑨实施扶贫项目应当以贫困户为对象，以解决温饱为目的，以有助于直接提高贫困户收入的产业为主要内容，按照集中连片的贫困区域统一规划，统一评估，一次批准，分年实施，分期投入。使用扶贫专项贷款的项目，应当经有关银行事前审查论证。⑩建立综合考核指标，实行严格的扶贫贷款使用责任制。各省、自治区、直辖市扶贫开发工作协调领导机构每年统一安排下达盘活扶贫贷款存量计划，并将计划完成情况与新增扶贫贷款的分配挂钩。⑪建立健全扶贫资金的检查、监督制度。把行政监督、群众监督、舆论监督结合起来。对扶贫资金不能按时到位，配套资金达不到规定比例，投向不符合规定的，应当及时纠正。⑫各级审计部门应当依照有关法律、法规，对扶贫资金的使用情况进行专门审计。凡转移、挪用、拖欠、挤占扶贫资金的，必须如数追回，并依法追究法律责任；凡贪污扶贫资金的，依法追究刑事责任。⑬有关扶贫资金管理部门应当根据本办法确定的原则，分别制定具体管理办法。各省、自治区、直辖市可以根据本办法，结合当地实际情况，制定实施细则。

1994 年 3 月我国开始实施《八七扶贫攻坚计划》，到 1996 年，全国贫困人口在 8000 万的基础上减少到 5800 万，总计减少了 2200 万，成绩显著，但与政策的预定目标比较存在较大差距。为完成预期目标，就要解决中央和地方政府的增量投入问题，为此，一方面增加国家财政投入，另一方面要求省级政府增加配套资金的投入。除增加投入外，利用好现有投入至关重要。而为了达到现有资金的有效利用，就必须解决好如下问题：首先，从国家层面明确各种资金的分类、用途，这样才能做到正确使用，避免挪用现象发生；其次，要解决各项资金的配合使用问题，只有这样才能形成合力，最大发挥各项资金的作用；再次，应解决资金分配、扶贫项目的确定、使用问题，只有解决这些问题，各级政府在使用扶贫资金时才能做到有章可循；最后，要对扶贫资金的使用进行监督，因为从以往看，存在扶贫资金“扶强不扶弱”以及被挪用和使用效率不高等问题。

从实践的发展上看，《国家扶贫资金管理办法》对规范管理扶贫资金，如期完成扶贫开发任务，实现《八七扶贫攻坚计划》确定的目标，发挥了积极作用。

（五）中国农业发展银行扶贫贷款管理办法

1998 年，中国农业发展银行修改和印发了《中国农业发展银行扶贫贷款管理办法》（以下简称《办法》）。该《办法》进一步明确了扶贫贷款的性质、投放范围、扶贫贴息贷款和不贴息贷款的不同用途；对坚持贷款到户，适当延长种养业、加工业贷款期限，加强资金管理，提高扶贫效益，做到有借有还等，作了更加具体的规定。

在扶贫贷款的使用上，实践中存在如下问题：首先，贷款回收率偏低，根据 1997 年的统计数字，1 ~9 月贷款回收率只有 54%；其次，在贷款的使用上存在投向有偏差的问题；最后，贷款的扶贫效果与预定目标有差距。因而，在《办法》中强调了要按开发式扶贫的原则发放和使用好扶贫贷款。把种植业、养殖业和农副产品加工业作为信贷扶贫的重点，使其成为解决贫困人口温饱问题、提高经济收入的支柱产业。同时强调，在保证扶贫效果的前提下，提高贷款的回收率。

（六）财政扶贫资金的管理办法

2000 年财政部、国务院扶贫开发领导小组，国家计划委员会联合发出《财政扶贫资金管理办法（试行)》和《财政扶贫项目管理费管理办法（试行)》的通知。

制定统一规范的《财政扶贫资金管理办法》的背景：为了提高财政扶贫资金使用效率，根据中央扶贫开发工作会议和国务院扶贫领导小组第四次会议精神，结合扶贫开发工作的实际情况，制定了统一、规范的《财政扶贫资金管理办法》。《财政扶贫资金管理办法》，一是本着实事求是的原则，对实际工作需要但现行管理制度又没有规定，或者不够明确的，进行了补充和完善；二是本着规范统一的原则，将同属于财政性质的支援不发达地区发展资金、新增财政扶贫资金、以工代赈资金统一纳入一个管理制度进行规范。

这两个文件与现行管理制度不同的内容是：①在现行政策有关规定的基础上，进一步明确以工代赈资金、新增财政扶贫资金和发展资金各自的使用范围。②明确了项目管理费的提取和使用。对项目的规划编制、项目评估、检查验收、成果宣传、档案管理以及必要的扶贫业务费开支等，允许在财政扶贫资金中列支，但必须从严掌握，不得铺张浪费。项目管理费由中央财政分别从以工代赈资金、新增财政扶贫资金、发展资金中提取1.5%，以工代赈项目管理费由国家计划委员会商财政部、国务院扶贫开发领导小组办公室确定，新增财政扶贫资金、发展资金项目管理费由财政部商国务院扶贫开发领导小组办公室专项下达各地。地方各级、各部门不得以任何理由、任何方式再提取项目管理费和其他费用。③要求省以下（含省本级）各级财政部门要建立财政扶贫资金专户，实行专项管理，封闭运行，并积极推行报账制管理；对扶贫开发项目发生的数额较大的购买性支出实行政府采购。④规定省以下（含省本级）各级政府配套安排的扶贫资金，不得低于中央财政安排资金额度的30%，配套比例只规定了下限，没有规定上限；地方政府配套的资金包括财政配套资金和有关部门安排的配套资金；地方财政应落实的配套资金，由地方各级财政共同负担；负担比例由省确定；对一些市县财政确实无力配套的，市县财政可以不予配套，但省级财政必须配齐。⑤培训经费问题。不再执行财政部财农字［1999］83号文件中的有关规定。对贫困地区农民的科技培训经费，可根据扶贫开发工作的实际需要，结合具体扶贫项目进行安排。

（七）对扶贫资金的审计

在以往政策中对扶贫资金的监控早有体现，比如1997年的《国家扶贫资金管理办法》就强调对扶贫资金进行检查、监督，并要求审计部门对扶贫资金的使用情况进行审计，以便采取相应措施。但扶贫资金使用较为混乱、甚至贪污腐败的现象时有发生，为加强对扶贫资金的管理、严肃纪律，2002年审计署、国务院扶贫开发领导小组办公室制定《关于落实〈中国农村扶贫开发纲要〉做好扶贫资金审计工作的意见》（以下称《意见》），体现了国家对扶贫资金规范化管理的重视。

其主要内容为：①《意见》要求把扶贫资金审计作为一项经常化、制度化的审计工作，切实抓紧、抓好。要通过审计维护财经秩序，严肃财经法纪，促进国家扶贫政策的落实和《纲要》目标的实现。②根据《纲要》的要求，为了更好地发挥扶贫资金审计的作用，应建立分层次、定期审计的制度。审计署统一组织的全国或较大范围的扶贫资金审计，3年左右进行一次；省级审计机关除在审计署统一组织进行审计外，可根据地方政府的要求和实际情况，有计划地组织本地区扶贫资金审计；国家扶贫开发工作重点县的审计机关，一般应每年进行一次专项审计或审计调查，也可与预算执行审计、经济责任审计等结合进行。并要求各级审计机关要将有关审计情况及时通报给同级扶贫部门。③全面审计，突出重点，确保质量。一方面，在注重对管理、使用财政扶贫资金（含以工代赈资金）和扶贫贴息贷款审计的同时，也要将利用外资扶贫项目、东西部地区扶贫协作支持资金，以及各类非政府组织（如基金会、慈善组织等）募集的用于扶贫方面的资金纳入审计范围，不留审计视野上的空白和死角；审计的资金量、项目和农户数，要达到一定的比例。另一方面要从实际出发，针对扶贫资金管理的薄弱环节和使用中的突出问题，确定审计的重点，要把严重拖欠、挤占、挪用、贪污、私分和搞弄虚作假等违法违纪问题，作为审计查处的重点。要坚持扶贫资金审计重点在县、深入村户的做法，把审计与审计调查紧密结合起来，认真解剖麻雀，深化审计工作。要切实加强对乡、村两级扶贫资金管理和扶贫到户政策落实情况的审计调查。积极探索，总结经验，开创扶贫资金审计工作新局面。④应根据审计结果，制定必要的控制改进措施。

附表 4-1　1986 年确定的国定贫困县（县级市、区）

地　区	贫困县（县级市、区）
河南（15）	栾川县、嵩县、洛宁县、台前县、卢氏县、平舆县、新蔡县、淅川县、桐柏县、信阳县、光山县、固始县、商城县、罗山县、新县
湖北（13）	红安县、麻城市、罗田县、英山县、大悟县、郧县、郧西县、房县、巴东县、利川市、宣恩县、咸丰县、鹤峰县
宁夏（8）	盐池县、同心县、固原县、海原县、西吉县、隆德县、泾源县、彭阳县
新疆（17）	伊吾县、木垒县、柯坪县、阿图什县、阿合奇县、乌恰县、疏附县、英吉沙县、塔什库尔干县、墨玉县、皮山县、洛浦县、策勒县、民丰县、尼勒克县、托里县、福海县
陕西（34）	蓝田县、耀县、麟游县、彬县、淳化县、镇巴县、汉阴县、紫阳县、岚皋县、白河县、商州市、丹凤县、商南县、山阳县、镇安县、柞水县、延安市、延长县、子长县、安塞县、志丹县、吴旗县、宜川县、榆林市、神木县、府谷县、横山县、靖边县、定边县、米脂县、佳县、吴堡县、清涧县、子洲县
甘肃（30）	永登县、皋兰县、榆中县、白银市辖区、靖远县、会宁县、景泰县、秦安县、张家川县、古浪县、定西县、通渭县、陇西县、临洮县、漳县、岷县、武都县、宕昌县、礼县、庄浪县、静宁县、庆阳县、环县、华池县、正宁县、永靖县、东乡县、积石山县、卓尼县、舟曲县
青海（10）	大通县、民和县、化隆县、循化县、同仁县、泽库县、班玛县、玉树县、杂多县、囊谦县
贵州（19）	水城特区、六枝特区、务川县、沿河县、兴仁县、普安县、望谟县、毕节县、大方县、织金县、纳雍县、威宁县、关岭县、紫云县、黄平县、剑河县、从江县、罗甸县、三都县
云南（26）	禄劝县、巧家县、镇雄县、彝良县、武定县、屏边县、元阳县、红河县、绿春县、西畴县、麻栗坡县、广南县、富宁县、墨江县、江城县、澜沧县、西盟县、漾濞县、南涧县、宁蒗县、福贡县、贡山县、德钦县、维西县、双江县、沧源县
重庆（6）	城口县、石柱县、彭水县、黔江县、酉阳县、秀山县
四川（15）	旺苍县、苍溪县、南部县、广安县、仪陇县、阆中县、宣汉县、通江县、南江县、渠县、白玉县、布拖县、金阳县、昭觉县、美姑县
湖南（8）	城步县、平江县、桑植县、汝城县、桂东县、花垣县、保靖县、永顺县
广东（4）	龙川县、大埔县、丰顺县、五华县
广西（23）	天等县、龙州县、三江县、融水县、金秀县、龙胜县、田东县、平果县、德保县、靖西县、那坡县、凌云县、乐业县、隆林县、西林县、罗城县、环江县、南丹县、天峨县、凤山县、东兰县、巴马县、都安县
江西（17）	赣县、上犹县、定南县、宁都县、于都县、兴国县、瑞金县、会昌县、寻乌县、石城县、上饶县、余干县、波阳县、永新县、莲花县、宁冈县、广昌县

续表

地　区	贫困县（县级市、区）
山东（9）	沂源县、枣庄市辖区、临沂县、泗水县、沂水县、蒙阴县、平邑县、费县、沂南县
安徽（9）	潜山县、太湖县、岳西县、颍上县、六安市、寿县、霍邱县、金寨县、霍山县、
福建（14）	罗源县、安溪县、诏安县、平和县、福鼎县、福安县、屏南县、寿宁县、周宁县、柘荣县、长汀县、上杭县、武平县、连城县
浙江（3）	文成县、泰顺县、景宁县
辽宁（3）	朝阳县、建平县、建昌县
内蒙古（31）	托克托县、阿鲁科尔沁旗、巴林左旗、巴林右旗、克什克腾旗、翁牛特旗、敖汉旗、科尔沁右冀中旗、奈曼旗、清水河县、察哈尔右后旗、四子王旗、准格尔旗、鄂托克前旗、杭锦旗、乌审旗
山西（14）	平顺县、武乡县、沁县、右玉县、静乐县、神池县、五寨县、岢岚县、河曲县、保德县、兴县、临县、石楼县、岚县
河北（14）	青龙县、魏县、涉县、广宗县、平山县、灵寿县、涞源县、完县、阜平县、涿鹿县、丰宁县、围场县、献县、武强县

附表4-2　列入国家"八七"扶贫攻坚计划的贫困县（县级市、区）

地　区	贫困县（县级市、区）
河南（28）	老区县（21个）：新安县、嵩县、汝阳县、宜阳县、洛宁县、伊川县、台前县、渑池县、卢氏县、桐柏县、宁陵县、睢县、确山县、上蔡县、平舆县、信阳县、光山县、固始县、商城县、罗山县、新县
	其他贫困县（7个）：栾川县、鲁山县、淅川县、南召县、虞城县、新蔡县、淮滨县
湖北（25）	老区县（24个）：郧县、郧西县、竹山县、竹溪县、房县、丹江口市、秭归县、孝昌县、大悟县、麻城市、红安县、罗田县、英山县、蕲春县、阳新县、恩施市、利川市、建始县、巴东县、宣恩县、咸丰县、来凤县、鹤峰县、神农架林区
	民族县（1个）：长阳县（老区县）
宁夏（8）	老区县（3个）：盐池县、同心县、海原县
	其他贫困县（5个）：西吉县、隆德县、泾源县、彭阳县、固原县
新疆（25）	边境县（11个）：巴里坤县、木垒县、乌什县、阿图什市、阿克陶县、阿合奇县、乌恰县、叶城县、塔什库尔干县、和田市、皮山县
	其他贫困县（14个）：柯坪县、疏附、墨玉县、托里县、策勒县、于田县、疏勒县、岳普湖县、洛浦县、英吉沙县、尼勒克县、福海县、民丰县、和田县
西藏（5）	边境县（1个）：定日县
	其他贫困县（4个）：察雅县、南木林县、嘉黎县、索县
陕西（50）	老区县（37个）：蓝田县、耀县、宜君县、彬县、旬邑县、西乡县、宁强县、镇巴县、宁陕县、镇坪县、商州市、洛南县、丹凤县、商南县、山阳县、镇安县、柞水县、延安市、延长县、延川县、子长县、安塞县、志丹县、吴旗县、宜川县、榆林市、神木县、府谷县、横山县、靖边县、定边县、绥德县、米脂县、佳县、吴堡县、清涧县、子洲县
	其他贫困县（13个）：紫阳县、长武县、合阳县、略阳县、白河县、岚皋县、浦城县、永寿县、安康市、铜川市辖区、麟游县、汉阴县、淳化县
甘肃（41）	老区县（3个）：庆阳县、华池县、环县
	民族县（4个）：东乡县、积石山县、张家川县、天祝县
	其他贫困县（34个）：永登县、榆中县、靖远县、会宁县、景泰县、清水县、秦安县、甘谷县、武山县、古浪县、定西县、通渭县、陇西县、渭源县、临洮县、漳县、岷县、武都县、宕昌县、康县、文县、西和县、礼县、庄浪县、静宁县、临夏县、康乐县、永靖县、广河县、和政县、临潭县、卓尼县、舟曲县、平川区

续表

地　区	贫困县（县级市、区）
青海（14）	民族县（4个）：化隆县、循化县、民和县、大通县
	其他贫困县（10个）：平安县、湟源县、同仁县、泽库县、班玛县、达日县、玉树县、杂多县、治多县、囊谦县
贵州（48）	老区县（3个）：印江县、德江县、沿河县
	民族县（4个）：松桃县（也是老区县）、三都县、镇宁县、威宁县
	其他贫困县（41个）：盘县特区、六枝特区、水城县、正安县、务川县、凤冈县、习水县、石阡县、兴仁县、普安县、晴隆县、贞丰县、望谟县、册亨县、安龙县、大方县、织金县、纳雍县、赫章县、息烽县、普定县、关岭县、紫云县、黄平县、施秉县、三穗县、岑巩县、天柱县、剑河县、台江县、黎平县、榕江县、从江县、雷山县、麻江县、丹寨县、荔波县、独山县、平塘县、罗甸县、长顺县
云南（73）	老区县（4个）：镇雄县、彝良县、威信县、广南县
	民族县（11个）：禄劝县、墨江县、寻甸县、维西县、宁蒗县、屏边县、漾濞县、南涧县、巍山县、景东县、兰坪县
	边境县（16个）：龙陵县、泸水县、绿春县、福贡县、镇康县、马关县、滕冲县、富宁县、麻栗坡县（后2个为老区县）、孟连县、贡山县、金平县、西盟县、江城县、澜沧县、沧源县
	其他贫困县（42个）：东川市辖区、昭通市、鲁甸县、巧家县、盐津县、大关县、永善县、绥江县、富源县、会泽县、双柏县、牟定县、南华县、姚安县、大姚县、永仁县、武定县、石屏县、泸西县、元阳县、红河县、文山县、砚山县、西畴县、丘北县、镇沅县、祥云县、宾川县、弥渡县、永平县、云龙县、洱源县、剑川县、施甸县、昌宁县、中甸县、德钦县、临沧县、凤庆县、云县、永德县、双江县
海南（5）	民族县（老区县）（3个）：陵水县、保亭县、琼中县
	其他贫困县（2个）：通什市、屯昌县
重庆（12）	老区县（1个）：城口县
	民族县（5个）：酉阳县、石柱县、黔江县、彭水县、秀山县（这5个也是老区县）
	其他贫困县（6个）：忠县、云阳县、巫溪县、武隆县、万县市天城区、万县市五桥区
四川（31）	老区县（14个）：仪陇县、阆中市、渠县、古蔺县、叙永县、黑水县、苍溪县、南部县、旺苍县、通江县、南江县、壤塘县、宣汉县、广元市朝天区
	民族县（1个）：木里县
	其他贫困县（16个）：兴文县、白玉县、巴塘县、乡城县、得荣县、盐源县、普格县、布拖县、金阳县、昭觉县、喜德县、越西县、美姑县、雷波县、广安县、南充市嘉陵区
湖南（10）	老区县（6个）：平江县、桑植县、安化县、新化县、保靖县、永顺县
	其他贫困县（4个）：隆回县、新田县、沅陵县、花垣县
广东（3）	老区县（1个）：陆河县
	其他贫困县（2个）：乳源县、阳山县
广西（28）	老区县（10个）：隆安县、马山县、天等县、龙州县、田东县、平果县、凌云县、南丹县、凤山县、东兰县
	民族县（8个）：巴马县、都安县、大化县（这3个也是老区县）、融水县、金秀县、隆林县、龙胜县、罗城县
	边境县（2个）：靖西县、那坡县
	其他贫困县（8个）：乐业县、德保县、田林县、三江县、忻城县、环江县、西林县、天峨县
江西（18）	老区县（18个）：莲花县、修水县、赣县、上犹县、安远县、宁都县、于都县、兴国县、会昌县、寻乌县、上饶县、横峰县、余干县、波阳县、遂川县、永新县、宁冈县、广昌县
山东（10）	老区县（10个）：泗水县、沂南县、沂水县、费县、平邑县、蒙阴县、庆云县、沾化县、莘县、冠县
安徽（17）	老区县（13个）：长丰县、枞阳县、潜山县、太湖县、宿松县、岳西县、六安市、寿县、霍邱县、舒城县、金寨县、霍山县、无为县
	其他贫困县（4个）：颍上县、临泉县、阜南县、利辛县

续表

地　区	贫困县（县级市、区）
福建（8）	老区县（8个）：屏南县、寿宁县、周宁县、柘荣县、长汀县、上杭县、武平县、连城县
吉林（5）	老区县（2个）：靖宇县、汪清县
	其他贫困县（3个）：镇赉县、通榆县、大安市
黑龙江（11）	老区县（6个）：甘南县、克东县、桦南县、抚远县、同江市、延寿县
	民族县（1个）：杜尔伯特县
	其他县（4个）：青冈县、明水县、林甸县、泰来县
浙江（3）	老区县（2个）：文成县、泰顺县
	民族县（1个）：景宁县
辽宁（9）	老区县（1个）：建昌县
	民族县（2个）：岫岩县、新宾县（也是老区县）
	其他贫困县（6个）：康平县、桓仁县、义县、朝阳县、建平县、喀喇沁左翼县
内蒙古（31）	老区县、旗（13个）：托克托县、清水河县、准格尔旗、敖汉旗、乌审旗、武川县、固阳县、宁城县、察哈尔右中旗、鄂托克前旗、察哈尔右前旗、和林格尔县、喀喇沁旗
	边境县、旗（1个）：达尔罕联合旗
	其他贫困县、旗（17个）：巴林左旗、巴林右旗、林西县、克什克腾旗、翁牛特旗、科尔沁右翼中旗、扎赉特旗、库伦旗、奈曼旗、太仆寺旗、多伦县、化德县、商都县、察哈尔右后旗、四子王旗、杭锦旗、达茂旗、伊金霍洛旗
山西（35）	老区县（33个）：娄烦县、阳高县、天镇县、广灵县、灵丘县、平顺县、武乡县、沁县、沁源县、右玉县、五台县、繁峙县、静乐县、神池县、五寨县、岢岚县、河曲县、保德县、偏关县、兴县、临县、柳林县、石楼县、岚县、方山县、离石县、中阳县、榆社县、大宁县、闻喜县、夏县、平陆县、垣曲县
	其他贫困县（2个）：永和县、万荣县
河北（39）	老区县（35个）：灵寿县、赞皇县、平山县、青龙县、大名县、涉县、广平县、魏县、临城县、巨鹿县、广宗县、阜平县、涞源县、易县、张北县、康保县、沽源县、尚义县、蔚县、阳原县、怀安县、万全县、赤城县、崇礼县、滦平县、丰宁县、宽城县、东光县、海兴县、盐山县、南皮县、献县、孟村县、武邑县（涿鹿县赵家蓬区）、武强县
	其他贫困县（4个）：平泉县、围场县、隆化县、顺平县

注：①革命老区县为"中国老区建设开发促进会"初步统计数，待正式认定

②民族县为《民族工作四十年》（民族出版社，1989年10版）一书中所确定的县。本表中未包括区和州中的非贫困县在内。若加在一起，总数为250多个享受不同层次民族待遇的县

③边境县以陆地国界同邻国接壤为准

附表4-3　2001年国家扶贫开发工作重点县（县级市、区）（592个）

地　区	重点县（县级市、区）
河北（39）	石家庄市（3）：平山县、灵寿县、赞皇县 张家口市（10）：康保县、张北县、阳原县、赤城县、沽源县、怀安县、崇礼县、尚义县、蔚县、万全县、（涿鹿县赵家蓬区） 承德市（6）：平泉县、滦平县、隆化县、丰宁县、围场县、宽城县 秦皇岛市（1）：青龙县 保定市（4）：阜平县、涞源县、顺平县、唐县 沧州市（6）：东光县、海兴县、盐山县、南皮县、献县、孟村县 衡水市（2）：武强县、武邑县 邢台市（3）：临城县、广宗县、巨鹿县 邯郸市（4）：魏县、大名县、涉县、广平县

续表

地　区	重点县（县级市、区）
山西（35）	太原市（1）：娄烦县 大同市（5）：天镇县、灵丘县、阳高县、广灵县、浑源县 朔州市（1）：右玉县 长治市（3）：平顺县、武乡县、壶关县 忻州市（11）：神池县、五寨县、五台县、偏关县、静乐县、繁峙县、河曲县、保德县、岢岚县、代县、宁武县 晋中市（2）：和顺县、左权县 临汾市（5）：大宁县、永和县、隰县、汾西县、吉县 运城市（1）：平陆县 吕梁地区（6）：中阳县、兴县、临县、方山县、岚县、石楼县
内蒙古（31）	呼和浩特市（3）：托克托县、和林县、清水河县 包头市（1）：固阳县 赤峰市（8）：宁城县、林西县、喀喇沁旗、巴林左旗、敖汉旗、翁牛特旗、克什克腾旗、巴林右旗 通辽市（2）：库伦旗、奈曼旗 鄂尔多斯市（5）：准格尔旗、乌审旗、伊金霍洛旗、鄂托克前旗、杭锦旗 兴安盟（2）：科右中旗、扎赉特旗 锡林郭勒盟（2）：多伦县、太仆寺旗 乌兰察布盟（8）：武川县、商都县、化德县、察右前旗、察右中旗、察右后旗、四子王旗、达茂旗
吉林（8）	白城市（3）：大安市、镇赉县、通榆县 白山市（1）：靖宇县 延边州（4）：汪清县、安图县、龙井市、和龙市
黑龙江（14）	哈尔滨市（1）：延寿县 齐齐哈尔市（3）：拜泉县、甘南县、泰来县 大庆市（2）：林甸县、杜蒙县 鹤岗市（1）：绥滨县 佳木斯市（5）：同江市、桦南县、桦川县、抚远县、汤原县 双鸭山市（1）：饶河县 绥化市（1）：兰西县
安徽（19）	合肥市（1）：长丰县 阜阳市（4）：临泉县、阜南县、颍上县、利辛县 安庆市（5）：太湖县、宿松县、枞阳县、岳西县、潜山县 六安市（6）：寿县、霍山县、霍邱县、裕安区、舒城县、金寨县 巢湖市（1）：无为县 池州市（1）：石台县 宣城市（1）：泾县
江西（21）	九江市（1）：修水县 萍乡市（1）：莲花县 赣州市（8）：安远县、赣县、宁都县、寻乌县、兴国县、于都县、会昌县、上犹县 上饶市（4）：上饶县、波阳县、余干县、横峰县 抚州市（2）：广昌县、乐安县 吉安市（5）：永新县、遂川县、井冈山市、吉安县、万安县
河南（31）	三门峡市（1）：卢氏县 洛阳市（5）：汝阳县、洛宁县、嵩县、宜阳县、栾川县 新乡市（1）：封丘县 安阳市（1）：滑县 濮阳市（2）：台前县、范县 开封市（1）：兰考县 商丘市（4）：虞城县、睢县、民权县、宁陵县 平顶山市（1）：鲁山县 南阳市（4）：桐柏县、淅川县、南召县、社旗县 信阳市（5）：淮滨县、新县、商城县、固始县、光山县 周口市（2）：沈丘县、淮阳县 驻马店市（4）：确山县、平舆县、上蔡县、新蔡县

续表

地　区	重点县（县级市、区）
湖北（25）	十堰市（6）：丹江口市、郧县、郧西县、竹山县、竹溪县、房县 孝感市（2）：大悟县、孝昌县 黄冈市（5）：麻城市、红安县、蕲春县、英山县、罗田县 黄石市（1）：阳新县 宜昌市（2）：秭归县、长阳县 恩施州（8）：利川市、建始县、巴东县、恩施市、宣恩县、来凤县、咸丰县、鹤峰县 省直辖县级行政单位（1）：神农架林区
湖南（20）	张家界市（1）：桑植县 益阳市（1）：安化县 岳阳市（1）：平江县 郴州市（2）：桂东县、汝城县 永州市（2）：新田县、江华县 邵阳市（3）：隆回县、城步县、邵阳县 怀化市（2）：沅陵县、通道县 娄底市（1）：新化县 湘西州（7）：古文县、泸溪县、保靖县、永顺县、凤凰县、花垣县、龙山县
广西（28）	南宁市（4）：马山县、天等县、隆安县、龙州县 桂林市（1）：龙胜县 柳州市（4）：忻城县、融水县、三江县、金秀县 百色市（10）：凌云县、乐业县、平果县、德保县、田林县、西林县、田东县、靖西县、那坡县、隆林县 河池市（9）：天峨县、凤山县、南丹县、东兰县、环江县、罗城县、巴马县、都安县、大化县
海南（5）	保亭县、琼中县、五指山市、陵水县、白沙县
重庆（14）	城口县、巫溪县、巫山县、奉节县、云阳县、开县、万州区、秀山县、黔江县、酉阳县、彭水县、石柱县、武隆县、丰都县
四川（36）	广元市（3）：苍溪县、朝天区、旺苍县 南充市（4）：阆中市、仪陇县、嘉陵区、南部县 广安市（1）：广安区 乐山市（1）：马边县 泸州市（2）：古蔺县、叙永县 宜宾市（1）：屏山县 巴中市（3）：通江县、南江县、平昌县 达州市（2）：宣汉县、万源市 阿坝州（3）：壤塘县、黑水县、小金县 甘孜州（5）：石渠县、理塘县、雅江县、新龙县、色达县 凉山州（11）：美姑县、金阳县、昭觉县、布拖县、雷波县、普格县、喜德县、盐源县、木里县、越西县、甘洛县
贵州（50）	六盘水市（3）：盘县、六枝特区、水城县 遵义市（4）：正安县、习水县、道真县、务川县 安顺市（4）：普定县、紫云县、关岭县、镇宁县 毕节地区（5）：大方县、织金县、赫章县、纳雍县、威宁县 铜仁地区（7）：石阡县、德江县、印江县、沿河县、松桃县、江口县、思南县 黔东南州（14）：从江县、施秉县、麻江县、台江县、天柱县、黄平县、榕江县、剑河县、三穗县、雷山县、黎平县、岑巩县、丹寨县、锦屏县 黔南州（6）：荔波县、三都县、长顺县、独山县、罗甸县、平塘县 黔西南州（7）：望谟县、晴隆县、兴仁县、普安县、册亨县、贞丰县、安龙县
云南（73）	昆明市（3）：东川区、禄劝县、寻甸县 曲靖市（2）：富源县、会泽县 保山市（3）：施甸县、龙陵县、昌宁县 昭通市（10）：昭阳区、鲁甸县、巧家县、盐津县、大关县、永善县、威信县、绥江县、彝良县、镇雄县 丽江市（2）：宁蒗县、永胜县 思茅地区（8）：墨江县、景东县、镇沅县、江城县、孟连县、西盟县、澜沧县、普洱县

续表

地　区	重点县（县级市、区）
云南（73）	临沧地区（7）：永德县、凤庆县、沧源县、镇康县、云县、临沧县、双江县 德宏州（1）：梁河县 怒江州（4）：泸水县、兰坪县、贡山县、福贡县 迪庆州（3）：维西县、香格里拉县、德钦县 大理州（9）：漾濞县、鹤庆县、弥渡县、南涧县、巍山县、永平县、云龙县、洱源县、剑川县 楚雄州（6）：双柏县、南华县、大姚县、姚安县、武定县、永仁县 红河州（6）：屏边县、金平县、泸西县、元阳县、红河县、绿春县 西双版纳州（1）：勐腊县 文山州（8）：广南县、马关县、砚山县、丘北县、文山县、富宁县、西畴县、麻栗坡县
陕西（50）	延安市（6）：子长县、安塞县、延长县、延川县、吴旗县、宜川县 铜川市（3）：耀县、宜君县、印台区 渭南市（3）：畲阳县、蒲城县、白水 咸阳市（5）：永寿县、彬县、长武县、旬邑县、淳化县 宝鸡市（3）：麟游县、太白县、陇县 汉中市（5）：洋县、西乡县、宁强县、略阳县、镇巴县 榆林市（10）：清涧县、子洲县、绥德县、米脂县、佳县、吴堡县、横山县、靖边县、定边县、府谷县 安康市（8）：汉滨区、汉阴县、宁陕县、紫阳县、岚皋县、镇坪县、旬阳县、白河县 商洛市（7）：商州区、洛南县、丹凤县、商南县、山阳县、镇安县、柞水县
甘肃（43）	兰州市（1）：榆中县 白银市（1）：会宁县 天水市（6）：武山县、清水县、甘谷县、张家川县、秦安县、北道区 武威市（3）：天祝县、古浪县 庆阳市（5）：华池县、环县、合水县、宁县、镇原县 平凉市（2）：庄浪县、静宁县 定西地区（7）：定西县、通渭县、临洮县、陇西县、渭源县、漳县、岷县 陇南地区（6）：武都县、宕昌县、礼县、西和县、文县、康县、两当县 临夏州（7）：临夏县、和政县、积石山县、东乡县、广河县、康乐县、永靖县 甘南州（5）：临潭县、舟曲县、卓尼县、夏河县、合作市
青海（15）	西宁市（1）：大通县 海东地区（6）：湟中县、平安县、民和县、循化县、化隆县、乐都县 黄南州（2）：泽库县、尖扎县 果洛州（2）：达日县、甘德县 玉树州（4）：玉树县、囊谦县、杂多县、治多县
宁夏（8）	吴忠市（2）：同心县、盐池县 固原市（6）：西吉县、海原县、固原县、隆德县、泾源县、彭阳县
新疆（27）	喀什地区（8）：塔什库尔干县、岳普湖县、疏附县、疏勒县、叶城县、英吉沙县、伽师县、莎车县 阿克苏地区（2）：柯坪县、乌什县 和田地区（7）：和田县、洛浦县、墨玉县、皮山县、策勒县、于田县、民丰县 哈密地区（1）：巴里坤县 克孜勒苏州（4）：阿合奇县、乌恰县、阿克陶县、阿图什市 伊犁州（2）：尼勒克县、察布查尔县 塔城地区（1）：托里县 阿勒泰地区（2）：青河县、吉木乃县

注：内蒙古自治区的兴安盟、乌兰察布盟现已撤盟设市

附表 4-4　中央党政机关、人民团体和有关单位定点帮扶贫困县（县级市、区）

单　位	定点帮扶的贫困县	
中央办公厅	1	玉树（青海）
中纪委、监察部	6	确山、新蔡、平舆、淮滨、新县（河南）
中央组织部	1	蓝田（陕西）

续表

单　位	定点帮扶的贫困县	
中央宣传部	1	耀县（陕西）
中央统战部	1	赫章（贵州）
中央对外联络部	1	彬县（陕西）
中央台湾工作办公室	1	广河（甘肃）
中央党校	1	大名（河北）
中央政策研究室	1	沾化（山东）
中央文献研究室	1	南召（河南）
中央党史研究室	1	叙永（四川）
中央编译局	1	易县（河北）
中国外文局	1	桦南（黑龙江）
新华社	1	息烽（贵州）
人民日报社	1	虞城（河南）
《求是》杂志社	1	杂多（青海）
光明日报社	1	囊谦（青海）
经济日报社	2	张北、怀安（河北）
中国日报社	1	东乡（甘肃）
全国人大办公厅	1	太仆寺（内蒙古）
全国政协办公厅	2	无为、枞阳（安徽）
最高人民法院	2	宁陵、睢县（河南）
最高人民检察院	1	西畴（云南）
外交部	2	麻栗坡、金平（云南）
国家发展计划委员会	4	灵寿、丰宁（河北）利辛（安徽）、田东（广西）
国家经济贸易委员会	4	寿宁、屏南、周宁、柘荣（福建）
教育部	3	阳原、顺平、青龙（河北）
科学技术部	6	金寨（安徽）、永新（江西）信阳（河南）、英山（湖北）、乎江（湖南）、安塞（陕西）
国防科学技术工业委员会	16	孝昌、长阳、秭归、巴东（湖北）石柱（重庆）镇宁、普定、关岭、紫云（贵州）禄劝、泸西、石屏（云南）西乡，镇巴、略阳、宁强（陕西）
国家民族事务委员会	2	巴林右（内蒙古）、德保（广西）
公安部	2	克东、杜尔伯特（黑龙江）
国家安全部	1	岫岩（辽宁）
民政部	2	遂川、莲花（江西）
司法部	1	靖宇（吉林）
财政部	5	新化（湖南）腾冲、昌宁、龙陵、施甸（云南）

续表

单　位	定点帮扶的贫困县	
人事部	1	天镇（山西）
劳动和社会保障部	2	金寨、霍山（安徽）
国土资源部	9	宁都、兴国、于都、会昌，安远，寻乌。赣县，上饶（江西）、沅陵（湖南）
建设部	4	同仁、泽库、达日、斑玛（青海）
铁道部	2	麻城（湖北）、和田县（新疆）
交通部	11	栾川，新安、汝阳、嵩县、伊川、宜阳，洛宁（河南），泸水、兰坪、贡山、福贡（云南）
信息产业部	6	大宁、永和（山西）阆中、南部、苍溪、嘉陵区（四川）
水利部	7	城口、忠县、云阳，巫溪、武隆、天城区、五桥区（重庆）
农业部	21	利川、来凤、咸丰、巴东、鹤峰、建始、恩施、宜恩（湖北），花垣、保靖、永顺（湖南），秀山、酉阳、彭水、石柱、黔江（重庆），沿河、德江、印江、石阡、松桃（贵州）
对外贸易经济合作部	2	广安、仪陇（四川）
文化部	2	娄烦、静乐（山西）
卫生部	2	黑水，壤塘（四川）
国家计划生育委员会	1	潜山（安徽）
中国人民银行	2	志丹、延安（陕西）
审计署	1	顺平（河北）
海关总署	2	鲁山、卢氏（河南）
国家新闻出版总署	2	闻喜、夏县（山西）
国家税务总局	1	民和（青海）
国家环境保护总局	1	围场（河北）
中国民用航空总局	2	策勒、于田（新疆）
国家广播电影电视总局	1	涉县（河北）
国家体育总局	1	繁峙（山西）
国家统计局	1	万荣（山西）
国家工商行政管理总局	2	同江、抚远（黑龙江）
国家林业局	16	金秀、龙胜、融水、三江、罗城、环江（广西）雷山、丹寨、榕江、台江、从江、剑河、黄平、独山、三都、荔枝（贵州）
国家质量技术监督局	1	礼县（甘肃）
国家药品监督管理局	1	临泉（安徽）
国家知识产权局	1	桑植（湖南）
国家旅游局	1	关岭（贵州）
国务院机关事务管理局	1	阜平（河北）
国务院侨务办公室	1	积石山（甘肃）
国务院港澳事务办公室	1	赞皇（河北）
国务院法制办公室	1	宽城（河北）

续表

单　位	定点帮扶的贫困县	
国务院经济体制改革办公室	1	汪清（吉林）
国务院研究室	1	浙川（河南）
中国科学院	5	滦平（河北）、翁牛特（内蒙古）、环江（广西）、水城（贵州）、澜沧（云南）
中国社会科学院	1	丹凤（陕西）
国务院发展研究中心	1	义县（辽宁）
国家行政学院	1	大关（云南）
中国地震局	1	永靖（甘肃）
中国气象局	1	建平（辽宁）
中国证券监督管理委员会	2	中甸、宁蒗（云南）
国家粮食局	2	金阳、布拖（四川）
国家国内贸易局	5	美姑、普格、昭觉、越西、雷波（四川）
国家煤炭工业局	4	武乡、沁县、平顺、沁源（山西）
国家机械工业局	4	信阳、罗山、光山、商城（河南）
国家冶金工业局	4	砚山、镇沅、澜沧、祥云（云南）
国家石化工业局	3	涉县、平山、灵寿（河北）
国家轻工业局	3	清水河、库伦、多伦（内蒙古）
国家纺织工业局	1	靖远（甘肃）
国家建材工业局	3	普安、望谟、兴仁（贵州）
国家烟草专卖局	2	郧县、郧西（湖北）
国家有色金属工业局	4	维西，漾濞、云龙、施甸（云南）
国家外国专家局	1	兴文（四川）
国家海洋局	2	屯昌、琼中（海南）
国家测绘局	1	延寿（黑龙江）
国家邮政局	1	商州（陕西）
国家文物局	1	秦安（甘肃）
国家中医药管理局	1	五寨（山西）
国家外汇管理局	1	巨鹿（河北）
出入境检验检疫局	1	渑池（河南）
国家电力公司	4	巴东、秭归、长阳、神农架（湖北）
中国海洋石油总公司	3	陵水、保亭、通什（海南）
中国石油化工集团公司	4	颍上（安徽）、宁冈（江西）、渭源、庄浪（甘肃）
中国石油天然气集团公司	5	尼勒克、托里、福海、木垒、巴里坤（新疆）
中国国际信托投资公司	2	元阳、屏边（云南）
中国光大（集团）总公司	2	竹山、丹江口（湖北）
中国建筑工程总公司	8	同心、盐池、固原、海原、西吉、隆德、泾源、彭阳（宁夏）
中国包装总公司	2	商南、山阳（陕西）
中国华能集团公司	1	榆林（陕西）

续表

单 位	定点帮扶的贫困县	
神华集团有限责任公司	2	神木、府谷（陕西）
中国汽车工业总公司	3	房县、竹溪（湖北）、岳西（安徽）
中国人民保险公司	2	景宁（浙江）、宁都（江西）
国家开发投资公司	2	罗甸、三都（贵州）
国家开发银行	7	六安、舒城（安徽），都安、融水、三江、龙洲、天等（广西）
中国进出口银行	1	岷县（甘肃）
中国农业发展银行	1	隆安（广西）
中国工商银行	3	城口（重庆），南江、通江（四川）
中国农业银行	11	康保、张北、阳原、赤城、沽源、怀安、崇礼、尚义，蔚县、万全、赵家蓬区（河北）
中国银行	4	长汀、武乎、连城、上杭（福建）
中国建设银行	4	安康、紫阳、汉阴、岚皋（陕西）
交通银行	1	永登（甘肃）
华夏银行	3	盘县，六枝、晴隆（贵州）
招商银行	2	武定、永仁（云南）
中国国民党革命委员会中央委员会	1	纳雍（贵州）
中国民主同盟中央委员会	1	广宗（河北）
中国民主建国会中央委员会	1	丰宁（河北）
中国民主促进会中央委员会	1	滦平（河北）
中国农工民主党中央委员会	1	大方（贵州）
九三学社中央委员会	1	旺苍（四川）
中国致工党中央委员会	1	酉阳（重庆）
中华全国工商业联合会	1	织金（贵州）
中华全国供销合作总社	1	阳新（湖北）
中国国际贸易促进委员会	1	林甸（黑龙江）
中国科学技术协会	8	离石，兴县、方山、柳林、中阳、临县、岚县、石楼（山西）
中国残疾人联合会	1	海兴（河北）
中国文学艺术界联合会	1	武都（甘肃）
中国作家协会	1	临潭（甘肃）
中华全国新闻工作者协会	1	文县（甘肃）
中华全国台湾同胞联谊会	1	榆中（甘肃）
中华全国总工会	1	榆社（山西）
中国共产主义青年团中央委员会	1	灵丘（山西）
中华全国妇女联合会	1	漳县（甘肃）

注：①本表数据为截止1999年底的统计数据；

②截至1999年底，中央一级有138个单位，对口扶持了国定贫困县333个，占全国国定贫困县总数的56.3%。

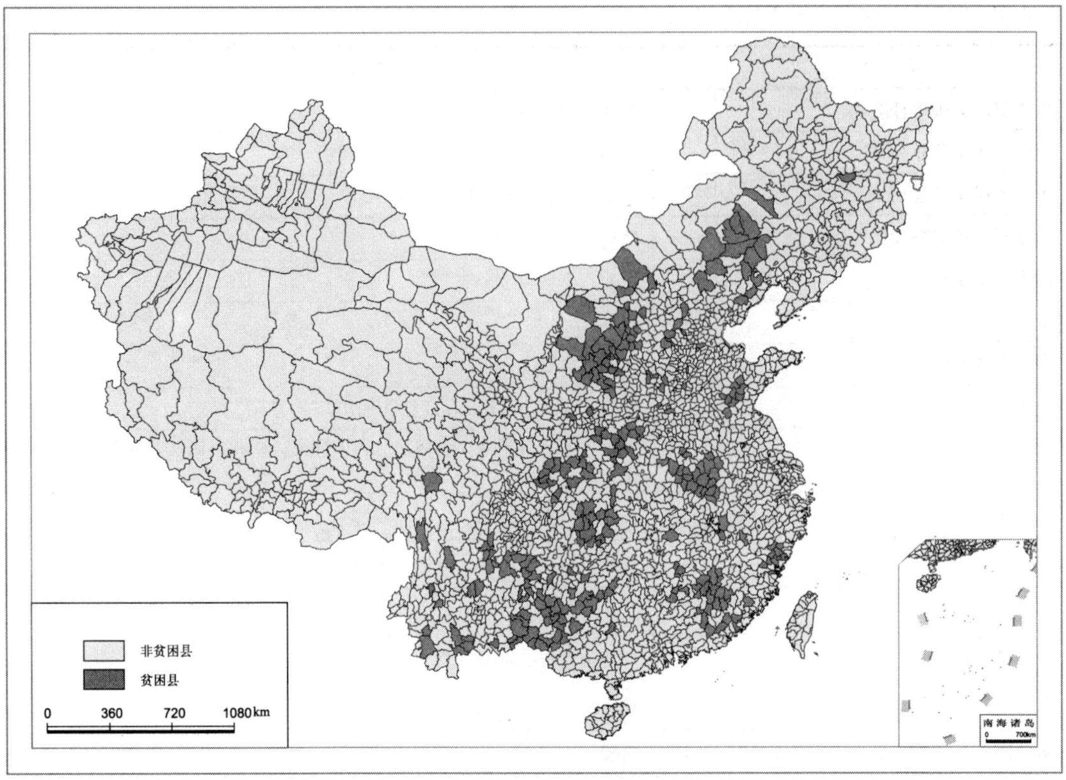

图 4-1 1986 年中国贫困县分布

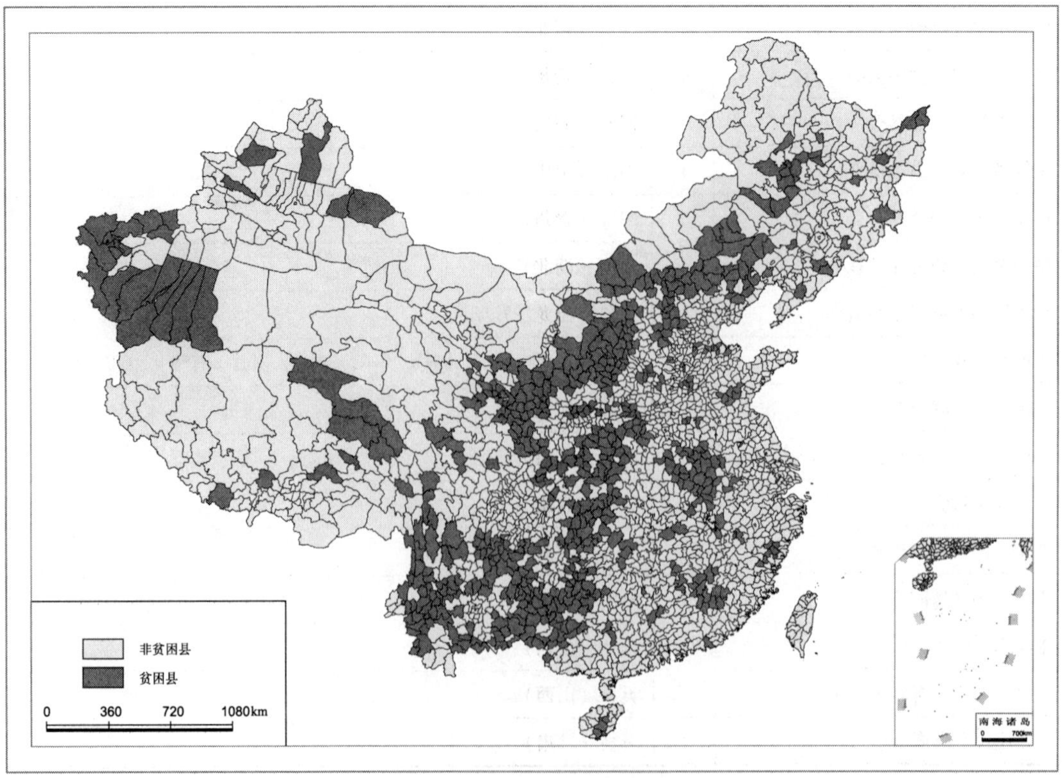

图 4-2 1994 年中国贫困县分布

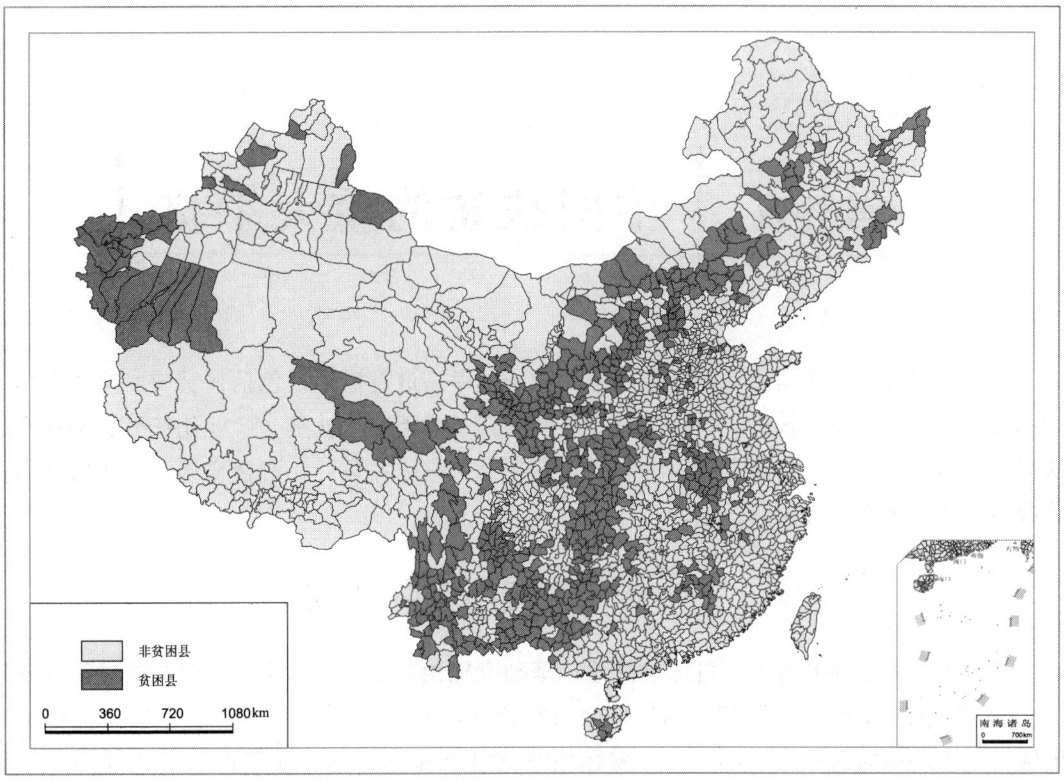

图 4-3　2001 年中国贫困县分布

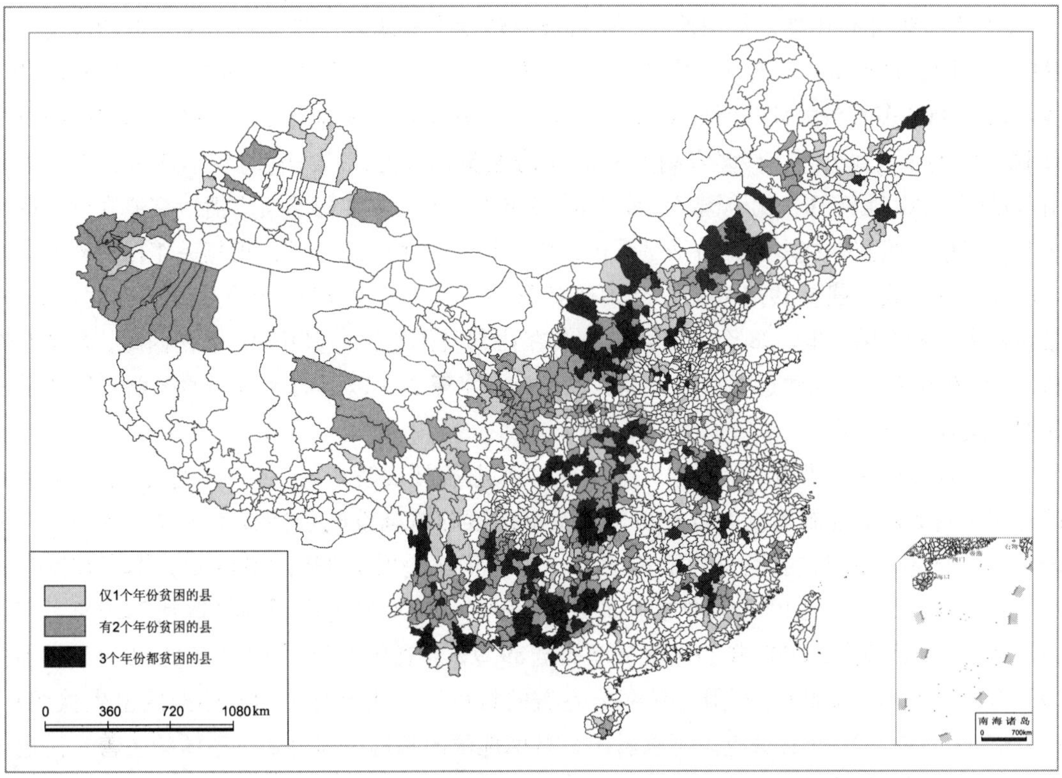

图 4-4　1986、1994、2001 年中国 3 个不同年份的贫困县分布

◎第五章 中国扶贫的重大举措

本章的目标是对中国反贫困进程中重大的扶贫举措进行概括，包括扶贫中发挥重要作用的六种举措：基础设施扶贫、教育扶贫、科技扶贫、劳务输出扶贫、产业化扶贫和整村推进扶贫。本章分为六节。每节介绍一种举措，包括六个方面：目标、资金来源、具体做法、扶贫成效、成功案例、经验和挑战。

第一节 基础设施扶贫

贫困地区大多地域偏远，自然条件差，基础设施相对落后。国家贫困监测的村级调查显示，国定贫困县中只有不到18%的村地处自然条件较好的平原地带，而超过60%的村地处山区，生态环境脆弱；将近47.2%的贫困农户居住在偏远山区，非贫困农户中这一比例为24.9%；57.0%的贫困户所在的村距县城20km以上，高于非贫困户4个百分点，20.6%的贫困户所在村距乡镇10km以上，高于非贫困户7.3个百分点。

20世纪80年代中期，贫困地区的基础设施建设十分落后，严重制约了当地的经济社会发展。全国农村有2.4亿人（占农村人口的27%）、1.5亿头牲畜饮用水困难，其中有8000多万人、6000多万头大牲畜常年缺水，高达70%分布在贫困地区。全国664个贫困县中，有16.1%的乡不通公路，许多农副产品的运输主要靠人力；22.2%的乡不通电，人均农村用电量仅为30.3kW·h，比全国平均水平低55.8%；绝大多数村不通广播。交通和通讯落后必然造成信息闭塞，许多乡镇特别是深山区的乡镇，由于信息不灵，年复一年保持着原有的生产和生活方式。截至1992年底，全国还有28个无电县，有1453个乡63 120个村庄、1.2亿农村人口没有用上电。28个无电县均分布在西部贫困地区，其中21个在西藏、6个在新疆、1个在青海。广大边远农村贫困地区，尚有一半至2/3以上的乡村不通公路，物资交流和商品运输十分困难。

自基础设施扶贫措施实施以来，尤其在“八七扶贫攻坚计划”出台后，国家增加了对国定贫困县的基础设施建设的投资力度，贫困地区的基础设施条件有了明显改善。1997～2000年，国定贫困县的公路里程增长了17.2%，年均递增1.9%；2000年，国定贫困县有95.4%的村通了电，比1997年增加了2.5个百分点；2000年通电话的村达到72.2%，高于1997年23个百分点，2003年的比重又增加至89.9%；通邮的村由1997年的70.7%增加到2000年的75.6%；2000年贫困县有40%左右的村可以饮用上符合国家标准的卫生饮用水，比1997年增长了10个百分点。可以看出，贫困地区的基础设施得到了整体的改善，而通讯设施的发展要明显快于其他基础设施。

虽然贫困地区的基础设施状况已明显改善，但由于原有基础差、底子薄，当前基础设施落后仍是制约贫困地区经济社会发展的一大“瓶颈”。据中国农村贫困监测报告（国家统计局农村社会经济调查总队，2002）的分析，我国贫困地区60%的乡村道路为“晴通雨阻”路，有效灌溉面积仅占农田总面积的35%。基础设施落后，农业生产条件差，严重影响了农民收入和抵御自然灾害能力的提高。

调查表明（国家统计局农村社会经济调查总队，2004），贫困地区的基础设施仍落后于全国平均水平。2003年，全国有99.1%的调查村已通电，比贫困农户所在村高4.7个百分点；贫困农户所在村通公路的比重是90.5%，接近全国的平均水平，但贫困户所在村距最近车站、码头距离在2km以下的比重低于全国调查村16个百分点；全国农户通电话的村比重为95.7%，比贫困户所在村的比重高出5.6个百分点。2003年有58.8%的贫困农户能获得安全饮用水，全国农村有69.6%的农户可使用安全饮用水；贫困农户所在村有70.6%离最近的卫生站的距离在5km以内，比全国调查村的数据要低16.3个百分点。

以上的数据和分析表明，尽管贫困地区的基础设施建设已取得了很大成效，但仍落后于全国平均水平。因此，进一步在贫困地区进行基础设施扶贫是十分必要的。

一、基础设施扶贫的目标

基础设施扶贫通过改善贫困地区的道路、饮水和农田等基础设施的建设，从而推动贫困地区的经济发展以达到缓解贫困的目的，是解决贫困地区温饱问题最有效最实际的扶贫措施之一。

20世纪80年代以后，中国的扶贫方式由单纯救济转向支持贫困地区经济开发，以工代赈作为基础设施扶贫的最主要方式在贫困地区广泛开展，成为唯一一项建设贫困地区基础设施的专项投入。以工代赈计划是一项旨在改善贫困地区基础设施的扶贫计划，该计划由国家计划委员会执行，其项目通过国家补助和扶持，在贫困地区建设开发资源和发展经济所必需的基础设施，既给贫困地区输血，又帮助贫困地区改善和提高造血功能，增强自我发展能力。以工代赈不同于一般的单纯救济，它要求救济对象通过参加基础设施工程的建设，从而获得赈济物资或资金。这种方式不仅能为贫困地区的发展创造必要条件，而且可以使贫困者得到短缺的就业机会和一定的经济收入。以工代赈项目的重点是修建县乡公路、桥梁、人畜饮水工程、农田水利基本建设等工程，其内容主要是政府对贫困地区进行基础设施建设投资。

（一）全国扶贫开发初期阶段的目标

1984年，针对贫困地区基础设施薄弱、抵御自然灾害能力较差的实际情况，中国政府开始采取以工代赈方式，在贫困地区开展农田、水利、县乡公路等方面的基础设施建设。中央政府设立以工代赈项目的初始目的，一是为贫困地区提供基础设施；二是为贫困人口提供短期就业机会。前者是为地区整体经济发展奠定基础，后者是为当地的贫困人口提供救济的一种现代方式。

（二）“八七”扶贫攻坚阶段的目标

1994年，中国政府开始实施《八七扶贫攻坚计划》，进一步明确指出，大力发展贫困地区的公路、农田、水利等基础设施建设，改善生产条件，是走开发式扶贫道路的重要途径之一。《计划》具体规定了基础设施建设的奋斗目标：基本解决人畜饮水困难；绝大多数贫困乡镇和有集贸市场、商品产地的地方通公路；消灭无电县，绝大多数贫困乡用上电。

（三）新世纪扶贫开发的目标

《中国农村扶贫开发纲要（2001～2010年）》提出，进一步改善贫困地区的基本生产生活条件。以贫困乡、村为单位，加强基本农田、基础设施、环境改造和公共服务设施建设。到2010年，基本解决贫困地区人畜饮水困难，力争做到绝大多数行政村通电、通路、通邮、通电话、通广播电视。

二、基础设施扶贫的资金来源

改革开放以来，中国政府的缓解贫困战略发生了重大转变，由单纯的财政补贴转向生产力要素的投入。20世纪80年代中期，中央确定了贫困县作为有针对性扶贫投资的基本单位。中央政府拿出专项资金（专项扶贫贷款、以工代赈和财政发展资金）对国定贫困县予以支持。专项扶贫贷款覆盖了农户和企业的农业和工业项目；1984年，我国在计划委员会系统成立了管理以工代赈工作的专门负责机构，同时中央投入了大量资金开展以工代赈扶贫工作，以工代赈项目利用贫困地区富余农村劳动力建设基础设施。

由表5-1可以看出，中央安排的三项扶贫资金总体上呈逐年增加的趋势，投入到以工代赈项目的资金也不断增加。

表5-1　1986～2002年中国以工代赈资金投放情况

扶贫阶段	年　份	以工代赈资金/亿元	三项扶贫资金总投入/亿元
有针对性扶贫时期	1986	9	42
	1987	9	42
	1988	0	41
	1989	1	42
	1990	6	48
	1991	18	77
	1992	16	83
	1993	30	93
	1986～1993	89	468
“八七”扶贫阶段	1994	40	115
	1995	40	114
	1996	40	111
	1997	40	179
	1998	50	202
	1999	60	257
	2000	60	265
	1994～2000	330	1 243
新世纪扶贫	2001	60	305
	2002	60	311
	2001～2002	120	616

注：根据国务院扶贫办资料及《国家扶贫监测报告》整理得出

1）1986～1993年是实施全国有针对性的扶贫开发阶段，这一时期中央共投入以工代赈资金89亿元，占扶贫资金总投入比例的19%。这段期间，以工代赈计划执行的主要方式是，贫困地区的群众利用农闲季节投入劳动修建道路和水利工程，中央政府以粮食、棉花、布匹、日用工业品等实物对劳动者进行补贴。

2）1994 年，政府启动了“八七扶贫攻坚计划”，重新确定了贫困县，并且加大了对贫困地区的扶贫力度。从 1996 年开始，以工代赈列入中央财政预算，直接向劳动者支付货币，不再投入实物，扶贫资金自 1997 年起大幅度增加，一年就增加了 50%。“八七扶贫攻坚计划”实施期间，以工代赈资金的投放数量不断上升，7 年间共投入 330 亿元，其占三项扶贫资金的比例由 19.0% 提高到 26.6%。

3）2001 年中国政府制定和颁布了《中国农村贫困开发纲要（2001 ~ 2010 年）》，将贫困村定为基本的瞄准单位，扶贫投资将覆盖到非重点县的贫困村。从 2001 年开始，国家进一步加大了以工代赈的投资规模，每年除从财政预算内安排 40 亿元资金外，还从国债中安排 20 亿元，在基本农田、乡村道路、人畜饮水、小流域治理、牧场建设、人畜饮水等方面，帮助贫困地区的基础设施建设。2000 ~ 2002 年，国家投入以工代赈资金 180 亿元，连同地方配套资金，总投资达 290 多亿元。其中，基本农田建设投资约 30 亿元；小型农田水利建设 75 亿元；县乡村道路建设投资 110 多亿元；人畜饮水工程投资 30 多亿元；小流域治理和草场建设投资分别为 15 和 14 亿元，另外有 5 亿元资金用于洞庭湖治理、黄河滩区治理、林业示范等项目建设（国家统计局农村社会经济调查总队，2003）。

自实施基础设施扶贫以来，中央投入了大量资金支持贫困地区的基础设施建设，至 2002 年共投入以工代赈资金 539 亿元。同时，在地方一级，大多贫困省、地区和县都设立扶贫开发领导小组，中央要求地方政府提供配套资金。不同的部门负责不同的扶贫项目和活动，以工代赈中农村道路的修建主要由交通局负责。然而，大多数情况下，地方政府配套资金不足。这意味着中央资金全部用于建设投入，资金不足通过村民自愿投资得以弥补（在中国大多数农村地区实行“义务工制度”，每个村民每年有义务工作一定的天数，以工代赈工程所需的投劳从这一年度要求中扣除）。

三、基础设施扶贫的具体做法

以工代赈早年的项目资金几乎全部投向农村公路建设、饮用水工程建设和土地改良。自 20 世纪 90 年代初项目资金大幅增加后，项目投资开始多样化，而近期的建设重点已扩展到包括修建县乡公路、桥梁、人畜饮水工程、农田水利基本建设、小型水电站、山区水土流失治理和农村邮电通讯，同时还有帮助灾区修复损毁工程等，甚至还扩展到商业、教育、卫生等更广泛领域的投资。

1995 年以前，以工代赈计划的执行方式是，贫困地区的群众利用农闲季节投入劳动修建道路和水利工程，中央政府以粮食、棉花、布匹、日用工业品等实物对劳动者进行补贴，即用实物的方式来支付工程成本。基本管理方式是县计划委员会将能兑换成粮食、布料和日用工业品的实物券直接分配给有关的项目实施机构（如交通局、水利局等），由它们来兑换。实物通过国营商业部门（粮食局、商业局等）调拨，有些情况下也可以在银行将食物券兑换成现金。从 1996 年开始，以工代赈列入中央财政预算，项目所需资金改由中央财政直接支付。

1984 ~ 2000 年，中国政府陆续安排了七批以工代赈计划（表 5-2），以加大基础设施建设力度。

表 5-2 基础设施扶贫投入及成效

	第一批	第二批	第三批	第四批	第五批	第六批	第七批
起止年限	1984 ~ 1987	1989 ~ 1991	1990 ~ 1992	1990 ~ 1995	1991 ~ 1995	1991 ~ 1995	1994 ~ 2000
投入省、自治区数	25	26	26	18	30	23	26
投入总额/亿元	27	6	15	50	100	5	10
实物品种	粮、棉、布	中低档工业品	工业品	粮食	—	—	—
修建公路/万 km	12	111	113	—	—	—	—
修建桥梁	7 200 座 161 万 m	722 座 311 万 m	1 000 座 318 万 m	—	—	—	—
解决人畜饮水	1 440 万人 971 万畜	647 万人 385 万畜	875 万人 698 万畜	—	—	—	—
增加灌溉面积/万亩	1 309	38	2 082	—	—	—	—
水土保持面积/万亩	1701	—	7184	—	—	—	—
坡改梯/万亩	—	—	6477	—	—	—	—

注："—" 示数据暂缺

第一批是以粮棉布为主的以工代赈。1984 ~ 1987 年，国家向 25 个省（自治区）投入粮食 50 亿 kg，棉花 1 亿 kg 和棉布 5 亿 m（粮棉布折价 27 亿元），采用以工代赈的方式，资助贫困地区的公路、航道和小型水利工程建设。

第二批是中低档工业品以工代赈。1989 ~ 1991 年动用价值 6 亿元的中低档工业品，在全国贫困地区开展了交通、水利和人畜饮水工程建设。

第三批是工业品以工代赈。1990 ~ 1992 年，国务院决定拿出价值 15 亿元的工业品，主要投向中、西部地区、部分东部贫困地区，特别是少数民族聚居区，通过以工代赈的方式进行道路、水利等基础设施的综合开发。

第四批是粮食以工代赈。"八五" 期间，国务院决定每年投入 10 亿 kg 粮食开展以工代赈。这批以工代赈主要通过基本农田建设，改变贫困地区的生产条件，提高粮食自给水平。

第五批是江河治理以工代赈。由于 1991 年我国部分地区发生了特大洪涝灾害，经济损失严重，国务院决定 "八五" 期间投入 100 亿元的粮食和工业品，用于江河湖泊治理和恢复水毁工程。

第六批是针对国营贫困农场的以工代赈。1991 ~ 1995 年，国家每年采取以工代赈的方式，帮助地处偏远、自然条件较差的 100 多个国营农场改善落后面貌。

第七批，1994 ~ 2000 年，以工代赈的重点仍然是改善贫困地区的基础设施，建设基本农田，解决人畜饮水困难问题（国务院扶贫开发领导小组办公室，2001）。

四、基础设施扶贫的成效

实践证明，基础设施扶贫对增加贫困地区农民收入、改善贫困地区区域经济发展条件和提高生态环境效益发挥了不可替代的有效作用。以工代赈计划实施 20 多年来，将贫困地区基础设施的发展与为贫困人口创造就业机会结合起来，大大改善了贫困地区的基础设施条件和落后面貌，为解决贫困地区群众的温饱和脱贫致富做出了巨大的贡献。

（一）总体成效

基础设施扶贫的成效主要表现在两个方面：①明显改善了贫困地区的基础设施状况和生产、生活条件。②拓展了临时就业渠道，增加了贫困农民的收入。根据中国农村贫困监测报告（国家统计局农村社会经济调查总队，2003）的测算，近年来，国家每安排60亿元以工代赈资金，可为贫困农民提供3亿个工作日的就业机会，支付贫困农民劳务报酬约12亿元，即每年直接增加贫困农民收入12亿元。

根据朱玲和蒋中一（1994）的研究，以工代赈项目具有帮助贫困者发挥自己潜力的特点。首先，以工代赈选择了适宜于贫困地区资源状况的项目和技术。如修路、小型水利等基础设施建设都采用简单的劳动密集型技术，当地劳动力足以胜任，工程实施期间大量剩余劳动力得以利用。其次，在项目执行过程中实行多方参与制度，调动了贫困地区政府和民众的积极性。以工程投资为例，这种制度汇集了地方和中央政府、村社和农民可供支配的资源，发挥了集中使用各方要素（资金、土地和劳动等）的规模效益。贫困地区的投资报酬率低于全国平均水平，缺乏吸引资金的竞争力，其基础设施建设项目更难获得资源。在这种情况下，中央政府的投资可以促使地方政府尽可能地调动当地资源，积极组织项目的实施。

以劳动密集型技术为特征的以工代赈项目发挥了贫困地区劳动力资源充裕的优势，有助于改善贫困地区的基础设施和社会服务，同时增加贫困者的就业和收入。在贫困地区，项目带给农民的收入具有本质上的救济意义；对于那些已基本消除贫困的地区，通过以工代赈进行的基础设施建设带动了当地的经济增长。

（二）基础设施扶贫的具体成果

以工代赈工程在我国政府大规模的反贫困行动中起到了重要作用。一方面为经济增长创造物质基础，另一方面为贫困人口提供短期就业和收入，解决贫困人口的食物短缺问题。通过将项目用于解决村级基础设施和社会服务薄弱、农民食品短缺、就业不足和收入低下等问题，以工代赈政策已将救济、增长和发展有机地结合起来。这项政策的实施，改善了贫困地区的经济发展环境，增加了贫困农民的收入，为整个扶贫开发工作特别是如期实现“八七扶贫攻坚计划”等扶贫目标，做出了重大的贡献。

1）1985～1991年，全国贫困地区的基础设施建设得到一定程度的改善。采取以工代赈方式修建公路13万多千米，修建桥梁近8000座，疏通内河航道2400多千米，使1500多个乡镇和10 000多个行政村通了车，还解决了2000多万人和1300多万头牲畜的饮水困难问题。通过这些工程的建设不仅有效改善了贫困地区的交通条件和社会服务，还提高了当地人力资源的质量，使农民学到技术，行政干部学会施工组织和管理，交通和水利部门培训了一批专业技术力量。

2）“八七扶贫攻坚计划”实施以后，国家加大了对贫困地区基础设施的投资力度。“九五”期间，是国家实施以工代赈以来投入规模最大的时期，五年内，国家共安排中央预算内资金200亿元、国债资金50亿元，连同地方配套和群众自筹资金等投入，总资金投入约500亿元用于以工代赈计划。以工代赈政策实施范围主要集中在西南、西北等扶贫攻坚重点地区。以工代赈工程的实施大大改善了贫困地区的落后面貌和生产生活条件。

据统计，1996～2000年，中央用于基本农田和小微型农田水利建设资金100亿元，累计完成各类基本农田建设3000万亩，新增和改善农田有效灌溉面积4000万亩；用于打井、铺设管道、集雨、塘坝和蓄水池等人畜饮水工程的资金35亿元，累计解决3000多万人和4000万头牲畜的饮水困难；用于交通等基础设施建设的资金90亿元，累计改建新建县乡村道路10万多千米；用于小流域治理的资金15亿元，累计治理水土流失面积3万多平方千米。同时还进行了移民搬迁的试点工作和以农业结构调整为主要内容的片区综合开发（国家统计局，2001）。

基础设施扶贫不仅改善了贫困地区落后的基础设施状况，还增加了贫困地区农户的收入，拉动了贫困地区的经济发展。

3）"十五"期间，在国债资金的大力支持下，以工代赈建设了一大批农村小型基础设施工程，改善了贫困地区的生产生活条件，增加了贫困农民收入，为贫困地区建设小康社会打下了坚实的基础。

2001～2004年，国家累计安排以工代赈资金249亿元，其中国债以工代赈89亿元，集中投向国家确定的贫困地区，并向贫困人口多、基础设施薄弱、受灾严重的贫困地区倾斜，取得了显著成效。

基本农田建设。累计安排国家以工代赈投资20.7亿元，连同地方配套投资，总投资32.2亿元，用于贫困地区基本农田建设。通过新建农田、改造中低产田及坡改梯整治等工程建设，累计建设基本农田990万亩。基本农田建设改善了贫困地区的农业生产条件，增加了农作物种植面积，提高了农产品产量，为大部分贫困地区解决温饱和地区经济发展奠定了坚实基础。

小型农田水利。累计安排国家以工代赈投资65.8亿元，其中国债以工代赈投资25亿元，连同地方配套投资，总投资93.3亿元，用于贫困地区小型农田水利工程建设。通过新建和扩改建微型、小型农田水利工程，累计新增和改善农田有效灌溉面积3100多万亩。农田水利建设改善了贫困地区的农业生产条件，提高了农业综合生产能力和抵御自然灾害特别是旱灾的能力，同时对增加粮食产量和农民收入、调整农业结构发挥了重要作用。

人畜饮水工程。累计安排国家以工代赈投资23.4亿元，其中国债以工代赈投资9亿元，连同地方配套投资，总投资35.1亿元，用于以打井、铺设管道、集雨、修筑塘坝、建蓄水池和简易自来水等工程为主要内容的贫困地区人畜饮水工程建设。解决了1600多万人、1200多万头牲畜的饮水困难，使长期困扰贫困群众的吃水难问题得到初步解决，为贫困群众的生产生活提供了基本保障。

县乡村道路建设。累计安排国家以工代赈投资104亿元，其中国债以工代赈投资42亿元，连同地方配套投资，总投资160多亿元，用于贫困地区以乡村四级公路及独立桥涵为主的县乡村公路建设，累计新建和改扩建道路16.4万km。县乡村道路建设，提高了贫困地区的基础设施水平，打通了贫困地区的对外沟通的渠道，改善了贫困群众的生产生活条件，优化了经济发展环境，为贫困地区的资源开发和经济发展奠定了基础。

小流域综合治理。生态环境恶劣是造成贫困的重要根源之一，也是贫困群众脱贫致富的主要障碍。这期间，为了改善贫困地区的生态环境，累计安排国家以工代赈投资12亿元，其中国债以工代赈投资5.7亿元，连同地方配套投资，总投资18.3亿元，进行小流域综合治理，初步治理水土流失面积1.5万km^2。小流域综合治理改善了贫困地区的生态环境，为贫困地区走可持续发展之路奠定了基础。

贫困地区的广大群众通过参加上述农村小型基础设施建设，获得了大量的短期就业机会和一定的劳动报酬。这期间，国家以工代赈投资累计安排劳务报酬专项资金36.5亿元，这部分资金将直接发放到参加工程建设的贫困农民手中。初步测算，每安排10亿元以工代赈资金，可为贫困农民提供5000万个工作日的就业机会。上述资金，为贫困地区的广大群众提供了1.8万个工作日的就业机会。按全国农村贫困地区3000万剩余劳动力计算，2001年以来，贫困地区的农村剩余劳动力通过参加以工代赈工程建设，平均每人直接获得劳务报酬120多元（表5-3）。

表5-3　以工代赈扶贫的主要成果

项　目	1986～1991年	“九五”	“十五”
以工代赈资金投入/亿元	43	250	249
新建、改建县、乡、村公路/万km	13	10	16.4
解决吃水困难人口/万	2 000	3 000	1 600
牲畜/万头	1 300	4 000	1 200
建设各类基本农田/万亩	—	3 000	990
新增和改善农田灌溉面积/万亩	—	4 000	3 100
坡地改梯田/万亩	—	6 477	—
治理水土流失面积/km^2	—	30 000	15 000

注：“—”示数据暂缺

资料来源：国家统计局农村社会经济调查总队．2001、2004．中国农村贫困监测报告．北京：中国统计出版社

五、基础设施扶贫案例：凉山州以工代赈扶贫的投入和产出

以工代赈是以改善贫困地区基础设施和解决贫困群众生产、生活条件为特点的救济与做工并举的一种特殊扶贫形式，实行“民办公助、民工建勤”使扶贫由“输血型”向“造血型”转变的重要方式。凉山州1985～2002年享受以工代赈扶贫政策18年来，国家和省共安排以工代赈资金76 031.23万元。项目覆盖全州17个县市，重点是11个国定贫困县，进入新世纪后投入重点为11个国家扶贫工作重点县，其投入范围包括交通、农业、人畜饮水及乡镇供水、小型水利、水土保持、林业、种草养畜及“人草畜”三配套、农村小水电、农村通信、农机提灌、牧民新村、移民、教育、卫生、商业网点等方面。这项重要的建设资金对改善凉山州贫困地区的基础设施和生产、生活条件起到了巨大推动作用，已成为该州贫困地区扶贫开发投入的主要资金来源，扶贫成效十分显著。

（一）基础设施

1. 交通建设

累计投入以工代赈资金34 925.18万元，是全州以工代赈建设的重点。共计新改建公路85条4394.85km；新建大桥39座2605.2km，中桥74座2246km。新建35条通乡公路，使全州615个乡镇基本完成了乡乡通公路；全州3753个村中1925个村通公路，村庄通路率达到51.3%。极大地改善了凉山州贫困地区的交通运输条件，优化了全州公路网络布局，提高了公路等级标准，对打开制约县域经济发展的“瓶颈”，促进县级经济的发展起到较大作用。

2. 农村通信建设

累计投入以工代赈资金1428万元。共计完成26个农话人工局改造；恢复了22个乡的农话；完成配套光缆换载工程897.3km。

(二) 生产条件

1. 农业综合治理

累计投入以工代赈资金8401.85万元。共计完成中低产田土改造38.23万亩，其中坡改梯27.49万亩，土改田2.23万亩，下湿田改造5.81万亩，开发非耕地0.65万亩，建特色农业基地5.72万亩。这些项目的实施进一步改善了该州贫困地区的粮食生产条件，增强了农业生产抵御自然灾害的能力，扩大了耕地面积，增加了高产稳产田，对加快贫困农户脱贫步伐，减少水土流失，保护土地资源，促进生态良性循环具有重要意义。

2. 人畜饮水及乡镇供水和小型水利、水土保持建设

累计投入以工代赈资金11 643.65万元。共计完成人畜饮水工程1917处及24个乡镇供水站，可比较稳定地解决34.68万人、91.27万头牲畜的饮水困难；安排除险加固、整治改造、水毁恢复、配套防渗和新建水利工程489处，新增有效水量8806.5万m^3，新增农田有效灌溉面积7.68万亩，小流域治理面积228.8km^2。

3. 农村小水电建设

累计投入以工代赈资金2032.4万元。共计安排新建电站68处79台8347kW，改造恢复电站17处22台2609kW，实现年新增发电量3600万kW·h，可解决3万户、15万人照明、碾米、磨面等生活需要和乡镇工业、农副产品加工等生产需要。

4. 林业建设方面

累计投入以工代赈资金1944.98万元。共计营造经济林17.48万亩、速生丰产林5.7万亩、幼林抚育0.95万亩。完成的国家和省专项工程有：四川省雷波县国家以工代赈优质脐橙林业示范项目，布拖、金阳、美姑、盐源等县绿色希望工程。

5. 种草养畜及“人草畜”三配套工程建设

累计投入以工代赈资金2552.71万元。共计完成种草面积67.22万亩，引进良种2.04万头（只），品种改良14.83万头（只），发展示范户2.04万户，围栏封育草场2.15万亩，完善草产品加工点18个。完成木里县“人草畜”三配套建设600户，建房4.96万m^2，草场建设2500亩等。

6. 农机提灌建设

累计投入以工代赈资金235万元。共计新增装机容量225台1962kW，新增提水能力9863m^3/h，新增恢复灌面48 398亩。

7. 微水电建设

累计投入以工代赈资金150万元，共计建设电站59处99台，可新增年发电量1 407 508 kW·h。

(三) 生活条件

1. 移民

累计投入以工代赈资金3500万元。共计完成搬迁人口4163户1.9015万人，建设新房

45.8 万 m^2，中低产田改造 1.9 万亩，修建水渠 89.772km，管道 322.1km，水池 406 口，架设输电线 309.5km，新修道路 233.7km，桥梁 390m。

2. 教育

累计投入以工代赈资金 640 万元。安排 125 所乡村小学基础建设设施及教学设施建设，维修学校道路 111.2km，围墙及教学设施建设 6187m^2。

3. 人畜分居

自 1996 年开展人畜分居试点以来，累计投入以工代赈资金 7377 万元（其中，国家计划委员会专项扶持为 6977 万元）。共计完成 478 个乡镇、1378 个村、11.3 万户的人畜分居任务。这对群众转变卫生观念，实现脱贫目标起到巨大的推动和巩固作用，是凉山州迈向现代文明的标志之一。

4. 牧民新村

累计投入以工代赈资金 300 万元。共计实施 220 户，0.12 万人，草场建设 2.64 万亩，新修公路 40km，打井建池 220 口，改田改土 240 亩。

凉山州 18 年来的以工代赈建设，是一个投入规模逐步扩大，活动逐渐增多，管理更加规范，受益群众不断增加，实施效果越来越显著的过程，对加快凉山州基础设施建设步伐，促进凉山州扶贫开发向纵深发展发挥了重要的作用。

六、基础设施扶贫的经验和挑战

自 1984 年实施以工代赈政策以来，中央和各级地方政府投入了大量人力物力，取得了显著成效，在具体的实践过程中也积累了很多成功经验。

（一）经验

1. 鼓励群众积极参与

鼓励和动员贫困地区的人民群众积极参与，为以工代赈扶贫的顺利开展奠定了基础。以工代赈在工程项目的安排和建设中，充分考虑贫困地区群众的切身利益，集中财力建设有助于他们脱贫致富的工程项目。贫困地区群众的参与，使以工代赈工程建设投入少、见效快，收到了事半功倍的效果。

2. 重点解决制约贫困地区经济发展的重要矛盾

农业生产条件落后、交通闭塞、自然灾害频繁、生态环境恶劣等因素是制约贫困农户脱贫致富的重要矛盾。中央和各级地方政府在以工代赈工作中，紧紧围绕脱贫致富这一最终目标，着重加强了基本农田、人畜饮水、农田水利、交通道路等基础设施建设和生态环境治理，改善了贫困地区的生产生活条件和当地的经济发展。

3. 在以工代赈工作中不断创新

以工代赈在我国宏观经济运行环境发生深刻变化的前提下，结合农村经济结构调整，逐步探索扶持主导产业发展与扶贫开发相结合的道路；同时，通过小流域综合治理，将生态环境建设与贫困地区的经济发展相结合。

（二）挑战

中国近 20 年的实践显示，以工代赈扶贫项目面临着如下挑战。

1）由于资源有限及瞄准机制的因素，项目不可能同时覆盖所有的贫困地区。在道路和饮水设施项目实施过程中，有相当数量的贫困村被排除在收益范围之外。虽然对于所有的贫困村而言，收益的顺序必然有先有后，可是并不能任凭这种现象持续下去，形成一种固定的格局。因此，必须在制订投资方案时就将项目覆盖范围向贫困发生率较高的村扩展。

对有关20世纪90年代初的以工代赈数据的分析结果显示，那些经济条件较好、处于更偏远地区、人口较多的村，更易于得到以工代赈项目（朱玲，蒋中一，1994），最穷的村则得到项目的机会较少。从经济效益评估来看，在有些情况下，将一些最贫困村排除在以工代赈项目以外也许是一项合理的经济决策。例如，为一个偏僻的、人口稀少的村庄建设道路或提供电力在许多情况下不是扶贫资金最有效使用的方式。尽管如此，还是可以通过加大选择一些较贫困村的努力来提高项目对穷人的影响。

2）通过调整项目地点和投资方向来选择受益者，是中央计划体制进行资源分配的传统方式。以工代赈项目的运行依然具有命令经济的特点：借助于从中央到基层、沿着行政等级系列下达文件的方法来控制。文件对资源在不同地域和项目之间的划分、商品的调拨和运输、财务的管理和监督等都有严格的规定。这样做虽有预防投资渗漏的优越性，却也不乏自上而下计划僵硬、有时脱离当地民众需求的弊病。

项目在相当程度上采取自上而下的方式进行管理，在有些情况下项目的实际投资与村民的急迫需求相矛盾。例如，村民们的需要和偏好是修更多的道路，但县里的官员却向项目组管理人员转达要修梯田。另外，国内和国际的观察家都建议，项目的基础设施建设如果能与其他使穷人受益的投资整合起来，将产生更好的效果。

第二节 教育扶贫

劳动力素质是决定收入的主要因素之一，文化程度高的劳动力容易接受和利用各种社会信息，适应性广，劳动力在向其他行业流动时也容易被接纳。劳动力素质低，没有竞争优势，就会致使扩大就业和向非农产业转移劳动力的机会减少和丧失。

20世纪80年代中期，国定贫困县中具有小学文化程度的人口占总人数的50%，比全国平均水平低11.3个百分点；文盲率为19.43%，比全国平均水平高3.9个百分点。

经过政府多年的努力，国定贫困县教育状况与全国的差距已逐步缩小。2000年，国定贫困县的文盲、半文盲率为16.3%，比全国平均水平高9.2个百分点；2002年，贫困农户、低收入农户和其他农户青年文盲率分别为10.0%、6.5%和1.4%。

然而，贫困地区的教育仍然处于一个相对落后的位置。贫困农户受教育程度普遍不高，平均受教育年限为6.5年。贫困户中文盲、半文盲占劳动力的17%，比全国平均水平高9.6个百分点；贫困户初中以上文化程度的劳动力占43.6%，比全国平均水平低19.7个百分点；高中及以上文化程度的劳动力所占比例仅为5.3%。

国定贫困县的教育落后主要表现在劳动力受教育的程度和教育观念上。贫困农户的少年儿童入学率远低于全国平均水平。2003年底，国定贫困县学龄儿童在校率为92.2%，其中，低收入农户的儿童在校率为89.5%，贫困农户的儿童在校率仅为86%。据调查，少年儿童失学的原因很多，其中由于贫困而失学的占一半，上学愿望不强烈的占1/5。国定贫困县文盲、小学劳动力比例分别比全国平均水平高7.3和6.9个百分点，全部劳动力中只有9.4%

接受过技能培训。

对贫困人口的教育进行投资，既有提高他们的就业应变能力从而缓解贫困之效，又可从根本上获得社会经济的进步，即促进人类发展。为此，教育事业中公共投资的重点必须置于面向大众的基础教育，而非精英教育。

一、教育扶贫的目标

教育扶贫是提高农村人口受教育水平，提升贫困地区人口素质的重要途径。针对贫困地区教育卫生的落后状况，《国家八七扶贫攻坚计划》指出了教育扶贫的具体目标：基本普及初等教育，积极扫除青壮年文盲；开展成人职业技术教育和技术培训，使大多数青壮年劳力掌握一到两门实用技术。

《中国农村扶贫开发纲要（2001～2010年）》明确了新世纪教育扶贫的目标：要切实加强基础教育，普遍提高贫困人口受教育的程度；实行农科教结合，普通教育、职业教育、成人教育统筹，有针对性地通过各类职业技术学校和各种不同类型的短期培训，增强农民掌握先进实用技术的能力。

扩大教育机会、提高教育质量是从根本上消除贫困，谋求社会持续发展的最有效发展战略。中国政府将基本普及九年义务教育、积极扫除青壮年文盲，确定为提高农村人口素质，进而实现消除贫困，推动社会进步的扶贫开发重大战略。2003年12月，国务院针对西部农村普及义务教育的需要做出重大决策，拟于2003～2007年投入100亿元人民币实施国家西部地区“两基攻坚计划”。力争将“两基”人口覆盖率由目前的77%提高到85%以上，15岁以上人口文盲率由9.02%降到5%以下，到2007年，全国所有贫困县基本普及九年义务教育。

在贫困地区，劳动力是贫困农户最丰富的资源禀赋。然而，贫困人口中的劳动者由于受教育程度低、健康和营养状况差、缺少劳动力流动所必需的费用，难以在城市获得高于原有收入的就业机会。也就是说，在劳动市场的竞争中，贫困人口中的绝大多数劳动者不可能与其他劳动者处在同一起跑线上，因此需要政府和公众的直接援助。若要从本质上提高劳动者的应变能力，使他们能够抓住足以改善个人收入的就业机会，就需要注重对知识的培养。这意味着政府必须投资于贫困人口的成人补习和终身教育事业，使现有劳动者得以不断补充和更新基础知识，从而增强自身的可塑性，增加重新选择创业或就业的能力。

针对贫困地区儿童入学率低、辍学率高的问题，国家教育扶贫的主要目标定位是，全面开展对失学儿童的直接救助工作，通过免费甚至补贴的形式提高贫困儿童的入学率，加强师资培训，提高学校的教育质量，同时降低贫困地区的学杂费标准，严禁乱收费。

总而言之，获得基础教育对于贫困人群不仅仅具有提高劳动力素质、增加收入的意义，而是人类充分发挥自身潜力的一个前提，有着超出个人投资回报的社会效益。因此，优先投资于基础教育领域，以社会发展逐渐促进经济增长，长期推行生态—经济—社会—文化相互协调的可持续发展战略，对提高贫困地区的劳动力素质、增加贫困人口的脱贫机会具有重要意义。

二、教育扶贫的资金来源

贫困地区的教育扶贫资金基本上来源于3个方面：政府教育扶贫；动员社会力量救助；

引进国际机构援助。

（一）中央专项扶持资金支持贫困农村地区的教育

20世纪90年代以来，中央政府加大了对贫困农村地区扶持力度。教育部会同相关部门针对普及义务教育需要，分别制定颁布了一系列政策，并且组织开展了大规模的项目活动，扶持贫困农村、少数民族地区女童、残疾儿童和流动儿童少年接受义务教育，保障他们享有平等的权利。

1995年以来，国家教育委员会和财政部联合组织实施了“国家贫困地区义务教育工程”，投入资金超过100亿元，其中，中央增加的义务教育专款39亿元，地方各级财政按不低于2∶1的比例增加“普及九年义务教育”拨款，同时，“工程”资金还多渠道筹措。这项资金重点投向国定贫困县、部分省定贫困县、革命老区和少数民族地区，包括全国21个省、自治区，覆盖全国“八七”扶贫攻坚计划中的大部分贫困县，重点改善这类地区小学、初中的办学条件，帮助这些地区普及九年义务教育，是1949年以来规模最大的基础教育扶贫工程。

（二）社会各界向农村义务教育捐资

1996～2000年，社会各界向农村义务教育捐资达310多亿元。其中，“希望工程”以资助贫困地区农村贫困生继续学业为宗旨，自实施以来，共筹集捐款20多亿元人民币。

（三）国际机构援助贫困地区的教育事业

为了重点扶持贫困地区和少数民族地区“普及九年义务教育”脱贫，中国政府开展了广泛的国际合作，将国际机构的援助作为国内教育投资的一个有力补充，推动普及义务教育事业的发展。在中国开展教育扶贫的国际机构有：世界银行、联合国儿童基金会、联合国开发计划署、联合国教科文组织、亚洲开发银行、英国国际发展部以及欧盟等许多国际和双边发展援助机构。

三、教育扶贫的具体做法

（一）政府教育扶贫

为解决贫困地区教育落后状况，加快贫困地区普及九年义务教育步伐，从1995年起，中国政府开始实施“国家贫困地区义务教育工程”。

由教育部、财政部组织实施的“国家贫困地区义务教育工程”（简称“义教工程”）是新中国成立以来规模最大的基础教育扶贫工程（表5-4）。

2003年12月，国务院针对西部农村普及义务教育的需要做出重大决策，拟于2003～2007年投入100亿元人民币实施国家西部地区“两基攻坚计划”。力争将“两基”人口覆盖率由目前的77%提高到85%以上，15岁以上人口文盲率由9.02%降到5%以下。

表 5-4　中央专项扶持资金一览表

名　称	时　间	金　额	内　容	受益对象
国家贫困地区义务教育工程	1995～2000	124.62 亿	改善办学条件，包括解决农村小学、初中的危房问题，新建校舍，按照国家规定的标准，配备教学仪器和图书资料及课桌凳，培训教师和校长等	568 个国定贫困县和 284 个省定贫困县；受益人口约 2.5 亿
	2001～2005	72.5 亿	增加了免费为家庭经济困难的学生发放教科书以及在贫困地区实施信息技术教育等新的内容	未通过省级“普及九年义务教育”验收的贫困县 522 个
国家贫困地区义务教育助学	1997～2000	1.3 亿	资助少数民族学生接受义务教育	少数民族贫困学生
	2001～2005	1 亿/年	资助家庭贫困学生接受义务教育	西部地区贫困学生
免费教科书专项经费	2001～2003	7 亿	资助家庭贫困学生接受义务教育	家庭贫困学生
中西部贫困地区农村教师工资补助	2001 年起	50 亿/年	中西部贫困地区农村教师工资补助	中西部贫困地区农村中小学教师
中小学危房改造工程	2001～2003	30 亿	基本消除现存中小学危房	全国在危房中学习和工作的中小学生和教师
	2003～2005	60 亿		
农村中小学现代远程教育工程	2003～2007	90 亿	西部农村地区中小学	8.64 万个教学点，25.2 万所农村小学，3 万所乡镇初中
农村寄宿制学校建设工程	2004～2007	100 亿	西部农村地区中小学	兴建、改建 6400 所寄宿学校，缓解 320 万家庭贫困的学生上学困难

（二）社会力量扶助贫困农村儿童接受义务教育

在中央和地方各级政府的倡导鼓励下，国内主要的民间扶贫机构也开展了以普及义务教育为主要内容的扶贫活动（表 5-5）。

表 5-5　扶贫机构及其相关教育扶贫活动

扶贫机构	扶贫助教活动
中国扶贫资金会	小学教育
中华慈善总会	助学助教
全国妇联、中国儿童少年基金会	女童助学（春蕾计划）
中国青少年发展基金会	希望工程：失学儿童助学金补助、建设希望小学、教师培训、配备教学设备
光彩事业	捐资办学
宋庆龄基金会	女童助学、建设中小学、儿童流动图书馆、女师范生助学金、师资培训、教师奖励基金
共青团中央	组织青年志愿者到农村和贫困地区任教

资料来源：张铁道，赵敏霞. 2004-04-31 中国普及义务教育与消除贫困. 2004 年中国上海扶贫大会案例研究报告. http://www.worldbank.org.cn/Chinese/content/Edu-case.pdf

1996～2000 年，社会各界向农村义务教育捐资达 310 多亿元。其中，“希望工程”援建“希望小学”8300 多所，使贫困地区 230 多万失学孩子重返校园。他们还为乡村小学捐建希望书库 1 万套，培训贫困地区小学教师 2300 名。

团中央、教育部、中国青年志愿者协会共同于1998年开始，组建中国青年志愿者扶贫接力计划研究生支教团。每年从国内部分知名高等院校中通过志愿报名、公开选拔、统一审批的方式，选拔优秀应届本科毕业生（由教育部另行提供保研指标）和在读研究生组成研究生支教团，前往国定贫困县从事支教志愿服务1年，期满返校后继续攻读硕士研究生学位。截至2000年底，团中央、教育部已先后分三批，从北京大学、清华大学等全国38所重点高校中，招募了394名志愿者（含在读研究生4名），已经或即将赴新疆、青海、甘肃、宁夏、内蒙古、西藏、四川、贵州、山西、河南等中西部贫困地区开展扶贫支教活动。

"春蕾计划"专门帮助贫困女童完成义务教育阶段的学习，在近14年的时间里累计筹集资金5亿多元，救助130多万人次女童重返校园，还开办了2万多个"春蕾女童班"，兴建200余所"春蕾学校"。

香港人士李嘉诚捐资兴建了1万个西部乡村学校远距离学习资源中心。旅居美国的华裔科技教育界人士于20世纪90年代发起贫困地区"乡村认养图书馆"项目。截至2003年已帮助内地约3万所农村小学建立了图书馆。

除此以外，各级教育研究部门和师范院校在推进贫困地区普及义务教育过程中也发挥了重要作用。例如，甘肃、宁夏、青海、贵州、四川、云南、新疆等省、自治区教育研究机构针对提高农村儿童学习质量、促进贫困地区女童就学、培训生活技能等问题先后进行了长期的教育革新和行动研究，取得了十分显著的成效和一系列研究成果。东北师范大学、南京师范大学成立了专门的农村教育研究机构，西北师范大学、西南师范大学多年来也开展了全国农村义务教育的基础性研究。

（三）引进国际机构援助

为了重点扶持贫困地区和少数民族地区"普及九年义务教育"脱贫，中国政府开展了广泛的国际合作，将国际机构的援助作为国内教育投资的一个有力补充，推动普及义务教育事业的发展。

中国政府在普及贫困地区九年义务教育过程中，得到了世界银行、联合国儿童基金会、联合国开发计划署、联合国教科文组织、亚洲开发银行、英国国际发展部等援助机构和海外基金等国际组织的有力支持。国际社会与中国各级政府在西部贫困农村地区，针对教育扶贫开发等领域开展了形式多样、富有实效性的项目合作。这些项目在推进中国贫困农村地区义务教育进程的同时，还为加强当地教育事业持续发展的能力建设做出了积极贡献。

由于国际机构的类型不同，各个机构在中国教育扶贫的方式和规模有很大差别。国际和双边发展援助机构主要与中国政府部门合作，通过联合实施项目、提供无偿援助方式在贫困地区开展帮助女童接受义务教育、改善办学条件、教师培训、提高教育质量等一系列教育扶贫活动。以世界银行为代表的国际金融机构则主要通过优惠贷款的方式支持中国政府在贫困地区普及义务教育，帮助推进中国"普及九年义务教育"进程，同时通过项目管理的引进帮助中国政府提高扶贫的能力和效率。

四、教育扶贫的成效

（一）整体成效

义务教育的普及为农村人口提供了平等享受教育的机会，提高了农村人口的素质，为农村劳动力自主脱贫能力的增强奠定了基础，整体成效体现在以下方面：

1）在普及农村义务教育过程中，师资队伍的培养进一步加强，教师队伍发生了积极变化。1985 年，全国小学教师 537.7 万人，其中，因缺乏合格师资而临时从社区聘用的“民办教师”275.9 万人，占 51.3%；初中教师 216.7 万人，其中民办教师 41.35 万人，占 19.08%；小学、初中民办教师共 317.25 万人，占教师总数的 42.05%。目前，政府采取资格考试、培训、退休、转行等方式，民办教师已基本消失，农村教师基本实现了职业化。

2）由于中央政府及社会各界对中西部地区教育的重点扶持，使得义务教育在地区之间、性别之间、民族之间的差异得到明显缓解，教育公平目标逐渐成为现实。地区差距缩小：1991 年小学学龄儿童入学率最高省份与最低省份之间的差距为 46 个百分点，2002 年小学学龄儿童入学率省际的差距降低到 12.74 个百分点，地区间的差距缩小 33.26 个百分点；民族间入学差距在逐年缩小：少数民族聚居省份的小学入学率与全国平均水平的差距由 1991 年的 3.7% 缩小到 2002 年的 0.92%。

3）教育对贫困地区的经济增长做出了重要贡献。《义务教育法》自 1986 年颁布实施，18 年来取得了很突出的成绩。20 世纪 90 年代初，义务教育的普及率为 40% 左右，到现在，91% 的地区已经普及了九年义务教育；人均受教育年限由过去不到 6 年提高到如今的 8 年多；青壮年文盲由 20 世纪 90 年代初的 10% 左右下降到现在的 4.8%。在 2001 年 8 月召开的“中国西部开发与融资国际研讨会”上公布的一项研究结果表明（胡平平，张守祥，2003）：社会投资率每增长 1 个百分点，人均 GDP 年增长率仅提高 0.1 个百分点；人口增长率降低 1 个百分点，人均 GDP 年增长率可提高 0.36 ~ 0.59 个百分点；普及初等教育，学龄儿童入学率每提高 1 个百分点，人均 GDP 年增长率可提高 0.35 ~ 0.59 个百分点。两者的综合作用可提高人均 GDP 0.70 ~ 1.18 个百分点。

（二）“国家贫困地区义务教育工程”的成效

根据全国普及九年义务教育规划，“国家贫困地区义务教育工程”分两个阶段实施：第一阶段，1995 年底 ~ 1998 年初；第二阶段，1998 年 5 月 ~ 2000 年底。“工程”坚持教育扶贫的原则，资金重点投向《国家八七扶贫攻坚计划》中确定的贫困县，部分投向经济确有困难、基础教育发展薄弱的省级贫困县，优先投向革命老区和少数民族地区。2000 年，“工程”结束，取得了良好的投资效益和社会效益，体现为以下方面：

1）提高了义务教育普及程度，加快了中西部农村地区“两基”工作进程，确保了全国“两基”目标的实现。项目县的小学和初中特别是初中学龄人口入学率大幅度提高，学生辍学率普遍降低，义务教育普及率大大提高。项目县小学学龄人口入学率达到 99%，初中学龄人口入学率达到 91%。852 个项目县中，有 428 个项目县通过了全国“两基”验收，有 242 个项目县普及了初等义务教育。使我国实现“两基”的县增加到了 2540 个，人口覆盖率达到了 85%，全国“两基”目标基本实现。

2）极大地改善了贫困地区中小学办学条件。新建、改扩建了大批学校，校舍面积扩大，危房比例大幅下降，教学仪器设备、图书装备水平明显提高。共新建中小学4000所，改扩建中小学30 000所。项目县中小学校舍面积由1.3亿m^2增加到1.9亿m^2。购置课桌凳600多万套，添置图书1亿多册、配置教学仪器设备近40万台套。项目县多数学校达到了无危险校舍、人人有课桌凳，能按教学大纲规定开设实验课程的规范化办学标准，彻底改变了原来办学条件落后的状况。

3）中小学教师水平有了较大提高，教学质量有了明显改善。“工程”实施的五年中，共培训中小学教师45万人次，培训校长7万人次。通过各种形式的学历补偿教育，使项目县小学教师学历达标率达到94.3%，初中教师学历达标率达到87.7%，小学、初中校长学历达标率达到100%。教师水平的提高，为提高贫困地区教育质量打下了基础。

4）有力促进了中小学布局调整，充分提高了教育资源利用率。项目县小学虽减少1.7万所，学生数却增加320万人，校均规模达到168人，师生比提高到1∶22.7；初中在校生增加了153万人，校均规模扩大到660人，师生比达到1∶18.2。校均规模的提高，使教育资源得到了更为有效的利用。

此外，“工程”的实施，不仅直接改变了中西部贫困地区教育的落后面貌，而且对当地经济和社会的长远发展也将产生深远的影响，基础教育的发展、人口素质的提高，为贫困地区经济的快速发展奠定了基础。

五、教育扶贫的案例：中英甘肃基础教育合作项目

中英甘肃基础教育项目是一个政府间的教育援助项目。由英国政府国际发展部（DFID）提供援助资金1120万英镑（折合人民币约1.5亿元），在临夏州的康乐、东乡、和政和积石山四个少数民族县进行试点。

项目启动于1999年12月，原计划5年，后决定延期一年，并增加经费130万英镑（折合人民币约1750万元），计划于2005年结束。该项目的宗旨是提高贫困地区的入学率，减少教育中的不公平现象。

项目管理由甘肃省教育厅负责，英国剑桥教育咨询公司（CEC）通过一支包括国内和国际专家组成的专家队伍提供技术支持，有13名国外专家和13名国内专家被聘为项目的咨询与支持专家。专家咨询一般都由一名国内专家和一名国外专家配合进行。据了解，在项目实施的前3年，国际专家总计投入了70个人月的工作量，国内专家投入了100个人月的工作量，有的专家一年当中的大部分时间都在当地进行指导。

在中英甘肃基础项目中，非常强调对弱势群体的关注，从而最大限度地体现教育公平。在项目实施中的很多环节，都很好地体现了关注弱势群体这一理念。在助学金的发放中，就规定了助学对象必须是那些贫困家庭的儿童。在这些儿童中，学校要按照女童、少数民族、父母残疾的儿童、单亲、未入学、孤儿6个因素打分法，而且要召开村民大会进行确认；同时，根据各学区的贫困人口数、少数民族人口数、在校学生数和入学率等因素确定各学区助学资金的额度；在各项目县资助的学生中，女童所占比例不低于70%，少数民族学童不低于60%；一定比例的助学金用于资助未入学的儿童，在小学入学率低于60%的乡镇，必须有不低于50%的助学金用于资助失学儿童。在学校布点中也一样遵循了关注弱势的原则，把贫困边远地区排在了最前面。同时，在制定学校发展计划时，一定要听取妇女、残疾人等

弱势人群的声音，在学校发展计划委员会中规定必须有女性和少数民族的代表等等。

中英甘肃基础教育项目实施5年来，四个项目县扩建中小学176所，新建和扩建校舍总面积50 729m^2。更为重要的是，项目引入的新的管理理念、教育教学理念以及新的督导理念为当地的教育带来了新的生机，为甘肃省基础教育的发展和改革注入了新的活力，许多先进理念已在省内外甚至国际上得到传播。

六、教育扶贫的经验和挑战

（一） 教育扶贫的经验

在普及九年义务教育过程中，中国政府展示出强大的社会动员能力。由于中国人口多，底子薄，国家的经济增长和资源供给有限，贫困地区的教育供求矛盾十分突出。为此，中央政府一方面不断加大对贫困地区的扶持力度，切实履行以政府为主体推行义务教育的同时，鼓励社会机构团体和各界人士关心支持贫困地区儿童的教育事业，在西部贫困省、自治区广泛开展义务教育领域的国际合作援助项目，经验包括以下方面：

1）分步实施、因地制宜。根据人口众多、经济社会发展差异显著的实际，中国坚持实行了因地制宜的分类推进、分期实现义务教育目标的战略，不搞一刀切，从而使得义务教育目标在中国地区间发展不平衡条件下都得到切实有效的实施。

2）重点扶持贫困地区国家和省级政府都以贫困县为重点，制定特殊政策干预措施（例如，实施贫困地区义务教育项目、设立助学金、开办寄宿制学校、减免学杂费、鼓励私人举办公益学校等），重点帮助困难地区和特殊需求群体享受平等教育权利。

3）学习借鉴先进的管理理念和模式，中国政府实施普及九年义务教育过程中开展了许多政策研究、实践研究和国际比较研究。教育部有关研究机构和专家曾就各国普及义务教育的历史经验做过专项研究。在中国政府实施的“国家贫困地区义务教育工程”等项目即是借鉴了世界银行对中国贫困地区基础教育项目的项目管理理念和模式，从而提高了投资的效益。

4）引进国际援助项目，已被证明是一条推动贫困地区普及义务教育的有效经验。借助国际社会财力和智力支持，可以使受援地区在较短时间内，获得较为充分的基础设施、专业支持和各种软件资源，可以极大地改善项目区域基础教育的状况，加快项目区普及义务教育的步伐。更为重要的是，国际合作项目引进了先进的理念和管理模式。

5）利用大众传播媒体，开展有效的社会宣传，将国家的法律政策、“普及九年义务教育”进展与经验用各种方式传播到全社会，形成关心、支持贫困地区教育的社会氛围。

（二）挑战

尽管中国普及农村义务教育取得了很大的成就，但仍然面临许多严峻的挑战，主要表现在以下几个方面。

1）城乡之间教育水平差距大。截至2002年，中国西部仍有372个县没有实现“两基”目标。这些县主要集中在西部贫困的农村地区，涉及8300多万人口。

2）“以县为主”的投资与管理体制在贫困地区实施面临巨大挑战，中国政府虽多方筹资增加义务教育投入，农村义务教育经费投入总体与国际水平相比，仍然偏低。中西部贫困地区许多县经济发展入不敷出，教育基础薄弱，管理能力低下，巩固、完善“以县为主”管理体制面临许多困难。

3）教育质量面临严峻挑战。目前农村义务教育的普及还属于数量的扩张阶段，已经普及义务教育的农村地区，基础教育的基础很薄弱，实施新课程面临很多自身难以克服的困难。

第三节 科技扶贫

由于地理环境和历史等原因，我国贫困地区的科学技术水平十分落后。据调查，1985年贫困人口较为集中的11个省、自治区每万人具有科技人员68.4人，比经济较发达的10省、直辖市低23.2%；大别山区12岁以上人口中文盲、半文盲占35%，比全国平均水平高11.5个百分点；每万人中只有18人大学文化程度，为全国平均水平的36%；在豫南大别山区，平均每万人中只有科技人员22.4人，为全国平均水平的29.8%，9个老区县近一半的乡镇没有科技推广机构。安徽大别山区的568个乡镇中，有412个乡镇没有农技推广组织。20世纪80年代中期，世界发达国家科技对经济增长的贡献率达到60%～70%，我国东部发达地区达到30%～40%，而贫困的大别山区只有15%。

针对贫困山区科技落后的状况，国家重点实施了科技扶贫措施，通过普及科技知识，引入先进实用技术，培养和扶持各类乡土科技人才，显著增强了贫困地区农业综合生产能力。据统计，科学技术部、中国科学院和中国科学技术协会在1986～2000年共动员科技人员29万次深入贫困地区开展科技扶贫工作，培训人员上千万次，向贫困地区推广先进适用技术9400多项，实施了一大批科技扶贫示范项目。多数贫困农民都由此掌握了1～2项先进适用技术，坚定了依靠科技摆脱贫困的信心。

我国科学技术部等部门和地方科研、教学单位早期在贫困地区探索科技脱贫的实践也证明，科技扶贫对提高贫困地区的经济收益具有显著成效。

一、科技扶贫的目标

科技扶贫主要通过引进和推广适合贫困地区的实用农业技术、培训贫困地区的干部和农民等方式，帮助贫困地区推广和应用先进适用的农业技术，提高农业生产率。

作为我国反贫困战略中的一个重要举措，科技扶贫的宗旨是应用成熟的科学技术和现代管理科学，建立科技示范点、科技培训等，使一大批先进、实用的科学技术引入贫困地区，增强贫困地区农民的开发能力，大幅度提高贫困地区的资源开发水平和劳动生产率。

20世纪80年代初期，我国科学技术部等部门和地方科研、教学单位开始在贫困山区探索依靠科技脱贫的路子。1984年9月，中共中央、国务院针对当时我国农村还有1.25亿人尚未解决温饱问题的严峻现实，发出了《关于帮助贫困地区尽快改变面貌的通知》，并对传统的扶贫方式进行了彻底的改革，将我国扶贫工作的重点转向了大力开发贫困地区自然资源和人力资源，启动贫困地区经济发展的内在活力。科学技术作为推动资源转换和生产力发展的第一要素，摆上了扶贫开发工作的重要日程。

进入20世纪90年代，国务院提出“要把扶贫工作的重点转移到依靠科技进步和提高劳动者素质的轨道上来”，使我国依靠科技反贫困的战略方针在全国普遍实施。扶贫工作的内涵也由解决温饱向致富转变，向促进生态环境与经济协调发展转变，使生态环境的改善与农村经济的发展同步，求得经济开发的最佳经济、社会和生态效益，以促进贫困地区的商品经济发展，加快贫困地区群众的脱贫致富步伐。

根据《国家八七扶贫攻坚计划》的要求，科学技术主管部门要制定科技扶贫战略规划，指导和推动扶贫工作转到依靠科学技术和提高农民素质的轨道上来。要增强实施“星火计划”的力度，动员各方面力量开展多种形式的科技开发和科技服务，认真抓好扶贫开发的科学研究和科技示范。

《中国农村扶贫开发纲要（2001～2010年）》强调，要加大科技扶贫力度。在扶贫开发过程中，必须把科学技术的推广和应用作为一项重要内容，不断提高科技扶贫水平。种植业、养殖业、加工业，都要有先进实用的科学技术作为支持和保证。要充分利用科技资源和科技进步的成果，调动广大科技人员的积极性，鼓励他们到贫困地区创业，加速科技成果转化。要采取更积极的措施鼓励民间科研机构、各类农村合作组织和各类科研组织直接参加项目，在扶贫开发中发挥更重要的作用，并在科学技术推广工作中提高自身的水平，拓展更广阔的发展空间。各有关省、自治区、直辖市政府要安排资金，建立科技扶贫示范基地，注重示范效应，充分发挥科技在扶贫开发中的带动作用。

21世纪我国扶贫开发将进入一个新的阶段，科技扶贫工作将坚持依靠科技进步和提高劳动者素质，以推动贫困地区农民脱贫致富为根本宗旨。具体要针对低收入贫困人口，促进先进的科技成果、科学方法向贫困地区转化，培育技术人才，结合当地资源，提高贫困农户的知识和脱贫致富的能力。

二、科技扶贫的资金来源

科技扶贫的资金主要来源为国家科学技术部、科学技术委员会等政府部门，非专职扶贫机构及相关的国际组织。

1986～1996年，国家科学技术委员会累计拨出科技扶贫专款7000万元，安排扶贫贷款4亿元，实施重大科技扶贫成果推广与开发项目500多个，建立各类科技示范点1500多个，培训各类人员130万人次，使科技扶贫联系地区绝大多数农民都掌握了1～2项实用技术。十年来科技扶贫的实践表明，依靠科技进步，提高农民素质，是不断发展贫困地区生产力，迅速增加农民收入，较快改变贫困地区落后面貌极有效的途径之一。

国家科学技术部自1986年起，一直高度重视科技扶贫工作，对我国的科技扶贫工作投入了大量的人力和财力。“十五”期间，国家科学技术部加大了科技扶贫力度，从2001年起设立科技扶贫专项资金，固定经费支出渠道，经费总额由原来的每年1200万元增加到2000万元，保障了定点扶贫工作的经费支出，更加有利于完成定点扶贫工作的各项任务。

国内各有关部门更是倾力相助科技扶贫：中国科学院在陕北黄土高原，中国科学技术协会在吕梁山，民主党派和全国工商联合会在黔西南，还有全国妇女联合会和共青团中央等单位都在科技扶贫工作中做出了重要贡献。

三、科技扶贫的具体做法

贫困地区脱贫致富，关键在科技，根本在人才。因此，把扶贫开发转移到依靠科技进步和提高劳动者素质的轨道上来，是扶贫开发的基本方向和必然选择。在科学技术转化为现实生产力的过程中，必须优先引导农民摆脱落后的思想观念和生产生活方式，致力于提高农民对科学技术的认识、理解和吸纳能力，从根本上把科技人员及乡土人才的活力释放出来，使他们的才能在农村经济发展中得到充分的施展。

中国政府动员各级科技管理部门、大专院校、科研院所参与贫困地区的科技扶贫事业，积极推广农业先进实用技术，组织科技人员到贫困地区挂职任教，组织科研单位到贫困乡、村宣传普及农业技术。这些措施有效地改变了贫困地区落后的生产方式，提高了土地的产出率，迅速增加了农民的收入。

（一）国家科学技术委员会科技扶贫

国家科学技术委员会的科技扶贫计划主要是配合贫困地区各级政府，充分依靠广大科技人员和农民群众组织实施的。从1986年起，国家科学技术委员会相继在大别山、井冈山、陕北地区的55个贫困县以及一些少数民族贫困地区开展科技扶贫工作，并为此专门成立了科技扶贫办公室，连续派出11批共339名机关干部组成科技扶贫团，深入贫困地区开展工作。其主要方式有：根据不同地区特点组织科技扶贫开发的战略研究和论证；组织规模庞大的科技开发与人才队伍实施科技扶贫；向贫困地区输入、推广先进适用技术；帮助贫困地区建立区域性支柱产业；协助贫困地区开展内引外联，扩大对外开放；协助地方建立计算机信息通道网络；帮助地方与沿海特区建立科技与经济联系；设立国家科学技术委员会“振华科技扶贫奖”。

1. 大别山科技扶贫

1986年，国家科学技术委员会开始在大别山山区进行科技扶贫工作。科技扶贫不仅加快了当地贫困人口的脱贫步伐，而且对当地社会、经济的发展产生了很大的影响。

科技扶贫大大提高了贫困地区的劳动生产率，并为贫困地区的经济发展开拓了新的途径，还对贫困地区的重大经济、社会决策起着重要作用。大别山科技扶贫工作开展10年来，一大批先进适用的技术得到推广，一大批支柱产业发展起来，农村产业结构趋向合理，基础设施得以加强，经济发展速度高于其他贫困地区，社会发展逐步走上良性循环。河南省大别山山区1994年国民生产总值比1983年增长1.5倍，财政收入增长4.9倍，农民人均纯收入由257元增加到771元；湖北省大别山山区6个重点扶贫县1995年国民生产总值和财政收入分别比1985年增长3.6和6.2倍，农民人均纯收入达到1213元，比1985年增加930元；安徽省大别山山区科技扶贫项目已增加净收入近3000万元，农民户均增收559元。另外，科技扶贫还使得当地的劳动者素质和生产技术水平有了很大提高，生态环境和生产条件有了较大改善。

十年的科技扶贫工作显示：切实加强领导是科技扶贫取得成功的关键，各级领导应始终把解决贫困人口的温饱和脱贫致富问题作为贫困地区全部经济工作的中心任务；如何正确选择支柱产业并推动支柱产业的发展是扶贫工作的中心课题；坚定不移地依靠科技进步是加快贫困地区经济发展的决定因素。

2. 井冈山地区科技扶贫

国家科学技术委员会继1986年在大别山区开展科技扶贫之后，为加快井冈山老区的经济开发，于1989年将其列为重点扶贫对象。从1989年开始，国家科学技术委员会每年组成扶贫团进驻该地区，协助地方政府开展科技扶贫工作，其范围包括江西、湖南两省的10个县市，具体做法如下。

1）加强组织领导，增加科技投入。井冈山地区各级政府都成立了科技扶贫机构。如湖南省成立了“湖南省科技扶贫领导小组”，由分管科技的副省长任组长，省直属有关部门负责人为领导小组成员。五年间，领导小组共组织科技扶贫项目107个，投入各类开发引导资金2000万元。江西省科技扶贫投入达6500万元，其中拨款775万元。

2）强化技术培训，做好技术引进。围绕科技扶贫项目和区域性支柱产业，为基层干部和农民组织专业技术培训班，引进、推广先进适用技术。几年来共举办各类培训班300多期，受训人数逾20多万人次，并邀请国内知名专家来老区进行咨询和讲学。

3）增强开放意识，建立信息通道。为改变老区交通不便、信息闭塞的状况，在国家科学技术委员会、省科学技术委员会的帮助下，井冈山地区10个县市先后建立了计算机网络，并与中国科技信息研究所实现远程联网，每年可引进经济信息近万条，为当地政府宏观决策和企业、科研单位的新产品开发提供咨询。此外，在国家科学技术委员会的帮助下，江西井冈山地区还与深圳市建立了长期的经济与科技协作关系。

4）引进人才，做好扶贫人员奖励。井冈山地区从省内外的大专院校、科研单位和大中型企业共引进各类专业人才800人次；为鼓励科技人员到扶贫一线服务，各地配合国家科学技术委员会的“振华科技扶贫奖”，先后制定了各种奖励办法，如湖南省设立了“星火科技扶贫奖”。

3. 陕北老区科技扶贫

1989年，国家科学技术委员会确定把陕北老区作为科技扶贫点，并每年向陕北派出科技扶贫团。6年间，国家科学技术委员会、陕西省科学技术委员会、陕北老区建设委员会累计安排科技扶贫资金达2750万元，科技扶贫项目80个。国家科学技术委员会还安排科技扶贫贷款3000余万元。6年科技扶贫累计新增产值3.6亿元。科技扶贫为陕北老区的扶贫工作做出了巨大贡献。

陕北老区的科技扶贫工作经历了3个转变，即由一般性的试验示范推广向区域化、产业化开发转变；由主要抓种植、养殖业向种、养业与加工业并举的方向转变；由速度效益型向质量效益型转变。这3个转变不仅带来了显著的经济效益和社会效益，而且使扶贫工作逐步走上依靠科技进步和提高劳动者素质的轨道上来，从而开创了陕北老区扶贫工作的新局面。通过6年的科技扶贫工作，广大干部群众的科技意识明显增强。无论在城市还是乡村，都掀起了学科学、用科学的热潮；科技扶贫使贫困地区群众的脱贫致富步伐明显加快，科技扶贫项目共辐射带动35万群众脱贫致富；围绕烟、果、羊、薯四大主导产业开展的科技示范产生了很大影响。其中安哥拉山羊、大棚菜、红枣、仁用杏、肉鸡、优质苹果等项目已形成产业化，使农户的收入大幅度增加；在科技扶贫的过程中，科技部门和科研人员的作用也得到进一步发挥。结束了以前科技部门“有钱养兵、无钱打仗”的局面，并涌现出一大批科技扶贫的先进人物。

（二）科学技术部科技扶贫

科学技术部是中央、国家机关最早开展定点扶贫工作的单位之一，1986~1998年，连续派出13批扶贫工作团，有340多名干部先后到该部重点帮扶的贫困地区扶贫。

15年来，科学技术部向贫困地区提供技术人员3万人次，实施科技扶贫示范项目580个，建立各种科技示范点1500个，解决关键性技术200多个，向贫困地区推广适用技术2000多项。从1986年以来，科学技术部向定点扶贫地区选派了17届扶贫团，共370人次，其中司局级干部72人次，处级干部184人次。

1999年科学技术部又派出由8人组成的第14届扶贫工作团到信阳、金寨、英山、平江、永新、安塞等6个国定贫困县蹲点挂职扶贫，分别担任县委副书记、副县长或县长助理。扶贫团把改善贫困农户生产生活条件作为工作重点，认真研究开发办法，落实扶贫项目，为当地解决温饱以及科技进步和经济发展做出了突出贡献。1999年共安排扶贫项目35项，投资金额1400万元。项目选择以围绕解决群众温饱，大力推广先进适用科学技术，增强农民自主开发能力，提高资源开发水平和劳动生产率为目标，对解决扶贫攻坚的关键性的瓶颈技术问题予以重点支持。特别注重依靠科技大力发展以种养业为主体的区域性支柱产业，努力培育贫困地区农民收入新的增长点。

1999年11月~2000年1月，科学技术部扶贫配合部团委以及共青团中央，在联合国开发计划署的援助下，组织中国农业科学院、中国农业大学、北京师范大学、北京医科大学（现北京大学医学部）、铁道部医院、水利医院、清华大学校医院以及科学技术部等部门的100多名青年知识分子，分赴甘肃、青海、新疆、河南等9个省、自治区12个贫困县开展“科技扶贫青年知识分子促进行动”。志愿者以科技信息服务为核心，分技术、卫生、教育和管理四个组开展工作。技术组重点帮助地方解决技术难题；卫生组重点培训当地医生，并向群众宣传卫生保健知识，进行义诊；教育组重点培训当地教师，进行素质教育示范；管理组侧重组织各种讲座，进行入户调查，科技成果发布等。据统计，此次志愿者行动共解决技术问题50项，举行专题报告15场，组织各种培训班60多个，培训2万多人次，培训乡村教师400多人，义诊累计4500多人次，发放技术医疗手册3000册，技术资料14 000多份，捐赠书籍及音像制品300多册，资金4000元。

2001年是我国完成《国家八七扶贫攻坚计划》进入扶贫新阶段的第一年。根据《中国农村扶贫开发纲要（2001~2010年）》以及《“十五”科技扶贫发展纲要》的要求，科学技术部充分利用现有科技资源并调动社会科技力量，重点在对口联系的大别山、井冈山和陕北地区开展定点扶贫工作。为了试验和探索科技扶贫的新思想和新思路，2001年科学技术部安排300万元经费，在全国16个省、自治区、直辖市实施“科技扶贫示范乡村建设工程”，在16个省的21个县的50多个乡镇，进行科技扶贫示范，帮助建立发展规划，推广适合当地使用的种养技术、加工技术、生态建设技术和环保技术，真正推动扶贫工作进村入户，体现科技的示范带动作用。

2002年先后有5位部级领导和9位司局级领导及其他干部共24人次专程到定点帮扶县和大别山、井冈山和陕北革命老区调研。在调查研究的基础上，把帮助定点县制定科技扶贫规划作为2002年科技扶贫工作的重点任务，积极组织并协助安徽、河南、湖北、湖南、江西和陕西6个省制定了“十五”期间的科技扶贫规划。其中，井冈山地区还制定了跨江西、湖南两省的“井冈山老区科技扶贫规划”。科技扶贫规划都比较详细地分析了当前贫困的主要原因，结合地方经济发展现状与趋势，提出了切实可行的扶贫措施，具体落实到每个县、每个乡镇、每个村和每个产业，都确定了帮扶的重点和措施。湖北省黄冈市在过去15年扶贫开发取得成绩的基础上，根据发展的要求，与时俱进，提出了“科技致富工程”，并制定了详细的“工程”实施计划，率先向科技致富奔小康迈进。同时，科学技术部还组织了67名青年科技专家分别到定点帮扶的河南省光山县、陕西省安塞县和四川省广安市开展了科技志愿服务活动。志愿者们根据地方需求举办了3场科技报告会，参会1500人；6场乡镇干部科技培训会，参会246人；39场技术培训班，培训2200多人次，发放资料8万多份；为群众义诊1500多人次，免费发放价值8000余元的药品，培训医务人员350多人次；建立了4个乡级科技图书站，赠送了4套《星火科技30分》录像带和1万多册科技图书；走访了140家农户，对350个农户（农民）进行了社会调查；与地方政府和科学技术部门进行了3场交流座谈会，为地方经济和社会发展献计献策。

2003年，科学技术部派出了由3名司局级干部为团长、9人组成的第17届科技扶贫团分别到3个地区、6个定点扶贫县挂职扶贫。科技扶贫团选派累计达到374人（其中司局级干部80多人，处级干部180多人）。在6个贫困县开展科技扶贫项目91个，直接投入2708.1万元，帮助引进资金1500万元，引进技术29项，引进人才125人次，举办各类培训班33期，培训人员6135人次，修缮校舍3所，资助贫困学生9人，组织劳务输出174人次。

2004年，由3名司局级干部为团长、6名处级干部为挂职干部的第18届科技扶贫团，分别到大别山、井冈山和陕北三个革命老区、6个定点县挂职扶贫。仅2004年一年，科学技术部帮助6个定点扶贫县上项目47个，直接投入1158.2万元，帮助引进资金22 186.2万元，引进技术24项，引进人才79人次，举办各类培训班400期，培训人员80 250人次，修缮校舍1所，资助贫困学生98人，组织劳务输出3000人次。

为支持定点县所在的大别山、井冈山和陕北三个革命老区的发展，2004年科学技术部在以上三大片还实施科技项目7个，直接投入601万元，其中物资折款298.78万元，引进各类资金30万元。在中西部有代表性的贫困地区如贵州、广西、宁夏、新疆等省、自治区实施科技扶贫项目16个，直接投入230万元。

（三）国际合作科技扶贫

1. 中国科技扶贫模式示范推广能力建设

该项目由科学技术部和联合国开发计划署（UNDP）合作开展，旨在以能力建设为中心，依靠科技进步，充分应用先进实用技术，指导中国的6省10县贫困农户合理开发资源，提高贫困地区资源开发水平和劳动生产率，增强贫困地区农民自我积累、自我发展能力，减少返贫率。

该项目于1997年12月正式启动，项目实施时间为3年，覆盖的6省10县为陕西省的安塞县和佳县，安徽省的金寨县和岳西县，河南省的商城和信阳县，福建省的连城和长汀县，湖北省的英山县以及海南省的东方县。项目总投入396万美元，其中UNDP援助185万美元，科学技术部配套211万美元。

该项目将科学技术引入UNDP援助的小额信贷扶贫项目，强调为项目提供技术支持的重要性。项目推广示范两种科技扶贫模式：①公司+农户+科研机构。②小额信贷+农户+科研机构。这两种扶贫模式较好地解决了农户面临的产前、产中、产后等一系列技术、资金、信息和市场问题。每个项目县重点扶持一项覆盖面广的支柱产业，科研机构和技术专家提供技术支持，小额信贷解决贫困农户缺乏资金的问题，公司帮助解决农户生产产品的市场销售的问题。

1998年是项目全面实施的第一年，在科学技术部、UNDP驻华代表处、对外经济贸易合作部交流中心和各省、县科学技术委员会的大力支持和配合下，项目实施进展顺利，并取得了初步成效。建立了包括国家项目指导小组、国家项目办、省项目办、县项目领导小组、县项目办、国家和县技术支持小组以及贫困农户组成的项目运行体系，为项目深入实施奠定了坚实的基础。一年来，本项目总计发展了4234个贫困农户、提供总量达502万元人民币的小额贷款，贫困农户的收入水平有了很大的提高，很多农户一年就基本脱贫，而且还款率高达99.5%；通过技术支持小组的技术帮助和培训；贫困农户的技能有了很大的提高；管理人员的素质也有很大提高；通过青年志愿者活动促进了项目区的社会发展；项目实施对周围社区有明显的示范作用。

项目全面实施的第二年，项目办加强了对项目的实施管理，强化农户的参与意识，引导农户多样化经营，努力提高人员素质，形成了以农户为目标，小额贷款、技术支持、政府引导、公司服务的扶贫模式。一年来，项目实施进展顺利，总计发放小额贷款资金1030万元。7408个贫困农户（妇女户占66.8%）每户获得了1000～1500元无需抵押担保的小额贷款。同时，41名社区工作队员，62名管理人员，10名国家级专家，31名县级技术专家参与了项目的实施与管理。通过项目的实施，参与贫困农户的收入水平有了很大的提高，有的甚至加倍，有3058户在本年度脱了贫，占所选农户的42%。贷款农户的还款率高达99.4%。而且，通过技术支持小组的技术帮助和培训，贫困农户的技能有了很大的提高，特别是妇女的参与使其经济和社会地位有了明显的提高。

2. 中国信息通讯技术扶贫能力建设项目

中国信息通讯技术扶贫能力建设项目是联合国开发计划署、科学技术部中国农村技术开发中心、对外经济贸易合作部中国国际经济技术交流中心，针对贫困地区科技信息资源缺乏、信息市场发展落后等问题而开展的全新科技扶贫模式。该项目的主要目标是通过在贫困地区部分县、乡、村加强信息能力建设和科技信息服务，示范推广可行的科技信息扶贫模式，提高农民收入，为国家扶贫工作做出贡献。

该项目选择了河南商城、安徽霍山、陕西榆林、重庆潼南和河北武安5个县市作为示范县。项目的具体实施工作如下：①由专家组成需求评估小组，考察项目县的信息状况，了解农户需求的信息种类及传播方式，制定各县的具体建设方案。②以国内外志愿者为核心，成立技术和管理支持小组，充分利用现有信息通讯设施，建设中国扶贫信息网与项目县、乡、村、国内外专家、资助单位及相关其他网站建立联系，交流经验与信息。③通过系统的培训活动，强调妇女参与，提高项目管理和运行的能力，形成支撑、维护整个网络运行的人力资源，促进项目的可持续发展。④组织研讨会，在国际和国内进行项目经验总结和交流。项目的直接收益者是5个项目县的贫困农户，间接收益者是当地乡村社区。

该项目经过近两年的实施，紧紧围绕信息扶贫这一目标，已先后举办过4次大规模的项目宣传和发动活动，5次国内技术培训活动，14次项目调研活动，参加调研的各类国内国际专家达40余人次。目前，该项目在5个示范县建立了37个示范信息站点，加强了当地不同级别政府的信息通讯机构能力建设，在农民增收、农民素质提高、妇女参与等方面取得显著成效。

四、科技扶贫的成效

在近20年的科技扶贫历程中，各级科技管理部门和科研院所、大专院校以及广大科技人员不断探索科技扶贫的有效做法，其中围绕解决贫困人口温饱问题和发展区域支柱产业开展多层次、全方位的科技培训是最重要的经验和基本手段。

（一）推广先进实用技术，解决贫困人口温饱问题

科技扶贫优先确立了依靠科学技术解决农村贫困人口温饱的战略目标。通过普及科技知识，引入和大规模推广先进实用技术，开展技术试验示范和培训农村科技骨干，显著增强了贫困地区农业综合生产能力，使粮食产量和农民收入都得到了显著提高。以科学技术部重点联系的6个贫困县（安徽金寨县、江西永新县、河南信阳市平桥区、湖北英山县、湖南平江县、陕西安塞县）为例，这些县的贫困人口已从1986年的160万人下降到2000年底的5万人，贫困面由47%下降到1.5%；大别山、井冈山和陕北三大片贫困人口从940万下降到50万，贫困面由48%下降到2.5%，人均粮食占有量达到450kg；大别山、井冈山地区已提前整体解决温饱。

（二）培育区域性支柱产业，引导贫困农民脱贫致富

科技扶贫确立了以市场为导向，以资源为依托，集中发展支柱产业的工作指导方针。一是选择贫困地区最具资源优势的产业，集中科技力量解决产业发展中的关键技术问题，形成具有较高技术水平和较大规模的区域性支柱产业。二是建立社会化科技服务体系，面向农民，联结市场，为支柱产业的发展提供贯穿整个生产过程的综合性服务。三是引导贫困地区扩大开放，大力引进技术、人才和资金，推进各种形式的横向经济联合与合作，使之逐步形成合理有效的资源配置与产业分工。大别山区的蚕桑、茶叶、板栗、中药材，井冈山区的笋竹、水禽、优质水果，陕北地区的枣、杏、水果、大棚蔬菜，已成为当地主要支柱性产业、地方经济发展的增长点和农民增加收入的主要源泉。大别山的黄冈地区由于科技扶贫的推行，在当地形成了一批区域性、特色性的支柱产业，贫困农民的人均收入从1985年的364元提高到1999年的2039元，贫困人口由230万下降到4.3万。发展以科技为先导的区域性支柱产业，不仅有利于稳定当地农民的温饱问题，同时也为当地经济社会的持续发展和农民脱贫致富奠定了坚实的基础。

（三）强化农业重大关键技术的研发，加速农业科技成果转化

在国家科技攻关计划、“863”计划、“973”计划等科技计划的支撑及相关部门、地方的共同努力下，我国农业科技取得了重大进展。

高产、优质、抗逆性的动植物新品种的培育，为粮食增产、农民增收提供了有力的技术支撑。仅在“十五”前3年，我国就培育出农作物新品种800多个，平均增产10%以上，累计推广面积近5亿亩，使全国粮、棉、油等主要农作物的良种覆盖率达到85%左右。

农业科技成果只有转化为现实的生产力，才能有效推动农业生产，帮助农民摆脱贫困。通过农业科技成果转化资金、星火计划、新产品开发、农业科技园区等，有力地推动了科技成果转化为现实生产力。农业科技成果转化资金专项实施4年来，共安排农业科技成果转化

项目2000多个，国家财政投入经费10.5亿元，吸纳地方和企业投入配套资金32亿元，加速了一些沉积多年的成果的转化。

目前，全国已建成的36个农业科技园区，逐步成为农业科技成果转化的先行区和示范基地。截至2004年，园区累计推广新技术成果1676项、新品种3095个，实现年销售收入198.77亿元、实现利润32.89亿元，为吸纳农民就业和带动周边地区农民致富做出了重要贡献。

五、科技扶贫的案例：黄冈科技扶贫

20世纪80年代中期以来，特别是实施“八七扶贫攻坚计划”以来，黄冈市委、市政府带领全市广大干部群众，全力以赴开展科技扶贫工作，终于取得了提前两年基本解决群众温饱，进而走向致富的道路。在黄冈由贫困走向富裕的过程中，科技发挥了极其重要的作用。科技加快了黄冈大别山山区扶贫攻坚的进程，探索出了一条具有黄冈特色的科技扶贫之路。

（一）黄冈市科技扶贫的进程与成效

1. 进程

黄冈科技扶贫工作起步较早，从1985年至今，大致经历了三个阶段。

第一阶段是1985~1987年。这一阶段的主要特点是：大造舆论声势，科学制定规划，此阶段也是我国有组织、有计划、大规模的扶贫开发工作的开始。黄冈市抓住国家科学技术委员会定点扶贫的机遇，集中各方面专家，包括内部专家和外部专家、经济专家和科技专家，认真编制科技扶贫规划。

第二阶段是1988~1996年。这一阶段的特点是：组织办示范点，主攻解决温饱。在这一阶段里，黄冈市按照科技扶贫规划的总体要求，以项目为载体，以推广应用新品种、新技术、新模式为重点，大力实施“七大科技标志工程”，充分发挥科技示范作用，并攻克了一批对解决温饱有直接影响的关键性技术，引进了一批对解决温饱有直接推动作用的动植物良种，推广了一批高效种养模式。以科技为支撑的区域性支柱产业、特色产业初步形成，巩固温饱成果已经有了比较稳固的基础。

第三阶段是1997年以后。这一阶段的主要特点是：巩固温饱成果，实施新的转变。在这一阶段里，以巩固温饱成果为重点，实施“三大战略”，实行“三个转变”，即大力实施科技经济一体化战略、先进适用技术普及化战略、农业高效技术产业化战略；加速从科技进山到科技入户的转变，从解决温饱到农民的整体文化与技术素质有较大程度提高，农民收入有较大幅度增加，全市整体经济实力有显著增强。

2. 成效

黄冈三个阶段的科技扶贫成效显著，给昔日贫困的大别山带来了深刻的变化。

山区贫困人口明显减少。1998年全市未解决温饱的贫困人口已由1985年的230万减少到6.5万，剩下的贫困人口不到全市农村人口的1%，其中红安、麻城、罗田、英山、蕲春等5个国定贫困县，未解决温饱的贫困人口减少到5.2万，只占农村总人口的1.6%。

科技贡献份额明显增大。全市共取得地（市）级以上农业科技成果奖72项，省部级以上科技进步奖23项。全市主要农作物良种覆盖率均达到95%以上，全市科技进步因素在农业经济增长的贡献份额已由35%上升到44%，比全省高5个百分点。

农业开发质量明显提高。老区人民依靠科技进步，大搞山水资源开发，建立支柱产业，发展特色经济。山区60%以上的农户从事特色产业，农民人均纯收入的60%来自特色产业。到1998年，全市农民人均纯收入突破2000元，粮食基本自给有余，人民生活水平正由温饱向小康迈进。

农民整体素质明显提高。全市通过扫盲教育，使青壮年文盲人数大幅度下降，现青壮年非文盲率达99.4%。红安、蕲春两县扫盲的各项指标均达到国家标准要求。同时，通过各类函授学校的系统教育，使贫困地区达到了每村有一名中专生，每组有一户产业致富能人，每户有一名明白人，每年约有1000多人拿到“绿色证书”。

科技意识明显增强。通过十几年科技扶贫，山区群众的科技意识有了很大的提高。他们意识到，市场竞争说到底是科技竞争，只有具备了一定的科技素质，才能在市场经济的大潮中，勇敢地面对挑战，更主动地适应市场，开拓市场，做市场竞争的强者。

（二）大力开展科技扶贫的“六大工程”建设

过去黄冈山区农村贫困面大、程度深，其中一个重要原因，就是绝大多数群众的科技素质低下，科技手段落后，科技进村入户的载体没有形成。为了改变这种局面，黄冈市动员和组织广大干部和科技人员，广泛开展科技扶贫活动，其中，“六大工程”建设最为突出。

1. 大力开展“良种工程”建设

黄冈是传统农业大市，过去虽然在种养业的良种应用、普及、推广上做了一些工作，但边远山区、库区，良种推广严重滞后。十几年来，特别是最近几年，他们把良种工程建设作为温饱工程的重点。目前，市、县两级原种、良种生产繁育体系已基本形成，粮、棉、油良种普及率已达90%以上，统一供种率和更换率达到60%以上。他们不仅注重粮、棉、油优质品种的应用推广，同时，更注重山区经济林果和畜禽的品种改良与优化，让农民从增收增效中直接尝到甜头。罗田已在全县建立了板栗良种园3处，面积达1000亩，良种采穗田22处，面积达2.6万亩；全县良种推广面积达15万亩，占挂果面积的65.2%，去年全县板栗产量达2100万kg，系列产值2.5亿元，全县人均产值430元。红安县在华中农业大学的大力帮助下，先后引进国际国内先进瘦肉型猪杂交组合，在全县推广优良品种，把规模养殖与分散养殖结合起来，使良种猪普及率显著提高。

2. 大力开展“良法工程”建设

主要是围绕实现农业增产、农民增收、企业增效的目标，用先进技术、先进手段嫁接并改造传统产业，改变落后的种养方式和陈旧的种养模式。重点推广十大先进适用技术，即良种应用技术、配方施肥技术、旱育抛秧技术、保温栽培技术、间作套种技术、生态农业技术、病虫综合防治技术、茶叶机采机制技术以及蔬菜遮阳网覆盖、塑料棚覆盖栽培技术等，力争入户率、到田率达到80%以上。

另一方面，黄冈市认真总结推广各地成功的优高种养模式。如地膜“花生与杂交稻”连作，“洋芋与杂交中稻”连作，“小麦与中杂、再生稻”连作，“油菜、西瓜、晚杂”连作，以及其他经济配套，粮经配套等立体种养模式。这些模式能充分地利用时间差、空间差，能有效地把产业间、作物间功能进行合理配置，从而达到优质、高产、高效的目的。因此，各地优高种养模式的覆盖面逐年扩大，现已达到40%，模式的发展势头越来越好。

3. 大力开展“引进工程”建设

引进新技术成果和高级人才，是壮大支柱产业，发展特色经济，加快脱贫进程的有效途径。在国家科学技术委员会的帮助下，黄冈市每年大约要引进新技术、新成果100多项，这就为产业的技术创新提供了新的源泉。同时，黄冈市还十分注重引进高级人才，先后引进科技专家400多人，几乎每一个支柱产业都聘有一名知名专家教授担任技术指导。

4. 大力开展“示范工程”建设

在扶贫攻坚阶段，黄冈市从双层经营体制的实际出发，在村组培养狠抓科技示范户以及科技致富带头人的培养，发挥其带动和辐射作用，进而从整体上提高贫困山村农民的经营水平和科技水平。黄冈各县市根据市委、市政府的要求，围绕农业主导产业都建设了一至两个千亩以上集中连片的高效农业科技示范园区。如红安县正在建设23km红坪高效农业经济示范带，已开发面积4.2万亩，正着手进山、水、林、田、路综合治理，英山县已建成的“长冲高效科技示范园”连接3个乡镇11个村和国营长冲茶场，总面积达到4000亩，其中名优茶1000亩，奇异珍稀猕猴桃1000亩，名贵药材1000亩，无公害蔬菜1000亩，该园已初步建设成“三优”（优质园地、优质品种、优质加工）、“三通”（通水、通路、通电），“四能”（能排、能洪、能转、能看）的产业科技示范园区，起到了很好的示范带动作用。

5. 大力开展“精品工程”建设

市场经济是竞争经济，优胜劣汰是市场经济的客观规律。近几年来，黄冈市一直十分重视精品名牌的开发，让精品名牌农产品和深加工、精加工产品，打开市场，占领市场，活跃市场。要求一个支柱产业要有一个名牌产品当龙头，一个系列要有一批拳头产品作支撑，一个县市要有一批特色精品作主导产品。如罗田县优质“罗甜”板栗，已成为全国闻名的品牌，该县研究开发出的四大系列10多个板栗精深加工产品，年消化板栗5000多吨，实现加工产值6500万元。

6. 大力开展“智力工程”建设

贫困山区要解决温饱进而脱贫致富，归根到底要靠本地人才的成长，并最大限度地把农村中的青年人才发挥起来，培养起来，黄冈市一方面充分发挥乡土能人的作用，组织他们参加较高层次的技术培训，率先应用科学技术，以良好的经济效益和示范作用，带动周围的农户。另一方面，以县、市、乡镇农民技校、职校、夜校为主要阵地，有重点、有针对性地进行分区分类培训，使农民能较快地掌握1~2门实用技术。十多年来，全市共组织各类培训班上万余期，受训对象达130多万人次。

（三）构建科技扶贫的制度化体系

黄冈大别山科技扶贫路子之所以能够越走越宽，不断延伸，一个重要原因是他们结合实际，建立和完善了科技扶贫的制度化体系。正是有了健全的制度化体系，黄冈的科技扶贫工作才获得了保障，真正达到事半功倍的效果。

建立技术网络体系。经过多年努力，黄冈市已建立包括科研机构、高新技术、名优产品、技术引进、技术改造和科研成果应用在内的科技扶贫保障体系，为实施科技扶贫战略奠定了良好的基础。①建立和完善厂办科研所（室）。目前，全市产值在5000万元以上的企业均建立了科研所，其他企业也相应建立了科研开发机构和技术创新小组，它们已经成为企业推进山区科技进步、优化产品结构，提高经济效益的最好组织和实践形式，是山区科技与生产最紧密的“结合部”。②建立农业技术推广服务网络。按照“横向拓宽、纵向延伸，提高县市一级、加强乡镇一级、配齐村组一级”原则，初步形成了以县农业技术推广中心为龙头，以乡镇农业技术推广站和庄稼医院为骨干，以村农业技术服务组、农技员及科技示范户为基础的农业技术推广与服务网络。③建立五大科技中心，各县（市）都成立了科技情报、科技开发、技术市场、计量测试、人才培训和科技交流五大科技中心，以加强对技术扶贫工作的具体指导，推动科技扶贫工作的深入开展。

建立资金投入体系。多渠道筹措扶贫开发资金，增加科技投入，是增强科技实力、促进科技扶贫开发的重要物质保证。黄冈市在科技扶贫的实践中，对科技攻关，技术改造、推广普及等项目优先专项资金、科技扶贫开发信贷资金，企业新产品开发基金、农业科技成果推广基金、星火基金，科技进步奖励基金等各方面的资金相对捆起来集中使用，从而奠定了资金投入体系的基础。

黄冈市科技扶贫工作的实践说明，扶贫开发离不开科技，科技进步是加快扶贫开发进程的法宝。

六、科技扶贫的经验和挑战

（一）经验

科技扶贫工作实施近20年来，各级政府、科技人员与贫困地区干部群众一起艰苦探索，从贫困地区的实际出发，创造和积累了许多宝贵经验。

1. 把治理贫困与提高人口素质相结合

把扶贫开发转移到依靠科技进步和提高劳动者素质的轨道上来，这是扶贫开发的基本方向和必然选择。科技扶贫归根结底是“扶人”，在科学技术转化为现实生产力的过程中，必须优先引导农民摆脱落后的思想观念和生产生活方式，致力于提高农民对科学技术的认识和吸纳能力，从根本上把科技人员及乡土人才的活力释放出来。坚持科技扶贫与智力扶贫相结合，注重提高劳动者素质，通过农科教三结合，送科技下乡，组织科技人员深入贫困地区第一线开展技术培训，进行技术推广示范，建立健全科技示范网络，大力开发科普宣传，极大地调动了贫困地区人民依靠科技发展生产的积极性。

2. 通过发展地方经济解决贫困人口的脱贫致富

实践证明，没有地方经济的充分发展和必要基础环境设施的改善，就不能彻底解决贫困问题。为了充分开发利用贫困地区自然资源和劳动力资源，科技扶贫确立了以市场为导向，以科技为先导，选择当地具有资源优势和农民参与程度高的产业，集中科技力量连片开发，大力发展区域性支柱产业。同时在优化贫困地区传统产业结构，提高产品质量和档次，培育龙头企业和山区经济发展新的增长点上下工夫，从而使贫困地区形成一批具有一定规模和较高技术水平的支柱产业和龙头企业。这项举措不仅使广大农民直接受益，而且有效地增加了地方财政收入，使贫困地区步入脱贫与可持续发展相统一的良性发展轨道。

3. 把资源开发与生态环境相结合

生态环境脆弱和经济贫困是大部分贫困地区所面临的共同问题。在科技扶贫工作中既要抓经济发展，又要抓生态建设，把资源合理开发利用与区域综合治理紧密结合起来，特别是注重抓好当地中长期综合治理，引导有计划地封山育林，发展林果业，进行小流域治理，帮助贫困地区建立良性生态循环资源系统。

（二）挑战

长期的实践表明，科技扶贫是一个巨大的、复杂的、开放的系统工程，科学技术部门只有把自身融合在全社会之中，加强与社会各方面的结合和集成，才能使科技扶贫形成富有成效的强流。科技扶贫工作始终强调要素集成，实施合力扶贫，动员科技力量和发挥社会各方面的积极性，使科技扶贫工作渗透到社会大扶贫的各个层面上，真正为扶贫做贡献。

第四节 劳务输出扶贫

劳务输出是贫困地区农民增加现金收入的重要途径，约占总收入的30%左右（国家统计局农村社会经济调查总队，2003）。加强劳务输出培训，加大有组织劳务输出的力度，对贫困农户脱贫致富发挥着举足轻重的作用。

由于贫困及低收入农户大多仍居住在边远、偏僻的山区，交通不便，对外信息不灵，以致就业构成单一，劳动力就业区域更多局限于本地，就业门路狭窄，并且主要集中在第一产业。综合分析，贫困地区的外出务工劳动力的比例低于全国平均水平。

2001年，贫困及低收入农户中，从业人员在本乡的劳动力占90.3%，这一比例较其他农户高出4.4个百分点；当年外出过的劳动力比例为12.2%，比其他农户低3个百分点，其中外出半年以上的劳动力中，贫困及低收入农户占62.9%，低于其他农户12.2个百分点。2003年，贫困户外出务工的劳动力占13.5%，低收入户外出务工的劳动力占15.7%，低于全国农户的18.3%。

迄今为止，由政府组织的劳务输出在整体的劳务输出人口中只占很小的比例。由于缺乏资金和信息，而且文化程度低，最贫困者外出找工作面临很多困难，也更易受侵害，穷人自发外出打工要冒很大的风险。将劳务输出包含到中国的扶贫项目中，给穷人提供安全和有保障的外出打工渠道，是中国扶贫向前迈出的积极的一步。

因此，在贫困人口就业愈益困难的形势下，中央和地方政府有必要把扶贫政策和就业政策结合起来，把贫困地区的劳务输出置于反贫困战略的优先地位。

一、劳务输出扶贫的目标

在20世纪80年代晚期和90年代日益增加的劳务输出成为一种新的扶贫途径。作为一种有效的扶贫方式，劳务输出扶贫通过帮助贫困者参与劳务输出项目、获取外出就业机会而达到脱贫的目的。

很多学者的研究表明，贫困农户通过改善农业生产状况来脱离贫困的可能性在不断减少，因而增加非农就业机会有可能成为缓解贫困的一条更为有效的途径。劳动力资源，对于相当部分贫困户来说，是他们唯一可依靠和控制的资源。在当地资源尤其是可利用的土地资源非常稀缺的条件下，能否将剩余的劳动力转移到需要劳动力的地区和部门，实现贫困地区剩余劳动力与外部资金、技术等生产要素的重新组合，在一定程度上决定了这部分资源匮乏地区贫困农民最终能否摆脱贫困。然而，全国平均每年新增劳动力1000万人以上，同时在城市经济结构调整过程中还将产生更多的失业人口，现有农村剩余劳动力仍然在1.5亿左右。农村人口就业不足或低收入水平就业，是形成和加剧贫困的重要原因之一。

《八七扶贫攻坚计划》提出要有计划有组织地发展劳务输出，积极引导贫困地区劳动力合理、有序地转移。《纲要》进一步指出，要积极稳妥地扩大贫困地区劳务输出。加强贫困地区劳动力的职业技能培训，组织和引导劳动力健康有序流动。沿海发达地区和大中城市要按照同等优先的原则，积极吸纳贫困地区劳动力在本地区就业。贫困地区和发达地区可以就劳务输出结成对子，开展劳务协作。输入地和输出地双方政府都有责任保障输出劳动力的合法权益，关心他们的工作、生活，帮助解决实际困难和问题。

因此，在贫困人口就业愈益困难的形势下，中央和地方政府有必要把扶贫政策和就业政策结合起来，把劳务输出扶贫置于反贫困战略的优先地位。针对贫困者外出打工所面临的风险和困难，劳务输出扶贫的目标定位在两点：一是提供就业信息；二是对贫困农民进行相应的就业培训。

二、劳务输出扶贫的资金来源

（一）缺乏专向劳务输出资金来源阶段

尽管20世纪90年代，劳务输出扶贫对减缓中国的绝对贫困发挥了不可替代的作用，但是，与基础设施、教育、科技、产业化扶贫不同，在2000年底没有国家的专向扶贫资金投入到劳务输出扶贫中。

劳动力转移和劳动力市场建设的投入主要来自劳动部门，而且20世纪90年代的重点是在城市进行劳动力市场信息微机管理，初步建立了职业介绍信息规范，建立区域信息网。但是中国劳动力信息网络和职业介绍机构，绝大多数都是分布在接受劳务输出的大、中城市，而且这些设在大、中城市的劳动服务中介与贫困地区的劳务提供者之间没有建立有效的信息通道。

从各种渠道得到的可行信息表明，贫困地区劳务输出仍然主要是农民自发的不通过正规组织的输出。据国家统计局对全国592个国定贫困县劳务输出渠道的调查，1999年农民外出打工一半以上（54%）都是自己寻找的。亲朋介绍的占了41%，只有很小比例的外出劳力通过其他渠道输出（表5-6）。

表5-6　外出务工渠道构成比例/%

年　份	亲朋介绍	自己寻找	用人单位招工	本地政府组织	通过项目组织	其他渠道	合　计
1997	41.60	53.52	2.67	1.57	0.30	0.89	100.00
1998	41.25	53.56	2.63	1.37	0.29	0.90	100.00
1999	41.31	54.36	2.16	1.36	0.17	0.62	100.00

资料来源：吴国宝. 2001. 中国劳务输出扶贫研究. 北京：中国经济出版社

贫困户劳务输出必需的交通和食宿支出，绝大部分是由贫困户动用的自己的资源，包括自有资金，亲戚之间的无息借款，银行或私人的有息借款。

（二）世界银行扶贫项目的劳务输出资金

从1994年开始的世界银行西南、秦巴和西部扶贫项目中，包括劳务输出子项目，有提供信息、资金和培训支持这三部分内容，即这个项目专门设立了劳务输出分项目来为穷人提供劳务输出贷款支持。出发点是考虑到贫困户家底薄，可支配收入少，多数除了糊口以外，生产几乎没有任何剩余，要筹集外出务工所需的路费，对他们来说不是一件容易的事。根据相关调查：在输出地的输出者中有82.8%与项目办签订了借款合同，输入地有89.13%的项目输出者签订了借款合同。输入地调查结果统计借款者平均借款690元，最低的200元，最高的2500元。输出地调查统计借款者平均借款857元，最低的300元，最高的2600元。申请借款的期限存在一定的差异，平均借款期限为1.5年，最长的为3年，最短的只有3个月。从实地调查来看，劳务输出项目为务工者提供借款服务，确实为项目区内贫困户剩余劳动力外出务工提供了借款的方便。

据国家统计局对全国592个国定贫困县的监测统计（国家统计局农村社会经济调查总队，2000），1999年贫困县劳务输出人数达到1096万。如果分别按照输出地和输入地借款额的857元和690元为劳动力转移投入的标准计算，则1999年劳务输出扶贫中资金的投入分别为86亿元和70亿元。

（三）新世纪的劳动力培训和转移扶贫的资金

在2001年出台的《中国农村扶贫开发纲要（2001～2010年）》中，国务院要求“积极稳妥地扩大贫困地区劳务输出。加强贫困地区劳动力的职业技能培训，组织和引导劳动力健康有序流动。沿海发达地区和大中城市要按照同等优先的原则，积极吸纳贫困地区劳动力在本地区就业。贫困地区和发达地区可以就劳务输出结成对子，开展劳务协作。输入地和输出地双方政府都有责任保障输出劳动力的合法权益，关心他们的工作、生活，帮助解决实际困难和问题”。

贫困地区的劳动力资源比较丰富。只要通过培训，实现转移，就可能将人口压力转化成人力资源，将劣势变为优势。《中国农村扶贫开发纲要》实施5年来，全国贫困地区共培训了近300万贫困劳动力。各个省、自治区相应地开始提供贫困地区劳动力转移培训的投入。例如：2004年，湖南省政府拨发专款1800万元，按照“服务非农产业、面向市场需求”的原则，开设热电安装、焊工、钳工、市场营销等15个专业，对贫困地区农民展开知识技能培训；2005年，广西壮族自治区投入900万元，对全区重灾区和土地十分匮乏的贫困村的劳动力进行培训，让他们拥有一技之长后外出务工，从而实现脱贫。

到2005年，全国农村贫困地区剩余青壮年劳动力尚有1300万左右待转移。“十一五”期间，国务院扶贫办要求：各地用于贫困地区劳动力培训和转移工作的资金要占到中央财政扶贫资金的10%以上，总量达到15亿元。同时，要逐步建立由政府、企业和个人共同投入的多元化投入体制。

三、劳务输出扶贫的具体做法

多年来，政府一直希望将农民工的劳务输出纳入有序管理的渠道，相关部门也在这方面做了不少积极的努力。至2000年，全国已建成14个省级劳动力市场信息网络监测中心，76个试点城市建成城区广域网。全国共有各类职业介绍机构29 024所，其中劳动保障部门办20 262所；全年介绍成功975万人次，其中劳动保障部门办职业介绍机构介绍成功707万人次（2000年度劳动和社会保障事业发展统计公报）。不过绝大多数劳务服务中间机构都分布在大中城市，在贫困地区主要是隶属劳动部门的劳动服务公司或就业办在发挥有序组织输出的作用。从各种渠道得到的可靠信息表明，贫困地区劳务输出仍然主要是农民自发的不通过正规组织的输出。

在人地关系高度紧张、农业生产的自然条件非常严峻的贫困地区，完全依靠开发当地资源实行就地脱贫，存在着许多难以逾越的障碍和困难，即使国家加倍增大投资，其如期脱贫的前景也不明朗。从国际扶贫经验来看，在经济边缘地区采取劳动力流动和人口迁移的方式，实行易地脱贫，具有更好的脱贫效果和经济效率。中国政府也较早注意到了劳务输出对扶贫的重要作用，劳动和社会保障部及国务院贫困地区经济开发领导小组要求“各地劳动部门、开发办和劳动服务公司要在牵线搭桥、提供信息，疏通渠道以及建立健全信息网、协作网方面积极工作”。

（一）世界银行西南和秦巴扶贫项目劳务输出

根据扶贫攻坚阶段中国农村贫困区域相对集中的特点，世界银行从 1994 年开始与中国政府合作，首先在云南、贵州和广西三省（自治区）的 35 个贫困县启动了中国西南扶贫项目，劳务输出是其中的一个子项目。随后又从 1997 年开始在四川、陕西交界的秦巴山区的 22 个县和宁夏的 4 个县实行综合扶贫开发项目，劳务输出再次作为项目的一个分项目在四川和陕西两省实施。世界银行劳务输出子项目（简称劳务输出项目），是一个通过项目组织提供信息、资金和培训支持等服务，帮助项目区内贫困户的剩余劳动力到存在有效就业需求的地区和企业获得相对稳定的就业机会和合理工资收入，来增加贫困农户的可支配收入或收入形成能力的综合性劳务输出服务项目。

劳务输出项目设计的获取劳务市场需求信息的方式有三种：①西部中心在选定的劳务输入地与当地劳动部门，以联合体形式建立劳务市场，根据企业上报的用工指标计划，经过考核合格后签订用工合同。②西部中心与输入地的大中型企业直接建立合作关系根据企业用工需要，双方签订用工合同。③西部中心与三省劳务输出机构共同开发市场，与用工单位签订用工合同。这种设计赋予西部中心在获取劳务市场信息上的中心地位。从样本县和输入地调查结果来看，西部中心在项目启动初期确实扮演了劳务市场需求信息供应的主角。不过，随着时间的推移，县级劳务输出机构（多数采取公司形式）在信息搜寻方面的作用不断增大。两个样本县中，县级机构搜集劳务市场需求信息主要采取两种方式：①直接派工作人员到劳工需求较多的城市与用人企业联系，获得用工单。②通过本县在外工作的人员（包括打工者）了解用工需求信息，然后派人前往接洽，如平果县人力资源开发公司利用本县有一老乡在珠海某镇任副镇长的机会，输出了 500 多人。

劳务输出项目在设计上非常重视对输出人员的培训。尤其是对于初次离开家门的农村人来说，输出前的培训有助于输出劳工对所要去的地区和企业及将来的工作有一个大致的概念。输出地的调查结果显示：在所调查的样本输出户中，有 68% 的人参加了培训，培训的时间长短不一，最长的达 3 天，最短的只有 1 个小时，平均为 1. 8 天。输出地培训的主要内容有外出注意事项、劳动者的权利、语言、技术等。接受调查者回答的结果如表 5-7 所示。几乎所有参加输出前培训的人都接受了有关外出注意事项的培训，有 30% 左右的人在输出前受到了对所要从事工作技术的简单培训。从与输出者的访谈中感觉到，输出前培训对帮助输出者确定合理的行为和心态起到积极作用。但因实际培训时间较短，可能有许多关键问题只简单提到，使参加培训者一知半解，未能起到应有的作用。

表5-7 输出前培训的主要内容

培训内容	所占比例/%	培训内容	所占比例/%
外出注意事项	90.32	技 术	29.03
劳动者权益	16.13	其 他	3.23
语 言	3.23		

(二) 地方政府组织的劳务输出

劳务输出是有效提高人的素质、增加农民收入、积累建设资金的一个极为重要的产业。劳务输出项目能够帮助贫困农户的剩余劳动力输出到存在有效就业机会的地区或企业，增加家庭的可支配收入，以尽快摆脱贫困。

在改革开放的大背景下，四川省的实践证明，组织规模劳务输出，是解决农村富余劳动力出路的有效途径。仅以2002年上半年计，四川全省共转移农业富余劳动力1247万，其中向省外转移556万。经济发展相对滞后地区的农民外出打工，是一个投资少，见效快，能有效增加农民收入的途径。按有关部门的统计和计算，2001年四川省劳务收入450亿元（含省外210亿元），全省农民人均劳务收入达到580元，平均占农民人均纯收入的23%，有些地方已占45%以上，人均纯收入增量中劳务收入已占50%左右。2002年上半年的劳务收入，使全省农民人均纯收入净增23元，预计全年可增加50元。

在收集掌握省内外、国内外的用工信息方面，四川各地已创造了不少经验。为了抓点带面共同提高，四川省正式命名了16个劳务开发龙头企业、30个劳务开发基地县。达州市劳务办在海南、新疆、广东等几个集中输出地建劳务开发基地，多渠道收集用工信息。广安市与吸纳民工较多的地方签订劳务合同，建立比较稳定的劳务输出基地。金堂县依托华西集团、中国建筑工程总公司、攀枝花建筑工程总公司等大型建筑企业，了解国外用工信息，开拓国际劳务市场，成效显著。安岳县在全国各地建立劳务网点68个，进行用工信息收集、核实、传递等工作。渠县利用互联网了解用工信息并帮助民工分析成木、风险、收益。

及时、准确地把握用工地区和用工单位的用工信息，是搞好民工输出工作的一个重要前提。只有及时、准确地掌握用工信息，才能减少民工输出的盲目性；才能减少民工在求职过程中的受骗上当现象；才能增加民工输出数量，提高民工输出效益。因此，政府的宏观指导在劳务输出中占有十分重要的地位。由于劳务输出在四川省各地经济和社会发展中的重要作用，也由于各级党和政府在掌握宏观信息方面的优势，政府在用工信息方面对输出农民进行宏观指导，一般能取得较好的效果。例如，2002年3月，由省委、省政府出面，通过事先联系，由省委副书记和副省长带队，四川省组织各市县劳动管理人员280多人赴京参加劳务洽谈会，共签订合同283份，承揽工程73亿元，输出民工19万人。

河南省各级扶贫部门在贫困农民劳务技能培训和输出方面进行了有益探索，取得了良好成绩。据统计，全省每年通过各种渠道进行贫困农民劳务技能培训10万人左右，通过各种培训实现劳务输出5万~6万人，对河南农村贫困人口脱贫致富发挥了较大作用。贫困人口比较集中的革命老区信阳市，外出务工人数达142万人，占全市农村劳动力总数的36%，年劳务收入约 80 亿元。

劳务输出作为宁夏山区农民的主要增收渠道，在扶贫开发中发挥了重要作用。随着劳务市场和劳务用工的不断规范，宁夏加大了对各县劳务输出工作的指导，加强劳务人员培训，拓宽输出渠道，有效增加了贫困农户的收入。据固原地区劳动部门统计，固原地区 6 县 2001 年输出劳务 51.66 万人次，劳务收入 5.53 亿元，全区农民人均劳务收入 349 元。

内蒙古妇女联合会与北京、天津、大连等地妇女联合会建立了长期的用工关系，并在北京设立了有专人负责的“打工之家”，为外出务工的妇女提供各种有效的服务。2001 年，全区共输出妇女劳务人员 6809 人，使 6000 多个家庭摆脱了贫困。

四、劳务输出扶贫的成效

(一) 通过劳务输出提高贫困人口的收入而减缓贫困

农村劳务输出是城市化的必经阶段，在低收入农村人口占全国人口总数相当大比例的中国，彻底摆脱贫困必须走城市化的路径。最近 20 年中国经济的发展，农村劳动力流动对减缓贫困起了十分重要的作用。

国家统计局所做的全国 592 个国定贫困县的监测统计资料表明，1998 ~1999 年，全国贫困县农民人均纯收入从 1317.55 元增加到 1346.8 元，增加了 29.25 元（表 5-8）。按照目前收入构成的分类，纯收入包括劳动者工资收入、家庭经营收入、转移性收入和财产性收入四个部分。其中劳动者工资收入主要包括在本地乡镇企业工资收入和在外劳务收入。在贫困地区，农民从乡镇企业获得的收入很少，为了分析简便，我们将贫困县的劳动者工资收入简单地当成劳务收入。

表 5-8　1998 ~ 1999 年贫困县农民纯收入来源构成

指　标	1999 年	1998 年
年纯收入/元	1 346.80	1 317.55
劳动者工资收入/元	338.59	278.65
家庭经营收入/元	963.70	985.30
其中：种植业收入/元	606.48	667.63
牧业收入/元	197.11	193.23
其他家庭经营收入/元	160.11	124.44
转移性收入/元	27.90	37.50
财产性收入/元	16.66	16.07

1998 ~ 1999 年，四项收入来源中，劳动者工资收入增加了 59.94 元，相当于这一年农民纯收入增长量的 204.92%；家庭经营收入减少了 21.6 元，相当于人均纯收入增量的 -73.85%；转移性收入减少了 9.6 元，相当于人均纯收入增量的 -32.82%；财产性收入增加了 0.59 元，相当于人均纯收入增量的 2.02%。也就是说，这一年农民人均纯收入的增长主要来自外出劳务收入的贡献。如果我们假定 1998 ~ 1999 年贫困县农民来自劳动者工资收入保持不变，其他收入以实际变化数计算，则 1999 年贫困县农民人均纯收入将比 1998 年减少 30.64 元，下降 2.30%。由这些分析可以看出，1998 ~ 1999 年农民纯收入增长的主要决定性因素是外出劳务收

入的增长，如果没有劳务收入的增长，全国贫困县农民纯收入就会下降。

在探讨了劳务输出对贫困县农民收入增长的贡献之后，我们再利用同一来源的资料，估算劳务输出对1998～1999年贫困发生率变化的贡献。由于没有分户的资料，只能使用统计局对贫困县农户样本调查的分组资料进行分析。为了估算劳务输出对减缓绝对贫困的贡献，在使用分组资料的情况下，我们假定组内相邻两个人之间的收入距离与劳动者工资收入距离是完全相等的。在这种假设条件下，利用贫困县分组资料计算各个组在不包括劳动者工资收入情况下的收入和人口分布，结果见表5-9。在包括劳动者工资收入的条件下，1999年贫困县按抽样调查资料计算的贫困发生率为14.46%。如果不包括劳动者工资收入，贫困县贫困发生率为26.25%，上升了11.79个百分点（除去劳动者工资收入，原本收入在625～800元的10.58%的人口全部落入625元以下区间，而原本收入在800～1000元的人中有1.21%的人收入下降到625元以下，成为贫困人口，导致贫困发生率上升11.79%）。1999年全国592个国定贫困县贫困人口比1998年减少了380万，按上述结果推算，如果不包括劳动者工资收入，国定贫困县的贫困人口只能减少209.3万，即全国贫困县还有1970.7万贫困人口（包括劳务收入，1999年全国贫困县有贫困人口1800万）。如果在不包括劳动者工资收入的条件下全国贫困人口在贫困县与非贫困县的分布不发生改变，即贫困县仍拥有全国贫困人口的50%，则全国在1999年还会有3941.4万贫困人口，贫困发生率为4.26%。全国农村贫困人口和贫困发生率分别要比实际得多341.4万和0.56个百分点。以此推测，1999年全国农村贫困人口减少量的44.9%和贫困发生率下降的70%是由劳务输出贡献的。因此，劳务输出对全国减缓贫困做出了十分重要的贡献。

表5-9　1999年贫困县低收入组纯收入与不包括劳动者报酬收入的纯收入分布

收入分组/元	0～100	100～300	300～500	500～625	625～800	800～1000
占总调查人口的比重/%	0.30	1.99	5.37	6.81	10.58	1.21*
劳动者报酬收入/元	69.17	69.31	87.43	112.36	162.03	201.22
全年纯收入/元	49.74	223.26	414.11	578.04	720.74	900.09
不包括劳动者报酬收入的人均纯收入/元	-19.43	153.95	326.68	465.68	558.71	698.87

注：*为800～1000元收入组中落入625元以下的人口比例

资料来源：根据国家统计局农村社会经济调查总队公布的《中国农村贫困监测报告2000》中的有关资料计算

（二）劳务输出在微观层面的贡献

尽管劳务输出主要是作为一种经济现象，但由于劳务输出必然伴随着输出者生产和生活的社会环境的改变，输出者在输出过程中不仅仅可通过获得新的就业机会、增加收入，而且可学习新的技能并在对新环境耳濡目染的过程中受到输入地文化和社会环境的熏陶。

①拓宽就业空间，增加贫困户的收入。在资源匮乏的地区，劳动力的就业机会很少，而且通常工资率也很低。通过劳务输出实现异地就业，既可减轻当地的土地压力，又可增加收入。②学习新的技能，更新观念。劳务输出是一个学习和再教育的过程，输出者在劳务输出过程中，不仅要通过努力掌握所需的就业技能，而且为了稳定地获得就业机会还需要经历再社会化的过程。输出者在发达地区接触到当地新的思想和文化，这种再社会化的过程在一定程度上会对他们的生活产生积极的影响。③劳务输出在收入、就业和文化观念以及行为方面

的影响，不只是影响输出者本人及家庭的贫困减缓，更重要的是通过代际影响作用于其子孙后代。

劳务输出对输出者本人来说，既是一个就业场所、就业方式变化的过程，也是生活方式、生活环境改变的过程，同时在一定程度上还可能是人生价值观念和行为方式变化的过程。

提高收入是劳务输出者的首要目标。多数打工者劳务输出的初衷是通过外出寻找和获得新的就业机会，获得高于在家劳动所得的收入。从20世纪90年代中期以来，贫困地区每年有1000多万劳动力外出打工，在外地获得新的就业机会。打工人员在劳务输出过程中，一方面要适应输入地的社会环境和生活习惯，另一方面也要逐渐地学习所进入行业所需的基本技术和技能。一般劳务输出人员到达新的工作岗位以后，都需要接受一定时间的上岗技术培训。上岗培训仅是打工人员学习技术的第一步，更多的是通过边干边学的方式潜移默化地学习。通过培训和边干边学，绝大多数原来只掌握传统的务农技能的打工者学会了一种或几种技能。这种技术培训的过程对于劳务输出者回乡创业或重新寻找工作，都是一笔财富。在实地调查中发现，有些外出打工者依靠在打工期间所学的技术回家开办了小型企业，完成了从农民向小业主身份的飞跃。另有一些打工者在劳务输出过程中，取得了所在行业的技术等级证书，实现了从最初的非熟练劳动者向熟练劳动者的转变。

劳务输出在一定程度上为输出者提供了一个了解和认识复杂社会经济关系的机会，通过观察和了解，一部分打工者提高了自己的风险意识和创新意识。在实地调查中发现，一些打工回来的人员具备了非常敏感的捕捉市场机会和创新的能力。虽然总的来说，在返乡的人员中具备创新意识的人员所占比例并不大，但是少数人回乡创业的成功，可能会对其他返乡人员产生强烈的示范效应，推动贫困地区的经济发展和技术创新。

五、劳务输出扶贫的案例：山阳县劳务输出对减缓贫困的贡献

山阳县劳务输出开始得比较早，地方政府也比较重视其在地方经济发展和减缓贫困中的地位和作用。山阳县每年的劳务输出人数均在9万左右，约占全县农村劳动力的一半左右，对当地的社会经济发展起到了十分积极显著的作用。本案例着重对1992年以后的劳务输出状况和它对当地社会经济影响方面进行研究，资料主要来源于3个方面：①对3个乡3个村的50多户农户的问卷调查和访谈资料。②对3个村劳务输出的调查。③县有关部门调研所提供的总体劳务输出情况。

（一）作为发展策略的劳务输出历史及其演变

山阳县位于陕西省东南部、是国家重点扶贫县之一。全县地域面积3514 km^2，有耕地面积415 776亩，2000年全县总人口419 861，农村劳动力165 047人，剩余劳动力8.7万人。下辖38个乡镇，483个行政村，3098个村民小组，10.1万户，人均耕地不足1亩，是一个“八山一水一分田”的土石山区，企业发展滞后，有大量的富余劳动力。

劳务输出最初是少数农民自发闯出来的改善自身生存和发展条件的一条途径。山阳县劳务输出大多是在1982～1985年逐步发展起来的，当时的劳务输出只占劳动力的10%左右。也有一个村（地处乡镇所在地）发展得比较早，1982年一开放就有80%左右的农户蜂拥外

出打工赚钱。目前调查村劳务输出人数约占村劳动力的50%左右，几乎能动的男劳动力都到外打工了。可见，作为农民两大基本生产资源：土地和劳动力之一的劳动力能够进入城市劳动力市场并得到充分利用，是农村经济发展和农民收入提高的主要动力。

1982～1993年，山阳县的劳务输出基本上是处于一种自发的状态，地方政府并没有很积极地参与到农民劳务输出的过程中。但是，随着外出打工的农民日益增多、其对地方经济的影响越来越显著以及地方乡镇工业的消亡，地方政府逐步认识到劳务输出是促进县域经济发展的有效途径，于是把发展地方经济工作的重点转移到劳务产业的发展上，并在1994年成立了县劳务输出管理中心，专门负责管理全县劳动力资源的开发和利用。1995年县政府明确提出把劳务业作为经济发展的支柱产业，将劳务输出作为山区脱贫致富的重点工程来抓。同时相应制定了发展劳务业的“18263”战略规划（即：到本世纪末全县劳务总人数达到10万人，其中劳务输出8万人，劳务总收入超2亿元，劳务人员占总劳动力的60%，中青年妇女占劳务输出人数的30%），将扩大和鼓励劳务输出作为发展地方经济的一种策略。在地方政府的大力推动和扶持下，全县劳务输出形成了一个以政府劳动部门为主体，区、县、乡联网，群众团体、民间组织为补充的劳动服务网络。全县目前不仅共有40多个劳务介绍机构，还在西安、深圳、广东、河南、山西等地建立了劳务基地，设立了10多个劳务联系点，有力地促进了山阳县劳务输出的发展。劳务输出地遍及全国24个省、自治区、直辖市，劳务输出量逐年提高（表5-10）。

表5-10 山阳县劳务输出情况统计

年 份	劳务输出人数	劳务输出的经济收入/万元
1982	1 047	156.15
1983	1 364	204.50
1984	1 784	267.60
1985	30 050	2 300.00
1986	34 531	3 486.00
1987	25 193	3 772.00
1988	28 193	3 486.00
1989	30 893	4 229.00
1990	36 140	5 421.00
1991	43 450	5 836.00
1992	46 352	6 350.00
1993	42 000	8 400.00
1994	71 200	14 000.00
1995	84 834	15 200.00
1996	84 900	16 900.00
1997	85 329	16 500.00
1998	89 479	17 200.00
1999	87 260	17 400.00
2000	95 000	14 300.00

县政府和劳务输出管理中心主要采取依托发展的方式，充分利用和发挥本地在外的劳务输出能人的作用扩大输出。与此同时还以地方政府部门的身份积极参与联系劳务输出项目，1998、1999年在地方政府组织带领下分别向新疆输出2000多人。

近年来，全县劳务输出人数一直稳定在9万人左右。2000年全县总人口419 861人，农村劳动力165 047人，剩余劳动力8.7万人，全县劳务输出总数95 000人，其中有组织输出45 643人，实现劳务收入1.43亿元。劳务产业结构以建筑业为龙头，采矿业为主体，商业运输、加工、家政服务、森林采伐等多行业并存。当地统计部门提供的资料表明，全县有建筑公司20家，建筑工程队152个，从业人员达到1.6万人，采掘业有2万人左右，商业营销3000人左右，运输业2000人左右，加工业6000人左右，餐饮业8000人左右，家政服务5000人左右，森林采伐7000人左右，从事其他行业的有28 000人左右。输出地域主要分布在陕西、甘肃、关东、河南、新疆等地。从调查情况看，山阳县近3年来平均劳务收入占农业总收入的21.7%，户均劳务收入1702元，人均劳务收入439元，占农村人均纯收入917元的47.9%。可见，劳务收入已成为山阳县农民经济收入的主要来源。在扩大劳务输出量的同时，地方政府还提出要促进劳务输出在质量上的四个“转变”：即由盲目自发外流向有组织的输出转变；由打工型输出向技术劳务型转变；由单一劳务型向多行业多工种转变；由单纯输出向输出与“回流”相结合，开发当地资源，发展县域经济转变。

县政府采取多种政策措施鼓励农民外出务工。2000年制定《山阳县劳务管理暂行规定》，为农民外出分忧解难，明确规定农村劳动力外出务工，其责任田可以转租、转包，义务工、基建工可以以资顶工，其他待遇与在家务工者同等。积极鼓励劳务大户带动和促进当地劳务输出的发展，希望采取以点带面的方式扩大输出和扶贫效果。规定对能够带领50人以上劳动力在外建立企业或承包工程、使用期在一年以上的单位和个人，按照经济收入状况给予重奖。县政府在重视输出组织网络建设的同时，注重发挥劳务大户的组织协调作用，鼓励支持他们搞好“内引外联”牵线搭桥。

（二）劳务输出在减缓贫困上的作用

1. 山阳县贫困状况

山阳县1993年农民人均纯收入为473元，排商洛地区的倒数第一，比地区平均水平低23元，在陕西省107个县中排列第87位，比省人均纯收入653元低180元，比全国人均收入921元低448元。这种贫困状况反映到农民和农村现实生活中，主要表现为以下十难：①吃粮难。1993年全县有1.71万户、7.265万人粮不够吃。②用钱难。1993年农民人均收入虽达473元，但收入很不平衡。1993年人均收入400元以下的有11个乡，年人均收入300元以下的贫困户共4.78万户，19.6万人过着穿衣靠救济、用钱靠借债的日子。③行路难。全县有公路836.2km，其中454.2km为等外路。1987年水灾冲毁了6个乡的公路，现有马鹿、两哈、湖坪3个乡尚未通路。④过河难。县境内的银花河、金钱河将31个乡的142个村563个组一分为二，沿岸有2.25万户、10.02万人日常要涉水过河。⑤求医难。全县有县、区、乡卫生院78家，共有医务人员2812人，其中有副主治医师5人、主治大夫123人，边远山区因缺医少药，农民有病扛着，重病躺着、急病等着（死）。⑥饮水难。全县还有254个村、550个村民小组、9.84万人、5.68万头大牲畜饮水难。⑦用电难。农村电网覆盖面很小，加上小水电站只通234个村、2万多户，能用上电的农户占总户不足1/4。

⑧获得信息难。全县只有7个区23个乡（镇）开通了自动电话，还有的用手提电话，多数信息靠人传递。⑨上学难。该县共有学校942所，其中高中5所，初中33所，小学903所，教师3572人，其中公办2768人，民办804人，具有大专以上学历的633人，中师1439人，高中以下学历的1500人。全县适龄儿童入学率为95%。⑩财政困难。1993年全县财政收入为1425万元，支出3311.1万元，省里补1000万元，县上安排财力2425万元，赤字866.1万元。财政困难造成干部工资发不下去，干部下乡无差旅费，无财力搞基建，优惠政策难兑现。

2. 劳务输出的减贫效果

山阳县实施劳务输出以后，贫困状况得到有效缓解，劳务输出在减缓贫困方面发挥了十分显著的作用。

从57户农户问卷调查资料上看，57户家庭1997年劳务收入总计为19.47万元，人均约854元，2000年劳务收入总计为34.30万元，人均约1504元。劳务收入在近3年中的增长十分显著，2000年比1997年增长了76%，通过劳务输出基本实现了脱贫。据山阳县有关方面统计，近几年来劳务输出对于脱贫和减缓贫困产生了极为显著的作用，1996年全县有1.71万户、5.74万人的贫困人口，通过劳务输出脱贫的有1.37万户、4.59万人；1997年有6600户、2.84万人的贫困人口，通过劳务输出脱贫的有5200户、2.27万人贫困人口；1998年有6630户、2.28万人贫困人口；1999年有7540户、3.24万人贫困人口，通过劳务输出脱贫的有6032户、2.59万人；2000年有4350户、1.78万人贫困人口，通过劳务输出脱贫的有3480户、1.43万人。以上只是从绝对贫困的角度而言的，从相对贫困的减缓贫困来说，其效果更为明显。通过劳务输出，贫困农户不仅提高了经济收入，改善了家庭生活质量，提高了生活水平，同时还改变了生活方式和思想观念，增强了依靠自身努力改善物质生活条件摆脱贫困的信心。此外，通过打工还提高了贫困农民的社会适应能力和劳动技能，这就进一步提高了脱贫的稳固度并减少了返贫率。

（三）劳务输出的社会经济影响

劳务输出的社会经济影响作用是十分广泛的，归纳起来，对当地社会经济发展的影响主要体现在以下几个方面。

1. 提高了农民的生活水平

劳务输出在减缓贫困方面最显著的影响就是农民的生活质量有了明显的提高。山区土地的贫瘠和耕地的缺乏导致山区贫困农户家庭的口粮问题十分突出，劳务输出最初的动因就是要填饱肚子。劳务输出首先减少了劳动力在家时间，因而也就减少了农户家庭的口粮压力。其次，即使是在口粮不够的情况下，也能够通过劳务输出挣到的钱买粮吃。这就基本上解决了农民的吃饭问题。在解决了吃饭问题以后，农民的劳务输出动机就上升转化为“攒票子”。伴随着农村商品化程度的提高，货币对于保障农民最基本的生活水平越来越重要，农民对于货币的依赖程度也越来越高。由于农民的人均土地少、土地贫瘠，产出率低，同时农用工业品价格高，农民资金缺乏，无力进行农林开发，因此种粮只是基本满足自给的粮食需要，很难获取足够的货币收入，这使农民只能靠劳务输出获取货币收入和提高经济收入水平。手里有了钱以后，农民的衣、食、住、行、文化娱乐和医疗等各方面的生活水平都有了很大提高。据有关部门调查显示，近3年来全县农村有43%的农户盖起了新房，57%的农户买了电视机，全县农民购买三轮摩托车、汽车等各种车辆800多辆，摩托车4575辆，名列全地区之首。通过劳务收入，全县有14 816户、63 723人脱贫。

2. 人的观念的改变

劳务输出使贫困农民的传统思想观念得到很大改变，思想观念变新了，破除封闭的山地意识，确立了在大市场环境下竞争的思想，完成了从靠劳务还借款到靠劳务奔小康、从游手好闲到勤劳致富思想飞跃，建设人才成长起来了。由于环境的影响和从事工种的需要，农民有的学技术、有的学管理、有的学市场，许多原来的放牛娃、打工仔现在已成为具有真知灼见的企业家、管理人才。据不完全统计，在劳务人员中，现已有30多人成为了探矿土专家，有231人分别获得了建筑师、助理建筑师、技术员和技工的资格证书，有的还走上了领导岗位。劳务输出通过到异地打工，使农民扩大了眼界，增长了见识，丰富了知识，使农民对比本地和原有的生产生活方式有了一个参照物。此外，通过外出打工，农民们不仅挣到了钱，也学习了一种新的思考思维方式，这就使他们能够结合本地的现实状况找到一条切实可行的自我发展致富之路。

3. 对家庭和子女生活的影响

劳务输出对家庭子女最显著的影响就是对于子女教育有了经济支持。目前农村教育负担极为突出。山阳县小学一年的平均学杂费约需要500元，初中每年的学杂费约需要1500元，这仅仅靠种几亩地是无法解决的。很多农民都认识到教育的重要性，也很想让子女受到更好的教育，尤其是实行计划生育政策后，农民对子女教育更为重视了，绝大多数失学儿童都是因为念不起书了，而不是不想念书。应该说，劳务输出对于农村普及教育具有很大的贡献。57户农户问卷调查表明：1997年教育费总计27 600元，适龄儿童68人，人均406元；2000年教育费总计92 030元，适龄儿童人均约为1353元。

4. 社会结构和社会关系的改变

劳务输出对当地社会结构的分化产生了极大的影响。在劳务输出人群中，大致可分为三类。第一类是包工头，只占全部劳务输出总数的2%左右，这种农户外出从事劳务比较早，适应社会能力比较强，经过几年的发展掌握了一定的技术，积累了相当的关系资源和资金，拥有了独立承包大小工程的能力和组织相应数量民工的能力。他们每年的收入达几万元，甚至数十万元，成为先富起来的典型。在山阳县这样的贫困地区，很少有依靠企业发展起来的，大多是依靠输出劳务富起来的。第二类是拥有一定技术技能的劳务输出农民，约占劳务输出总数的5%～10%，他们依靠自己掌握的技能挣钱，有相对丰厚的稳定收入，年收入在10 000元左右。第三类是占劳务输出总数90%多的贫困农民，他们主要从事体力劳动，年劳务收入大约在2000～5000元，而且也很不稳定。由于农业收入比重很低，因此劳务收入差别对当地农村的社会结构分化起到了决定性的作用，基本上形成了“要想富，干劳务”的模式。

同时，外出打工的资金回流也使贫困的农户能够买得起化肥，大大提高了农民的粮食产量。我们在葛条乡三河口村调查了解到由于有了外出打工收入，便利农户在农田中的化肥投入由原来的50～100kg提高到300～400kg，对解决贫困地区的温饱问题起到了十分重要的作用。

5. 对当地社会生态环境的影响

外出打工不仅减少了当地的人口数量，减少了开垦和砍伐山林的数量，减轻和缓解了当地生态的压力，而且还使富裕了的农民使用上了新的替代能源，如煤和煤气。例如，小河口镇有3442户农户，14 285人，劳动力4875人，其中妇女劳动力2145人，目前人均纯收入达到1007元。全镇共有4127人外出打工，主要聚集在西安，形成了以收破烂为主，建筑采矿、餐饮服务为辅的格局，常年在外的就有3000多人，以每人每年粮食消耗250kg计算，相当于生产粮食75万kg，以当地平均亩产150kg计算，相当于减少了5000亩的耕地压力，大大减轻了对当地粮食供给和生态环境的压力。镇上约有100多户的农户使用上了煤气，还有40%～50%的农户以煤作为主要的燃料，所有这些都使当地的生态环境得到了很大的改善。

6. 对地方经济发展的影响

劳务输出不仅给群众带来了直接的、可观的经济收入，而且还对山阳县经济发展产生了强大的延后效应。6万之众的劳务人员中，个人平均收入最少不低于2000元。一些劳务大户在经历了飞跃之后，回到家乡投资办厂。劳务输出不仅增加了农民收入，也为山阳县经济发展积累了数量可观的资金。据初步调查统计，全县劳务大户中资产在1万～5万元的有3564户，10万～30万元的有96户，30万～50万元的有73户，100万元以上的有17户。这些劳务大户，不仅通过劳务输出积累了资金，同时也学到了技术，积累了经验，了解了市场。据不完全统计，山阳现有430多名劳务大户相继回乡创办各类企业86家，总投资额达到5460多万元，这些企业充满了活力，为县域经济发展做出了巨大贡献。

六、劳务输出扶贫的经验和挑战

(一) 经验

1. 将劳务输出纳入国家扶贫战略

劳务输出在减缓贫困中起了举足轻重的作用，在过去的十几年中劳务输出曾经只是作为一项单独的扶贫措施对待，而最近两年这种情况发生了根本性的改变。贫困地区劳动力转移培训，成为新阶段扶贫开发工作的一项战略性措施。相应地，中央和地方政府增加了劳动力转移扶贫的投入，支持穷人参与到劳务输出的队伍中来。

2. 跨部门合作形成劳务输出扶贫的合力

劳务输出扶贫需要部门间和地区间的合作，这既包括政府部门间的合作，也包括政府和企业及民间机构的合作；既包括贫困地区与发达地区的合作，也包括贫困地区与贫困地区之间的合作。2004年，中国农业部、财政部、劳动和社会保障部、教育部、科学技术部、建设部共同组织实施“农村劳动力转移培训阳光工程”，旨在通过提供职业技能培训的方式向非农产业和城市转移1000万农村劳动力，特别是贫困地区的农村劳动力。通过跨部门合作，可以整合资源，形成劳动力培训和转移的合力。目前，扶贫办已与全国工商联签订了包括贫困地区劳动力培训和转移在内的全面合作协议，与劳动和社会保障部联合下发了培训促进转移工作的通知，与教育部就加快教育扶贫工作达成了一致意见。

3. 劳务输出是贫困地区增加农民收入的重要渠道

如上所述，根据对全国592个国定贫困县的监测资料，1998～1999年，全国贫困县农民人均纯收入从1317.55元增加到1346.80元，增加了29.25元，其中：劳动者报酬收入增加了59.94元，相当于这一年农民纯收入增长量的204.92%，即：这一年农民人均纯收入的增长主要来自劳务输出收入的贡献，如果没有劳务输出收入的增长，全国贫困县农民纯收入就会下降。

（二）挑战

1．提高贫困地区人口素质和劳动力转移的长期性

贫困地区的自然资源比较匮乏，仅仅通过继续开发已经很瘠薄的土地资源难以解决贫困群众的长远生计，需要通过提高劳动力资源的素质和劳动力转移，将人口压力转化成人力资源，但这是一个长期的过程，需要多方面的政策和措施的配合。

2．监测数据的缺乏

开展劳动力培训和转移工作需要瞄准贫困人口，这就需要对贫困户进行摸底调查，对可培训转移的贫困劳动力建档立卡，对符合接受职业教育条件的贫困劳动力，与教育和劳动保障部门制定培训转移年度计划。由于缺乏完整的贫困劳动力本底和劳动力流动的统计资料，给决策带来困难。

3．贫困劳动力转移培训扶贫后的就业保障

“十五”时期以来，城市就业形势总体上说仍将比较严峻。国有企业进一步改革使原来隐性的失业显示出来，随着市场竞争使部分低效的工业和服务企业面临破产和减产的情况，在这些企业就业的部分人员将面临失业，城市失业人员就业压力有增无减。所以贫困地区的劳动力转移培训，需要在强化培训的基础上，积极主动地与用人单位联系，广辟就业渠道，提高就业率，把转移培训工作落到实处。

第五节　产业化扶贫

产业化扶贫，具有同时实现农民增收、企业增利与政府增税的可能性，这种扶贫举措对于农民收入低、企业成长机会少、政府税源弱的贫困地区具有重要意义。从长远来看，通过农业产业化经营拉长产业链，在增加贫困地区农民收入方面具有很大潜力。我国目前农产品产值与农产品加工业产值比例是1∶0.6，世界一般水平是1∶3，工业化国家是1∶5～6。如果我们把这个比例提高0.1个百分点，全国可增加230万农民就业，农民人均收入可提高193元。

因此，我国新阶段的扶贫开发将产业化扶贫摆上重要位置，通过大力推进贫困地区产业化进程，也就是通过龙头企业带动，使贫困地区实现集约化经营，提高贫困地区农民的组织化程度，为全面建设小康社会创造条件。

一、产业化扶贫的目标

所谓产业化扶贫，就是在贫困地区建立农产品基地，或者是通过订单农业等多种手段带动贫困农民调整结构、增加收入的一种农业产业化形式。政府通过扶持农产品加工企业和农户，建立较大规模的农业产业化基地，为基地内及周边的贫困农户提供技术、信息和销售服务，使基地与农户形成利益共同体，一方面公司和基地可以利用农户的力量在较短时期内形成较大的生产规模；另一方面可以避免和减少农户容易遭遇的技术和市场风险。

《八七扶贫攻坚计划》要求产业化扶贫应依托资源优势，按照市场需求，开发有竞争力的名特稀优产品。实行统一规划，组织千家万户连片发展，专业化生产，逐步形成一定规模的商品生产基地或区域性的支柱产业。坚持兴办贸工农一体化、产供销一条龙的扶贫经济实体，承包开发项目，外联市场，内联农户，为农民提供产前、产中、产后的系列化服务，带动群众脱贫致富。引导尚不具备办企业条件的贫困乡村，自愿互利，带资带劳，到投资环境较好的城镇和工业小区进行异地开发试点，兴办二、三产业。

进入新世纪，《中国农村扶贫开发纲要（2001～2010年）》进一步明确提出，积极推进农业产业化经营要做到以下几点：对具有资源优势和市场需求的农产品生产，要按照产业化发展方向，连片规划建设，形成有特色的区域性主导产业；积极发展“公司＋农户”和订单农业；引导和鼓励具有市场开拓能力的大中型农产品加工企业，到贫困地区建立原料生产基地，为贫困农户提供产前、产中、产后系列化服务，形成贸工农一体化、产供销一条龙的产业化经营；加强贫困地区农产品批发市场建设，进一步搞活流通，逐步形成规模化、专业化的生产格局。

二、产业化扶贫的资金来源

2005年，国务院扶贫办根据《关于申报国家扶贫龙头企业的通知》（2003）中确定的评定标准，认定了260家国家扶贫龙头企业作为扶贫贴息贷款的重点扶持对象，并要求各省、自治区市积极为国家级扶贫龙头企业创造良好的外部环境，扶贫部门要把扶持国家扶贫龙头企业的发展作为主要任务之一，中国农业银行要把支持扶贫龙头企业的发展作为信贷扶贫的主要工作。国务院扶贫办准备在2005年、2006年分别确定200家和300家扶贫龙头企业，并运用国家每年计划投入的185亿元人民币扶贫信贷资金重点扶持这些企业，以此间接扶持贫困农户。

产业化扶贫资金主要来源于财政贴息贷款。从具体运作看，2003年用于产业化扶贫的贴息贷款达50亿元，占全部扶贫贴息贷款的57.2%。实行产业化扶贫的地方政府在发放贴息贷款的同时，也通过财政资金扶持政策提供扶贫资金。

中国农业银行江西省分行，截至2005年底，共发放扶贫贴息贷款23.1亿元，其中15亿元用于产业化扶贫；省财政从2002年起每年安排300万元专项资金，以奖代补，用于鼓励和扶持省级扶贫龙头企业、民间流通合作经济组织等在农业产业化经营中进行技术创新和品牌培植。

湖北省已经将约70%的信贷扶贫资金用于产业化扶贫项目，累计投入扶贫贷款80多亿元。

中国农业银行云南省分行2002年为590个扶贫项目发放贷款，资金总额15.26亿元；其中种养加项目347个，占项目总数的58.81%，发放贷款6.08亿元，占贷款总额的39.81%。2001年推荐立项资金超过450万元的产业化扶贫项目29个，推荐资金为23 322万元；2002年推荐大型产业化扶贫项目29个，推荐资金达到24 280万元。

内蒙古呼和浩特市将近10亿元的信贷扶贫资金投放在扶贫龙头企业的技术改造上，以促进这些企业的规模化经营。

安徽省霍山县不仅积极帮助扶贫龙头企业争取上级扶持，还将扶贫信贷、皖西南、中荷扶贫、农业综合开发等项目资金切块捆绑，每年投入约3000万元用于扶持重点龙头企业。

广东省在1999～2003年，重点扶持16个贫困县各兴办3家扶贫龙头企业。48家扶贫龙头企业已投入资金3.6亿元。其中自筹资金1.9亿多元，帮扶资金1.3亿元，贷款3000万元。

三、产业化扶贫的具体做法

扶贫的实质就是要为贫困者提供机会，增强他们的发展能力。为此我国新阶段的扶贫开发将产业化扶贫摆上重要位置，通过大力推进贫困地区产业化进程，也就是通过龙头企业带动，使贫困地区实现集约化经营，提高贫困地区农民的组织化程度，为全面建设小康社会创造条件。

产业化扶贫有以下几种主要形式：依托资源优势，按照市场需求，开发有竞争力的名特稀优产品；实行统一规划，组织千家万户连片发展，专业化生产，逐步形成一定规模的商品生产基地或区域性的支柱产业；坚持兴办贸工农一体化、产加销（生产、加工、销售）一条龙的扶贫经济实体，承包开发项目，外联市场，内联农户，为农民提供产前、产中、产后的系列化服务，带动群众脱贫致富；引导尚不具备创办企业条件的贫困乡村，自愿互利带资带劳，到投资环境较好的城镇和工业小区进行异地开发试点，兴办二、三产业；在优先解决群众温饱问题的同时，帮助贫困县兴办骨干企业，改变县级财政的困难状况，增强自我发展能力。

产业化经营可以通过多种模式来实现，包括“政府+公司+农户”、“公司+基地+农户”、“公司+农户”、“合作经济组织+公司+农户”等。由公司或基地，为其周边的贫困农户提供技术、信息和销售服务，使公司和基地与农户形成利益共同体。一方面，公司和基地可能利用农户的力量在较短的时期内形成较大的生产规模，产生规模效益；另一方面，也可以避免和减少单个农户容易遭遇的技术和市场的风险。从国内外农业产业化的模式来看，和千万家农户连接是其最重要的特征，对内提供社会化服务，对外开展市场竞争是其基本功能。因此，自我保护、自我发展的格局是对农业产业化组织模式的根本要求。

实施产业化扶贫，应根据当地的资源、区位和技术优势，确定市场竞争力强、占有率高、覆盖面大的产业为主导产业，把基地建设作为支撑主导产业发展的基础，并为参与的农户统一提供信息、资金和技术服务。

（一）通过产业化扶贫措施为扶贫龙头企业创造良好经营环境

在政府扶贫政策和各类扶贫资金的有力支持下，贫困地区培育出了一批适应市场经济要求、运作规范、有一定规模和经济实力的扶贫龙头企业。同时，各级政府又通过制定一系列旨在促进龙头企业发展的政策或政策性举措，为扶贫龙头企业创造了良好的经营环境。

湖北省恩施土家族苗族自治州民营企业华龙公司不仅获得了政府的资金支持，省、州、县扶贫开发办和中国农业银行省、州、县级机构的领导还为华龙公司出谋划策、开发市场，亲自到茶叶基地现场指导并参加劳动。由于扶贫有成绩，公司领导人还受到胡锦涛主席的接见，这对私营业主无疑是巨大的鼓励和鞭策。华龙公司很快把茶叶生产延伸到精加工领域，并不断重组资产，实行资本营运，扩张产业链条。公司在全州茶叶主产区分别投资4000多万元，建成了恩施土家族苗族自治州芭蕉茶厂、鹤峰中坪名优茶厂等7个万担茶叶初制加工厂，在鹤峰县和恩施市投资5000多万元，建成了2个10万担精制加工厂和包装生产线，投资500万元建立了一个300t茶叶保鲜库。

江西省扶贫办和中国农业银行江西分行为昌顺集团提供了良好的服务。①指导公司建立和规范财务管理。②指导和帮助企业研究、撰写立项的可行性报告和争取立项。③能够优惠办理各类证照。④指导办好农业生产基地。⑤指导企业质量管理体系的建设。

贫困地区良好的投资环境也会吸引发达地区企业到贫困地区创业。如农夫山泉股份有限公司在中国中西部地区的投资。继浙江千岛湖农夫山泉之后，该公司相继在国家扶贫开发重点县——吉林靖宇县、湖北丹江口市和新疆吉木萨尔等地区投资建厂。除了当地具有资源优势外，当地政府的支持也是重要因素。广东省清新县以国内经营成功的农业企业为主要引资对象，如河南双汇集团、广东天农食品有限公司、广东温氏集团，不仅解决了自身资金不足的问题，还提高了农业龙头企业的管理水平，有力地促进了农业产业化的经营发展。太子奶集团在大别山革命老区、井冈山革命老区、四川革命老区等贫困地区兴建大型发酵型乳酸菌奶生产基地也是例证。

在良好的经营环境下，扶贫龙头企业不断发展壮大，带动了贫困地区的农业发展，加快了贫困地区脱贫步伐。

（二）为贫困农户提供技术服务

提供技术培训、无偿提供种苗以及结对帮扶的做法，也是产业化扶贫的一项重要内容，对帮助贫困农户脱贫致富起到积极的作用。

江西省广昌县从1994年至今，以老区建设扶贫科技培训中心为基地，举办各类实用技术培训班800多期，共培训县、乡、村干部和农民10多万人次，全县70%以上的贫困户掌握了1~2门实用技术。该县在扶贫开发重点村都建立了科技培训中心，经常安排科技人员授课。县直64个部门分别在64个贫困村挂点扶贫，每年考核一次，全县570多名副科级以上的干部开展“1+1”结对帮扶活动，在挂点村结对帮扶贫困户570户。挂村帮户的单位和干部，按照县委、县政府制定的扶贫支柱产业建设规划，帮助贫困户选准开发项目，落实帮扶资金，确保产业化扶贫目标的实现。江西盱江镇新安村陈家组农民游全忠就是一个典型的例子。县扶贫办通过无偿供应他7亩优质高产的太空莲种、请县白莲科学研究所的白莲专家上门手把手地教莲田管理、联系莲子销路等方式使他脱贫致富，由一无所有到年收入几万元。

湖北省结合产业化扶贫基地建设，建立起以技术部门为核心、以乡镇技术服务推广组织、企业技术中心为骨干的技术服务推广体系和技术培训体系，采取科技专家下乡、培训和推广运用电脑农业、科普专题等活动形式，每年培训农户10万人次以上，使大多数农户掌握了1~2门实用技术。同时，围绕主导产业，建立连片的高效农业示范区，大力推广覆膜技术、生物技术、工程技术等，不断提高产品的科技含量。

呼和浩特市积极实施农牧业种子工程，引进名、优、特、新品种，种植业良种覆盖率达95%。现已建成奶牛冷配站（点）1750个，基本覆盖了全市所有的奶牛乡村。为148个贫困村建起了小畜配种站，全市牲畜改良率达到76.8%。奶牛胚胎移植技术也在呼和浩特市开始推广，效果明显。

（三）为农户提供市场信息，正确引导贫困农户脱贫致富

贫困农户掌握了先进的生产种植技术，并不能保证良好的经济效益。在改进生产技术的

同时，政府积极开拓产品市场、组建市场网络、不断扩大市场份额的举措，为广大贫困农户脱贫致富发挥了举足轻重的作用。

湖北省近年来累计发放扶贫贷款 8 亿多元，建立各种批发、综合、专业市场近 1000 个，产供销联合体、经贸公司 800 多个，个体经商户 3 万多户，在全省贫困地区形成了多方式、多渠道、少环节、吞吐量大和辐射面广的流通网络，在引导农民闯市场、促进农民增收方面发挥了积极作用。

呼和浩特市建起了一批以大型批发市场为龙头，以各类专业市场为补充，以城乡集贸市场和经营点为基础，以农村经济组织和经纪人为骨干的与国内外市场相连接的市场网络。东瓦窑农副产品批发市场是国家农业部确定的定点批发市场之一，经营品种百余种，辐射全国 20 多个省、直辖市、自治区，并与全国 56 个大市场联网，有些品种还远销蒙古、俄罗斯等国家和地区，年交易量达 2. 1 亿 kg，交易额 3. 6 亿元。

四、产业化扶贫的成效

（一）增加了农民收入

龙头企业在千家万户的农民和市场之间架起了桥梁，通过与农业形成相对稳定的购销关系直接带动了农业发展。同时，龙头企业通过拉动农业发展以及解决农民就业，直接和间接地提高了农民的收入。

江西昌顺集团直接和间接带动 1. 5 万贫困农户脱贫致富，户均增收 560 元。昌顺公司建有 20 个产业化扶贫基地，联系农户 12 万户，农户实施农业产业化经营增加收入 3100 万元，其中，在广昌县有 4 个生产基地，覆盖全县 11 个乡镇 71 个行政村（含扶贫开发重点村 19 个），参与基地开发的农户 2. 1 万户，人口 8. 2 万，其中贫困农户 0. 68 万户，人口 2. 6 万，参与农户年人均纯收入的 60% 来自基地。2000 年，农民人均纯收入只有 772 元，自昌顺产业化扶贫以来，2004 年末，农民人均纯收入已经提高到 1337 元。昌顺公司的农产品基地以及农产品营销、可使全县农户和贫困户人均年增纯收入 40 ~ 70 元。

内蒙古科尔沁牛业公司通过推广西门塔尔牛改良品种，总体效益比传统养牛高 1. 7 倍，使 10 000 ~ 14 000 农民养牛户增加 2 亿元的效益。

江西煌上煌集团食品有限公司，自 2003 年开始实施“公司 + 基地 + 农户”的农业产业化经营模式以来，在国定贫困县余干、波阳等 7 县建立养殖基地，与农户签订了 1200 万羽的肉鸭养殖收购协议。增加收益近 1000 万元，带动近 2 万贫困农户，人均增收 350 元。

湖北华龙公司每年直接收购茶农茶叶 1. 5 万 t，每年支付茶农现金 5000 多万元。近几年累计收购茶叶 10 万余吨，为茶农增加现金收入 3 亿多元，10 万茶农由此摆脱了贫困。华龙公司 1998 年在鹤峰县中坪村投资 200 多万元建立的 300 亩无性系有机茶园基地，2000 年开始受益，基地平均亩收入在 6000 元以上，2004 年，基地和茶厂向村民支付工资 110 万元，全村农民人均增加现金收入 1000 元。该公司还与恩施州境内的 10 个乡镇、10 万茶农、20 多万亩茶园、200 多个茶叶加工厂形成了紧密的产业链，每年支付收购资金 5000 万元，人均 500 元。

安徽霍山县源牌集团通过推广方格簇技术使每千克干茧的市场价格提高了 4 元，仅此一项就使全县蚕农增收 800 多万元，龙华集团通过深加工，使每根毛竹增值 10 倍，提高每根毛竹收购价2元。

广东省清远县根本科技扶贫有限公司采取“公司+基地+农户”的方式在粤北山区进行开发式扶贫，至2004年底，公司发展拥有自有食用菌生产基地3个，梅花鹿养殖基地4个，养殖梅花鹿630头，蔬菜瓜果种植基地8个660亩，直接带动132户农户种植食用菌，1260户种植蔬菜瓜果，辐射带动清远农户6000多户。并采用如贴息贷款等方式帮助贫困农户解决起步资金难的问题。2004年，回收蔬菜120万t，销售香菇100万t，使80%的农户户均增收1200元。

呼和浩特市通过扶贫龙头企业收购农畜产品直接支付给农民的现金达20.5亿元，按全市农村人口计算，人均达1773元，占农村人均纯收入的55.9%。农畜产品加工企业出口创汇达4亿元，干（鲜）蔬菜、药材、淀粉、饲料添加剂、羊绒制品、生物药品等产品远销多个国家。

（二）促进农业产业结构调整

在贫困地区，农户家庭收入的50%以上来自土地。相对来讲，贫困农民掌握的技能比较有限，掌握的市场信息更为有限，地方政府提供的技术培训和市场信息支持也很有限，所以很难对市场需求结构的变化做出准确的判断。由于缺乏主动调整生产结构的能力，只能是去年种什么今年种什么，邻居养什么自己养什么。就此而言，由扶贫龙头企业来引领贫困地区的产业结构调整，促进种养业的结构调整和农产品的加工增值，有利于提高贫困农民的收入，也有利于降低贫困农户的风险。

1. 促进农村产业结构优化

广东省韶关市通过龙头企业的产业化经营，减少了传统的粮食作物种植面积，增加了质优、附加值高的蔬菜、瓜果等经济作物种植面积，促进了农村产业结构调整。2002年全市蔬菜种植面积143万亩，产量达182万t，分别比1995年增长87%和1.3倍。全市蔬菜产值达18.1亿元，占农业产值的24%，在农民人均纯收入中，来自蔬菜的纯收入占1/5。省扶贫龙头企业新丰县蔬菜发展公司，通过为农户提供种子、肥料、技术指导和建立3家收购蔬菜的交易市场等服务，带动全县6个贫困乡镇5000多个农户种植蔬菜1万亩，户均增收740元。

2. 促进农村地区主导产业、优质品牌的形成

产业化的组织方式不仅追求生产的规模，而且追求产品的同质性，生产的过于分散不仅难以满足产品同质性的要求，而且会提高产品收购的成本，所以建立生产基地是主导产业确立后的必然选择。

如呼和浩特市农畜产品基地建设不断加强，农畜产品加工龙头企业的辐射、带动能力日益明显。围绕加工企业的需求，呼和浩特市形成了一大批种、养专业乡镇、村，已建成万头以上奶牛基地旗（县、区）5个，千头以上奶牛基地乡30多个，建成奶牛标准化示范小区46个，入区养牛农户达3000余户，建起机械化挤奶站844个。共有21万农户进入产业链，占全市农户的60%，共有18万劳动力转移到农村第二、三产业中。

湖北省贫困地区特色产业基地总面积1600多万亩，覆盖了80%左右的贫困乡村和贫困农户。农户从特色产业基地中获得的收入占农民收入的50%以上。大别山区的罗田县发展板栗面积达72万亩，人均超过1亩，其中已挂果面积40多万亩，年产板栗2500万kg，农

民从板栗产业中获得的年人均纯收入达676元。秦巴山区郧西县，是湖北的贫困县之首，近几年通过产业化扶贫，种植黄姜面积15万亩，形成了百千米黄姜带，姜农达16万户，覆盖了全县80%的农户，年收入6000多万元，成为郧西县脱贫致富的第一产业。2003年，恩施市蔬菜种植面积12.36万亩，其中建立无公害蔬菜生产基地5.2万亩，发展保护地面积6800亩。恩施市已建成特色农产品基地67.5万亩（烟叶10万亩、茶叶10.1万亩、魔芋8万亩、中草药27.4万亩、蔬菜12万亩），占耕地总面积的84%；发展草食牲畜150万头（只）。基地覆盖全市17万多农户，带动1.2万贫困户。恩施宏业魔芋开发有限公司，以“公司+基地+农户”和“公司+初加工厂+农户”的模式，带动恩施市魔芋产业由1997年前的不足1万亩，发展到现在的8万亩，产业链产值超过5亿元，芋农每年从中收入1.6亿元以上。

广东省清新县绿缘公司利用桃园镇位于高寒山区无污染的比较优势，把发展反季节蔬菜生产作为主导产业，种植反季节蔬菜5500多亩，产品全部销至香港，2003年实现产值3380万元，上缴税金148.5万元，利润121万元，带动贫困农户4500多户，户均年增收2211元。

（三）帮助贫困农户脱贫

产业化扶贫是否具有持续性的关键是企业和农户成为利益共享、风险共担的共同体。从这个意义上讲，无论“公司+基地+农户”模式、股份制模式，还是订单农业模式、合作社模式，都旨在使龙头企业与农户形成相对稳定的购销关系，进而成为利益共同体。

订单农业是指龙头企业与基地、农户之间通过签订合同的方式，确认定购数量、订购价格和提供的相关服务，以及保护价格、利润返还等规定。例如内蒙古的伊利和蒙牛公司，与农户在自愿的基础上签订协议，公司发放购牛款帮助农户购买奶牛，并提供防疫服务；养牛户向扶贫龙头企业交的鲜奶先抵扣购牛款，其余收入归自己。

贫困地区农民通过兴办各种类型的农村合作经济组织，也是把小生产与大市场有效联结起来的一种利益连接机制。江西省在贫困地区积极培育“民办、民管、民受益”的中介合作经济组织，以此为纽带把贫困农户开发产业与进入市场联结起来，提高组织化程度。2001年以来，全省“十五”期间1200个重点村共兴办各种类型的中介合作组织1859个。其中：专业协会781个，经济合作组织647个，市场流通组织326个，其他类型组织105个。这些合作经济组织联结贫困农户达到26.34万户，占到重点村总户数的40%以上。

五、产业化扶贫的案例：将玫瑰资源变成创汇产业
——成都山地所与四川农业科学研究院和企业在攀西合作项目

成都山地所、四川省农业科学研究院等多家科研院所联合主持的国家“十五”攻关项目——“攀西地区特色生物资源综合开发与示范”，于2001年12月正式启动。该项目立足西部大开发的宏观背景，以攀西特色生物资源玫瑰为基础，把产业化经营的关键技术研究作为切入点，通过加强特色生物资源开发技术试验示范，推广应用和产业开发研究，仅3年时间就形成了具有巨大规模的玫瑰生物产业。

2004年4月22日，在四川省西昌市西乡举行的“花卉产业化基地出口玫瑰油发布会”，前来参会的荷兰莫尔海姆玫瑰贸易公司、法国ROBERTER公司、日本麒麟啤酒株式会社等

数家国际合作伙伴，均看好攀西地区玫瑰产业的前景，与西昌明日风园艺有限公司签订了10年供销合同，一个年产值达6亿元人民币的大型生物资源开发企业落户西昌。

（一）从技术到产品

攀西地区具有得天独厚的气候条件和生物资源。如何保护、开发和利用好该地区的生物资源，是带动当地经济发展尤其是少数民族地区脱贫的重要举措。

生物资源的开发是一项集科研、技术、产业以及市场为一身的系统性工程。项目组成员对实地进行了详细调查研究，通过翔实的资料分析，认为该地区花卉、优质果品、中药材、食用菌等多方面均有开发前景，而玫瑰产业在该区域有明显优势。玫瑰油素有“液体黄金”之称，是生产名贵香水和化妆品的原料，在国际市场上的售价高达每千克近1万美元。长期以来，这一市场被国外占领，产品一直供不应求。西昌明日风园艺有限责任公司在外国专家局、当地政府以及成都山地所等单位的多方协助下，率先从荷兰引进优质大马士革玫瑰进行种植和玫瑰油提取加工为一体的产业化运作。通过试种发现，与国外其他玫瑰产区（如荷兰、土耳其）相比，攀西地区种植的玫瑰具有花朵大、颜色艳、产量高、含油量高和香味浓等优势。2003年，油样通过国际相关机构检测，被命名为“中国油”。

（二）从产品到产业

有了在国际上享有声誉的品牌，如何将其做成一个集科技、生产、销售与规模为一体的产业，是进一步需要解决的核心问题。在传统的农业科研项目管理模式中，“立项→科研→试验→鉴定→申报成果”，这一“单链”管理模式，与推广部门没有直接联系，使一大部分科研项目变成了以获奖为研究目的，不能适应农村经济发展的需要，真正先进实用的科技成果不多，造成大量农业科研成果被弃置一旁。

成都山地所专家在攀西地区特色生物资源综合考察、研究的基础上，进行项目遴选，对开发时机进行准确分析，并列出优化开发的科学时序。在攀西典型地区建立攀西特色生物资源开发试验样板园区的同时，积极联合中国科学院有关研究所、四川大学、四川农业科学研究院等多方科技力量，以西昌明日风园艺有限公司为推广示范和项目经营主要载体，进行攀西主要特色生物资源玫瑰开发中的关键技术和基地建设研究，并在典型地区选择了3～5个技术推广点，举办各种形式的技术培训班，并将进一步建立科技示范区和科技示范村，使玫瑰特色生物资源开发技术向周围辐射。如何让农户看到产业与自身利益的关系，积极支持、配合该项目，使项目在一定范围内推广，并产生一定的规模效益，是为实现从产品到产业化的关键。为此在项目实施期间，项目组坚持在乡村开展一系列宣传、发动和技术培训等工作，深受群众欢迎。其中，针对特色生物玫瑰的栽培、养殖等方面举办了十多期技术推广培训班，使上千人基本掌握了玫瑰栽培技术。

通过产业技术试验示范，构建了以乡镇为重点的区域布局；形成了种苗、鲜花和玫瑰油三大类生产基地；龙头企业——西昌明日风园艺有限公司实施统一提供种苗、栽培的全程服务和技术示范，充分发挥其在产业化发展中的带头和示范作用，从而真正实现了从技术到产品再从产品到产业的跨越。

玫瑰种植基地建设和玫瑰油加工产业化工作进展顺利。从国外引进的尖端分馏设备已安装调试完毕，正式投入生产。按照市场价格，该项目的经济总量和效益都非常可观。玫瑰种植产值达 1.2 亿元人民币、农户户均增收 1500～3000 元，大大提高了当地的农民收入。

该项目首期玫瑰种植示范区遍布凉山州的西乡、西溪、佑君、月华、樟木箐、太和、阿七等乡镇，涉及农户 2 万～4 万户，形成 3 万亩的大规模玫瑰种植基地，预计年产油 5t。到 2010 年将以 6 万亩基地、产油 10t 的生产规模抢占 70%～80% 的国际市场份额。

六、产业化扶贫的经验

根据农业产业化在中国走过的轨迹，证明以工业理念、企业方式搞农业产业化，用龙头企业带动是完全正确的。具体可以总结为以下四个方面的经验。

（一）充分发挥龙头企业的带动作用

龙头企业作为连接农户、基地与市场的中间体，特别要与农户签订好农副产品产销合同，调动农民的生产积极性。

安徽省蚌埠市以培育农业产业化龙头企业为切入口，推动农业产业化快速发展，加大脱贫力度，目前全市已有 28 个市级重点、6 个省级、2 个国际级龙头企业。形成年加工玉米 310 万 t，年生产精炼食用油 18 万 t，且建成能储藏 1300t 蔬菜保鲜库和良种奶牛繁育基地，在农户得到发展的同时，也有效地壮大了龙头企业的实力。2004 年，全市 27 551 个产业化组织带动 155.7 万农户。每户农民来自农业产业化的经营收入达 1950 元，占农民纯收入的 70%。事实证明，只要这个地区产业化搞得好，这个地区的农民收入就高，农业产业化发展得快，农民收入提高得就快。

（二）积极发展特色农业

所谓特色农业，就是培育有规模、上档次、具备特色的优势农产品基地。四川省内江市，人均耕地 0.62 亩，不到全国平均水平的一半，比全省平均水平低 0.26 亩，就在这小小的土地上，内江农业做出了大文章，农业产业化速度跃居全省前列，农民人均纯收入超过了全省平均水平。在内江市基本形成了一村一品、一镇一业、一县一色的区域特色经济，如威远县向义镇的大头菜、新店的七星椒、东兴区百合镇的海椒、隆昌县的水禽养殖等。据统计，全市有近半的土地纳入了农业产业化基地建设，每个基地都有一个龙头企业带动。基地建设支撑龙头企业，龙头企业扩展形成规模产业。这种互动使内江市农业走上了良性循环的轨道。内蒙古的奶业、肉牛业，宁夏养羊业，云南、贵州的药材等都体现了特色农业的优势，有利于产业链的延伸。

（三）积极发挥行业协会的作用

农民如果同发展合作经济组织或行业协会联合起来与龙头企业联盟，不但能够提高自身的主体地位，也更有利于进入现代市场。分散的无组织农户是不能直接进入市场的，往往也无法在和龙头企业合作中获得相对称的主体地位。在农业产业化经营系统中，龙头企业和加盟农户是以共同利益为基础的特殊联合合作关系，他们之间既有市场交换关系，更有“非市场安排”运作关系。龙头企业作为产业化经营者，是营运中心、信息中心、服务中心、技术创新主体和市场开拓者。在经营决策中处于主导地位，起着关键的作用，而加盟农户作为初级产品（原料）生产者而发挥基础作用，在经营决策中处于次级或被动地位，显然，需要合作经济组织或行业协会的介入才能更有利于扯平他们之间的平等关系，也就是说，只有联合起来进入市场，联合起来与龙头企业联盟，才能获得应得的经营利益。发展和引入农民合作经济组织，对龙头企业是有利的。龙头企业和这些合作经济组织签订合同，变一方与多方（分散农户）为一方对几方（合作经济组织），可较大程度地降低交易成本。农民合作经济组织介入后，还能对加盟农户的行为进行直接有效的监督，保证合同的正常履行。

（四）积极发挥金融部门的作用

农业产业化的发展离不开金融部门的支持，湖南省湘西自治州1998年前猕猴桃种植面积虽然只有0.9万亩，但依然出现卖果难、农户毁树现象。中国农业银行湘西分行近年来积极尝试以扶持地方主导产业为中心的产业化扶贫，先后发放4800多万元贷款支持湖南“老爹农业科技开发公司”的猕猴桃深加工项目，形成生产、加工、销售猕猴桃产品的产业链。2003年，该公司投资2000余万元收购猕猴桃鲜果25 000t，并与农民签订了5年的定购合同，带动了5万多农户脱贫致富。近3年来，中国农业银行共发放农业产业化贷款181亿元，直接扶贫农户近300万户，辐射带动农户900万户。湖北省把产业化作为新阶段扶贫工作的一项重大战略举措来抓，依托资源办基地，创新机制扶企业，全省基本形成了“培植龙头企业，建设产业基地”的产业化扶贫的模式。全省累计投放扶贫贷款80多亿元，先后扶持了近千家龙头企业，其中100家企业成为省级产业化扶贫龙头企业。在内蒙古、四川等地区都有农业产业化扶贫的业绩。通过龙头企业的带动，大力发展加工业，延长和增加产业链，创造更多就业机会及增收门路。

农业的国际竞争力不仅取决于初级农产品的质量，更取决于整个产业所延伸和增加的链条、加工体系的发达程度，发达国家农业原料产品和向社会提供的产品价值量比为1∶10，而我们国家在这方面的发展还属初级阶段，远不能和发达国家相比。没有原料产品价值外的多层次深度加工增值，即使有加工也只是一般加工或初加工，其效益就难以从根本上得到提高。如果没有相应的资金配合，搞农产品深度加工也将成为一句空话。

第六节 整村推进扶贫

扶贫开发主要着眼于贫困人口的生存和发展，在各个扶贫阶段都强调把解决贫困人口温饱和增加贫困人口收入作为扶贫开发的核心内容和目标。为了更好地瞄准贫困人口，国家在不同时期，针对不同的人口分布特点，采取了不同的具体扶贫办法。

进入新世纪，我国农村贫困人口的分布状况发生了很大变化，集中连片、大面积的区域性扶贫困现象明显减少。“八七扶贫攻坚计划”时期确定的592个贫困县覆盖的贫困人口只有55%，而重点村集中了80%左右的贫困人口。上述情况，反映出目前贫困人口主要集中在一部分贫困乡、村，更多地表现为大分散、小集中的特点。人口分布的新格局，要求对扶贫方式进行更有针对性的相应调整。按照国家统计局的贫困标准，中国的农村贫困发生率到2002年已经下降到3%，即使在贫困县，这一比例也低于9%。这证明针对贫困县的扶贫方式已经不再有效了，新世纪对扶贫工作重点县进行了调整，进一步将工作重点放到西部地区；贫困村成为基本的瞄准单位，扶贫投资将覆盖到非重点县的贫困村（汪三贵，李文等，2004）。只有抓住贫困人口集中的贫困村，才能瞄准扶贫目标，解决了这些贫困村贫困人口问题，就可以基本完成新世纪《中国农村扶贫开发纲要（2001～2010年）》确定的目标和任务。

因此，新阶段扶贫开发要以贫困人口集中的贫困村为重点，以村为单位制定和实施扶贫开发规划，这种政策推进办法有利于瞄准贫困人口，更好地实现扶贫目标。

一、整村推进扶贫的目标

《中国农村扶贫开发纲要（2001～2010年）》明确指出，各相关省、自治区、直辖市人民政府要把扶贫开发工作纳入本地区国民经济和社会发展计划，统一部署，统筹安排，把具体措施落实到贫困乡村，强调新阶段的扶贫开发要到村到户，以县为基本单元，以村为基础。

2005年8月，国务院扶贫开发领导小组办公室、科学技术部、农业部、卫生部、国家林业局等单位联合发出《关于共同做好整村推进扶贫开发构建和谐文明新村工作的意见》。《意见》指出，“整村推进”是构建社会主义和谐社会的有效途径。在2010年之前，整村推进扶贫开发工作的总体目标是：全面完成全国14.8万多个贫困村扶贫规划的实施，稳定解决贫困人口温饱，促进贫困村经济社会全面和谐发展，夯实贫困村协调文明发展的基础，建立和完善贫困村可持续发展的长效机制，增强贫困村自我发展的能力，如期实现《中国农村扶贫开发纲要（2001～2010年）》确定的目标任务，为全面建设小康社会及构建社会主义和谐社会创造条件。

整村推进是新时期我国农村开发式扶贫的三大重点内容之一。目的是利用较大规模的资金和其他资源，在较短的时间内使被扶持的村在基础和社会服务设施、生产和生活条件以及产业发展等方面有较大的改善，并使各类项目间能相互配合以发挥更大的综合效益。最终使贫困人口在整体上摆脱贫困的同时，提高贫困社区和贫困人口的综合生产能力和抵御风险的能力。具体表现为：①要保证人畜饮水基本符合饮水标准的水。②人均要有一定数量的旱涝保收的基本农田。③村能通简易公路，解决行路难问题。④要初步形成一个增收的主导产业。⑤贫困农民都能够稳定解决温饱。⑥村有卫生室，适龄儿童都能就学。⑦有一个好的基层党组织和好的支部书记（刘坚，2005）。

二、整村推进的资金来源

2001～2004年，中央累计支出的财政和信贷扶贫资金1230亿元，其中中央补助地方财政扶贫资金411亿元，国债以工代赈资金80亿元，扶贫专项贷款740亿元。

事实上，整村推进的扶贫工作主要依靠由财政部门管理的财政扶贫资金，此外还有一小部分由对口扶贫单位动员的其他渠道的非扶贫资金。2001～2004年为280亿元，占中央三项扶贫资金总额的23%。即使这部分资金全部用于中西部的贫困村，每个村也只能得到22万元。然而，根据村级扶贫规划根据对河北、吉林、黑龙江、江西、安徽、河南、湖北、湖南、广西、海南、四川、云南、陕西、青海、宁夏和新疆16个省（自治区）7万个贫困村的统计，平均每个贫困村规划的扶贫资金总量为228万元。可见，贫困村获得的扶贫投资与实际需求量之间存在很大缺口。

社会帮扶项目弥补了部分贫困村的资金不足。针对贫困村的帮扶，一般是为村里争取项目及资金。根据汪三贵（2005）的调查，陕西省陇县从2001年开始，县政府和县直属机关要对口帮扶至少一个贫困村，并且明确规定了23名县级领导包抓20个国家扶贫重点村。凡是有领导或单位包村帮扶的，扶贫的资金来源渠道就多，金额就大。例如，陕西省卜家村因是市委副书记帮扶的村，因此资金来源渠道更多一些，金额也相对更大，共投入128万元，比其他调查村的资金要多一倍多。针对贫困村的社会帮扶为贫困村带来了比别的村更多的项目和资金，为贫困村的经济发展和大多数农户的致富做出了很大贡献。

三、整村推进的具体做法

整村推进以贫困人口集中的贫困村为重点，以村为单位制定和实施扶贫开发规划，这是新阶段扶贫开发工作的一个创新。

（一）制定村级规划

制定村级扶贫规划是整村推进的基础。规划的建设内容要围绕群众迫切需要解决的实际问题，充分听取群众尤其是贫困农户的意见。

制定村级规划的步骤基本为：①村民小组提出项目建议，在村民代表大会（村民代表、党员代表、村组干部）汇总统一。②请专家如县扶贫办干部、省驻村干部等对这些项目进行论证、评估，制定资金计划。③报县有关部门综合审定。④村里一方面将审定的项目及资金计划起草规划表，交给乡里汇总，再上报给县里形成扶贫开发项目库。

根据收集到的中西部21个省（直辖市、自治区）的相关统计数据，不同省份村级扶贫规划的制定存在不平衡，但总体进展状况良好。在10.6万个贫困村中，83%的贫困村已经完成村级扶贫规划。河北、黑龙江、江西、湖北、广西、重庆、贵州、四川、云南和青海等10个省、自治区已经完成了所有贫困村的村级规划。但山西只完成9%的贫困村的村级规划，甘肃完成了34%，吉林41%（表5-11）。

表5-11　村级扶贫规划进展情况统计表（截至2005年）

地　区	河北	山西	内蒙古	吉林	黑龙江	安徽	江西	河南	湖北	湖南	广西
制定村级规划村的比例/%	100	9	94	41	100	83	100	61	100	70	100
地　区	海南	重庆	四川	贵州	云南	陕西	甘肃	青海	宁夏	新疆	平均
制定村级规划村的比例/%	92	100	100	100	100	99	34	100	59	60	83

资料来源：国务院扶贫办未发表资料

（二）实施整村推进项目

整村推进所实施的项目都是以村级扶贫规划为基础的，绝大多数项目是村干部和村民利用参与式的方法提出的。从汪三贵（2005）等对贫困村的调查情况看，整村推进涵盖了道路、饮水、沼气、产业开发等主要项目。

1. 道路项目

近年来贫困村的道路建设主要是新建或扩建通村路和连接村内各自然村间的村级道路，修建的标准以4～6米宽的砂石路（在山区被称为山区4级砂石路）为主，村内路的标准则更低一些。山区道路的建设成本一般都比较高，新建需要10～20万元/km，扩建则低一些。

村内路因标准较低，新建需要4万～10万元/km。标准稍高一点的道路项目的实施一般由县、乡政府相关部门组织，外包给专业工程队机械施工。有时需要村民们投工投劳（义务或有报酬）做一些辅助性工作，如搬运砂石料等。另外，有的村内路遇到征用土地问题，由相关村民小组的农户共同负担征地费用。

2. 饮水项目

饮水工程项目由于各地的地理条件和水源的不同而有差别，陕西省的饮水项目多为修建深水井，广西则主要是修建水柜（在山坡上可截流处用石头围成一个简易蓄水池，拦截和储存雨水形成的地面径流）。深水井项目一般是在村里的某一集中居住区域或村民小组修一个，然后通过主管道和进户管道，将水引入农户家的厨房。由于深水井一般在200～300米，需要专业工程队施工，通常由县、乡政府部门组织外包给专业工程队。一口深水井的工程费用一般需要二十几万元，一般不需要农户负担。但是进户管道、水表和水龙头则需要农户自负。根据每家距主管道距离的远近，农户负担的金额不同。

3. 沼气池项目

沼气池项目对贫困山区的农户生活改善和环境保护有非常明显的效益，深受农户欢迎。有了沼气炉，再也不用到处砍柴，做饭不用烟熏火燎了，同时还保护了山区树木。沼气池项目一般由农业部门下达指标，层层分配到村。操作方式与水柜相似，国家免费提供修建沼气池所需的一些物资，如水泥、通气管、灶台等，其余挖坑以及备砂石料等由农户自负。修一个沼气池的费用一般是1500～2000元。其中农户需要自负一半以上。例如，在广西壮族自治区龙胜县泗水乡三舍村，修建沼气池时，政府以水泥、设备等物资形式资助700元，村民自己准备河沙和挖沼气池。一般一个沼气池要5t河沙，由于交通不方便，需要人工搬运，成本很高。挖一个直径3m、深1.8m的沼气池，也要花8～10个工。另外还要交210元的安装技术费用，农户自己的投入大概需要1300元。

然而，劳动力少或经济状况不好的农户，由于负担不起所需投入，修建沼气池是相当困难的。

4. 产业开发项目

产业开发项目主要指种植业和养殖业项目。各地自然条件和资源状况不同，产业开发项目也多种多样。如陕西省卜家村的蔬菜大棚、姚家店村的养殖奶羊；广西壮族自治区细门村的番茄、板栗、葡萄种植、三舍村养殖土鸡、甘湾村的玉米新品种普及等。从资金来源看，陕西省几个村的项目资金多来源于扶贫专项贷款，而广西壮族自治区则来源于农业、林业部门或对口帮扶部门的无偿补贴。从项目实施方式上看，由于扶贫专项贷款由中国农业银行或信用社负责实施，对农户的经济实力、偿还能力、信用等级等有一定要求，因此很多农户，特别是贫困户难以得到贷款。广西壮族自治区虽然是各部门的补贴，但是与水柜、沼气池项目类似，要求农户自己拿出一部分资金，因此一些贫困农户仍然被排挤在项目之外。

四、整村推进扶贫的成效

从2001年下半年开始，国务院扶贫办组织全国各省（自治区、直辖市）用了近一年的时间，经过自上而下、自下而上的规划过程，在全国确定了14.8万个贫困村，并对其中8万多个村编制了扶贫开发规划，开始分期分批实施整村推进计划，截至2004年，共有

54 333个贫困村实施整村推进计划，其中已经完成5911个，正在实施48 422个。3年多的实践证明，“整村推进”是一项直接有效的扶贫方式，有利于整合资金，集中力量，从根本上整体改变重点贫困村的贫困状况。

（一）贫困村贫困人口减少幅度较大

2003年实施规划的村贫困发生率为26.5%，比2002年下降5个百分点：其中2002～2003年连续两年都实施规划的村贫困发生率为23%，比上年下降6.5个百分点；而未实施规划的村贫困发生率为33%，只比上年下降2个百分点。

2003年，全国贫困村覆盖的贫困人口和低收入人口比例分别为74%和56%，比上年分别下降9和9.2个百分点；贫困发生率为11.7%，比上年下降1.1个百分点；低收入人口发生率为17.1%，比上年下降3.6个百分点。

2003年，通过整村推进的实施，贫困村贫困人口共减少862万，而同期由于贫困村之外返贫人口较多，全国贫困人口只减少128万，其中低收入贫困人口减少208万，温饱线以下贫困人口增长80万。

（二）贫困村基础设施条件改善较快

监测显示，2003年贫困村中自然村通公路率达到71.7%，通电率达到92.1%，通电话率达到49.1%，接收电视节目率达到82.7%，有卫生室的村达到63.6%。这些数据反映出，贫困村同县平均水平的差距在不断缩小。据不完全统计，2003年正在实施规划的贫困村，共新增基本农田176万亩，新增改扩建道路18.6万km，新增及改良人工草场面积499.9万亩，解决了643.1万人、593.9万头牲畜的饮水困难，完成扶贫移民42万人。

（三）实施整村推进的村人均收入和增长幅度较高

整村推进项目的实施，使贫困村各方面的生产、生活条件得到了明显的改善，多数农民的收入因此也得到了显著的提高。

典型调查表明，在整村推进进展顺利，投资量较大的贫困村，全村农民人均纯收入在1～2年内能提高50%以上。由于道路、通讯等条件的改善，不少贫困村能够开拓新的生产门路，更好地发挥了比较优势。基础设施的改善也促进了贫困村的劳务输出，从而间接地增加了贫困村农户的家庭收入。2003年，实施规划的村人均纯收入1520元，比扶贫工作重点县平均水平高114元，扣除物价因素外增幅达9.7%，比扶贫工作重点县平均水平增幅高3.7个百分点，比全国农村增幅高5.4 个百分点。未实施规划的村收入仅为1069元，比扶贫工作重点县平均水平低337元。据国务院扶贫办抽样调查数据测算，2005年全国实施村级规划的贫困村，农民人均纯收入增幅比未实施规划的贫困村高2.5个百分点，贫困发生率下降速率比未实施规划的贫困村快3个百分点。

国家统计局农村社会经济调查总队的调查数据表明（表5-12），整村推进扶贫规划的实施有利于缓解贫困，增加农户收入。村与非整村推进村农户的收入增长的描述性统计。样本中所有整村推进的村和非整村推进村的收入增加额基本一样，而贫困县内的整村推进村的收入增加额要高于非整村推进村22%。这表明开始扶贫投资的整村推进村的收入增长要远远高于还没有开始整村推进的贫困村，尽管贫困村的收入增加额低于非贫困村，但开始整村推进的贫困村的收入增长已经赶上和超过了非贫困村。

表 5-12　2001～2004 年整村推进村和非整村推进村农户的收入增长

	纯收入的增加额/(元/人)	总增长率/%	年均增长率/%
所有整村推进村	455.51	23.72	7.91
所有非整村推进村	455.23	14.90	4.97
贫困县内整村推进村	367.21	25.08	8.36
贫困县内非整村推进村	300.85	19.23	6.41

资料来源：国家统计局农村社会经济调查总队．2001、2002、2003、2004．中国农村贫困监测报告．北京：中国统计出版社

整村推进村农户的收入增长率又明显高于一般的贫困村，而贫困村县内整村推进村的收入增长速率最快，年均增长率达到 8.36%，比贫困县内非整村推进村高了近 2 个百分点，因为整村推进村收入增加的绝对额就等于和高于非整村推进村，而整村推进村在 2001 年的收入水平要低于非整村推进村，从而会有更高的增长率。

从收入的相对增长来看，无论所有整村推进村还是贫困县内整村推进村，都在以更快的速度增长。这进一步证明了整村推进扶贫政策对提高贫困村农户收入的有效性。

五、整村推进扶贫的案例：江西省遂川县大洲村整村推进扶贫的规划和产出

（一）背景

1．江西省的整村推进扶贫

“十五”期间，江西省整村推进扶贫规划的实施方案是：2002 年为统一的制定规划时期，2003～2005 年为执行规划时期。资金分配的原则：每个村的财政资金不少于 50 万元；在每个村保证 50 万元的基础上，考虑村庄人口规模，一般不超过 80 万元。

2．遂川县整村推进扶贫的目标

遂川县位于江西省吉安市，为国家扶贫工作重点县。2002 年全县制定的整村推进扶贫的目标为：①到 2005 年底，解决 28 个重点扶贫村中 8645 人贫困人口的温饱问题和 16 562 人低收入人口的生活巩固提高问题；进而使全县农民人均纯收入达到 1838 元，年均递增 5%。② 28 个重点村中 30 807 人的人均粮食占有量由目前的 204kg 提高到 320kg。③力争 28 个重点村全部实现“四通”（通公路、电、电话、广播电视）。④解决人畜饮水困难；同时改善医疗条件，28 个村设立医疗卫生点。⑤开展科技扶贫，广泛培训农民，使每个贫困户都有一人掌握 1～2 项实用技术。⑥建立和完善农村广播、电视网络，使 70% 的贫困村通广播电话和有线电视。⑦重点扶贫村集体收入达到 2 万元以上，认真搞好税费改革，切实减轻农民负担。

3．大洲村的情况

大洲村位于江西省吉安市遂川县大坑乡，距离大坑乡镇政府 15km。2005 年底，全村 548 人，9 个村民小组，130 多户，耕地 130 亩，其中水田 89 亩，只能种一季水稻，全村的产粮可满足村民粮食需求的 1/3。全村有山林 2 万亩，为山区村庄。

（二）大洲村的扶贫规划

1. 扶贫规划的程序

大洲村的扶贫规划是在全县总体目标的框架下制定的。规划的程序是：①省扶贫办召开县扶贫办负责人参加的工作会议和培训会，部署全省整村推进的工作要求和安排，培训参与式规划的理念和方法。②县扶贫办根据省里的工作要求，召集乡镇干部和村干部参加的会议，传达省里的工作要求，并重点安排县里的工作。县里的同志首次听到整村推进这个词是在2002年。③村干部召开村民大会，各村小组和村民提出各自的需要，然后列出来，从中选择。规划的过程在村庄中只有一个月的时间。④村庄的规划由村民大会（通过村民代表大会）提出，制定规划的小组成为项目的实施小组，农民自己组织项目实施的理事会，项目实施完成后理事会自动解散。

2. 扶贫规划的目标

当2002年被确定为第一批重点村时，大洲村距离最近的乡村公路7km，全村村民多年最迫切的愿望就是修通公路，能够便捷地通向外面的世界。有了整村推进扶贫资金，村民首先确定的项目就是修路。为了满足全县的目标，同时为了本村的发展，也确定出其他项目（表5-13）。

表5-13 遂川县大洲村2003～2005年整村推进扶贫规划目标

年　份	项目名称	建设内容及规模	实现目标
2002	修公路	园洲至大洲6km，桥8座120m，涵洞8处	全村村民受益
2004	维修学校	粉刷1100m^2，完善附属房60m^2，添置器材	全村适龄儿童受益
2004	科技培训及推广	村民种养技术培训教材资料等	每户有1人以上掌握1门实用技术
2003	养蜂业	帮助贫困户养蜂500箱	年产值5万元，贫困户人均增收150元
2005	沼气池	建沼气池200个	节约能源
2005	三清三改	2个组实行三清三改	全村村民受益
2002	养蜂业	全村新增养蜂1 000箱，达人均养蜂5箱	实现产值10万元，年人均增收150元
2002	毛竹低改	全村低改1 000亩，人均1.8亩	亩产竹量增加50根，年人均增收40元
2004	毛竹扩种	全村扩种200亩，户均扩种1.5亩	2003年开始受益，亩均创产值150元
2003	种蜜源林	全村新种400亩	种植后满足全村2 700箱蜜蜂采蜜资源
2005	种药材	全村新种植600亩	人均超过1亩，人均增收50元

注：“—”示数据暂缺

3. 实施的扶贫规划

（1）修路

大洲村通往外界的公路，需要与本乡的园洲村的公路相连接。“十五”期间的扶贫项目修通了园洲村至大洲村公路6.75km，为砂石路。由于是开山修路，架设多座桥梁和涵洞，工程量大，建筑单位为乡政府招标的县路桥公司。2003年开工，2004年7月通车。在修此公路以前，这里为从未开发的山区，只有山区小道，所有的商品需要靠人工背挑。当地保留非常漂亮的针阔混交的次生林植被群落。修路占大洲村农田30亩，农户的水田在本小组内进行调整。

道路花费120万元，其中财政扶贫资金100万元，由本村财政扶贫资金50万元和园洲村财政扶贫资金50万元构成，其余的20万元为大坑乡政府欠工程款（表5-14）。由于山区开山修路，需要机械作业，村民难以投工投劳。

表5-14　2003～2005年大坑乡大洲村规划的实施进展

项目名称	总投资/万元	其中						
		财政扶贫	以工代赈	贴息贷款	定点扶贫	村民投工	乡村自筹	欠债
修公路	120	100	—	—	—	—	—	20
养蜂业	3	—	—	—	2	1	—	—
毛竹低改	1	—	—	—	—	1	—	—
毛竹扩种	1.5	—	—	—	—	1.5	—	—
种蜜源林	2	—	—	—	1	—	—	—
村委会	—	—	—	—	1	—	—	—
总　计	128.5	100	—	—	4	4.5	—	20

注："—"示数据暂缺

（2）产业发展

完成的产业发展项目为养蜂、种蜜源林、毛竹低改和毛竹扩种，投入资金6.5万元，由县科学技术委员会的定点扶贫资金和农户的投入构成，参与户是相应的有产业发展基础的农户。

（3）移民

在扶贫规划项目之外，大洲村扶贫的一项重要举措是移民。大洲村的9个小组中，4个小组居住在新修的道路两旁，5个小组居住在5条山谷中，最远户离山谷口4km。根据全县的扶贫规划，大洲村需要搬迁的为360人左右。到2005年底已经搬迁39户，139人。本村选择的搬迁方式的设计：将5个小组的村民搬到各自的山口，给每户划定$80m^2$的宅基地，各户自己建房，每人可以得到3500元的补助（其中2500元为财政扶贫资金、500元为省财政资金、500元为地市财政资金）。

（4）未实施的项目

除以上项目外，根据扶贫规划的目标和新农村建设的要求，需要各村建沼气池和清理村庄卫生，但是对于大洲村这样的山区村庄，薪柴资源十分丰富，而耕地稀缺、口粮以购买为主、养殖业不发达，既不需要沼气能源、也不具备发展沼气的条件，所以没有实施这些项目。

4．资金完成情况

整村推进扶贫的资金有财政资金、以工代赈、专项贷款、定点扶贫、村民投工和乡村自筹渠道。大洲村财政资金投入为预定目标的2倍，而专项贷款、村民投工和乡村自筹均未达到预定的目标（表5-15）。

表5-15　大洲村规划的资金目标和完成的资金投入的比较（单位：万元）

	总投资	财政资金	以工代赈	专项贷款	定点扶贫	村民投工	乡村自筹	拖　欠
目　标	152.5	50	0	30	5	48.0	19.5	0
完　成	128.5	100	0	0	4	4.5	0	20
资金执行率/%	84.0	200	0	0	80	9.0	0	—

(三) 大洲村扶贫规划的产出

1. 带动农户的投入

修通公路后，农户的直接投入至少可以从两方面反映：①一些农户开始盖新房，主要是将原来的土坯房改建为砖房，在未通公路前砖是很难运进山里的。②有些农户为了将山上的货物运出去，自己出工出钱架桥和修到自己家的小路。

2. 增加了收入

山区村庄的资源丰富，靠出售毛竹、竹笋、木柴、木材赚得收入，在通公路前运费昂贵，现在可以节约大笔的运费支出，比如：木材生产，根据林业部门的核定每年可砍伐 $1000m^3$，原运费 70 元/m^3，现在 15 元/m^3，全村共可节约支出 50 多万元。村里提取 25 元/m^3，作为偿还修路欠债的还款。

3. 扩大了就业

大洲村自然资源丰富，而且保存良好。村庄贫困的原因是交通不便、劳动力缺乏和自然灾害。修通公路后，外面的劳动力到本村打工。而本村村民的职责是管护自然资源。

4. 改善了生产和生活基础设施

基础设施建设使扶贫重点村的整体生产能力提高，特别是道路、灌溉设施的建设，对于提高扶贫重点村的生产能力起到了很重要的作用。

其次，随着自来水、医务室和有线电视的开通，农民的生活水平也有很大提高。

六、整村推进扶贫的经验和挑战

进入新世纪以后，我国的绝对贫困人口减少到3000万，低收入人口6000万，为了解决这部分人口的贫困问题，我国政府于2001年公布了《中国农村扶贫开发纲要（2001～2010年)》。《纲要》明确提出了我国在新世纪的扶贫目标：尽快解决极少数贫困人口的温饱问题，进一步改善贫困地区的基本生产生活条件，提高贫困人口的生活质量和综合素质，加强贫困乡村的基础设施建设，改善生态环境，逐步改变贫困地区社会、经济、文化的落后状况。为了实现这个目标，中国政府不仅加大了扶贫力度、增加了扶贫资金，并且还对扶贫战略和扶贫方法进行了创新，开始实施以“赋权”、“参与”和“能力建设”为核心的参与式扶贫战略和方法。中国的扶贫进程从2001年起进入到“参与式扶贫”阶段。

具体举措是：整村推进、劳动力培训和产业化扶贫。其中，最引人注目的是整村推进。全国共确认了14.8万个重点贫困村，分三轮实施。经过2002～2005年第一轮的实施，学习到一些有益的经验，同时也面临着许多挑战。

(一) 经验

1. 集中资源

整村推进可以集中有效地使用资源，从而避免因过去的资源分散而不能起到明显效果的问题。对一个贫困村进行整体的改造，综合地解决其贫困问题，改善贫困村庄的生活和生产基础设施，包括小型农田水利设施、村庄道路和桥梁、基本农田建设、旧房改建、安全饮水、卫生厕所、修建学校和卫生室、村委会建设等。可以有效地提高村民的生产能力，增加贫困人口收入和商业机会，改善贫困村庄的生活条件。

2. 参与式扶贫规划的实践

大量的村庄开展了自下而上的参与式扶贫规划的实践，村民参与到村庄事物决策和表达意愿的能力增强。村民参与整村推进扶贫的实施，包括了几个层面的意义：①在规划阶段的参与可以保障规划的项目符合村民的需要。②在实施阶段的参与可以保障项目的顺利进行。③在项目验收阶段的参与则可以保障项目的质量。

3. 建立项目库，与新农村建设配合

扶贫办积极建立扶贫项目库。一旦项目库建立起来，并受到各个部门的重视，那么项目库本身就可以保证资金集中到贫困村。通过重点村的扶贫规划，建立财政扶贫资金的项目库和建立涉及到其他方面扶贫资金的项目库，这样既有利于实现扶贫资源的整合，也与贫困地区的新农村建设相结合。如果新农村建设强调从贫困村开始，就可以将两项工作结合在一起，从而更有效地动员资源，加快整村推进的速度。

（二）挑战

第一轮的整村推进面临着瞄准贫困户、整合资源和扶贫的可持续性的挑战。

1. 瞄准贫困

以村庄作为扶贫规划单元，在瞄准贫困的功能上更加精细和集中，特别是在大规模的贫困问题解决之后，能够覆盖到那些没有从大规模扶贫中受益的群体，是非常重要和有效的。但是，在操作中存在着瞄准贫困村和贫困户的偏差，出现偏差的原因既有技能和工具性的，也有系统性的，如：确定重点村的原则，以及配套资金的要求等都会造成贫困村瞄准出现系统偏差。由于是瞄准贫困村定位，进而采取以改善基础设施为重点举措，并不意味着具有瞄准贫困户的功能。

整村推进项目的实施在整体上改善了贫困村的生产生活条件，许多农户参加项目之后，受益很大，增收的效果也非常明显。但是，受益最大的农户是贫困村中收入水平处于中等或较高的那部分群体。绝对贫困人口在整村推进项目的实施中受益不多。很多贫困人口因为没有能力提供超过总成本一半的配套资金而被排斥在项目之外，根本谈不上什么受益。而公共设施项目，如道路和学校，又因为绝对贫困人口有限的经济活动和付不起服务费用而被排除在受益之外。所以，在整村推进的实施过程中，如何实现对不同贫困程度的农户采用不同的扶持方式仍是面临的挑战。

2. 资金的捆绑使用

尽管以贫困村为对象的整村推进是国务院扶贫领导小组确定的主要扶贫措施，但由于扶贫资金的分部门管理体制和部门利益，使得扶贫资金很难整合在一起使用。由商业性农业银行管理的扶贫专项贷款完全不能用于贫困村，而主要用于企业和一些中型的基础设施的建设上；以工代赈资金（包括财政和国债两部分）尽管主要用在贫困县，但只有一部分用在贫困村，其余部分用在非贫困村的项目甚至作为其他基础设施（如县乡道路）的配套资金。真正能基本上用于整村推进的资金就是由财政部门管理的财政扶贫资金，此外还有一小部分由对口扶贫单位动员的其他渠道的非扶贫资金。由财政部门管理的财政扶贫资金在2001～2004年的4年间只有280亿元，只占到中央3项扶贫资金总额的23%。即使这部分资金全部用于中西部的贫困村，每个村也只能得到22万元。实际上，整村推进主要在依靠这一部分资金来支撑。其结果就是，尽管中央政府每年拿出了大量的扶贫资金，扶贫纲要的实施也将近过半，贫困村获得的扶贫投资仅为实际需要量的15%（汪三贵，2005）。

捆绑不同渠道的扶贫资金面临以下挑战：①以工代赈资金需要更高层面的整合，从制度上解决以工代赈资金可以与贫困村参与式扶贫规划相连接的安排。②信贷资金存在商业原则和扶贫目标之间的权衡，信贷政策支持与农村金融市场发展。③定点扶贫资金的捆绑依赖定点单位的能力和积极性。需要扩大定点扶贫资金的空间，如民营企业的介入和相应的优惠政策。

3. 可持续性

完成整村推进扶贫的村庄，意味着不再继续享有财政扶贫资金的大量投入。但是，这些村庄项目执行的差异大，大多数村庄只是通过几个项目使最基本的生活和生产条件得到初步改善，距村庄具备可持续发展的基础还有差距。因此，可持续性需要广泛地支持体系，需要考虑将贫困村庄的发展纳入到更广泛的社会发展和改革的框架中，需要培育村庄自我发展的能力，而不仅仅是对村庄的直接的资金投入。

要从以下几个方面关注整村推进的可持续性：首先是农民增加收入的可持续性；其次是基础设施的维护；第三是可持续发展机制的建立。

在整村推进中，新建了许多公共服务设施，主要包括村内道路、自来水、有线电视、村卫生所、畜牧站、农技服务站等。这些公共服务设施为改变贫困村的落后面貌发挥了很大作用。为了使这些设施持续地发挥作用。大体采取了三种管理模式：①租赁经营，如卫生所和畜牧站由乡村医生或畜牧兽医员承包，每年上缴固定的费用，并在为村民提供的服务中收取费用。租赁经营可以解决公共服务设施的持续利用，但是还需要相应的制度配合，比如医疗制度的改革，现在农村卫生室的医疗费用还不能在合作医疗报销，这影响了村民到医务室看病，为了得到合作医疗的报销，村民必须要到乡卫生院去看病。另外，畜牧兽医室能否发挥作用也取决于当地的畜牧业发展水平，以及合格的畜牧兽医人员。如果没有畜牧兽医业的发展和合格的畜牧兽医人员，畜牧兽医室也不可能发挥作用。②由村集体补贴运转，如一些村的自来水，所收取的水费只够抽水的电费，一旦出现一些村民不交水费，或者设备需要维护的时候，就只能由村集体收入来支付。贫困村的集体收入都很少，一些村还欠有外债，依靠集体收入很难维持公用服务设施的开支。③一些近年来不需要过多维护的项目，如道路，现在基本上不需要维护，因此也基本不需要维护的投入。但是经过一段时间使用以后，这些设施也终究需要维护。比如水泥路面，仅为质量比较好，所以在一段时间内不需要维护，但是一旦出现破损，那么维护的资金投入也会比较多。对于这些基础设施，还缺少持续管理利用的计划。

◎第六章 中国扶贫绩效及其因素分析

自20世纪70年代末实行改革开放政策以来，特别是1986年以来，中国政府在全国范围内实施了以解决农村贫困人口温饱问题为主要目标的有计划、有组织的大规模扶贫开发。1978～2000年，农村绝对贫困人口由2.5亿减少到3000万，贫困人口占农村总人口的比例由30.7%下降到3.0%左右，基本实现了到20世纪末解决农村贫困人口温饱问题的战略目标，成为全球唯一提前实现联合国千年发展目标贫困人口比例减半的国家。进入新世纪以后，中国政府制定了新的扶贫战略，继续大力推进扶贫开发，巩固扶贫成果，尽快使尚未脱贫的农村人口解决温饱问题，并逐步过上小康生活。

减缓和消除贫困是全人类的共同奋斗目标。中国的扶贫成就为全球反贫困、实现联合国千年发展目标做出了杰出贡献，并得到了广泛的认可。在2000年召开的"21世纪初中国扶贫战略国际研讨会"上，亚洲开发银行认为"中国的扶贫工作有许多经验值得其他国家学习，中国在扶贫领域取得的成就在亚洲首屈一指。"世界银行评价，"中国过去20年扶贫取得的成就深刻地影响着国际社会。农村经济改革的巨大成功、农村经济的惊人增长和对这一增长的广泛参与以及成功的国家扶贫计划，使得过去20年中国农村绝对贫困大大减少。"（国务院扶贫开发领导小组办公室，2003）联合国开发计划署认为，"中国的这一成就为发展中国家，甚至整个世界提供了一种模式。"（国务院扶贫开发领导小组办公室，2003）2004年3月和6月分别在北京和上海举行的联合国千年发展目标高层国际会议和世界扶贫大会，都对中国取得的扶贫成就给予了高度评价。

本章将介绍1978年中国体制改革推动扶贫开发以来取得的主要绩效，并对其影响因素有关的计量分析进行评述。

第一节 中国扶贫的主要成效

一、农村贫困人口减少，贫困发生率下降

表6-1汇总了1978～2004年中国农村贫困人口数量规模及贫困发生率的变化。为了便于分析，根据表中数据绘制了中国农村贫困人口规模及贫困发生率变化图（图6-1）。

由表6-1及图6-1可以做出如下几点结论。

1）从总体上看，1978～2004年，按两种不同标准计算的中国农村贫困人口和贫困发生率都具有持续下降的变化趋势。分阶段的观察表明，无论按国内标准（相当于1天收入按购买力平价计算的0.67美元）计量，还是按国际标准（1天生活消费支出不足按购买力平价计算的1美元）计量，中国的贫困人口和贫困发生率最初都有一个快速下降阶段。其中，

按国内标准计量的贫困人口由1978年的2.5亿减少到1984年的1.28亿，在6年内减少了将近50%；按国际标准计量的贫困人口由1981年的6.34亿减少到1987年的3.08亿，在6年内减少了一半以上。之后，贫困人口和贫困发生率都进入速度减缓和相对平稳的下降阶段。

表6-1　1978～2004年中国农村贫困人口规模及贫困发生率变化

年　份	国内标准			国际标准	
	贫困线/元	贫困人口/万	贫困发生率/%	贫困人口/万	贫困发生率/%
1978	100	25 000	30.7	—	—
1981	158	19 430	24.3	63 400	61.0
1984	200	12 800	15.1	42 500	40.6
1985	206	12 500	14.8	—	—
1986	213	13 100	15.5	—	—
1987	227	12 200	14.3	30 800	28.3
1988	236	9 600	11.1	—	—
1989	259	10 200	12.1	—	—
1990	300	8 500	9.5	37 500	33.0
1991	304	9 400	10.4	—	—
1992	320	8 000	8.8	—	—
1993	350	7 500	8.2	33 400	28.4
1994	440	7 000	7.6	—	—
1995	530	6 540	7.1	—	—
1996	580	5 800	6.3	21 200	17.4
1997	630	4 962	5.4	—	—
1998	635	4 210	4.6	—	—
1999	625	3 412	3.7	22 300	17.8
2000	625	3 209	3.4	—	—
2001	630	2 927	3.2	21 200	16.6
2002	627	2 820	3.0	19 607	15.4
2003	637	2 900	3.1	16 929	13.1
2004	668	2 610	2.8	13 495	10.4

注：国内标准相当于1天收入按购买力平价计算的0.67美元，国际标准相当于1天生活消费支出不足按购买力平价计算的1美元；"—"示暂缺数据

资料来源：①国务院扶贫开发领导小组办公室.2001. 中国农村扶贫大事辑要（1978～2000）. 559（内部资料）

②国家统计局农村社会经济调查总队. 2005. 中国农村贫困监测报告2005. 北京：中国统计出版社

③唐平. 1994. 中国农村贫困标准和贫困状况初步研究. 中国农村经济，(6)：39～43

④国务院扶贫开发领导小组办公室，世界银行，联合国开发计划署.2000. 中国农村扶贫. 国务院扶贫开发领导小组办公室、世界银行，联合国开发计划署联合调查报告（内部资料）

1986～1993年，农村贫困人口从12 500万减少到7500万，平均每年减少800万，年均下降7.04%，贫困发生率从15.5%下降到8.2%。据有关统计分析，与1978～1985年相比，1986～1993年农业人均增加值的增长率从9.7%下降到3.4%，农民人均纯收入增长率从12.2%下降到2.0%。这两方面的下降都与农产品价格的相对下降和20世纪80年代末90年代初城乡贸易条件恶化紧密相关。

1994～2000年，农村贫困人口从7000万下降到3209万，平均每年减少632万，年均下降12.19%，贫困发生率从7.6%下降到3.4%。2001～2004年，中国农村贫困人口从3209

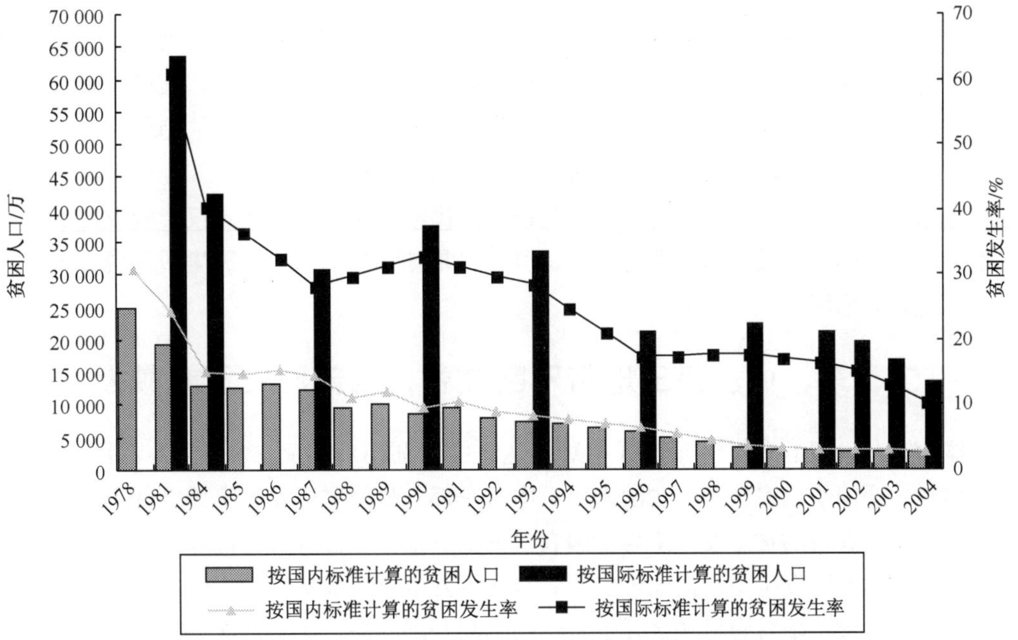

图 6-1　1978 ~ 2004 年中国农村贫困人口规模和贫困发生率变化趋势

万下降到 2610 万，年均减少 200 万；贫困发生率从 3.2% 下降到 2.8%，下降了 0.4 个百分点。

2）贫困人口和贫困发生率的变化都具有波动性。从表 6-1 可以看出，1985 年按国内标准计算的绝对贫困人口为 1.25 亿，1986 年为 1.31 亿，增加了 600 万；1987 年按国际标准计算的绝对贫困人口为 3.08 亿，1990 年为 3.75 亿，增加了 6700 万。由此说明，刚刚脱贫的绝对贫困人口很脆弱，一旦遭遇自然灾害等负面影响，会再次成为绝对贫困人口，即返贫。从图 6-1 可以看出，按国内标准计算的贫困人口和贫困发生率的波动都小于按国际标准计算的贫困人口和贫困发生率的波动，说明按国际标准计算的脱贫人口的脆弱性大于按国内标准计算的脱贫人口的脆弱性。从表 6-1 和图 6-1 还可以看出，这种波动有趋小的特征，说明脱贫人口的脆弱性有减弱的趋势，即脱贫的稳定性越来越好、返贫的可能性越来越小的趋势。

3）按两个标准计算的贫困发生率的差异具有趋小的特征。从表 6-1 可以看出，1981 年二者相差 36.7 个百分点，1993 年和 2003 年二者的差值分别减少到 20.2 个百分点和 10 个百分点，2004 年二者的差值进一步减少到 7.6 个百分点。由此可以得出两个判断：①从表 6-1 可以看出，按国际标准计算的贫困发生率下降得更快。这是按两个不同标准计算的贫困发生率的差异缩小的原因，说明贫困人口的分布越来越向贫困线附近集中，由此可以做出农村贫困人口的贫困深度趋于减缓的推论。②绝对贫困人口越过国内标准的难度，要比越过国内标准的相对贫困人口再越过国际标准的难度更大。由此引申出的政策含义是，如何帮助低于贫困线的绝对贫困人口越过国内标准，是比提高国内标准更为重要的工作。

4）从图 6-1 可以看出，1988 ~ 1992 年，按国际标准计算的贫困人口和贫困发生率有一个特别明显的反向波动，而按国内标准计算的贫困人口和贫困发生率却没有如此大的波动。

出现这种特征的主要原因是：①经济增长趋缓的影响。这个时期恰好是经济增长速度相对较慢的治理整顿时期，经济增长的趋缓对减缓贫困施加了负面影响。②收入水平越高的群体，受宏观经济形势变动的影响越大，即消费支出达到1天1美元的相对贫困人口与宏观经济形势的关联度要大于消费支出不足1天1美元的相对贫困人口，经济增长的趋缓对消费支出达到1天1美元的相对贫困人口施加了相对更大的负面影响；反之亦然。③经济增长的减缓影响了收入预期，进而影响消费行为。也就是说，国民经济增长的趋缓不仅影响农民的即期收入，也影响他们的收入预期和消费行为。这可能也是导致当期一些农民生活消费支出1天不足1美元的重要原因。

二、东、中、西三地带不断减贫，西部脱贫贡献最大

总体而言，中国的东部沿海地区相对发达，中西部相对落后。从图6-2和图6-3可见，中西部集中了全国绝大多数农村贫困人口，中国东部农村的贫困发生率始终低于全国农村贫困发生率，中部农村的贫困发生率与全国农村贫困发生率较接近，西部农村的贫困发生率始终高于全国农村贫困发生率。由此形成了农村贫困发生率东部地区低、中部地区居中、西部地区高的整体趋势。随着农村扶贫开发工作的不断开展，3个地区的农村贫困人口都不断减少，但西部农村的贫困发生率与东部农村贫困发生率的差距不断缩小，说明西部农村贫困发生率的下降幅度大于东部农村贫困发生率的下降幅度。

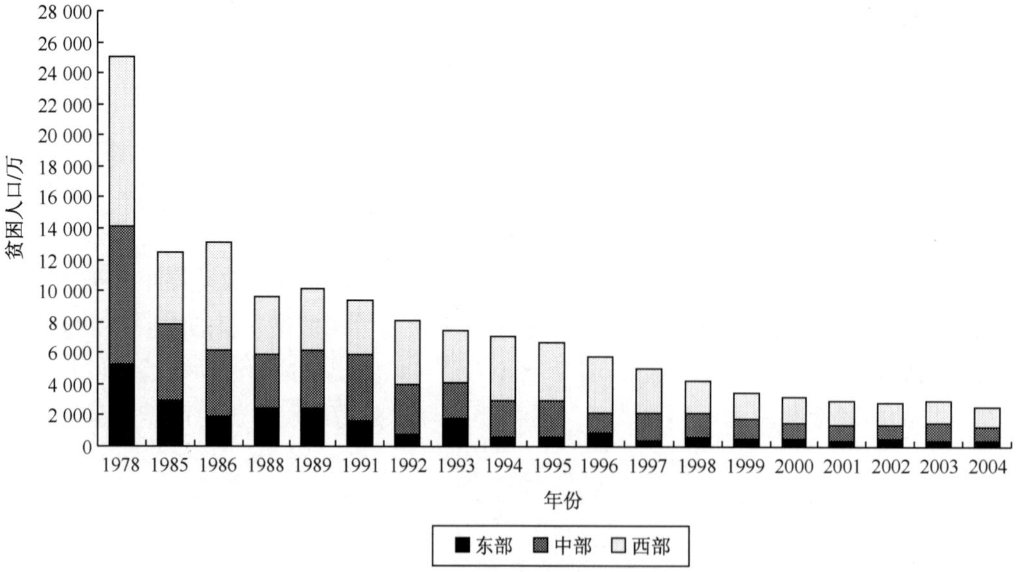

图6-2 中国分地区农村贫困人口规模变化趋势

从表6-2可以看出，在1978～1985年、1986～1993年、“八七”扶贫攻坚（1994～2000年）、2001～2004年4个阶段，西部农村的贫困发生率的下降速度都远远超过中部和东部农村的贫困发生率的下降速度。在“八七”扶贫攻坚前的两个阶段，中部农村的脱贫人口居三大地区首位，脱贫贡献率远高于东部，略高于西部地区。其中，1978～1985年中部农村脱贫贡献率为39.02%，高过西部地区脱贫贡献率（36.35%）2.67个百分点；1986～1993年中部农村脱贫贡献率为45.69%，高过西部地区脱贫贡献率（44.76%）0.93个百分

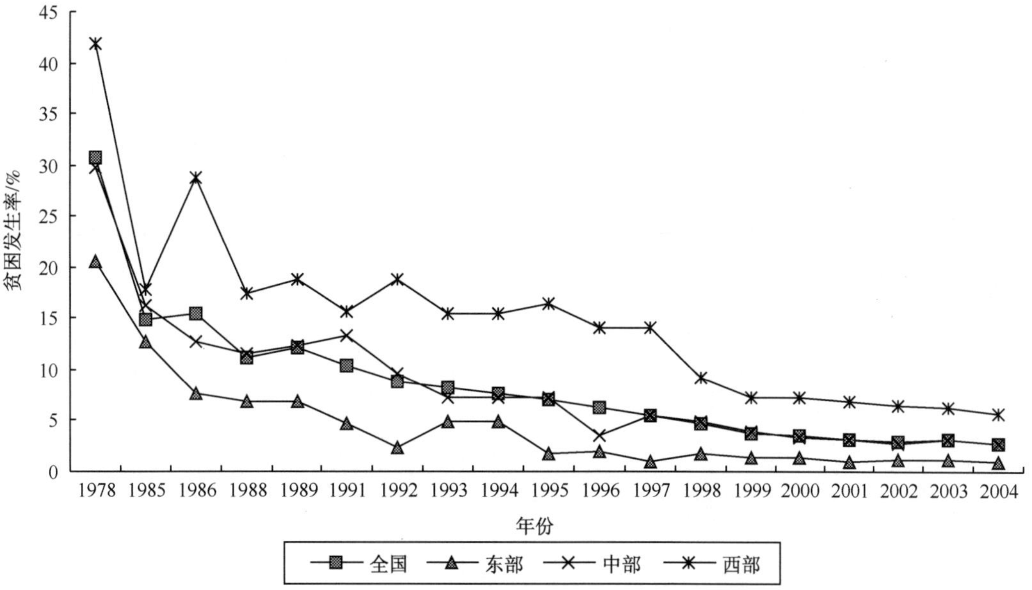

图 6-3 中国分地区农村贫困发生率变化趋势

表 6-2 分地区分阶段农村脱贫人口、贫困发生率及人口增长率

阶 段	脱贫人口/万				脱贫贡献率/%			贫困发生率下降的百分点				人口年增长率/‰			
	东部	中部	西部	全国	东部	中部	西部	东部	中部	西部	全国	东部	中部	西部	全国
1978～1985 年	3 079.6	4 877.2	4 543.2	12 500.0	24.64	39.02	36.35	9.65	18.02	28.17	16.67	5.2	5.0	7.3	5.6
1986～1993 年	486.5	2 328.3	2 281.2	5 096.0	9.55	45.69	44.76	1.67	8.62	14.23	6.89	6.7	11.7	12.6	9.8
1994～2000 年	864.5	1 129.1	252.4	3 796.8	22.77	29.74	47.49	2.49	3.64	9.23	4.47	9.1	4.0	13.2	8.3
2001～2004 年	-166.6	210.9	287.6	331.9	-50.2	63.54	86.65	-0.43	0.68	1.32	0.38	2.5	3.6	3.4	3.1
1978～2004 年	5 002.1	8 850.1	8 537.8	22 390.0	22.34	39.53	38.13	15.48	32.07	51.94	29.3	6.1	6.2	11.4	7.4

点；实施“八七”扶贫攻坚计划以来，西部农村的脱贫人口居于三个地区的首位，脱贫贡献率远高于东部以及中部。在“八七”扶贫攻坚阶段，西部农村的脱贫贡献率为47.49%，比中部（39.16%）多8.33个百分点。1978年体制改革推动大规模扶贫开发至2004年底（1978～2004年），中部地区农村贫困人口脱贫8850.1万，脱贫贡献率最大，为39.53%，略高于西部地区的脱贫贡献率（38.13%），而西部农村的贫困发生率下降得最快，从1978年的57.37%下降到2004年的5.43%，减少了51.94个百分点。

三、各省（自治区、直辖市）扶贫成效有差异

我们依据各省（自治区、直辖市）的农村贫困人口（表6-3）及各省（自治区、直辖市）的农村人口统计资料计算了各省（自治区、直辖市）的农村贫困发生率（表6-4）。从表6-3和表6-4可以看出：1978～1985年各省农村贫困人口大幅减少，贫困发生率急剧下降。1978年，农村贫困发生率低于10%的只有广东（7.47%）、江苏（7.59%）和浙江（9.52%）3个省（北京、上海、天津除外），贫困发生率在50%以上的省（自治区、直辖

表6-3　1978～2004年各地贫困人口(单位:万)

地　区	1978年	1985年	1986年	1987年	1988年	1989年	1991年	1992年	1993年	1994年	1995年	1996年	1997年	1998年	1999年	2000年	2001年	2002年	2003年	2004年
福　建	456.0	242.0	226.0	146.8	76.8	51.0	28.2	29.5	29.5	31.9	34.2	17.4	27.5	18.5	10.2	8.8	6.4	9.5	9.5	9.5
广　东	316.8	126.7	119.7	112.6	105.6	51.0	39.3	27.6	27.6	30.3	56.2	41.9	27.6	26.3	6.8	6.9	4.0	0	0	0
广　西	1 500.0	750.0	730.4	710.8	666.5	622.2	253.8	299.9	299.9	254.3	407.5	290.0	244.5	215.7	169.0	199.1	135.3	129.4	129.4	129.4
海　南	—	—	—	—	38.4	20.4	18.8	21.7	21.7	20.8	35.2	46.4	13.2	13.1	3.4	9.5	8.7	15.1	15.1	15.1
河　北	968.3	562.0	539.1	547.9	506.8	724.2	667.4	731.4	731.4	474.9	218.3	237.8	163.0	106.5	139.9	104.0	97.5	153.7	153.7	202.0
江　苏	387.6	—	—	—	192.0	193.8	216.2	129.8	129.8	121.6	101.1	71.3	41.5	31.7	20.5	15.6	10.6	19.9	19.9	19.9
辽　宁	331.2	139.0	128.5	136.3	144.0	193.8	84.6	86.3	86.3	95.6	142.4	126.2	110.0	71.3	98.9	81.0	74.7	74.2	152.1	112.4
山　东	1 282.0	557.4	534.2	510.9	487.7	464.4	441.2	417.9	417.9	224.3	206.4	159.7	112.9	95.3	71.7	49.2	45.7	47.9	47.9	47.9
浙　江	316.3	101.5	79.2	77.6	76.8	81.6	103.4	126.5	126.5	92.0	57.4	52.4	47.4	35.9	27.3	7.1	6.6	19.9	13.2	19.9
安　徽	1 674.1	837.1	682.9	578.6	374.4	397.8	1 087.8	360.0	360.0	210.4	212.0	156.6	200.0	160.0	116.0	125.7	91.5	103.0	169.0	127.8
河　南	2 550.0	1 265.8	1 425.3	1 413.5	1 304.4	1 295.4	1 466.7	961.6	961.6	774.0	586.4	382.8	400.4	308.7	232.0	232.3	165.0	136.8	189.4	167.3
黑龙江	550.8	247.8	240.1	232.4	201.6	367.2	263.2	96.4	96.4	94.3	151.0	145.0	118.1	151.1	102.4	104.2	85.5	63.1	106.1	63.1
湖　北	996.0	492.5	492.5	469.1	315.6	265.2	347.8	251.4	251.4	249.0	246.5	121.8	189.5	176.1	126.2	87.3	95.8	77.3	47.0	41.4
湖　南	1 015.2	502.6	452.3	403.3	326.4	357.0	159.8	166.4	166.4	285.8	405.1	332.6	260.0	266.7	157.0	123.2	112.9	100.2	80.2	70.0
吉　林	387.6	193.8	164.4	135.0	105.6	193.8	122.2	91.3	91.3	76.1	123.4	75.4	106.0	60.1	81.9	59.0	44.2	37.4	33.4	29.3
江　西	648.0	324.0	295.9	258.7	201.6	163.2	132.8	102.3	102.3	132.9	163.5	150.9	138.3	208.6	136.5	89.1	88.4	108.2	99.1	90.0
内蒙古	792.8	396.4	528.5	503.9	379.3	367.2	188.0	153.6	153.6	152.1	150.6	150.8	104.9	90.4	112.6	113.0	183.7	144.7	128.4	104.0
山　西	1 045.5	522.8	496.7	470.5	412.1	418.2	347.8	267.3	267.3	244.9	222.5	197.2	179.4	137.1	218.4	156.6	153.8	117.0	117.0	117.0
甘　肃	1 254.0	627.0	617.2	582.2	547.2	675.2	507.6	499.9	499.9	426.3	352.6	321.3	290.0	229.3	160.4	196.0	188.8	176.9	169.3	158.9
贵　州	1 500.0	750.0	1 008.8	943.7	508.8	550.8	620.4	637.1	637.1	579.4	521.7	440.8	457.3	387.1	310.5	330.6	325.4	338.3	338.3	274.0
宁　夏	338.2	169.1	160.8	165.2	67.2	71.4	75.2	105.7	105.7	84.6	69.2	81.2	70.1	46.8	37.5	55.2	52.8	35.5	25.4	15.2
青　海	214.0	102.0	84.0	73.1	48.0	81.6	56.4	53.1	53.1	61.5	52.0	69.6	65.8	44.3	54.6	62.1	57.0	54.8	54.8	49.4
陕　西	1 544.4	828.0	787.3	648.1	508.8	591.6	470.0	524.3	524.3	487.8	393.4	556.8	311.3	248.0	197.9	217.8	215.5	192.4	229.4	192.4
四　川	2 573.0	1 470.0	1 841.4	1 685.1	1 226.8	1 142.4	958.8	949.0	949.0	882.8	830.6	562.6	457.0	381.7	252.5	254.7	229.2	184.1	184.1	210.1
西　藏	115.2	—	—	72.6	48.0	33.4	18.8	11.7	11.7	48.0	47.8	31.2	45.8	40.7	37.5	42.5	33.0	34.1	20.6	7.0
新　疆	423.0	211.5	185.8	160.1	134.4	163.2	169.2	119.2	119.2	176.0	159.4	278.4	110.2	79.0	126.2	90.5	59.1	64.4	58.3	52.2
云　南	1 820.0	1 081.0	1279.0	1 162.0	595.2	663.0	554.6	783.1	783.1	688.4	593.6	516.3	438.9	410.7	320.7	279.6	273.4	286.0	257.0	252.3
重　庆	—	—	—	—	—	—	—	—	—	—	—	185.6	216.7	161.9	129.7	102.6	97.4	72.3	52.4	32.5

注:“—”示数据暂缺

资料来源:国务院扶贫办公室1978～2004年扶贫统计资料;国家统计局历年《扶贫监测报告》;有关书籍和文章中的扶贫资料.部分数据做了平滑处理,个别数据根据平滑结果估算

表 6-4 1978 ~ 2004 年各地农村贫困发生率/%

地 区	1978 年	1985 年	1986 年	1987 年	1988 年	1989 年	1991 年	1992 年	1993 年	1994 年	1995 年	1996 年	1997 年	1998 年	1999 年	2000 年	2001 年	2002 年	2003 年	2004 年
广 东	7.47	2.84	2.67	2.49	2.31	1.11	0.82	0.57	0.58	0.64	1.18	0.87	0.57	0.54	0.12	0.11	0.06	—	—	—
西 藏	75.79	—	—	40.56	26.37	17.98	9.81	5.87	5.93	23.99	23.54	15.13	21.90	19.26	17.46	19.60	15.10	15.49	9.31	0.25
福 建	21.54	10.68	9.85	6.29	3.24	2.13	1.12	1.16	1.16	1.25	1.33	0.67	1.05	0.71	0.38	0.33	0.24	0.35	0.36	0.35
海 南	—	—	—	—	7.66	4.03	3.61	4.13	4.09	3.90	6.55	8.59	2.43	2.39	0.69	1.90	1.72	2.97	0.37	0.37
江 苏	7.59	—	—	—	3.72	3.15	4.01	2.40	2.43	2.28	1.90	1.36	0.79	0.60	0.39	0.30	0.20	0.38	0.38	0.38
浙 江	9.52	2.99	2.32	2.25	2.20	2.32	2.91	3.55	3.55	2.58	1.61	1.47	1.33	1.01	0.77	0.20	0.18	0.54	0.36	0.53
山 东	19.62	8.35	7.86	7.46	7.28	6.93	6.41	6.13	6.22	3.41	3.16	2.46	1.74	1.45	1.02	0.70	0.65	0.68	0.68	0.68
湖 北	25.50	12.68	12.60	11.88	7.90	6.56	8.16	5.87	5.84	5.84	5.79	2.86	4.44	4.11	3.18	2.21	2.43	1.95	1.19	1.04
湖 南	22.00	10.41	9.25	8.16	6.48	6.99	3.06	3.19	3.20	5.49	7.73	6.34	4.95	5.08	2.93	2.29	2.09	1.85	1.48	1.28
重 庆	—	—	—	—	—	—	—	—	—	—	—	7.59	8.85	6.62	5.31	4.24	3.99	2.96	2.15	1.34
宁 夏	80.75	50.93	48.29	48.88	19.59	20.58	20.89	28.90	28.47	22.89	18.48	21.34	18.34	12.18	9.84	14.21	13.28	8.85	6.23	1.56
吉 林	26.02	13.26	11.27	9.29	7.29	13.23	8.18	6.13	6.19	5.19	8.38	5.08	7.14	4.06	5.68	4.10	3.08	2.59	2.32	2.03
河 南	39.25	18.49	20.56	20.17	18.43	18.08	19.25	12.56	12.56	10.14	7.69	5.02	5.24	4.02	3.00	2.97	2.10	1.73	2.39	2.10
安 徽	39.77	18.89	15.31	12.85	8.19	8.56	22.35	7.38	7.34	4.27	4.28	3.15	4.01	3.21	2.31	2.47	1.79	2.01	3.29	2.46
江 西	23.80	11.43	10.30	8.92	6.81	5.44	4.23	3.22	3.19	4.12	5.05	4.62	4.21	6.31	4.29	2.78	2.76	3.36	3.05	2.76
四 川	40.92	22.99	28.37	25.66	18.45	17.01	14.04	13.92	13.90	12.94	12.16	8.23	6.68	5.57	3.64	3.67	3.31	2.67	2.68	3.05
黑龙江	27.19	12.54	12.17	11.78	10.21	18.48	13.13	4.81	4.83	4.76	7.64	7.29	5.92	7.58	5.49	5.59	4.55	3.34	5.60	3.32
河 北	21.50	11.73	11.13	11.19	10.23	14.46	12.55	13.76	13.69	8.87	4.09	4.46	3.05	1.99	2.62	1.93	1.81	2.85	2.86	3.75
辽 宁	14.29	6.36	5.80	6.13	6.45	8.61	3.72	3.81	3.84	4.27	6.36	5.64	4.93	3.20	4.27	3.50	3.22	3.21	6.54	4.81
山 西	90.89	41.16	38.52	35.87	30.82	30.79	24.76	18.80	18.59	16.84	15.13	13.26	11.92	9.01	9.48	6.74	6.62	5.03	5.01	4.99
云 南	65.78	35.90	41.93	37.56	18.90	20.73	16.75	23.40	23.17	20.16	17.23	14.85	12.52	11.61	9.41	8.11	7.89	8.20	7.32	7.13
内蒙古	58.25	27.51	36.40	34.58	25.94	24.96	12.48	10.11	10.07	9.91	9.77	9.75	6.77	5.82	8.17	8.21	13.38	10.56	9.45	7.69
贵 州	63.03	28.70	37.94	34.99	18.53	19.80	21.35	21.67	21.40	19.35	17.20	14.39	14.75	12.31	10.14	10.58	10.30	10.59	10.57	8.42
陕 西	65.11	33.63	31.48	25.62	19.84	22.72	17.22	19.08	18.93	17.52	14.10	19.89	11.11	8.82	7.18	7.87	7.78	6.93	8.28	9.32
青 海	77.14	35.02	28.10	24.09	15.59	26.03	17.10	15.87	15.54	17.69	14.74	19.45	18.09	11.99	16.34	18.45	16.79	15.98	15.78	11.99
新 疆	47.00	22.94	19.89	16.96	14.15	16.95	16.33	11.35	11.22	8.91	14.66	25.40	9.90	6.99	13.93	9.91	6.34	6.79	6.09	23.35
广 西	49.31	22.05	21.13	20.28	18.74	17.28	6.84	8.04	8.03	6.79	10.85	7.69	6.45	5.65	4.24	4.94	3.35	3.18	25.30	24.90
甘 肃	77.39	35.95	35.12	32.76	30.39	36.94	26.57	25.94	25.83	21.62	17.60	15.91	14.25	11.19	7.94	9.65	9.26	8.64	8.24	44.86

注:“—”示数据暂缺

资料来源:国务院扶贫办公室 1978 ~ 2004 年扶贫统计资料;国家统计局历年《扶贫监测报告》;有关书籍和文章中的扶贫资料. 部分数据做了平滑处理,个别数据根据平滑结果估算

市）有内蒙古（58.25%）、贵州（63.03%）、陕西（65.11%）、云南（65.78%）、西藏（75.79%）、青海（77.14%）、甘肃（77.39%）、宁夏（80.75%）和山西（90.89%）。到1985年底，除宁夏的农村贫困发生率仍在50%以上（50.93%）外，内蒙古、贵州、陕西、云南、青海、甘肃、山西（缺西藏数据）的贫困发生率都已降至50%以下，辽宁和山东的农村贫困发生率也降到10%以下，分别为6.36%和8.35%。1986年启动大规模扶贫开发以后，各省（自治区、直辖市）农村贫困人口和贫困发生率相对稳定地波动，总体趋势下降；2002年底，广东省消除了农村绝对贫困；2002～2004年，农村贫困发生率连续3年在1%以下的有广东、浙江、福建、江苏和山东5省（北京、上海、天津除外）；到2004年底，农村贫困发生率超过10%的只有青海（11.99%）、新疆（23.35%）、广西（24.9%）和甘肃（44.86%）4个省（自治区）；2003～2004年，西藏的农村贫困发生率有较大幅度的下降，从2003年的9.31%下降到2004年的0.25%。

四、贫困地区经济有了较快发展，农民个体贫困缓解

根据有关统计数据和国际上对恩格尔系数的认定及对生活水平的划分标准，1982年以前（包括1982年，1981年农村住户的恩格尔系数为59.66%）中国农村普遍贫困；改革开放以后，1983～1999年中国农村总体上摆脱普遍贫困，生活基本上达到温饱。

扶贫开发以来，贫困县农民人均纯收入不断提高（表6-5），相对于全国农民人均纯收入而言，呈相对稳态波动。1985年贫困县农民人均纯收入与全国农民人均纯收入之比值为0.52，其后基本上在0.5～0.6波动，到2003年该比值为0.54。1985年贫困县农民人均纯收入206元，2003年达到1406元；相应地，人均生活消费支出不断增加，1997年人均生活消费支出1052.42元，2003年增长至1220.10元；1999年，国定贫困县农民恩格尔系数降至国际绝对贫困标准值60%以下（59.86%），此后保持下降趋势，2003年降至53.7%（表6-5）。

表6-5 中国农村贫困人口收入、生活消费情况

年 份	贫困县农民人均纯收入/元	贫困县农民人均生活消费支出/元	贫困县农民恩格尔系数/%	贫困户人均纯收入/元	贫困户人均生活消费支出/元	贫困户人均粮食消费量/kg	贫困县农民人均粮食占有量/kg	贫困户人均住房价值/元
1978	—	—	—	—	—	—	—	—
1985	206	—	—	—	—	—	—	—
1986	—	—	—	—	—	—	—	—
1992	417	—	—	—	—	—	359.0	—
1993	484	—	—	—	—	—	305.2	—
1994	648	—	—	—	—	—	350.2	—
1995	828	—	—	—	—	—	353.5	—
1996	1 115	—	—	—	—	—	—	—
1997	1 237	1 052.42	62.09	—	—	—	359.2	—
1998	1 318	1 029.42	61.62	—	—	—	—	—
1999	1 347	1 044.56	59.86	—	—	—	—	—
2000	1 338	1 040.65	58.08	—	—	—	—	—

续表

年　份	贫困县农民人均纯收入/元	贫困县农民人均生活消费支出/元	贫困县农民恩格尔系数/%	贫困户人均纯收入/元	贫困户人均生活消费支出/元	贫困户人均粮食消费量/kg	贫困县农民人均粮食占有量/kg	贫困户人均住房价值/元
2001	1 277	1 018. 03	57. 32	491. 64	459. 44	—	—	1 276
2002	1 305	1 142. 70	56. 80	531. 00	559. 00	183. 54	—	1 507
2003	1 406	1 220. 10	53. 70	531. 00	572. 00	172. 00	—	1 642
2004	—	—	—	579. 00	602. 00	162. 00	—	—

注：“—”示数据暂缺

资料来源：①国家统计局农村社会经济调查总队. 2000 ~ 2005 年各年中国农村贫困监测报告. 北京：中国统计出版社

②国务院扶贫开发领导小组办公室. 2002. 扶贫统计资料 1978 ~ 1998（内部资料）

贫困户人均收入、生活消费支出总量也呈不断增长趋势。但是，20 世纪以来，在 2001 年人均收支盈余 32. 2 元之后，2002 年人均生活消费支出 559 元，超过贫困户人均纯收入 531 元，超出比例为 5. 27%；2003 年贫困户人均纯收入与 2002 年相近，生活消费支出却增至 572 元，支出超出收入的比例为 7. 72%。这可能与新世纪扶贫开发难度增大、贫困农民生活费用成本上升有关。贫困农民的恩格尔系数虽然有所下降，但始终超过 60%，2003 年仍高达 67. 34%。

住房是贫困地区农民的主要财产。改革开放以来，中国贫困农户的住房条件不断得到改善。2001 年，国家扶贫工作重点县贫困农户人均住房价值 1276 元，2003 年人均住房价值增长到 1642 元；2002 年底，全国贫困农户人均住房面积为 15. 3m^2、人均住房价值 1778. 0 元、住房单位价值 116. 21 元/m^2。2002 年国家扶贫工作重点县贫困户住房单位价值为 96 元/m^2，2003 年增长至 108 元/m^2。住房单位价值的增长内含物价因素的影响，但是，无论如何，贫困户住房的建筑结构有所提升。2002 年国家扶贫工作重点县贫困户住房面积中 36. 6% 为钢筋混凝土结构及砖木结构，2003 年这一数字升至 40. 6%。

粮食是贫困农户最重要的消费品之一。人均粮食消费量低于 150kg 的人口比例有时也被作为贫困程度的一种衡量指标。2002 年全国农村人均粮食消费量在 150kg 以下的人口比例为 17. 3%，比 2001 年增加了 0. 7 个百分点；2002 年贫困农户人均粮食消费量为 183. 54kg，贫困人口中人均粮食消费量低于 150kg 的人口比例为 31. 2%。2003 年扶贫工作重点县贫困户人均每日摄取热量 1839. 9kcal，低于中国 2100kcal 的最低热量摄入量标准 260. 1kcal。可见，新世纪扶贫开发的难度不容低估。

五、贫困地区基础设施、生产生活条件改善

贫困农户所在村的通讯、电力通达、公路建设等基础设施建设与全国平均水平相比较还有一定差距，但已有了很大改观（表 6-6）。

1986 ~ 2000 年的 15 年间，共修建基本农田 661 万 hm^2，解决了 7725 万多人和 8399 万多头大牲畜的饮水困难（彭代彦，2002）；新修公路 35 万多千米，乡通公路率从 83. 9% 上升到 97. 6%；架设输变电线路近 40 万 km，乡通电率由 77. 8% 上升到 97. 0%。其中部分指标已接近或达到全国平均水平。95% 的行政村能够收听到广播、收看到电视节目，群众的文

化生活得到改善；到2000年全国农村有95%以上的行政村通了公路，比1995年提高了6个百分点；设有邮电局、所的乡镇比例由1995年的78.1%提高到2000年的79.8%，提高1.7个百分点；80%以上的行政村通了电话，农村电话用户2000年比1995年提高了2倍；95%以上的行政村通了电；98%的乡镇有了卫生院并进行了重新改造和建设，缺医少药的状况有所缓解。历史上"苦瘠甲天下"的甘肃定西地区和宁夏西海固地区经过多年的开发建设，基础设施和基本生产条件明显改善，贫困状况大为缓解。2001年较之2000年，贫困及低收入农户通电、通水、通路、通电话等基础设施状况都有所改善。

表6-6　贫困村基础设施变化/%

指　标	1993年	1994年	1995年	1996年	1997年	1998年	1999年	2000年	2001年	2002年	2003年
通电行政村比例	66.1	82.4	84.0	88.4	92.9	93.2	94.5	95.4	95.8	96.8	97.7
其中：自然村	—	—	—	—	—	—	—	—	—	92.8	93.9
通电话行政村比例	—	—	—	—	49.4	59.8	66.7	72.2	76.9	83.8	88.4
其中：自然村	—	—	—	—	—	—	—	—	—	72.2	75.0
通公路行政村比例	—	—	—	—	88.2	89.4	91.4	91.9	92.2	—	97.7
距卫生站小于5km行政村比例	—	—	—	—	—	—	71.0a	—	—	—	70.6
其中：自然村	—	—	—	—	70.1	71.1	73.9	73.4	72.7	—	—
农户饮水安全比例	84.2	82.6	81.7	84.8	89.8	91.8	62.5	52.0b	—	55.2	58.8
可接收电视行政村比例	—	—	—	—	91.9	92.5	94.3	94.9	95.4	95.0	96.2
其中：自然村	—	—	—	—	—	—	—	—	—	83.7	86.5

注："—"示数据暂缺；a，所在村有卫生所的比例，b，农村贫困监测对象数据

资料来源：国家统计局相关年份《中国农村贫困监测报告》全国农村住户抽样调查数据

截至2003年底，贫困农户所在村通电的比例为94.4%、通公路的比例为97.7%、通电话的比例为89.9%、能接收到电视节目的比例为94.9%；贫困农户所在村有70.6%离最近的卫生站的距离在5km以内、有58.8%的农户使用安全饮用水（包括自来水和深井水）。

通过扶贫开发，贫困县的基础设施条件、社区环境不断得到改善（表6-6）。2003年扶贫工作重点县通电村占总村数的比例达97.7%，比2002年高出0.9个百分点；其中，通电自然村占总村数的93.9%，比2002年上升1.1个百分点。2003年贫困县通电话村占总村数的比例为88.4%，比2002年高0.6个百分点；其中，通电话自然村占总村数的比例为59.1%，比2002年高6.7个百分点。2001年贫困县92.2%的村已通公路，2002年占总村数72.2%的自然村通公路，2003年在此基础上，比例提高到75.0%，提高了2.8个百分点。2003年占行政村总村数96.2%的村能接收电视节目，比2002年提高1.2个百分点；其中，2003年能接收电视节目的自然村占自然村总数的比例为86.5%，比2002年提高2.8个百分点。

分析分省（自治区、直辖市）贫困地区农户解决饮水问题、贫困村通电、通路情况变化的困难是缺乏1978年和1986年的本底资料。为了较完整地分析这一问题，我们利用分省（自治区、直辖市）的扶贫统计资料和计量分析方法，对1978年、1986年各省（自治区、直辖市）贫困地区农村通电、通路及解决饮水问题的人口比例进行了估算。我们的基本假设是：这些问题会随着经济的增长，即农村人口人均GDP的提高而逐渐得到解决，而且它

是一个持续改善的过程，即从总体上看，解决这些问题的速度有可能有快有慢，但不会出现或高或低的现象。据此，利用可得的分省（自治区、直辖市）的扶贫效果统计资料中的近400组数据，并设置地区虚变量，运用回归方法，分别估算通路率、通电率、解决饮水问题的人口比例与农村人口人均GDP的回归方程的待定系数。计量结果（表6-7）表明，只有在通电率的变化中，设置的西部地区虚变量具有较为显著的影响。根据估算结果和已有的数据，调整出这些指标在几个重要年份时的数值，并编制成表6-8、表6-9和表6-10。

表6-7　影响贫困人口解决饮水困难问题比例和贫困村通电通路率变化的待定系数

项　目	常　　数	农村人口人均GDP	西部地区虚变量	R^2	F值
通路率	51.508 58	0.014 452	—	0.246 15	64.978 1
	(21.340 57)	(8.060 899)	—	—	—
通电率	67.104 92	0.012 427	-8.612 69	0.248 767	33.280 09
	(21.887 74)	(6.099 3)	-3.363 58	—	—
安全饮水	69.787 68	0.008 438	—	0.246 681	61.234 85
	(49.337 42)	(7.825 27)	—	—	—

注：“—”示数据暂缺；括号内为t检验值

资料来源：国务院扶贫开发领导小组办公室．2002．扶贫统计资料（1978～1998）(内部资料)

表6-8　中国贫困地区分省（自治区、直辖市）的农户解决安全饮水人口比例的变化/%

地　区	1978年	1986年	1994年	2000年
河　北	54.0	67.9	84.2	84.9
山　西	52.0	67.0	81.0	77.5
内蒙古	49.0	62.0	79.0	90.3
辽　宁	56.0	73.3	88.0	100.0
吉　林	35.2	52.5	62.1	86.0
黑龙江	48.0	65.0	81.0	89.8
浙　江	51.0	66.2	77.6	78.9
安　徽	45.0	70.0	88.5	88.2
福　建	55.0	72.4	80.9	85.9
江　西	42.0	68.0	90.8	90.4
山　东	55.0	72.9	86.2	90.0
河　南	46.0	70.0	91.2	89.3
湖　北	50.0	66.0	82.6	76.5
湖　南	44.0	64.0	83.8	55.8
广　东	60.0	73.3	84.4	100.0
广　西	45.0	57.0	78.6	63.8
海　南	—	—	80.5	93.3
四　川	50.0	64.0	80.9	72.5
贵　州	44.0	60.0	72.7	52.6
云　南	40.0	56.0	78.0	59.6
西　藏	28.0	45.4	73.7	38.3

续表

地　区	1978年	1986年	1994年	2000年
陕　西	43.0	55.0	75.2	72.2
甘　肃	41.0	54.0	78.0	59.0
青　海	40.0	52.0	66.1	71.4
宁　夏	30.6	50.0	73.9	39.5
新　疆	21.2	30.1	43.8	77.5

注："—"示数据暂缺；2000年四川省数据不包括重庆市，2000年重庆市对应数据为50.1%；港、澳、台等地资料暂缺

资料来源：国务院扶贫开发领导小组办公室．2002．扶贫统计资料（1978~1998）（内部资料）

由表6-8可以看出，1978年农村绝大多数贫困地区农民解决饮水问题的人口比例不到一半，改革开放后贫困地区的这一比例逐步提高，到实施大规模扶贫的1986年，大多数贫困地区农民解决饮水问题的人口比例超过一半。1986年启动大规模扶贫开发计划以来，解决饮水困难问题成为扶贫工作的主要内容之一，农村贫困地区解决饮水问题的条件得到改善，截至1994年实施"八七扶贫攻坚计划"时，少数省（自治区、直辖市）农村贫困地区解决饮水困难问题的人口比例已超过90%（如江西省为90.84%、河南省为91.17%）。到2000年，辽宁省和广东省农村贫困地区解决饮水困难问题的人口比例达到100%。需要解释的是，最初的贫困地区饮水困难人口，是指取水距离超过1km或取水的垂直高度超过100m的农村人口，随着这一问题的基本解决，饮水困难问题已经由最初的数量上的困难演变为质量上的饮水安全问题；并且，饮水问题受气候因素的影响较大，所以，这个指标的可比性不是很强，这也是一些贫困程度相对较低的地方该指标相对较高的原因之一。

表6-9　中国贫困地区分省（自治区、直辖市）的村庄通电率的变化/%

地　区	1978年	1986年	1994年	2000年	2003年*
河　北	56.0	74.0	97.2	99.5	98.2
山　西	48.0	60.0	75.4	98.6	94.9
内蒙古	49.0	66.0	85.1	95.4	95.6
辽　宁	61.0	72.3	99.6	100.0	—
吉　林	59.0	72.6	91.1	100.0	100.0
黑龙江	57.0	72.9	92.1	98.0	98.1
浙　江	62.0	72.1	95.0	100.0	—
安　徽	58.0	68.0	91.5	99.4	100.0
福　建	61.0	74.0	95.7	98.2	—
江　西	56.0	70.0	87.1	98.9	98.7
山　东	57.0	80.0	100.0	99.0	—
河　南	55.0	70.3	91.4	100.0	99.4
湖　北	57.0	72.3	91.8	97.9	96.9
湖　南	55.0	67.0	81.8	96.8	99.3
广　东	60.0	72.3	92.6	100.0	—
广　西	51.0	62.0	74.0	95.8	90.8

续表

地　区	1978 年	1986 年	1994 年	2000 年	2003 年*
海　南	52.0	66.0	80.0	95.6	97.4
四　川	50.0	62.8	78.9	87.2	91.7
贵　州	47.0	61.1	80.0	96.2	93.3
云　南	48.0	61.4	75.4	97.7	89.7
西　藏	38.0	54.0	66.0	14.8	—
陕　西	51.0	61.4	82.0	97.7	98.0
甘　肃	50.0	62.0	83.0	93.2	95.3
青　海	48.0	63.0	76.8	53.6	71.3
宁　夏	49.0	65.0	88.0	100.0	96.8
新　疆	51.0	62.0	78.0	91.1	92.3

注：2000、2003 年四川省数据不包括重庆市；2000 年重庆市对应数据为 99.2%；＊表示 2003 年数据为自然村通电率，重庆市对应数据为 96.1%；“—”示数据暂缺；港、澳、台等地资料暂缺

资料来源：国务院扶贫开发领导小组办公室. 2002. 扶贫统计资料（1978～1998）(内部资料)

由表 6-9 可见，改革之初的 1978 年，农村贫困地区通电的行政村占总村数的比例大多在 50%～60%，部分低于 50%；到启动大规模扶贫计划的 1986 年，该比例已有较大的提高，但大多数贫困地区的通电率尚未超过 80%。1994 年实施“八七扶贫攻坚计划”时，一些省（自治区、直辖市）的贫困地区通电的行政村占总村数的比例已经超过 90%。到 2000 年，辽宁、吉林、浙江、河南、广东、宁夏等省（自治区、直辖市）所有的贫困村已经全部通电；到 2003 年，安徽省贫困地区的自然村也全部通电。这些省（自治区、直辖市）都分布在东部地区或水力、风力相对充足的地带，说明地区经济发展水平和自然资源禀赋对扶贫的促进作用。在贫困地区迫切需要解决的水、电、路 3 个问题中，通电不仅是数量上解决得最好的问题，而且也是质量上解决得最好的问题，即很多地方已经由小水电、小火电供电改为电网供电，电压的稳定性和用电的可靠性都大大提高了。

表 6-10　中国贫困地区分省（自治区、直辖市）的村庄通路率的变化/%

地　区	1978 年	1986 年	1994 年	2000 年	2003 年*
河　北	46.0	55.2	70.0	94.9	87.3
山　西	45.0	55.8	72.2	93.2	85.3
内蒙古	44.0	57.0	70.6	83.5	67.7
辽　宁	48.0	57.5	79.0	100.0	—
吉　林	47.0	59.0	78.0	76.0	95.8
黑龙江	45.0	58.2	76.0	79.6	81.6
浙　江	54.0	60.0	80.0	88.9	—
安　徽	47.0	58.0	76.0	86.5	76.1
福　建	52.0	56.1	80.8	98.2	—
江　西	45.0	57.0	75.0	96.1	83.1
山　东	52.0	56.9	77.6	92.0	—
河　南	49.0	60.0	75.0	94.3	86.6

续表

地　区	1978年	1986年	1994年	2000年	2003年*
湖　北	49.0	58.0	74.0	97.1	73.6
湖　南	48.0	56.4	73.0	85.3	69.9
广　东	51.0	63.0	81.0	100.0	—
广　西	48.0	55.1	65.0	96.6	65.3
海　南	47.0	58.6	76.0	97.8	94.8
四　川	47.0	56.6	68.0	86.7	74.1
贵　州	44.0	52.0	63.0	95.6	67.0
云　南	45.0	58.0	73.4	95.8	71.9
西　藏	39.0	48.0	57.0	73.7	—
陕　西	48.0	56.0	73.0	94.2	81.1
甘　肃	46.0	56.0	72.0	86.2	81.5
青　海	42.0	54.0	67.1	77.7	81.4
宁　夏	43.0	56.0	71.6	97.4	88.7
新　疆	43.0	54.0	68.0	91.9	80.2

注：2000、2003年四川省数据不包括重庆市；2000年重庆市对应数据为88.3%；*表示2003年数据为自然村通路率，重庆市对应数据为71.0%；"—"示数据暂缺；港、澳、台等地资料暂缺

资料来源：国务院扶贫开发领导小组办公室. 2002. 扶贫统计资料（1978~1998）(内部资料)

由表6-10可见，1978年农村贫困地区通路（指可通三轮以上机动车的道路）的行政村占总村数的比例大多不到50%，1986年，贫困地区通路的行政村占总村数的比例也大多不到60%。1986年实施大规模扶贫开发计划以后，贫困地区农村的通路率有显著提高，绝大多数省（自治区、直辖市）农村贫困地区的通路率接近80%；1994年实施"八七扶贫攻坚计划"后，农村贫困县地区的交通基础设施得到进一步改善。到2000年，辽宁省和广东省农村贫困地区已全部通路；到2003年，各省（自治区、直辖市）农村贫困地区自然村的通路率都在65.3%（广西的数据）以上。需要解释的是，贫困村的道路大多都有改进，甚至有较为显著的改进，但通路率统计忽略了道路质量的改进；通路率的统计以行政村为单位，忽略了一些自然村尚未通路的问题。据我们对位于中部的湖南省4个贫困县的调查，达到所有自然村通路的目标，还需要大量的投资。

六、贫困地区人类贫困弱化

中国农村劳动力资源具有数量上的绝对优势，但教育文化水平相对低下。据统计，20世纪90年代前，文盲或半文盲的农村劳动力比例在20%以上。随着经济发展和社会进步，中国农民劳动力教育文化状况有所改善。1998年文盲或半文盲比例降低到10%以下（9.56%），2003年文盲或半文盲比例降至7.39%，大专或大专以上文化程度的劳动力比例由1985年的0.06%提高到2003年的0.64%，劳动力教育文化状况有所改观。

20世纪90年代，中国在人力资本发展上取得了扎实的进展（汪三贵，李文等，2004）。到2001年，成人受教育率已提高到85%，小学入学率达到了99%，初中、高中的入学率分别达到89%和44%；1980~2001年，15~64岁年龄组的平均受教育年数从5年增加到8

年。就完成教育的情况而言，获得小学教育的人口比例仍然维持在35%左右，但获得初中教育的人口比例从15%增加到了34%、获得高中和技校教育的人口比例从6%增长到了11%。2001年，高等学校的入学率为13%（1980年为2%），获得大专及以上教育的人口达到4%，而在1980年尚不足1%。卫生事业也取得了巨大进步，到2001年中国已经达到了中低收入水平国家的标准，平均寿命预期达到了70岁，婴儿死亡率降到了3.1‰，5岁以下幼儿死亡率降到了3.9‰，1岁幼儿接受结核和麻疹免疫接种的达到98%，近85%的人口能获得基本医药诊疗，营养不良人口不足10%。

20世纪90年代以来，中央政府加大了对贫困农村地区的扶持力度。教育部会同相关部门针对普及义务教育需要，分别制定颁布了一系列政策，并且组织开展了大规模的项目活动，扶持贫困农村、少数民族地区女童、残疾儿童和流动儿童少年接受义务教育，保障他们享有平等的权利。

根据全国农村住户抽样调查数据，截至2003年，中国农村劳动力平均受教育年限为7.8年，相当于未毕业初中生水平；文盲半文盲人口比例仍占7.4%；大专及大专以上文化程度的劳动力比例仅占0.6%。但从纵向来看，中国农村劳动力教育文化程度逐步提高。2003年全国7～15岁学龄儿童在学率为95.7%，比2002年提高1.2个百分点；贫困户7～15岁学龄儿童在学率为91.3%，比2002年提高3.9个百分点。贫困农户文盲半文盲率从1999年的22.1%下降到2003年的17.0%。

贫困县的文教、卫生等各项社会事业显著发展。贫困县劳动力文化程度构成（表6-11）中，文盲半文盲比例从1999年的19.96%下降到14.70%，下降5.26个百分点；大专及大专以上文化程度劳动力比例从1997年的0.13%上升到2003年的0.30%，提高0.17个百分点。7～15岁学龄儿童失学率得到抑制，逐步降低：1997年7～15岁学龄儿童失学率为7.43%，2001年该比例下降至6.30%，降低1.03个百分点，下降幅度为13.86%。贫困县的医疗卫生状况随着医疗卫生体制的改革也得到逐步改善：2000年前有卫生院的村占总村数的比例不断提高；在2001年有卫生院的村占总村数较2000年下降后，有卫生室的村占总村数的比例由2002年的68.6%提高到2003年的70.2%，有合格医生/卫生员的村的比例由2002年的70.8%提高到2003年的72.3%，有合格接生员的村的比例由2002年的66.6%提高到2003年的69.6%。

表6-11　中国贫困县*劳动力文化程度构成及其文教卫生情况/%

指　标	1997年	1998年	1999年	2000年	2001年	2002年	2003年
文盲、半文盲	19.96	18.25	16.76	16.29	16.07	15.30	14.70
小　学	42.47	42.84	42.96	42.41	42.56	37.80	36.80
初　中	30.96	32.10	33.25	34.31	34.32	38.80	40.30
高　中	5.77	5.86	5.95	5.82	5.84	6.40	6.30
中　专	0.71	0.81	0.90	0.99	1.02	1.40	1.50
大专以上	0.13	0.14	0.18	0.18	0.19	0.20	0.30
儿童失学率（7～15岁）	7.43	7.82	7.85	6.78	6.30	—	—
7～12岁	—	—	—	——	—	5.10	4.80
13～15岁	—	—	—	—	—	14.60	11.60

续表

指　标	1997年	1998年	1999年	2000年	2001年	2002年	2003年
有卫生院的村占总村数的比例	19.16	28.36	22.66	22.80	19.90	—	—
无卫生院有乡村医生的村占总村数的比例	64.45	68.57	69.23	69.70	66.40	—	—
无卫生院有合格接生员的村占总村数的比例	43.55	49.58	52.92	53.10	50.30	—	—
有卫生室的村占的比例	—	—	—	—	—	68.60	70.20
有合格卫生员的村占的比例	—	—	—	—	—	70.80	72.30
有合格接生员的村占的比例	—	—	—	—	—	66.60	69.60

注：*贫困县2000年前为国定贫困县，2001年起为国家扶贫工作重点县；“—”示数据暂缺

资料来源：国家统计局.1999、2000、2001、2002、2003、2004.扶贫监测报告.北京：中国统计出版社

20世纪90年代以来，在农村贫困监测地区，5岁以下儿童死亡率及孕产妇死亡率逐步得到有效抑制：1991年新生儿死亡率为37.9‰，2002年降低至23.2‰，11年间下降了14.7个千分点，下降幅度为38.79%；婴儿死亡率从1991年的58.0‰降低至2002年的33.1‰，11年间下降24.9个千分点，下降幅度为42.93%；5岁以下儿童死亡率从1991年的71.1‰降低至2002年的39.6‰，11年间下降31.5个千分点，下降幅度为44.3%；孕产妇死亡率由1990年的112.5/100 000降低至2002年的58.2/100 000，12年间下降54.3/100 000，下降幅度为48.27%。

第二节 扶贫绩效的分析

中国扶贫取得的极为显著的绩效是如何产生的呢？围绕着这个问题，学者们进行了多方位的计量研究。

一、经济增长的扶贫作用的计量研究

黄季焜等利用OLS方法和有关数据就经济增长、收入分配对减缓贫困的影响做了一个较为全面的计量分析。计量研究使用的数据来自国家统计局，这些数据分为两类，一类是1980～2002年全国的时间序列数据，另一类是1985～2002年分省的时间序列数据，包含了548个样本。自变量为按2001年价格计算的实际人均GDP、农业GDP占全国GDP总量的份额以及基尼系数。受数据可获得性的限制，利用省级数据所做的回归中没有包括基尼系数。为了控制住那些无法观测的时间和地理因素的影响，省级回归中设置了省级虚拟变量和时间虚拟变量。回归结果列于表6-12。

从表6-12看出，无论是利用全国数据还是省级时间序列数据，人均GDP的估计系数都在1%的显著性水平上为负，这说明随着经济的增长，贫困发生率会下降。然而，随着经济的继续增长，贫困发生率的下降速度将变慢（人均GDP二次项系数为正，表6-12第2行）。这一结果和跨国别研究中的结论是一致的。这一研究结果也表明，当经济发展到一定程度后，专项扶贫工作在减贫中将起到越来越重要的作用。

表 6-12　中国贫困发生率的回归分析

项　目	全国数据（1980～2002）			分省数据（1985～2001）	
	设定Ⅰ	设定Ⅱ	设定Ⅲ	设定Ⅳ	设定Ⅴ
Ln（人均 GDP）	-1.113	-1.409	-1.278	-0.853	-1.102
	(2.8)	(3.24)	(4.36)	(8.13)	(8.65)
Ln（人均 GDP）^{2}	0.049	0.061	0.051	0.047	0.059
	(2.62)	(3.05)	(3.84)	(9.06)	(9.80)
基尼系数	—	0.637	0.291	—	—
	—	(2.13)	(1.1)	—	—
农业 GDP 份额	—	—	-1.045	—	-0.487
	—	—	(3.77)	—	(3.88)
年度和省份虚拟变量	—	—	—	未汇报	未汇报
F 值	49.69	34.16	74.62	41.68	41.62
调整后的 R^2	0.88	0.9	0.94	0.68	0.70

注：“—”示数据暂缺；括号内为 t 检验值

资料来源：黄季焜，Rozelle S，章奇．2005．中国的宏观经济政策、贸易自由化与贫困．见：王国良．中国扶贫政策——趋势与挑战．北京：社会科学文献出版社，123

收入分配的估计结果也符合预期。表 6-12 的结果说明收入分配的恶化对应着更高的贫困发生率。有意思的是，中国收入分配的估计系数（0.637）和跨国别回归中所估计的收入分配系数（0.604～0.613）十分接近。

由于全国的样本量较小，根据这一计量结果做分析需要谨慎。因此，下面根据省级数据的回归结果进行分析。表 6-12 的最后 1 列结果表明，控制住收入因素以后（或者说，给定收入水平及其增长速度），农业增长得越快（对应着更高的农业产出比例），贫困发生率就越低。也就是说，即使两个省有着相同的收入增长速度，但贫困发生率在农业增长更快的省份下降更快。农业产出比例每提高 1 个百分点，将导致贫困发生率减少 0.487 个百分点（表 6-12 最后 1 列）。得到这一结果并不让人感到意外，因为和较富裕的农民相比，农村贫困人口的收入更多地依赖于来自农业的收入。这一研究结论支持了农业发展在扶贫中具有重要作用的观点。

根据表 6-12 设定Ⅴ的参数估计结果，我们对影响贫困各因素在一定时期内所起的作用进行了分解，结果列于表 6-13。第一列中的数字将贫困发生率的下降分解为收入增长和农业增长所带来的结果，残差为除上述两个因素以外其他因素所引起的贫困发生率的变化。第二列是在第一列基础上进一步计算而得的各因素变化对贫困发生率下降所起的相对作用大小，即各因素变化对贫困发生率变化的贡献率（按百分比计算）。

在整个改革期内（1978～2002 年），中国的贫困发生率下降了 29.8%。其中经济增长的贡献最大（27.5%）。这一结果意味着同期在其他条件相同的情况下（例如收入分配和经济结构不发生变化），仅经济的增长就将使贫困发生率降低 27.5%，也就是说，贫困发生率达 29.8% 的降幅中有 92% 是因为经济增长所带来的。人们也许会认为如果保持其他因素不变，那么经济增长也就不可能像我们所看到的那样。但我们在这里的目的只是要把影响贫困发生率的其他因素的作用和经济增长因素的作用分离开。

表 6-13 中国贫困发生率变化的分解效应分析

指 标	各因素变化所导致的贫困发生率的变化/%	对贫困发生率变化的贡献/%
1978~2002 年人均 GDP	-27.5	92
农业 GDP 所占比例	6.3	-21
其他因素	-8.6	29
贫困发生率的变化	-29.8	100
1978~1984 年人均 GDP	-10.4	48
农业 GDP 所占比例	-1.9	9
其他因素	-9.6	44
贫困发生率的变化	-21.9	100

资料来源：黄季焜，Rozelle S，章奇. 2005. 中国的宏观经济政策、贸易自由化与贫困. 见：王国良. 中国扶贫政策——趋势与挑战. 北京：社会科学文献出版社，123

分解效应分析也说明农业增长放慢将对减少贫困产生负面影响。在表6-13的第二列中，计算结果表明，1978~2002年，因为农业增长速度的下降，导致贫困发生率的下降幅度减少了6.3个百分点。除一般经济增长和农业增长因素之外，贫困发生率下降的29%可以由其他因素来解释。

如果把整个时期分为1978~1984年、1985~2002年两个时期，可以发现农业增长在第一个时期的减少贫困中起的作用更大，这一阶段的农业增长使贫困发生率下降了1.9个百分点。

二、增长与分配对减缓贫困的影响的分析

胡兵等（2005）利用Foster、Greer和Thorbecke（1984）提出的FGT指数对贫困进行测量，FGT的优点是通过3个指标全面反映贫困状况。FGT贫困指数的连续形式为

$$P_{\alpha} = \int_{0}^{z}\left(\frac{z-x}{z}\right)^{\alpha} f(x)\,dx \quad (\alpha = 0,1,2) \tag{6-1}$$

其中，x 为居民收入（也可用消费来衡量），f（x）是收入（消费）分布的密度函数，z 表示贫困线。当 $\alpha=0$ 时，P_0 为贫困发生率（head-count index，以下用H表示），反映贫困人口占总人口的比例，是最常用的指标；当 $\alpha=1$ 时，P_1 为贫困距指数（poverty gap index，以下用PG表示），是贫困深度指标，反映贫困人口的收入与贫困线之间的相对距离；当 $\alpha=2$ 时，P_2 为平方贫困距指数（squared poverty gap index，以下用SPG表示），是贫困强度指标，由于越贫困的人口越远离贫困线，所以，P_2 与 P_1 相比，相当于在加权平均时赋予更贫困人口以更大权数。3个指标联合运用，能全面反映贫困及其变动状况。其中，H下降，表明贫困人口比例减少，但不能反映贫困人口远离贫困线的距离的变化，而PG指数弥补了这个缺陷；当H、PG不变时，表明贫困人口比例和整体收入相对于贫困线保持不变，但不能反映穷人间收入分配状况的改善或恶化，而SPG指数弥补了这个缺陷。

对FGT指数（表6-14）进行分解的结果表明，经济增长大幅度减少了贫困，但是恶化的收入分配状况对贫困减少产生了不利影响。具体地说，1985~2003年，经济增长使贫困发生率（H）下降了19.44个百分点，而收入分配状况的恶化，使H值上升了9.71个百分

点，恶化的收入分配状况部分地抵消了经济增长在减少贫困上的成效，使整个期间 H 值下降至9.73 个百分点。从 PG 来看，1985～2003 年下降了1.54 个百分点，贫困人口整体远离贫困线的相对距离有所降低，但是，当给予更贫困人口以更高权重（平方贫困距指数）时，SPG 在整个考察期没有变化，由于收入分配的不利变化，经济增长并没有改善目前仍处于贫困的这部分人的处境。中国经济持续20多年的快速增长，使全体居民的收入水平普遍提高，也使大量农村居民摆脱了贫困状况，但目前仍处于贫困线以下的农村居民的贫困状况并没有改善，以致收入差距进一步拉大了。即 1985 年农村贫困线与农民人均纯收入之比为 1∶1.93，1990 年为1∶2.02，1995、2000、2003 年分别上升到1∶2.63，1∶3.48，1∶3.97，收入差距越来越大。

表 6-14　FGT 贫困指数分解/%

时期/年	ΔH	经济增长	收入分配	ΔPG	经济增长	收入分配	ΔSPG	经济增长	收入分配
1985～1990	-2.09	-3.24	1.15	0.09	-0.59	0.68	0.21	-0.13	0.34
1990～1995	-1.77	-7.93	6.17	-0.46	-2.72	2.26	-0.01	-1.16	1.15
1995～2000	-5.25	-6.62	1.37	-1.17	-1.79	0.62	-0.32	-0.71	0.39
2000～2003	-0.62	-2.11	1.49	—	-0.55	0.56	0.12	-0.22	0.34
1985～2003	-9.73	-19.44	9.71	-1.54	-5.29	3.75	—	-2.17	2.17

注：“—”示数据暂缺

资料来源：胡兵，胡宝娣等. 2005. 经济增长、收入分配对农村贫困变动的影响. 财经研究，31（8）：89～99

三、扶贫投资效果的计量分析

（一）扶贫资金的部门投向

根据国家统计局农村贫困监测资料，1998～2001 年贫困县每年人均获得扶贫资金138.58 元（表6-15），其中投入农业的扶贫资金所占比例最大，为46.27%，其次是基础设施投资，占 19.81%，后面依次是工业（13.53%）、交通运输（6.09%）、文教卫生（3.35%）、商业服务业（1.37%）和技术培训（0.88%）。

表 6-15　人均扶贫资金投向构成

年　份	贫困县数	人均扶贫投资/元	农业/%	基础设施/%	工业/%	交通运输/%	商业服务业/%	文教卫生/%	技术培训/%	其他/%
1998	519	124.74	45.22	20.03	13.61	6.45	2.16	3.91	0.79	7.84
1999	519	151.00	48.83	18.91	13.63	5.88	1.12	3.15	0.73	8.01
2000	519	146.04	48.03	19.75	10.81	6.00	1.04	3.01	1.00	9.57
2001	519	132.53	42.95	20.57	16.08	6.04	1.16	3.36	0.99	8.86
平均	519	138.58	46.27	19.81	13.53	6.09	1.37	3.35	0.88	8.70

注：以 1997 年为不变价

资料来源：汪三贵，李文等. 2004. 我国扶贫资金投向及效果分析. 农业技术经济，(5)：45～49

在农业扶贫投资中，种植业投入所占比例最大，为 46.23%，其次是畜牧业，为34.20%，后面依次是林业（10.35%）和渔业（9.22%）。在基础设施投资中，基本农田建设投资占55.72%，人畜饮水占24.09%，道路修建占23.82%。从4 年的变动来看，基本农田建设投资所占比例逐渐减少，人畜饮水和道路修建都呈现出波动式增加。

（二）扶贫投资的效果

1. 扶贫投资产出成果

根据国家统计局农村贫困监测资料，1998～2001年，贫困县每万元扶贫资金扶持贫困人口情况及新增产出状况如表6-16所示。

表6-16 每万元扶贫资金新增产出

年 份	当年扶持贫困人口/人	当年吸收贫困户劳动力/人	向其他地区输出劳动力/人	其中向外省输出劳动力/人	新增基本农田/亩	新增公路里程/km	新增经济林面积/亩	解决饮水困难人数
1998	1.64	0.71	6.16	3.39	0.32	0.005	0.28	4.07
1999	1.18	0.68	5.93	3.06	0.31	0.009	0.30	2.50
2000	1.22	0.74	7.19	4.11	0.26	0.004	0.26	2.55
2001	1.36	0.69	7.38	4.10	0.17	0.003	0.22	3.05
平 均	1.34	0.70	6.65	3.65	0.27	0.005	0.27	3.02

注："人均"的分母为县乡村总人口，贫困县为519个

资料来源：汪三贵，李文等. 2004. 我国扶贫资金投向及效果分析. 农业技术经济，(5)：45～49

2. 扶贫投资的效果

汪三贵等（2004）利用贫困县1998～2001年的县级扶贫投资资料和OLS回归模型分析了扶贫投资对收入增长和减贫的影响。回归结果（表6-17）表明，在控制了初始条件（1998年期初的人均收入、人均粮食产量和工业比重）以及地理、民族和政治地位的影响，并加入省虚变量后，人均农业投资每增加1元，人均纯收入每增加0.17元、回报率为17%；人均每增加1元的商业、餐饮业和服务业投资，人均纯收入增加0.76元，回报率高达76%。这就是以非农生产活动为主要投资对象的小额信贷项目为什么能够在较高的利率条件下获得成功的原因。基础设施投资在短期内对收入增长没有显著的影响，甚至是负的影响，如人畜饮水投资，这一方面可能是因为基础设施投资的效果在短期内难以表现出来，具有滞后性；另一方面可能因为基础设施建设需要农户无偿投入劳动力，从而影响短期的创收活动。此外，所有扶贫投资在短期内对贫困人口的减少在统计上都没有显著的影响，这在一定程度上表明扶贫投资所带来的收入增长的好处可能并没有平等地为贫困人口分享。

表6-17 1998～2001年扶贫投资的效果

变 量	人均纯收入增加额	人均GDP增加额	减贫人口
人均农业投资/元	0.17*	0.35	5.97
	(1.81)	(1.20)	(0.45)
人均工业投资/元	0.17	0.72	10.29
	(0.85)	(1.13)	(0.36)
人均交通运输业投资/元	-0.59	-0.54	26.09
	(-1.54)	(-0.45)	(0.48)
人均商业、饮食业、服务业投资/元	0.76**	2.32**	-16.51
	(2.58)	(2.51)	(-0.39)

续表

变　量	人均纯收入增加额	人均 GDP 增加额	减贫人口
人均文教卫生投资/元	-0.13	2.45	-52.04
	(-0.23)	(1.39)	(-0.65)
人均基本农田建设投资/元	-0.11	-0.26	23.35
	(-0.46)	(-0.33)	(0.65)
人均人畜饮水工程投资/元	-1.33**	0.39	-26.83
	(-2.11)	(0.19)	(-0.29)
人均道路修建投资/元	-0.26	-1.00	32.30
	(-0.99)	(-1.23)	(0.87)
人均技术培训及技术推广投资/元	-2.11	-6.99	-0.03
	(-0.93)	(-0.97)	(0)
劳动力占家庭人口比例/%	1.86	-4.65	-487.31
	(0.84)	(-0.67)	(-1.53)
外出务工者占劳动力比例/%	2.27	2.19	24.92
	(1.65)	(0.50)	(0.13)
1997 年人均纯收入/元	-0.16***	-0.02	21.21***
	(-3.894)	(-0.16)	(3.473)
1997 年县工业增加值占县 GDP 的比例/%	516.84***	1 885.94***	-35 183.93**
	(5.03)	(5.81)	(-2.38)
1997 年人均粮食产量/kg	0.29***	0.09	4.52
	(4.72)	(0.47)	(0.51)
山　区	45.69	75.96	-11 245.37**
	(1.27)	(0.67)	(-2.17)
平　原	194.09***	96.59	-27 744.12***
	(4.08)	(0.64)	(-4.04)
老　区	-16.77	198.19	21 286.24***
	(-0.39)	(1.48)	(3.49)
少数民族	21.54	215.82*	6 669.98
	(0.61)	(1.92)	(1.3)
边　区	54.50	28.26	-2 689.27
	(1.01)	(0.17)	(-0.35)
调整后的 R^2	0.48	0.29	0.21

注：括号内为 t 检验值

3. 贫困农户对扶贫资金投向的实际需求

农户需求分析数据来自于河北省平山县、甘肃省会宁县和云南省巍山县的农户抽样调查。每个县选择 4 个贫困的乡镇，每个乡镇选 3 个自然条件和资源条件尽可能不同的扶贫工作重点村，每个村选 2 个不同的自然村（村民小组），每个自然村选 10 户农户。要求这 10 户农户一是经济条件好、中、差相搭配，二是经济活动和收入来源尽可能不同。3 个县总共抽取 720 个样本农户。

调查中采用快速评估法对农户的需求进行排序。总共提供了15类投资项目供农户选择，假定15个项目重要性的总分为100分，如果将100分平均分给15个项目，则每个项目为6.67分。按照这种方法，得分高的项目表示重要程度高。图6-4为720户被访问者对15个扶贫项目的排序结果。农户认为对他们最为重要的前5个扶贫项目依次是修建道路和桥梁（13.5分）、减少子女上学费用（12.93分）、开展农业技术培训（11.57分）、解决人畜饮水问题（9.15分）、减少看病费用（9.12分）。可见，尽管国家在贫困地区基础设施建设中已经投入了大量资金，但仍然不能满足农民的需求。而减少子女上学费用、减少看病费用、开展农业技术培训等人力资本开发方面的投资已经成为农户关注的主要问题。

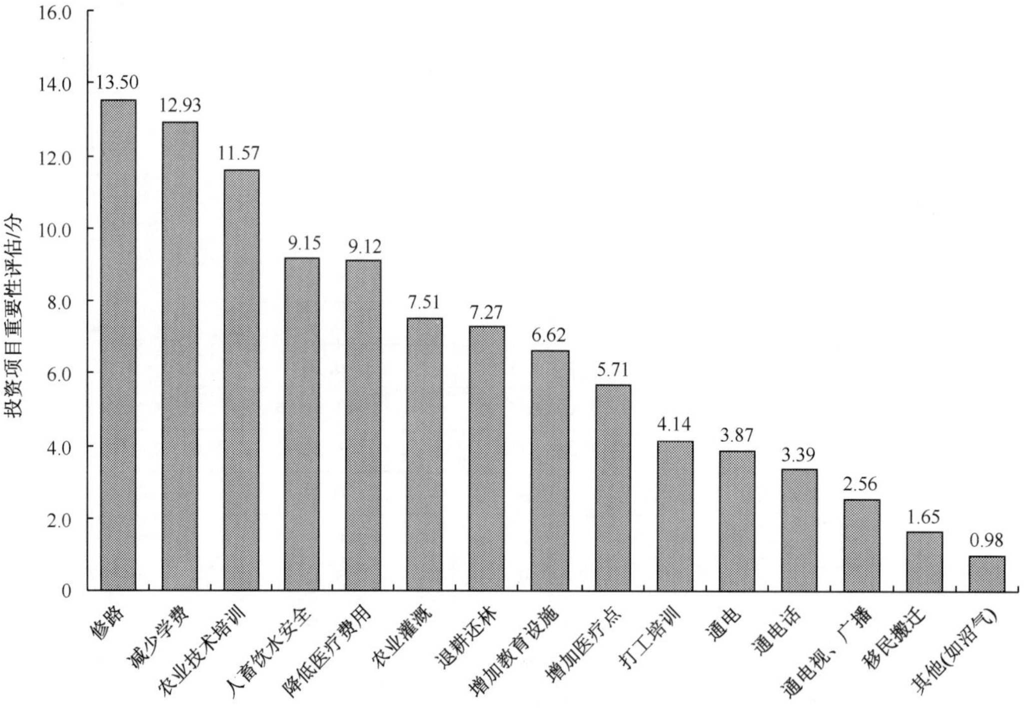

图6-4　农户需求排序

有关被访问者的性别、受教育程度、家庭收入来源及其经济条件等不同类型的分类统计结果表明，他们的排序并没有因这些不同而产生明显的差异，但不同地区的农户在需求排序上略有不同。如河北平山县的农户前5位的需求分别是：修建道路、减少子女上学费用、减少看病费用、解决农业灌溉问题和开展农业技术培训；甘肃会宁县的农户前5位的需求分别是：减少子女上学费用、修建道路、扩大退耕还林规模、开展农业技术培训和减少看病费用；云南魏山县的农户前5位的需求分别是：开展农业技术培训、解决人畜饮水、减少子女上学费用、解决农业灌溉问题和修建道路。这说明被访问者的排序基本上是以当地自然资源条件为依据的，并且都对人力资源方面的投资比较重视。

根据调查结果的分析，今后应该对扶贫资金的重点投向和资金管理进行必要的调整：

1）继续加强道路、人畜饮水和灌溉等基础设施的建设，并将重点放在提高基础设施的等级和质量上，同时要通过明晰产权和其他合理的制度安排来加强各类基础设施的维护，彻底改变因只建不养而导致的基础设施投资效率不高的问题。为了改变基础设施建设在短期内难以给农户带来收益的问题，实施真正意义上的以工代赈是必要的，即减少贫困农户义务工的数量，对参加基础设施项目建设的贫困农户给予工资补贴。

2）大幅度增加社会服务领域的扶贫投资，重点解决贫困地区的农民及其子女看病和上学费用高的问题，避免贫困农民因病致贫和因子女得不到受教育的机会而长期贫困。要改变以往在教育和医疗卫生方面的投资只注重硬件建设的做法，将重点放在如何降低教育和医疗的成本和获得服务的方便程度方面，使贫困农户有能力和方便地享受教育和医疗服务，减轻农户在教育和医疗方面的沉重负担。同时也可以考虑对贫困农户直接进行教育和医疗补贴。

3）加强农民的技术和技能培训以及实用技术的推广，提高农业和非农业生产的效率。技术和技能培训应该与实用技术推广和劳务输出结合起来，以便使各类培训发挥更大的效果并易于为农户所接受。培训中最应该注意的问题是走形式和以培训为名套取资金。因此应该加强配套制度建设，保证资金的使用效果。

4）改善扶贫资金的管理，让地方政府能够根据农户的需求选择项目。由于不同的贫困地区在自然资源、生态环境和文化方面存在很大的差异，为了使扶贫投资更适合当地的需求，应该给地方政府在具体项目的选择上有更大的自主权和灵活性，上级政府扶贫部门的主要责任是加强资金和项目的监管。同时要求地方政府通过参与式的方式鼓励贫困农户积极参与到项目的选择、实施、监督和评估过程中去。

4. 扶贫资金投入的变化及其效益

表6-18汇总了扶贫资金使用效益各项指标的计算结果。

表6-18　扶贫资金的扶贫成果

项　目	1998年	1999年	2000年	2001年	2002年
当年扶持贫困户数	7 241 879	6 076 556	5 994 792	5 771 997	—
当年扶持贫困人口	25 941 506	25 384 940	23 583 188	22 433 891	—
当年吸收贫困户劳动力	3 732 061	3 163 827	3 052 406	3 130 646	—
项目经营总收入/万元	1 677 365	1 801 205	2 028 810	1 824 060	—
项目利税总额/万元	344 719.7	320 906.5	393 178.2	391 645	—
项目形成固定资产/万元	490 582.4	483 179.9	551 819.3	655 755	—
新增基本农田/hm^2	690 060.5	764 034.7	602 423.3	355 990	278 800
新增公路里程/km	62 216.5	67 394.7	45 996.3	43 624	78 000*
新增经济林面积/hm^2	631 221.9	778 841.2	654 677	501 372	—
当年解决饮水困难人数	9 624 561	6 817 918	6 131 419	6 874 631	—
当年解决饮水困难牲畜头数	8 294 405	6 134 233	5 839 841	5 341 042	6 691 000
向其他地区输出劳动力人数	15 230 360	16 614 325	19 126 642	18 641 021	12 033 000
其中，向省外输出劳动力人数	8 500 524	8 702 530	11 238 565	10 748 906	—

注：*包括改、扩建；表中贫困户和贫困人口，包括上年扶持或连续扶贫当年脱贫的贫困户和贫困人口；“—”示数据暂缺

资料来源：国家统计局农村社会经济调查总队．2001～2003．中国农村贫困监测报告．北京：中国统计出版社

2000年扶贫资金扶持的户数和贫困人口数占整个国定贫困县总户数和总人口数的比例分别是10.5%和11.6%。2000年分县实际扶贫投资总额和扶持贫困户数、扶持贫困人口数、项目吸收贫困户劳动力的相关系数分别是0.23、0.28和0.19，2001年对应的相关系数

分别是0.30、0.30和0.11。

2001年扶贫资金扶持的户数和人口数占整个扶贫开发工作重点县总户数和总人数的比例分别是10%和11.3%。在592个扶贫开发工作重点县中，2002年新增基本农田27.88万hm^2，占全部耕地的1.2%；新增及改、扩建公路里程达7.8万km，占全部公路里程的14.2%；解决饮水困难人数743.5万，占当年尚未解决饮水困难人数的21%；解决饮水困难牲畜头数669.1万头，占当年尚未解决饮水困难牲畜头数的22%；当年退耕还林、还草面积149.19万hm^2，占全国退耕还林、还草面积的65.3%；向其他地区输出劳动力人数1203.3万，占乡村从业人员的11.5%。

用当年扶持贫困人口数对项目建设和农户直接贷款回归时所得到的估算系数，分别估计两项扶贫资金对扶持贫困人口数的边际效应，即两项扶贫资金在各自现有规模的基础上增加一定数量的情况下所扶持贫困人口数各自会增加多少，1998～2000年回归估算的结果汇总如表6-19。

表6-19　项目建设和对农户直接贷款所扶持的人口数

说明变数	1998年	1999年	2000年
项目建设	12.71	5.72	3.07
(t值)	(8.21)	(5.45)	(3.64)
农户直接贷款	16.24	15.89	17.37
(t值)	(4.94)	(6.96)	(9.96)
调整后的R^2	0.17	0.15	0.20
观测值数	411	442	441

注：被说明变量是当年扶贫资金总额所扶持贫困人口数

资料来源：国家统计局农村社会经济调查总队. 2001. 中国农村贫困监测报告. 北京：中国统计出版社，28

从表6-19可见，1998年用于项目建设和农户直接贷款的扶贫资金每增加1万元所能扶持的贫困人口数前者小于后者，但是差距不大。1999年和2000年项目建设所能扶持的贫困人口数连年减少。与项目建设不同，农户直接贷款所能扶持的贫困人口数在1999年虽然有微小的减少，但是到了2000年又回升到了超出1998年的水平。二者变动的趋势不同，使得项目建设和农户直接贷款所能扶持的人口数相差越来越大，2000年到了3:17的水平。项目建设所能扶持贫困人口数的快速减少，可能与建设项目的劳动集约度下降有关，或者是所吸收的劳动力渐渐地离开了贫困人口。

四、影响扶贫资金分配的因素的计量分析

汪三贵等（2004）利用国家统计局1998～2001年连续4年的分县的农村贫困监测数据和OLS回归模型，就贫困县的特征对扶贫资金分配的影响这一专题进行了较为全面的计量分析。计量分析模型中的因变量有扶贫资金总额、中央三项扶贫资金、专项扶贫贷款、以工代赈资金、财政发展资金和其他扶贫资金，所有因变量均为按乡村人口计算的人均值；自变量为贫困发生率、乡村人口、是否为革命老区、是否为少数民族、是否为边境县、是否为丘陵县、是否为山区县、年份和省虚变量（河北省为对照省）。

回归结果（表6-20）表明，除了其他来源的资金外，所有扶贫资金的分配都与贫困发生率呈高度正相关。贫困县的贫困发生率每增加1个百分点，人均总扶贫资金、中央扶贫资

金、中央扶贫专项贷款、中央财政扶贫资金和中央以工代赈资金的分配分别增加 0.76 元、0.90 元、0.46 元、0.20 元和 0.23 元。所有扶贫资金的分配都与乡村人口数呈高度负相关，贫困县的乡村人口每增加 1 万人，人均扶贫资金相应减少 2.44 元，其中中央三项扶贫资金相应减少 2.03 元。由此可以看出，决定中央扶贫资金配置的是贫困县的贫困人口数，而与它的乡村人口数无关。其他来源的扶贫资金与贫困发生率呈负相关，说明贫困发生率较低、获得中央扶贫资金数量相对较少的贫困县，会下工夫开拓其他可获取扶贫资金的渠道。

表 6-20　1998～2001 年贫困县扶贫资金分配的决定因素

因变量	总扶贫投资	中央扶贫投资	其他扶贫投资	专项扶贫贷款	以工代赈	发展资金
贫困发生率	0.76*** (3.57)	0.90*** (4.98)	-0.10 (-0.34)	0.46*** (3.67)	0.23*** (3.34)	0.20*** (4.84)
乡村人口	-2.44*** (-18.29)	-2.03*** (-17.89)	-0.66*** (-3.68)	-1.18*** (-14.80)	-0.54*** (-12.58)	-0.31*** (-11.58)
革命老区县	-25.83*** (-3.02)	-22.99*** (-3.16)	-3.81 (-0.33)	-14.47*** (-2.83)	-6.39** (-2.30)	-2.13 (-1.26)
少数民族县	13.65* (1.84)	8.95 (1.41)	6.31 (0.63)	7.12 (1.60)	-0.72 (-0.30)	2.54* (1.72)
边境县	66.96*** (6.24)	52.94*** (5.81)	-6.63 (-0.46)	24.32*** (3.81)	17.55*** (5.05)	11.06*** (5.20)
丘陵县	0.11 (0.01)	2.93 (0.36)	-4.21 (-0.33)	1.36 (0.24)	0.88 (0.29)	0.69 (0.37)
山区县	6.64 (0.76)	11.77 (1.59)	4.25 (0.36)	4.15 (0.78)	4.80* (1.67)	2.81 (1.63)
年　份	3.18 (1.57)	4.35** (2.52)	-6.31** (-2.30)	1.00 (0.83)	0.53 (0.80)	2.82*** (7.00)
样本数	2 121	2 123	2 123	2 123	2 123	2 123
调整后的 R^2	0.38	0.45	0.02	0.38	0.33	0.30

注：＊＊＊表示显著性水平为 0.01；＊＊表示显著性水平为 0.05；＊表示显著性水平为 0.1

资料来源：汪三贵，李文．2005．中国农村贫困问题．北京：中国经济出版社，143～152

少数民族县获得的人均扶贫资金要比其他条件相同的县多 13.65 元，其中 8.95 元来自中央三项扶贫资金；边境县获得的人均扶贫资金要比其他条件相同的县多 67 元，其中 52.94 元来自中央三项扶贫资金。由此说明，扶贫资金的分配对少数民族县和边境县都给予了倾斜，且对边境县的倾斜力度显著地大于少数民族县。边境县大多都是少数民族县，这些位于边境的少数民族县实际上获得了双重倾斜。

尽管国家在确定贫困县时对革命老区县给予了特殊照顾，但革命老区县与其他条件相同的县相比，人均扶贫资金少 25.83 元，其中，中央三项扶贫资金少 22.99 元。与平原地区相比，扶贫资金分配对山区和丘陵地区的贫困县有倾斜，但统计检验并不显著。

由表 6-21 可以看出，扶贫资金在各省之间的分配有比较明显的差异，许多省虚变量有较大的系数，并在统计上显著。与河北相比，山西、内蒙古、云南和辽宁获得的扶贫资金较少，而吉林、黑龙江、安徽、江西、河南、湖北、湖南、广西、海南、重庆、四川、甘肃、青海、宁夏和新疆获得的扶贫资金较多。在控制了贫困发生率、人口规模、地势和少数民族地区等特征变量后，青海和四川的贫困县人均获得的扶贫资金比河北高211元和164元。

表6-21 1998～2001年贫困县扶贫资金分配的决定因素

因变量 地区	总扶贫投资	中央扶贫投资	其他扶贫投资	专项扶贫贷款	以工代赈	发展资金
山西	-27.53** (-2.09)	-17.78 (-1.58)	-4.13 (-0.23)	-26.35*** (-3.34)	6.26 (1.46)	2.32 (0.88)
内蒙古	-6.53 (-0.43)	-16.48 (-1.27)	2.04 (0.10)	-24.22*** (-2.65)	6.80 (1.37)	0.94 (0.31)
辽宁	-56.69*** (-2.86)	-59.59*** (-3.52)	3.12 (0.12)	-44.20*** (-3.72)	-6.75 (-1.05)	-8.64** (-2.18)
吉林	49.52* (1.96)	87.91*** (4.08)	17.14 (0.50)	54.22*** (3.58)	27.92*** (3.40)	5.76 (1.14)
黑龙江	103.35*** (5.56)	82.00*** (5.21)	56.90** (2.27)	25.59** (2.32)	40.54*** (6.75)	15.86*** (4.31)
安徽	143.74*** (7.29)	120.40*** (7.17)	38.76 (1.45)	64.55*** (5.48)	38.72*** (6.05)	17.14*** (4.37)
福建	5.49 (0.26)	-49.89** (-2.73)	60.16** (2.07)	-41.04*** (-3.20)	-0.43 (-0.06)	-8.42** (-1.97)
江西	37.09** (2.18)	33.09** (2.28)	4.94 (0.21)	12.89 (1.26)	18.25*** (3.29)	1.95 (0.56)
山东	-10.45 (-0.53)	-3.86 (-0.23)	-23.29 (-0.01)	-4.87 (-0.42)	1.93 (0.31)	-0.92 (-0.24)
河南	53.63*** (3.93)	53.33*** (4.58)	16.61 (0.90)	27.99*** (3.43)	17.11*** (3.86)	8.23*** (3.03)
湖北	34.42** (2.15)	30.89** (2.26)	3.15 (0.15)	19.41** (2.03)	9.98* (1.92)	1.49 (0.47)
湖南	122.77*** (5.39)	94.81*** (4.89)	26.84 (0.87)	59.61*** (4.38)	22.48*** (3.04)	12.73*** (2.81)
广西	14.43 (0.97)	29.53** (2.33)	-13.72 (-0.68)	21.51** (2.42)	8.48* (1.75)	-0.47* (-0.16)
海南	-27.86 (-1.10)	34.32 (1.59)	-26.73 (-0.78)	-13.45 (-0.89)	43.23*** (5.26)	4.54 (0.90)
重庆	65.01*** (3.29)	63.30*** (3.77)	4.41 (0.17)	31.178*** (2.64)	20.93*** (3.27)	11.21*** (2.86)
四川	163.53*** (9.85)	160.60*** (11.39)	-7.14 (-0.32)	103.73*** (10.49)	37.01*** (6.89)	19.86*** (6.03)
贵州	3.35 (0.25)	9.02 (0.79)	-6.44 (-0.36)	11.84 (1.49)	0.11 (0.03)	-2.93 (-1.11)
云南	-11.93 (-0.98)	-23.35** (-2.25)	23.31 (1.41)	-7.95 (-1.09)	-7.61* (-1.92)	-7.79*** (-3.21)

续表

因变量 地　区	总扶贫投资	中央扶贫投资	其他扶贫投资	专项扶贫贷款	以工代赈	发展资金
陕　西	3.64 (0.29)	10.77 (1.00)	-0.85 (-0.05)	13.08* (1.73)	-1.93 (-0.47)	-0.38 (-0.15)
甘　肃	7.39 (0.59)	22.69** (2.15)	-7.67 (-0.46)	4.62 (0.62)	3.04 (0.75)	15.03*** (6.09)
青　海	211.25*** (12.09)	238.74*** (16.02)	31.08 (1.31)	174.86*** (16.73)	64.13*** (11.29)	-0.24** (-0.07)
宁　夏	117.41*** (5.41)	115.49*** (6.24)	31.83 (1.08)	60.24*** (4.64)	20.00*** (2.83)	35.25*** (8.16)
新　疆	25.151 (1.55)	86.61*** (6.26)	4.29 (0.20)	14.22 (1.46)	51.29*** (9.72)	21.10*** (6.53)
样本数	2121	2123	2123	2123	2123	2123
调整后的 R^2	0.38	0.45	0.02	0.38	0.33	0.30

注：括号内为 t 检验值；***表示显著性水平为0.01，**表示显著性水平为0.05，*表示显著性水平为0.1

资料来源：李文，汪三贵. 2004. 中国扶贫资金的分配及影响因素分析. 中国农村经济，(8)：44~48

从总体上看，东部的辽宁、福建和山东三省的中央扶贫资金的系数几乎都为负，中西部的系数则大多为正。中西部相比，西部的系数又大于中部。由此说明，中央扶贫资金的分配具有明显地向中西部，尤其是西部倾斜的特征。如果把这一特征与中西部，尤其是西部减少的贫困人口绝对量更大联系起来，不难看出它们之间具有显著的正相关性。

五、财政扶贫资金运转的经济效率

财政部课题组（2001）利用陕西省43个贫困县的有关数据所做的收入增长分析表明，尽管不同地区的增长率有所不同，但贫困县作为一个整体，人均收入的增长是非常显著的。陕西省43个贫困县农业产值的年均增长率为7.1%、乡镇企业产值年均增长14.2%、县级国有企业产值年均增长4.57%，大大高于全省各县平均1.12%的增长率。对全国592个国定贫困县1990~1997年的数据分析发现，国定贫困县的人均GDP、人均工业产值、人均粮食产量的增长都高于全国范围的省平均水平。

曹洪民（2003）的实证研究表明，从标准化回归系数 β 值来看，农户人均自筹资金收入、投放到种养业的扶贫资金、信贷扶贫资金、户均第三产业劳动力（户均其他劳动力）、省定贫困县虚变量和通电村数占总村数的比例对农户人均纯收入的影响较大（表6-22）。

表6-22　扶贫投资对农户人均纯收入的边际影响/%

	种养业	加工业	信贷扶贫资金	以工代赈资金	财政扶贫资金
投入增加	1	1	1	1	1
人均纯收入增加	2.58	1.85	1.83	0.95	4.74

资料来源：曹洪民，2003. 中国农村开发式扶贫模式研究. 中国农业大学博士学位论文

从非标准化回归系数值（弹性值）来看：首先，中央扶贫资金对促进农户人均纯收入增长的作用一般要高于非扶贫资金；其次，按扶贫资金的投向来分，投放到种养业的扶贫资

金对农户人均纯收入增长的作用又高于投放到加工业、工业和其他方面的扶贫资金。在其他投入条件不变的情况下，农户人均种养业扶贫资金每增加1%，农户人均纯收入增长0.081%；按扶贫投资的构成来分，信贷扶贫资金和以工代赈扶贫资金的投资效果要好于财政扶贫资金——农户人均信贷扶贫资金和以工代赈扶贫资金每增加1%，农户人均纯收入分别增长0.094%和0.033%。

国定贫困县的农户人均信贷扶贫资金和人均以工代赈资金的产出弹性均显著高于省定贫困县。农户人均信贷扶贫资金和人均以工代赈资金每增加1%，国定贫困县的农户人均纯收入比省定贫困县分别多增长0.025和0.056个百分点；而省定贫困县的农户人均财政扶贫资金的产出弹性却显著高于国定贫困县，农户人均财政扶贫资金每增加1%，省定贫困县的农户人均纯收入比国定贫困县多增长0.055个百分点。此外，在其他投入条件不变的情况下，贫困地区农户人均自筹资金投入每增加1%，农村居民人均纯收入增加0.119%~0.124%；通电村数占总村数的比例每增加1%，农户人均纯收入增加0.410%~0.420%；农户人均有效灌溉面积每增加1%，农户人均纯收入增加0.030%~0.037%；户均工业劳动力和户均其他劳动力每增加1%，农户人均纯收入分别增加0.053%~0.055%和0.096%~0.100%，而农林牧渔业户均劳动力每增加1%，农户人均纯收入减少0.075%~0.079%。

第三节 中国扶贫效果的评价

一、政府公共支出的减贫效果

中国农村的扶贫是以政府为主导的。政府的扶贫资金主要用于贫困地区的公共品建设，包括农业科研开发、灌溉系统、水电路和教育卫生等，因此，政府用于扶贫的公共支出的效果如何，成为评价政府扶贫效果的重要内容。有关这方面评价的开创性工作是由樊胜根等（2002）完成的。

他们利用1970~1997年的省级数据，用联立方程模型估计了不同类型的政府公共支出的扶贫效果。用于评价政府公共支出扶贫效果的计量分析模型（所有没有下标的变量均为省一级在第t年的观察值。为方便起见，省去了这些变量的下标。带有脚标“-1，…，$-j$”的变量表示该值是第$t-1$，…，$t-j$年的观察值）如下。

农村贫困决定方程

$$P = f(AGDPPC, WAGE, NAGEMPLY, TT, APOP_{-1}, PLOAN) \tag{6-2}$$

农业生产率函数方程

$$AGDPPC = f(LANDPC, AKPC, RDE, RDE_{-1}, \cdots, RDE_{-i}, IR, SCHY, ROADS, ELECT, RTR) \tag{6-3}$$

非农业生产率函数方程

$$NAGDPPC = f(NADPC, SCHY, ROADS, ELECT, RTR) \tag{6-4}$$

农村非农部门的工资和就业决定方程

$$WAGE = f(ROADS, SCHY, RTR, ELECT, APOP_{-1}, AGDPPC_{-1}, UGDP_{-1}) \tag{6-5}$$

$$NAGEMPLY = f(ROADS, SCHY, RTR, ELECT, AGDPPC_{-1}, UGDP_{-1}) \tag{6-6}$$

各种投资的存量水平与政府历年支出之间的关系方程

$$IR = f(IRE, IRE_{-1}, \cdots, IRE_{-j}) \tag{6-7}$$

$$ROADS = f(ROADE, ROADE_{-1}, \cdots, ROADE_{-K}) \tag{6-8}$$

$$SCHY = f(EDE, EDE_{-1}, \cdots, EDE_{-m}) \tag{6-9}$$

$$RTR = f(RTRE, RTRE_{-1}, \cdots, RTRE_{-l}) \tag{6-10}$$

$$ELECT = f(PWRE, PWRE_{-1}, \cdots, PWRE_{-n}) \tag{6-11}$$

农产品贸易条件方程

$$TT = f(AGDPPC, NAGDPPCn) \tag{6-12}$$

计量分析模型中的外生变量和内生变量的定义如表6-23所示。

表6-23　模型中的外生变量和内生变量的定义

外生变量	定　义	内生变量	定　义
LANDPC	每个劳动力的土地面积	*P*	贫困发生率
AKPC	每个劳动力的农业资本	*SCHY*	15岁以上农村人口平均受教育年限
NAKPC	农村非农部门每个劳动力的资本	*ROADS*	农村道路密度
APOP	农村人口增长率	*IR*	耕地灌溉率
UGDP	城镇部门GDP	*ELECT*	农村用电量
IRE	政府灌溉支出	*RTR*	农村电话数量
RDE	政府农业科研投资	*WAGE*	农村非农业劳动力工资率
ROADE	政府农村道路支出	*NAGE MPLY*	农村劳动力中非农就业比例
EDE	政府农村教育支出	*AGDPPC*	平均每个劳动力农业GDP
RTRE	政府农村通讯支出	*AGDPPCn*	全国农业生产率增长率
PWRE	政府农村电力支出	*NAGDPPC*	农村每个劳动力非农业GDP
PLOAN	人均政府扶贫支出（3年平均值）	*TT*	贸易条件
RRAIN	年降水量		

注：贸易条件为农产品价格指数与非农产品价格指数之比

资料来源：樊胜根，张林秀，张晓波．2002．中国农村公共投资在农村经济增长和反贫困中的作用．华南农业大学学报（社会科学版），(1)：1～13

鉴于制度变迁和政策改革对于农村农业部门和非农业部门生产的增长以及农村扶贫的贡献率都很大，忽略这些因素会导致估计上的偏差，为此，在所有的方程中加入了年份虚变量，以反映某一年的制度和政策变化对农业和非农业生产增长以及扶贫的影响。由于地区之间也有较大的差异，所以模型中还引入地区虚变量，以控制每个地区固有的其他社会经济条件对贫困的影响。

计量分析模型内的所有方程均采用双对数形式——如果采用更为灵活的方程形式，如超越对数或是二次方程，对系数估计的限制要少一些，但是由于一些交叉变量之间存在多重共线性，许多系数统计检验都不显著。

樊胜根等采用完全信息最大似然法对联立系统方程进行估计。具体采用了两步法（两步法的优点在于，在估计非贫困方程时充分利用了现有的所有数据，从而可以增加估计结果的可靠程度，同时也避免了贫困方程中自变量的内生性问题）：第一步，用1970～1997年的分省数据估计除贫困方程之外的所有方程。然后，利用估计的系数预测各省 *AGDPPC*、*WAGE*、*NAGEMPLY* 以及 *TT* 的值；第二步，用1985～1989年、1991年和1996年共7年的分省贫困数据，以及各省的因变量的预测值估计贫困方程。

利用联立方程模型估计结果，可以推导出各种公共投资对增长和扶贫的边际回报率。分析表明，政府在农业科研开发、灌溉、教育和基础设施领域的投入，不仅推动了农业产出的增长，也有助于缓解农村贫困，但政府投入的效应在不同地区的不同投入类型之间具有显著差异。

表6-24的估计结果显示，所有促进生产的公共投资都有助于扶贫，但是各种公共投资减缓贫困的效果有较大的不同。从全国来看，教育投资的扶贫效果居首位，每增加1万元的教育投资，就可使8.8人脱贫，比农业科研开发投资的扶贫效果高出30%；农业科研开发投资的扶贫效果居第二位，每增加1万元农业科研开发投资，可使6.8人脱贫；政府投向农村道路资金的扶贫效果位居第三位，每增加1万元的道路投资可使3.2人脱贫（在这3种基础设施建设投资中，扶贫效果最为显著）；电力投资扶贫效果居第四位，每增加1万元电力投资可以脱贫2.3人；农村电话投资的扶贫效果与电力投资接近，每增加1万元电力投资可以脱贫2.2人；灌溉投资通过提高农业生产率来影响扶贫，其扶贫效果相对较小，每增加1万元的道路投资可使1.3人脱贫；政府扶贫贷款的扶贫效果很小，而且不显著，每增加1万元扶贫贷款投资只能使1.1人脱贫，其扶贫效果只相当于教育投资的13%、农业科研开发投资的15%、农村基础设施建设投资的50%和灌溉投资的85%。

表6-24　公共投资的扶贫效果（每万元投资的脱贫人数）

	东　部	中　部	西　部	全　国	西部/东部	西部/中部
农业科研开发	1.99	4.40	33.12	6.79	16.6	7.5
灌　溉	0.55	0.77	4.06	1.33	7.4	5.3
道　路	0.83	3.61	10.73	3.22	12.9	3.0
教　育	2.73	5.38	28.66	8.80	10.5	5.3
电　力	0.76	1.65	6.17	2.27	8.1	3.7
电　话	0.60	1.90	8.51	2.21	14.2	4.5
扶贫贷款	0.88	0.75	1.49	1.13	1.7	2.0

资料来源：樊胜根，张林秀，张晓波．2002．中国农村公共投资在农村经济增长和反贫困中的作用．华南农业大学学报（社会科学版），(1)：1~13

从表6-24还可以看出，公共投资扶贫效果的地区差异不仅很大，而且差异的变化极有规律，即西部地区的扶贫效果最高，每增加1万元农业科研开发、教育、道路、电话和电力及灌溉投资可分别使33人、29人、11人、9人、6人和4人脱贫；中部次之，可分别使4.4人、5.4人、3.6人、1.9人、1.7人和0.8人脱贫；东部最低，可分别使2人、2.7人、0.8人、0.6人、0.8人和0.6人脱贫。如果分项看，那么农业科研开发的扶贫效果的地区差异最大，西部的扶贫效果分别是中部和东部的7.5倍多和16.6倍；教育、道路和电话的扶贫效果也有较大的差异，分别为10.5倍和5.3倍、12.9倍和3.0倍、14.2倍和4.5倍；电力和灌溉的扶贫效果的地区差异相对小一些，分别为8.1倍和3.7倍、7.4倍和5.3倍；政府扶贫贷款的扶贫效果的差异最小，西部的扶贫效果分别是中部和东部的2倍多和1.7倍。由此可以得出的一个基本结论是：贫困的集中度越高，政府公共投资的扶贫效果越好。换言之，对于特定数量的公共投资，贫困瞄准得越好，其产生的减缓贫困的效果越好。

林伯强（2005）利用多种统计年鉴和统计资料的数据，应用樊胜根等的方法和模型，对2001年全国各类公共投资的边际效应进行了估算，得出与樊胜根等所估计类似的结果。将表6-25与表6-24相比，可以看出以下几点变化：①进入新世纪后，虽然各项公共投资的扶贫效果的基本特征没有发生变化；但它们的排序有所变化。教育的扶贫效果位居第一，农业科研开发位居第二；道路仍然位居第三，灌溉位居第四，上升了两个位次，电力仍然位居第五，电话位居第六，下降了两个位次，扶贫贷款仍然位居第七。②除了灌溉（东、中、西部和全国分别增加了0.3人、1.0人、0.6人和1.4人）和中部的扶贫贷款（增加了0.2人）外，每增加1万元扶贫投资可脱贫人数有下降的趋势。其中，西部的变化最为显著，农业科研开发、道路和电话的科研开发分别减少了10.8人、4.3人和3.9人；中部的道路脱贫人数减少了2人，全国的农业脱贫人数、教育和灌溉分别减少了1.5人、1.5人和1.4人。其余都不足1人。③各个系数的值具有趋近的特征，这意味着政府公共投资朝着边际平衡的方向发展。由此可以得出的一个基本结论是：政府公共投资的扶贫效果具有边际效益递减的特征，即随着农村贫困的不断减缓，随着与贫困相关的特定问题的不断解决，进一步减缓贫困和继续解决遗留问题的难度会越大，所需的投入会逐步增加。

表6-25　公共投资的扶贫效果（每万元投资的脱贫人数）

	东　部	中　部	西　部	全　国	西部/东部	西部/中部
农业科研开发	1.62	3.84	22.35	5.27	13.8	5.8
灌　溉	0.81	1.76	4.65	2.68	5.7	2.6
道　路	0.72	1.61	6.39	3.07	8.9	4.0
教　育	2.48	4.77	28.19	7.35	11.4	5.9
电　力	0.67	1.52	5.85	2.18	8.7	3.8
电　话	0.56	1.31	4.63	2.05	8.3	3.5
贫困贷款	0.76	0.92	1.37	1.11	1.8	1.5

注：生产率函数的参数用于计算对GDP的收益。在规模报酬不变的假设下，生产函数中非劳动参数的系数应该与劳动生产率函数中的相同。边际收益可以简单地通过生产弹性与各支出项的边际生产率相乘得出

资料来源：林伯强．2005．中国的政府公共支出与减贫政策．经济研究，40（1）：27～37

二、基础设施投资减贫效果

大量实证研究表明，基础设施的改善有利于改进贫困地区的生产要素配置，有利于促进贫困地区的农产品流通和竞争性市场的形成，有利于促进贫困地区的经济和社会发展（国家统计局，2001；ADB，2004；Whittington and Swarna，1994；African Development Bank，1999），从而提高整个贫困地区乃至更大范围内的社会资源的合理有效配置。

（一）贫困地区基础设施投资对农户收入和支出的影响

刘晓昀等（2003）利用自己建立的收入和支出模型，以及2000年和2001年连续两次对贵州的同一组样本农户的调查数据，分析了基础设施投资对农户收支的影响。调查内容涵盖1999年和2000年样本农户生产生活等基本情况。经过逻辑检验，确认共有130个有效样本农户，其中，80个农户所在的村庄在1999年有水、电和路等基础设施投资，50个农户所在的村庄没有基础设施项目投资。这些样本农户在1999年前的基本情况差异

不大。从样本农户的家庭纯收入分布来看，样本农户在1999年的人均纯收入为974元，远远低于同期农民人均纯收入2210元的水平，也低于国定贫困县农民人均纯收入1347元的水平（国家统计局，2001）。从户均纯收入的标准差、标准差系数、极大值和极小值来看，样本户具有较高的代表性，样本包括了不同收入水平的农户，样本户均纯收入的分布基本服从偏正态分布。

$$\begin{aligned} Income =& \beta_0 + \beta_1 \times Inv + \beta_2 \times Age + \beta_3 \times Edu + \beta_4 \times Career + \beta_5 \times Mig \\ &+ \beta_6 \times Asset + \beta_7 \times Pop + \beta_8 \times Train + \beta_9 \times Tech + \beta_{10} \times Time \\ &+ \beta_{11} \times Inv \times Time + \beta_{12} \times Inv \times Time \times Age + \beta_{13} \times Inv \times Time \times Edu \\ &+ \beta_{14} \times Inv \times Time \times Career + \beta_{15} \times Inv \times Time \times Mig + \beta_{16} \times Inv \times Time \times Asset \\ &+ \beta_{17} \times Inv \times Time \times Pop + \beta_{18} \times Inv \times Time \times Train \\ &+ \beta_{19} \times Inv \times Time \times Tech \end{aligned} \tag{6-13}$$

$$\begin{aligned} Expenditure =& \alpha_0 + \alpha_1 \times Inv + \alpha_2 \times Age + \alpha_3 \times Edu + \alpha_4 \times Career + \alpha_5 \times Mig \\ &+ \alpha_6 \times Asset + \alpha_7 \times Pop + \alpha_8 \times Train + \alpha_9 \times Time + \alpha_{10} \times Inv \times Time \\ &+ \alpha_{11} \times Inv \times Time \times Age + \alpha_{12} \times Inv \times Time \times Edu + \alpha_{13} \times Inv \\ &\times Time \times Career + \alpha_{14} \times Inv \times Time \times Mig + \alpha_{15} \times Inv \times Time \\ &\times Income + \alpha_{16} \times Inv \times Time \times Pop + \alpha_{17} \times Inv \times Time \times Train \end{aligned} \tag{6-14}$$

式中，*Income* 是农户人均收入，*Expenditure* 是农户支出，*Inv* 是基础设施投资虚拟变量，*Age* 为户主年龄，*Edu* 为户主受教育程度，*Career* 为户主的就业情况，*Mig* 表示户主的外出务工经历，*Asset* 表示初始点农户家庭财产，*Pop* 表示农户家庭人口数，*Train* 表示户主是否接受过技术培训，*Tech* 表示农户生产的技术变量，*Time* 为时间虚拟变量，α 和 β 是待估参数。

利用OLS方法得出的计量研究结果表明：基础设施投资对不同农户的影响主要通过户主的人力资本差异体现。户主有外出务工经历的农户从基础设施投资中受益大于没有外出务工经历的农户；基础设施投资对农户人均净收入的增长与户主受教育程度具有正相关关系，户主受教育程度越高，农户从中获得的收益越大；户主从事非农就业的农户要比户主从事农业的农户更容易从基础设施投资中受益。

基础设施投资带来的农户收入增加，改变了消费者的预算约束，从而影响贫困农户的生活消费支出，包括消费数量的增加和消费结构的改善。2001年，有基础设施投资的村庄，贫困农户的户均生活消费支出增长了26%，而没有基础设施投资的村庄，贫困农户的户均生活消费支出仅仅增长5%。

（二）农村公路基础设施对减缓贫困的影响

在中国实施积极的财政政策期间，国债的发行力度逐年加大，农村贫困地区的基础设施，包括饮水、灌溉、交通、电力等，成为国债投放的重点领域之一。1997～2000年，国定贫困县的公路里程年均递增5.4%，用电量年均递增6.4%（国家统计局，2001）。

为了分析农村公路基础设施条件的改善对贫困的缓解影响，吴国宝（2006）以1998～2001年陕西省级数据中的1043个可比的样本农户数据（数据来自陕西省农村社会经济调查队对贫困县所做的贫困监测调查及其所做的专项调查。研究使用了1998年和2001年榆林市和商洛市19个县中1180个样本户的数据。其中1143户在1998～2001年没有变化。这为跨时期比较公路基础设施对减缓贫困影响提供了可能性。两个地区的选取是根据它们在贫困成因以及公路基础设施变化的代表性），运用“双差异”（double difference）评估方法，就通路对减缓贫困的作用进行了评价。从表6-26可以看出，两类农户中，根据政府贫困线确定的贫困发生率几乎按同样比例上升；按人均日收入1美元和人均日消费支出1美元的贫困标准来衡量，1998年已通路的农户的贫困减缓要好于没通路的农户。同期，公路使用获得情况不同的Ⅰ类贫困户，按政府贫困线及人均日收入1美元定义的贫困发生率都有所降低，与1998年没通路贫困户相比，通路贫困户在减缓收入贫困方面取得了更大的进展。在Ⅱ类和Ⅲ类贫困户中，通路农户比没通路农户的贫困缓解情况也要好。总体而言，通路的农户在减缓贫困上获得了更好的成效。

表6-26 1998～2001年公路使用获得情况不同的农户的贫困缓解和增长变化/%

贫困减缓类型	到1998年不通路				到1998年通路			
	总体	Ⅰ类	Ⅱ类	Ⅲ类	总体	Ⅰ类	Ⅱ类	Ⅲ类
Ⅰ类贫困减缓	11.61	-51.85	0.29	31.58	11.42	-81.02	-2.79	17.48
Ⅱ类贫困减缓	3.27	-28.41	-35.05	32.20	-3.56	-67.15	-64.30	14.99
Ⅲ类贫困减缓	2.67	-8.30	-3.53	-30.92	0.88	12.77	-2.50	-27.94

注：按政府贫困标准确定的贫困户，简称为Ⅰ类贫困户；按人均日收入1美元或人均日消费1美元标准定义的贫困户，分别简称为Ⅱ类贫困户、Ⅲ类贫困户

资料来源：吴国宝．2006．农村公路基础设施对减缓贫困的影响研究．见：中国社会科学院农村发展研究所．中国农村发展研究报告No.5（聚焦“三农”）．北京：社会科学文献出版社，296

在此基础上，为了控制公路以外的因素的影响，吴国宝又采用Probit模型分析了通路对减缓贫困的影响。

1．变量的界定与时间因素

用于回归分析的3大类变量指标包括被解释变量、干预变量和背景变量。基于数据的可得性和贫困定义的宽泛性，计量研究采用了4个被解释变量，分别为按政府规定的贫困线测量的贫困发生率、按购买力平价（PPP）计算的人均日收入1美元标准测量的贫困发生率、依据购买力平价计算的人均日消费1美元标准测量的贫困发生率、以人均拥有财产价值为样本均值50%的标准测量的贫困发生率。选择前3个变量是为了便于比较，而基于财产的贫困定义是为了对贫困变化做出较为准确的估计，因为一次性的实地调查中的财产数据要比收入和消费数据更加可靠。

干预变量包括1998年是否通路、与公共汽车站的距离、公路是否铺路面、与主要公路的距离、村公路密度、人均交通费和人均拥有交通财产价值。

背景变量共有6类：①人口和就业变量，包括家庭规模、劳动力比例、家庭成员平均受教育年限、家庭成员最高受教育程度、在非农部门就业的劳动力的比例、拥有技能的劳动力的比例以及健康状况正常人口比例等。②自然条件和土地资源变量，包括家庭居所是否在山区、人均拥有耕地及区位变量（表示家庭居所位于山区或陕北）。③收入和财产变量，包括1998年人均收入的对数、1998年人均拥有财产价值的对数，该类变量只出现在省级数据里。④技术和信贷可获得性变量，包括是否获得信贷、是否接受过技术培训，为了测量以前获得的信贷和技术服务对最近减缓贫困的影响，信贷获得变量包括1998年和2001年所有商业贷

款和政策贷款的获得量，技术培训获得变量包括1998年和2001年接受技术培训的数量。⑤其他基础设施变量，主要包括：与汽车站或火车站的距离是否小于5km、1998年是否通电、人均能源消费支出、是否完成了电网改造。⑥贫困状况变量，包括基于前述4种定义确定的贫困变量，用于考察长期贫困的影响。

众所周知，公路基础设施需要经过一定时间才能充分释放出它们对各方面的作用，包括减缓贫困的影响。由于可供利用的数据是由省社会经济调查队采集的1998～2001年数据，而没有可用来评估公路基础设施在充分长时期里的影响的数据，所以只对这4年内的公路设施的影响进行评估。

2. 公路基础设施对减缓贫困影响的Probit模型估计结果——应用省贫困监测数据

表6-27是利用省级贫困监测数据和Probit模型做出的有关基础设施对减缓贫困影响的估计结果。干预变量中，人均交通费在4类贫困定义中系数符号都与预期一致，且通过 $\alpha=0.01$ 的显著性水平检验，表明公路服务的使用或消费有助于减缓贫困。1998年是否通路对贫困户（政府贫困标准）的影响与预期不一致，但对其他3类定义的贫困户的影响显著，这可能意味着贫困户没有能力利用社区通路的条件直接摆脱贫困。相反，社区道路状况的改善有可能使贫困户丧失一些创收机会。例如，一些贫困户靠售卖薪柴和从事建筑材料搬运赚取收入，通路后，这些就业机会被更经济的方式替代了。也就是说，只有当农户的收入或财产积累达到一定水平时，通路才会有助于减缓贫困。除了按人均日消费1美元定义的贫困户外，与汽车站的距离对减缓贫困的影响的估计与预期并不一致，说明仅仅获得利用交通基础设施的机会还不能直接对减缓贫困产生积极作用。

表6-27　利用陕西省1998～2001年贫困监测数据Probit模型估计结果

项　目	政府贫困标准		人均日收入1美元标准		人均日消费1美元标准		财产价值为样本均值50%标准	
	系数	z	系数	z	系数	z	系数	z
家庭规模/人	0.027	***	0.130	***	0.140	***	0.153	***
劳动力比例/%	0.238	***	0.082	**	0.570	***	0.292	***
家庭成员平均受教育年限/年	0.031	***	0.070	***	-0.006	*	-0.017	***
家庭成员最高受教育程度（按学历划分）	-0.099	***	-0.206	***	-0.152	***	-0.008	—
拥有技能的劳动力比例/%	-0.304	***	0.406	***	-0.732	***	-0.226	***
家庭居所位于山区	-0.175	***	-0.040	**	-0.022	*	-0.111	***
家庭居所位于陕北	1.534	***	1.133	***	-0.163	***	0.295	***
人均拥有耕地面积/亩	-0.102	***	-0.083	***	-0.020	***	-0.024	***
非农就业劳动力比例/%	-0.656	***	-0.780	***	-0.335	***	-0.135	***
与汽车站的距离小于5km	0.019	*	0.037	**	-0.147	***	0.160	***
与火车站的距离小于5km	-0.371	***	-0.482	***	-0.181	***	-0.175	***
接受技术培训	-0.190	***	-0.169	***	0.211	***	0.090	**
获得商业或政策性贷款	0.230	***	0.051	—	-0.141	***	0.018	*
人均交通费/元	-0.008	***	-0.004	***	-0.009	***	0	*

续表

项　目		政府贫困标准		人均日收入1美元标准		人均日消费1美元标准		财产价值为样本均值50%标准	
		系数	z	系数	z	系数	z	系数	z
人均燃料费/元		-0.003	***	-0.002	***	-0.005	***	0.001	***
1988年	人均收入对数	-0.214	***	-0.083	***	-0.316	***	-0.066	***
	人均拥有财产价值对数	0.032	***	0.003	—	-0.064	***	-0.351	***
	村道路密度/（km/km^2）	0.199	***	-0.113	***	-0.162	***	-0.087	***
	通　电	0.236	***	0.501	***	-0.019	—	-0.184	***
贫困发生率	政府贫困线标准	0.173	***	—	—	—	—	—	—
	人均日收入1美元标准	—	—	0.256	***	—	—	—	—
	人均日消费1美元标准	—	—	—	—	0.634	***	—	—
	财产价值为样本均值50%标准	—	—	—	—	—	—	0.825	***
常数		-0.152	—	-0.554	***	2.863	***	2.087	***

注："—"示数据暂缺；***表示显著性水平为0.01；**表示显著性水平为0.05；*表示显著性水平为0.1

资料来源：吴国宝. 2006. 农村公路基础设施对减缓贫困的影响研究. 见：中国社会科学院农村发展研究所. 中国农村发展研究报告No.5（聚焦"三农"）. 北京：社会科学文献出版社，315～318

家庭规模、家庭成员最高受教育程度、拥有技能的劳动力的比例、家庭居所位于山区、区位、人均拥有耕地、非农就业劳动力比例、1998年人均收入对数等变量的系数符号与预期相一致。与之形成对照的是，劳动力比例的系数符号与预期相反，这可能是因为贫困户的劳动力没有得到有效利用。与非贫困户相比，贫困户非农就业人口比例低得多。而农业生产中的劳动力利用受到耕地有限和投资缺乏等的制约。劳动力比例与减缓贫困之间不存在正相关的关系。此外，也可能是由于没有考虑劳动力的健康状况所致；相对来说，贫困户中健康有问题的劳动力比例相对较高，因此有可能出现估计与预期不一致的结果。家庭成员平均受教育年限变量的系数符号与预期符号也不一样，可能是由于多数劳动力滞留在主要应用传统技术的农业部门所致。类似的研究也发现，平均受教育年限对收入形成的贡献并不大（赵耀辉，1997）。相对而言，家庭成员最高受教育程度对摆脱贫困有显著作用，因为受教育程度最高的成员对家庭决策有重要的甚至是决定性的影响。

技术培训机会的获得有助于减轻收入贫困，而对于消费贫困和财产贫困却起着相反的作用。一种可能的解释是，新技术的应用往往要以增加生产投资为前提，从而迫使这些接受并掌握了新技术的农户不得不相应地缩减消费支出和减少财产积累。信贷机会的获得似乎仅有助于减缓消费贫困而并非减缓预期中的收入贫困，它可能部分缘于农户将贷款主要用于消费和种植业生产，如2001年农户贷款中36%用于消费，31%用于农作物生产。陕北农村的种植业经常受到严重旱灾的影响，相当大部分农作物种植的失败，有可能导致用于种植业生产的贷款的功能失常。

与火车站的距离、人均燃料支出变量的符号与预期相一致，且具有$\alpha=0.01$的显著性水平。这表明铁路基础设施和能源服务的使用或消费有助于减缓贫困。而通电只带来财产贫困的缓解，它可能表明在获得电力使用途径之后，大多数农户只是增加家用电器的使用量，而不是利用电力从事创收活动。

2001年的贫困状况与1998年的贫困状况存在关联，尽管这对于4种定义的贫困都成立，但比较关联程度可知，前一时期属于消费贫困和财产贫困的农户在后一时期陷入贫困的概率高得多。

3. 公路基础设施对减缓贫困影响的Probit模型估计结果——应用实地调查数据

由于省级贫困监测数据与公路基础设施有关的变量主要集中于描述公路基础设施使用获得的情况，而缺乏有关这些设施的质量和分布密度的变量，因此，吴国宝（2006）利用实地调查数据对上述评估进行了补充。实地调查收集了有关公路基础设施的质量、社区道路密度、交通财产等变量。这些数据有助于深入分析公路基础设施对减缓贫困的影响机制。

采用实地调查数据进行的Probit回归的结果（表6-28）表明，各变量的系数符号基本上都与预期相一致。两项回归估计结果在劳动力变量与收入贫困减缓关系之间差异较为显著的主要原因是，用实地调查数据所做的回归引入了健康状况变量，该变量的引进排除了丧失劳动能力的适龄劳动力的影响，从而使劳动力负担系数对减缓贫困的影响真正显现出来了。对按收入和财产定义的贫困减缓，身体状况的影响显著为正。而对基于消费标准的贫困减缓，身体状况却呈相反的效果，这缘于消费支出里包括了医疗消费支出。有意思的是，利用实地调查资料所做的回归和利用省级数据所做的回归相比，接受技术培训变量的系数符号正好相反，可能是因为在省级数据中样本农户的收入来自非农就业的比例更高，而在实地调查的农村社区中技术培训内容集中在种养技术方面。

基础设施的质量对减缓贫困有显著的影响，铺路面的社区道路、电网改造和社区道路密度等变量的估计系数符号与预期一致。将这些结果与省级数据的回归结果联系起来，公路基础设施对减缓贫困的影响可概括如下：①质量低劣的公路基础设施对减缓贫困的贡献可能不大。②是否通路对减缓贫困的影响不及提高村道路密度重要。与主要道路的距离，对按人均日收入1美元、人均日消费1美元和财产价值为样本均值50%标准定义的贫困减缓，会产生积极影响，但对减缓贫困并不起作用。

公路服务使用对贫困缓解十分重要。交通服务消费、能源支出和拥有交通财产价值都对减缓贫困产生正面影响。这又一次证明，就公路基础设施对减缓贫困的影响而言，穷人对这些基础设施的生产性使用具有深远意义。

表6-28 实地调查数据集Probit估计结果

调查内容	政府贫困标准		人均日收入1美元标准		人均日消费1美元标准		财产价值为样本均值50%标准	
	系数	z	系数	z	系数	z	系数	z
家庭规模/人	0.108	* * *	0.067	* * *	0.100	* * *	-0.079	* * *
劳动力比例/%	-0.050	*	-0.027	—	0.465	* * *	0.877	* * *
家庭成员平均受教育年限/年	-0.016	* *	-0.067	* * *	-0.015	*	-0.139	* * *
家庭成员最高受教育程度（按学历划分）	-0.080	* * *	0.079	* * *	-0.200	* * *	0.241	* * *
健康状况正常人口比例/%	-0.621	* * *	-0.506	* * *	0.008	—	-0.314	* * *
人均拥有耕地面积/亩	0.024	* * *	0.010	* * *	0.057	* * *	-0.044	* * *
家庭居所位于山区	0	* * *	0	* * *	-0.001	* * *	-0.422	* * *
非农就业劳动力比例/%	-0.684	* * *	-0.916	* * *	-0.415	* * *	0.203	* * *

续表

调查内容	政府贫困标准		人均日收入1美元标准		人均日消费1美元标准		财产价值为样本均值50%标准	
	系数	z	系数	z	系数	z	系数	z
1998年和2001年接受技术培训	0.072	***	0.082	***	-0.286	***	-0.391	***
1998年和2001年获得商业或政策性贷款	0.196	***	0.135	***	0.162	***	0.000	***
村道路铺路面	-0.033	*	-0.131	***	-0.325	***	0.136	***
与火车站的距离小于5km	-0.131	**	-0.454	***	-0.484	***	-0.412	***
电网改造	-0.392	***	-0.215	***	-0.388	***	-0.099	**
与主要公路的距离/km	0.001	***	-0.001	*	-0.007	***	-0.001	**
村道路密度/（km/km^2）	-0.083	***	-0.204	***	-0.415	***	-0.100	***
人均交通费/元	-0.128	***	-0.253	***	-0.206	***	-0.001	***
人均燃料费/元	-0.005	***	-0.005	***	-0.009	***	-0.002	***
人均交通设备价值/元	-0.002	***	-0.002	***	-0.009	***	0	***
人均电器设备价值/元	0	***	0	*	-0.002	***	—	—
常　数	-0.185	***	-0.301	***	0.643	***	1.576	***

注："—"示数据暂缺；***表示显著性水平为0.01；**表示显著性水平为0.05；*表示显著性水平为0.1

资料来源：吴国宝.2006. 农村公路基础设施对减缓贫困的影响研究. 见：中国社会科学院农村发展研究所. 中国农村发展研究报告No.5（聚焦"三农"）. 北京：社会科学文献出版社，323~325

三、教育、卫生投资对减贫的效应

卫生部卫生经济研究所中国卫生总费用核算小组利用陕西省的资料研究了居民现金卫生支出的致贫及灾难性影响。居民现金卫生支出，是指城乡居民在利用各类医疗卫生服务过程中，以现金方式直接向提供卫生服务的机构或个人支付的医药费用，不包括就医时发生的交通费、陪护费和间接的收入损失等。1995年以来，陕西省居民个人卫生支出在卫生总费用中所占比例基本维持在50%以上，高于世界发达国家（27%）、转型期国家（30%）、其他发展中国家（43%）和世界平均水平（38%）。该研究利用2003年陕西省家庭卫生服务调查资料，分析了居民现金卫生支出对贫困的影响（表6-29~表6-31）。

表6-29　2002年现金支出对陕西省城乡居民贫困发生率的影响/%

地区类别	贫困线/元	不考虑现金卫生支出	考虑现金卫生支出	致贫影响	绝对影响/万人
乡　村	627	13.06	16.05	2.98	75.7
	888	28.25	33.88	5.36	136.1
城　市	1680	5.23	7.02	1.79	20.3

注：致贫人口及贫困差距的绝对影响按陕西省城市和乡村人口测算

资料来源：卫生部卫生经济研究所中国卫生总费用核算小组.2006-07-20. 陕西省居民现金卫生支出致贫及灾难性影响研究. http://dulx.chinavalue.net/showarticle.aspx?id=11782

表 6-30　2002 年现金支出对陕西省城乡居民平均贫困差距的影响（单位：元）

地区类别	贫困线/元	不考虑现金卫生支出	考虑现金卫生支出	致贫影响	绝对影响/亿元
乡村	627	21.76	27.40	5.69	1.43
	888	76.03	91.51	15.47	3.92
城市	1680	18.40	25.31	6.90	0.78

注：致贫人口及贫困差距的绝对影响按陕西省城市和乡村人口测算

资料来源：卫生部卫生经济研究所中国卫生总费用核算小组. 2006-07-20. 陕西省居民现金卫生支出致贫及灾难性影响研究. http://dulx.chinavalue.net/showarticle.aspx?id=11782

表 6-31　2002 年现金支出对陕西省城乡居民标准化贫困差距的影响/%

地区类别	贫困线/元	不考虑现金卫生支出	考虑现金卫生支出	致贫影响
乡村	627	3.47	4.37	0.90
	888	12.13	14.59	2.47
城市	1680	1.10	1.51	0.41

注：致贫人口按陕西省城市和乡村人口测算

资料来源：卫生部卫生经济研究所中国卫生总费用核算小组. 2006-07-20. 陕西省居民现金卫生支出致贫及灾难性影响研究. http://dulx.chinavalue.net/showarticle.aspx?id=11782

按627元和1680元的农村和城市绝对贫困线标准测量，2002年陕西省有75.7万农村人口和20.3万城镇居民因支付医疗费用而导致贫困，因病致贫率分别为2.98%和1.79%。其政策含义是，按627元的扶贫标准，陕西省需增加1.43亿元扶贫资金，才能化解农村因病致贫的影响。按国际贫困线标准计量，需增加卫生扶贫资金3.92亿元。同期，需要增加0.78亿元扶贫资金才能化解城镇致贫的影响。这几个数字可作为追加卫生扶贫资金的参考数据。

从表6-32可以看出，居民现金卫生支出对黑龙江省城镇的贫困程度影响最大，为0.85%，其他3个省份比较接近。居民现金卫生支出对黑龙江省农村的标准化贫困差距影响最小，仅为0.85%。对甘肃的影响最大，为1.60%，接近黑龙江的2倍。

表 6-32　2002 年居民现金卫生支出对部分地区标准化贫困差距的影响/%

地　区	全　省	城　镇	农　村
浙　江	0.68	0.47	0.99
陕　西	0.94	0.41	0.90
甘　肃	1.85	0.42	1.60
黑龙江	1.08	0.85	0.85

灾难性卫生支出是指家庭成员通过现金支付的医药费占家庭全部消费支出比例超出界定标准，由此对家庭生活造成灾难性威胁，甚至毁灭性打击。由于食品支出具有刚性，所以用现金卫生支出占家庭非食品性消费支出的比例来定义灾难性卫生支出。根据国际经验和陕西省的实际情况，将标准分别设为15%、30%和40%（表6-33）。目的是为决策者选择和确定政策目标提供一个可参考的区间。按照40%的界定标准，2002年陕西省农村和城镇灾难性卫生支出的发生率分别为3.70%和3.14%，灾难性卫生支出的平均差距分别为1.35%和0.25%，灾难性卫生支出的相对差距分别为36.59%和8.08%。农村有3.7%的家庭要把76.59%的非食品性消费支出用在卫生支出上，城镇有3.14%的家庭要把48.08%的非食品

性消费用在卫生支出上。

表 6-33　2002 年陕西省灾难性卫生支出状况/%

界定标准		15%	30%	40%
灾难性卫生支出发生率	全　省	28.52	8.96	3.42
	农　村	29.58	9.78	3.70
	城　镇	27.47	8.14	3.14
灾难性卫生支出平均差距	全　省	3.91	1.37	0.80
	农　村	4.64	1.96	1.35
	城　镇	3.18	0.78	0.25
灾难性卫生支出相对差距	全　省	13.70	15.30	23.50
	农　村	15.67	20.05	36.59
	城　镇	11.58	9.60	8.08

表6-34 反映灾难性卫生支出在陕西省家庭中的分布状况。集中指数为正值，表示灾难性卫生支出主要发生在富裕家庭，负值则表示主要发生在贫困家庭。由此可以看出，农村都为负值，城镇均为正值。表明农村灾难性卫生支出主要发生在贫困家庭，城镇则恰恰相反，其原因可能是许多贫困家庭无力支付卫生费用而被排除在灾难性卫生支出人群之外所致。

表 6-34　2002 年陕西省家庭灾难性卫生支出分布的集中指数

界定标准		15%	30%	40%
灾难性卫生支出集中指数	全　省	-0.0532	-0.0238	-0.0221
	农　村	-0.1853	-0.1531	-0.2648
	城　镇	0.0653	0.1768	0.2574
灾难性卫生支出差距集中指数	全　省	-0.1692	-0.4144	-0.6948
	农　村	-0.3861	-0.6948	-0.9186
	城　镇	0.1494	0.2642	0.3985

当灾难性界定标准较低时，如 10% 或 15%，贫困人群和低收入人群的灾难性卫生支出发生率都比较高，低收入以上人群最低。随着界定标准的升高，受支付能力限制，部分贫困人群和低收入人群由于支付不起高额的医疗费用而放弃治疗，使发生灾难性卫生支出的人口下降。表 6-35 是多组灾难性卫生支出发生率及其界定标准，地方政府可以根据财政能力，先确定能够实施救助的目标人群比例，然后再来选择相应的界定标准，最后根据该比例来确定政府的救助对象。

表 6-35　2002 年陕西省灾难性卫生支出发生率与界定标准/%

灾难性卫生支出发生率	界定标准	灾难性卫生支出发生率	界定标准
6	34	12	26
8	31	13	25
10	28	14	24
11	27		

四、教育投资对提高农业生产率与减贫的影响

对教育投资，能够促进提高生产率和收入水平，从而为缩小城乡差距创造条件。樊胜根（2003）的研究证实，在农业科技推广、水利、道路交通、教育、电力、通信等6项投资中，投资于教育对提高农业生产率的影响位列第二，仅次于农业科技推广；但是投资于教育对减贫的影响则位列第一，影响远远大于其他各项投资（表6-36）。

表6-36 各类投资对提高农业生产率与减贫的影响/%

投资方向	投资对提高农业生产率的影响	投资对减贫的影响
农业科技推广	7.97	3.36
水利	1.15	0.39
道路	4.91	2.96
教育	6.68	6.30
电力	3.90	2.92
通讯	5.29	4.02

资料来源：Fan S G. 2003. Public investment and poverty reduction. What have we learnt from India and China? ADBI conference "Infrastructure investment for poverty reduction: What do we know?" Tokyo, Japan. 12 ~ 13 June 2003

五、小额信贷对中国扶贫与发展的贡献

中国的小额信贷试验是以1993年底中国社会科学院农村发展研究所在河北省易县引入孟加拉国的乡村银行模式为开端的。小额信贷在中国更多地被当成一种扶贫方式而非信贷方式对待。由于中国小额信贷发展的特定历史，小额信贷组织类型出现了多种方式并存的局面。吴国宝和李兴平（2003）选择了10个处于不同发展期的不同类型的小额信贷项目进行调查研究。这10个小额信贷项目分布在陕西、河南、四川、河北、内蒙古、贵州和青海7个省（自治区），最早的项目始于1994年，最晚的始于2000年。10个项目中，青海省海东县的WFP/IFAD小额信贷和陕西省安康县的世界银行小额信贷是由项目办或采取类似项目办的方式运作的；河南省虞城县、四川省仪陇县、内蒙古自治区赤峰县和贵州省晴隆县的小额信贷是由非政府组织运作的；陕西省洛南县和四川省平昌县的小额信贷是由政府或半政府组织操作的；河北省滦平县的小额信贷是由农村信用社操作的；贵州省威宁县的草海项目是由项目区的村民自愿组成的自治组织管理和操作的。

（一）小额信贷对扶贫的微观贡献

1．获得信贷资金、技术培训的机会

小额信贷通过其特殊的制度安排，为贫困农户增加获得贷款的机会。10个样本小额信贷项目2000年为101 135个用户提供了信贷服务，户均贷款1081元。吴国宝和李兴平（2003）使用两次小额信贷样本农户调查资料，对小额信贷用户获得其他贷款的情况进行了分析。这两次调查分别是1998年对虞城、丹凤和洛南的小额信贷项目的调查，共调查了获得小额信贷的305个农户；2001年对虞城、安康、洛南和晴隆的小额信贷项目的调查，共调查获得小额信贷的120个农户。这425个农户在调查时户均获得小额信贷975.8元，其中

有 183 个农户还获得其他方面的借款，占调查户的 43%。有其他借款的农户实有其他借款 443 313.5 元，户均其他来源借款 2422.5 元；这些农户的其他借款共有 360 笔，户均 2 笔多。按全部样本户计算，户均非小额信贷借款 1045 元，其中从正规金融机构借款 586.8 元。这一借款户比例比同期全国低收入农户从正规金融机构借款农户比例还要高。在调查的小额信贷项目区内，小额信贷并没有相应地冲减用户从其他方面获得贷款的机会，对增加穷人用户信贷机会的贡献基本上是净增加的机会（表 6-37）。

表 6-37　425 个样本农户从小额信贷以外来源借款情况

借款来源	笔　数	平均金额/元
中国农业银行	25	1516.8
信用社	149	1384.8
其他正规金融机构	2	500.0
基金会	1	400.0
私　人	183	1080.1
总　计	360	1231.4

在调查的 10 个样本小额信贷项目中，有 8 个项目在提供信贷服务的同时为用户提供技术培训服务。从两次实地调查的结果来看，82% 的样本农户认为项目提供的技术培训对他们实施小额信贷项目起了积极的作用。实地调查还发现：项目所提供的技术培训在推广新品种和新技术方面，对提高小额信贷用户的技术能力和农业生产率产生了积极的影响。

2. 小额信贷对家庭财产的贡献

小额信贷项目从增加贫困农户获得贷款和其他方面服务的机会入手，帮助贫困农户发展生产和提高收入，所以最终会对改善贫困农户的家庭福利施加积极的影响。表 6-38 列出了样本小额信贷项目调查中获得贷款的贫困农户贷款前后家庭财产（包括生产性固定资产、牲畜和耐用消费品）价值的变化。

表 6-38　贷款前后小额信贷用户家庭财产变化

	生产性固定资产原值	年底牲畜价值	耐用消费品价值	家庭财产价值合计
贷款后/元	859.54	1 163.36	878.10	2 901.00
贷款前/元	447.14	801.43	736.79	1 985.35
贷款前后的增长率/%	92.23	45.16	19.18	46.12

从表 6-38 可以看出，小额信贷项目实施以后，获得小额信贷的贫困农户的户均家庭财产价值 1985 ~ 2000 年增长了 46%，其中生产性固定资产和牲畜价值的增长速度较快，分别达到 92% 和 45%，而耐用消费品的价值增长 19%。尽管贫困农户家庭财产价值变化的具体程度可能难以准确反映小额信贷的影响，但不同财产价值变化值的差异在一定程度上表征了小额信贷项目的影响方向。就获得小额信贷的贫困农户而言，新增固定资产价值的 62%，是直接使用小额信贷资金购置的；牲畜存栏的增加几乎全部是小额信贷投资所致。在使用小额信贷的农业投资中，畜牧业所使用的贷款占 60% 以上。

表 6-39 列出了项目村与可比照非项目村家庭财产的变化。从表中可以看出，项目村的所有指标都好于对照村，指标差异较为显著的是建房、房屋装修和添置家具。

表 6-39　1997 年以来项目村与对照村家庭财产的变化/%

	项目村	对照村
建新房	28	8
装修住房	31	0
增加家具	100	32
添置电器	34	24
增加生产性固定资产	19	12
增加役畜	18	16

资料来源：吴国宝，李兴平. 2003. 小额信贷对中国扶贫与发展的贡献. 金融与经济，(11)：7~10

3. 就业机会

贫困农户将相当部分的小额信贷直接用于发展微型工商企业。实地调查表明，10 个样本小额信贷项目发放的小额贷款，用于非农产业的比例有较大的差异，其中最少的略高于10%，最多的大于50%。虽然我们无法判断有多少个非农项目完全是靠小额信贷的支持才得以出现的，但可以确定的是：小额信贷在稳定这部分非农就业机会方面发挥了重要的作用；绝大部分非农产业活动是在小额信贷的支持下得以产生和维持下来的。小额信贷项目在增加贫困农户的农业就业机会方面同样发挥了重要作用。贫困农户将获得的小额贷款用于培育经济作物和养殖业的比例很高。对于贫困农户来说，种植经济作物和养殖业不仅可以利用闲置的自然资源（如草山草坡、农副产品），还可以增加劳动力的就业量。

在还款所引起的现金流大于用户现有现金流的情况下，相当部分贫困农户选择输送家庭劳动力去外地打工的方式来筹集还款资金。所以，实地调查结果表明，在获得小额信贷的贫困农户中，劳务输出的比例较高。张林秀、罗斯高的研究也发现，仪陇小额信贷项目在促进用户增加劳务输出方面产生了积极的影响（Zhang and Rozelle，2000）。

4. 风险

贫困农户往往只能勉强维持最低水平的生存，无力抵御突发的自然和经济风险。从形成或提高抵御自然风险的能力来看，小额信贷能为贫困农户化解突发的自然和市场风险施加积极的影响。

首先，小额信贷通过为贫困农户提供资金和技术支持，促进他们开拓新的生产门路，例如前面指出的种植经济作物、饲养牲畜和经营管理微型工商业，增加了他们的收入来源。一般来说，一个农户的收入来源越具有多样性，其化解突发的自然和市场风险的能力就越强。所以，收入来源的增多，在一定程度上改变了贫困农户以销售粮食为主的收入结构，增强了他们抵御自然和市场风险的能力。其次，小额信贷本身也可以作为抵御和减轻风险影响的一种措施。一些小额信贷项目为遭遇突发灾害的贫困农户提供贷款以减轻他们的风险影响，这种做法在一定程度上缓解了穷人在遇到意外灾害时告贷无门的窘境。根据实地调查资料所做的青海项目村与对照村的比较分析结果表明，在出现严重的自然灾害时，获得小额信贷的贫困农户与未获得小额信贷的农户相比，抵御风险的能力更强一些，消费水平所受到的负面影响也较小一些。此外，小额信贷通过分期还款、中心会议等相应的制度安排，提高了贫困农户的家计管理的能力，从而在出现风险时能够更为合理地安排家庭的消费和经济活动，间接地减轻自然和经济风险的影响。

中国的贫困农户将较大比例的小额信贷用于工商业，一定程度上起到了平衡消费的作用。其实，国外有关小额信贷的一些研究成果也表明，小额信贷对扶贫最突出的贡献就是平稳的消费（Hossain，1988；Morduch，1997）。

5. 妇女授权

国际社会广泛认同小额信贷是对妇女授权的实现方式，中国的小额信贷在设计和实施过程中也将瞄准贫困妇女作为一项重要原则。张宏等对赤峰项目进行的参与式评估的结果表明，参与小额信贷的妇女在家庭决策中的地位和拓展社会关系的能力有所增强。吴国宝和李兴平（2003）的调查发现，小额信贷支持的微型工商业项目有部分妇女直接参与，小额信贷支持的养殖业项目则大多由妇女操作，在中心会议制度执行得较好的小额信贷项目中，作为项目成员的妇女有较多的机会接触家庭外面的人和事、获取有关市场和技术的信息。

（二）小额信贷对扶贫与发展政策的贡献

小额信贷引入中国以后，不仅影响了中国的金融政策，也对中国的扶贫政策产生了深远的影响。

1. 小额信贷试验对我国扶贫政策的影响

1993年底，中国社会科学院农村发展研究所在非政府组织和国际机构的支持下，在部分省（自治区、直辖市）开展了联保型小额信贷试验。结果表明，以小额信贷方式发放的扶贫资金具有很高的到户率、还款率和项目成功率。在这种背景下，小额信贷创新引起了中央和各级地方政府扶贫部门的浓厚兴趣。陕西、云南、四川等地的一些扶贫部门率先使用地方政府可控制的扶贫专项贷款进行政府小额信贷扶贫的试验。地方试验获得成功后，中央政府开始将小额信贷扶贫提升到国家扶贫政策的层面上。由于小额信贷扶贫等扶贫措施的实施，全国扶贫资金到户率从1997年的44.40%提高到1999年的82.75%。

小额信贷试验的成功对我国扶贫政策改进的具体贡献是：①探索出了扶贫资金和项目到户的一条途径。②增加了贫困农户参与项目选择的机会和权力，减少了扶贫资金配置决策的盲目性。③找到了一条让扶贫资金实现借贷循环的新途径。④在一定程度上强化了扶贫的组织和管理。

2. 对金融政策的贡献

1998年中国人民银行与“帝雅鼎国际公司”合作，在河北省滦平县开展了信用社联保贷款的试验，并在2000年初出台了《农村信用社农户联保贷款管理指导意见》和《农村信用社农户小额信用贷款管理暂行条例》两项相关的政策。这两项政策的出台，在中国小额信贷发展的历史上具有里程碑式的意义。它标志着中央银行已经开始在正规金融制度框架内试验过去主要由非政府组织实行的社会担保贷款方式，开始考虑应通过金融创新来改善对那些缺乏抵押和担保能力的低收入人群的金融服务。

没有哪一项单项的干预措施能够战胜贫困。穷人需要就业、接受教育以及卫生保健。其中一些最贫困者需要即刻的收入转移或者救济才能生存。获得金融服务是其他许多必要干预所依赖的根本基础。而且，只有当贫困农户增加了收入和更有能力支配资金时，卫生保健、营养和教育才有可能持续提高。因此，金融服务以其多重具体的方式减少了贫困及其影响。小额信贷的魅力在于，随着项目接近金融可持续性，机构能够完全超越稀少的捐赠资源而走得更远。

六、劳务输出对减贫的效应

劳务输出是经济和社会发展过程中普遍存在的经济现象。广义的劳务输出泛指具有劳动能力的人口为了当前或预期的利益所发生的空间转移。从某种意义上说，经济发展的历史就是一部劳动力不断地由此地走向彼地的历史，是一代又一代不满足于贫穷落后的人类为了改变自己所处环境的束缚而到异地寻求自我发展机会的历史。20世纪80年代后期以来中国日益增长的农村劳务输出，提供了一种有效的扶贫途径。

（一）劳务输出在减缓贫困中的宏观作用

从宏观上说，劳务输出对减缓贫困的影响主要有以下几个方面：①农村贫困地区的劳务输出是促进国家工业化、城市化进程，降低国家工业化、城市化成本的重要途径。无论是经典的发展经济学理论，还是经济发展的历史，都强调或证明廉价的农业剩余劳动力的转移对于促进国家工业化、城市化进程和降低国家工业化、城市化成本的重要性。从某种意义上讲，最近20年中国经济的发展既是通过廉价的农村劳动力的流动加速工业化、城市化的过程，也是通过农村劳动力流动减缓农村贫困的过程。②农村贫困地区的劳务输出是调整地区经济结构、缩小地区差别的重要实现方式。20世纪80年代中期以来，中国地区之间尤其是东西部之间的发展水平、收入差异上在整体上一直呈拉大的趋势。从区域经济发展理论和发达国家区域发展的历史来看，缩小区域间的差异主要有资本流动、劳动力流动两种方式。相对于资本流动来说，劳动力流动因其对区位条件的选择性较低，在缩小地区间收入差异上的作用更加突出。③贫困地区的劳务输出，也是建立全国统一的劳动力市场和降低发达地区工资成本的一个重要条件。劳动力从工资率低的贫困地区流向工资率较高的发达地区，有利于缩小地区间的工资率差异；而全国统一的劳动力市场的建立、最终将有助于创造一个有利于减缓贫困的宏观经济环境。

（二）劳务输出扶贫的战略地位

劳务输出在中国现行的扶贫战略中，具有相当现实的战略地位。

1）补充就地脱贫的不足。在区域开发扶贫战略中，主要通过开发区域资源、改善区域发展的环境和条件来减缓贫困，农户的脱贫高度依赖于当地的资源和发展条件。问题在于，在自然资源高度匮乏的地区，就地脱贫不仅成本高、效率低，而且脱贫的有效性也很差。在自然资源严重不足的贫困地区，特别是在就业机会和收入形成机会不可能大幅度增长的特定阶段，通过劳务输出扩大就业和创收的机会，拓展就业空间，可以帮助贫困农户较快地实现减缓贫困的目标。

2）构筑扶贫与宏观经济发展的桥梁。在就地脱贫的战略框架中，穷人和贫困地区主要通过产业关联和财政转移支付将扶贫与宏观经济增长联系起来。在商品率较低、农民对市场依赖程度不高的贫困地区，仅仅依靠就地发展，贫困地区难以分享宏观经济增长的好处，就会妨碍贫困农户直接从宏观经济增长中受益的程度和速度。通过劳务输出实现劳动力的地区流动以及与此相关的资金、技术和文化的流动，有利于把减缓贫困与宏观经济增长直接连接起来，使参与劳务输出的贫困农户直接从宏观经济增长中受益。

3）增加贫困农户提升人力资本的途径。人力资本贫乏是导致贫困的一个关键原因。劳务输出使输出者获得耳濡目染发达或较发达地区的先进科技文化和管理经验的机会，输出者通过“边干边学”、提高了自己的技术素质、适应能力、风险意识和市场意识，使输出人口的综合素质在较短的时期内得到提高，开辟了穷人提升人力资本的一条有效途径。

（三）劳务输出在中国减缓贫困中的贡献

吴国宝（2001）利用国家统计局对全国592个国家扶贫工作重点县的监测统计资料，分析了劳务报酬收入对贫困县收入增长的贡献。统计结果表明，1998～1999年，全国贫困县的农民人均纯收入增加了29.25元（表6-40）。在贫困地区，农民从乡镇企业获得的收入很少，所以可以将贫困县的劳动者报酬收入简单地视同劳务输出收入。由此可见，1998～1999年，在贫困县农民家庭人均纯收入的四项收入来源（包括劳动者报酬收入、家庭经营收入、转移性收入和财产性收入）中，劳动者报酬收入增加了59.94元，相当于这一年农民家庭人均纯收入增长量的204.92%；农民家庭人均经营收入减少了21.6元，相当于农民家庭人均纯收入增量的－73.85%；转移性收入减少了9.6元，相当于人均纯收入增量的－32.82%；财产性收入增加了0.59元，相当于人均纯收入增量的2.02%。由此可见，这一期间内的农民家庭人均纯收入的增长主要来自劳务输出收入的贡献。如果假定1998～1999年贫困县农民来自劳动者报酬的收入保持不变，其他收入以实际变化数计算，则1999年农民人均纯收入为1008.26元，比1998年减少30.64元，下降2.3%。这样就能更为清晰地看出，1998～1999年农民家庭人均纯收入增长的主要决定因素是劳务输出收入的增长。如果没有劳务输出收入的增长，全国贫困县农民家庭人均纯收入将呈下降趋势。

表6-40　1998～1999年贫困县农民纯收入来源构成及对收入增长的贡献

纯收入来源	1999年/元	1998年/元	1999年比1998年增减/元	各来源收入变化占纯收入增量/%	1998～1999年劳务收入不变条件下的人均纯收入/元
年纯收入	1 346.8	1 317.55	29.25	100.00	1 286.91
工资性收入	338.59	278.65	59.94	204.92	278.65
家庭经营收入	963.70	985.30	－21.60	－73.85	963.70
种植业收入	606.48	667.63	－61.15	－209.06	606.48
牧业收入	197.11	193.23	3.88	13.26	197.11
其他收入	160.11	124.44	35.67	121.95	160.11
转移性收入	27.90	37.50	－9.60	－32.82	27.90
财产性收入	16.66	16.07	0.59	2.02	16.66

资料来源：吴国宝．2001．中国劳务输出扶贫研究．北京：中国经济出版社

吴国宝（2001）还使用分组资料估算了劳务输出对减缓绝对贫困的贡献。他的基本假设是：人均收入和人均劳动者报酬收入在各个组内部完全均匀分布，即假设组内相邻两个人之间的收入距离与劳动者报酬收入距离完全相等。有了这种假设，就可以利用贫困县分组资料计算出各个组不包括劳动者报酬收入情况下的收入和人口分布（表6-41）。

表6-41 1999年贫困县低收入组纯收入与不包括劳动者报酬收入的纯收入分布

收入分组	0~100元	101~300元	301~500元	501~625元	626~800元	801~1000元
人均劳动者报酬收入/元	69.17	69.31	87.43	112.36	162.03	201.22
全年人均纯收入/元	49.74	223.26	414.11	578.04	720.74	900.09
不包括报酬收入的人均纯收入/元	-19.43	153.95	326.68	465.68	558.71	698.87

资料来源：吴国宝．2001．中国劳务输出扶贫研究．北京：中国经济出版社

进一步的分析表明，如果包括劳动者报酬收入，1999年贫困县按抽样调查资料计算的贫困发生率为14.46%；如果不包括劳动者报酬收入，贫困县的贫困发生率将上升到26.25%，上升11.79个百分点。1999年与1998年相比，全国592个国定贫困县的贫困人口减少380万。按上述结果推算，如果不包括劳动者报酬收入，则国定贫困县的贫困人口只能减少209.3万，即在全国592个国定贫困县内还有1970.7万贫困人口（包括劳动者报酬收入，1999年全国592个国定贫困县的贫困人口为1800万）。如果在不包括劳动者报酬收入的条件下，全国贫困人口在国定贫困县与非贫困县的分布不发生改变，即国定贫困县仍拥有全国贫困人口的50%，则全国在1999年还会有3941.4万贫困人口，贫困发生率为4.26%。由此可见，如果不包括劳务输出收入，全国农村贫困人口和贫困发生率分别要比实际人数多341.4万人和0.56个百分点。以此可以推测，1999年全国农村贫困人口减少量的44.9%和贫困发生率下降的70%是由贫困人口劳务输出做出的贡献。

（四）劳务输出对扶贫政策的影响

在《中国农村扶贫开发纲要（2001~2010年）》中，国务院要求“积极稳妥地扩大贫困地区的劳务输出。加强贫困地区劳动力的职业技能培训，组织和引导劳动力健康有序流动。沿海发达地区和大中城市要按照同等优先的原则，积极吸纳贫困地区劳动力在本地区就业。贫困地区和发达地区可以就劳务输出结成对子，开展劳务协作。输入地和输出地双方政府都有责任保障外出劳动力的合法权益，关心他们的工作、生活，帮助他们解决实际困难和问题”。相对来说，在一些贫困人口比较集中的省（自治区、直辖市），政府更加支持对劳务输出扶贫的政策和行动。

劳务输出对扶贫政策的影响，在一些国际多边和双边机构的扶贫政策中体现得更加具体。例如，世界银行在其西南扶贫项目和秦巴扶贫项目中都专门设立了单独的劳务输出分项目，为贫困农民劳务输出提供单独的资金支持；国际劳工组织也推出了促进农村就业与创收的项目，将劳务输出与减缓贫困直接联系起来。

七、儿童健康改善对减贫的效应

大量研究表明，健康与生产率互为因果关系。健康状况的改善可以提高生产率从而增加收入，收入的提高可以增加旨在改善健康状况的投资（Strauss and Thomas，1995）。从短期看，劳动力的健康状况对生产率以及收入的影响最为重要，而从长期看，改善贫困地区儿童的健康状况，是贫困地区实现持续快速发展的最为重要的因素。为了弄清贫困地区父母教育水平和儿童健康状况的相关关系，张林秀（2000）对河南、江西、四川、甘肃、贵州和陕西六个省中的6个贫困县的460个农户进行了详细的调查。所收集的资料包括儿童的身高、

体重、年龄、性别、家庭收入、支出、资产和父母就业、教育等，并就28道有关营养知识的问题对18周岁以上的家庭成员进行了调查。调查结果（表6-42）表明：母亲受教育年限、营养知识和文化技能均低于父亲；父母亲普遍缺乏营养知识；少数民族地区（贵州省的威宁县）和其他贫困县相比差异也很明显，所以应给予少数民族地区更多的关注。

表6-42　父母的受教育程度和营养知识（1996年）

调查地区	受教育年限			营养知识[a]			读写算能力[b]		
	父亲/年	母亲/年	父亲/母亲	父亲	母亲	父亲/母亲	父亲	母亲	父亲/母亲
河南虞城	8.65	3.65	2.37	13.03	7.37	1.77	2.85	1.39	2.05
江西兴国	7.20	3.85	1.87	12.65	7.87	1.61	2.62	1.43	1.83
四川渠县	7.80	6.70	1.16	11.89	10.28	1.16	2.89	2.38	1.21
贵州威宁	4.89	1.06	4.61	8.91	2.43	3.67	1.89	0.74	2.55
陕西商洛	8.75	4.72	1.85	13.83	12.56	1.10	2.83	1.87	1.51
甘肃通渭	7.43	2.58	2.88	13.72	8.59	1.60	2.44	1.19	2.05
平　均	7.55	3.67	2.06	12.43	7.97	1.56	2.59	1.44	1.80

注：a营养知识总分为28分；b读写算总分为3分

资料来源：张林秀．2005-05-31提高妇女知识水平，改善贫困地区儿童健康状况．1995世界妇女大会5周年研讨会论文．http://www.ccap.org.cn/cn/research/discussc.htm

从表6-43可以看出，儿童身高年龄比的评分值（HAZ）均为负值，说明贫困地区儿童的该指标低于全国农村平均水平；参照世界卫生组织确定的标准算出的儿童发育迟缓率为43%，比全国农村平均数（22.6%）高出近1倍；贫困地区的这两个指标的差异也很大，位于少数民族地区的贵州威宁县，*HAZ*为－3.04，儿童发育迟缓率为72%，分别高出这6个贫困县平均水平的64%和67%。

表6-43　贫困地区儿童健康状况（1996年）

地　区	*HAZ*	发育迟缓率%
河南（虞城）	－0.99	22
江西（兴国）	－2.41	60
四川（渠县）	－2.19	55
贵州（威宁）	－3.04	72
陕西（商洛）	－1.49	33
甘肃（通渭）	－1.55	31
平　均	－1.85	43

资料来源：张林秀．2005-05-31提高妇女知识水平，改善贫困地区儿童健康状况．1995世界妇女大会5周年研讨会论文．http://www.ccap.org.cn/cn/research/discussc.htm

采用实地调查资料和儿童健康影响因素分析系统模型做出的计量结果表明（表6-44），母亲受教育水平对儿童健康的影响是多方面的。①母亲的营养知识对表征儿童健康状况的两个指标都有显著的正面影响，而父亲的营养知识对儿童的健康状况几乎没有影响，由此看出母亲掌握营养知识的重要性。②母亲的读写算能力对儿童的健康没有显著影响，这表明母亲的认知能力并不一定直接有助于孩子的健康。③父亲受教育程度对儿童健康不产生影响，母亲受教育年限对儿童健康的直接影响统计上显著为负，这可能是因为母亲受教育多，外出工作的时间也多，从而减少了母亲照顾孩子的时间和母乳喂养的时间，不利于孩子的健康。但母亲受教育程度高，外出就业机会多，挣得高工资的可能性大（Zhang et al.，1999），家庭收入高，又会对儿童健康产生正面影响。④性别变量对发育迟缓的影响显著为负，即在贫困县内女孩营养不良的比例显著高于男孩，说明儿童健康存在性别差异。⑤父母亲的身高都与孩子的发育迟缓和*HAZ*正相关，这包含了没有观察到的儿童健康禀赋的差异和健康儿童之间身高的先天差异。⑥家庭的人均收入对儿童健康有显著的正面影响。⑦家中小孩的个数对儿童健康状况有显著的正相关，表明家中孩子越多，越利于母亲积累营养和照料孩子方面的知识。

表6-44　儿童健康决定因素分析

指标		健康状况（dF/dx）[a]	*HAZ*[b]
儿童个人特征	年龄/月	0.005 0	0.039 5**
	性别（男=1）	-0.094 0**	-0.045 7
受教育年限	父亲	0.005 0	0.009 7
	母亲	-0.037 2***	-0.073 7*
营养知识指数	父亲	0.001 1	0.024 2
	母亲	0.016 2***	0.033 0**
读写算能力指数	父亲	0.015 8	0.202 9
	母亲	0.064 1	0.110 3
母亲决策权		-0.011 9	0.566 5
儿童健康禀赋	父亲身高/cm	0.014 4***	0.042 1
	母亲身高/cm	0.014 7***	0.020 1***
当地环境	到镇的距离/cm	-0.021 6**	-0.042 1
家庭的人均收入/元		0.000 05*	0.000 2***
家中孩子数		0.046 3*	0.214 5**
观察值*P*		0.597 9	
预测值*P*		0.611 1	

注：a表示用间断值表示，0表示发育迟缓，1表示健康；b表示用OLS估计；*、**、***分别代表显著性水平为6%～10%、5%和1%；dF/dx衡量虚拟变量从0到1的间断变化因变量的概率

资料来源：张林秀.2000-05-31提高妇女知识水平，改善贫困地区儿童健康状况.1995世界妇女大会5周年研讨会论文.http://www.ccap.org.cn/cn/research/discussc.htm

其结论是，贫困地区儿童的营养和健康问题非常严峻，必须给予充分的关注。良好的健康状况有利于孩子成长，并减少家庭不必要的医疗开支。母亲的受教育程度在很多方面对儿童健康状况产生显著影响。提高家庭收入对儿童健康有显著的正影响，但它不及母亲营养知识的影响大，因此，对母亲进行营养知识方面的培训和教育，是有效改善这些地区儿童营养状况的关键举措。

近年来，投资于教育和培训已在社会中形成共识，但投资于健康的重要性却常常被忽

视。在贫困地区，因病致贫和因病返贫的事例更是俯拾皆是。卫生部组织的国家卫生服务调查表明，1998 年，有将近 22% 的贫困户因家庭成员患病或受伤而陷入贫困。

国内外营养和预防医学科学家的研究表明，儿童缺乏营养导致的早期发育不良，身高不足，体重较低，会直接引发脑神经损伤、智力下降、听力减弱、注意力难以集中、学习能力低下（表 6-45）。然而，这种损伤并非显而易见，所以常常被缺乏营养和健康知识的父母所忽视。据统计，发育不良的儿童群体中大约有 10% 的人成年后会有智障或其他疾病，而发育正常的儿童群体的这个比例为 2% 。由此可见，儿童体格发育时期是决定人口素质的关键时刻，母亲和婴幼儿营养素摄入是直接影响儿童发育的关键环节。要缩短乃至消除贫困人群与其他群体在市场竞争力上的差距，就必须在影响人口体质和智力水平的关键时刻和关键环节采取公共干预行动。中国预防医学科学院的专家们运用世界卫生组织提供的运算程序，计算出 2001 年我国因儿童生长迟缓、碘缺乏和贫血造成的经济损失为 3620 亿元，相当于当年国内生产总值的 4% 。如果采取营养强化措施，可以有效地降低与儿童发育不良相关的疾病。例如，缺铁性贫血会使儿童智商降低 8 分，通过在食品中添加铁剂，半年内就可以使缺铁性贫血发病率降低 50% 。添加铁剂的强化面粉每千克仅增加成本 1 分钱（朱玲，2002），这是贫困人口负担得起的价格。因此，采取这种公共行动在政治上和经济上都是可行的。

表 6-45　1990 年和 200 年中国 5 岁以下儿童营养不良指标

区　域	低体重率/%		生长迟缓率/%	
	1990 年	2000 年	1990 年	2000 年
全　国	19. 1	11. 2	33. 4	16. 1
西部地区	—	21. 6	—	30. 8
东部地区	—	9. 6	—	14. 5
城　市	8. 6	9. 4	3. 0	2. 9
农　村	22. 6	13. 9	41. 4	20. 5
贫困农村	—	21. 0	—	30. 7

注：“—”示数据暂缺

资料来源：①中国预防医学科学院，国家统计局．2001．十年来我国营养状况变化及改善对策（研究报告）．4 ~ 7，2001 年 11 月发布，北京

②朱玲，2002．投资于贫困人口的健康和教育，应对加入世贸组织后的就业形势．中国农村经济，（1）：33 ~ 39

◎第七章 国际案例和中国可借鉴的经验

自20世纪80年代开始，反贫困日益成为发展领域的热点话题。为了在减缓贫困方面取得更为显著的成效，发展中国家的政府不断地进行政策调整，并且投入了大量资金，非政府组织扮演着重要角色，国际发展机构发挥着积极的推动作用。

目前，发展中国家的反贫困战略，已经从增加贫困人口收入拓展到关注贫困群体的各个方面。为了尽量反映国际社会反贫困的理论与实践的进展，本章将系统地介绍印度、孟加拉国、印度尼西亚、秘鲁、菲律宾、泰国和土耳其这7个发展中国家的案例。

这7个案例可以分为3种类型，第一种类型的推动者是非政府组织，以瞄准和帮助最贫困群体为目标；第二种类型的推动者是政府机构和国际组织，以消除区域的整体贫困为目标；第三种类型的推动者是政府，以完善政府的扶贫战略和政策为切入点，以提高全民教育和健康水平为手段，减缓国家、区域和穷人的贫困。这些案例所涉及的扶贫方式有：向贫穷妇女赋权、小额信贷项目与社会安全项目相连接、利用大规模的社区发展项目减缓收入贫困、利用综合项目推动区域反贫困和可持续发展、国家和社区的贫困监测、全国抗击艾滋病政策、国家普及基础教育。

本章包括4节，第一节介绍非政府组织帮助最贫困人口的两个案例，分别是印度自营职业妇女协会（SEWA）向妇女赋权项目和孟加拉国的脆弱群体发展创收项目（IGVGD）案例；第二节介绍发展中国家政府和国际组织合作消除区域贫困的3个案例，分别是印度尼西亚的县区（Kecamatan）发展项目、秘鲁南方高地的地区反贫困战略创新项目和菲律宾减缓贫困政策和贫困监测项目；第三节介绍政府通过调整国家发展政策和增加预算资金，增强减缓贫困能力的两个案例，分别是泰国防治艾滋病的解决方案和土耳其的8年义务教育项目；第四节从7个案例中提炼可供中国反贫困借鉴的经验。

第一节 改善最贫困群体境况的案例

案例1 向最贫困的妇女赋权：印度自营职业妇女协会（SEWA）案例

一、印度SEWA的描述

（一）SEWA的背景

自营职业妇女协会（SEWA），1972年建立于印度的纺织之都艾哈迈达巴德（Ahmedabad）（位于古吉拉特邦，Gujarat）。1972 年，一些贫苦的、不识字的妇女和来自农村的季节性打工者，走进印度最老的协会之一的纺织劳工协会。她们是城内近百个纺织品批发市场里拉车和搬运布匹的临时工，收入微薄。这些妇女最急需的是得到庇护，她们常被布商们欺骗，并且看到纺织劳工协会给它的会员（主要是男性）带来的好处，她们寻求协会的帮助。纺织劳工协会妇女部负责人 Ela Bhatt 女士倾听了她们的诉求。Ela Bhatt 女士在担任纺织劳工协会妇女部负责人之前是一名律师，数年间她代表纺织劳工协会和政府进行法庭辩论和政策讨论，后来她到国家劳动部工作。Bhatt 女士深受甘地（Mohandas Gandhi）的影响。甘地在艾哈迈达巴德居住多年，并在 1917 年帮助建立了纺织劳工协会。

Bhatt 女士认为，要与巨大的不公平和营私舞弊抗争，就必须把这些工资很低、生活极为艰辛的妇女和其他在非正式部门工作的妇女组织起来，成立自营职业妇女协会。通过组织那些贫苦的、没受过教育的妇女进行各种活动和游行示威，引起社会对其困境的关注，一些问题渐渐地得到了改善。比如，布商应根据拉车距离支付工资，小商贩享有在街道上卖货物的权利，限制警察索取贿赂的行为。这些成绩增加了她们的自信，引发了新的积极性，带来了日益增多的会员，并扩大了活动领域。

SEWA 始终强调，贫苦妇女的利益应该高于所有的劳动者，向她们赋权旨在实现两个目标，即保障就业和自力更生。SEWA 的作用就是把这些妇女组织起来，培养她们实现这两个目标的能力。SEWA 是一个遵循民主程序和甘地主义原则的会员组织，它的所有活动都是根据成员的需要提出来的。SEWA 对这些需要是什么或如何满足这些需要，从来不做先验的决定；尽管经验已经显示出贫苦妇女的所有需要都是相互关联的，并且都应得到关注。Ela Bhatt 常常强调，一次运动通常胜于一个“计划”或一个“非政府组织”。虽然运动会时快时缓，也可能遭遇障碍而有所偏离，但它总是朝着既定的目标向前。

（二）SEWA 的体系

SEWA 对会员的参与有很强的灵活性。除正式选举和管理安排外，会员参与活动主要有 3 种方式：①参与协会活动，包括城市和乡村的协会分会，帮助会员争取平等的待遇和获得公正的市场服务。②参与合作社活动，帮助成员生产和销售她们的劳动成果，并逐步增加她们的资产。③参与会员服务。SEWA 的资金由 3 部分构成，会员费、捐赠款、政府（为其未能提供的应有服务）出资。

SEWA 会员用榕树的图像来描述这些活动和她们相互作用的过程。SEWA 是树干，从树根汲取力量。树干伸出枝条，满足贫苦妇女的生意或其他经营需求，或提供非常需要的服务。每条树枝上的气根又向下生长，以连接养育和支撑树枝的土壤，同时加固整棵树。

SEWA 的体系可用其拥有的组织及成立的时间来说明：

SEWA 合作银行（1974）

第一牛奶合作社（1979）

时事通讯（1982）

SEWA 全国协会（1982）

第一技工合作社（1982）

SEWA 电视（1984）

第一儿童保育协会（1986）

第一树木种植者协会

第一个乡村计划（BDMSA，在一个易发生干旱的区域）（1987）

第一蔬菜和水果卖主协会（1989）

SEWA 研究院（1990）

第一保健协会（1990）

第一盐场协会（1991）

SEWA 保险（1992）

SEWA 合作社联合会（1993）

古吉拉特房产信托（1994）

第一助产士协会（1994）

喀曲市工艺协会（1995）

SEWA 地方营销（1999）

SEWA 贸易便利中心（2000）

1996 年，Bhatt 女士从秘书长的岗位上退休，从那时起秘书长和两位秘书的任期为 3 年，并不再连任。SEWA 为协会的轮流“集体领导”方法而自豪。它的管理机构由一个规模不大但相当稳定的妇女小组负责，这些管理干部几乎都有专业背景，并全职参与 SEWA 事务的运转。一般而言，SEWA 的雇员 80% 是贫苦妇女，只有 20% 的雇员有职业背景。

SEWA 崇尚甘地主义的价值，尤其是朴素和容忍。例如，收入最高的雇员的薪水不超过最低者的 3 倍；所有会议都以唱印度教和伊斯兰教的赞美诗为开端。SEWA 行为谨慎，对 2002 年和 2003 年发生在古吉拉特邦的社会暴力，没有发表公开声明，因为它担心这样做会对受影响地区的会员造成危险；SEWA 会员信奉的宗教不同，但有很多会员采取勇敢的措施保护其他宗教信仰的人的例子。SEWA 在向受影响社区的受害者以及家庭提供援助方面，发挥了重要作用。

二、SEWA 的影响分析

（一）扩大成员规模

现在 SEWA 大约有 70 万名女会员，而且会员人数在加速增加。会员的年均增长率：1988～1992 年为 25%，1993～1997 年为 35%，1988～2003 年为 27%，2002 年有 25 万名新会员加入。约 75% 的会员住在 SEWA 的大本营古吉拉特邦；近几年 SEWA 组织开始在印度其他 6 个邦启动，这 6 个邦的会员人数为 16 万名；SEWA 在南非、土耳其和也门也有分会。

SEWA 对贫苦的自营职业妇女的赋权已经产生显著的作用，许多贫苦妇女通过 SEWA 获得了就业、市场、服务和资产。SEWA 的大多数活动，都强调“稳定地获得”的问题（优先条款）。SEWA 认为，所有获得问题紧密相关，但就业机会非常重要，如果没有稳定的就业，几乎就没有什么问题可以得到解决。同时，如果没有最低限度的社会保障，包括获得最低水平的保健、育儿、保险和住所，妇女就不能充分利用就业机会。除非妇女有稳定的收入来源和自主偿还贷款的能力，否则，她们就无法积累资产或有效地利用贷款。

SEWA 重视增加会员人数的作用，所以下面会经常提高会员人数。虽然并非所有会员都能得到平等的承诺，都能在参与 SEWA 的各种活动中平等地受益，但是，既然所有会员都是自愿的并且需要支付年费，会员数当然显示出贫苦妇女在 SEWA 组织的价值、地位以及对受益的预期。

（二）创造就业机会

在古吉拉特邦，协会的城市分部有 16.6 万名会员，他们分布在 70 种行业中，可分为 4 类，即在家劳动者、小商贩、工人以及手工艺者与家政服务人员。多年来，协会取得了很多成就，但随着机械化水平的提高和新技术的出现，传统的就业机会持续地减少了。SEWA 认识到这个过程是不可避免的，并通过改进会员的技能来减少这种影响。例如，提高对成衣工人的新技术培训使 100 个人获得了就业机会，30 个人重新获得就业机会（其余 3000 人从商人那里获得了一定的红利）。去年的主要活动是支持烟草和熏香工人得到更多的工资和准备基金。虽然这些努力已经使 1 万名工人（总数的一半）得到一次加薪，2000 人重新获得就业机会，但 SEWA 仍在为条件尚未得到改善的烟草工人的正当权益继续斗争。

在古吉拉特邦的 700 多个村庄里，协会的乡村分部大约有 37 万名会员。他们通过参与协会活动，在城里获得了稳定的（或不太稳定的）就业机会；依靠会员的团结和公众的同情，迫使雇主提供更好的条件。然而，SEWA 发现这类做法解决不了农村地区的大量剩余劳动力的就业问题，所以，她们又把注意力转到寻找各种兼业活动上，使会员有更多的选择。例如，生产并出售刺绣品，为当地农场主做临时工，以及改变贫苦妇女和农场主讨价还价的机制。常年的手工艺品生产和到生产高附加价值的农作物的农场就业，扭转了农民收入水平下降的趋势，这使季节性地迁移到城市和其他邦的女性劳动力（通常高达 80%）显著地减少了。

就业的替代引出了进入劳动力市场的问题。SEWA 的会员大多是未受过教育的穷人，她们在劳动力市场上大多有很多不愉快的经历。她们非常怀疑中介能发挥有益的作用；按她们的经历，中介唯一的功能就是剥削和欺骗像她们那样的穷人。她们深切地感受到公平地进入市场有多么的重要。

因此，SEWA 的重要职能是，促进会员合作的形成，帮助会员保证产品质量，并以合理的价格出售。现在 SEWA 有 100 个合作社，大小不一，小到一个村庄的林业生产合作社，大到有 3 万名会员股东的 SEWA 银行。SEWA 还有一个对合作社成员提供培训和营销支持的保护联盟，2002 年，该联盟为 1000 多名妇女提供了多种生产技能和商品营销的培训。

在农村地区，SEWA 下属的合作社帮助妇女改进她们生产的、用于销售的手工艺品和机织品的设计和质量。妇女的刺绣、纺织等技能通常都非常熟练，合作社的主要任务是保障生产的连续性、产品质量、尺寸、样式和交货的准时性。合作社还推广生产新的农产品和提高传统农产品价值的技能。例如，在传统的烟草生产被替代的地区开展如何经营树木苗圃的培训，乳业合作社推广改进的牲畜饲养和挤奶技术，为盐农提供如何以较高价值的工业盐代替较低价值的食用盐的生产示范。同时，合作社还为其会员提供市场上传统产品和新产品的价格信息。

（三）开拓市场

SEWA 通过直接介入会员生产的产品的销售活动而发挥更大和更广泛的影响。SEWA 的乡村妇女市场是一个乡村销售组织，建立于 1999 年。到 3 年后的 2002 年，它为约 1000 个不同的生产组的23 000名会员，安排了350万美元以上的销售。到目前为止，占销售总额比例最大的手工艺品和织造品（47%）及农产品（43%），盐制品和橡胶制品各占5%。2003年，SEWA与一家国营农业公司签订协议，使会员可以通过村庄妇女营销协会直接向该公司出售芝麻（会员也可以选择在公开市场出售）。SEWA的介入，使会员的产品销售价格提高了60%多。

贸易便利中心是一个专门的SEWA组织，建立于2000年，其职责是把本地会员生产的服装、织物及手工艺品等销售到外地去。2002年，该中心的国内市场销售额为14.5万美元，国际市场销售额为10万美元；同时，SEWA参与了2002年华盛顿地区史密森学会的民俗音乐文化节，带来了额外的27.5万美元的销售额。

（四）提供金融服务

到目前为止，协会最大的合作机构是SEWA银行。贫苦妇女自立的核心目标是获得资产、积累和持有资产，但她们经常负债，而且常常遭受不道德的放债者和商人的剥削。鉴于SEWA会员的需求，协会于1974年成立了SEWA银行，仅比SEWA成立的时间晚两年。从那年起，SEWA银行就成了SEWA主要的力量和成就之源，成为小额信贷领域的一个创新者。截至2002/2003年财政年度末，共有20万个存款账户，存款总额为1390万美元；贷款5万笔，总计300万美元（即平均每笔贷款60美元），贷款的还款率为96%左右。在过去的两年里，银行引进了手机银行业务，会员通过手机便可获得银行服务，不再会因为获得金融服务而打断她们的工作，银行还提供金融知识的培训。

SEWA银行对数以万计的贫困妇女介绍过日常节约和抓住投资机会的方法。虽然她们中的有些人仍然负债，需向SEWA银行支付相当数量的借款利息（当通货膨胀率为5%时，年利率超过20%），但她们几乎都有能力偿还债务，不再因为负债而陷入绝境。她们的进步主要表现为利用贷款实现发展机会上，如开一个大篷车商店或一个磨坊，购买机器以提高商品的质量和价格，租赁土地从事耕种等。她们也可以将贷款用于“非生产性”目的，如婚礼。随着时间的推移，SEWA银行对这类贷款的态度已经变得更宽容了。银行认识到，对于自力更生的会员，应该尊重她们的选择；银行也意识到，如果对这类“非生产性”的文化需求拒绝贷款，会员就可能不得不接受其他地方的更为苛刻的借款条件，并因负债而陷入绝境。

（五）社会服务和基本保障

SEWA在4个关键领域为会员提供服务，即保健、育儿、保险和住房。根据SEWA的经验，如果得不到这4种基本服务，贫苦妇女就不可能有生计安全。在其他领域，SEWA的做法是提高不断的调整，使这些服务建立在可持续的基础上。

最后一点是，SEWA通过提供难以获得的服务，使自己在政治圆桌上与更有经验的权威对话时更有底气。由于简单地提供信息难以使会员充分利用现有的服务，所以更多的情况是，SEWA使公共服务与会员需求连接起来，同时尝试改进公共服务。

SEWA的会员经常说：“我的健康是我的唯一财富”，或者“我们的身体是我们的资本”，SEWA及其他研究重复显示了一个伤悲的结论——贫苦妇女生活中最大的制约因素是疾病和不健康。所以，SEWA采用各种方式促进卫生保健活动。SEWA鼓励会员使用政府运作的初级保健护理门诊部，利用政府开展的免疫活动和定期建立的处理特别疾病的“营地”。2002 年，大约 30 万会员通过由本地赤脚医生组成的 SEWA 小组，获得了各种各样的初级医疗卫生服务。另外，在受 2001 年地震影响的农村地区，利用外部资金运营一个移动诊所，使政府医院的医生延长他们力所能及的服务范围。SEWA 最受欢迎的健康行动之一，是在艾哈迈达巴德的主要药店低价销售药品——2002 年销售总额超过 25 万美元。

建立育儿中心非常重要，不仅可以让贫苦妇女有时间谋生，而且可以保障孩子的健康，使孩子免受母亲所处的危险的、甚至有毒的工作环境的危害，使年龄稍大的孩子不必承担看护弟弟妹妹的责任，可以去上学。但建立育儿中心必须慎重，要确保妇女的付费加上雇主、政府和各种慈善机构的投入，能弥补全部成本，使之具有可持续性。

SEWA 利用 SEWA 银行和国营保险公司，开创性地向贫苦妇女提供保险服务。典型的情况是：妇女储蓄 1000 卢比（约合 22 美元）并存成定期存款，每年的利息作为保险费，用于支付各种意外事件，如疾病，死亡和财产损失。2002 年，有 10 多万名会员参加了保险，3000 多项索赔得到赔偿，总计 15.5 万美元（半数用于支付古吉拉特邦的社会暴力的损失）。SEWA 现在正依照 SEWA 银行的例子，计划建立 1 个合作保险机构。

住房也是非常重要的，它不仅是家庭的住所，而且是主要的生产地点和最重要的资产。2002 年，SEWA 住房信托基金，对那些想部分或整体建造房子的会员提供培训，提高她们的技能（和赚钱的潜能）。在艾哈迈达巴德的 3 个地区，150 个家庭组织了一个用电连接合法化方案，与 SEWA 会员一起承诺定期读仪表。这产生了两个结果：妇女们现在为更好的服务支付更少的钱，并决定按她们的名字来计税；公共电业局已经把这一方案扩展到该城市的另外 40 个地区。在遭遇 2001 年地震侵袭的农村地区，2002 年，SEWA 住房信托基金继续其重建的努力，共建造了 2600 所房子，房屋的所有权是以妇女的名字登记的。

（六）自信和自尊

SEWA 的会员反复提到收获了自信和自尊，并展现在她们日常的行为举止中，不论及这一点，有关 SEWA 作用的讨论就是不全面的。虽然自信和自尊的变化难以测量，但它们是 SEWA 工作的核心，意义非常重大。所谓自信和自尊，就是会员不仅维护她们的权利，而且充分利用她们取得的权利。在收集这个案例的素材的过程中，国外研究人员对女主任的谈话和小组会议上的发言留下了深刻印象，并被深深地感动。SEWA 的会员们尽管处于一个竞争日渐加剧的环境中，但面对挑战她们能应对自如。加入 SEWA 后，她们取得的成就集中体现在：

正在成为她们社区的领导；

增进了自尊和自信；

开始参加更广阔的社会和经济活动；

获得了新的知识和技能，包括管理和读写技能；

增强了应对会引发动荡的灾难的能力；

乍一看，这些产出似乎是 SEWA 的其他活动的副产品——当一个不识字的自营职业妇女，以她自己的名字借贷时，自然得到了自尊，实际上它源于 SEWA 研究院早期非常明确提出的能力建设战略，即开发会员的自信和领导技巧，并通过建立共同的意识形态和价值观，将众多的、各种各样的会员团结起来。2002 年，有 4 万多名会员参加了培训。为了满足会员的要求，还新增了识字和生活技巧培训，大概有 3500 名会员参加。通过培训还发现，贫困的劳动者能够对严肃的研究活动做出贡献。

三、SEWA 的成功是如何取得的

本节最后一部分叙述3个妇女与贫困作斗争的故事。她们都是真实的人物，是2003年11月接待过几天外宾的6名SEWA会员中的3人。在这3个故事里，SEWA的会员都发挥了关键作用。这3个故事勾勒出SEWA赋权战略的成长和影响，突显出SEWA所追求的组织起来、价值观、灵活性和领导力4个主题。

(一) 组织起来

SEWA是第一个也是最重要的组织被社会排斥和深受剥削的自营职业妇女的协会。除了广大会员的潜力之外，SWEA几乎没有资源。为了凝聚她们的集体力量，SEWA把会员组织为贸易工会。工会的努力有时为会员带来“新”利益；但更多的是为妇女维护应有的合法权利和服务，这些权利和服务是那些妇女没有意识到的，或是被社会上更强大的力量所否认的。SEWA的成功之处在于把这些妇女组织起来，并在此基础上把她们的潜能充分激发出来（专栏7-1）。

【专栏7-1】

·在最基层组织起来·

SEWA把基层组织起来的具体做法如下。

设置地区协调员。一个协调员负责人口规模为100万~200万的地区的SEWA的全部活动。古吉拉特邦的乡村地区由一个协调员负责，SEWA对其中14%的人口起作用。在城市，一个协调员要负责几个相邻地区，但人口规模大致相同。地区协调员能得到工作组长的支持，工作组长能得到组织人员的支持。SEWA极大地依赖于会员的志愿活动（可报销发生的费用）。

设立村庄工作组。工作组设一个组长和一个组织人员，她们最初的任务是在村庄中组织妇女。她们走访村庄，首先向村委会介绍SEWA，特别是SEWA能给社区带来的利益。如果村委会同意（村委会常常不同意），组长和组织人员就和村庄里的妇女讨论，然后招募一个或几个愿意领导村里妇女开展活动的志愿者。SEWA不雇用志愿者，但会给她们一点津贴，以补偿她们参与SEWA活动发生的费用。然后，工作组组长、组织人员和志愿者一起，向村里的妇女介绍成为SEWA会员的好处，帮助这些妇女判断她们的急需，并对她们进行能力培养。当SEWA被一些妇女接受以后，推进工作就比较容易了，因为这部分妇女会以各种形式向邻居及附近村庄的妇女谈论自己在SEWA的经验。

成立会员贸易小组。加入SEWA的妇女要加入某个专门的“贸易小组”（见专栏7-2），她们通过共同努力开展贸易活动或获得生计来源。SEWA鼓励妇女参与，并促使她们成为自己从事的活动和其他活动（如水、保健、储蓄）的“赤脚管理者”。

建立活动先锋队。一个地区的每项活动都有一个先锋队，通常由10个人——2名SEWA工作人员和8名当地妇女组成，这些妇女是各个村庄中负责专项活动的志愿者。例如，一个乡村储蓄先锋队是由区内的8个最活跃的负责储蓄小组活动的志愿者和2名

SEWA 工作人员组成的。先锋队成员需接受 SEWA 的岗位培训，并且定期参加会议，目的是帮助她们精通记账、管理资金、书写及表达技能，从而更有信心。负责各项活动的志愿者在招募成员和小组培训中起主要作用。她们向会员传授她们所学到的技术，利用她们自己的经验和她们彼此所学的东西，帮助小组解决问题。

随着时间的推移，先锋队成员的经验和技能越来越多，大多数人成为储蓄小组的推动者、特定生产活动（如手工艺品）的组织管理者和特定技术（如赤脚兽医）的培训者，成为会计、文书，当选为合作机构委员会的委员。她们为家庭福利和社区发展做出了贡献。随着经验、技能的增加和收入的提高，她们的选择也增多了。一些被 SEWA 工作人员认为有前途的先锋队成员，被聘为 SEWA 的组织人员，最终成为工作组长或协调员。先锋队的活动包括生产（如水利、林业、农业）、保健、保育、培训/教育、保险、储蓄、住房、研究和录像等。

组织的过程是增加会员的一个途径，因此 SEWA 在组织的过程中壮大了。由此产生的其他结果是，贫苦妇女增强了对她们应有权利的了解，各类机构（包括警察和各个公共服务机构）也增加了对他们本应提供服务的客户的责任感；帮助新会员说清她们的需求，特别是未来的需求，增强她们认为有价值的看法和 SEWA 是属于其会员的信念，以确保 SEWA 的活动是“需求驱动”的。从新雇员中识别潜在的积极分子和领导人的过程，是 SEWA 未来增长的基础。

SEWA 主要从事有组织的活动。为了能在国家政策对话中表达更多的声音，扩大其在会员中和社会上的影响，SEWA 必须成为“国家级协会”。虽然 SEWA 至少在 5 个邦合乎注册要求，但还没有达到“国家级协会”至少有 50 万名会员的最低要求。所以，1999 年 SEWA 以“500 000”为口号发起了招募新会员的活动，2000 年会员激增近 50%，2001 年再增 32%。2002 年会员人数轻松地超过了 50 万，由此 SEWA 就以国家级协会的身份注册了。

应当指出，在招募新会员当中外部因素起了重要作用。2001 年 1 月，古吉拉特邦西部乡村地区发生一次破坏性地震，造成 14 000 人死亡，150 000 人受伤，230 000 所住宅被毁。2002 年和 2003 年，公共暴力破坏了艾哈迈达巴德和其他城市地区数以万计的贫困家庭的生计。SEWA 迅速地对此做出反应，并对危机的受害人提供有效的帮助，而不论她们是不是会员。另外，参加 SEWA 保险的会员得到了部分赔偿，使 SEWA 得到非常有力的宣传。所以，危机过去后，很多妇女觉得应该加入 SEWA。当然，成为 SEWA 会员且经常参加 SEWA 多种多样活动的妇女的实际收获，超过了她们最初入会的预期。

（二）价值观

SEWA 从建立起就追随甘地主义的信仰。Ela Bhatt 和她的同事鲜明的远见，则为 SEWA 目标的一贯性和坚定性提供了基础，例如，长期斗争改变 SEWA 工作的政策环境。甘地的 11 条原则，常常在会议开始时作为圣歌吟唱，也是 SEWA 研究院教授课程的主要部分。甘地的 11 条原则构成许多行为的基础。例如，一贯地倡导平等主义，与印度社会的规范形成鲜明对比。SEWA 坚持以会员为主，重视会员自我价值的感受和日常生活的惯例，即使是“高贵的外宾”也按照传统的兄弟姐妹的方式接待。

SEWA 鼓励包容和参与。例如，所有会议都以高度参与的方式进行，虽然这样做要比西方认为的"有效率的"方式消耗更多的时间和精力。SEWA 从来不解雇职员，但它的雇员可以调换工作，以便工作与她们的才干更相称。她们有承担风险的意愿，从错误中学习，尝试新的方法直到成功。她们有非常清楚的价值取向，有如何履行自己的责任的自由选择。因为经常开会，所以任何获得成功的新方法都能快地传播出去并被其他人所接受，同时能较早地发现不成功的做法。

Ela Bhatt 指出：SEWA 信奉的甘地主义原理已植根于印度的文化与传统——正如甘地被公众认同一样。她唯一的贡献是树立这样的理念，即至少在当代印度，妇女是社会力量的源泉和保护者，是改进福利运动的天然领导者。她们愿意为未来储蓄和投资，她们面对逆境和绝境有更加努力工作的勇气；她们有养育孩子和为家庭作贡献的本能。Ela Bhatt 认为，关注妇女，是 SEWA 在过去的 30 年里保持目标一致性并取得成功的关键。

（三）灵活性

SEWA 在分权和组织上的灵活性，可能让第一次参观的人糊涂。但灵活性是巨大的力量源泉。就像大榕树那样，在众多向下生长以支撑枝干的根茎中，某个根茎的作用具有不确定性，但它们合在一起，能使整棵榕树持续地发挥巨大的遮蔽作用。一条树枝或根茎受伤或枯死，不会对树和树的其他部分造成大的损害。同样，SEWA 的每个分支和每个分支的组织者，都有极大的自治权——约束她们的不是一套在每个细节应该做什么的准则，而是一套应该如何着手的原则。SEWA 用相当抽象的话语表述其所做的事情（"为充分就业和自力更生将妇女组织起来"），如何做好细节则是面对现实的会员考虑的事情。

由于允许用多种方法实现同样的目标，因此，可以对采用不同方法做出的结果进行比较。比较不是为了确定一个"对"的方法，而是让大家分享不同的成果，了解她们的同事的成就和问题。这些习惯通过 SEWA 长期探求而不断得到强化。这实际上是"学习型组织"术语流行之前就已经出现的"学习型组织"。

SEWA 的灵活性的 4 个结果值得注意：

1）职员习惯于应对而不是抵触风险。她们认为，即便是危机，如地震、干旱或公共暴力，也有可能成为机会。她们关注的不是成功或失败，而是如何通过策略重组，达到更大的目标。因此，SEWA 试图留住乡村劳动力不外出干活，来为农业工人争得更高的工资。SEWA 最终发现了可以达到同样结果的办法，就是促进就业机会的创造，即使参与者受益，又提高这个地区的农业工资。

2）职员积极主动、充满活力和忠诚。SEWA 通过信任、自我挖潜，而不是监视、忠告、规章制度和业绩评价来调动职员的积极性。这培养了职员强烈的忠诚意识，所以，尽管工作时间长而薪水较低，SEWA 仍能吸引非常有能力的专业人士，因为工作的热忱来自对工作的满意而不是经济奖励。

3）组织的增长潜力。SEWA 以适应会员的需求为中心，并朝着会员关注的方向成长。SEWA 没有坚固的官僚机构，引进任何需要的新程序相当容易。SEWA 组织与风格上的灵活性较好地解决了其成长中带来的问题。

4）注重意识形态而非教条。它的承诺是与所有愿意帮助贫困的自营职业妇女的组织合作。SEWA 接受多种印度基金和外国捐赠人提供的资金，包括世界银行扶贫磋商小组

（CGAP）、福特基金会（Ford Foundation），德国技术合作公司（GTZ）、国际农业发展基金会（IFAD）、国际劳工组织（ILO）和德国复兴开发银行（KFW）。SEWA 参与实质性合作是很慎重的，但参加对话却从不犹豫，有时是与有争议的部门对话，如工业联合会或政府部门。激进分子批评和指责 SEWA 的这种做法，SEWA 的回应是，SEWA 旨在使其会员进入主流，如果不愿与主流对话或合作，就达不到这个目的。按 Ela Bhatt 的说法，SEWA 具备了逐渐改变主流角色思维的胆识，包括印度政府和世界银行。

（四）领导

Ela Bhatt 建立了 SEWA，并作为秘书长领导了这个组织 24 年。她从基层和中坚两方面培养领导，她的远见鼓舞着专业妇女干部参加和管理 SEWA。她们共同开发了一套旨在消除会员和管理者之间的社会距离的参与式管理模式和行为方式，使 SEWA 的目标高度连贯地延续了 30 多年——包括 Ela Bhatt 离开 SEWA 后的 7 年。

在印度的邦和劳动法框架内，SEWA 符合国家级协会的所有条件。SEWA 的正式选举和管理安排，在下面的专栏 7-2 中描述。这里需要补充的是严肃对待选举的态度，SEWA 职员指出她们缺席会议可能影响选举结果。SEWA 的章程规定，会长、副会长和秘书，及所有被选出的执行委员会成员都是劳工阶级妇女。实际上，唯一可供有专业背景的成员选择的是公司的两个管理岗位——秘书长和秘书。

【专栏 7-2】

·SEWA 的管理·

SEWA 的每个会员都是某个"行业小组"的会员（如卷烟工，建筑工，店员，小贩，盐业工，纺织工等）。SEWA 共有 125 个行业小组，它们是 SEWA 管理的基础。

行业小组每 3 年选举一次，行业委员会的委员由选举产生，委员的数量按每 400 个小组成员出 1 个委员决定，所以委员会的规模能大致反映行业小组的规模。目前行业委员会共有 1422 名当选委员，她们每个月开一次会。这是 SEWA 的权力机构。

委员一旦当选，任期为 3 年，委员会的首要任务之一是选出由 25 人组成的执行委员会。执行委员会总共有 30 个人，它包括 5 名由 SEWA 的高级管理人员指定的会员。另外，还有少量"特邀"委员，由多年来对 SEWA 的贡献特别显著的会员担任。

执行委员会也是 3 年轮换 1 次，执行委员会共有 7 名官员，即 1 个主席、3 个副主席，1 个秘书长和 2 个秘书。主席和副主席来自 SEWA 最大的行业小组。秘书长和秘书承担 SEWA 具体的管理职责——至少 1 个秘书是劳工阶级会员。按惯例，协会管理官员只能任期 3 年，尽管这不是 SEWA 的章程规定。SEWA 是一个在政府注册的协会，它的年度审计、账簿和会议记录等都必须按年归档，每年还必须把会员登记情况提交给政府劳动部门，以便审查和控制。

按惯例，协会管理机构的所有办公室成员都定期轮换。这种做法（SEWA 用"集体领导"一词）的优点是官员个人不可能拥有太大的权力，缺点是领导失去了连贯性——这个缺点可通过稳定核心管理干部来消除。对那些全身心地投入到 SEWA 事务中，对 SEWA 有承诺，而且不在乎头衔的专业妇女，有少量可轮换名额，其中有些是专栏 7-2 中提到的"特邀”席位。

除了协会管理结构的安排外，SEWA 还有其他机制来缩小基层和中心之间的“社会距离”。首先，一贯强调甘地主义的平等价值观，所有会议都重视平等参与而不是座位安排，参加国家和国际会议的 SEWA 代表团，总是包括劳工阶级会员（通常都是第一次出国旅行）。第二，薪金标准被高度扁平化——规则是最高工资不超过最低工资的 3 倍。

另外，SEWA 从贫苦妇女中发现和发展领导人的政策，对协会的成功做出了卓越的贡献。当 SEWA 的组织者或协调员发现了有活力、有干劲的新会员，通过个人谈话鼓励她，给她分配任务，并逐渐把她放在更重要的位置上（见第四部分的第二个例子）。这些通常没有发挥潜在领导才能途径的贫苦妇女，在 SEWA 的适度鼓励下释放出了从未展现的惊人能力。尽管她们不识字和对世界的认识很有限，但她们以这种方式实现了自我，并在 SEWA 获得了领导职位。

在培养领导人当中，发挥正规作用的是以能力建设为宗旨的 SEWA 研究院。研究院的基本课程是培育学员的“自我表达”技能，如用麦克风讲话，如何向别人介绍自己，进一步的课程是培育学员的自信，更深的课程是如何应对政治事件。

四、SEWA 如何感动了三类生活

（一）Bhavnaben 的故事

Bhavnaben 是一名 32 岁的盐业工人。盐业劳作是用抽水机将地下的盐水抽到荒地上用低矮的土堤围起来的盐池里，盐水经过蒸发达到一定浓度后，通过垄沟把它引到附近一个较大的盐池里。围盐池的土堤和连接盐池的垄沟需要经常修护，这些工作主要由妇女来做。男性主要从事抽、引盐水的工作。当盐水蒸发至结晶形态的临界水平，盐池变成一张巨型盐毯。最后的工序是把盐和沙子、石头分开，并将盐堆积起来，以便于运输。

这片荒地极为荒凉，既没有水也没有植被，白天很热，晚上很冷。强光反射到沙子、盐水池和盐上，会造成包括夜盲在内的严重眼疾，皮肤经常接触化学制品和盐，极易受到损害。这个地方的人经常讲的一个故事是，过高的盐含量使一个盐业工人的脚在火化时都无法完全烧尽。

1. Bhavnaben 的家

Bhavnaben 和她的丈夫在盐井旁边挖了一个长 15 英尺（1 英尺 $=3.048\times10^{-1}$m）、宽 10 英尺、深 2 英尺的坑，坑的四周和上方用木杆、棍子、黏土和席子围起。在地上可以看到这个类似简易帐篷的小屋。11 月到 2 月的夜晚很冷，全家 7 口人都睡在这个小屋里，其他时间她的丈夫和儿子睡在外面。小屋也用来做饭和吃饭，烹调区在小屋的一个拐角，为数不多的烹饪容器放在黏土墙壁凹陷处的架子上。吃饭时家庭成员围坐在地上，分享一个盘子里的食物。屋里没有什么器物，平时的食物几乎都是由粟面粉做的扁面包，叫做 rotlas。早餐偶尔有甜茶，午餐或晚饭偶尔有马铃薯、菠菜和未加工的糖，大部分餐食只有 rotlas。

Bhavnaben 每隔一两个星期到 10km 外的村庄去洗一次澡，并取回一些生活必需品，包括薪柴和水。她有时搭乘亲戚的自行车、拖拉机或油罐车，但大多是徒步，还常常带着不满周岁的孩子。她建在村庄里的一间小房子刚刚完工（原来的房子已毁于 2001 年的地震），建房得到了 SEWA 的帮助及政府与国际机构合作项目的资助。然而，由于缺乏资金，她的房子里没有储水罐和厕所。

这个村庄像沙漠那样缺水。由于缺水，每顿饭后 Bhavnaben 只用两杯或三杯水洗盘子，只能一两星期沐浴一次。卫生设施很简单，垃圾扔在住宅外的公共区域，牛和猪几乎吞吃那里的一切东西。这个村庄的多数住宅没有厕所，大家都在田地里方便。

2. Bhavnaben 的家庭

Bhavnaben 在她的孩子出生两个月后病倒了，长达一个月。她没有立刻去诊所，导致病情恶化。她最终去了诊所，退了热，但在完全恢复前又出现咳嗽，症状与肺炎相似，家庭的其他成员也病了。她因患病，损失了一个月的产盐时间。Bhavnaben 的 4 个大一些的孩子，两个 12 岁的女儿和 8 岁、6 岁的儿子，没有一个去学校读书。他们和父母一起迁移，从 9 月到 3 月的产盐期间居住在荒漠里，其余时间住在村庄里。12 岁的女儿能帮母亲干所有的活，包括照顾婴儿和做饭。

Bhavnaben 的婆婆是一个非常保守的人，她要求 Bhavnaben 遵守当地的每个传统，包括早已过时的习惯，如在年长的男性面前要从她的丈夫一边遮住她的脸，不能单独离开房子。所以 Bhavnaben 参加 SEWA 活动，必须和她的一位亲戚一起去。每当 Bhavnaben 离开村庄去参加 SEWA 会议时，她的婆婆总是反对，并且说“她知道什么，她为什么要参加这样的会议?”Bhavnaben 提起在 Baroda 的一次 SEWA 会议的事情，她的婆婆问她说了什么? Bhavnaben 告诉婆婆，她不仅发言了，还坐在一个可以旋转的大椅子里!

3. SEWA 的作用

Bhavnaben 说，加入 SEWA 以后，她获得了勇气并得到了鼓舞，积极参与能影响她和她的家庭的活动。她在 SEWA 银行开了储蓄账户，每月存入 40 美分，偶尔还有其他存款，目前存款余额已增长到 23 美元。对 Bhavnaben 来说，参与这项活动重要，现在她一旦需要钱，可以向 SEWA 银行借 3 次款。她从 SEWA 获得的其他好处包括，在为时 7 个月的产盐季节，可以向 SEWA 银行借款，每月的最高额为 110 美元。如果一切正常，整个季节可获得约 450 美元的净收入。SEWA 还帮助盐工谈判，使她们生产的盐卖出每吨 2.65 美元的价格，与过去以每吨 2 美元卖给中介相比，价格提高了 30% 多。

虽然相当害羞，而且在社区里是个晚辈，但 Bhavnaben 在 SEWA 非常活跃，正在成为领导。在有外宾来访的村庄会议上，她是站起来介绍加入 SEWA 好处的两个人之一。她的发言给人留下了深刻的印象，而且意味深长。在回应可笑的质问者时，Bhavnaben 的反击是，“你没有勇气站起来讲话，如果你想现在讲话，我将坐下来。”这使得质问者闭上了嘴，她接着阐述自己的观点。

（二）Kamlaben 的故事

Kamlaben 是一名 37 岁的农民，她和丈夫、3 个儿子中的两个居住在一间房子里。这间房子长 11 英尺、宽 8 英尺，带一个长 11 英尺、宽 7 英尺的屋顶阳台。她每天早上五点半起来，在屋子的拐角生火，为家庭准备早餐，包括印度面饼和米饭，加上放奶和糖的茶，做这些事情从头到尾需要 1 小时或更多的时间。洗涤盘子和打扫房子之后，Kamlaben 通常和其他妇女一样去烟田做临时工。她的任务随季节而变化，但大多数时候是弓着背，弯着腰。所有的烟田、烟厂及相关的基础设施，都归一个大家庭拥有，这个大家庭和村庄里的一批“经理”签订护理烟田的合约。经理雇佣村民（通常是 4 ~ 5 名妇女）履行合约。依据协议，经理们按烟草的产量得到报酬，负责雇工、雇工管理和为雇工发工资，同时承担天气及其他减产风险。Kamlaben 干半天收入 25 美分，干一天收入 43 美分。

作为苗圃协会的会员和位于她家附近的一个店铺的店主，Kamlaben 除了在烟田当临时工外，还有两个收入来源。苗圃是她和村里其他几个妇女在 SEWA 的资金和技术支持下新近建立的。Kamlaben 向 SEWA 银行借款 110 美元，分十次偿还，利率为 21%。所有贷款都是这些妇女会员以自己的名义借的，不靠丈夫或村里有名望、有学识的人担保。在家庭成员的帮助下（包括 Kamlaben 的丈夫），妇女们在村里清理并平整了两个小区，买了树苗和其他生产要素，并在放树苗的营养杯里装上了强化土壤。这项生意似乎很有前途，她们已卖出了很多树苗。Kamlaben 是苗圃协会的领导人，负责给其他妇女提供技术指导、管理和回收她们的贷款，因此她能从 SEWA 银行得到一点薪金。

她生计的第三个来源是一个“店铺”，实际上就是存储少量食品和家居用品的木箱子。这是用另外一笔来自 SEWA 银行的 110 美元贷款购置的。这个店铺的营业时间从上午 9 点到下午 9 点，由她的 14 岁的儿子管理，她的丈夫和丈夫兄弟帮忙。“店铺”已开始卖新鲜蔬菜，一天大概能卖 5 ~6 美元。Kamlaben 是这笔钱的借款者，也是这家店铺的所有者。她计划还贷之后给她的儿子发薪水。

1. Kamlaben 的过去

Kamlaben 的父亲酗酒并虐待她的母亲，加上家庭贫困，她的母亲跑了，所以 Kamlaben 的童年相当贫苦，Kamlaben 读到五年级就辍学了，然后就被迫在烟田里做临时工。

她 16 岁结婚后住进婆家。由于婚后头 4 年没有生育，她的婆婆和丈夫都很愤怒并且打她。她的婆婆甚至说这个家庭养头牛反倒更好些，最起码还可以挤奶。她的婆婆最终把他们赶了出去，他们不得不租用别人的空房或棚子，所以经常搬家。

Kamlaben 后来去了健康诊所，治好不育症后，她生了 3 个儿子，每个相隔两年。大儿子（现在 16 岁）读了 9 年书，在脚踝受伤几个月不能上学后就退学了，现在和住在另一个镇的叔叔一起生活，希望能找个工作。老二（14 岁）读完 8 年级退学了，现在家里照顾小“店铺”。小儿子（12 岁）在读五年级，但不愿意读书，有时逃课，还不知道学习与生计的关系。

Kamlaben 的主要财产，正如她所说，就是她的身体。她在孩提时就开始工作，而且希望一直工作到去世。她最关心的是身体的健康状况。有时她后背的疾病使她不能干活。当病症袭来的时候，Kamlaben 最先求救的不是医生而是寺庙，希望疾病能不治而愈。

2. SEWA 的作用

Kamlaben 不仅是 SEWA 的老会员，而且是村庄里的 SEWA 的领导者。她通过作为会员和领导教育项目得到培训，并依靠 SEWA 银行的贷款积累了资产，如树木苗圃和店铺的流动资金。她的最大的财产是房子，她用接受绝育手术获得的政府赠予（130 美元）和 SEWA 银行连续三次贷款（第一次 45 美元，后两次各 110 美元，现在已还清），盖了房子。Kamlaben 再也不用支付租房费用，再也没有与她婆婆住在一起的精神上的担忧了。

Kamlaben 和村里的其他妇女在 SEWA 的帮助下，办起了托儿所和普通卫生保健中心。Kamlaben 通过参加合作社干部的高级培训，学会了计账、填写报表和编制计划的技能。参加 SEWA 终身教育计划而识字的妇女，不仅因为自己识字而兴奋，而且为自己有能力在有关文件上签署名字而并非按手印体验到尊严。

Kamlaben 认为，最重要的是 SEWA 帮她摆脱了受虐待的境遇，培养了自信的感觉。她的言谈举止甚至走路方式就是骄傲、带有信心和信念的见证。SEWA 还引导妇女实现真正的团结。如果会员被丈夫打，一群妇女就会去她家谴责她的丈夫，就像 Kamlaben 的例子一样。在传统的环境中妇女几乎没有选择，这些带有自我赋权的深刻的印记。

（三）Shantaben 的故事

Shantaben，47 岁，是艾哈迈达巴德路边的一个小贩。艾哈迈达巴德有约 10 万名以卖水果、蔬菜、花卉、鱼、衣物和其他日用品为生的小贩。她们把商品放在头上的篮子里或手推车里。她们有些是没有固定营业地点的行商，有些是有固定营业地点的坐商。

Shantaben 每天清晨到批发市场买少量蔬菜，并尽量在一天内把蔬菜卖出去。她的砍价能力很低，以致批发价较高，零售价较低，利润很小。除了经济上的脆弱性外，她必须每天 14 个小时坐在没有遮挡的街边等候顾客，在雨季得忍受暴雨洪水的肆虐；而在旱季则不得不顶着烈日。她的菜摊位于一个交通繁忙的十字路口，每天得吸进大量汽车尾气。

然而，比暴雨、烈日和尾气更大的问题是她没有任何权利。由于街头摊贩摆开的货物堵塞了人行道，不计其数的手推车堵塞了交通，所以街头摊贩成了城市管理的主要对象。从法律上讲，小贩必须申请执照。然而，获得执照不仅要找到合适的人，并且愿意且能够支付一大笔钱。Shantaben 既没有钱也不认识人，所以她每天都得向警察交纳 40 卢比（相当于每天销售额的 1/5）作为没有执照的“罚款”。

她必须赚足够多的钱来养家，并留出第二天去批发市场进菜所需的钱。由于她所需要的借款数量很小（相当于 10～20 美元），银行都不愿意借钱给她。批发商和放债者则已经在批发市场旁开张，收取高利率。

1. Shantaben 的过去

Shantaben 的父亲在她 1 岁时去世，整个家庭全靠她的母亲做工人供养。Shantaben 17 岁结婚后，同她的丈夫搬到乡下和他的家庭一起种蔬菜。由于天旱，几年后他们不得不搬回艾哈迈达巴德。Shantaben 的丈夫在一家纺织厂找到了工作，Shantaben 在家照顾两个幼儿。他们居住在城郊一间不到 $10m^2$ 的简易房子里，房东和她的婆家住在另外两个房间里，他们共用一个厕所。她的丈夫在一次工伤中失去了一只手，连续几个星期无法工作，于是她开始在家门口卖菜来供养这个家庭。Shantaben 在其最好的朋友病重期间答应照顾她的两个小孩。她的朋友不久去世了，Shantaben 承担起照顾这两个孤儿的责任。她的丈夫工伤几年后也去世了。她独自一人承担起抚养 4 个孩子，两个男孩和两个女孩的责任。

2. SEWA 的作用

几年后，Shantaben 从一个朋友处得到了关于 SEWA 为会员争权益，以及可以向 SEWA 银行贷款的信息，于是，她加入了 SEWA。她从 SEWA 银行得到的第一笔贷款数目很小，大概 10 美元。要从批发市场进更多的菜，就必须得到更多的卖菜收入，她总是按时还款，并得到日益增多的贷款，她用这种办法将她的销售点从 2 m^2 逐渐扩大到 6 m^2，并用一笔大额贷款买下了她家住的房子。几年后，Shantaben 又用 SEWA 的贷款买下了其余两间屋子，成为整套房子（3 个房间和 1 个小阳台，接近 40 m^2）的所有者，她很得意。她和她的四个已长大的孩子和两个孙子居住在这里。Shantaben 的还款期很长，还款量相当于她的收入的 1/3～1/2，所以她没有偿还贷款的困难。

这是一个成功故事。但 Shantaben 依然是脆弱的。她承受不起生病等各种意外，否则就将失去她和她的家庭的生存手段。地震、洪水以及印度教与穆斯林教之间的暴力冲突，是居住在艾哈迈达巴德的人持续、危险、反复的灾难。如果她有限的财产遭受损坏，她 10 年艰辛劳作的成果将消失得无影无踪。对穷人而言，没有退休的说法，不得不一直工作到死，他们的孩子可能早已到了其他地方，或者太穷而供养不了双亲。

SEWA 决定摆脱这种恶性循环的束缚，但进程非常缓慢，而且制定好的计划有时也不成功。例如，经过长时间的调研和分析，两年前 SEWA 在批发市场开了自己的商店。其本意是替代中间商和限制中间商的高额佣金，为小贩们提供“公平的价格”。然而 Shantaben 说，早上四点半到批发市场采购时，SEWA 的店铺在那段时间里只有几种菜可供选择，迫使她继续向商人采购。

SEWA 会员的凝聚力非常强，不仅因为她们都是贫困妇女，而且因为她们都认识到贫困和被忽视不是她们天生的命运，她们必须有改变自己命运的意愿和行动。

案例 2　小额信贷和社会安全相连接项目

覆盖最贫困人口：孟加拉国脆弱群体发展创收项目（IGVGD）案例

一、孟加拉国 IGVGD 的描述

（一）最贫困人群与为什么小额信贷对他们失灵

大多数对孟加拉国小额信贷项目的研究表明：小额信贷能够有效地瞄准穷人、特别是贫困妇女；而且小额信贷已经成功地为贫困妇女创造了发展的机会，包括增加资源的可获得性、提高她们的自信心和福利。但是，穷人的贫困程度仍有较大的差别。详细的估计显示，孟加拉国农村人口的 27% 或贫困线以下人口的半数是“绝对贫困人口”。这部分人大多数不识字，没有属于自己的耕地，拥有的食物远远满足不了生存的最低需求。他们生活在不安全状态中，经常遭致被逐出家园、剥夺资产和身体上的暴力伤害。研究与经验证据表明：这部分绝对贫困人口往往被拒于小额信贷项目之外。

小额信贷项目排除绝对贫困人口的原因包括：①成功的小额信贷依靠严格的甄别机制，确保借款能按时偿还。连带的还款责任使小组成员和项目工作人员形成了将具有潜在风险的客户识别出来的激励。②小额信贷通常偏好收入稳定、收入来源多样化和有些资产的客户（通常是经济状况略好些的穷人）。这类客户即便在小额贷款项目未能创造出足够的收入和利润的情形下，仍有能力偿还贷款。③贷款者担心，绝对贫困人口有可能把贷款直接消费掉，或把贷款项目创造的收入用于消费；或缺乏获得足以分期偿还贷款的创收能力。

除了高还款率的要求和小组成员承担连带还款责任的纪律促使项目工作人员和小组会员甄别客户，把绝对贫困人口排除出小额信贷项目的原因外，绝对贫困人口往往缺乏参加信贷项目的自信心，通常不敢表达想加入项目的需求。他们可能认为自己不属于“值得贷款”的人，可能觉得自己没有足够的还贷能力。

然而，现实中也有致力于扩大小额信贷覆盖面的成功典范。本文讨论的或许是这些项目中最成功的一个——脆弱群体发展创收项目（IGVGD），IGVGD是一个综合性的食品安全项目，由孟加拉国政府、世界粮食计划署和孟加拉国最大的非政府组织——孟加拉国农村促进会（BRAC）共同出资。项目瞄准的是孟加拉国农村几乎或完全没有收入机会的绝对贫困妇女。在过去的10年中，IGVGD已发展成拥有数十万成员的组织（图7-1），其项目已经为近百万参与者提供粮食援助、贷款和储蓄服务。受援妇女中的2/3已经摆脱了绝对贫困状态，成为小额信贷客户。

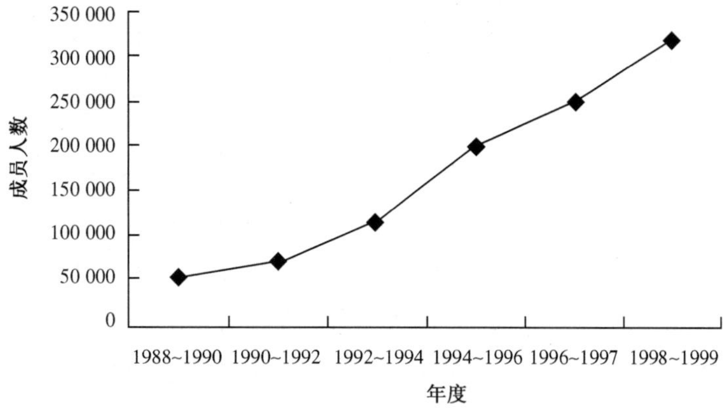

图7-1 IGVGD成员的年度变化

（二）IGVGD项目的结构和实施

1. IGVGD概念

BRAC在执行项目的过程中发现常规的小额信贷项目难以覆盖最贫困人口，所以一直在探索能使发展项目覆盖绝对贫困人口的“切入点”。

BRAC认为，无偿地提供粮食，可以激励绝对贫困人口参加项目。BRAC利用粮食援助解决绝对贫困人口的短期温饱问题，通过技术培训、储蓄、贷款服务，培育绝对贫困人口的发展能力。因此，当无偿的粮食援助周期结束后，参与的妇女可借助于新掌握的技能从事创收活动，使她们的家庭维持温饱，使自己能够成为常规小额信贷项目的成员。作为一项实验活动，IGVGD项目始于1985年，由于取得了令人满意的效果，后来拓展为全国性的项目，覆盖了上百万的妇女。

IGVGD项目，由孟加拉国政府与BRAC（通过其小额信贷—农村发展项目）共同管理。项目由免费提供18个月的粮食、技术培训与以储蓄和贷款为内容的金融服务三部分组成。当地选出的代表参与IGVGD项目妇女名单的确定，不仅降低了BRAC的瞄准成本，而且使瞄准过程免受政治影响。选择的标准基于以下三条：①户主是寡妇或被抛弃的妇女。②家庭拥有的土地少于0.5acre（1 acre = 0.404 686 hm^2）。③每月收入少于300塔卡（6美元）。

2. IGVGD周期

除有严重残疾者外，被列入名单的妇女均可参加IGVGD项目（约占90%）。IGVGD项目的参与者除了得到无偿的粮食援助外，还有多项可供选择的培训机会，如家禽和牲畜饲养、蔬菜种植等。在多数情况下，培训活动在会员注册后的6个月内完成。完成培训后，IGVGD的会员加入BRAC，参加每周的中心会，每月在BRAC存款25塔卡（约合0.5美元)，存款利率为6%。如果会员希望分几次存款（例如每周），只要每月存款累计不低于25塔卡，也是允许的。

会员完成培训后发放第一笔额度为2500塔卡（约合50美元）的贷款，贷款期限12个月，借款利率15%，每周还一次款。

第一笔贷款偿还完后，会员可以得到4000塔卡（约合80美元）的第二笔贷款，第二轮贷款偿还完后，会员就从IGVGD“毕业”了，转为常规的小额信贷会员（BRAC农村发展项目）。实际情况是，当为期18个月的粮食援助结束时，80%的IGVGD会员尚未还清第二轮贷款，2/3的会员在项目中停留的时间超过两轮（专栏7-3）。

【专栏7-3】

·一个IGVGD周期·

阶段1：中央政府部门确定每个乡（thana：最低行政管理单位）在该项目中可得到无偿粮食援助的妇女数量，这个数字是按食品不安全地区的地理瞄准分配的。乡政府的官员、被选出的村民代表和志愿组织进一步决定这些名额在各个村的分配。

阶段2：乡委会审批提交上来第一阶段确定的应得到无偿粮食援助的妇女名单。

阶段3：BRAC从获得无偿粮食援助的名单中选择IGVGD的参加者（通常为90%）。

阶段4：为期18个月的粮食援助周期开始，每月为参加者提供30kg粮食，IGVGD项目参加者与BRAC共同确定培训的主题和培训的方法。

阶段5：在6个月内完成培训（绝大多数情况下），发放第一轮贷款，参与者参加每周例会和每月存款25塔卡（约合0.5美元），随即开始偿还贷款。

阶段6：偿还完第一轮贷款后，发放第二轮贷款。

阶段7：在第16个月时，如果参与者愿意，可以取回她们的存款。

阶段8：在第18个月，周期结束，无偿粮食援助停止，如果贷款没有还清需要继续偿还。

阶段9：鼓励“毕业”的IGVGD会员成为BRAC常规小额信贷项目会员。

资料来源： 世界银行扶贫协商小组（CGAP）. 2006-09-17. 连接小额信贷和社会安全网项目，覆盖最贫困人口——孟加拉脆弱群体发展创收项目（IGVGD）案例．焦点21期．http：//www. cgap. org/portal/binary/com. epicentric. contentmanagement. servlet. ContentDelivery Servlet/Documents/FocusNote _ 21 _ ch. pdf # search = %22% E4% B8%80% E4% B8% AAIGVGD% E5%91% A8% E6%9C%9F%22

3. 连接培训与专项活动

IGVCD会员绝大多数（85%）接受家畜禽养殖、蔬菜种植、水产养殖、经营小餐馆、杂货店等的培训和技术支持。妇女通常具备经营这些项目的初级技能，并且这些产品和服务都有较为稳定的市场需求。由于饲养家禽所需的投资更少，市场需求的增长空间更大一些，所以家禽饲养成为BRAC的IGVGD培训项目的主要内容。

为了使妇女收入和家禽饲养业同步增长，BRAC与政府畜牧主管部门建立联系，请他们为IGVGD会员提供防疫和兽医培训的支持，由一个村或几个村推选一名妇女接受家禽防疫和治病的培训。通过培训的妇女负责接种工作，她们每接种一次可得到0.5~1塔卡的报酬，疫苗和药品是由政府的畜牧部门免费提供的。

BRAC 也提供不同类型的培训，以保证家禽饲养中的每一个环节（从蛋的孵化到鸡的出售）综合发展以减少系统的不平衡。有些妇女得到有关饲养新孵化的 1 天到 2 个月的雏鸡的培训，她们将 2 个月的鸡出售，然后再买些 1 天的雏鸡饲养；有些妇女受到有关饲养蛋鸡的培训，她们最初花 250 塔卡从 BRAC 买 10 只杂交品种的鸡；许多妇女收购鸡蛋，然后卖给孵化户或者在市场上出售；也有另外的妇女卖饲料，有些妇女得到建立孵化所的培训。培训由 BRAC 和政府的家禽和畜牧部门共同提供。

除了家禽和畜牧培训，BRAC 还开展新技术培训，例如养蚕，丝织曾是孟加拉国一些地区的传统手工艺，但是，由于内部缺乏创新的设计和市场营销手段，外部受到人工合成衣料的冲击，丝织业严重地衰退了。BRAC 试图通过丝织生产工艺的创新，复兴当地的传统手工艺，为更多的人创造就业机会。BRAC 从政府交通部门和地方政府得到了在公路、高速公路两侧种植桑树的许可；得到粮食援助的 IGVGD 妇女负责种植桑树、管护桑树，并将采摘的桑叶卖给养蚕户。养蚕户，通常也是 IGVGD 的妇女，负责养蚕，并将蚕茧卖给缫丝者，缫丝者将丝卖给丝织者。BRAC 负责产品设计、质量控制和出售，包括出口。BRAC 为参与种植和管护桑树的成员提供 1 天的培训，为参与养蚕的成员提供 5 天的培训。但是，1998 年严重的洪水毁坏了大量桑树，病害导致桑蚕大量死亡，这迫使 BRAC 缩减了养蚕项目。

4. 项目监测

IGVGD 项目在几个层面上进行监测。其中，孟加拉国政府和世界粮食计划署，通过 BRAC 月度和季度报告对项目进行监测；BRAC 需要为政府相关部门和世界粮食计划署的官员提供真实的、易于理解的文件和报告；世界粮食计划署的官员每年进行几次实地走访，抽查项目进展；世界粮食计划署作为出资方，指定注册会计师进行年度审计，根据审计报告给 BRAC 拨付培训和信贷资金。此外，BRAC 内部的研究和评估部，对 IGVGD 的各个方面进行定期研究。

二、IGVGD 的影响分析

（一）瞄准绝对贫困

一项具有全国代表性的 400 个 IGVGD 会员样本的调查显示：项目在瞄准绝对贫困人口方面非常成功。20 世纪 90 年代初，孟加拉国农村有 8% 的单身母亲家庭，而参加 IGVGD 项目的单身母亲家庭为 44%；孟加拉国农村无地家庭的比例为 16%，绝对贫困人口中无地家庭的比例为 53%，而参加 IGVGD 项目的无地妇女为 80%。孟加拉国农村功能上没有土地（自己拥有的土地少于 0.5 acre）的家庭为 49%，绝对贫困家庭的这个比例为 72%，而参加 IGVGD 项目的妇女的这个比例为 95%（图 7-2）。

参加 IGVGD 项目的妇女，约 1/3 的家庭在参加项目前没有属于自己的住所；87% 的家庭没有被毯，半数家庭没有床；80% 多的妇女没有两套以上的纱丽服，44% 的妇女没有鞋（图 7-2）。平均家庭规模小于孟加拉国平均水平，但女性与男性的比例高于全国平均水平，在以被抛弃的妇女为户主的家庭中，人口更少。1/3 以上的家庭以妇女收入为主要收入来源，20% 的妇女以要饭为生，约 90% 的妇女不识字，一半以上的妇女不能计算大于 20 的数字。

（二）经济的改善

作为调查的补充，项目对 10 个地区的 100 多位 IGVGD 会员进行了参与式评估。采用的

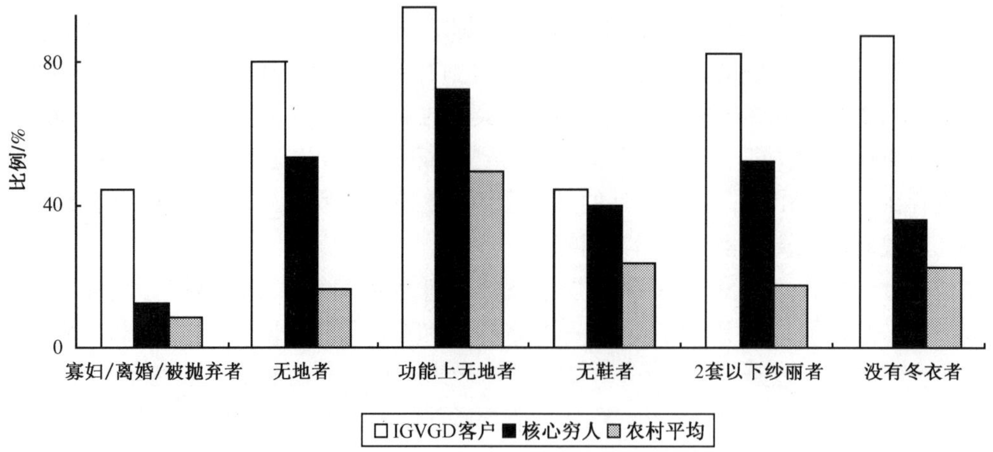

图 7-2　主要贫困指标

评估方法与1996年和1999年的调查方法相同，评估中包括1994年已参加项目的妇女。参与式评估结果表明，IGVGD项目使这些妇女增加了收入和家庭资产。妇女们认为，IGVGD项目提供的粮食援助为她们提供了喘息之机，使她们可以将原先买粮食的钱用来还贷。项目提供的贷款使她们在创收项目上起步，使她们有可能将收入再投入到经营中和偿还贷款。家禽养殖是最成功的活动，一些妇女将卖鸡（或蛋）的钱用于买羊，将养殖业由家禽拓展到家畜。有些妇女将项目扩展到非农领域，如碾米、小买卖和小商店（专栏7-4）。

大多数妇女表示，为期18个月的粮食援助停止时，她们经历过维持生计的困难和忧虑。但是，她们想方设法地从信贷资金项目中获得生活来源。她们得到了贷款，也偿还了贷款，而没有像以前那样落入贫困的陷阱。但也有1/4的妇女认为，她们未能从停止粮食援助的困境中恢复过来，为无法偿还贷款而担忧。她们贫困如初，恳求再回到粮食援助项目中。

略过半数的妇女在参与式评估中表示，她们的家庭财产因有了项目而有所增加。一些妇女说，她们用自己挣的钱买了纱丽和凉鞋，而过去只能依靠富人的施舍。大多数妇女可以每日吃三顿饭，即便在困难的季节。几个妇女骄傲地说，她们的房屋已是马口铁的房顶；一位妇女说，她已经购置了一小块宅基地。

【专栏7-4】

·达到预定目标者·

Jorimon的丈夫死于肺结核，撇下了她和两个女儿。她没有财产，却有5000塔卡的债务。她为村庄中的富人干活，有时能挣上一点，但常常要乞讨。1994年她参加了IGVGD项目，每月得到31.5kg粮食。

Jorimon受过为期三天的家禽饲养培训，学会了防疫、保持养鸡卫生和合理喂食，懂得了存款的重要性，懂得了妇女必须依靠自己努力向前走的重要性。她最初从BRAC得到1000塔卡的贷款，她用这笔资金从BRAC买了一只“良种”鸡和一些当地品种的鸡。Jorimon的投资项目经营得很好，当年年末她出售了老鸡，买进了小鸡，而且利用后续贷款买了两只羊。

1996年IGVGD项目周期结束后，BRAC的工作人员允许她参加正规的BRAC农村发展项目。她利用得到的贷款买了1头母牛。在没有粮食援助之初确实有困难，BRAC的贷款为化解难题提供了帮助。Jorimon继续养鸡，同时养羊，她的母牛可以挤奶，她将早晨挤的奶卖掉，将下午挤的奶留给女儿吃。她女儿在BRAC的学校上学。去年Jorimon接受了缝纫培训，且用BRAC的贷款买了一台缝纫机。Jorimon现在在村里缝制儿童服装。她偿还了债务，有了定期存款，梦想着有自己的房子。Jorimon对她女儿的学习要求很严格，她梦想着女儿们有美满的婚姻和幸福的生活。

资料来源： 世界银行扶贫协商小组（CGAP）. 2006-09-17. 连接小额信贷和社会安全网项目，覆盖最贫困人口——孟加拉脆弱群体发展创收项目（IGVGD）案例. 焦点21期. http://www.cgap.org/portal/binary/com.epicentric.contentmanagement.servlet.ContentDelivery Servlet/Documents/FocusNote _ 21 _ ch.pdf#search=%22%E4%B8%80%E4%B8%AAIGVGD%E5%91%A8%E6%9C%9F%22

几个妇女在参与式评估中说：她们最难受的是另外一些（生活略好）的贫困户对她们不友好，使她们感到自己是“失败”者。她们说：过去就想参加项目，但别人嫌她们太穷、又没有“达到预定目标”的技能，可能将贷款用于消费，使大家陷入麻烦，想做的事情无法实现（专栏7-5）。IGVGD项目增强了她们的自信心，改善了她们在村里的地位。

【专栏7-5】

·没有达到预定目标者·

Rafeza在1994～1996年周期中成为IGVGD的会员。在此之前她已经守寡几年，有4个儿子和3个女儿，其中2个儿子和2个女儿已经结婚，成家的儿女也很贫困，没有能力接济她。Rafeza靠为别人干活和乞讨来供养仍在家的2个儿子和1个女儿。无偿的粮食援助帮了她的大忙，Rafeza回忆道，她终于能吃饱了。她得到了家禽饲养培训，卖掉了一些粮食，买了几只鸡。

IGVGD项目周期结束时，她从其存款中得到300塔卡，项目工作人员让她用这笔钱买鸡，但她需要买粮食。没有粮食援助是非常困难的，她继续为别人干活，但随着年纪增大，干活越来越吃力。可能因为她年纪大了，也可能因为BRAC的工作人员认为她不够主动，BRAC的工作人员不让她参加正规的农村发展项目。她想办法把最小的女儿嫁出去了，一个儿子外出找活干去了，Rafeza与她最小的儿子一起生活，小儿子在免费的宗教学校上学。Rafeza干得动的时候就替别人干点活，靠别人的施舍过日子。她想知道是否可以再次参与粮食援助项目。

资料来源： 世界银行扶贫协商小组（CGAP）. 2006-09-17. 连接小额信贷和社会安全网项目，覆盖最贫困人口——孟加拉脆弱群体发展创收项目（IGVGD）案例. 焦点21期. http://www.cgap.org/portal/binary/com.epicentric.contentmanagement.servlet.ContentDelivery Servlet/Documents/FocusNote _ 21 _ ch.pdf#search=%22%E4%B8%80%E4%B8%AAIGVGD%E5%91%A8%E6%9C%9F%22

调查收集了1994年（项目始点）、1996年（项目结束）和1999年（项目结束后三年）三年的经济数据（表7-1）。与作为基线年的1994年相比，1996年的所有指标都有显著好转，说明项目是有效的。1999年的数字反映有关成果在项目结束后的稳定性，是反映

IGVGD 项目长期经济影响的更有效的测度。1996 年和 1994 年比较，无地家庭（无论是绝对无地还是少于 0.5 acre 的功能性无地）明显下降，拥有宅基地的家庭明显增加。靠乞讨为生的妇女的百分比从 1994 年的 18% 下降到 1996 年的 2% 和 1999 年的 0%。在这 5 年间，拥有毯子和床的家庭，分别从 14% 和 58% 加到 25% 和 64%。月收入达到 300 塔卡的家庭的比例不如 1996 年高，但与初始的 1994 年相比，增长仍是明显的。因此，IGVGD 的妇女的经济条件似乎已经实现了持续的改善，即使在项目结束 3 年后仍是如此。

表 7-1　IGVGD 客户家庭经济变化

变　量	1994 年（项目之前）	1996 年（项目结束）	1999 年（项目结束后 3 年）
没有毯子的家庭的百分比/%	86	—	75
没有床的家庭的百分比/%	42	40	36
月收入/塔卡	75	717	415
收入大于 300 塔卡的家庭的百分比/%	7	64	31
家庭在非政府组织的存款/塔卡	11	34	37
乞讨家庭的百分比/%	18	2	0
无地家庭的百分比/%	78	62	—
没有宅基地家庭的百分比/%	27	13	—
功能性无地家庭的百分比/%	94	72	—

注："—" 示数据暂缺

（三）毕业

IGVGD 项目的一个重要假设是，参与项目的绝对贫困人口一旦"毕业"，就能成为正规小额信贷项目的会员，由此步入持续地减缓贫困之路。因此，IGVGD 项目是绝对贫困人口经济改善的第一个阶梯，它的成功可以通过其会员转为正规小额信贷项目的会员的比例来度量。2000 年 4 月，从 1994～1996 年周期的样本总量中抽取了 92% 的妇女进行回访。从表 7-2 可以看到，IGVGD 项目 1994～1996 年周期中 2/3 的妇女已经毕业，成为正规小额信贷机构的成员。大多数毕业的妇女成为 BRAC 小额信贷项目的成员，另一些妇女则加入到其他小额信贷项目。因此，BRAC 的 IGVGD 对整个小额信贷部门，起着非常有效的客户"培育推荐"的服务作用。

表 7-2　毕业成为小额信贷机构的会员

类　型		1994 年（项目前）	1996 年（项目结束）	2000 年（项目结束后 4 年）
小额信贷机构的会员/%		15	28	66
小额信贷机构会员分布*/%	BRAC	—	—	65
	乡村银行	—	—	22
	Proshika	—	—	7
	当年非政府组织	—	—	16
	其他非政府组织	—	—	2

注：*分布是：1999 年调查客户的 66% 过去已经是小额信贷机构成员，由于有些客户是多个非政府小额信贷机构成员，所以加总数超过 100%。1994 和 1996 年没有可利用的小额信贷机构成员分布数据。"—" 示数据暂缺

三、IGVGD 的经验

（一）补贴问题

BRAC 估计，每个妇女的培训成本是 500 塔卡。BRAC 按 15% 的固定利率对 IGVGD 项

目的贷款收息，这与BRAC的正规小额信贷项目的贷款利率一样。BRAC估算，每个客户的服务成本是600塔卡，其正规小额信贷项目的第一轮贷款为4000塔卡，可收取利息600塔卡；但是，IGVGD项目第一轮贷款只有2500塔卡，收取的利息冲销不了客户服务成本。所以，还要为每位IGVGD客户发放的贷款补贴225塔卡。这样，要为IGVGD项目成员的培训和信贷补贴725塔卡。IGVGD项目的成员还从世界粮食计划署得到18个月的无偿粮食援助。加上这部分粮食的成本（按目前价格是6000塔卡），每位妇女的总补贴为6725塔卡（约合135美元）。政府和捐助机构都强烈地感觉到，如果参加IGVGD项目的妇女绝大多数能够毕业，不再需要救济，那么用这种方式使绝对贫困人口摆脱贫困，所需的补贴很少，所产生的扶贫效果很显著。

IGVGD项目所带来的问题是，同一个金融机构既提供金融服务又提供非金融服务可能会降低效率和可持续性。尽管在操作上把不同的活动明确地分开是可行的，在大多数情况下都是这样做的，如BRAC对不同的项目按功能进行分离，在很大程度上避免了这些问题。但是对小额信贷机构来说，更好的方法是只提供金融服务，所有的补贴由其他合作伙伴提供，这样小额信贷机构发展可持续性就不会被削弱，就不会对小额信贷机构或项目的财务自立产生负面影响。

（二）与社会安全网的连接

BRAC的IGVGD项目表明，通过一定的途径，可以对最贫困的家庭提供金融服务。BRAC的主要创新是其创造性地将小额信贷与社会安全项目连接起来。需要指出的是，决不要把它当作一个特例，或以为只有大的非政府组织才能做的事情。在孟加拉国，小型的地方非政府组织（最著名的Jagorani Chakra）已经采用了类似的模式，而且做得很成功。此外，孟加拉国的CARE已经成功地将小额信贷与政府担保就业计划连接起来了。

至今，BRAC的IGVGD项目已吸纳了约100万名绝对贫困妇女，其中2/3迈过了第一个台阶，进入到常规小额信贷项目；如果没有这个项目，她们中的很多人可能实现不了这个转变。而1/3的妇女未能从该项目中明显受益，则说明对最贫困的人群，需要提供更多持续不断的社会服务。

（三）成功和风险

IGVGD项目的主要风险是，有限的经济活动使项目参与者应对宏观和外部波动的能力非常脆弱。家禽疾病的爆发，有可能摧垮家禽饲养户，使大量客户陷入到债务之中。洪水和疾病对桑蚕养殖造成严重打击。对这样的事件必须有相应的计划和措施，例如，通过业务的多样化。

IGVGD项目的成功表明，需要开发创造性的机会，在反贫困的战役中发挥小额信贷的作用。当然，小额信贷绝不是减缓贫困的万能药，而且小额信贷已成为不少设计低劣的项目用于试验的领域，这不仅会伤害小额信贷部门，而且极可能殃及穷人。通常的情形是，许多小额信贷的实践者声称小额信贷帮不了最贫困的人群而退出。而不是像IGVGD项目这样，以绝对贫困人口为中心制定政策，进行主题明确的讨论。IGVGD项目给我们提出的挑战是，如何开发有效率的、低成本的机制来覆盖常规小额信贷网络覆盖不了的穷人。帮助绝对贫困人口摆脱贫困的社会福利是非常重要的，但是被忽略了。

第二节 消除区域整体贫困的案例

案例3 印度尼西亚的县区发展项目：大规模的利用社区发展以减缓贫困

一、KDP项目的描述

印度尼西亚的县区（Kecamatan）发展项目（简称KDP）的目标是：①通过增加农村收入来消除贫困。②加强地方政府和社区机构建设。③提升管理水平。

KDP通过把决策下放到最基层，实现让村民参与决策的目标。这个项目的本质是向农村贫困人口赋权，鼓励民主的、参与式的基层管理。所有KDP活动的宗旨是，让村民对他们自己需要的和想要开展的各种项目做出选择。该项目将权力赋予农村社区，将资金、规划和决策的过程直接交由村民。

（一）KDP的县区选择

KDP的县区选择是以贫困发生率为依据的，这个项目力求覆盖国家最贫困的县区。因为县区内的贫困原因是相对同质的，所以瞄准贫困发生率是覆盖大量农村贫困人口的合理基础。国家计划部门（Bappenas）根据农户的支出水平和农村社区的基础设施状况分析县区的贫困程度。Bappenas从当地政府选择的参加项目的县区中列出了1500个县区的名单（专栏7-6）。

【专栏7-6】

·印度尼西亚的村庄和县区·

印度尼西亚的村庄是正式的行政组织，一般说来大约有2700人。印度尼西亚有7万个村庄。村庄的差异主要表现在人口数量、土地面积、土地利用和景观上，在印度尼西亚不同的群岛上，村庄的文化有明显的不同。

县区是印度尼西亚的行政分区。印度尼西亚有4000多个县区。一般来说，一个县区大约有20个村庄和50 000以上的人口。尽管它的规模相当大了，但县区的职能部门仍被社区看作是“可接近的”［地市（kabupaten）作为行政管理部门通常被认为太远］。县区的行政领导被称为Camat，Camat是由政府任命的。

（二）KDP的运行

KDP在县区层面提供资金，支持县区的扶贫工作，帮助村民决定这些资金如何投资于基础设施、社会发展或经济活动。这个项目连续5年每年都对每个县区提供资金。

县区内资金的分配由县区讨论会决定。县区讨论会由村长，受尊敬的人士（比如宗教和传统的首领、教师等）和参与村庄选出的代表（一男两女）参加。县区讨论会设立财务管理部门，负责 KDP 资金的管理和每笔大宗采购的监督。

（三）KDP 的项目活动周期

KDP 项目的周期分为信息传播、项目建议书准备与确认、规划编制、资金筹措，项目实施和监测评价等阶段。尽管在各省之间有所不同，但一个完整的项目周期通常需要 12～14 个月，其中大众宣传和规划阶段大概需要 4～6 个月。在项目周期中，每个阶段的目标都是实现高度的社区参与和透明。

1. 信息传播

KDP 的信息传播有几种途径。在省、地市及县区举办培训会，通过广泛发布信息使项目得到普及。培训会的参与者包括社区领导、地方政府官员、当地媒体、大学和非政府组织。村级通过召开大规模的村民会议、小组会及自然村会议来传播信息，鼓励人们支持 KDP。参加村级会议的村民一般在 50～100 位。

2. 规划

规划会议在自然村和行政村举行。村长和县区协调员向村民发布有关 KDP 程序的信息，并鼓励村民对 KDP 基金提出自己的想法。妇女也举行专门的会议以决定妇女对项目的建议。第二次村级会议由村民们交流想法，并决定村庄在县区的村庄会议以哪一个想法作为建议。KDP 的规划阶段，通常需要 1～2 个月的时间，供村民了解 KDP 的程序并为申请资金提出自己的想法。

3. 项目建议书的准备和确认

在村庄会议上，每个村最多可以提出 3 个立项建议书。其中一个必须是本村妇女的立项，另一个必须来自妇女储蓄和贷款小组。每一个立项建议书都要在村庄会议上进行讨论。立项建议书只需提供最简单的信息，如所涉及的区域，受益人数，规模/尺度以及粗略的估价。社区要选出一个立项建议书准备小组，然后由专家对该小组成员进行培训。

KDP 可为生产性基础设施建设、社会及经济活动提供资金。立项书可以是涉及社会、经济及基础设施建设各方面的综合方案。除被列入名单上的项目外，KDP 对所有生产性投资都是开放的。KDP 的资金不能用于以下方面：军事或准军事目的，政府行政中的民事工作或宗教目的，制造或利用环境有害物品、武器或毒品，政府工作。购置土地是受限制的。各个村庄可以准备联合提案，例如，涉及多个村庄的灌溉、道路及供水系统的提案。KDP 不支持地市的基础设施建设，因为地市有自己的投资预算。公开明细单政策是 KDP 的一个重要组成要素，它允许村民根据自身的需求自行决定。

在项目确定前的建议书评估阶段，要对建议书的技术要素加以确认，县区认证小组成员通常包括社区领导、县区协调员以及地市工程师所推荐的合适的技术人员。在公布认证结果和召开县区决定会议前，地市工程师要对其做最后的审核。认证小组把握的标准是：①提案在技术上、经济上是否可行。②是否有广泛的受益者，尤其是贫困受益者。③是否有适当的技术维护计划（或经济贷款是否有偿还计划）。④人们是否发自内心地表达了自己的想法。⑤是否有当地社区的贡献。

在确认提案的县区会议上，究竟对哪个提案投资，必须征求大多数人的意见。该小组不对各个提案的顺序和优先权做出决定。如果觉得有不可行的方案，会与社区进行讨论，让社区决定是否需要对该方案进行修改，至少要让社区弄清方案被否决的原因。尽管协调员可以提出否定意见，但在制度上是由社区自己做出决定。认证阶段通常需要3~4周，这是一个至关重要的阶段，关系到整个项目设计的可靠性和质量。

4. 项目选择

所有方案都要在第二次村庄会议上讨论，确定其实施的先后顺序。优先方案要提交详细的设计和成本估算。方案由村庄负责设计，并能得到管理和技术专家的帮助和指导。设计的依据是在社区进行的实地技术调查和测量结果。村庄承担的比例应随着时间推移而增加。村庄和专家讨论和批准项目设计，然后由地市的管理和技术顾问审核。

方案设计准备好后，村庄将多次召开会议，决定对哪些提案进行投资。并为那些被资助的活动准备增款协议。增款协议的附件包括设计、预算、地图、对社区做贡献的承诺以及其他所要求的材料，以及KDP的县区经理、村庄的项目负责人、村庄和项目管理部门的负责人签字。此时，会选择县区独立督察队来监测KDP实施的所有方面。

一般来说，县区内的每个村庄至少有6名选出的代表（其中必须有3名妇女）参加这些会议。讨论会将最终做出的决定张贴在KDP信息板上，并在村庄第三级会议和较小的自然村和小组会议上进行传达。

5. 财务管理和账户

县区财务部门的负责人、县区的协调员和村庄代表，在一家合法注册的银行开一个KDP账户。当子目标协议决定下来之后，由地方政府项目官员签名，并且将副本送到政府财政办公室。然后，财政部门开始向KDP银行账户转第一笔款。款项按照40%、40%和20%的比例分3次拨付。每次拨款使用后，村庄必须向社区报告资金使用情况。对最

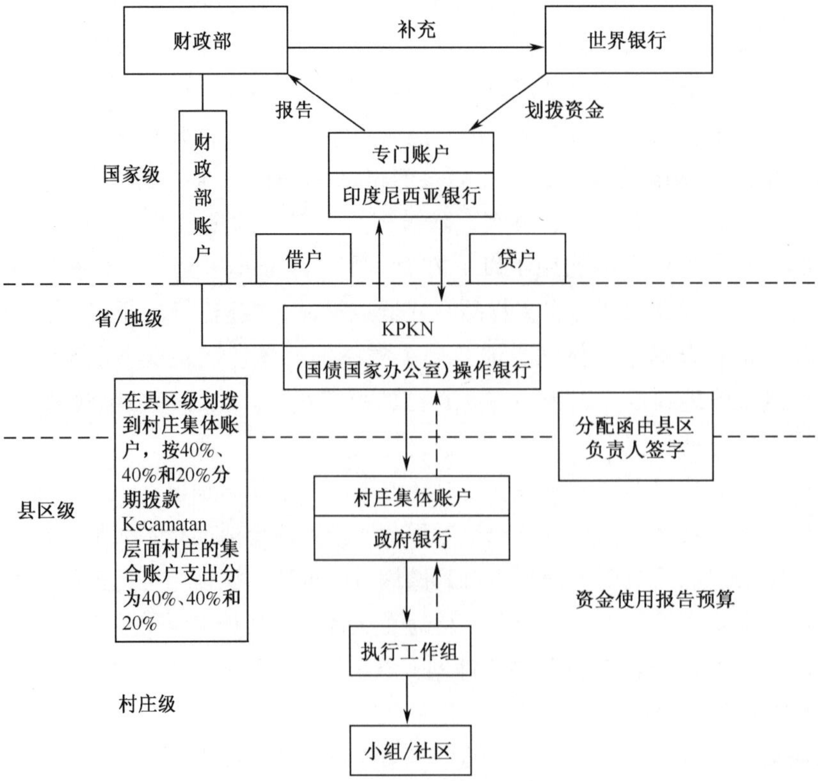

图7-3 KDF资金流程系统

后 20% 拨款，需要地区工程师在进展证明上签字才能够发放（图 7-3 KDP 资金流程系统）。

6. 管理 KDPII

在国家层面，Bappenas 的区域发展局副主任，领导国家级工作组，来提供总体目标、战略计划和评估。KDP 管理是国内事务部社区发展局（PMD）的职责。在国家层面，PMD 负责处理项目的日常工作。政府工作组代表着不同的部门并且协助 KDP。这种结构用于相关的省份和地区；对应地，Bappenas 的协调任务由省级的和地区计划处所代替。

各级政府得到负责项目技术工作的顾问组的支持。在国家、省、地市及县区，大约有 4200 位印度尼西亚顾问提供技术协助和项目指导。此外，每个村庄选出一男一女两名协调员。聘请顾问而不是政府职员具有更大的灵活性，而且避免了文职机关工资额的上涨。实际上所有顾问都是印度尼西亚人（总的国际技术支持还不到该项目预算的 1%）。

二、KDP 的影响分析

（一）概述

KDP 的实施，促进了农村市场的发育和城镇中心的优化，增加了教育、健康设施和清洁饮用水的供给。KDP 已经对全国的 5 万项基础设施、经济和社会活动进行了投资。

新建或改造了 1.9 万 km 道路和 3500 座桥梁，建造了 5200 个灌溉系统、2800 个清洁饮用水供应机构和 1300 个公共卫生机构。花费 180 万美元用于教育和健康项目，包括 475 所学校的建筑和翻修、学校仪器和材料的提供、380 项教育奖学金、140 个村庄的卫生职位。基础设施的成本比政府资助的其他质量相同的公共建设工程低 20% ~25%。道路、桥梁及供水系统建设，为人们节省了大量时间（估计节省 5000 万个工日，其中大多数是女性劳动力）。基础设施的经济内部回报率超过 30%。

（二）扩大了商业和就业机会

劳动密集型的基础设施工程提供了 2500 万个工日的就业机会，使 280 万个村民得到短期雇佣。新建的道路、桥梁和码头使商业和运输服务业开展起来。价值 4000 万美元的小额信贷，通过 1.8 万个借款小组的活动，使 28 万个借款者受益。

（三）建立参与式规划和融资模式，改善地方管理水平

在独裁主义和集权统治 40 多年后，全国 2.8 万个村庄的印度尼西亚人，参与到民主和参与式的分配公共发展资金的规划和决策过程中。

在 KDP 的计划会议上，大约 50% 的参加者是农村的贫困群体，在 KDP 的基础设施建设中，70% 的劳动力来自于贫困群体。

政府的职责和公民社会的作用进一步加强。政府高度履行承诺，今年在 40% 的地区为 KDP 提供了配套资金。该项目的财政转移支付不仅到位率高，而且高度透明，富有效率。在实施 KDP 的 27 个省份，非政府组织和新闻记者都担当独立监测 KDP 活动的社会监察员。在 KDP 的第一阶段，地方媒体报道了 850 多个关于该项目的故事。

与标准的项目方法相比，KDP 自下而上的计划，取得了显著的低成本高回报率。主要

基础设施投资的净回报率超过38%，超过了平均水平，尤其是水利系统，投资的净回报率超过80%，其质量也得到了肯定。与把这些项目发包给地方承包商相比，具有成本低、质量好和便于做好维护三大优点。

从参与第一阶段活动的1.5万个村庄来看，社区做出了很大的贡献，平均贡献率为17%。这个数字的省际变幅较大，诸如西爪哇这样的大省，社区贡献率超过30%。KDP为县区提供的资金平均为8.5万美元，按1500个县区计算和平均贡献率17%计算，这些贫困农村做出的真实贡献为2167.5万美元。

影响评估的第一个重点是随着KDP愈益深入人心，特别是村民发现他们提出的项目确实得到了资助，参与KDP的积极性越来越高。有关KDP子项目的评估结果表明，其成本比其他最低的基础设施建设还低25%；在同样条件下，其预算要比一般公共工程的预算低50%。一个10亿美元的项目，其成本低25%，不仅表明KDP很重视成本节约，而且反映村民和地方政府对此项目兴趣的增加。

影响评估的第二个重点是该项目的收益有没有被地方精英所攫取，使贫困群体从该项目获得的收益减少。精英攫取是地方分权和地方发展项目所面临的共同批评。有关KDP的案例研究确实发现了精英攫取的例子，特别是小额信贷活动，执行得不好（还款率低），但这种现象极少。总体数据资料表明，贫困者和弱势群体的参与程度是很高的。首先，Bappenas项目的空间瞄准可以作为统计上的评估，KDP选择的都是贫困、闭塞的县区，得到其他项目援助的可能性较小。其次，在有KDP项目的村庄中，50%的贫困家庭积极参与KDP的活动，KDP基础设施建设项目使用的劳动力70%来自贫困家庭。

影响的第三个重点是项目的可持续性。由于KDP实施时间不是很长，目前还难以对它能不能对基础设施进行可持续的维护作出有科学价值的评估。幸运的是，已经对KDP过去的实施情况，即村庄基础设施项目进行了评估。这项研究是在该项目完成5年后进行的。研究结果表明，大约85%的道路仍由村庄执行与监督（O&M）委员会维护着，而且状况良好。在参加KDP的村庄中，80%以上的村庄成立了O&M委员会。

有关KDP影响的评估，不宜拘泥于它的直接影响，而应关注KDP所发挥的“更大作用”。KDP在这些方面“解决”了印度尼西亚发展中的很多重要问题。

1）印度尼西亚有相当完备的一级和二级基础设施网络，但农户与市场之间仍缺乏全国范围内的连接。KDP修建的农村基础设施，为在大区域内将农户与市场连接起来，提供了一条有效的、低成本、高效率的途径。

2）印度尼西亚的财政转移系统总体运行良好，但经费到达地市及以下部门所需时间很长。结果一个会计年度有9个月的时间被浪费。KDP的支付系统是快速的，有时只需2周，一般情况需要1个月，就可以将经费从印度尼西亚专门银行账户划转到农村集体的银行账户。即使在东南亚金融危机时，KDP的平均支付速度仍是银行其他8项农业项目和19项卫生教育项目经费平均支付速度的两倍。

3）尽管印度尼西亚在金融危机后环境不稳定，但KDP仍然实施得非常好。由于每个县区都设置了一个管理部门，根据项目覆盖面的增减而对年度计划进行调整就成了一件很简单的事情。例如在危机期间，为了部分抵消取消燃料补贴对社会福利的影响，印度尼西亚政府给KDP增加了3000万资金。在短短4个月的时间中，这笔钱就落实到4000个村庄，而且4000个村庄的项目全部进行过实地考察。

在乡村地区，KDP有很高的信誉。在KDP规划和管理会议上，村民的参与度非常高，有关的村民调查表明，村民对该项目的满意度也很高。因此，村民们愿意付出他们的资源和时间，以谋求发展。事实上，村民的参与一直在增加。初步调查表明，参与过KDP的村民对政府表现出相当高度的信任。

三、KDP的经验

（一）对变化和政治经济的承诺

毋庸置疑，影响KDP成功实施的最重要的因素，是印度尼西亚政府对该项目理念的承诺。但是，KDP实际上没有一个核心概念是全新的。更确切地说，KDP建立在广泛收集为减少贫困而实施的项目的作用基础上。印度尼西亚目前存在的问题并非政府对减缓贫困项目是否有政治意愿或承诺，这个问题是30年前的政策的核心，那时正是印度尼西亚贫困人口减少速度最快的时期。在那个时期，生活消费支出低于每天1美元的贫困线的人口比例从60%下降至不到20%。目前最主要的问题是，再设计一套能够更有效地消除贫困、且更广泛地涵盖那些未能从印度尼西亚全面发展中受益的群体的机制。

KDP有3个重要基础：

1）KDP以印度尼西亚传统的自下而上的计划为基础。在KDP之前的很长一段时间，印度尼西亚就制定了一个自下而上的国家发展规划，其目的是鼓励地方社区提出投资计划，并根据社区的项目和经济增长力对其进行筛选，然后将其纳入国家发展预算。因此，自下而上规划的概念不是新兴的，KDP的改进是提高了资金的整合水平。

2）KDP的以一系列“针对剩余落后农村的项目”（IDT）为基础。IDT源自Bappenas和国立大学的经济学家、计划者的想法。IDT为那些需要生产性投资的贫困村庄提供快速支付，然后使资金在他们自己的社区中循环使用。为了帮助村民制定他们自己的发展计划，该项目招募并培训地方协调员。

3）KDP以村庄基础设施项目（VIP）为基础。VIP项目与IDT项目联系密切。其中，IDT为村庄的生产提供种子资金，而VIP则为村庄提供基础设施。为了提高村庄工作的质量和持续性，该项目实行了很多项技术创新。它也从私营部门招募并培训工程师，然后配置到有关村庄基础设施建设的各个部门。KDP在很大程度上运用了VIP的操作机制，尤其是在工程设计、拨款以及记账方面。

这3个基础的共同点是国家对地方作出强有力的承诺。人们越来越清楚地认识到，要实现更广泛的参与，这3个基础必须整合为一个有机的整体。

国家计划部门和后来的内务部对KDP的强有力的所有权，对KDP的相对成功和规模的快速扩大具有至关重要的作用。但政府对社区的赠款项目常常会遇到腐败问题。腐败对所有项目都具有破坏性，但小项目更易遭受灾难性的损失。尤其是KDP这样高度分权的项目，如果不能迅速地采取阻止腐败的行动，很快就会恶化到无法控制的地步。所以国家计划部门和内务部对KDP中的腐败问题采取了强硬的措施，包括与帮助村民对腐败官员提出控诉的非政府组织进行合作。

（二）制度创新

KDP有6项制度创新：

1）将资金的审批与决策深入到最基层的行政体系，并对最基层的规划过程给予更多的支持。项目资金一直下拨在县区，在村级讨论会上最终决定本年度能得到资金的活动。该方法的优点是快速、简单；缺点是脱离高层制定的总体规划。不过，村级基础设施与高层的总体规划基本上不挂钩。在村级层次消除部门间的扯皮，可以将有限的资金更集中地用在村庄最需要的项目上。

2）对私营部门的高度利用。政府雇佣的顾问在KDP中起着至关重要的作用。他们负责制定项目的政策和规则，监督项目的实施，并对结果负责。实地活动主要通过顾问来实施，他们帮助管理，参加每月的协调会议，唯一的不同是他们没有行政级别。这种做法的优点是，能更充分地利用社会上的专业技术人才。

3）在村庄开展能力建设。KDP工程改善了农村道路，虽然简单，但是可使道路的平均使用寿命增加两三倍。KDP的顾问对那些承担大部分职责的村民进行培训，而不是由政府提供所有的培训和服务。村庄负责项目实施与管理的模式以及KDP的采购规定，使村民们能够选择并管理私营部门具有资格的工程师，可以采用招标采购的方法。许多村庄惊奇地发现，招标性采购可以节省很多成本。同时，随着农村社区参与和所有权的增长，社区做出的贡献也比较大，这就更加肯定了由村庄负责项目实施与管理的模式。

4）项目配套资金。印度尼西亚就某种意义上说是一个独特的国家。在“大爆炸”式的地方分权尚未出现之前，它是世界上实行中央集权的财政体系的国家之一，地方政府几乎没有自己的收入。结果，地方政府几乎无法为社区发展项目做出贡献，在乡村地区更是如此。随着KDP的广泛流行，该项目从第4年开始，允许地市增加进入项目的县区。按照新机制，国家只提供20%的技术支持，其余80%的资金由地市配套。当年就有1/3以上的地市认同了这一做法。2004年，所有参加的地市都必须提供配套资金，其规模根据贫困排序而定，以便使所有县区都能留在项目中3年以上。

5）非常灵活的分权设计。这一创新在过渡时期尤其重要。为了对地方根据文化、地理或行政的差异提出调整的要求，快速地作出反应，省级工作小组获得内务部和财政部批准后，将对项目操作手册进行调整，以反映这些变化。由于没有大宗合同，在遭受冲突或自然灾害的地区停止或推迟工程项目是相对容易的。当问题结束后，这种灵活性也使KDP能对其作出快速反应。现在，KDP已常被政府用来对危机作出快速的反应，例如，以旅游业为重要收入来源的巴厘岛最初是不接受KDP的，2002年10月由于恐怖分子的爆炸造成其旅游业崩溃时，政府便引入了KDP，6个月后，KDP在该岛的每个小区都起到了积极作用。

6）在项目监测的信息透明和公民参与。国家计划部门的管理者很快就意识到，如果由当地官员披露信息，就难以得到项目执行的可靠信息。实验证明，吸纳报刊记者和非政府组织的活跃分子作为独立的监测者是很有用的，这一制度创新已应用于所有项目。目前，KDP接受60个独立的非政府组织的监督。KDP实行的信息透明政策，包括向公众发布其年度审计概要。其实，当一些环节发生故障而出现偶尔的困境时，信息透明和公民参与监督的最终结果是所有的利益相关者都获得了更为准确的项目信息。绝大多数观察者都说，KDP公开和独立的监审策略，在很大程度上减少了疏漏造成的损失。

（三）调整、学到的教训和新的前沿

KDP 在 5 年多的实施过程中，经历了多次转变。其中一些反映了实施规模如此庞大的项目的经验与教训；另一些反映出世界银行和政府机构应对出现的机会所作的调整。

KDP 模式的两个局限性尤其值得强调，即使它们能在一定程度上加以克服。

第一是技术上困难的活动或一些包含经常性成本的活动，目前 KDP 的设计难以解决。例如，大规模的卫生设施和教师的提供，以及网络基础设施建设。如果该项目不仅仅是提供非常多的小规模投资，那么探索解决这一限制的方案是非常重要的，可能对于这些微型项目中的任何一个都很重要。看起来这个问题不是不能够克服的。印度尼西亚政府正在与银行合作，来准备一项连接计划，在该计划中，社区与技术专家、代理机构合作，以确定需求和预期成果，并通过标准的 KDP 机制的进一步的评估过程决定哪些需要应加以强调，包括送交到更专业的部门和服务机构以得到反馈。

第二个棘手的事情是该项目如何开展小额信贷。该项目开始时，国家正遭受长时间的金融危机和全国性旱灾的冲击。那时，KDP 允许社区将资金用于购买私人物品和作为村庄周转资金，利息按商业利率确定。项目评估结果表明，资金投放效果令人满意，在大多数情况下能到达贫困户和较贫困户，具有就业的乘数效应。然而，还款率相对较低，低于可持续的水平，贷款也在 KDP 结束时停止。但是，初步的证据表明，KDP 贷款的丧失，没有能够通过给穷人的其他借贷渠道的出现而得到弥补。

KDP 支持着许多试验项目，并期望这些项目能有助于印度尼西亚完成减缓贫困计划。

第一个尝试是提高 KDP 内在瞄准的有效性，以支持被忽视的群体参与规划和管理。例如，在贫穷的村庄，最贫穷的家庭大多是女性户主家庭。而这些女性并不参与村级会议，所以 KDP 的决策通常不能更好地体现这些人的想法。在 KDP 中，一项支持女性户主创新的发展项目得到了日本社会发展基金的支持，目前，该项目正在 7 个省实施。

第二个潜在的、非常有益的实验领域，是借助于 KDP 计划和监测程序来提高乡村学校和卫生项目的质量，借助于社区小组监测公共服务完成的质量，并行使选择基础服务供应的权利。这包括将上面给村庄的资金配置到卫生和教育项目中，与农村学校委员会订立合同，鼓励村庄在开放的市场中挑选并雇用具有资格的教师等。

（四）克服世界银行和印度尼西亚政府的内部制约

KDP 的扩展，需要克服世界银行和印度尼西亚政府程序中的几个制约。对世界银行来说，4 个主要的挑战是：设计一套既能进行适当的控制，又不会引起项目资金大范围延迟的信托体系；减少国家财政配套的要求；强调部门对多部门项目的重要性；探索可处理村庄中实施的多部门项目的监测体系。

1）KDP 的信托结构不太合乎印度尼西亚的标准商业惯例。例如，每个省只做前两项大投资的预评估。收据保存在分项目区里，不经核实就送到省或国家核算办公室。项目拨款按批准的计划执行，而不是按收据拨款。在这个层面上，KDP 在实施过程中未发生一起大宗采购延迟，而在其他项目中经常发生延迟的现象。

2）KDP 中的财政配套资金，不像其他项目那样经常出现延迟现象。由于 KDP 的扩展正值国家经济危机期间，世界银行也认识到预付款的困难，因为此时有许多其他扶贫项目也需要资金。随着时间的推移，人们越来越清楚地意识到，即使没有很多配套，KDP的作用仍然很大。由于KDP是按计划而不是实际支出拨款，而且计划安排的现金支出不多，所以延迟的时间会相对较短。

3）如何处理好社区项目与专业部门规划之间的关系。其实，在KDP的前3年有一个默许的协议，即不做任何卫生或教育规划，因为世界银行内部不会就某条可接受的途径达成一致；一旦这种现象得到改变，而且操作手册也进行相应的调整，社区就会提出大量有关健康，尤其是教育方面的项目建议书。

KDP和世界银行一样，能得到规划部门和地方政府的欢迎，却得不到专业机构的欢迎，专业机构认为他们的资源会因为KDP项目技术上的不完善而受到威胁。随着时间推移，这个问题已变得无足轻重，专业机构逐步意识到社区的作用，但仍然抵制建立在规划上的需求。

尽管政府对项目有高度承诺，但是否具有在如此短的时间内实施大项目的能力，依然是一个挑战。如果把项目实施的管理委托出去，强有力的监测与评估（M&E）就显得非常必要。但是，印度尼西亚发展项目的M&E体系通常都很弱。

4）尝试将国家项目与地方分权项目结合起来。分权给地方带来了机遇，但也带来挑战，因为条款和责任的不断变更，意味着项目准则也必须不断更新。配套拨款项目中的成本分担，是使该项目失去很多机会的重要原因，很多为增加县区而提供配套资金的地市，它们的项目建议书因国家成本分担的延迟，进而错过财政年度而被否决了。

（五）外部因素

要探讨KDP的起源，就必须分析东南亚金融危机对印度尼西亚造成的影响。因为这场危机可能为KDP扩展到2.8万个村庄中的一些村庄创造了机会。

世界银行在KDP的发展中起了重要作用。世界银行帮助政府改进了项目设计的某些部分，在最大限度地降低项目实施延迟方面给予了支持。KDP项目从确认到理事会正式批准大约需要5个月。世界银行与印度尼西亚政府密切合作，以确保项目支付程序简便易行。由于印度尼西亚政府小组和世界银行项目组密切的合作关系，尽管项目需要进行制度和政策上的改革，但KDP项目本质上并没有受到政策约束。为了消除可能发生的项目实施延迟，项目要在签约前进行良好的评估。为此，世界银行和中央政府在监管方面投入的资源，实际上超过了保持项目良好运行的常规投入，但这笔投资在防止问题方面卓有成效。

（六）KDP在印度尼西亚的推广

KDP的基本设计在发展项目上的应用，大大超过了KDP项目本身的规模。特别是直接转移支付和参与式规划，现在正全面地扩展到初等教育、健康、自然资源管理等方面，而且都产生了相似的积极作用。印度尼西亚政府已经达成的政策共识是，社区驱动的发展项目按KDP的框架设计，将成为国家减缓贫困计划的一个里程碑。

银行和政府也在应用KDP核心原则，致力于地市行政管理的垂直改革。

从实践中得到的经验是，推广KDP的框架绝不是简单的模仿，而是把KDP作为一个主要策略，使核心原则与部门行政工作的不同需求相适应。

1. KDP 模式的约束和局限性

创造地方增长必须更多地关注有利于投资、就业和动员当地资源的策略。KDP 是减缓贫困的有效策略，但 KDP 并不能代替广泛的减缓贫困策略和行动计划。

KDP 模式的两个局限性特别值得关注：

第一个问题是目前的 KDP 很难给技术上有困难的活动或需协调的投资行动提供支持，如大规模地提供健康服务、为学校提供教师及网络规划中基础设施的建设。探索旨在克服这一局限性的方案是非常重要的。这个问题并不是不能克服的。在印度尼西亚政府与世界银行合作开展的项目中，社区与技术专家、执行机构一起，按照标准的 KDP 机制，有针对性地进行评估，共同决定应强调当地的哪些需求，应选择哪些技术更高的机构和服务提供者参与进来。

第二个问题是与第一个问题密切相关的。像 KDP 这样提供一次性资金的模式，可能不太适合包含经常性成本的项目。如前所述，解决方法依赖于与政府规划的密切协调，这样，KDP 资金投入就能纳入地方和省级的预算计划中。这种情况在某种程度上已经发生了，因为 KDP 不允许社区修建基础设施，不提供长期支持，印度尼西亚尚未提出一种有组织的方式来促进社区行政部门与更高层计划机构之间的协商，并决定经常性预算的配置。

2. KDP 在其他的地方推广情况

尽管 KDP 的很多细节在印度尼西亚是独特的，但一些初步证据显示，核心设计在其他环境中运行良好，尤其是在经历冲突和转型的国家。在东帝汶，社区赋权项目就是照搬了 KDP，评估后的三个月，它就覆盖了整个国家。阿富汗的国家团结项目借鉴了 KDP 的很多核心特征，该项目在启动一年后就进入了第二阶段。阿富汗政府计划在接下来的 3 年里，使该项目覆盖全国大部分地区甚至全部地区。

菲律宾的 Kalahi 项目（1 亿美元），也是基于 KDP 模式建立的。与 KDP 一样，Kalahi 的规模扩张也相当快。但菲律宾的转型不及印度尼西亚，Kalahi 已经建立起分权的行政管理结构，而不是处于变革的困境中。因此，Kalahi 通过现行的政府结构工作更容易些，而不必建立自下而上的新关系。

因为强大的专业机构、分权的地方行政管理和直接的社区转换，通常不是轻而易举地就能具备的，所以从技术观点上看，KDP 显然不能在其他环境中大规模推广。将 KDP 式的规划纳入到专业机构和政府结构中，需要认真制定战略。在东帝汶岛，如果没有出现这样的策略，该项目在转型中存活是不可能的。

政府所有权一定是增加的，但与此同时，社区制定决策和管理资金的能力也不因政府所有权加强而失去。这是 KDP 正在面临的一个挑战。目前，世界银行和中央政府的监督仍然是必需的，这样可确保 KDP 仍为当地所有，不至于过多地削弱社区对资金的直接管理和配置决策。为了全面巩固 KDP 的进程，项目需要得到法律的保护，并有筹措资金的功能，以确保它的可持续性。

（七）结论

KDP 提供了许多宝贵的经验，如利用社区驱动发展方式大规模地减缓贫困。该模式的优点是，具有完成大量的投资达到合理的技术质量标准的能力；具有跨越不同的社会经济环境和在制度变迁中使不同的操作困难得以实施的能力；而且在地方政府和村庄最终用户中受到欢迎。KDP未来需要克服的制约包括：加强提供技术服务机构和地方政府之间的联系，寻找将该项目连接到一个更广泛的制度改革方案中的机会。

案例4　秘鲁南方高地地区的反贫困战略创新

一、秘鲁IFAD项目的描述

秘鲁的国土面积128.5万km^2，是拉丁美洲第4大国。它主要划分为3个区域：①太平洋沿岸地区，该地区是国家的经济与政治中心。②安第斯高地，该地区以农业和采矿业为主。③热带低洼地，该地区以石油开采和热带农业为主。

秘鲁被划入负债严重、收入中等、贷款条件一般的国家，20世纪90年代后期，秘鲁的贫困状况略有改善。高地地区农村的贫困面最大，据估计，占全国人口18%的贫困人口居住在5500个农村社区，其中4000个社区位于南部高地地区，贫困人口约420万（包括46万个土著农户），平均收入比贫困线低30%。2001年，高地地区73%的农村人口生活在贫困线以下，27%的农村人口处于极度贫困状态。

政府减缓贫困的3个目标是：①促进竞争和增加就业。②公平和社会公正，包括获得健康、教育、文化和基础设施服务的权利。③从制度上建立一个高效、透明、分权的政府。

2002年，秘鲁政府在高地地区采取了下列减缓农村贫困的措施：不断促进乡村经济的可持续增长，增加乡村收入和减少乡村贫困；通过农村教育、医疗卫生服务，为经济增长中被边缘化的人群提供社会保障，提升人类发展水平；加强机构建设，促进经济增长和社会保障，提高高地地区农村居民管理当地事务的能力，改善生活质量并激发他们的自尊心。

农业部负责政策的制定、项目实施与监测，并且收集和发布信息。这些政策和策略的执行状况依赖于项目和计划。20世纪90年代，伴随着中央部委的解散，建立了大规模的国家发展项目。秘鲁乡村地区最主要的投资者是国家补偿和发展基金（FONCODES）。国际农业发展基金（IFAD）对秘鲁的策略主要围绕以下5个目标：①促进自然资源管理及其利用。②通过投资于公共品和建立基于绩效的竞争性资金转移机制，增加小农资产。③通过培育市场和提高受益人接受服务的能力，改善人们使用服务的权利。④通过乡村社区和私营部门联合投资，促进新产品和服务的多样化，增加可供人们享用的信息和商业机会。⑤加强当地发展认同感，尤其是在有丰富文化和生态潜力的区域。

国际农业发展基金最近在秘鲁的工作主要集中在南部高地地区。通过投资9860万美元，实施了一系列以减缓贫困为目标的项目，以增加乡村贫困人口的资本和资产水平，并促进他们获得服务的机会。其中：①高地地区农民社区技术促进项目（FEAS），与农业部一起，将供给主导的技术服务体系转变为需求驱动的市场服务体系，将转移资金直接给社区，与提供服务的私营部门技术员直接签订服务协议。②南部高地自然资源管理项目（MARENASS/MINAG），进一步深化了南部高地农村社区促进项目的经验和核心特征，生产性的自然资源管理、私营技术支持、发展培训服务和基于竞争的方法。③Puno-Cusco走廊发展计划（CORREDOR/FONCODES），总结和发扬了先前项目的经验，扩大了社会经济发展走廊、城乡联结、微型企业活动、商业机会、地方产品和服务市场开发等概念的影响范围。④南部高地市场发育和生计多样化项目。这个项目正处于执行前的酝酿阶段。

所有4个项目都有重要的策略和创新，这就是对农村贫困社区的服务管理进行从供给主导到需求驱动的转变。这种协调有序的发展，是通过培育地方服务市场，加强受益者直接利用这些服务的能力来实现的。结果是，私营与公共服务的提供者都受到支持，促进了农民、工匠和小企业主之间的联系，加强了乡村/城市市场联结和决策分权化，包括金融资源在内的资源利用自瞄准的受益者的直接参与，具有可操作性。

其他相关启示包括，瞄准地理区域，加强地方民主团体，发展人力资本，恢复地方知识和文化，提高和巩固贫困群体与其他群体谈判的能力。这些项目显示出在不同层面上不断扩大的多维度：地理上，从一个项目区扩大到整个南部高地地区；社会上，从单个家庭扩大到农民组织和安第斯社区；部门上，从自然资源管理扩大到更广阔的经济活动，使乡村/城市市场联系更紧密；制度/政治上，由捐助人对话活动扩大到政府的制度化；发展领域上，从国际农业发展基金（IFAD）扩大到国际发展领域的其他成员。

二、秘鲁 IFAD 的影响分析

从供给主导到需求驱动的服务管理，始于安第斯高地部分省区（FEAS），另外13个省紧随其后，它和最新的“走廊”项目，共覆盖了跨安第斯山谷地与玻利维亚安第斯高原接壤处35%的区域。全方位的创新手段和方法，依赖于当地的传统和经验，获得如下产出。

FEAS项目对5.8万个农户提供技术援助服务。500个农民组织了技术援助服务，总价值750万美元。农民组织购买这些服务的现金支出总额达到100万美元。

MARENASS项目集中在600个社区的8.8万户，其中360个社区的4.8万户（60%）在增加家庭财产方面取得了明显的效果。2.5万户改变了经济和政治状况，从难以维持温饱转向市场导向的生产。妇女、小组约占全部组织的18%。现在，乡村家庭拥有金融资本和经济资产能够保证食品安全，并且与市场有了更充分的连接。

CORREDOR计划使650个社区受益，受益者中20%是妇女。除了瞄准社区外，有2300个小企业和1800个工匠参与了经济活动。

在MARENASS计划中，后续措施集中在自然资源管理领域，而CORREDOR项目则加强了农民组织与农户利用市场的活动。MARENASS和CORREDOR的经验表明，把经济利益留给农户后，社区在履行政策制定、规章制度，指导与促进责任时会得到更多的信任和支持。

在贫困的南部高地地区，乡村发展方法的根本变革，是从传统的供给主导的推广和相关的服务转变为赋予农民权力，满足他们自己选择的投资和服务需求，加强农民和妇女组织作为发展的驱动力。

把资源配置的决策权赋予社区和农户的策略产生的积极影响是，增加了他们的收入和资产，加强了社区和农户对集体资源管理的责任性；赋予社区和农户权利的积极影响是，他们在行使公民权利时成为经济和社会的积极参与者。

通过赋权，提高了社区直接管理财务、自然资源和社会资源的能力，增强了贫困人口的自尊和发展能力，使处于边缘化的贫困社区更多地融入公民社会和正式经济之中。

FEAS显示，技术支持的提供者生活在社区里，且在很多情况下与客户一起承担风险。

共同承担责任成为 CORREDOR 项目加强城市/乡村发展联系的纽带和手段。

对当地专业人员进行培训，包括对新技术提供者的培训，是成功的关键。而技术服务需求者的参与对服务提供者的包容，会使服务提供者更加负责、更加诚信。

FEAS 项目通过关注与技术服务相关的客户需求、生产者决策和谈判能力，MARENASS 和 CORREDOR 项目通过关注社区、小企业主、优先性、公共资金管理和监督，完成了一些重要的创新。即，构建“短链”的市场机制，让中介组织包含在有企业家才干的农民组织的商业计划中，（FEAS）发展非金融技术服务市场，让受益者在可持续的自然资源管理体系中生产（MARENASS），规避激励的竞争，让产品占领中小城市市场（CORREDOR）。从改善营销入手，改变农村反贫困的主导方法（CORREDOR）。

这些项目表明，向贫困社区投资，不仅有显著的经济回报（每1美元有3~5美元的回报），而且在非经济方面，如自尊、减少性别差异、公民授权和环境可持续发展等，也有积极作用。

三、秘鲁 IFAD 的成功因素

（一）承诺和政治经济的变化

2001年前，秘鲁政府对于分权的兴趣有限。随着 IFAD 项目的普遍成功，秘鲁政府认可了 IFAD 分权的作用。

IFAD 与其合作机构创建的分权模式可以在不同层面运行，既可以是中央各部和地方政府，也可以是乡村农民组织和技术服务提供者，有很强的包容性。

它的基本做法是，项目由受益者自己设计、执行和监督。首要的和有益的条件是契约决定权和合伙人的职责，例如，公共资金管理，首先要由受益者和出资机构分别作出确定的承诺。然后，采用被叫做费用捐赠合同（contrato de donación con carga）的手段，把资金转移到私营组织（社区）。这种转移过程不仅体现了基金提供者和接受者之间的法律关系，而且创造了国家与社区合作与双赢的基础。这个手段是 FEAS 发展起来的，在 MARENASS 和 CORREDOR 中得到不断调整和改进。余下的步骤是：①项目和用户组织之间签订合同，以体现双方的法律义务。②得到资金的机构需要开设一个银行账户，鼓励农村社区组织与金融机构建立一种正式的关系。③受益者按规定使用资金和偿还资金等。

20世纪90年代中期，国家主导的推广体系消失了，又没有私营服务提供者介入贫困乡村，这加深了贫困乡村在社会中的边缘化。然而，秘鲁南部高地地区的3个 IFAD 项目，通过需求驱动对供给主导的替代，有效地解决了这个问题。它的成功表明，国家承担的服务供给者的责任，有些并不是必要的。

随着2001年秘鲁政府的改革，新的乡村发展观和农村反贫困的新方法形成了。到2001/2002年，IFAD 与其合作伙伴推出的新方法的优点和影响已经显示出来了。现在“经济走廊”的概念，已成为促进秘鲁高地地区乡村可持续发展的工具。秘鲁的经验表明，发展制度和决策者思维方式的改变，对政策改革有深远的贡献。

（二）制度创新

1. 地理区域扩大

由于得到政府的认可和“给受益者决策权”这个发展制度的执行，需求驱动方法从一个项目扩展到整个南部高地。

2. 社会经济和部门的扩展

MARENASS 在制度和政治氛围上的影响体现在国家和区域/地方两个层面上。从 2001 年开始，农业部和经济财政部就对 MARENASS 的成就和进展产生了兴趣，并为它的宣传和推广做了大量工作。地方政府，尤其是市政府，在促进 MARENASS 的传播和加强项目推广方面发挥了主导作用。

3. 政治上的扩大

随着 IFAD 项目的发展，市政府在项目中的角色有了转变，从最初的与农村社区建立联系的介绍人，转变为项目共同出资人和利益相关人，这支持了当地的需求、供给和市场连接的复杂过程。

秘鲁政府认为 IFAD 资助的项目，特别是源自于 IFAD 的国家补偿和社会发展基金（FONCODES）项目，对国家反贫困计划具有重要意义。FONCODES 是推广在 MARENASS 项目中证明有效的需求驱动模式的国家级机构。

FONCODES 吸收了 IFAD 项目中采用需求驱动手段的基本原理。项目的选择和申请都由地方社区完成，FONCODES 地方办事处提供技术帮助。依照一系列技术标准，对项目进行分级，然后选择当地最好的项目。这个程序保持了竞争和项目质量，同时保证被选择的项目确实满足当地的需求和期望。

4. 在国际发展领域的扩大

IFAD 和它的合作者创新的经验和地方管理工具的原理，正被其他政府机构、IFAD 等国际组织在其他国家（尼加拉瓜、危地马拉、智利）的项目所借鉴。

IFAD 项目的策略和经验，已经被新的多边援助项目所认同，如 INCAGRO（国际复兴开发银行 IBRD）强调以下特征的重要性：①由受益者提出需求驱动的建议书，提出技术指导的定位。②增加私人市场提供的服务和技术支持。③通过共同资助公共和私人服务，促进“配套资金”。④培育城市与乡村之间的经济和商业联系。⑤分权化管理。

（三）借鉴和试验

IFAD 与其伙伴先把农户看作决策实体，后来把农民组织和安第斯社区看作决策实体，这种转变的实质，是把原先的农民客体转为公民主体。事实也证明，他们有能力做好规划、定好优先项目和管好资金（3000 万美元）。这是一系列方法和一些关键因素、举措共同作用的结果，主要包括：参与式的规划程序；基于市场竞争的培训和传播方法；由妇女管理的商业资金资本化过程；农民对农民的培训。

1. 参与式的规划程序

最主要的规划工具之一被称作“讨论地图（talking maps）”，它是农户、组织和社区建立目标和行动计划的基础。“讨论地图”建立在村民对房屋、农地和自己的经济活动的认识上，这种认识通过社区远见和发展策略而扩大和加深，进而达到农户和社区利益的共同提高。对详细制定的“讨论地图”的激励是对“最好的计划”的奖励。

“讨论地图”是赢得社会广泛接受的手段（通过社区间的竞争得到加强），它是社区开展“参与式规划”的真正基础。

2. 基于竞争的培训和传播方法

引进到MARENASS项目中，并实现了广泛传播和应用得到验证的新技术之目标的方法，是最初在玻利维亚开发出来的“大地庆典（Pacha Mama Raymi）”培训方法。

所谓“大地庆典”，就是让乡村里自愿参加竞争的农户开展竞争，最先在一个单独的社区中，然后扩展到社区之间。对获胜的农户和获胜的社区，用资助的项目资金给予奖励，以激励大家参与。这种方法获得成功的3个因素是：农民的“竞争性”；赢得现金奖励的可能性及由受益者自己管理；使外部压力降到最小。参与者通过管理他们自己的试验项目和学习，在既相对封闭又不断扩大的层面上挖掘增加知识的潜力。

竞争，作为一种催化剂，是在整个项目地区分享、传播和推广地方技术创新的有效方法。由此，实现了两个目标：首先是社区凝聚力，其次是技术和技能的广泛传播。在农户的竞争中，参与水平有很大不同；但社区之间的竞争，必须依靠每个社区的全体农户的参与。

竞争，不仅在传播和推广知识和技术上有作用，而且在经济和政治上也有作用：①通过农业生产和小商业生产的剩余，包括村民在竞争中获胜的奖金，增加了受益者的金融资产和固定资产，如房屋、畜厩、梯田和灌溉设施。②通过竞争获得的现金奖励，与已拥有的资金相比只是很小一部分，但通过竞争，受益者的额外资金被动员起来了。③奖金被投资于社会和经济资产，使家庭和整个社区生活条件得到改善。④通过每个家庭参与到农户间的竞争，大部分农场的产量增加了两倍或三倍。⑤自尊心和解决矛盾的社会组织能力大大提高了，在竞争中的参与表现出尊重、社会美德和社会凝聚力。

3. 由妇女管理的商业资金资本化过程

为了引导妇女参与到与城市市场相联系的广泛的经济活动中去，给妇女组织提供专项资金，并取得了显著的成功。资金先转到妇女小组的银行账户，并委托她们管理。然后直接给小组成员贷款，使资金成为她们的原始资本。在很多案例中，原始资本被用于办小企业，如传统的干酪市场。据统计，投放到360个社区的妇女小组的资金平均增值50%左右，实现了商业资本的资本化。

4. 农民对农民的培训

MARENASS项目最主要的策略之一，是基本上由当地服务提供者负责服务的扩展。分层的培训项目，特别强调传统的领导方式和知识，先由当地的技术员（yachaq）作为培训者，把他们的知识传授给示范户（yachachiqs）（社区中签订合同的农民或有些技术的人），再由示范户直接帮助他们各自社区的农户。社区把技术员作为服务提供者，与其签订合同并支付报酬，示范户提供服务得到尊敬。通过示范户系统，技术支出的成本大幅度降低，而农民对技术支持的需求有所增加，尤其是在竞争的准备阶段。现在许多经过培训的技术员和示范户可以在高地地区内为其他社区提供服务了。

技术员和示范户，对于减少处于社会边缘的贫困乡村的社会和知识隔绝做了贡献，在乡村与城市服务中心之间起到了桥梁作用。

（四）学到的经验

政府的认可和执行“给受益者决策权”的发展制度，是需求驱动方法从一个项目扩展到整个南部高地地区的前提条件。由此可以看出政府改进政策的重要性。

通过决策分权，可以把政府单一行使权力和提供服务的做法，转为社会行使权力和提供服务的做法，这种转变对于乡村贫困家庭和社区，具有特别重要的作用。

家庭与社区的能力建设是需求驱动发挥作用的必要条件，也是使服务提供者同时得到发展的必要条件。这是一个并行的、不断反馈和相互学习的过程。服务提供者对农户/社区的责任意识的提高，是达到持续双赢的关键。农民和社区则要把他们的利益和优先性结合起来，并达到一个最小临界的人数，形成一定规模的购买力，以确保所需要的服务能得到关注。

在方法创新的每个阶段，详尽的信息和利益相关者之间的不断对话，可以减少矛盾，可以为参与者把握预期和增加主人翁感提供帮助。方法的创新，必须对减缓贫困产生显著的作用，才能被社会认可和采用。这个方法被国际复兴开发银行（IBRD）与国家补偿和社会发展基金（FONCODES）所采纳，在一定程度上表明了实现千年发展目标的可行性。

案例5　菲律宾减缓贫困的政策和贫困监测

一、菲律宾的贫困监测指标

菲律宾作为一个参加2000年9月千禧年首脑会议的国家，承诺努力完成包括根除贫困的48个目标。菲律宾的减缓贫困工作已经开展数十年了。在中期发展计划中，已经包括了人类发展和减缓贫困的目标。

现在，越来越倾向于采用综合性的减缓贫困方案。既通过快速、持续的经济增长，促进人民生活水平的提高，又改进贫困瞄准，使最贫困的家庭和经济中的边缘部门受益更多。

对于实现政府确立的减缓贫困目标来说，贫困统计与监测具有重要作用。为了监测菲律宾的贫困情况，并评估该国的减缓贫困的方针和政策，菲律宾已建立几个国家和社区层面上的贫困监测体系，所监测到的关于收入贫困和人类贫困的信息，已成为国家和地方政府编制社会与经济发展计划和项目的基础。

（一）收入基础的贫困测量

这部分用传统的贫困监测方法，以及最近较多采用的考虑到其他贫困尺度的方法，监测贫困的趋势和情况。不同的指数表明，国家在提高人民生活质量中取得了一定的成绩，在不同的方面都有进步，进步有大有小。然而，地区差异因素仍然很严重，在一些指数中甚至要被放宽条件。而且，人口似乎容易受到冲击，最近的冲击影响了一些积极的趋势。

主要调查根据菲律宾发展研究学院，菲律宾CBMS规划社论和CBMS国际网络社论，以及各个调查伙伴。

1985年，贫困发生率为44.2%，1997年贫困发生率下降到31.8%。但是，受1997～1998年亚洲金融危机，以及厄尔尼诺现象的影响，2000年的贫困发生率上升到33.7%(表7-3)。

从地区看，棉兰老岛穆斯林自治区（ARMM）的贫困发生率最高，为66.0%；比科尔地区第二，为55.4%。国家首都地区最低，为9.0%。

虽然ARMM贫困发生率最高，但因为该地区的人口较少，它对总的贫困发生率的贡献只有5.5%，人口较多的比科尔地区对总的贫困发生率的影响最大，达到11.8%。

尽管1985～2000年贫困发生率下降了，但贫困家庭数量却从436万户增加到514万户（表7-4）。贫困家庭增多的原因是人口增长率过高，从表7-5可以看出，虽然过去的20年人口增长率趋于下降，但下降得非常缓慢（菲律宾人口增长率仍超过20‰，泰国已降至10‰），而且1995～2000年的人口增长率出现了反弹。

表7-3　1985～2000年菲律宾各地区家庭贫困率/%

地　区	1985年	1988年	1991年	1994年	1997年	2000年
菲律宾群岛	44.2	40.2	39.9	35.5	31.8	33.7
国家首都地区	23.0	21.6	13.2	8.0	6.4	8.7
伊罗戈	37.5	44.9	48.4	47.9	37.8	37.1
卡格扬河谷	37.8	40.4	43.3	35.5	32.1	29.5
中心吕宋岛	27.7	29.3	31.1	25.2	15.4	18.6
南部塔加路	40.3	41.1	37.9	29.7	25.7	25.3
比科尔	60.5	54.5	55.0	55.1	50.1	55.4
西部米沙鄢群岛	59.9	49.4	45.3	43.0	39.9	43.1
中部米沙鄢群岛	57.4	46.8	41.7	32.7	34.4	38.8
东部米沙鄢群岛	59.0	48.9	40.1	37.9	40.8	43.6
西部棉兰老岛	54.3	38.7	49.7	44.7	40.1	46.6
北部棉兰老岛	53.1	46.1	53.0	49.2	47.0	45.7
南部棉兰老岛	43.9	43.1	46.2	40.3	38.2	40.0
中部棉兰老岛	51.7	36.1	57.0	54.7	50.0	51.1
CAR	—	41.9	48.8	51.0	42.5	36.6
棉兰老岛穆斯林自治区	—	—	50.7	60.0	57.3	66.0

注：“—”示数据暂缺。由于卡拉加省没有官方的贫困数据，故将其归入到北部棉兰老岛这一组中

数据来源：根据菲律宾国家统计局《家庭收入和支出调查（1985～2000）》资料整理

表7-4　1985～2000年菲律宾贫困家庭数量

年　份	贫困家庭数量	年　份	贫困家庭数量
1985	4 355 052	1994	4 531 170
1988	4 230 484	1997	4 511 151
1991	4 780 865	2000	5 139 565

资料来源：根据菲律宾国家统计局《家庭收入和支出调查（1985～2000）》资料整理

表7-5　1960～2000年菲律宾人口增长率/%

年　份	人口增长率	年　份	人口增长率
1960～1970	3.08	1980～1990	2.35
1970～1975	2.78	1990～1995	2.32
1975～1980	2.71	1995～2000	2.36

数据来源：根据菲律宾国家统计局《家庭收入和支出调查（1985～2000）》资料整理

城乡之间的差距与日俱增。在过去的 15 年内，城市的贫困发生率下降了 14%，农村的贫困发生率仅下降了 4%。目前，农村贫困发生率是城市贫困发生率的两倍（表 7-6）。

表 7-6　1985～2000 年菲律宾城乡家庭贫困率/%

地　区	1985 年	1988 年	1991 年	1994 年	1997 年	2000 年
全　国	44.2	40.2	39.9	35.5	31.8	33.7
城　市	33.6	30.1	31.1	24.0	17.9	19.9
农　村	50.7	46.3	48.6	47.0	44.4	46.9

数据来源：根据菲律宾国家统计局《家庭收入和支出调查（1985～2000）》资料整理

由于贫困家庭的平均人口规模大于非贫困家庭的平均人口规模（2000 年，贫困家庭平均为 6.0 人，而非贫困家庭平均为 4.7 人），所以，按人口计算的贫困发生率大于按家庭为计算的贫困发生率。从表 7-7 可以看出，按人口计算的贫困发生率从 1985 年的 49.2% 减少到 1997 年的 36.9%，但受 1997～1998 年亚洲金融危机的影响，2000 年贫困发生率又上升到 39.5%，大大地削弱了过去 6 年减缓贫困的成果。

表 7-7　1985～2000 年菲律宾各地区按人口计算的贫困发生率/%

地　区	1985 年	1988 年	1991 年	1994 年	1997 年	2000 年
菲律宾群岛	49.2	45.4	45.2	40.6	36.9	39.5
NCR	27.1	25.1	16.6	10.4	8.5	11.5
伊罗戈	43.4	51.7	55.1	53.5	44.2	43.6
卡格扬河谷	42.7	44.7	48.9	41.9	38.0	35.0
中心吕宋岛	32.0	33.7	35.5	29.2	18.6	23.0
南部塔加路	45.7	46.6	43.1	35.0	30.0	31.0
比科尔	67.5	61.3	61.2	60.8	57.0	61.9
西部米沙鄢群岛	66.4	56.5	52.8	49.8	45.9	51.1
中部米沙鄢群岛	61.9	52.1	46.7	37.4	39.0	43.8
东部米沙鄢群岛	65.1	54.7	47.1	44.6	48.5	51.1
西部棉兰老岛	59.9	43.8	54.2	50.5	45.5	53.0
北部棉兰老岛	56.6	50.1	57.4	54.2	52.7	52.2
南部棉兰老岛	49.6	48.8	51.5	45.4	44.3	45.1
中部棉兰老岛	56.3	40.9	63.0	58.5	55.8	58.1
CAR	—	50.5	55.5	56.5	50.1	43.8
棉兰老岛穆斯林自治区	—	—	56.0	65.5	62.5	71.3

注："—"示数据暂缺

数据来源：根据菲律宾国家统计局《家庭收入和支出调查（1985～2000）》资料整理

贫困人口一直在上升，从 1985 年的 2670 万增加到 1997 年的 2680 万，又进一步增加到 2000 年的 3080 万（表 7-8）。

表 7-8　1985～2000 年菲律宾贫困人口数

年　份	贫困人口数	年　份	贫困人口数
1985	26 674 645	1994	27 372 971
1988	25 385 200	1997	26 768 596
1991	28 554 247	2000	30 850 262

数据来源：根据菲律宾国家统计局《家庭收入和支出调查（1985～2000）》资料整理

（二）贫困发生率的新估计

早期，只进行国家和地区层面上的贫困分解，为了响应在更低层次上分解的呼吁，国家统计协调办公室（NSCB）研究出并经过一系列严格评估的方法，使贫困统计可以在省级水平进行。应用这个方法，得到了1997年和2000年的分省贫困估计。从表7-9可以看出，贫困发生率的省际差异仍然存在，一些地区，如NCR和中心吕宋岛地区，贫困发生率较低，而其他地区，如ARMM和比科尔地区，贫困发生率较高。

表7-9 1997年和2000年菲律宾各地区人口和家庭的贫困发生率/%

地区	家庭贫困发生率		人口贫困发生率	
	1997年	2000年	1997年	2000年
菲律宾群岛	28.1	28.4	33.0	34.0
NCR	4.8	5.7	6.5	7.6
伊罗戈	31.4	29.6	37.7	35.5
卡格扬河谷	27.1	24.8	32.6	29.7
中心吕宋岛	13.9	17.0	16.8	20.9
南部塔加路	22.8	20.8	26.9	25.9
比科尔	46.9	49.0	53.8	56.2
西部米沙鄢群岛	37.2	37.8	43.2	45.7
中部米沙鄢群岛	29.8	32.3	34.7	37.4
东部米沙鄢群岛	39.9	37.8	47.4	45.4
西部棉兰老岛	31.9	38.3	37.1	44.5
北部棉兰老岛	37.8	32.9	43.3	38.7
南部棉兰老岛	31.1	31.5	37.1	36.5
中部棉兰老岛	45.3	48.4	51.6	55.3
CAR	35.9	31.1	42.8	38.0
ARMM	50.0	57.0	55.6	62.9
卡拉加	44.7	42.9	51.0	50.2

数据来源：根据菲律宾国家统计局《家庭收入和支出调查（1985~2000）》资料整理

按照这种方法，贫困家庭和贫困人口分别为430万和2650万（表7-10）。

表7-10 1997年和2000年菲律宾贫困家庭数和贫困人口数

贫困家庭数		贫困人口数	
1997年	2000年	1997年	2000年
3 982 760	4 338 780	23 952 927	26 540 094

数据来源：根据菲律宾国家统计局《家庭收入和支出调查（1985~2000）》资料整理

（三）教育、卫生和营养

成人教育水平有很大提高，扫盲率从1989年的90%上升到1994年的94%，同期，识字率从75%上升到84%（表7-11）。

表7-11　1989年和1994年菲律宾的扫盲率和识字率/%

年　份	扫盲率	识字率
1989	89.8	75.4
1994	93.9	83.8

学龄儿童入学率趋于上升。小学入学率从1991～1992学年的85%上升到2001～2002学年的97%。但是，很多注册入学的孩子没有完成学业，学生毕业率在这段时期由68.4%下降到67.1%（表7-12），即100个儿童进入小学，只有67个能毕业。同样，中学入学率也在增长，但水平较低，只有73%。学生毕业率为73%，即100个学生进入中学，只有73人能毕业。如果把中小学连在一起，100个入学儿童，只有49人能从中学毕业。

表7-12　1991～1992学年到2001～2002学年的入学率/%

分　级	1991～1992学年	1995～1996学年	2001～2002学年
小　学	85.1	92.7	97.0
中　学	55.4	62.2	73.4

婴幼儿死亡率迅速下降。其中，婴儿死亡率从1990年的57‰下降到1998年的35‰；同期，五岁以下儿童死亡率从80‰减少到1998年的48‰。产妇死亡率从1993年的2.09‰减少到1998年的1.72‰，虽有所下降，但仍然很高。

人口营养状况也在持续地提高。0～5岁孩子营养不良率，在过去的11年里下降了4个百分点，但按照国际标准，每5个孩子中仍有3个体重不足（表7-13）。

表7-13　0～5岁孩子营养不良率*（参照IRS）**

年　份	营养不良率/%	年　份	营养不良率/%
1989～1990	34.5	1996	30.8
1992	34.0	1998	32.0
1993	29.9	2001	30.6

注：*体重低于同龄儿童的百分比，**国际相关标准

（四）基础设施

基础设施水平不断提高，拥有安全饮用水设施家庭的比例已经从1985年的69.9%上升到2000年的78.5%，同期，拥有卫生设施家庭的比例从1985年的68.8%上升到2000年的82.5%（表7-14）。

表 7-14　1985 ~ 2000 年饮用水和公共卫生设施的家庭比例/%

年　份	饮用水设施的家庭比例	公共卫生设施的家庭比例
1985	69.9	68.8
1988	71.9	69.1
1991	73.7	71.6
1994	77.4	74.9
1997	76.9	77.2
2000	78.5	82.5

居住在简易房屋中的家庭比例从1991年的2.9%减少到2000年的2.0%（表7-15）。

表 7-15　1991 ~ 2000 年居住在简易房屋中的家庭的数量和比例

年　份	数　量	比例/%
1991	341 747	2.9
1994	381 979	3.0
1997	311 489	2.2
2000	311 869	2.0

（五）国家间的比较

表7-16显示了菲律宾、马来西亚、印度尼西亚、泰国和越南的几个社会指标。按照世界银行提出的1天生活消费支出低于1美元的贫困标准，菲律宾的贫困发生率最高。1990年，越南的贫困发生率为51%，而菲律宾只有19%，2000年，菲律宾的贫困发生率为12.7%，越南却下降到了9.1%。

表 7-16　菲律宾和一些邻国选择的社会指数

指　数	菲律宾	马来西亚	印度尼西亚	泰　国	越　南
贫困发生率/%	12.7	0	8	3.5	9.1
营养不良率(最近的可利用数据)/%	30.6[a]	20[b]	34[b]	18[b]	37[c]
2000年成人扫盲率/%	95.3	87.5	86.9	95.5	93.4
2000年平均寿命/年	69.3	72.5	66.2	70.2	68.2
1999年婴儿死亡率/‰	31	8	38	26	31
1998年初级教育率/%	96.4[d]	98.3	—	76.9	61
1995 ~ 2000年年均人口增长率/‰	23.6	24.7	14.7	10.0	16.0

注：“—”示数据暂缺；a为2001年，b为1995年，c为1999年，d为2000年数据

然而，菲律宾在营养、文化、卫生和教育方面优于越南。20年前泰国的状况与菲律宾相似，但从目前看，它在减缓贫困方面做得更为成功。菲律宾拥有最高的初级教育率，在教育上显然是最好的。

以UNDP开发的人类发展指数（HDI）衡量，与其他国家一样，菲律宾的人类发展有所改善（表7-17）。

表 7-17　人类发展指数趋势

年　份	菲律宾	马来西亚	泰　国	印度尼西亚	越　南
1975	0. 652	0. 616	0. 604	0. 469	—
1980	0. 684	0. 659	0. 645	0. 530	—
1985	0. 688	0. 693	0. 676	0. 582	0. 583
1990	0. 716	0. 722	0. 713	0. 623	0. 605
1995	0. 733	0. 760	0. 749	0. 664	0. 649
2000	0. 754	0. 782	0. 762	0. 684	0. 688

注："—"示数据暂缺

二、消除贫困的政策

（一）政策评述

菲律宾减缓贫困的效果不好，部分是因为经济不景气，部分是因为国家减缓贫困的方针政策。方针政策的主要不足是对国家减缓贫困的贡献微弱。

尽管重视程度上有差异，但各种发展计划毕竟都注意到了贫困问题，消除贫困实际上成为政府承诺的一个指标。在 1987 ~ 1992 年的发展计划中，首次提出了消除贫困的目标，尔后的计划也提出了减缓贫困的目标。1999 ~ 2004 年，菲律宾中期发展计划（MTPDP）的地方目标也包括在内。但在 2001 ~ 2004 年的计划里，却没有确立消除贫困的目标（表 7-18）。

表 7-18　各部门的消除贫困目标

计　划	贫困目标
四年发展计划，1971 ~ 1974 年（马科斯政府）	计划中没有特别提出消除贫困的目标
菲律宾五年发展计划，1978 ~ 1982 年（包括十年发展计划，1978 ~ 1987）（马科斯政府）	计划没有提到任何贫困目标，但是提到了要克服贫困，不充分就业和失业，这都是国家目标和政策。这个计划也旨在包括一个社会服务和发展（DSSD）部门的扩大服务范围的项目，涉及约 1500 万人（占 1980 年人口的 31. 2%），按 1982 年的收入水平分级，属于收入最低的 30%。这组目标人群包括弱势群体（户主、学龄前儿童、青少年、伤残者）、少数民族、产业、社会安全工作者。伤残联、市政当局和城市等团体都包括在目标中
菲律宾五年发展计划，1978 ~ 1982 年（1981 年和 1982 年更新）（马科斯政府）	计划本身没有提到贫困的目标，但是却有社会发展。计划涉及低人口增长率、健康和营养状况的改善、较高的教育成果、良好的住房情况以及其他社会服务和社区发展
菲律宾五年发展计划，1983 ~ 1987 年（马科斯政府）	计划没有提到特定的消除贫困目标，但表明了人类发展是一个国家的重要目标，以及优先考虑制定一项反贫困计划。计划提出的目标是社会服务。可预见的是，社会部门在 1987 年接触过 960 万以上的贫困人口（即人口的 13. 3%）。自营就业救助工程已经计划帮助那些在工作年龄段经济和社会贫困的个人
菲律宾发展计划，1987 ~ 1992 年（阿基诺政府）	贫困率的目标是从 1985 年的 59% 下降到 1992 年的 45. 4%，农村地区的贫困率从 1985 年的 63% 减少到 1992 年的 48%。NCR 的贫困也如期从 44% 下降到 40%。在同一时期，NCR 之外的城市贫困率也从 56% 减少到 49%
菲律宾补充计划，1990 ~ 1992 年（阿基诺政府）	由于 1985 年 58. 9% 的贫困率，1992 年的政府目标是使贫困率在 46. 1% ~ 49. 3%

续表

计　划	贫困目标
菲律宾中期发展计划，1993～1998年（拉莫斯政府）	到1998年，贫困率将由1991年的39.2%减少到30%左右
菲律宾中期发展计划，1999～2004年（埃斯特拉达政府）	到2004年，贫困率应该由1997年的32%减少到25%～28%。地方的目标也包括在内
菲律宾中期发展计划，2001～2004年（阿罗约政府）	在“振兴国家：阿罗约政府的100天”中提到，菲律宾中期发展计划要实现到2004年消除贫困率达到28%的目标。然而，在实际制定的2001～2004菲律宾中期发展计划中并没有提及任何消除贫困率的目标

对于政府来说，减缓贫困项目即便不是主要部分，也是重要部分。相应地，项目需要确定专门的行政部门，而且，需要与发起的行政部门联系。以往与行政部门相联系的项目停止的行为对穷人不利。

例如，社会改革议程（SRA）是在拉莫斯（Ramos）当政期间推开的。SRA由10个旗舰项目组成，即①农业发展。②渔业和水生资源管理。③祖传土地。④公共住宅。⑤全面完整的社会服务。⑥工人福利与保护。⑦生计。⑧信贷。⑨制度建设，和⑩治理中的有效参与。该议程在拉莫斯任期结束后就停止了。

为了通过增加常规资源来达到SRA目标，“社会改革议程”除了有正常预算外，还有总值为61亿比索的3个特别基金。它们分别是1996年设立的缓解贫困基金（PAF-1）、1997年的减缓贫困基金（PAF-2）和1998年的减缓贫困基金（PAF-3），以及1996年地方政府的授权基金（LGEF）。

表7-19　特别贫困缓和基金（单位：百万比索）

基金名称	数　量	基金名称	数　量
贫困减缓基金－1（1996）	4 000	贫困减缓基金－3（1998）	2 500
地方政府授权基金(1996)第一组	100	关心贫困基金(2000)	2 500
贫困减缓基金－2(1997)	2 000		

1998年，埃斯特拉达（Estrada）政府提出了关心贫困（Lingap Parasa Mahihirap）工程，并从国家预算中划拨了25亿比索，以提供医药援助、生计、公共住宅、饮用水、食物补助和保护工程或服务，为全国每个城市和省、自治区最贫困的100个家庭服务。

在核实地方政府部门（LGU）提供的名单时发现，各个LGU之间缺乏统一标准。关心贫困工程的主要缺陷是：①LGU缺少对项目的所有权，它也没有足够的时间去辨别所属地区内的100个最贫困家庭。②瞄准的有效性差，项目的福利影响扩散到全国的广大地区和非贫困人口。③缺少受益者的协商和监测。④受益者的挑选有政治化倾向。

2001年，阿罗约（Arroyo）政府推出了消除贫困的标志性工程Kapit-Bisig Labansa Kahirapan（KALAHI），它试图通过全面、综合和集中的策略，为全国最贫困省市改进服务配置。KALAHI有5个策略：①资产改革。②人类发展服务。③就业和生计。④基础部门管理的参与。⑤反对暴力的保障社会安全。当认识到该工程需要“由国家、地方机构、贫困地区的社会部门和人民团体联合规划、执行和监测”时，KALAHI 工程认同了曾在社会改革议程中提倡的“集中整合”方法。

在 KALAHI 没有设立专门基金的时候，靠总量为 7000 万比索的资金用于试验 KALAHI 的方法，城市和农村各有 3500 万比索。在实施 KALAHI 项目的地区，合乎社区最紧迫需要的项目可得到资助。

KALAHI 接着做的工作是构建全面、综合的社会服务体系（CIDSS），这是阿罗约政府减缓贫困的主要项目。KALAHI 的总规模为 93 亿比索，其中包括世界银行贷款 51 亿比索、中央和地方政府各配套 16 亿比索和 26 亿比索。它的实施范围为根据标准挑选出的贫困发生率高的 1/4 的市和 40 个省。标准包括 3 个方面，贫困发生率的权重为 50%，当地政府配套为 25%，民众与社会组织参与的积极性为 25%。项目的实施采用了拉莫斯政府开展同类工程的一些关键性做法。

存在的问题是这些减缓贫困项目缺乏可持续性，甚至一个工程尚未实施完，就被废除或被新的项目代替了，而新项目的情形也是如此，只能支撑几年，以致难以评价 KALAHI 项目的全部影响。

（二）资金

资金是建立和维持基本社会服务体系的关键问题。这些资金主要来自菲律宾政府和捐赠机构。为了重点保护社会核心优先权，需要提倡良好的、持续的社会部门配置。在配置基础服务方面，菲律宾政府和捐赠机构提供了支持和帮助。

20 世纪 90 年代前 5 年，世界首脑峰会和全球会议提出了婴儿死亡率、儿童营养不良、成人识字率和其他社会指标的目标。发展协助委员会在《塑造 21 世纪（*Shaping the 21st Century*）》这份报告中把 2015 年作为实现全民初级教育、降低 5 岁以下儿童死亡率、全民得到基本卫生服务、性别平等和贫困人口比例减半的目标的最后期限。为了实现这些目标，基础社会服务——基础卫生、基础教育、营养工程，低成本的水和公共卫生设施的投资必须大幅度增长。“20/20 行动”提供的一个框架，使增加投资的需求成为现实。作为发展中国家与工业化国家的一个协议，“20/20”的含义是，发展中国家预算的 20% 和发达国家政府发展援助资金（ODA）的 20% 用于这些基础社会服务。

菲律宾政府用于这些社会服务预算占总预算的比例从 1995 年的 11.4% 上升到 1998 年的 17.4%（表 7-20）。受亚洲金融危机和比索贬值的影响，这个比例又下降到 1999 年的 14.1% 和 2000 年的 13.2%。导致社会服务预算比例减少的 3 个关键因素是：①基础社会服务投资的增长极为缓慢。②非基础社会服务的费用增加。③非社会服务支出增长较快。从走势上看，地方政府有关“20/20”行动的结果与中央政府大致相同，1995～1998 年，地方政府的社会服务预算比例从 17.9% 增加到 1998 年的 18.7%。

按部门进行支出分解，可以看出基础教育是政府的优先领域，其占政府基础社会服务预算总量的 90% 左右，且有上升趋势，其次是基础卫生，其占政府基础社会服务预算总量的 5% 左右。

表7-20 "20/20行动"国家政府费用主要构成（所有费用种类）/%

构 成	1995年	1996年	1997年	1998年	1999年	2000年
基础教育	10.23	12.31	13.39	16.39	13.69	12.48
基础卫生	0.57	0.67	0.61	0.47	0.30	0.71
营 养	0.31	0.34	0.24	0.23	0.21	0.01
水和卫生设施	0.15	0.05	0.14	0.02	0.09	0.01
生殖健康	0	0.06	0.10	0.18	0.07	0.03
复合社会服务	0.13	0.06	0.09	0.09	0.09	0
总 计	11.39	13.52	14.57	17.38	14.44	13.24

尽管基础教育所占的比例很大，但由于基本社会服务投入总量较小，基础教育资金仍然不够。具体表现为，缺少教科书，尽管近年来增加了教科书的数量，但2000～2001学年，课本与学生的比例为1∶2.14。也就是说，一本书由2.14个学生合用。缺少教师。例如1998～1999学年，有任教资格的教师数与注册学生数的比例，小学为1∶35，中学为1∶34。一些地方公立小学的师生比为1∶39，公立中学为1∶38。由于一些老师做的是非教学工作，如学校管理，所以实际中的师生比会更高。缺少教室，一些学校不得不采取轮班的方法来满足所有学生都有教室上课。公立小学平均每个班级的学生从1993～1994学年的41人减少到1997～1998学年的39人。公立中学平均每个班级的学生为49人。但2592所小学的教室学生比例是1∶56。2047所中学的教室学生比例也为1∶56。缺少配套设施。在公立小学中，有561所学校目前没有会议室。

通过NEDA收集的数据的汇总结果可以看出（表7-21），捐赠机构正在努力兑现"20/20"行动的承诺。用于社会改革发展的ODA有显著增长，从2001年的2.8%上升到2002年的27.6%，然而，ODA的总额由2001年的16.7亿美元减少到2002年的11.5亿美元，减少了31%，所以，社会改革发展的ODA的增加实际上是以其他的ODA的减少为代价的。

表7-21 菲律宾的ODA总额（单位：百万美元）

部 门	2001年		2002年	
	数 量	占总额的比例/%	数 量	占总额的比例/%
农业、土地改革和自然资源	309.0	18.5	126.8	11.0
社会改革发展	46.7	2.8	318.6	27.6
基础设施发展	902.7	54.0	662.3	57.5
政府公共发展	164.2	9.8	41.7	3.6
工业和服务业	247.3	14.8	3.0	0.3
其 他	0.5	0	0	0
总 计	1 670.4	100.0	1 152.3	100.0

三、菲律宾的贫困监测体系

一个良好的贫困监测体系，不仅对于评估减缓贫困项目的实施状况具有重要作用，而且有助于引导政策和工程的执行和连续分析，因此能够采取及时的行动来发现缺点和问题。贫困监测是指导政策制定者和项目执行者在决策中以事实为依据的一种工具。

（一）贫困监测问题

菲律宾开展的是收入贫困监测，因此，家庭人均收入低于国家统计协调部规定的贫困线就被认为是贫困家庭。由于收入贫困不足以概括贫困的多维度，所以增加了反映贫困原因的指标来确定家庭状况，它涉及卫生保健、基础设施、教育服务和就业机会等。

个人或家庭贫困还是不贫困是根据其收入或支出划定的。收入水平是对个人或家庭满足特定需求能力的测量，从而也是消费机会的测量。但是，收入没有包括同样提供消费机会的借款和转移支付资金，而且一定水平的收入可以有不同类型的消费。而以消费水平测量贫困，则是为了反映家庭有储蓄或借款时保持一定生活水平的能力。

所谓贫困的客观评价方法，就是根据贫困的定义、摆脱贫困的需求等确立测量贫困的标准。这个事先确定的标准必须能够识别所有的人，而不是对穷人分类。

所谓贫困的主观评价方法，就是根据识别类型指标或自我分等级的方式，确定贫困人口和非贫困人口。它基于人们的偏好，取决于个人效用函数。尽管操作容易，但个人判断的贫困是相对的。例如，目标较低的人，尽管福利服务不充分，一旦条件有所改善，他就有可能认为自己不再贫困；而目标很高的人，尽管已经拥有足够的资源，仍有可能认为自己处于贫困状态。主观方法的支持者自己都认为，一个人不可能一直对他们最好的东西评价最好。

（二）贫困监测体系的状况

菲律宾在国家和社区的层次上都有一些贫困监测体系。在国家层次上，国家统计部门进行的一些调查，提供了不同维度的贫困信息。存在的问题是调查过于综合，监测内容太少，时间间隔太长，不能提供定期的和及时更新的信息。

为了解决这些问题，在国家贫困监测体系的基础上增加了一些试验项目，其中的一个项目就是以社区为基础的监测体系，其目标是为地方政府提供必要的信息，判断地方层次上贫困，并确定适宜的扶贫措施。

1. 国家贫困监测体系

在菲律宾，反映不同维度的贫困数据可以从政府部门的普查、调查和管理记录中获得。表 7-22 是菲律宾不同的国家监测体系和各个调查数据收集类型的汇总。

表 7-22　国家标准的贫困监测体系

数据可用资源	实施部门	收集频率/最新数据	数据来源
家庭收入支出调查	国家统计办公室	每 3 年/2000 年	家庭收入和生活支出以及影响收入和支出水平的相关信息
年度贫困指数调查	国家统计办公室	FIES 没有实施的每一期/2002 年	家庭和其他涉及生活条件的社会经济信息
国家营养	FNRI	每 5 年/1998 年	食物状况和营养
人口和住房普查	国家统计办公室	每 10 年/2000 年	人口数量、构成和分布
识字率、教育和大众媒体调查	国家统计办公室	每 5 年/1998 年	识字率、人口数量及其社会经济特征
国家人口统计和健康调查	国家统计办公室	每 5 年/1998 年	人口统计、孕产妇以及儿童的健康问题
劳动力调查	国家统计办公室	每一季度/2003 年 7 月	就业水平和趋势，失业和不充分就业

除了国家监测体系外，其他政府部门也收集数据。例如，菲律宾国家警察局（PNP）收集有关犯罪率的信息；教育部收集有关入学率的信息，如失学率、在校就读率、入学率和完成率等。

国家统计系统的调查和普查提供了不同维度的贫困统计。然而，这个监测体系还存在一些问题。例如，它只提供国家和地方汇总数据，而且每隔3年收集一次数据。所以，1997～1998年亚洲金融危机对菲律宾贫困的影响的官方评估于2001年才完成，此时距离危机发生已过了4年。对非收入的贫困测量来说，差距更大，一些统计数据不经常收集。例如，最新识字率的数据是1994年的。而且多数评估都只到国家和区域层次上。

2．社区层次的监测体系

关于社区参与是消除贫困的重要组成部分这一点，人们已经形成共识。参与不仅有利于解决贫困家庭、贫困社区的识别问题，而且有利于扶贫政策和项目的实施和监测。

由于社区层面的贫困监测有很大的价值，所以这部分讨论社区层面的贫困监测活动。

（1）最小的基本需要（MBN）

在拉莫斯政府开展社会改革议程（1992～1998）阶段，所谓菲律宾家庭的MBN就是获得良好生活质量的基本最低标准，包括生存（食物和营养、健康、水、卫生设施和衣服）、安全（保护、和平、秩序、收入和生计）、权利/能力、基础教育和识字率，人们在社区发展中的参与和家庭关怀/心理关怀。它是由一个综合方法确定的。一个家庭以它达到的MBN程度来衡量它的生活质量。

解决MBN问题的基本做法是，开展最小基本需要的参与式调查；在社区采用参与式方法对识别的MBN进行优先排序；社区、LGU和政府部门共同承担投入责任；社区负责项目管理，政府部门提供帮助；社区、LGU和政府部门开展持续的监测。

为了显示公开、透明，MBN数据部建立了旨在说明当地每个家庭的标识地图，并有社区中问题突出的家庭的相关信息。

然而，MBN没有覆盖所有的县区，只有第5和第6层次地市选择的县区和城市中的贫困社区有实施MBN的优先权，第3和第4层次地市中发展水平低的社区有第二优先权。

为了给社区提供基本的社会服务，社会福利和发展部（DSWD）于1996年启动了综合社会服务供给（CIDSS）工程。CIDSS采用MBN方法，以确保最需要的人得到优先权。

为了改进MBN的实施办法，1997年，在联合国开发计划署（UNDP）的援助下，国家统计部（NSO）和国家经济发展局共同建立了基于社区的贫困指数监测体系（CBPIMS）。

为了改进有关MBN数据收集的调查过程，专门收集MBN的23个核心指标，并通过与关键人物访谈，专门收集有关敏感问题的其他信息。

MBN方法存在的问题仅登记了家庭数，而没有计算家庭受影响的人数。CBPIMS在研究这个问题，在这个体系的试点之后，主要依靠LGU行动来实施。

（2）宏观经济调控政策的微观影响——基于社区的监测体系（MIMAP-CBMS）

在菲律宾，基于社区的监测体系源于宏观经济调控政策项目，它旨在监测宏观经济政策和人口冲击的影响，同时也填补了菲律宾国家和社区监测体系的不足。

这个体系通过有组织地收集地方信息，为地方政府、非政府组织和民间社团所用。该体系经过试点、修改和不断完善，已经很好用了。

CBMS 有 3 个特点，即基于地方政府、以现有的 LGU 人员作为监测人员和有一组核心指标。这三个特点有助于提高地方政府监测和消除贫困的能力。实践证明，地方领导人的参与，有利于改善社区生活，有利于关键指标的收集与处理。这个体系与其他体系不同的是，它提高了地方政府利用贫困统计与监测资料制定发展计划的能力和以此为基础制定消除贫困工程和计划的能力。

3. 结束语

菲律宾减缓贫困的成就非常有限。虽然在过去的 15 年里贫困发生率有所降低，但贫困人口的绝对量仍在增加。虽然各种维度的减缓贫困的成就有大有小，例如婴儿和儿童死亡率显著下降，0～5 岁孩子健康状况的改善微不足道。贫困地区教育状况有所改善，1989～1994 年，成人识字率和学龄儿童入学率都在上升，基础设施供给也有所改善，但是与确立的提高人民生活水平，特别是贫困人口的生活水平的目标相比，差距还很大。为了实现这个目标，减缓贫困已经成为政府部门最主要的工作。

良好的贫困监测体系对于评价和改进减缓贫困具有重要作用，贫困监测的结果可以为政府计划者、决策者和地方领导者提供决策依据，可以作为编制社会和经济发展计划和工程的基础，可以作为评价项目实施情况的基础，可以作为引导扶贫政策的基础。

菲律宾现有贫困监测体系为中央和地方政府提供的基本信息，可以作为它们消除贫困计划、策略和政策的基础。针对它有数据收集频率低，分解层次少的不足，开展了一些旨在消除这些缺陷的活动。例如，通过开展社区层次上的发展监测活动，增强地方政府判断当地贫困状况的能力。受资源不足的限制，目前国家统计部还不能提供所有必需的数据。但这些信息有助于地方识别贫困，成为一些县区采取措施的依据。

第三节　增强可持续发展能力的案例

案例 6　泰国艾滋病的解决方案和面临的问题

一、泰国艾滋病项目描述

1984 年，泰国刚发现艾滋病时的反应是沉默。政府认为疫情集中在高危群体，特别是静脉注射毒品者和男同性恋。1989 年，政府改变了对待艾滋病的态度。其原因是，在第一次全国流行病学调查中发现，北方清迈省高达 44% 的性工作者染上 HIV，并直接导致接受性服务的男性 HIV 感染率的增加，继而普通民众 HIV 感染率的增加。为了尽快解决这个问题，很快就出台了一个有力的全国性综合方案。

（一）全国性的高危群体哨点监测

1989 年以前，泰国政府对艾滋病病毒的控制政策遵循标准的公共卫生方法的步骤，即由医疗系统上报艾滋病病例。在首次病例报告后的 5 年中，卫生部艾滋病控制部只得到 43 例艾滋病和 145 例艾滋病相关综合征的报告。1987 年，在曼谷进行了关于艾滋病流行的调查，由于规模很小和对高危人群掌握的信息有限等原因，并未发现 HIV 的迅速传播，使很多人认为艾滋病主要是外国人的疾病，其理论依据是第一批病例都是从国外回来的男性同性恋。由于政府忽视了艾滋病对大众的威胁，没有纠正人们对艾滋病的错误理解，使人们都认为艾滋病只在边缘群体（如男性同性恋、男性性工作者和注射毒品者）里传播。

1989 年，政府意识到建立全国性的性传播疾病监测体系和对性传播疾病进行充分治疗的重要性。在美国疾病控制与预防中心持续十几年的支持下，泰国有了对全民的精确血清监测、对高危群体的哨点监测和对一般风险行为的监测。通过这些监测可以辨别出疾病传播的主要来源，并评价公共卫生干预的有效性。公共卫生基础设施对提供性服务者进行性传播疾病的定期检查，以及时消除性病感染和传播 HIV 病毒的危险，但政府没有开展公众教育。

（二）公众对 HIV 威胁的观念上的转变

1989 年，在国营的专门治疗海洛因上瘾者的镇静剂治疗中心开始进行 HIV 测试。同时，在世界卫生组织（WHO）的支持下，卫生部传染病控制部门制定了一个防治艾滋病的短期计划。同年，艾滋病病毒感染在注射毒品者中爆炸性地传播，促使泰国皇家军队和卫生部对特殊群体进行 HIV 监控。监测样本来自高危群体——毒品注射者、性传播疾病诊疗中的男性、献血者、孕妇、囚犯，以及从事性服务的人员（包括在妓院工作的间接性工作者）。1990 年时，监测体系扩展到所有 73 个省，但政府仍然没有进行公众教育。

国家高危群体哨点监测系统的实施和监测结果的公布，使人们认识到艾滋病的存在，从而发生了一场必要的社会行为规范的变革。艾滋病病毒已广泛存在的研究结果，使人们理性地认识到，艾滋病是一种对全民造成威胁的传染病。非政府组织公布的调查结果，引出了一项更广泛的防治艾滋病政策。然而，有许多妨碍政策实施的因素，如担心强制上报 HIV/AIDS 患者的信息，会限制旅游业的发展。

（三）高层领导把预防和控制艾滋病放在全国工作的首位

虽然这个难题越来越棘手，但艾滋病预防和控制一直到 1991 年 1 月才被列为全国的首要问题，开始强调改进政策，以鼓励更安全的行为。此时，正值过渡政府总理阿南·班雅拉春（Anand Panyarachun）在位时期（1991～1992）。

泰国防治艾滋病是出于解决社会难题的政治责任，比如性行为和商业性性行为等。政府，特别是阿南·班雅拉春总理，保证了预防 HIV/AIDS 的优先权，即把重点放在减少高危行为上。具体的做法是：①内阁制定了防治艾滋病政策。总理出任多部门协作的全国艾滋病预防和控制委员会主席，卫生部长为副主席，使之成为高度政治承诺的标志，并与非政府组织（NGO）及其他组织进行协商。②借助于内阁大臣 Mechai Viravaidya 的高度政治支持，开展了信息公开活动。这位内阁大臣是全国知名的政治人物，在计划生育方面具有丰富的经验，并与非政府组织有密切的联系。③全力推广 100% 使用安全套项目，鼓励卫生部门和执法部门的官员共同推动。④废止强制性政策，如命令上报 HIV 携带者的姓名和地址的强制性政策。

（四）公众信息运动，使得公众充分认识艾滋病

Mechai Viravaidya 组织了许多公开信息活动，如要求电台、电视台设立为时半分钟的艾滋病知识宣传教育板块，强调重视预防、转变行为和使用安全套，树立艾滋病不只是一个健康问题，更是一个社会问题的理念。他要求所有电台和电视台，每小时都插播这些公告。教

育部在学生中开展了同样的教育，以提高他们的防范意识。私营业主于 1993 年成立了泰国对抗艾滋病企业联合会，以促进工作场所 HIV/AIDS 的教育和预防，使私营业主与政府的合作达到高潮。这些信息的公布为预防艾滋病打下了坚实的基础，而活动的其他步骤都是在预防工作的基础上展开的；同时，对大多数政府官员都进行了关于 HIV/AIDS 知识方面的短期培训。

（五）预防的核心——100%使用安全套项目

1989 年，叻武里省通过地方政府、卫生部官员与提供性服务的公司老板、性工作者的合作，实施了后来称为 100% 使用安全套的项目。这个项目要求本省所有性场所和性工作者，在性行为中必须使用安全套。项目实施后不久，性传播疾病感染率显著减少。1991 年末其他省也决定实施类似的项目，产生了同样的效果。同时，坤敬大学医学院全体教员和泰国红十字会在坤敬、曼谷和芭提雅进行了类似项目的推广。

鉴于这些努力产生了很显著的效果，泰国政府决定采取进一步行动，使它的效果达到更高的水平。1992 年，在全国推广了 100% 使用安全套项目，以促进在性交易中全面使用安全套。卖淫仍然是非法的，但当局不是试图压制商业性的性活动，而是采用鼓励使用安全套这种重实效方法。有关机构对性工作者进行每周一次或每两周一次的检查，对检查出的性病患者进行治疗，并免费提供安全套。

这个项目要求公共卫生官员、妓院所有者、地方警官和性工作者开展合作。这种广泛的实施，保证了不会因为存在不强制使用安全套的性场所，而使那些强制使用安全套的性场所失去生意。泰国建立了不漏死角的性传染病治疗所的网络分布图以及可提供公共卫生服务的性场所的列表，特别是形成了通过跟踪性传染病人回到他们感染上病的妓院进行监测的机制。

（六）政府开支增加

1991 ~ 1997 年，泰国政府加大了对艾滋病预防和控制的投入。1989 年泰国政府和捐款人在艾滋病上的花费为 68 万美元，这些经费几乎主要由世界卫生组织提供。1991 年上升到 1010 万美元，经费主要由泰国政府提供。1997 年，预防和控制艾滋病的总预算达到 8200 万美元，其中 96% 由政府提供。

必须指出，私有企业和民间团体在这方面也发挥了重要作用。例如 1991 年，私有企业和民间团体的贡献是 8000 万美元。

二、影响分析

各级政府、地方社区和从事高风险行为的人群应对这次危机所采取的方式，导致人们对性服务需求量的下降，以及妓院中接受性服务时使用安全套的显著增加，进而减少了性传播疾病的感染，最终使 HIV 新病毒感染减退。男人与提供性服务者交往的比例也在减少。1990 ~ 1993 年，男人婚前和婚外发生性行为的比例从 28% 下降到 15%，对性服务的需求从 22% 降到 10%。21 岁被征入伍者的 HIV 感染率从 1993 年的 4.00% 平稳下降到 1999 年的 1.56%。泰国北部的这种下降更加明显，从 12% 下降到不足 2%。男人中性传播疾病的人数也在剧烈下降（图 7-4）。

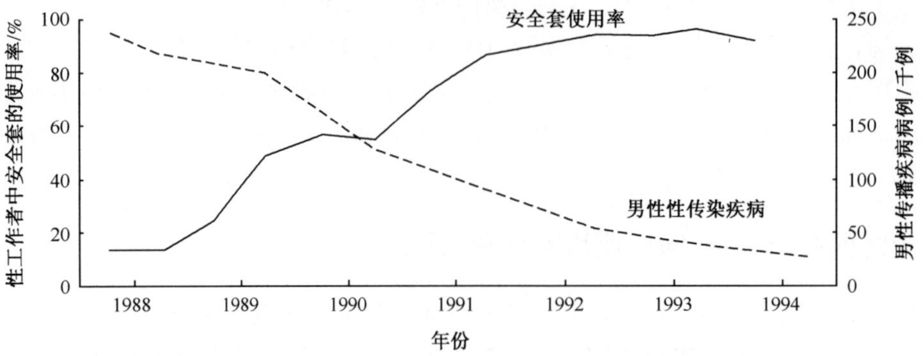

图 7-4 1988 ~ 1994 年安全套使用率的增加和性传播疾病病例的下降

安全套使用率升高（图 7-4）。妓院中安全套的使用率从 1988 年的 14% 上升到 1992 年的 90% 多。并一直保持着这种高使用率。1997 年，对 24 个省 2000 名性服务者的调查表明，与偶然性顾客发生性关系安全套的使用率为 97%，与常客的使用率为 93%。1990 ~ 1993 年，商业性性行为中始终使用安全套的比例从 36% 上升到 71%。

2003 年，新传病例减少到 1.7 万例，远远低于 1991 年的约 20 万例。

三、推动因素

泰国及本区域内的其他国家，试验和采用各种新方法，共同致力于减轻传染病的冲击。这一进程主要有以下几个推动因素。

（一）承诺和政治经济活动引导转变

在防治艾滋病的问题上，政府不会轻易承诺政治责任主要有两方面的原因：①艾滋病病毒携带者是无症状的，当艾滋病开始迅速传播时，政策的制定者是观察不到的。②艾滋病主要在毒品注射者和性工作者这些高危人群中传播。所以，在 HIV 的监控上提升政府的政治责任非常重要。泰国通过行为学研究和高危行为监测，揭示出泰国存在艾滋病传染的事实、HIV/AIDS 具有易传染性（由于行为造成），以及预防应以高风险行为群体为主的合理性。政府由此作出了政治承诺，并推出了在商业性性行为中 100% 使用安全套的预防举措。不幸的是，有些国家只监测孕妇这样一个低风险群体的 HIV 病毒，并以监测结果为依据否认这种传染病的存在。在这种国家，政策变化很可能不是为了解决问题，而是为了提高政治信任度。

各部门（卫生、教育、运输）与民众开展交流，是建立政治理解和信任的一个很重要的方法，并可以使 HIV/AIDS 预防项目得到更多公众的支持。只有既知道人们在想什么，又明白他们为什么会那样想，才有可能使交流达到加强政治信任、提高防范意识、改变行为方式的目标，所以，让公众重视 HIV/AIDS 问题并产生共鸣是至关重要的。

制度框架也很重要，因为它可以为政策的更易于实施提供一个大环境。最近，中国政府对联合国大会关于 HIV/AIDS 的特别会议作出了积极反应。他们准备改进法律和章程，发动提高公众意识的运动，保护 HIV/AIDS 携带者的权利，增强在 HIV/AIDS 问题上的合作，为低收入的 HIV/AIDS 患者提供免费的抗病毒药品。这表明中国政府在预防和控制 HIV/AIDS

方面取得了了不起的进步。但是，若要控制住其流行性，需要做的就更多了。

（二）制度创新

多部门合作对抗 HIV/AIDS 病毒的方法的重要性上升到了国际高度。泰国和柬埔寨均表示，合作应先从几个重要部门介入——卫生部、妓院所有者、警察和省行政部门。商业性的性行为确实是传染的主要途径之一，但如果警察抓捕影响公共健康的性工作者，在商业性性行为中就难以推广使用安全套。泰国和柬埔寨表示，多部门的合作成果将会在各个省市中显现出来。

发展中国家的非政府组织都太小，能力有限，而且没有进行复杂干预的经验，所以，更需要重视政府的作用。

然而，如果各部门没有达成统一意见，就不能很好地开展多部门合作。20 世纪 90 年代中期，HIV/AIDS 在印度尼西亚传播过程中，由于卫生部缺少与其他部门的协调，削弱了预防 HIV/AIDS 项目的效率。

为了与民间组织开展合作，印度尼西亚政府必须进行改革。印度尼西亚正在加强制度创新，但这些尝试对艾滋病的早期反应产生了消极影响。但愿其能通过变革后的行动，使人们对即将出现的传染病产生足够的反应。

泰国的非政府组织在预防艾滋病活动中起了很大作用。对于中国这样人口众多的大国来说，学会怎么促进和利用好这些合作关系，是很重要的。

应当鼓励卫生系统的创新和能力建设。艾滋病已经使亚洲几个国家的卫生保障系统承受了太大的负荷，这些问题不久将成为主要的问题。

应对这么大范围的传染病所需的资金也是一个难题。在财力不足的地区，必须改革医疗保健的服务方式。泰国正在改革健康保险和筹资方式，其结果将有利于提高 HIV/AIDS 的控制力度。通过“30 泰铢方案”的引入，增加了社会上得到免费健康保险的群体的范围，政府最近又在国民预算中大大增加了卫生保健费用所占的份额。改革的焦点是使公共财政转移支付在各个省的分配更为公平，各省、自治区的预算和决策分开，执行要基于预算，在有关健康方面的决策应让民众介入。

（三）学习和经验

艾滋病正在世界范围内传染。为了解决这个问题，一些国家做过随机控制试验后的干预，但从来没有在所在国的试验。现在，泰国和柬埔寨在国际和当地研究协会的帮助下，正在开展试点工作，然后再推向全国。

泰国的 100% 使用安全套项目是先在一个省进行试验，然后在全国推广。母子阻断项目也是先试点再进行全国推广的。2001 年启动的治疗项目也是先治疗 1 万人，然后计划每年增加 5 万名艾滋病患者，慢慢地滚动进行的。另外，泰国积极参与测量 HIV 影响的国际研究，参加了第一次大型的 HIV/AIDS 疫苗试验。

柬埔寨根据本国特点，在全国推行了符合当地情况的 100% 使用安全套项目（没有泰国的那种严密的性病诊所系统）和以家庭为基础的关怀项目。

项目试验结果的评价主要涉及政治和技术可行性两个方面，虽然做的更多的是费用和作用的评估，但政治上的可行性更能加强政治信任。

(四) 外部因素

区域一体化，会加速 HIV/AIDS 的传播。虽然 HIV 病毒与移民、人口流动的联系很复杂，但对世界许多地方的观察表明，它们之间的相关性显而易见。最显著的因素就是出国务工回来的人和国际旅客。据报道，菲律宾艾滋病病毒携带者的 28% 是从国外务工回来的人。拐卖妇女和贩卖毒品的区域性网络的影响也很大。这些区域性因素是引发 HIV/AIDS 流行的高风险行为的重要条件。减轻外部催化剂风险的项目，比如迁移，应该关注移民的所有阶段，用区域性的方法解决，并将这种方法推广到国外。

在发展中国家对抗艾滋病的行动中，国际资助起着并将继续发挥重要作用。流行病控制中心对泰国监控组的流行病学训练起到了关键性作用。另外，世界银行疾病控制和健康发展项目为泰国 HIV/AIDS、皮肤学和性传播疾病中心提供资助，这个项目也资助非政府组织对抗 HIV/AIDS 的能力建设。该项目还资助柬埔寨决策者（包括省级官员）和泰国、南非、肯尼亚项目之间的大量交流。

更广泛地获得治疗（包括抗逆转病毒疗法和保健）的全球运动正在迅速推开，这将对治疗行动产生强大的外部激励。这些活动是通过得到公平治疗和降低相关药品价格的要求，通过社区和社会活动家的呼吁，通过预防、积极治疗、关爱死亡的举措进展而逐步推进的。

(五) 得到的教训

从各国经历的流行病得到的重要提示是：惰性的可能比活跃的成本更高。最近的一份报告《艾滋病的长期经济成本：南非的理论和实践》指出，以 GDP 衡量 AIDS 宏观经济成本的许多研究，没有对人类技能可能造成的损失给予足够的重视。这份报告认为，几种因素的共同作用，可能造成毁灭性的后果。

首先，艾滋病毁坏人力资本。成人感染这种性传播疾病后，慢慢变得虚弱，不能工作。最终英年早逝，破坏了经过多年教育和培训形成的人力资本。其次，艾滋病减弱和毁坏了形成人力资本的机制。在家庭中，孩子抚养的好坏主要取决于父母，如果父母中有一个或两个去世，而孩子还在这个家庭中成长，那么两代间知识的传输和孩子潜在能力的开发都将被减弱。收入的减少很有可能使得孩子的学习时间减少甚至辍学。孩子有可能感染 HIV 病毒的可能性使得投资学习变得不再重要，即使他的父母并没有感染。随着时间推移，这种疾病有可能导致经济崩溃。

巴布亚新几内亚近期的一项研究表明了这种经济影响。2002 年，该国的财政赤字超出国内生产总值的 5%。最近 5 年，国家债务与国内生产总值的比率迅速增长，2002 年为国内生产总值的 74%。预算制度的完整性和保证公共开支透明的机制都严重恶化。财政恶化造成的公共开支减少，将导致基础设施和公共服务的恶化，进而对防治艾滋病产生不利影响，同时流行性疾病会反作用于经济。委托澳大利亚国际开发署做的关于巴布亚新几内亚流行性疾病对经济影响的报告指出，HIV 会扩大贫困，减少劳动力，增加预算赤字。

不仅仅是巴布亚新几内亚，HIV 对导致贫穷将产生深远意义。这个报告认为，千禧年目标（15 ~ 24 岁人群的感染率到 2010 年减少到 25%）变得至关重要。联合国开发计划署声明，如果这个目标不能成功地实现，会影响其他目标的实现。正如上述例子所说，HIV 病毒夺走了养家糊口的父母的生命，留下一个负债累累的家庭。例如，泰国农户的产量和收入，受艾滋病的影响下降到52% ~67%。这样关键的论点是抗击HIV病毒的基础。

为了减少HIV造成的经济和社会费用，继续减缓贫困，我们必须从深陷在与HIV作斗争的国家中吸取教训。

1）政治承诺必须要把资源配置到社会难题中，譬如性行为和商业化的性工作。这包括综合的监视系统，由此可以发现疾病的主要来源，可以监测公共卫生干预是否正在改变流行病的方式；这也包括强有力的交流宣传活动，重点传播预防信息。

2）应当鼓励政府卫生系统、社会服务和其他部门进行制度创新。特别是针对社会边缘人群的预防，推广地方的多部门合作项目和开展全国范围内的对话与交流，是很恰当和很必要的。

3）建立在试点测试和评估之上的系统学习和试验，将有利于全国范围的规划。这包括为高危人群及性工作者实施一个强大的预防项目，并减轻对注射毒品者的伤害。

4）做好外部因素的协调，包括国际捐赠的管理与利用。政府、捐赠者、私营部门、社会团体及其他伙伴必须团结一致，使系统的力量得到充分整合，并倾全力开展有效的干预。

东亚地区应用这些经验的方式，将决定流行病的走势并影响亚裔社会的经济发展前景。世界银行东亚及太平洋地区副行长孔杰忠（Jemal-ud-din Kassum）说："政治领袖和公众必须认识到HIV/AIDS影响的不仅是感染病毒的人而是整个社会，国家必须迅速行动起来，阻止高危人群病毒感染的增长，提高能力和认识，确保卫生系统的组织和装备是得当的。焦点最终集中到制止HIV/AIDS的扩散和高效安置感染病毒的人。"

案例7　土耳其1997年义务教育项目的迅速普及

一、土耳其义务教育项目描述

（一）概述

土耳其1997年确立的8年基础教育项目的主要目标是，给予所有孩子到学校学习的机会，吸引他们上学，并鼓励他们至少在学校完成8年学习。该项目特别以入学难度最大的35%的学生完成8年义务制教育为目标。为了避免吓跑不愿入学的学生，对于没有按时参加学习的孩子，该项目不对其家庭进行制裁。

这个项目是在政府力图改善穷人发展条件的战略背景下孕育而出的。政府支持该项目，并将其作为减少经济发展不平衡和社会不平等，提升社会凝聚力的手段。由于经济原因，农村地区和都市贫民窟的一些学龄儿童没有上学，而且女孩注册人数比男孩低得多。政府政策分析机构（DPT 1995 VIIth Plan）断定：乡村孩子在人口统计分组中处于最不利的地位，尤以女孩为甚。在土耳其，女孩难以入学的原因是多方面的。在比较封闭和宗族关系盛行的乡村地区，压制女性的现象时有发生，为安全起见，或从道德角度出发，女孩被剥夺了受教育的权利。此外，乡村地区已习惯于5年制义务教育，也是原因之一。不幸的是，女孩在初中低年级时进入青春期，那些入学晚或重读一年或几年的女孩更是如此。在女孩结婚预期与生殖年龄开始相联系的地区，学校教育被视为一种危险。

基本教育法要求，从1998年起，所有完成5年级学习的儿童将继续学习至8年级。目前报名参加1 ~5年级学习的所有孩子，以及所有即将求学的孩子，要完成8年级的学业。

该法没有规定已经离校的孩子重新返校，而是希望他们能够返校。政府引入一个公开的基础教育项目，通过远程教育手段，为超过15岁而错过基础教育年龄的年轻人，提供核心的基础教育。

将义务教育从5年延至8年，并减轻现有学校的拥挤现象，需要大规模地扩大学校的容量，尤其是6~8年级的容量。据土耳其教育部估计，尚有14.2%（总计150万）的学龄儿童尚未入学。其中，城市主要是受教室紧缺、师资紧张的限制，农村几乎没有校舍的问题，主要是受家庭贫困的制约。虽然农村学校教学质量较差，但父母不希望自己的孩子尤其是女孩子到村外上学。一些农村学校的部分年级没有老师，特别是位于边远地区、教学和生活条件较差的农村学校，教师频繁更换。东部和东南部因治安不好，一些学校被关闭了，但大多数学校在治安恢复后都重新开学了。农村学校缺乏6~8年级教育的供给能力，而家长又缺乏将孩子送到外面上学的负担能力。

为解决教室紧缺问题，教育部提议新建1900所基础教育学校，在现有学校中增加15 300个教室。学校设计应考虑接纳残疾儿童的问题。

该项目的目标是：通过改善农村学校的教学条件和激励在农村教学的教师夫妇，明显提高农村基础教学的质量；通过给贫困家庭学生提供免费校餐、校服和教科书等激励，扩大农村对基础教育的需求。

通过该项目的实施，乡村教师的住房条件普遍提高，在贫困地区工作的教师的工资也增加了，农村学校有了吸引和保留高质量教师的基础。教育部还打算逐步建立各专业教师的交互式体系，减少农村教师专业上的孤立感。为了帮助贫困家庭克服障碍，教育部给低收入地区的学生提供了专项资助，包括免费的制服和教科书，此外，还把重视特殊教育落到了实处。

（二）项目的起源和目标

1923年土耳其共和国建立不久，政府就制定了第一部教育法，这部法律规定，原来的公立学校、教会学校、私立学校和外资小学全部国有化，隶属于教育部，并引入民族课程。直到今天，所有学校仍归教育部管理。

土耳其建国之初就实行五年初等义务教育，接下来的三年为初级中学教育。1961年，这3年也被列为义务教育。1972~1973年，小学五年级的注册率为89.6%，三年制初级中学的注册率为34.3%。1973年，国内教育基准法（第1739号法令）重新定义基础教育包含8年。然而不幸的是，由于缺少教学设备和教师等原因，政府没能强制执行义务教育。1983年，该法律的补充条文规定：如果基础设施到位，需要强制注册。

1996年，五年小学教育注册率达到96.68%，初级中等教育注册率为64.73%。正是在这样的背景下，政府颁布了1997年基本教育计划及法律。

（三）基础教育项目的目标

普及基础教育项目的目标是，为所有儿童提供连续8年的学习机会。有关证据表明，连续上学与家庭收入密切相关。高收入家庭有能力为子女求学提供时间和资金支持。即使不收取学费，贫困家庭在子女求学方面仍面临诸多经济障碍。国家计划委员会的分析表明，最底层35%的人群，是最难推进基础教育的人群，他们主要居住在贫困村庄和大城市较贫困的郊区。在某些省份，性别也是主要原因之一。

8 年初等义务教育的目标是，使土耳其人普遍达到义务教育水平，使小学成为社会学习中心。

提升小学教育的物质基础设施质量水平。包括：①建新学校且提供所需设施。②对陈旧校舍进行翻新。③在新老学校中增加教室数量。④在所有学校中增加活动室和公共区域的容纳能力。⑤增加住宿学校的设施容量。⑥解决校舍仪器工具短缺问题。

基础教育项目以 1997 年颁布的 8 年义务教育法为支柱。该法有一项重要规定，即设立一项临时性的专项税收，以解扩大学校的资金所需。这项新的税收政策共筹集 20 亿美元的税金来支持新学校建设、新教师雇佣以及新教学物资的购买。

为鼓励学生完成 6、7、8 年级的学业，废止了为完成 5 年级学业的学生颁发小学毕业证的制度，政府现在颁发的是基础教育完成证书。这么做的意义在于，在土耳其，学生和家庭都认为小学证书对未来就业是很关键的。

二、执行中的挑战

（一）项目设计问题

1. 关于新法律的争论

项目实施中面临的主要问题是围绕法律的争论。首先，这部法律很难使公众理解，因为它的规定和表述不像典型法律那样严谨、清晰。事实上，这部新法律是对原有法律的一系列补充和修正，公众很难弄清其中的缘由。其次，这部立法是政府部门的一个小团体制定的，没有经过公众磋商，这不是土耳其的一般做法。有媒体说，一些议员为了能在法律保护伞下继续自己的政治生涯，在此次立法中玩弄了两面派权术。这部法律得到批准后，教育部并没有进行宣传。因此，对该法的质疑甚至反对甚多，而部长和总理却没有察觉。这个问题对该法律产生了消极影响。经常在民意信赖调查中获得高分的教育部，这次遭遇了白眼。

在制定该法之前，初级中学（6 ~ 8 年级）的教学内容及供 5 年级学生选修的有关宗教导向的课程（大约有 3.8 万名学生选修），有不同程度的差异。问题在于，一些官僚主义者利用新的立法，废除了经教育部批准、由宗教与事务中心运作、完成 5 年学习的学生可选修的课程；规定所有学生都增加 3 年正规学习。很多宗教领袖不赞同这种变化，因为这种变化意味着在家庭以外，孩子们在 14 岁前得不到宗教教育。很多家长抱怨，他们的子女只能通过未经教育部批准开设的课程，得到宗教教育。

其实，这部法律并非仅仅针对宗教选修课，而是 8 年义务教育的后 3 年停止所有职业技能课程和学徒计划，使中学教学计划规范化、教育内容标准化，消除一切个人、地区和产业上的需求。但贫困家庭感到不安，因为他们希望子女完成义务教育后马上就业。

这部法律将学徒的年龄限制从 12 岁改为 15 岁。教育部门与产业部门协作的双重训练本来可以顺利进行，但经过几年的准备后却失败了。这对中小企业发展施加了负面影响。中小企业为了维持经营，一直在开展学徒培训活动。他们认为，尽管 8 年义务教育的第二个阶段可以使学生获得更高层次的中级教育，但学生得到的是一些没有用的知识。鉴于每个行业特定的技能要求，通过编制适宜的方案，提供基本技能和职业培训，为学生今后在工厂接受继续教育铺好路，应是学校教育履行的法律职责。教育部的这种做法实际上阻断了中小企业的发展之路。

这些争论削弱了民众对政府的支持，以致2002年10月参加联合政府的各个政党在选举中失利。

2. 教学内容设置

课程设置基于新法。所谓标准的8年初等教育课程，就是把原来的5年小学教育课程与新的初级中学课程连接起来，加上从4年级开始开设外语课程（没有足够的外语教师），以及取消所有职业和宗教选修课。这部法在推出过程中没有进入民主程序的主要原因是，教育部希望在支持这项工作的联合政府的执政期间实施该项目。

鉴于传统的选择—淘汰的评估方法在学生中导致了不健康的竞争，使很多学生留下了失败的印记，进而对社会经济底层的孩子造成负面影响。在新法中，学校的功能被定义为，根据不同学生的能力，帮助他们获得必要的基础知识；取消了纪律的惩罚，代之以个人心理咨询服务，考试不及格也几乎被取消。这些积极的方法要求对课程设置、教学方法、教师培训有完整的评估，而且达到良性结果确实需要一段时间。目前出现了关于教师教学能力下降、教师价值丧失的强烈批评。

3. 8年制初级教育学校（PES）

新的8年义务制教育法在1997年就通过了，但教育部提出的两个教育阶段分开管理的实施计划却未被认同。国家计划机构认为没有足够的资金来支持这种做法，并要求将两个教育阶段的管理整合起来，以便在一个地区内统筹安排所有可支配的教学楼。

（1）学前班

在小学设置为期一年的学前班始于1973年，目前扩大到招收5岁儿童，其目的是为儿童将来的小学教育打好基础。土耳其已经意识到学前教育的重要性，但是学前教育的普及率仅为17%。其主要原因有：①学前教育尚未拓展到处于不利地位的村庄、居住点。②缺乏教室和专业教师。

（2）两年级轮班上课

2000~2001学年，在36 063所学校中有22%的学校申请两年级轮班上课，其中城市学校申请率为45%，农村学校申请率为13%。1999~2010年教育发展总体规划的目标是，增加12.15万间教室，2003年将轮班上课削减一半，2010年全部消除，班级规模由1996~1997学年的38.4人减至2002~2003学年的30.0人。然而，希望超龄儿童入学的政策使学生增加10%，农村小学合并的新政策使学校总数减少了35%，而新建校舍规格的提高又妨碍了增加教室目标的实现，上述因素合在一起，使轮班授课由原来的16%增加到22%。2003年，有8 532所学校轮班授课，其中城市4 410所，农村4 122所。

4. 学生并校

1997~2003年，在人口稀少、分散的地区，每年有6.4万名学生被合并到邻村学校。1997~1998学年合并规模最大，并引起了教育制度的转变。目前，每天都有6.4万名学生需要乘车至少2.5km往返于家庭与学校之间。

学校被关闭的村庄认为，村庄不再有任何开展教育、文化活动的公共机构，不再有针对农村儿童、青年、成人的文化教育、计划，不再有教师这样一种光荣的职业，不再有家长与子女学校的相互往来；关闭的学校若继续维护需要很多钱，若闲置不管则会浪费很多钱。

农村的一些精英成为公交司机或公交公司老板，省政府为了赢得家长对合并教育的信任，对此表示认可。

家长对于女儿常年无家长陪伴而往返于家庭和学校之间深感忧虑。其结果是，在2001～2002学年，即合并教育的高峰，参加并校的女生比例为39%；第二年并校学生增加了60%，但女生比例下降到36%。这意味着一些家长仍然认为，女孩学会读写就足够了，应该让接近青春期的女孩呆在家里。

5. 寄宿学校

上学路途太远的学生可以住在免费寄宿的初等教育学校（YIBO）里，这些学校只接纳本地区的学生。家庭贫困的学生还可以获得免费伙食和生活照料。在较大的聚居地，还有提供住房补助的小学教育学校。这两种学校每年接受14万名寄宿生。1997年，这两种寄宿学校共有153所，2003达到561所。

6. 教室和校舍建设

有关教室和学校建筑物的总体规划，是根据人口普查和学生注册情况确定的。所有省级官员很关心这项计划，并付出很大的心血和努力。建校规划在城市规划中有所体现，农村地区则鼓励发展寄宿学校和合并学校。这项规划正在平稳地实施着。

7. 教师要求

国家教育部负责教师招聘，基于学生人数的预测，新招聘了7万名教师。2003年，城市共有264 953名教师，农村有教师125 322名。教师除了必须大学毕业外，还要通过理论与实践的考核。但很多大学毕业的教师候选人，只能得到为期很短的师范教育和培训。他们分到学校时几乎没有教学方法的准备，其中很多教师只得到临时许可证，尚需在假期继续完成培训。大学开设了大量的夏季课程，以满足教师培训的需求。

8. 资金要求

基础教育法自1997年通过后就开始正式实施了，为了加速实施，国家教育部寻找到了30亿美元的世界银行贷款。但实施该计划的资金主要来自特种用途税的税收，此外还有来自其他专项用途的额外税收、社会团结基金等。国家教育部希望来自特种用途税的税收，可以满足中期资金的需求。事实上，在受亚洲金融危机冲击前的几年里，用于教育的这些税收，提高了教育可持续性。

（二）政治氛围和政治内容

1. 教育改革的准备

在土耳其，消除文盲，增加获得基础教育证书的学生数量，是所有政府的目标。20世纪90年代中期，关注的重点是，利用什么样的机制使义务教育涵盖未受普及的人群。

如前所述，土耳其的政策改革由立法部门控制。为了支持发展和采取更有效的立法，教育部和国家计划部门着手准备了15年教育总体规划。需要指出的是，与国家计划部门的观点保持一致，是这项计划能在政权转变中保持长久生命力的秘诀。

总体规划以一系列3年分步计划为基础，它通过数学模型计算出所有定性因素的影响和定量因素的变化，如所有年级学生的注册预期。借助于这个技术性的计划，对新立法的性质、政策、人力资源和财政需求等加以说明，使国会的立法者相信，可以全面普及8年义务制教育，新立法的目标是可以实现的。

2. 项目的政治气候

在20世纪90年代，高通货膨胀、生活水平下降、收入分配恶化和极度贫困人口，都是土耳其政府必须关注的危机。由于对政府不保护穷人权利的抱怨越来越多，政府也曾实施了一些减缓贫困的措施，但这些措施是笨拙的，是对公共资源的浪费。此外，教育部门的研究表明，义务教育政策的执行严重滞后。另外，在土耳其中南部和东部地区，受外国支持的恐怖主义势力的影响，很多学生不能完成义务教育的学习。恐怖主义被控制住以后，应该加速推进教育，以弥补以前教育的不足。1996年，土耳其终于加入欧盟关税协定，由于只有5年义务制教育不能以完全成员资格加入欧盟的谈判，所以教育总体规划开始考虑借鉴其他国家的实践经验。舆论认为，政府的首要目标是扩大就业，其次就应该是教育。

3. 政局不稳定性

在进行此项改革的前10年，土耳其由不稳定的、短期的临时联合政府领导，所以这项改革从立法动议到通过，经历了3届联合政府、1次政变和1次国内选举。在这段民主与独裁斗争的时期，官僚有足够的时间来形成法律，并根据政治变化和自己的意愿加以实施。

（三）义务教育计划的目标与国家减缓贫困战略的一致性

8年义务制教育项目，是以缩小经济差异和社会不公正为切入点，提高社会凝聚力的一种手段，所以政府支持这个项目。此外，政府还推出了“医疗绿卡”项目，以帮助没加入社会保险的贫困人口支付医疗费用。

1. 规模的改变

新项目的实施是以大量的试点和试验项目为基础的。政府已经开始的试验有：学校拨款制度和全面质量管理的改善；让学校自己决定选修课、修订课程设置，安排为时一年的学前教育；通过中央部门管理权的下放和对学校行政管理的赋权，使智力开发方式更灵活、学校氛围更民主和教育政策更开放。在8年义务制教育的规模扩张中，计算机辅助教育、学前教育和硬件设施得到了明显的改善。但这些改进主要体现在建筑物、设备和设施上，而不是教育组织方式的实质性创新。

由于高度集权的官僚体制，政府为推进改革采用了强有力的手段。国家计划委员会已经认识到改革对于应对国家突发事件的重要性，也希望尽可能广泛和快速地将改革进行下去，而不是采取有可能导致“项目”出现偏差的渐进性模式。

2. 参加的机构

国家计划委员会参与了“8年义务制教育”总体规划的编制。由于该规划体现了教育系统中的各种利益，包括数以万计的教师，所以整个教育体系都在积极参与。教育部长与在任总理（他已被指定为下一任总理）关系密切，总理将该项目作为自己的事来做，所以获得了整个内阁的支持。

这个项目的严重不足在于，没有征求教师、管理人员、学生和学生家长、当地社区对学校进行重组和改进的意见。

3. 其他参与者

其他组织和机构的参与，既有接受政府邀请的，也有自己主动加入的。例如，地方行政官员在支持项目方面起了很大的作用，省地级行政部门与村长一起规劝农村家庭送适龄儿童上学。当地政府通过与镇长或村长磋商，也参与到学校位置的规划中。教育部召集了动员和协调讨论会，以鼓励地方行政官员更多地参与，包括以省地级的名义对工作突出者给予通报表彰。电视与广播网络也自发地参与到项目中来，提供免费的节目，以推动有关普及“8 年义务制教育”的重要性的讨论。媒体还利用自身优势向公众传播国家要员和地方知名人士对这些话题的看法，使普通百姓都了解他们的观点。

非政府组织也很有兴趣。一些新成立的非政府组织积极开展教育创新，推进教育部门进行实质性改革。

私营部门的参与方式是为高项目免费修建学校或提供教学用品。伊斯坦布尔证券交易所为该项目捐赠了数百万美元，而最初并没有减免税收的激励。除了支持基础教育项目外，还致力于提高证券交易所对公众事务的参与性，显示出他们是令人信服的社会合作伙伴。

世界银行在信贷方面发挥了支持和顾问的作用，教育部从中获益。国际货币基金组织也认同该项目，没有对教育方面的费用加以限制。

三、影响分析

到目前为止，政府和私营部门为这项计划开展的活动提供的资金每年超过 30 亿美元，其中政府占 2/3，即 20 亿美元。这些资金用于基础设施项目（如建新校舍、翻新原有校舍、提供更好的教学设备和物资）和经常性费用（主要包括支付教师和其他教工的工资以及招聘和培训额外的教师）。

该计划的基本目标是，通过建造新的校舍和教室，增加学校容量，使生活在收入状况最差的贫困家庭中占学龄儿童 35% 的孩子全部入学。废除基于完成 5 年学业的小学文凭，颁发基于完成 8 年学业的基础教育完成文凭，似乎是增加入学率的最重要因素。

1997 年前的 6 年中 8 年义务教育的总体入学率有所下降，但自计划实施以来，入学人数增加了 150 万，8 年小学教育净入学率由 75.8% 提高到 95.0%；农村地区女孩入学率增幅显著。计划实施的第一年，农村 6 年级女孩的入学率提高了 162.0%，并从那时起保持快速的增长。基础教育项目取得如此瞩目成就，这在任何国家教育的历史上都是不多见的。

目前在基础教育项目体系下实施的其他行动包括以下几方面。

（一）学校建设和修复

1997～2001 年，依靠国家财政和私人捐赠（需要指出的是，未曾预料私营部门对该项目如此重视，贡献如此大），国家教育部建造了 103 983 个用于基础教育的新教室，维修 264 776间教室，为基础教育新增了 300 万名学生的容量。此外，该计划还支持了 300 所大的农村中心村庄学校、1300 所小的农村学校、13 所灾区性的寄宿学校；在大城市周边的低收入地区，资助修建和扩建了 44 所学校。

（二）对低收入家庭学生给予支持

该计划为 36 个省的 79.6 万名贫困学生提供了免费的教科书。为 63.5 万名参加并校的学生、8 万多名寄宿学生以及马尔马拉海地震灾区的 10 万名学生，提供了免费校餐。

（三）教师的招聘和培训

该计划已招聘了 5 万多名教师。此外，每 4 年为在岗的教师、校长、督察员以及地方教育官员进行一次在职培训。

（四）信息传授和技术交流（ICT）

为了增强教师和学生的计算机能力，该项目从4年级开始把ICT整合到基础教育的其他课程中。

虽然从中短期看，这个项目的积极作用尚未在对职工和家庭收支的调查中显示出来，但从长远看，这个项目对个人、家庭和社会经济发展、消除贫困的积极成果会越来越明显。

（五）对原计划的较小调整和根本性的改动

正如前文所指出的，该项目的目标是将那些过去被遗漏的孩子，贫困村庄和大城市周边较贫困的郊区的孩子，都吸纳到这个系统中。与登记的入学率相比，这些地区的入学率与预期并不一样。当收入很低时，以社区的观点看，教育的回报率是值得怀疑的，而且性别的差异也非常显著。

虽然对辍学率的统计是初步的，但就一个省而言，辍学率会在1%～10%变动。女生的辍学率比男生要高10%左右。在3年级，女生的辍学率首次略有增加，到5、6年级，辍学率快速增加。7年级以后，辍学率有所下降，这表明学生们期望拿到毕业证。巴斯肯特（Baskent）大学一个研究小组对学生家长的一项调查表明，男孩上到5年级，家长就不打算让他们继续读了；而女孩在4、5年级前就被家长带回去了，因为5年级后也得不到毕业证，一些家长认为8年的小学教育太长了。尽管到目前为止，计划没有什么变化，但是如何解决辍学问题正在讨论着。

政府官员也讨论合并是否有利，学生和他们的家庭是否更容易接受住宿的做法等问题。

教育部尝试了将小学和中级教育低年级的儿童吸纳到一所学校的方式。由于学校现有的规定并非都适应这种变化，又没有根据实际情况配置行政管理人员或当地管理员，造成学校秩序混乱。由于村庄学校的关闭和合并，教室越来越拥挤了。于是，重新启动一些村庄学校提上了议事议程。

第3406号法律条文实际上并不是关于初级或基础教育改革的条文，而是强制入学的规定，所以需要对现行法律条文进行补充。大体而言，土耳其社会对儿童教育的态度是积极的。在中级教育的低年级阶段（即8年初等教育周期的最后3年），停开了所有职业技术课程（学生—学徒计划）是否适宜也值得讨论。因为开展这样的培训，学生只需花很低的培训费用，就可以得到很多的工作机会。

教育部实施了改革，其中也有一些独裁的策略。尽管在实施过程中出现了很多问题，但既然这个项目已设计出来，就应该继续实施。对该项目提出的小的改动包括：对所有小学的学生免费提供教科书，“100%地支持教育”运动已经开启，其中扣除税捐助教育费用这一举措，将使对教育的捐赠增加了五成。

四、学习和经验

（一）承诺和政治经济的变化

民进党（AKP）作为新的单一政党的政府，在赢得2002年11月的大选后掌握了政权，它承诺将致力于基础教育项目，并在国会上呼吁支持该项目。在赢得广泛支持后，该项目按照原计划得以继续实施。

政府在2004年预算中尤其强调了教育，这是教育预算第一次超过国防预算。除其他公立学校和高等学校预算外，国家教育部预算占GDP的比例将达到3.06%。政府对该项目的承诺，在国会的计划和预算委员会的预算计划中都进行了说明。

随着教育质量和学生成绩的提高，各个年龄组提出教育需求的人会越来越多。提高小居住地和合并中心的教育质量，给予免费的小学教育（YIBO）和有住宿补贴的小学教育（PIO）优先发展的机会。增加YIBO和PIO服务的覆盖地区。在最短时期内，取消两班轮课制。村庄学校的多年级教育应减少到能被大家接受的水平。为那些超过义务教育年龄的人启动开放小学项目。为开发儿童才智、培养儿童体质和心理素质提供指导和咨询服务。对所有学生提供至少学习一门外语的机会，鼓励学习第二外语。在所有开展小学教育的学校里设立工作室。为了缩小教学规模，将课堂人数严格限制在30人以下。

2002年，政府作为积极的合作伙伴，执行了联合国儿童基金会援助的，旨在吸纳那些来自东部安那托利亚贫困省份的女孩入学的项目。2002年又发起了一个实验项目，该项目已经将范围扩大到其他省份，由政府和联合国儿童基金会共同监测。其他非政府组织和更为重要的私营部门，已经开始主动承担旨在提高教育质量的新项目。尽管这些努力仍是小规模的，但政府能够从其中吸取经验，而且可以运用这些经验改进政府的项目。

（二）制度创新

令人惊讶的是，这项革命性的变革中几乎没有制度创新，没有新的规范和责任机制：教育系统仍由中央管理和运行。教育部在保留现有结构的基础上，只进行了小规模的修改。一个组织上的变化是由教育部承担信息和交流技术（ICT）的领导。

这样的领导结构，加强和提升了教育部系统的重要性。教育部在地方的情况是，省级和地区级的主要教育官员，承担了一些附加的职责，但组织和管理几乎没有变化。此外，在安卡拉教育部的一些机构和单位得到了整合，并利用管理信息系统将省级、地区级的许多单位联结起来了。

教育部已经开始向公众提供更多的信息，以消除因项目协商不充分而产生的误会。尽管某些领域提出了重新设计，例如组织重构，法律变化，课程开发，在职培训，分派和转学等程序；由于官僚体制的阻力，这些改革难以实现。同样的原因，将小学和初级中学现有资源的整合纳入教育行政部门。

最后，教育部现有一些引入现代检查和质量监督系统的实验活动。该项目有望在2004年底实施。

（三）学习和实践

实施过程中的教训包括，①关闭农村学校对教育和社会都有负面影响。在2003～2004学年，1200所村庄学校重新开学。②由于缺少有效整合1～5年级项目和6～8年级项目的课程修订计划，导致产出质量大幅下降。因此，2004年将着手开展小学课程的评估。③合并教学实验，突出了社区和不同年龄组对教育的真正需求，并提醒教育家要重视基础教育。这引发出关注分散居住地区小学教育重构和社区需求的一致意见，希望由此确保社区参与和决策。

2003年公共的捐赠水平使政府决定批准将扣除税捐赠给教育。

教育部办公室承担建筑活动，引起了很多问题。学校建设和服务应与教育部分离开，重新由各省负责。

（四）外部因素

即使不是为了促进这个项目的开展，只要有助于土耳其被欧洲社会接纳和完全融合到欧盟中，对土耳其的利益来说就是十分重要的。国际货币基金组织一贯地支持和保护教育预算，事实上，保证至少GDP的4.25%用于教育，会使政府在发展过程中受益。

开展这个项目，另一个起重要作用的外部因素是减少社会不稳定性的要求。恐怖主义的相关风险使人们清楚地意识到，无论是在国内还是国外，自己都将受到排挤。

五、教育部获得的经验

公众热心教育，并且愿意捐献自己的资源。即使没有经济激励，私营部门也愿意为提升教育做贡献是这个项目成功的原因之一。利益相关方和受益者能够快速地表达他们的需求。大力度地实施改革是很有效的，即使没有咨询和协商的过程。然而，实施中的持续改进和产出，需要有让公众参与的后续努力。项目初期的快速成功，有助于公众认同改革。政府的承诺，是这个项目成功的首要因素

六、社会和教育部得到的教训

由于缺少明确的信息和公众讨论的时间，妨碍了项目的改进和持续的扩展。系统中各层次的重组是必要的，但数量上达标策略和成功，并不能说明它在质量上一定成功。教育基础设施的规模与项目不匹配，意味着高成本、失误、丧失信心和试验、试错费用的增加。官僚多于民主的教育体系，导致了成功可能性的减少。

第四节 中国可借鉴的经验

上述7个案例，每个都有自己的目标和反贫困的途径。

非政府组织的两个案例更关注绝对贫困群体，SEWA通过给依赖非正规就业的贫穷妇女赋权，实现她们的就业保障和自力更生；BRAC在其执行项目的过程中，发现常规的小额信贷难以覆盖绝对贫困人口，并一直探索能在其发展项目中覆盖绝对贫困人口的“切入点”，在IGVGD项目中，BRAC利用粮食救济援助吸引绝对贫困人口，并帮助她们解决短期的维持最低营养需求的问题，同时通过技术培训、储蓄与贷款服务来培育她们的发展能力，使她们依靠自己实现持续脱贫。

政府和国际机构合作的3个项目，更注重项目的规模，KDP的目标是把项目覆盖到全国的每个贫困地区，它通过贫困的区域瞄准和社区驱动发展的方式，完成大规模减缓贫困的任务。秘鲁南部高地项目是通过国际机构的援助，社区扶贫战略的创新和一系列项目的配合，实现由供给到需求驱动的服务管理的转变。消除贫困是政府的主要目标，贫困统计的需要变得十分重要。菲律宾的贫困监测体系正在国家和社区层面上开展，采用了收入贫困和人

类贫困的贫困监测方法，所得到的信息成为国家和地方政府编制社会与经济发展计划和扶贫项目的基础。

政府通过政策和行动的转变，将社会发展内容融入到反贫困的整体方案中，泰国的艾滋病解决方案和土耳其8年义务制教育普及项目就是这类案例。

为了从中找到可供中国借鉴的经验，这一节从减缓贫困的途径、案例的主要启示、可以学到的经验这3个方面对7个案例进行提炼。

一、减缓贫困的途径

在7个案例中，减缓贫困的途径涉及：为贫困妇女赋权；将解决短期脱贫的无偿粮食援助与实现持续脱贫的技术培训、金融服务结合起来；利用社区驱动方式，大规模减缓贫困；通过多个项目的配合，实现从供给主导到需求驱动的转变；建立良好的贫困监测系统，为制定政策提供依据；制止 HIV/AIDS 的扩散和高效安置感染病毒者，强制执行基础义务教育项目。

（一）为绝对贫困妇女赋权

SEWA，一个非政府组织，通过把在非正规部门就业的绝对贫困妇女组织起来，采取综合措施，促进贫穷妇女的经济发展、能力提高、基本生活保障和风险规避，使她们通过自力更生摆脱贫困。

妇女的发展是通过提供信贷服务，增加创收机会，建立资产基础而实现；妇女能力的提高是通过识字和学文化，参与妇女运动，成为组织管理者，具有主人翁精神而实现；基本保障是通过最低水平的保健、育儿和住所而实现；风险规避是通过提供存款和保险，应对危机和紧急情况而实现。

（二）将无偿粮食援助与技术培训、金融服务结合起来

IGVGD 项目有三个基础要素，即无偿粮食援助、技术培训和金融服务。为了瞄准绝对贫困人口，并促使她们有能力利用常规小额信贷，IGVGD 项目首先利用无偿粮食援助让她们有参加技能培训的喘息之机，通过培训使她们掌握新的增收机会，通过每月强制性存款0.5美元，使她们养成积累资产的习惯，通过发放贷款培养她们选择投资项目的能力。她们一旦还完了第二轮贷款，便可转成常规的小额信贷成员，成为可以被多数发展项目覆盖的群体。

（三）社区驱动发展的大规模减缓贫困的方式

KDP 力求把项目覆盖到国家最贫困的县区，并利用社区发展规划和管理机制完成大规模减缓贫困的任务。县区内的资金分配，由村长，受尊敬的人士（如宗教领袖、教师等）及参与村庄代表（一男两女）共同决定。具体的途径是：①项目在县区层面提供资金，为规划提供支持。②向社区赋权，将资金、规划和决策，直接交由村民，并帮助村民决定资金如何在基础设施、社会或经济活动上配置。③连续5年每年都对每个县区提供资金。

（四）小额信贷提供创收的机会

在SEWA、IGVGD、KDP项目中，都有为贫困农户提供贷款服务的内容，表现为3种方式：SEWA通过其组织内部的SEWA合作银行提供贷款，SEWA合作银行已经营了34年，服务产品和规模稳步扩大，已成为小额信贷的先锋；IGVIG项目为成员提供两次贷款服务，第一次较小，第二次稍大一些，如果两次投资都获得成功，便成为BRAC常规小额信贷的成员。KDP中有为农户发展生产的小额信贷内容，但以项目形式出现的小额信贷出现了运作问题，表现为还款率低和缺乏可持续性。

（五）从供给主导到需求驱动的转变

20世纪90年代中期，国家主导的推广体系消失了，私营服务提供者由没有介入贫困乡村，这加深了贫困乡村在社会中的边缘化。秘鲁南部高地地区的3个IFAD项目，通过需求驱动对供给主导的替代，有效地解决了这个问题。

这3个项目的成功表明，国家承担的服务供给者的责任，有些并不是必要的。政府的认可和"给受益者决策权"制度的执行，是需求驱动方法得以推广的前提条件。家庭与社区的能力建设是需求驱动发挥作用的必要条件，也是使服务提供者同时得到发展的必要条件。通过决策分权，可以实现社会行使权力和提供服务的模式对政府单一行使权力和提供服务的模式的替代。

（六）建立良好的贫困监测体系

良好的贫困监测体系对于评价和改进减缓贫困具有重要作用，贫困监测的结果可以为政府计划者、决策者和地方领导者提供决策依据，可以作为编制社会和经济发展计划和工程的基础，可以作为评价项目实施情况的基础，可以作为引导扶贫政策的基础。

菲律宾现有贫困监测体系为中央和地方政府提供的基本信息，可以作为它们消除贫困计划、策略和政策的基础。针对它有数据收集频率低、分解层次少的不足，开展了一些旨在消除这些缺陷的活动。例如，通过开展社区层次上的发展监测活动，增强地方政府判断当地贫困的能力。

（七）制止HIV/AIDS扩散和高效安置感染病毒者

泰国在制止HIV/AIDS扩散和高效安置感染病毒者中采取的措施有：①1989年，政府意识到建立全国性高危群体哨点监测系统和对性传播疾病进行充分治疗的重要性。②艾滋病是一种对全民造成威胁的传染病，必须认真应对它可能出现的各种风险。③这个问题得到国家的高度关注，是长期坚持主动采取行动的关键。④艾滋病预防和控制成为全国需要解决的首要问题，强调经济政策以鼓励更安全的行为。⑤大众信息运动，使公众充分认识艾滋病的传播途径和危害。⑥对100%使用安全套项目进行全国性推广，以促进安全套在性交易中普遍使用。卖淫仍然是非法的，但不是试图压制商业性性活动，而是鼓励使用安全套这种重实效的方法。对性工作者进行每周一次或每两周一次的检查，对检查出的性病患者进行治疗并免费提供安全套。⑦政府增加预防和控制艾滋病的预算支出。

（八）政府推行快速普及义务教育

快速普及 8 年义务制教育，是缩小经济差异和社会不公正，提高社会凝聚力的一种手段。所以要给予所有儿童 8 年义务教育学习的机会，特别要给予最难入学的 35% 的学生 8 年义务教育学习的机会。

快速普及 8 年义务制教育尚需解决的问题是，基础教育与宗教教育、技能教育、特殊教育、学前教育相协调。政府部门、非政府组织和两类学校、学生/学生家长的目标相协调。教育传承、教育创新与教育改革相结合；义务教育与免费教育、补贴教育相结合。

二、案例的主要启示

SEWA 的启示是：向绝对贫困妇女赋权是维护她们利益的关键；应从增加就业机会和降低各种风险的制度安排入手改善贫困妇女及家庭的福利；减缓贫困的核心是推进脆弱群体主流化。

IGVGD 的启示是，只有专门瞄准绝对贫困人口，她们的经济窘况才有可能得到改善；发放贷款和引导存款，可以使她们有机会参与市场竞争；而投资能力的培养，可以使她们步入持续脱贫的轨道。

KDP 的启示是，推广参与式规划与融资模式，提高地方管理水平对于减缓贫困具有重要作用。

秘鲁南部高地项目的启示是，基于市场的需求驱动比基于政府的供给更有效，基于市场的反贫困举措会比基于政府的反贫困举措更有效。需求驱动更能调动各方力量，特别是贫困农民力量的积极性，说明政府包揽一切不是必要的选择，更不是唯一的选择。

泰国艾滋病项目的启示是：隐瞒信息要比公开信息更危险，HIV/AIDS 影响的不仅是感染病毒的人而是整个社会；必须把重点放在高危人群病毒感染的监测上，而不应该把重点放在孕妇的监测上。

土耳其快速普及 8 年义务制教育项目的启示是：普及义务教育，最重要的是瞄准最困难的 35% 的儿童，特别是其中的女童；辍学率的最高点不在形成读写能力的 1～4 年级，也不在即将拿到文凭的 7～8 年级，而在有了读写能力，又离拿文凭较长时间的 5～6 年级。普及 8 年义务教育必须从学龄儿童、教师素质、课程设置、教学设施、政策安排五个方面统筹考虑。

三、可以学到的经验

可以学到的经验是，组织创新、制度创新、贫困瞄准、需求驱动、社区发展、聘请当地技术顾问、贫困监测、专项基础教育资金。

（一）组织创新

SEWA 是组织创新的典范，组织创新是 SEWA 持续发展的关键所在。通过不断地建立适合贫困妇女发展的部门，使这个以非正规就业妇女为成员的非政府组织，能不断地满足贫困妇女不断增长的需求。SEWA 的组织创新包括两方面：①组织管理结构的创新，如建立学习型组织，使SEWA的管理和决策更具有灵活性，更好地把握住可能获得的机会，更好地维持机构的生存和发展。②激励结构创新，对一个以减缓贫困为宗旨的非政府组织来说，要通过各种培养，使所有贫困妇女都有机会进入组织的管理层；要通过管理人员之间、管理人员与成员之间平等对话与交流，以及最高薪金的限制，使参加组织的所有成员保持和谐。

（二）制度创新

KDP项目包括6项核心的制度创新：①支持性金融工具的功能配置，使资金的审批和决策深入到最基层，并对社区的规划过程给予更多的支持。②私营部门的高度利用。③农村社区的技能开发和能力建设。④项目资金的配套。⑤非常灵活的分权设计。⑥公开透明和公民参与的项目监测。

（三）贫困瞄准

SEWA的经验是：只有瞄准并千方百计地满足贫困妇女的需要，才能把她们有效地组织起来。

鉴于有高还款率要求和成员负有连带责任的常规小额信贷会把绝对贫困人口排除在小额信贷项目之外的可能性，IGVGD项目先把专门瞄准绝对贫困人口的特殊小额信贷与常规小额信贷项目分离开，再采用参与式调查方式确定可获得无偿粮食援助的家庭，既降低了瞄准成本，又减少了瞄准偏差，是普适性极强的经验和创新。

（四）需求驱动

通过赋权，提高社区直接管理财务、自然资源和社会资源的能力，增强了贫困人口的自尊和发展能力，使处于边缘化的贫困社区更多地融入公民社会和正式经济之中。

通过关注与技术服务相关的客户需求、生产者决策和谈判能力，关注社区、小企业主、优先性、公共资金管理和监督，完成了一些重要的创新。即构建“短链”的市场机制，让中介组织包含在有企业家才干的农民组织的商业计划中，发展非金融技术服务市场，让受益者在可持续的自然资源管理体系中生产，规避激励的竞争，让产品占领中小城市市场。以加强市场替代改善营销，改变农村反贫困的主导方法。

（五）社区发展

KDP提供了许多宝贵的经验，如利用社区驱动发展方式大规模地减缓贫困。该模式的优点是，具有完成大量的投资达到合理的技术质量标准的能力；具有跨越不同的社会经济环境和在制度变迁中，使不同的操作困难得以实施的能力；而且在地方政府和村庄最终用户中受到欢迎。KDP未来需要克服的制约包括：加强提供技术服务机构和地方政府之间的联系，寻找将该项目连接到一个更广泛的制度改革方案中的机会。

（六）聘请当地技术顾问

印度尼西亚政府在扶贫工作中，主要采用聘请当地技术顾问的做法。在国家、省、地市以及县区，大约有4200位印度尼西亚顾问提供技术协助和项目指导。此外，在每个村庄选出一男一女两名协调员。聘请顾问而不是政府职员体现出更大的灵活性，而且可以避免公职人员的膨胀。

（七）贫困监测

菲律宾的贫困监测采用了监测最小基本需要（MBN）变化的综合方法。这种监测可以详细地反映菲律宾家庭的基本需要，包括生存（食物和营养、健康、水、卫生设施和衣服）、安全（保护、和平、秩序、收入和生计）、权利/能力、基础教育和识字率、人们在社区发展中的参与和家庭关怀/心理关怀。一个家庭以它达到的 MBN 程度来衡量它的生活质量。

（八）专项基础教育资金

土耳其的 8 年义务制教育法中一项重要规定，就是设立一项临时性的专项税收，以解决快速普及 8 年义务制教育所需的资金。以解决学校建设，雇佣教师、购买教学物资和为学生提供各种补贴等。这个项目的成功之处是，政府承诺、公众和私营部门热心捐赠和大力度地实施改革。存在的问题是，官僚多于民主、缺乏与公众沟通、只有数量没有质量的达标策略。

附表7-1 世界各国(地区)贫困状况

国家/地区	国家贫困线								国际贫困线				
	调查年份	贫困发生率/%			调查年份	贫困发生率/%			调查年份	贫困发生率/%		贫困深度/%	
		农村	城市	全国		农村	城市	全国		低于1天1美元	低于1天2美元	低于1天1美元	低于1天2美元
阿尔巴尼亚	2002	29.6	19.8	25.4	—	—	—	—	2002[a]	<2.0	11.8	<0.5	2.0
阿尔及利亚	1995	30.3	14.7	22.6	1998	16.6	7.3	12.2	1995[a]	<2.0	15.1	<0.5	3.8
阿根廷	1995	—	28.4	—	1998	—	29.9	—	2001[b]	3.3	14.3	0.5	4.7
亚美尼亚	1998~1999	50.8	58.3	55.1	2001	48.7	51.9	50.9	1998[a]	12.8	49.0	3.3	17.3
阿塞拜疆	1995	—	—	68.1	2001	42.0	55.0	49.0	2001[a]	3.7	9.1	0.6	3.5
孟加拉国	1995~1996	55.2	29.4	51.0	2000	53.0	36.6	49.8	2000[a]	36.0	82.8	8.1	36.3
白俄罗斯	2000	—	—	41.9	—	—	—	—	2000[a]	<2.0	<2.0	<0.5	<0.5
贝　宁	1995	25.2	28.5	26.5	1999	33.0	23.3	29.0	—	—	—	—	—
玻利维亚	1997	77.3	53.8	63.2	1999	81.7	50.6	62.7	1999[a]	14.4	34.3	5.4	14.9
波斯尼亚和黑塞哥维那	2001~2002	19.9	13.8	19.5	—	—	—	—	—	—	—	—	—
博茨瓦纳	—	—	—	—	—	—	—	—	1993[a]	30.7	55.7	12.7	28.5
巴　西	1996	54.0	15.4	23.9	1998	51.4	14.7	22.0	2001[b]	8.2	22.4	2.1	8.8
保加利亚	1997	—	—	36.0	2001	—	—	12.8	2001[a]	4.7	16.2	1.4	5.7
布基纳法索	1994	51.0	10.4	44.5	1998	51.0	16.5	45.3	1998[a]	44.9	81.0	14.4	40.6
布隆迪	1990	36.0	43.0	36.4	—	—	—	—	1998[a]	54.6	87.6	22.7	48.9
柬埔寨	1997	40.1	21.1	36.1	1999	40.1	13.9	35.9	1997[a]	34.1	77.7	9.7	34.5
喀麦隆	1996	59.6	41.4	53.3	2001	49.9	22.1	40.2	2001[a]	17.1	50.6	4.1	19.3
中　非	—	—	—	—	—	—	—	—	1993[a]	66.6	84.0	38.1	58.4
乍　得	1995~1996	67.0	63.0	64.0	—	—	—	—	—	—	—	—	—
智　利	1996	—	—	19.9	1998	—	—	17.0	2000[b]	<2.0	9.6	<0.5	2.5
中　国	1996	7.9	<2.0	6.0	1998	4.6	<2.0	4.6	2001[a]	16.6	46.7	3.9	18.4

续表

国家/地区	国家贫困线								国际贫困线				
	调查年份	贫困发生率/%			调查年份	贫困发生率/%			调查年份	贫困发生率/%		贫困深度/%	
		农村	城市	全国		农村	城市	全国		低于1天1美元	低于1天2美元	低于1天1美元	低于1天2美元
哥伦比亚	1995	79.0	48.0	60.0	1999	79.0	55.0	64.0	1999[b]	8.2	22.6	2.2	8.8
哥斯达黎加	1992	25.5	19.2	22.0	—	—	—	—	2000[b]	2.0	9.5	0.7	3.0
科特迪瓦	—	—	—	—	—	—	—	—	2002[a]	10.8	38.4	1.9	13.6
克罗地亚	—	—	—	—	—	—	—	—	2001[a]	<2.0	<2.0	<0.5	<0.5
捷　克	—	—	—	—	—	—	—	—	1996[b]	<2.0	<2.0	<0.5	<0.5
多米尼加	1992	49.0	19.3	33.9	1998	42.1	20.5	28.6	1998[b]	<2.0	<2.0	<0.5	<0.5
厄瓜多尔	1994	47.0	25.0	35.0	—	—	—	—	1998[b]	17.7	40.8	7.1	17.7
埃　及	1995～1996	23.3	22.5	22.9	1999～2000	—	—	16.7	1999～2000[a]	3.1	43.9	<0.5	11.3
萨尔瓦多	1992	55.7	43.1	48.3	—	—	—	—	2000[b]	31.1	58.0	14.1	29.7
厄立特里亚	1993～1994	—	—	53.0	—	—	—	—	—	—	—	—	—
爱沙尼亚	1995	14.7	6.8	8.9	—	—	—	—	1998[a]	<2.0	5.2	<0.5	0.8
埃塞俄比亚	1995～1996	47.0	33.3	45.5	1999～2000	45.0	37.0	44.2	1999～2000[a]	23.0	77.8	4.8	29.6
冈比亚	1992	—	—	64.0	1998	61.0	48.0	57.6	1992[a]	53.7	84.0	23.3	47.5
格鲁吉亚	1997	9.9	12.1	11.1	—	—	—	—	2001[a]	2.7	15.7	0.9	4.6
加　纳	1992	—	—	50.0	1998～1999	49.9	18.6	39.5	1998～1999[a]	44.8	78.5	17.3	40.8
危地马拉	1989	71.9	33.7	57.9	2000	74.5	27.1	56.2	2000[b]	16.0	37.4	4.6	16.0
几内亚	1994	—	—	40.0	—	—	—	—	—	—	—	—	—
海　地	1987	—	—	65.0	1995	66.0	—	—	—	—	—	—	—
洪都拉斯	1992	46.0	56.0	50.0	1993	51.0	57.0	53.0	1999[b]	20.7	44.0	7.5	20.2
匈牙利	1993	—	—	14.5	1997	—	—	17.3	2002[a]	<2.0	<2.0	<0.5	<0.5

续表

国家/地区	国家贫困线								国际贫困线				
	调查年份	贫困发生率/%			调查年份	贫困发生率/%			调查年份	贫困发生率/%		贫困深度/%	
		农村	城市	全国		农村	城市	全国		低于1天1美元	低于1天2美元	低于1天1美元	低于1天2美元
印　度	1993～1994	37.3	32.4	36.0	1999～2000	30.2	24.7	28.6	1999～2000[a]	35.3	80.6	7.2	34.9
印度尼西亚	1996	—	—	15.7	1999	—	—	27.1	2002[a]	7.5	52.4	0.9	15.7
伊　朗	—	—	—	—	—	—	—	—	1998[a]	<2.0	7.3	<0.5	1.5
牙买加	1995	37.0	18.7	27.5	2000	25.1	12.8	18.7	2000[a]	<2.0	13.3	<0.5	2.7
约　旦	1991	—	—	15.0	1997	—	—	11.7	1997[a]	<2.0	7.4	<0.5	1.4
哈萨克斯坦	1996	39.0	30.0	34.6	—	—	—	—	2003[a]	<2.0	24.9	<0.5	6.3
肯尼亚	1994	47.0	29.0	40.0	1997	53.0	49.0	52.0	1997[a]	22.8	58.3	5.9	23.9
韩　国	—	—	—	—	—	—	—	—	1998[b]	<2.0	<2.0	<0.5	<0.5
吉尔吉斯斯坦	2000	56.4	43.9	52.0	2001	51.0	41.2	47.6	2002[a]	<2.0	24.7	<0.5	5.8
老　挝	1993	48.7	33.1	45.0	1997～1998	41.0	26.9	38.6	1997～1998[a]	26.3	73.2	6.3	29.6
拉脱维亚	—	—	—	—	—	—	—	—	1998[a]	<2.0	8.3	<0.5	2.0
莱索托	—	—	—	—	—	—	—	—	1995[a]	36.4	56.1	19.0	33.1
立陶宛	—	—	—	—	—	—	—	—	2000[a]	<2.0	6.9	<0.5	1.5
马其顿	—	—	—	—	—	—	—	—	1998[a]	<2.0	4.0	<0.5	0.6
马达加斯加	1997	76.0	63.2	73.3	1999	76.7	52.1	71.3	2001[a]	61.0	85.1	27.9	51.8
马拉维	1990～1991	—	—	54.0	1997～1998	66.5	54.9	65.3	1997～1998[a]	41.7	76.1	14.8	38.3
马来西亚	1989	—	—	15.5	—	—	—	—	1997[b]	<2.0	9.3	<0.5	2.0
马　里	1998	75.9	30.1	63.8	—	—	—	—	1994[a]	72.3	90.6	37.4	60.5
毛利塔尼亚	1996	65.5	30.1	50.0	2000	61.2	25.4	46.3	2000[a]	25.9	63.1	7.6	26.8
墨西哥	1988	—	—	10.1	—	—	—	—	2000[a]	9.9	26.3	3.7	10.9
摩尔多瓦	1997	26.7	19.3	23.3	—	—	—	—	2001[a]	21.8	64.1	5.7	25.2

续表

国家/地区	国家贫困线								国际贫困线				
	调查年份	贫困发生率/%			调查年份	贫困发生率/%			调查年份	贫困发生率/%		贫困深度/%	
		农村	城市	全国		农村	城市	全国		低于1天1美元	低于1天2美元	低于1天1美元	低于1天2美元
蒙　古	1995	33.1	38.5	36.3	1998	32.6	39.4	35.6	1998[a]	27.0	74.9	8.1	30.6
摩洛哥	1990～1991	18.0	7.6	13.1	1998～1999	27.2	12.0	19.0	1999[a]	<2.0	14.3	<0.5	3.1
莫桑比克	1996～1997	71.3	62.0	69.4	—	—	—	—	1996[a]	37.9	78.4	12.0	36.8
纳米比亚	—	—	—	—	—	—	—	—	1993[b]	34.9	55.8	14.0	30.4
尼泊尔	1995～1996	44.0	23.0	42.0	—	—	—	—	1995～1996[a]	39.1	80.9	11.0	37.6
尼加拉瓜	1993	76.1	31.9	50.3	1998	68.5	30.5	47.9	2001[a]	45.1	79.9	16.7	41.2
尼日尔	1989～1993	66.0	52.0	63.0	—	—	—	—	1995[a]	60.6	85.8	34.0	54.6
尼日利亚	1985	49.5	31.7	43.0	1992～1993	36.4	30.4	34.1	1997[a]	70.2	90.8	34.9	59.0
巴基斯坦	1993	33.4	17.2	28.6	1998～1999	35.9	24.2	32.6	1998～1999[a]	13.4	65.6	2.4	22.0
巴拿马	1997	64.9	15.3	37.3	—	—	—	—	2000[b]	7.2	17.6	2.3	7.4
巴布亚新几内亚	1996	41.3	16.1	37.5	—	—	—	—	—	—	—	—	—
巴拉圭	1991	28.5	19.7	21.8	—	—	—	—	2002[b]	16.4	33.2	7.4	16.2
秘　鲁	1994	67.0	46.1	53.5	1997	64.7	40.4	49.0	2000[b]	18.1	37.7	9.1	18.5
菲律宾	1994	53.1	28.0	40.6	1997	50.7	21.5	36.8	2000[a]	15.5	47.5	3.0	17.8
波　兰	1993	—	—	23.8	—	—	—	—	2001[a]	<2.0	<2.0	<0.5	<0.5
葡萄牙	—	—	—	—	—	—	—	—	1994[b]	<2.0	<2.0	<0.5	<0.5
罗马尼亚	1994	27.9	20.4	21.5	—	—	—	—	2002[a]	<2.0	14.0	0.5	3.4
俄罗斯	1994	—	—	30.9	—	—	—	—	2002[a]	<2.0	7.5	<0.5	1.3
卢旺达	1993	—	—	51.2	1999～2000	65.7	14.3	60.3	1999～2000[a]	51.7	83.7	20.0	45.5
塞尔加尔	1992	40.4	23.7	33.4	—	—	—	—	1995[a]	22.3	63.0	5.7	25.2
塞拉利昂	1989	—	—	82.8	2003	79.0	56.4	70.2	1989[a]	57.0	74.5	39.5	51.8
斯洛伐克	—	—	—	—	—	—	—	—	1996[b]	<2.0	2.9	<0.5	0.8
斯洛文尼亚	—	—	—	—	—	—	—	—	1998[a]	<2.0	<2.0	<0.5	<0.5

续表

国家/地区	国家贫困线								国际贫困线				
	调查年份	贫困发生率/%			调查年份	贫困发生率/%			调查年份	贫困发生率/%		贫困深度/%	
		农村	城市	全国		农村	城市	全国		低于1天1美元	低于1天2美元	低于1天1美元	低于1天2美元
南　非	—	—	—	—	—	—	—	—	2000[a]	10.7	34.1	1.7	12.6
斯里兰卡	1990～1991	22.0	15.0	20.0	1995～1996	27.0	15.0	25.0	1999～2000[a]	7.6	50.7	1.5	15.2
斯威士兰	1995	—	—	40.0	—	—	—	—	1994[a]	8.0	22.5	2.5	8.9
塔吉克斯坦	—	—	—	—	—	—	—	—	2003[a]	7.4	42.8	1.3	13.0
坦桑尼亚	1991	40.8	31.2	38.6	2000	38.7	29.5	35.7	1991[a]	48.5	72.5	24.4	43.3
泰　国	1990	—	—	18.0	1992	15.5	10.2	13.1	2000[a]	<2.0	32.5	<0.5	9.0
多　哥	1987～1989	—	—	32.3	—	—	—	—	—	—	—	—	—
特立尼达和多巴哥	1992	20.0	24.0	21.0	—	—	—	—	1992[b]	4.0	20.0	1.0	6.3
突尼斯	1990	13.1	3.5	7.4	1995	13.9	3.6	7.6	2000[a]	<2.0	6.6	<0.5	1.3
土耳其	—	—	—	—	—	—	—	—	2001[a]	<2.0	10.3	<0.5	2.5
土库曼斯坦	—	—	—	—	—	—	—	—	1998[a]	12.1	44.0	2.6	15.4
乌干达	1993	—	—	55.0	1997	—	—	44.0	1999[a]	84.9	96.6	45.6	69.2
乌克兰	1995	—	—	31.7	—	—	—	—	1999[b]	2.9	45.7	0.6	16.3
乌拉圭	—	—	—	—	—	—	—	—	2000[b]	<2.0	3.9	<0.5	0.8
乌兹别克斯坦	2000	30.5	22.5	27.5	—	—	—	—	2000[a]	17.3	71.7	4.3	25.2
委内瑞拉	1989	—	—	31.3	—	—	—	—	1998[b]	14.3	30.6	6.6	14.5
越　南	1998	45.5	9.2	37.4	2002	35.6	6.6	28.9	2000[a]	<2.0	33.4	<0.5	8.3
也　门	1998	45.0	30.8	41.8	—	—	—	—	1998[a]	15.7	45.2	4.5	15.0
赞比亚	1996	82.8	46.0	69.2	1998	83.1	56.0	72.9	1998[a]	63.7	87.4	32.7	55.4
津巴布韦	1990～1991	35.8	3.4	25.8	1995～1996	48.0	7.9	34.9	1995～1996[a]	56.1	83.0	24.2	48.2

注:"—"表示数据暂缺;贫困距是指距贫困线的距离除以贫困线的百分数。a 为支出数据库,b 为收入数据库

资料来源:据世界银行贫困数据库资料整理

◎第八章 中国扶贫中形成的可供借鉴的经验

自1980年以来，中国已经使4亿多人口脱离了每天一美元的贫困线，中国的脱贫人口占发展中国家脱贫人数的75%，取得了举世瞩目的成就。中国对亚太地区扶贫工作的贡献方式已经从大量减少贫困人口，转向提供先进的扶贫经验以帮助区域内的其他成员。

2004年在上海举行的全球扶贫大会上，向大会提交的70个扶贫案例中中国占了8个，这表明中国的扶贫经验已经获得国际社会的关注和认可。专门为全球扶贫大会而进行的，历时9个月的全球12路扶贫实地考察，在中国安排了3路。参与考察的印度代表沙米特·伯斯指出，当地村里的所有农民都参与到了政府实施的扶贫计划当中。这种集体参与、共同脱贫的做法非常值得印度学习和借鉴。2005年，现任世界银行行长保罗·沃尔福威茨（Paul Wolfowitz）考察了甘肃、河北两省的农村地区，并与政府官员、民间组织和妇女代表进行交流后指出，中国为扶贫所做出的努力是令人鼓舞的，希望中国的扶贫经验惠及更多的国家和人民。联合国开发计划署署长布朗（Mark Malloch Brown）认为，中国的扶贫经验值得世界学习。中国为世界提供的最有价值的发展经验是，制定并坚持有效的扶贫政策。非洲委员会公布的《2005年度非洲报告》特别指出，中国的扶贫经验对于帮助非洲国家摆脱贫困具有相当重要的意义（徐松，2005）。

世界上多数国家的扶贫活动是由慈善机构发起的，中国扶贫开发事业是一种“政府主导型”的模式，为解决中国贫困问题产生了巨大的推动作用。近年来，非政府组织扶贫的影响和作用也越来越大。如“希望工程”、“光彩事业”、“巾帼扶贫”等各具特色的社会扶贫形式。中国各级政府建立了较完善的扶贫开发监测体系，国务院扶贫开发领导小组办公室与财政部合作，对每笔财政扶贫资金的流向、数量、拨付进度、使用效果等进行全程跟踪监测。同时，国家要求各省（自治区）建立贫困户档案，做到户有卡、村有册、乡有簿、县设立计算机档案，确保贫困人口真正受益。

第一节 政府主导

中国扶贫最为重要的经验是政府主导。1986年以来，为了帮助尚未摆脱贫困的农村贫困人口尽快脱贫，政府设立了专司农村扶贫之职的管理机构，制定并逐步完善专门用于解决农村贫困问题的政策体系和资金体系。1994年，国家确立了不把绝对贫困带入21世纪的目标，减缓农村贫困在党和政府工作中的地位越来越重要，政府扶贫的力度越来越大。

一、高度的政治承诺

中国政府先后3次就减缓贫困向国际社会做出承诺。1992年中国政府与100多个国家的首脑共同签署了以减缓贫困、实现社会可持续发展为目标的《里约宣言》，向全世界宣告中国将与世界各国一起为谋求人类社会的可持续发展，履行自己的责任并做出自己的贡献。1994年中国又向全世界公布了《国家八七扶贫攻坚计划》，明确承诺到2000年基本解决中国农村人口的温饱问题。2000年，中国政府签署了联合国《千年宣言》，为普遍提高人民福利、大幅度减少贫困作出郑重承诺。

二、完善制度

中国在20世纪50年代初完成了农村土地改革，确定了所有农村居民对土地的所有权制度，实现了"耕者有其田"的目标。1978年以后又通过建立农村家庭承包经营制，明确了农民对土地的使用权和收益支配权，从而在制度上消除了主要由于无地而产生的贫困根源。除土地制度外，中国还陆续建立了社会保障制度、财政转移支付制度、计划生育政策、义务教育制度和卫生保健制度。

三、发展带动减贫

中国政府自1978年以来，始终将发展作为执政兴国的第一要务，在努力保持和谐稳定的社会环境的前提下，通过深刻的体制变革，大幅度提高生产效率，增加社会财富。这是中国实现大幅度减贫的基本前提。邓小平在改革开放初期提出"两个大局"的战略思想，带动了整个中国经济的起飞。进入20世纪90年代后期，中国政府又先后实施了西部大开发战略和振兴东北老工业基地战略。从追求高速增长到实现均衡协调发展，从一部分地区、一部分人先富起来到发展成果共享、实现共同富裕，中国政府走出了中国特色的减贫道路。

此外，强大的社会动员力、开发式扶贫方针、主要依靠穷人自身力量解决贫困问题和国际经验本土化等，也是中国扶贫经验的重要方面。

四、组织保障

1986年，中国政府成立了国务院扶贫开发领导小组，扶贫开发领导小组下设的办公室（国务院扶贫办），作为中国农村扶贫的专职机构，负责领导小组的日常工作。领导小组的工作职能包括：确定扶贫的标准、目标和对象，制定扶贫开发中长期规划和年度计划；提出和确定扶贫开发政策、扶贫资源分配计划，并监督其实施；协调地区之间、部门之间的扶贫行动。随后，从国务院直到乡镇各级政府，凡有扶贫任务的地区都层层建立了扶贫开发领导小组，统一领导和协调本地的扶贫开发工作。

中国的扶贫开发实行分级负责、以省为主的领导工作责任制。中央政府把扶贫开发作为一项政治任务，要求各省（自治区、直辖市）的主要负责人亲自抓扶贫工作，并负总责。中央政府的各项扶贫资金在每年年初一次性下达到各省（自治区、直辖市），实行扶贫资金、权力、任务、责任"四个到省（自治区、直辖市）"。所有到省的扶贫资金一律由省级人民政府统一安排使用，并由各有关部门规划和实施项目。

第二节　努力开展创新

一、扶贫模块（式）创新

所谓模块创新是指对正在执行的扶贫模式中的某些环节进行创造或调整，从而使整个扶贫模式更富有成效。这方面的创新涉及贫困农民参与、扶贫资金传递、公共工程后续管护、贫困监测及信息反馈等。

（一）参与（赋权）模块创新

UNDP 等国际机构于 1994 年开始在扶贫领域试验、示范和推广参与式扶贫的方法。这项工作分为两个阶段：首先是对中方的项目管理人员进行参与式方法的培训，使他们认识到目标群体的需求和目标群体的参与是做好项目设计的关键所在，以改变他们以往坐在办公室里做规划和设计项目的做法。其次是用参与式方法动员农户、组织农户，并通过参与式培训，使农户形成参与理念，提高参与能力，最为重要的是强调必须让贫困农民参与项目决定、项目设计和项目实施的管理，并根据他们的意见不断调整项目规划和实施计划，从而不断提高扶贫项目的可操作性。这种参与式方法实际上是向贫困农户赋权的一种途径。

参与式方法是由国际机构倡导的，但实际上它同我们多年来提倡的“从群众中来，到群众中去”的理念是完全一致的，所以得到了中国政府的认可。目前，上述方法已经被中国政府的扶贫机构所接受，并正在加以推广。

（二）资金传递模块创新

为了实现扶贫资金既到村、到户，又减少资金传递的交易成本，中国社会科学院与国际机构合作推出了“小额信贷”这种扶贫措施，完成了资金传递模块的创新。小额信贷有效地解决了扶贫资金到户、提高资金利用效率进而实现扶贫资金持续性等问题。

中国政府肯定了这种做法，并制定了旨在推广这一做法的政策框架。所以，政府非专职机构完成了通过小额信贷实现扶贫资金有效传递和可持续性的创新，而它的推广主要是由政府专职扶贫机构运作的，它们为这一信贷手段的广泛应用做出了很大的贡献。

（三）项目管护模块创新

政府非专职机构确定的扶贫项目有许多是公共项目，这些项目在改善农村发展环境方面具有重要作用。然而，这些公共项目普遍存在着后续管护差，难以持续利用的问题。为了确保公共项目利用上的可持续性，外交部和德国 GTZ 进行了后续管护模块的创新。具体做法是构建社区公共项目自我管护的组织与制度。其要点有：成立全体受益者共同参与的公共工程管护组织；请全体受益者共同制定公共工程管护制度；收取一定的费用，以支付必要的工程维修费用和管护人员的劳动报酬；定期公布收支情况。

（四）贫困监测模块创新

一个独立而有效的贫困监测系统，对于准确地界定贫困人口，分析受益目标的准确性，评价扶贫的效果至关重要。为此，世界银行和国家统计局中的农调队进行了贫困监测模块创新。每个世界银行扶贫项目启动时，贫困监测子项目同时启动，由此积累了丰富的基线数据和详细的跟踪数据，为项目评估提供了依据。

（五）信息反馈模块创新

上海与云南的对口帮扶中建立和完善了4项反馈制度：①两省（直辖市）对口帮扶协作领导小组联席会议制度，旨在总结本年度的经验和问题，部署下年度的项目安排，并形成联席会议纪要。②各自的协调会议制度，即根据需要不定期地召集有关部门研究、协调有关问题，以推进扶贫工作。③专题工作小组联席会议制度，制定对口合作计划，确定并组织实施重点项目。④项目跟踪制度，采取报表和调研相结合的方法，跟踪各类项目实施情况，督促和协调各类项目按计划要求实施。

二、组织创新

（一）组建扶贫实体

国土资源部在扶贫工作中遇到了人员经常变动和扶贫资金难以及时到位的问题。针对这两个问题，他们在赣南成立了老区扶贫开发中心。这是一个设置在贫困地区、以扶贫为宗旨，具有事业法人地位，不以营利为目的，且主要由当地人组成的扶贫机构。它的主要职责是负责国土资源部在赣南的扶贫活动。由于中心制定了系统规范的制度，工作人员长期扎根基层，并有较强的工作责任感，所以运作效率较高，逐步发育成了经济实体。

（二）整合扶贫机构

省内扶贫大多采用集团式扶贫的方法。它的好处是能把政府部门在组织、管理、协调方面的优势、科研单位、大专院校的人才、技术、信息优势和工商企业的经济优势整合起来，克服了单独扶贫力度小、活力弱、组织难等不足。

（三）培育非政府组织

UNDP把培育非政府组织作为实现扶贫项目可持续性，特别是项目管理机构可持续性的重要举措。它们采取的是渐进式改革的方式。首先将各项目县的项目执行机构注册为社团法人（贫困乡村发展协会）。然后在交流中心内成立扶贫办公室，以推动这些以扶贫为主旨的非政府组织发展，使它们有能力在项目结束后继续提供服务，从而实现扶贫项目管理机构的可持续性。它的主要做法是加强机构的能力建设，使其财务和管理体系朝着规范、科学、透明的方向发展，确保资金按项目规定的目标使用，使贫困农户受益。

三、建立扶贫基金的创新

政府非专职机构通常采用边筹措资金边帮扶的做法。由于能筹措到的资金具有不确定性，所以究竟上多少扶贫项目也有不确定性。鉴于扶贫基金对于消除这种不确定性具有特别重要的意义，所以政府非专职机构在扶贫实践中进行了各种各样的尝试，并获得了成功。这是非专职机构做出的最有价值的创新之一。

（一）财政型扶贫基金

为了确保扶贫活动具有可持续性，深圳市与贵州省对口帮扶采取了建立省、地、县扶贫基金的办法。扶贫资金来源于财政拨款和社会捐资，用于教育扶贫。此外，每年还从市、区两级财政中拿出2%建立经济合作发展基金，用于支持贫困地区发展。设立经济合作发展资金的目的是诱导贫困地区的居民参与市场竞争，从而提高扶贫项目的效果和效益。

（二）捐赠型扶贫基金

政府非专职机构不仅利用政府财政资金设立扶贫基金，还利用社会捐赠设立扶贫基金。交通部利用社会捐赠款设立教育扶贫基金专门用于两个扶贫点的希望工程，就是一个例子。他们的具体做法是：通过层层动员，募集到总额为1000多万元的扶贫教育基金，通过基金的有效运作，每年拿出100多万元利息用来资助洛阳、怒江两个地区的失学、辍学学生。据调查，截至2000年底，洛阳7县适龄儿童入学率达到100%，怒江4县适龄儿童入学率达98%，基本上解决了贫困农户的子女失学、辍学的问题。

（三）实物型扶贫基金

基金既可以采用货币形态，也可以采用实物形态。卫生部在壤塘县建立以母牦牛为载体的扶贫基金就是一个例子。壤塘县有充足的草地资源，农牧民具有饲养牦牛的传统及经验，政府的技术服务体系也较为完善。卫生部的具体做法是，将扶贫资金用于购买有繁殖能力的母牦牛，并交给贫困农户饲养，每户1头。4年后按实际投放的头数收回，收回的母牦牛交给其他贫困农户饲养。据调查，参加项目的农户4年后可留下4头牦牛，每头牦牛的年平均收益为507元，所以这些农户基本上达到了脱贫目标。鉴于一头牦牛的年平均收益可以解决一名孩子上学所需的费用，卫生部还把“流动畜群”与“助学工程”整合在一起。贫困农户可根据家中上学的子女数领回数量相等的孕仔母牦牛。4年期满后，如果孩子仍在上学，将继续执行下一个周期。孩子完成学业后收回母牦牛，并转给其他需要帮助的孩子。

实物形态的基金缺乏灵活性，但它又有用途明确、能直接扶贫到户、基金运作透明度高，有利于减少扶贫资金渗漏等优点。那些可选择的生产性扶贫项目单一的贫困地区，设立实物形态的扶贫基金可能比货币形态的基金更有效。

（四）激励型扶贫基金

中国最早介入农村扶贫活动的是科技人员。为了激励科技人员投身农村扶贫活动，科学技术部和国内外的一些基金会共同筹集了科技扶贫奖励基金，以鼓励和支持那些深入到贫困地区，为贫困居民脱贫致富做出突出贡献的科技人员。奖项包括服务奖和杰出贡献奖。随着中国经济的发展，设立基金的环境会越来越好，今后应把设立激励性的扶贫基金作为扶贫工作的一项重要内容。

四、构造双赢模式的创新

（一）金融企业与非政府组织双赢

如果说中国社会科学院与国外非政府组织的合作，是开展小额信贷试点方面实现“双赢”的成功案例，华夏银行与中国扶贫基金会的合作，则是推动小额信贷方面实现“双赢”的成功尝试。

华夏银行委托中国扶贫基金会做小额信贷业务是很有见地的做法。①贫困农民特别有信誉，他们缺乏的是获取贷款的机会，而并非缺乏有效利用贷款的能力，所以把扶贫资金贷给贫困农户有利于减少扶贫资金的风险。②与投放于公益项目相比，小额信贷是能确保本金回收的项目。③小额信贷合乎中央提出的扶贫到户的政策要求。④对小额信贷项目运作进行监控，是华夏银行最为熟悉的业务。中国扶贫基金会愿意合作也是很有见地的选择。①可以扩大其操作的小额信贷的规模。②其具有操作小额信贷扶贫的丰富经验。③扩大扶贫活动的范围，有利于扩大该组织在农村扶贫中的影响。④可为政府组织与非政府组织开展扶贫合作提供成功的模式。

（二）企业与农民双赢

青岛市红星化工集团是国家无机盐产品生产的重点骨干企业，在资金、技术、管理和营销等方面具有比较优势，贵州省镇宁则具有劳动力和土地廉价、生产无机盐产品的资源丰富等比较优势，通过优势互补，不仅使青岛红星化工集团获得了很好的效益，也使当地650多个贫困农民摆脱了贫困，从而实现了企业与贫困农户的“双赢”。

从理念上讲，扶贫是一种奉献行为，然而上述实践表明，扶贫工作可借助于适宜的方式实现“奉献与收获”的有机统一。

五、战略创新

1994～2000年中国政府实施“八七扶贫攻坚计划”，这一扶贫战略使扶贫资源得到整合，加快了贫困地区经济发展速度和摆脱贫困的步伐。国家重点扶持贫困县农业增加值增长了54.0%；工业增加值增长99.3%；地方财政收入增加近1倍；粮食产量增长12.3%；农民人均纯收入从648元增加到1337元，年均增长12.8%。远远高于同期全国农民人均纯收入的平均增长速度。

进入新世纪，实施整村推进、产业化扶贫和劳动力转移培训的“一体两翼”战略，在解决了大规模的贫困问题之后，对提高瞄准目标群体的准确度，实现扶贫资源的有效利用；覆盖到经济增长难以带动的贫困村庄和贫困人口的发展是重要的选择。

第三节 国际经验本土化

推动扶贫开发领域的国际交流与合作。继续争取国际组织和发达国家向中国提供援助性扶贫项目。为保证这类项目的顺利执行，国家将适当增加相应配套资金比例，对地方财政确有困难的可以全额配套。根据贫困地区的特点，采取有针对性的措施，加强对国外援助性扶贫项目的管理。努力提高国外援贷款项目的经济效益，增强还贷能力。加强与国际组织在扶贫开发领域里的交流，借鉴国际社会在扶贫开发方面创造的成功经验和行之有效的方式、方法，进一步提高中国扶贫开发的工作水平和整体效益。

一、小额信贷

小额信贷是借鉴孟加拉国“乡村银行”模式的成功经验，结合中国乡村的特点加以本土化的扶贫项目，是扶贫到户的重要措施之一。中国政府在借鉴其他国家和国际组织扶贫经验的基础上，积极组织小额信贷扶贫到户，取得了很好的效果。到1999年，全国投入的资金总量达30亿元，覆盖240多万贫困农户。

小额信贷项目有3个目标：①为真正的穷人提供资金支持，即把钱借给真正的穷人。②通过参与项目活动与培训提高穷人的自立能力。③实现项目操作机构的可持续发展。项目实施方式是：在项目县建立一个专业化的支持性服务组织，利用国内外捐赠资金，通过不断向参加项目的贫困农户选定的微型项目提供融资服务、技术服务、管理服务、市场服务，来提升贫困群体的技术能力、管理能力、经营能力和活动能力，帮助贫困农户增加收入、摆脱贫困，并获得持续的自我发展能力，即自立能力。同时，小额信贷也要在一定的期限内实现财务收支平衡，并在人员素质和项目管理能力方面逐步提高到较高水平，足以保障项目正常健康地发展。中国小额信贷的试点、推广，初步实现了本土化和规范化，进入了扩大范围、扩大规模的新阶段。

二、综合扶贫

所谓综合扶贫方法，是区别于单项扶贫方法的一种称谓。造成贫困的原因是多方面的，单一地解决某个方面的困难很难取得理想的扶贫效果，客观上需要采取综合扶贫方法。综合扶贫方法以穷人为中心，从影响贫困人口脱贫的各个方面进行有针对性的扶持，采取综合性的扶贫开发措施，从根本上解决贫困人口的稳定持续扶贫。它采取“一次规划，分阶段实施”方法，比较有效地解决了扶贫项目之间不衔接和不匹配的问题。综合扶贫项目采取突出重点的跨部门农业发展方针，能够获得单一扶贫项目无法达到的扶贫目标和效果。

1995年1月，我国政府和世界银行开始在最贫困的西南地区实验一种跨部门、跨行业的综合扶贫开发项目。内容涵盖基础设施建设、农业开发、劳务输出、教育、卫生等各个领域。鉴于西南项目的巨大成功，项目创造的思路与模式已经被吸纳进入《中国农村扶贫开发纲要（2001～2010年)》。

三、参与式扶贫

1994年，中国将参与式扶贫模式引入中国，并进行了富有实践意义的探索。参与式扶贫是指目标群体（一般情况下是穷人和妇女）全面参与到扶贫项目的规划、实施和监测与评估过程中去。从技术层面上讲，有参与式的贫困诊断与评估、参与式的扶贫项目规划与项目设计、参与式的扶贫项目的监测与评估等等。参与式扶贫途径的一个重要基础在于对穷人和妇女即所谓的“社会弱势群体”的知识、技能和能力的重新而公正的认识，对造成贫困的经济、社会、政治、文化和环境等原因进行全面诊断，并充分考虑妇女和穷人的观点和看法。参与式扶贫的核心是赋权。而赋权的核心则是对参与和决策扶贫援助活动的全过程的权力的再分配，即增加贫困社区和穷人在扶贫活动中的发言权和决策权。参与式是自下而上的扶贫方式。参与式扶贫需要采用参与式的实践操作技术和工具（如各种参与式农村评估技术和工具）。参与式强调“过程”，这是参与式扶贫和发展途径的实践操作的重点。这一过程充满了“学习”、“教育”和“谈判”。参与式扶贫的目标是贫困社区的自我发展，贫困人口的素质和能力的提高，实现可持续发展。

广泛的参与，参与式发展规划，自下而上的发展决策，项目计划和设计与当地生产力水平相符合，先培训、后实施的项目实施原则，注重妇女参与、组织互助、市场导向和政府支持。

由于世界银行在西南和秦巴项目中大规模参与式村级规划的成功实践，中共中央、国务院在《中国农村扶贫开发纲要（2001～2010年）》中采纳了参与式扶贫村级规划方法，首先在全国27个省开始试验性推广，2002年全国共按照这一技术系统确定了148 051个贫困村，分3轮实施。到2005年，根据收集到的中西部21个省（自治区、直辖市）的相关统计数据，不同省份村级扶贫规划的制定存在不平衡，但总体进展状况良好。在10.6万个贫困村中，83%的贫困村已经完成村级扶贫规划。整村推进涵盖了道路、饮水、沼气、产业开发等主要项目。

第四节 争取社会支持

一、非专职政府机构扶贫

非专职政府机构扶贫是动员所有副部级以上的中央机构和地方政府支持帮助贫困地区的开发建设。具体方式有：东西互助，组织沿海经济较发达的9个省、直辖市和4个计划单列市对口帮扶经济欠发达的10个省、自治区的贫困地区发展经济；国家机关定点挂钩扶贫，国家机关、大专院校、科研院所向贫困地区选派科技副县长，国家有关部委根据自己的职责帮助贫困地区进行经济开发；动员全国大中城市募集衣被、钱物等支援贫困地区及灾区。

二、社会扶贫

各社会组织、民间团体和私营企业也积极开展“希望工程”、“光彩事业”、“文化扶贫”、“幸福工程”、“春蕾计划”、“青年志愿者支教扶贫接力计划”、“贫困农户自立工程”等多种形式的扶贫活动。以资助贫困失学儿童入学为目的的“希望工程”，自1989年以来，累计接受海内外捐款近19亿元，资助建设希望小学8355所，资助失学儿童近230万名。

三、争取国际支持

扩大与国际组织和非政府组织在扶贫开发领域中的合作。利用国际援助支持和推动贫困地区的经济社会发展，这是发展中国家实施反贫困行动的重要经验。我国在这方面逐步有所进展：①争取国际上各种非政府组织对我国贫困地区的无偿援助和扶贫优惠贷款。②以资源优势和政策优势吸引国外与境外投资者到贫困地区投资，进行经济开发，兴办各种开发型企业。③争取国际组织对我国贫困地区的无偿援助和扶贫优惠贷款。20 世纪 80 年代以来，我国贫困地区接受的国际组织和外国政府贷款（主要是粮食和教育援助）总额大约为 15 亿美元，还有一些正在实施或落实。如世界银行贷款的西南地区扶贫开发项目（2.5 亿美元）、贫困县基础教育贷款项目（1 亿美元）以及联合国粮食计划署和国际农业发展基金会的一些项目等。

此外，一些国家、国际组织和非政府组织也与中国在扶贫领域开展了广泛的合作。联合国开发计划署在中国开展了一些扶贫开发项目和研究项目。欧盟、英国政府、荷兰政府、日本政府、德国技术合作公司、亚洲开发银行、福特基金会、日本凯尔、日本协力银行、世界宣明会、香港乐施会等也都在中国开展了扶贫开发项目，并取得了很好的成效。

第五节　构建扶贫体系

一、实行开发式扶贫

开发式扶贫是对过去传统的分散救济式扶贫的改革与调整，是中国政府农村扶贫政策的核心和基础。坚持开发式扶贫的方针，就是以经济建设为中心，支持、鼓励贫困地区干部群众改善生产条件，开发当地资源，发展商品生产，增强自我积累和自我发展能力。

开发式扶贫方针主要包括 5 个方面的内容：①倡导和鼓励自力更生、艰苦奋斗的精神，克服贫困农户中普遍存在的“等、靠、要”思想。②针对贫困地区基础设施薄弱、抵御自然灾害能力较差的实际情况，国家安排必要的以工代赈资金，鼓励、支持贫困农户投工投劳，开展农田、水利、公路等方面的基础设施建设，改善生产条件。③国家安排优惠的扶贫专项贴息贷款，制定相关优惠政策，重点帮助贫困地区、贫困农户发展以市场为导向的种植业、养殖业以及相应的加工业项目，促进增产增收。④开展农业先进实用技术培训，提高贫困农户的科技文化素质，增强自我发展能力。⑤扶贫开发与水土保持、环境保护、生态建设相结合，实施可持续发展战略，增强贫困地区和贫困农户的发展后劲。

二、扶贫到村到户

20 世纪 90 年代以来，根据贫困地区的实际情况，中国的扶贫开发着重扶贫到村到户。国家不仅将扶贫到户作为一项重要措施，而且把解决贫困农户温饱的各项指标也量化到户。中国在实践中探索出许多行之有效的扶贫到户方式：①干部包扶到户，即组织各级干部与贫困农户结成“一帮一”对子，采取签订责任状等方式，明确干部包扶任务。②实体带动、效益到户，即通过鼓励企业与农户合作建立农产品生产加工基地，实现农产品产、供、销的良性循环。③异地开发、移民到户，即本着自愿的原则，将贫困农户从生产生活条件极其恶劣的地区搬迁到条件较好的地区，实现异地脱贫。④社会各界帮扶到户，即组织社会各界对贫困农户进行帮扶。

三、重视科技教育扶贫

从 1986 年开始，中国政府有关部门根据国家扶贫开发的总体战略和要求，适时提出科技扶贫的目标、措施和实施办法，并于1996年提出《1996～2000年全国科技扶贫规划纲要》，加强对科技扶贫的政策指导。

为进一步增强贫困地区反贫困的能力，中国政府专项安排科技扶贫资金，用于优良品种和先进实用技术的引进、试验、示范、推广以及科技培训等。1995年以来，国家教育委员会和财政部联合组织实施了“国家贫困地区义务教育工程”，投入资金超过100亿元，重点投向国定贫困县、部分省定贫困县、革命老区和少数民族地区，帮助这些地区普及9年义务教育。

中国政府动员大专院校、科研院所在贫困地区积极推广农业先进实用技术，组织科技人员到贫困地区挂职任教，组织科研单位到贫困乡、村宣传普及农业技术。这些措施有效地改变了贫困地区落后的生产方式，提高了土地的产出率，迅速增加了农民的收入。15年来，仅科学技术部就向贫困地区提供技术人员3万人次，实施科技扶贫示范项目580个，建立各种科技示范点1500个，解决关键性技术200多个，向贫困地区推广适用技术2000多项。

四、实施自愿移民扶贫开发

国家鼓励和支持生存条件极其恶劣地区的贫困农户通过移民搬迁、异地开发的方式，开辟解决温饱的新途径。为此，中国政府强调，自愿移民搬迁的贫困人口除享受扶贫开发的优惠政策外，各地要制定具体政策措施，提供各种优惠条件，确保搬迁一户解决一户温饱。中国的移民扶贫开发，按照群众自愿、就近安置、量力而行、适当补助四项原则进行。

中国实施移民扶贫开发的主要做法有：①插户移民。即由贫困户自行投亲靠友，分散安置，政府给予一定补助。②政府建移民开发基地安置移民。既要保证可稳定解决迁入户的温饱问题，又要保证不破坏迁入地的生态环境。③吊庄移民。即采取搬迁初期两头有家的形式，待移民点得到开发，生产生活基本稳定后再完全搬迁。近年来，通过多种方式和途径迁移安置了260万贫困人口，其中已稳定在迁入地居住的达240万，使全国需要移民搬迁的贫困人口由750万减少到500万左右。

五、输出贫困地区劳动力

为了帮助贫困地区劳动力充分就业并增加收入，国家鼓励并组织具备条件的贫困地区开展劳务输出。劳务输出不仅有助于使贫困地区劳动力实现就业和增加收入，更重要的是劳动者通过异地就业可以学到新技术、新生活方式、新工作方法，开阔眼界，增强信心，提高自我发展能力。许多西部外出务工人员已经成为向西部传播东部生产生活方式以及文化和技术的使者。四川是全国劳务输出最多的省份，每年有800多万人实现异地就业，通过邮局寄回家乡的资金每年约200亿元。

六、落实扶贫工作责任制

中国的扶贫开发实行分级负责、以省为主的行政领导扶贫工作责任制。各省、自治区、直辖市，特别是贫困面积较大的省、自治区，都把扶贫开发列入重要议程，根据国家扶贫开发计划制定本地区的具体实施计划。各省、自治区、直辖市的主要负责人亲自抓扶贫工作，并负总责。中央的各项扶贫资金在每年年初一次下达到各省、自治区、直辖市，实行扶贫资金、权力、任务、责任“四个到省（自治区、直辖市）”。所有到省的扶贫资金一律由省级人民政府统一安排使用，并由各有关部门规划和实施项目。

七、加强贫困地区农村基层组织建设

在中国，农村基层组织在动员和组织群众参加改变自身命运的扶贫开发中作用重大。中国政府在扶贫开发中强调加强村级组织建设，以此提高农户的自我组织程度，引导农户积极参与扶贫开发。近年来，中国政府在农村大力推行村委会直接选举制度，根据公开、公平、公正的原则，真正将群众拥护、有能力带领群众改变贫困面貌的人选举为村干部。同时，严格实行村务公开，村级财务的各项收支、扶贫资金的发放使用、承包合同的签订和变更等各项事务，都要向村民公开，接受村民的检查和监督。

◎第九章 减缓贫困对可持续发展的贡献

第一节 消除贫困对经济可持续发展的贡献

一、以缓解贫困推进可持续发展：从共识到行动

关于可持续发展，最初关注它究竟是什么的定义，经过一段时间的探讨，人们在求同存异的基础上形成了共识。近些年，对它的关注已经由究竟是什么转变到究竟做什么。与这种变化相对应，以缓解贫困为切入点推动可持续发展的进程，正在成为一种潮流。例如，为了推动这一进程，联合国环境规划署利用挪威和荷兰政府提供的技术和资金援助，制定了旨在有效地把减缓贫困与保护环境有机结合起来的行动方案。具体内容是：在减缓贫困的过程中如何实现自然资源和环境资源的可持续利用；如何根据已有的和形成中的区域间的政府协议和机制，更好地把减缓贫困和保护环境有机地结合起来；如何根据有关贸易和环境问题的《多哈部长级宣言》、卡塔赫纳会议有关国际环境管理的建议，以及《马尔默部长级宣言》所订的目标，制定国家的、地区的消除贫困的战略或计划；联合国环境规划署如何根据WEHAB（Water，Energy，Health，Agriculture and Biodiversity）议程来促进社会的可持续发展和人口的可持续生计。WEHAB议程确立的五个优先方面，即水、能源、卫生、农业和生物多样性，均与消除贫困措施紧密相关。

我国的情形也是如此。2005年，中共中央在关于制定国民经济和社会发展第十一个五年规划的建议中，再次提出继续减少贫困人口的目标，并力图通过健全市场机制，打破行政区划的局限，促进生产要素在区域间自由流动，引导产业转移；健全合作机制，鼓励和支持各地区开展多种形式的区域经济协作和技术、人才合作，形成以东带西、东中西共同发展的格局；健全互助机制，发达地区要采取对口支援、社会捐助等方式帮扶欠发达地区；健全扶持机制，按照公共服务均等化原则，加大国家对欠发达地区的支持力度，加快革命老区、民族地区、边疆地区和贫困地区经济社会发展。具体措施是：对贫困家庭学生免收杂费，免收课本费并提供寄宿生活费补助；因地制宜地实行整村推进的扶贫开发方式；对缺乏生存条件地区的贫困人口实行易地扶贫；对丧失劳动能力的贫困人口建立救助制度。

为了通过减缓贫困推进可持续发展，扶贫方式也在发生变化，即由救济性扶贫向开发性扶贫转变，由道义性扶贫到制度扶贫的转变，由扶持贫困地区向扶持贫困人口转变，从而使减缓贫困的措施合乎贫困地区和贫困人口的特点，合乎经济体制转换的要求，合乎可持续发展的要求。

二、经济增长的可持续性随着贫困的减缓逐步增强

从要素角度看，减缓贫困的过程，实际上是通过增加人力资本投资，不断地以人力资本的作用替代自然资源作用的过程；换言之，以过度开发自然资源获取短期内的较多收入的方式减缓贫困，是不可持续的，也是不值得提倡的。人力资源的潜能显然要比自然资源的潜能大得多，人力资本应对各种变化的适应能力显然要比自然资源的适应能力大得多，因此，以开发人力资本的潜能为切入点减缓贫困，肯定会有利于经济增长的稳定性和可持续性。由人力资本理论可知，经济增长的速度快慢和质量高低与其拥有人力资本的大小成正比，经济增长对资源与环境施加的压力与其拥有的人力资本的大小成反比。一个经济拥有的人力资本越多，经济增长的质量就越高。如果说以物为本替代以神为本，曾是影响人类发展历程的伟大历史事件，那么现在用以人为本替代以物为本，将是影响人类可持续发展的伟大历史事件。

从产业的角度看，减缓贫困的过程，实际上是提升产业结构，不断地以不受气候变化和自然灾害等不确定性因素影响的产业的作用替代受气候变化和自然灾害等不确定性因素影响的产业的作用的过程。产业结构受气候变化和自然灾害等不确定性因素的影响越小，其遭遇不确定性因素冲击的概率和风险就越小，经济增长就会越来越稳定，越来越具有可持续性。

经济发展必须以人为本，减缓贫困也必须以人为本。所谓以人为本，就是把贫困人口作为减缓贫困的主体，让贫困人口自己分析所在社区的贫困原因，自己确定减缓贫困的优先项目，自己编制减缓贫困的计划书。政府组织和非政府组织的职责是为贫困人口提高素质提供各种必要的支持，例如，通过建立农村新型合作医疗制度，使农民不会因为遭遇重大事件而返贫。要以透明和公平的方式工作，特别要赋予贫困社区和贫困人口应有的权利，并为他们管理资源、提高生产率和收入水平，提供有力的支持，使他们扎扎实实地迈出相当重要的第一步，使贫困人口能获得不断增多的机会，能以最具竞争性的方式生产物品，能保障资源和环境承载力利用的可持续性，以免环境和资源陷于枯竭，以免因贫困人口被排斥在外而带来社会动乱。

三、收入分配的改善随着贫困缓解逐渐提高

收入分配不均衡是造成贫困的重要原因之一。收入分配的改善有 3 个途径：①实行农产品保护价格和农民工最低工资制度，使贫困人口或低收入人口的收入增长率高于社会平均水平。②通过政府财政转移支付向贫困人口或低收入人口的倾斜，使这部分人的实际收入的增长高于社会平均水平。③通过建立社会慈善机制，向贫困人口或低收入人口提供扶持，使这部分人的实际收入的增长高于社会平均水平。由于减缓贫困是采用这 3 种方式的必要条件，所以，收入分配的改善会随着贫困的减缓而不断提高。

发展中国家在发展的初级阶段，通过减缓贫困的努力，增加贫困人口的收入和减少贫困人口的数量，是改善收入分配不公平格局的主要手段。换言之，此时向富人征税固然十分重要，但它还难以成为改善分配格局的主要手段。收入分配的不公平，从微观上看，与贫困人口受教育年限少、掌握的劳动技能少、受疾病的困扰大等因素有关，从宏观上看，则是人力资本开发环境不公平的结果。所以，改善收入分配的主要举措是为贫困人口提供教育、培训

机会和医疗卫生服务。其中，通过教育和培训，提高贫困人口的素质，进而使用新技术的能力，竞争非农领域内的就业机会的能力；通过提供最基本的医疗卫生服务，使贫困人口摆脱疾病的困扰。随着既掌握了技能又没有疾病困扰的人越来越多，收入分配会不断地得到改善。

随着贫困的不断减缓，社会慈善事业的作用会越来越大。这是因为，一个国家的贫困面越大，贫困程度越重，不仅贫困人口的收入很低，很不稳定，很不具有可持续性，社会改善收入分配的能力也很低下。例如，在一个贫困人口占总人口90%的国家里，即便10%的非贫困人口都为贫困人口提供帮助，他们能发挥的作用也是极为有限的。我们以100人为例来加以说明，如果1个人为贫困人口提供10元的帮助，10个人为100元，这部分钱给90个穷人分，平均1个穷人只能拿到1元多一点，其改善收入的作用显然是极为有限的。随着贫困的不断减缓，需要得到扶贫的贫困人口的规模会越来越小，而非贫困人口的收入会越来越高，越来越稳定，越来越具有可持续性，社会改善收入分配的能力也会大大提高。例如，在一个贫困人口占总人口10%的国家里，由90%的非贫困人口为贫困人口提供帮助，仍然以100个人为例来加以说明，即便1个人只为贫困人口提供1元的帮助，90人为90元，这部分钱给10个穷人分，平均1个穷人可以拿到9元。收入分配改善的作用就会比较显著了。

同理，随着贫困的不断减缓，政府的税收收入会越来越多，财政转移支付向贫困人口或低收入人口倾斜的能力和力度会越来越大，其改善收入分配的作用也就越来越显著。

不难想像，随着贫困人口份额的继续下降，社会再分配功能的继续改进，收入分配改善的效果会越来越好。其结果是：不同收入水平的人口分布，将由最初的金字塔形的分布逐渐转变为橄榄型的分布，代内的不公平程度就会被控制在一个被社会普遍认同的范围内。

第二节 缓解贫困对资源与环境可持续利用的贡献

一、资源压力随着贫困缓解而不断下降

从理论上讲，一个国家或地区的贫困程度越高，人民生产生活对自然资源的依赖性越强；贫困程度越低，人民生产生活对自然资源的依赖性越小。所以，随着贫困问题的解决，经济增长对自然资源的压力会不断地下降，资源利用会越来越趋向于可持续，会为维护后人的权利和利益不受到损害做出贡献。

发展中国家的实际情况表明，贫困发生率高、贫困程度深的国家或地区，往往都具有资源利用效率低下、自然资源几乎都用来生产维持温饱所需的农产品和几乎没有剩余的特征。更为严重的是，一方面资源利用方式长期得不到改进，另一方面人口又快速增长，于是，不得不把更差的边际土地或自然资源纳入生产系统，从而对土地或自然资源施加了越来越大的压力。经济增长较为快速的国家或地区，则往往都具有资源利用效率不断提高，维持人们温饱所需的自然资源越来越少和经济剩余显著增多的特征，逐步进入了贫困发生率和贫困程度不断下降，越来越多的自然资源被纳入生态利用阶段。经济增长对自然资源的压力会不断减缓。例如森林资源，在贫困程度高的地区，主要被用来生产木材、薪柴等产品，而在贫困得到有效解决的地区，森林资源的产品功能利用会趋于下降，它的景观功能、旅游功能利用会

趋于上升。随着贫困的减缓，资源功能利用结构将发生较大的变化，越来越多的边际土地退出生产系统，土地垦殖的强度越来越轻，自然资源和农业生态系统遭遇的压力也会越来越轻。政府机构、非政府机构和国际机构对生态保护和生态修复的投入会越来越大。

农业生产活动绝大部分是由农户完成的。中国的经验表明，微观层次上的农民广泛参与，农民素质的提高，可持续农业技术应用面的扩大，不仅是使农民摆脱贫困的途径，也是实现我国自然资源可持续利用的重要保证。

经济发展的过程，既是资源利用效率不断提高的过程，又是资源利用结构不断提升的过程。从理论上讲，即便没有外力推动，这一过程也会随着时间的推移循序渐进地出现。然而，为了加速这种变化，在发展的初始阶段，给予适当的外力推动，是更为适宜的做法。这也是被世界各国普遍认同的做法。为了促进贫困地区的发展，2002 年 6 月，世界旅游组织与联合国贸易和发展委员会在埃及达成协议，为消除全球、特别是非洲的贫困状况采取联合行动。根据协议，双方将致力于建立一个帮助发展中国家和最不发达国家的新框架，使这些国家在社会发展水平、参与国际服务业贸易以及通过可持续旅游脱贫等方面提高能力。近期，这两个机构将共同发起名为“可持续旅游根除贫困”的行动，其目的是吸引更多的捐助者加入到消除贫困的行列中，确保有关方面对脱贫政策给予支持。

二、环境压力随着贫困缓解而不断下降

贫困人口大多依靠利用生物多样性的活动谋生。随着贫困人口的不断减少，生物多样性面临的压力会逐步减轻。具体地说，贫困减缓会从三个方面减轻生物多样性面临的压力：①减缓贫困在很大程度上是技术创新的结果，所谓生物多样性利用上的技术创新，就是用人工的方式培育最有经济利用价值的生物多样性，使这些生产活动不再依赖自然生态系统，例如人工林对天然林的替代，栽培药材对天然药材的替代等。随着生物培育业对生物采集业的替代，生物多样性面临的压力会越来越轻。②减缓贫困往往是和就业结构提升联系在一起的，随着越来越多的劳动力投向二三产业，从事生物多样性利用的活动会越来越少，生物多样性面临的冲击会越来越轻。③减缓贫困往往是和贫困社区的产业结构提升联系在一起的。随着产业结构的提升，生物多样性的利用方式将由直接利用转变为间接利用，其中最有典型的做法就是利用生物多样性开展生态旅游。生态旅游不仅刺激了所在社区的经济活力，为弱势人群提供了就业机会，而且减轻了生物多样性面临的压力。此外，国家把生态保护、生态修复和生态建设，作为扶贫工作的切入点，例如在贫困地区实施退耕还林工程，也产生了减缓贫困与减轻生态环境压力相互促进的作用。由于扶贫取得显著绩效的地区，生态系统都表现出相对良好的进展，所以我们有理由说，生态环境的压力会随着贫困的减缓而不断下降。

在现实当中，许多污染环境的非农生产活动也是和贫困相联系的，例如，我国的土法炼硫、土法炼焦等严重污染环境的生产活动，都发生在贫困地区。这类生产活动的消失，通常不是政府强令禁止的结果，而是减缓贫困的结果。

具体地说，就是运用“可持续性的生计方法”，妥善地处理贫困地区经济增长与环境保护的关系，使贫困减缓与环境压力减轻具有互补性。可持续生计的含义是：能维持基本福利水平，能保持自然资源的长期可生产性以及遭遇灾害冲击后的可恢复性，不破坏或不损害他人生计。可持续性的生计方法，以贫困人口的想法和利益为依据，找出现实中需要优先考虑的行动，帮助贫困人口获得持久的生计改进。它的核心概念是：①以人为本。即优先考虑的

对象是人，而不是资源与环境，也不是政府。它特别关注贫困人口的充分参与，贫困人口的观点和意见，以及政策和制度对贫困人口的影响。她特别强调要让贫困人口自己确定自身的生计目标和脱贫的议程，外部的支持必须适应贫困人口的生计策略和适应能力。②重点突破。找出贫困人口所面临的最紧迫的制约因素和最有希望的发展机会，通过机会的充分利用和制约因素的化解，使人们生产出更有益的生计成果。③动态性。即把握生计动态变化。支持积极的变化模式，减缓消极的变化模式。④自生能力。从分析人的能力入手，而不是人的需求入手。它重在开发每个成员的内在潜力，使他们能更好地实现自己的目标，而不是依赖社区中能力强的成员。

可持续生计方法不同于"绿色化援助"方法和综合农村发展方法。"绿色化援助"关注增长对资源和环境负面影响的最小化，而不是人的生计。综合农村发展方法强调发展的全面性，而没有将目标集中在核心领域，使发展活动易于管理与控制。

据此，我们有理由说，减缓贫困会使环境压力趋于减轻。

第三节 消除贫困对社会可持续发展的贡献

对于社会可持续发展来说，减缓贫困具有3个作用：①贫困人口的减少意味着社会人力资源总体水平的提高，进而社会发展动力的增强。②社会差距的缩小有利于增强社会的内部团结，减少社会群体或成员之间的摩擦和冲突。③由于政府在这个过程中发挥了积极的作用，因此也有利于社会对政府的信任度的增加，保持社会政治秩序的稳定。

一、社会的和谐性会随着贫困的减缓而提高

社会和谐包括很多内容，但主要是人与人之间的和谐和人与自然的和谐。人与人的和谐可以从3个层面上理解。第一个层面的和谐是人的权利与义务的对等，即权利大的个人或群体必须承担与之相对应的比较大的责任，而权利小的个人或群体则承担与之相对应的比较小的责任。这是最底层面上的人与人之间的和谐。然而，在贫困现象极为严重的国家里，公民社会发育不起来，人的权利与义务往往是不对等的，通常表现为权利大的个人或群体没有承担相对较大的责任，甚至不需要承担什么责任。所以，减缓贫困是实现以权利与义务相对称为内涵的社会和谐的必要条件。随着贫困的不断减缓，公民社会的作用越来越大，权利与义务相对称就会成为大家认可并遵循的规则或制度安排，例如政府官员财产申报制度，累进税制度，这个层面上的社会和谐就有可能越来越高。第二个层面的和谐是最基本的发展权利的平等，例如，人人享有最基本的生存权利，最基本的受教育权利，最基本的医疗服务的权利。遗产税的设置，实际上也是保证人人享有的发展权利平等的制度安排。很显然，在贫困现象极为严重的国度里，即便有这样的理念，也会因为财政捉襟见肘而无法实施。所以，减缓贫困是实现以最基本的发展权利平等为内涵的社会和谐的必要条件。随着贫困的不断减缓，这个层面上的社会和谐度就有可能越来越高。第三个层面的和谐是发展结果的享有趋于平等，也就是人们收入差距的不断缩小。在贫困现象极为严重的国度里，发展结果的分享是不可能趋于平等的，所以，减缓贫困也是实现以最基本的发展权利平等为内涵的社会和谐的必要条件。随着贫困的不断减缓，每个人拥有的人力资本的差异越来越小，这个层面上的社会和谐就有可能越来越高。

为了使贫困人口更多地分享经济发展的好处，中国正在进行三方面的努力：①在把蛋糕做大的基础上，尽可能地在第一次分配中让贫困人口得到更大的份额。②在政府的二次分配中，不断加大对贫困人口实行增量倾斜的力度。③通过有效的制度安排，积极引导社会力量参与扶贫济困工作，把第三次分配的规模做大。中国的社会公益事业刚刚起步，从各国的经验来看，社会公益事业是一种有效的社会参与的平台，有利于公民精神的提高，有利于实施可持续发展战略。

同理，在贫困现象极为严重的国度里，人的主要活动就是向自然索取维持其温饱所需的产品，并因不断地遭受来自自然的报复而经常陷于困境之中，这是人与自然的关系极不和谐的状态。只有不断地减缓贫困，才有可能不断地减轻自然的压力，不断地获得来自自然的回报，所以，减缓贫困也是实现人与自然和谐的必要条件。

简言之，贫困不减缓，就不可能有人与人之间的和谐，人与自然的和谐，社会和谐就不会有实质性的进步。但减缓贫困只是实现人与人的关系和谐及人与自然的关系和谐的必要条件，要真正实现社会和谐，还需要出台一整套切合实际的制度安排。

二、社会协调性随着贫困的缓解而提高

在很长的时间里，很多人以为社会协调是社会精英的责任，是一个自上而下的过程。与这种认识相对应，所关注的是改善社会精英的选择机制的问题，也就是民主选举问题。社会协调的好坏，确实与社会精英的选举制度有关，但它更取决于民主参与、民主决策、民主监督等制度的有效性。也就是说，民主选择是非常重要的，但民主选举替代不了民主参与、民主决策、民主监督等制度安排。如果没有民主参与、民主决策、民主监督制度，民主选举的作用就会大打折扣。

如果说社会协调与民主参与、民主决策、民主监督紧密相连，那么从社会角度看，减缓贫困的过程，恰恰就是构建社会共同管理与决策体制，使贫困人口有表达个人意见的机会，参与发展项目决策的机会，参与扶贫项目管理与监督的机会的过程。由于减缓贫困的过程，实际上是从基层培育社会协调的平台，普及社会协调的机制和制度的过程，所以，随着贫困的不断减缓，社会的协调性会越来越好。所以，减缓贫困的过程，是实实在在的提升社会协调性的过程。

在现实中，有些贫困问题确实是缺乏公共财产的管理机制，难以形成集体行动的结果。所谓“公地悲剧”，就是对这类贫困最为简洁的描述。对于这类贫困，通过利益相关者的协商，建立社区公共财产管理机制，就是减缓贫困的主要途径。例如在土耳其的阿拉尼亚的近海渔业中，为了解决过度捕捞引起的各种问题，渔民们制定了一套在不同水域进行轮流捕捞的制度，并且划定了捕鱼区，还相应地确定了监督和实施机制。这种制度抑制了过度捕捞并减少了冲突，实现了减缓贫困与利益相关者协调的统一。一些国家还通过社区之间的合作来进行资源管理。例如菲律宾的米沙鄢群岛，爆破捕鱼使渔业资源趋于枯竭，也使珊瑚礁遭到破坏，为了解决这一问题，利益相关的社区都组织本地劳力，用本地材料制成人造礁石，构成鱼类庇护场所。这一项目的实施，既保护了鱼类生态环境，又为该地区创造了就业机会。西非的一些社区性组织，则在特别贫困的地区推广可持续农业的经验。西非的牧业协会，除了管理水源和牧场外，还努力为个体农民提供营销服务。凡是取得成功的协会都有明确的领导层、有效的法律保护和各种筹集资金的机制。一些社区组织为农民提供筹资、融资服务，

如毛里塔尼亚，资金是以缴纳会费的形式筹集的。而在马里，组织良好的机构利用其成员交纳的水费而筹集资金。

三、社会发展的可持续性随着贫困缓解而提高

各国都在尝试吸收私营部门和公民社会参与的新方法来解决这些问题。例如，在巴西，政府使部分地区的穷人有可能得到其住房和土地的所有权，使那些即使只有最简陋住房的人也不必担心会被驱逐。有了使用权的保障，即使是最贫困的人也能够投资改善他们的家或生意。

决策必须采取广泛参与和协商的方式，听取贫困人口的意见，同时也赋予他们对自己的资源的更多自主权。改善社区、区域和国家可持续发展的条件，减缓贫穷，减少不同人口群组之间的不平等。使社区居民取得可持续的生计，建立一套人人可以享受的有效的初级保健和产妇保健制度。消除贫困是高度优先事项。法律将有助于减缓贫困和维持文明，确保当代人享受并改善所有人的生活质量，确保今后几代人的固有权利和利益不会受到损害。

人类已经具备了消除贫困、实现社会可持续发展的能力。通过政府、企业、民间的共同努力，成功地运用这些能力，就能实现社会发展的可持续性，实现人类共同繁荣的目标。这是一个可望又可及的目标，又是一个需要长期努力才有可能实现的目标。一些发展中国家已经把减缓贫困与持续发展有机地联系在一起，正在努力构建一个支持性的宏观政策环境。

在追求这个目标的征途上，保持社会稳定，是减缓贫困，向可持续发展方向迈进的基本条件。发展中国家一个较为突出的问题，就是说的比做得多，说的比做得好，并往往为此而引发政治纷争，影响社会稳定。所以对发展中国家来说，一步行动要比一打纲领更为重要。

保持较快的经济增长，这也是减缓贫困，向可持续发展方向迈进的基本条件。可持续发展是以社会各阶层的共同受益为前提的，有效地减少贫困人口，缩小收入差距，有助于社会内部关系的良性化。东亚地区之所以能够维持长期的高速增长和社会稳定，一个重要因素就是经济增长减少了贫困人口，没有扩大甚至缩小了收入差距，从而使社会各阶层能达成基本的社会共识和良性的合作关系。

把减缓贫困与生态环境保护、修复有机地结合起来。中国的人均GDP在发展中国家当中比较靠后，但在制定和实施反贫困计划和可持续发展战略方面，都是举措扎实、成效显著的国家。改善社区、区域和国家可持续发展的条件，以便消除贫穷，减少不同人口群组之间的不平等。它应当援助处境最不利的群组和难民，使社区居民取得可持续的生计；建立一套人人可以享受的有效的初级保健和产妇保健制度。

积极兴建各类农业基础设施。各国政府都是建设投资的主渠道，印度、巴基斯坦政府投入水利设施的资金占其财政支出的10%，而菲律宾则占到20%以上；各国在水利建设和管理上普遍划分中央与地方的事权，确定投资范围，调动中央、地方政府和社区集体与居民个人的积极性，一般大型工程由中央政府投资，中型工程由地方政府投资，而小型工程则由社区或农民组织建设并由财政支付一定的补贴；基础设施建设，如道路建设也是农业商品生产和农村经济持续发展的最重要因素之一。发展中国家大都重点支持农业科学研究和农村教育事业，注重可持续发展的人力资源开发和人力资本投资。

深入开展国际合作与交流。世界各国在食物、农业和农村发展问题上，实际上已经建立了很多相互支持和合作的组织和信息网络，开展了国家或地区间的经济与技术交流与合作，包括建立共同市场，促进农产品贸易，提高食物安全程度，鼓励农业研究、教育与培训和合作，以及技术合作研究与开发等。

参考文献

沃德·芭芭拉，理恩·杜博斯. 2004. 只有一个地球.《国外公害丛书》编委会译校. 长春：吉林人民出版社
北京行政学院课题组. 2001. 北京市贫困人口与现行最低生活保障制度研究. 北京行政学院学报,(2):42~46
财政部农业司. 2001. 中国财政扶贫资金管理调查报告(未公开发表)
蔡禾. 2002. 失业者的社会状况——一个应引起高度重视的问题. 中国党政干部论坛,(5):26~27
曹洪民. 2003. 中国农村开发式扶贫模式研究. 中国农业大学博士学位论文(内部资料)
长文. 1983-02-23. 南疆八个穷县生产发展,人民生活改善. 新疆日报
常莹等. 2001. 我国贫困地区学龄前儿童营养状况及改善效果的观察. 见:何道峰. 中国扶贫论文精粹. 北京:中国经济出版社. 230
陈飞天. 1986. 贫困地区的贫困原因及对策——闽东三个贫困县的调查研究. 福建论坛,(10):42~43
陈书爱. 1996-12-06. 中国科学院副研究员康晓光认为——中国贫困应进行三个转变. 中国经济时报
陈宗胜. 1993. 公有经济中减低贫困的理论与实践. 南开经济研究,(6):10~20
董焰,樊桦. 2006-09-07. 中国的交通基础设施:增长与减贫(2004). http://www.worldbank.org.cn/Chinese/Content/Infr-case.pdf#
樊胜根，钱克明. 2005. 农业科研与贫困. 北京：中国农业出版社
樊胜根，张林秀，张晓波. 2002. 中国农村公共投资在农村经济增长和反贫困中的作用. 华南农业大学学报（社会科学版），(1)：1~13
范子英，孟令杰. 2005. 有关中国1959~1961年饥荒的研究综述. 中国农村观察，(1)：66~71
付民. 1996. 中国政府消除贫困行为. 武汉：湖北科学技术出版社
高鸿宾. 2001. 扶贫开发规划研究. 北京：中国财政经济出版社
戈尔·阿尔. 1997. 濒临失衡的地球——生态与人类精神. 陈嘉映等译. 北京：中央编译出版社
管黎荔，焦士英. 1997. 论我国城市的反贫困问题. 理论导刊，(9)：22~24
郭来喜，姜德华，1994，贫困与环境. 经济开发论坛，(5)
郭正秉，袁德政，赵俊臣. 1990. 云南省41个贫困县脱贫致富战略研究. 昆明：云南人民出版社
国城调. 1997. 中国城镇居民贫困的测量. 中国统计，(3)：13~16
国家统计局. 2001. 中国统计年鉴2001. 北京：中国统计出版社
国家统计局农村社会经济调查总队. 2000. 中国农村贫困监测报告2000. 北京：中国统计出版社
国家统计局农村社会经济调查总队. 2001. 中国农村贫困监测报告2001. 北京：中国统计出版社
国家统计局农村社会经济调查总队. 2002. 中国农村贫困监测报告2002. 北京：中国统计出版社
国家统计局农村社会经济调查总队. 2003. 中国农村贫困监测报告2003. 北京：中国统计出版社
国家统计局农村社会经济调查总队. 2004. 中国农村贫困监测报告2004. 北京：中国统计出版社
国家统计局农村社会经济调查总队. 2006. 中国农村贫困监测报告2005. 北京：中国统计出版社
国家统计局农村贫困监测中心. 1999. 1999中国农村贫困监测报告（内部资料）
国务院扶贫开发领导小组办公室. 1989. 中国贫困地区经济开发概要. 北京：中国农业出版社
国务院扶贫开发领导小组办公室. 2001. 中国农村扶贫大事辑要（1978~2000）（内部资料）
国务院扶贫开发领导小组办公室. 2002. 扶贫统计资料1978~1998（内部资料）
国务院扶贫开发领导小组办公室. 2003. 中国农村扶贫开发概要. 北京：中国财政经济出版社
国务院扶贫开发领导小组办公室，世界银行，联合国开发计划署. 2000. 中国农村扶贫. 国务院扶贫开发领导小组办公室，世界银行，联合国开发计划署联合调查报告（未公开发表）
国务院贫困地区经济开发领导小组办公室. 1989. 贫困地区经济开发文件汇编. 北京：人民出版社
国务院新闻办公室. 2006-09-07. 中国的农村扶贫开发白皮书（2001）. http://www.people.com.cn/GB/shizheng/16/20011015/581724.html
洪大用. 2003. 改革以来中国城市扶贫工作的发展历程. 社会学研究，(1)：76~86

胡兵，胡宝娣等. 2005. 经济增长、收入分配对农村贫困变动的影响. 财经研究，31(8)：89～99
胡平平，张守祥. 2003. 税费改革后农村义务教育投入保障机制研究. 中国教师，(6)：5～9
黄承伟. 2002. 中国反贫困：理论、方法、战略. 北京：中国财政经济出版社
黄季焜，Rozelle S，章奇. 2005. 中国的宏观经济政策、贸易自由化与贫困. 见：王国良. 中国扶贫政策——趋势与挑战. 北京：社会科学文献出版社，123
蒋青，段海英，王黎华. 1996. 我国城市贫困的研究与思考. 社会科学研究，(2)：68～73
金峰峰. 2005. 在发展中反贫困. 上海：上海三联书店
康晓光. 1995. 中国贫困与反贫困理论. 南宁：广西人民出版社
科学技术部. 2005. 科技部把农业科技工作摆在重要位置. 全球科技经济瞭望，(6)：7～9
李军. 2004. 中国城市反贫困论纲. 北京：经济科学出版社
李强. 1993. 当代中国社会分层与流动. 北京：中国经济出版社
李若建. 1997. 城市贫困问题与区域发展. 中山大学学报（社会科学版），(6)：40～47
李实，佐藤宏. 2004. 经济转型的代价：中国城市失业、贫困、收入差距的经验分析. 北京：中国财政经济出版社，64～68
李文，汪三贵. 2004. 中国扶贫资金的分配及影响因素分析. 中国农村经济，(8)：44～48
李文华等. 1994. 环境与发展. 北京：科学技术文献出版社
李小云等. 2005. 环境与贫困：中国实践与国际经验. 北京：社会科学文献出版社
李兴江. 2005. 中国农村扶贫开发的伟大实践与创新. 北京：中国社会科学出版社
李周，操建华. 2005. 产业化扶贫效果评估. 中国农村扶贫开发纲要（中期评估内部报告）
李周. 2003. 中国生态经济学研究的进展. 生态经济学报，1（2)：80～86
李周. 2001. 社会扶贫中的政府行为比较研究. 北京：中国经济出版社
联合国开发计划署. 1997. 中国人类发展报告——人类发展与扶贫. 北京：中国财政经济出版社
联合国开发计划署，2000. 1998 年人类发展报告——消费模式及其对人类发展的影响. 高春燕等译. 北京：中国财政经济出版社
联合国开发计划署驻华代表处. 2003. 扶贫和小额信贷. 北京：社会科学文献出版社
联合国粮食及农业组织. 2006-09-07. 2004 年粮食和农业状况（第 127 届会议. 2004 年 11 月 22～27 日，罗马）. http://www.fao.org/docrep/meeting/008/j3164c/j3164c00.htm
林伯强. 2005. 中国的政府公共支出与减贫政策. 经济研究，40（1)：27～37
林毅夫，蔡昉，李周. 1994. 对赶超战略的反思. 战略与管理，(6)：1～12
刘东发. 2004. 论女性劳动就业权的平等实现. 中华女子学院学报，16（6)：17～22
刘国安. 1987. 贵州省毕节县阴底区农村贫困问题调查. 财经科学，(6)：73～76
刘慧. 1998. 我国扶贫政策演变及其实施效果. 地理科学进展，17（4)：79～87
刘坚. 2005. 新阶段扶贫开发的探索与实践. 北京：中国财政经济出版社
刘文璞. 1995. 中国农村的贫困问题. 中国农村观察，(1)：17～25
刘文璞. 1997. 中国农村小额信贷扶贫的理论与实践. 北京：中国经济出版社
刘晓昀，辛贤，毛学峰. 2003. 贫困地区农村基础设施投资对农户收入和支出的影响. 中国农村观察，(1)：31～36
刘易斯・阿瑟. 1989. 二元经济论. 施伟，谢兵，苏玉宏译：北京：北京经济学院出版社，15
陆学艺，王小强. 1981. 包产到户的由来和今后的发展. 农业经济丛刊，(2)：1～8
罗刚. 2000. 中国财政扶贫问题研究. 北京：中国财政经济出版社
罗春华，李新烽. 2002-09-05. 可持续发展任重道远. 人民日报，第 3 版
马丁・瑞沃林. 2005. 贫困的比较. 赵俊超译. 北京：北京大学出版社
马饶，徐浪. 2001. 教育对经济增长的贡献——东西部之比较. 经济学家，(2)：34～38
孟树臣，刘家义，陶勇. 2006-09-07. 中国农村供水与环境卫生：扩大对农村贫困人口的服务（2004). http://www.worldbank.org.cn/Chinese/content/RuralWater.pdf#

民政部. 2002-11-27. 民政部公布"全国百城万户低保抽查"结果. http://news.xinhuanet.com/zonghe/2002-12/03/content_647701.htm
牛文元. 1998. 可持续发展理论的系统解析. 武汉：湖北科学技术出版社
农业部人民公社管理局. 1981. 1977~1979年全国穷县情况. 农业经济论丛，(1)：48~52
农业部计划司. 1989. 中国农村经济统计大全（1949~1986）. 北京：中国农业出版社，8
彭代彦. 2002. 农村基础设施投资与农业解困. 经济学家，(5)：79~82
皮尔斯D. W.，沃福德J. J.. 1996. 世界无末日：经济学、环境与可持续发展. 张世秋等译. 北京：中国财政经济出版社
钱文艳. 2002. 21世纪中国农村反贫困问题思考. 忻州师范学院学报，18（4）：87~89
钱易，唐孝炎. 2000. 环境保护与可持续发展. 北京：高等教育出版社
青海省妇联和西宁市妇联. 2006-06-28. 西宁地区城市妇女劳动就业及下岗女工再就业情况调研报告. http://www.women.org.cn/02/6.html
瑟尔沃A. P.. 2001. 增长与发展. 郭熙保译. 北京：中国财政经济出版社
沈红. 2000. 中国贫困研究的社会学评述. 社会学研究，(2)：63~73
盛朗. 1999. 中国城市贫困人口数量分析. 人口研究，23（6）：1~8
世界环境与发展委员会. 2004. 我们共同的未来. 王之佳，柯金良译. 夏堃堡校. 长春：吉林人民出版社
世界银行. 1990. 1990年世界发展报告. 北京：中国财政经济出版社
世界银行. 1992. 贫困与对策（1992年减缓贫困手册）. 北京：中国财政经济出版社
世界银行. 1993. 中国九十年代的扶贫战略. 北京：中国财政经济出版社
世界银行. 1997. 碧水蓝天. 北京：中国财政经济出版社
世界银行. 2001a. 2000/2001年世界发展报告. 北京：中国财政经济出版社
世界银行. 2001b. 中国战胜贫困. 北京：中国财政经济出版社
舒尔茨·西奥多. 1987. 改造传统农业. 梁小民译. 北京：商务印书馆
孙若梅. 2005. 江西整村推进案例报告. 乐施会资助课题报告（未公开发表）
谭崇台. 2000. 发展经济学. 太原：山西经济出版社
唐平. 1994. 中国农村贫困标准和贫困状况初步研究. 中国农村经济，(6)：39~43
托达罗P. 迈克尔. 1988. 第三世界的经济发展. 于同申，苏蓉生等译. 陶文达校. 北京：中国人民大学出版社
汪三贵. 1994. 贫困问题与经济发展政策. 北京：农村读物出版社
汪三贵. 2005. 整村推进的实施方式和扶贫效果评估. 中国农村扶贫开发纲要（中期评估内部报告）
汪三贵等. 1999. 中国反贫困政策评价. 北京：中国农业出版社
汪三贵等. 2004. 我国扶贫资金投向及效果分析. 农业技术经济，(5)：45~49
汪三贵，李文. 2005. 中国农村贫困问题研究. 北京：中国财政经济出版社
汪三贵，李周，任燕顺. 2004. 中国的"八七扶贫攻坚计划"：国家战略及其影响. 上海扶贫大会，2004-03-29
汪三贵，朴之水. 2000. 中国反贫困政策中的区域瞄准. 中国农村贫困与扶贫政策研讨会
汪三贵，朴之水，吴国宝. 1999. 中国反贫困政策评价. 见：中国农业科学研究院农业经济研究所. 农业经济与科技发展研究. 北京：中国农业出版社
王国良. 2005. 中国扶贫政策——趋势与挑战. 北京：社会科学文献出版社
王国良等. 2003. 参与式扶贫培训教程. 北京：中国财政经济出版社
王鹏新，魏益民. 1999. CPR91114项目在西北旱区实施的科技扶贫成效与经验. 干旱地区农业研究，17（3）：130~134
王萍萍. 1999. 中国农村贫困的地区聚类分析——兼论分地区反贫政策选择. 调研世界，(12)：5~8
王绍据. 1984-06-24. 穷山村希望实行特殊政策治穷致富. 人民日报
王世辉. 2001. 谈谈城市单亲家庭的贫困问题. 社会，(4)：39~41

王涛，吴薇．1999．我国北方的土地利用与沙漠化．自然资源学报，14（4）：355～357
王燕，贝多广．1992．对中国贫困现象的实证分析（1978～1988）．经济社会体制比较，(2)：56～58
卫生部卫生经济研究所中国卫生总费用核算小组．2006-07-20．陕西省居民现金卫生支出致贫及灾难性影响研究．http://dulx.chinavalue.net/showarticle.aspx? id = 11782
吴碧英．2004．城镇贫困：成因、现状与救助．北京：中国劳动社会保障出版社，138～169
吴国宝．1996．劳务输出与减缓贫困．太原：山西经济出版社
吴国宝．2001．中国劳务输出扶贫研究．北京：中国经济出版社
吴国宝．2006．农村公路基础设施对减缓贫困的影响研究．见：中国社会科学院农村发展研究所．中国农村发展研究报告 No.5（聚焦“三农”）．北京：社会科学文献出版社
吴国宝，李兴平．2003．小额信贷对中国扶贫与发展的贡献．金融与经济，(11)：7～10
夏英．1995．贫困与发展．北京：人民出版社
萧灼基．2002．2002 经济金皮书．北京：经济科学出版社
徐松．2005-06-07．中国扶贫经验对帮助非洲国家脱贫具有重要意义．http://news.xinhuanet.com/world//content _ 3056487.htm
许飞琼．2001．中国贫困问题研究．见：何道峰．中国扶贫论文精粹．北京：中国经济出版社
严瑞珍等．2006-04-21 发挥 NGO 作用，提升贫困地区经济的竞争优势．http://www.help-poverty.org.cn/helpweb2/ngo/n17-1.htm
燕山．1997-03-07．我国城镇居民贫困面有多大．中国信息报
杨生宝等．2005．西吉扶贫开发工作研究．北京：中国农业出版社
杨娅．1998．我国社会转轨与城市贫困问题研究．经济问题探索，(7)：12～14
叶普万．2004．贫困经济学研究．北京：中国社会科学出版社
张红宇．1987．从黔桂贫困地区现状谈贫困与发展．农村发展探索，(6)：70～86
张林秀．2000-05-31．提高妇女知识水平，改善贫困地区儿童健康状况．1995 世界妇女大会 5 周年研讨会．北京．http://www.ccap.org.cn/cn/research/discussc.htm
张铁道，赵敏霞．2004-04-31．中国普及义务教育与消除贫困．2004 年中国上海扶贫大会案例研究报告．http://www.worldbank.org.cn/Chinese/Content/Edu-case.pdf
张岩松．2004．发展与中国农村反贫困．北京：中国财政经济出版社
赵名茶．1995．生态环境综合整治和恢复技术研究．北京：北京科学技术出版社，118～134
赵耀辉．1997．中国劳动力流动及农村教育的作用．经济研究，(2)：37～42
赵昭炳．1986．著名的茶乡为什么变成贫困县．大自然，(3)：5～6
中国科学院可持续发展研究组．1999．1999 中国可持续发展战略报告．北京：科学出版社
中国科学院可持续发展研究组．2000．2000 中国可持续发展战略报告．北京：科学出版社
中国科学院可持续发展研究组．2001．2001 中国可持续发展战略报告．北京：科学出版社
中国科学院可持续发展研究组．2002．2002 中国可持续发展战略报告．北京：科学出版社
中国科学院可持续发展研究组．2003．2003 中国可持续发展战略报告．北京：科学出版社
中国科学院可持续发展研究组．2004．2004 中国可持续发展战略报告．北京：科学出版社
中国科学院可持续发展研究组．2005．2005 中国可持续发展战略报告．北京：科学出版社
中国科学院可持续发展研究组．2006．2006 中国可持续发展战略报告．北京：科学出版社
中国农业年鉴编辑委员会．1990．中国农业年鉴（1989）．北京：中国农业出版社
中国农业年鉴编辑委员会．1986．中国农业年鉴（1986）．北京：中国农业出版社
中国贫困地区经济开发课题组．1988．发展中国家贫困地区经济开发战略选择——印度、巴西、泰国实例分析．经济开发论坛，(2)
中国预防医学科学院．国家统计局．2001．十年来我国营养状况变化及改善对策（研究报告）．4～7，2001 年 11 月发布，北京
中央政策研究室，农业部农村固定观察点办公室．2001．“九五”期间中国农民收入状况实证分析．农业

经济问题，(7)：2～11

周彬彬．1991．向贫困挑战：国外缓解贫困的理论与实践．北京：人民出版社

周彬彬，高鸿宾．2001．对贫困的研究和反贫困实践的总结．见：何道峰．中国扶贫论文精粹．北京：中国经济出版社，485

朱凤岐等．1996．中国反贫困研究．北京：中国计划出版社

朱利安·林肯·西蒙．1985．没有极限的增长（最后的资源）．黄江南，朱嘉明编译．成都：四川人民出版社

朱玲，蒋中一．1994．以工代赈与缓解贫困．上海：上海三联书店，上海人民出版社

朱玲．1992．中国扶贫理论和政策研究评述．管理世界，(4)：1～18

朱玲．2002．投资于贫困人口的健康和教育，应对加入世贸组织后的就业形势．中国农村经济，(1)：33～39

朱庆芳．1998．城镇贫困人口的特点、贫困原因和解困对策．社会科学研究，(1)：62～66

朱庆芳：2003．城镇弱势群体的特点、贫困原因及解困对策．中国社会学网．http://www. sociology. cass. net. cn

朱庆芳．2005．老百姓今日的疑虑．百科知识，(2) 上：48～49

邹剑仑．1999-10-27．中国城市贫困现状．经济日报

ADB (Asian Development Bank). 2004. Fighting poverty in Asia and the Pacific: The poverty reduction strategy of the Asian Development Bank. 1～44. http://www. adb. org/Documents/Policies/Poverty _ Reduction/Poverty _ Policy. pdf

African Development Bank. 1999. African development report: Infrastructure development in Africa. Oxford: Oxford University Press

Ahluwalia M S, Carter N G, Chenery H B. 1979. Growth and poverty in developing countries. Journal of Development Economics, (6): 299～341

Ahmad E, Wang Y. 1991. Inequality and Poverty in China. World Bank Economic Review, 5 (2): 231～257

Bell C, Devarajan S, Gersbach H. 2006-09-07. The long-run economic costs of AIDS: Theory and application to South Africa (2003). http: //www1. worldbank. org/hiv _ aids/docs/BeDeGe _ BP _ total2. pdf#

Blaxall J. 2004. India's Self Employed Women's Association (SEWA) —— Empowerment through mobilization of poor women on a large scale. Scaling up poverty reduction: A global learning process and conference. Shanghai, China. 25～27 May 2004

Chang, G H, Wen G Z. 1997. Communal dining and the Chinese Famine of 1959～1961. Journal of Economic Development and Cultural Change, 46 (1): 1～34

Dasgupta P S. 1993. An inquiry into well-being and destitution. Oxford: Clarendon Press

Denison E F. 1967. Why growth rate differ: Postwar experience in nine Western counties. Washington D. C.: Brookings Institution

Dulger I. 2004. Turkey: Rapid coverage for compulsory education —— The 1997 basic education program. A case study from "Reducing poverty, sustaining growth——What works, what doesn't, and why. A global exchange for scaling up success". Scaling up poverty reduction: A global learning process and conference. Shanghai, China. 25～27 May 2004. http://siteresources. worldbank. org/INTTURKEY/Resources/361616-1142415001082/Compulsory _ Education _ by _ Dulger. pdf#

Fabricant S. 1959. Basic facts on productivity change. New York: National Bureau of Economic Research, 1959. Occasional 63. Review of Economic Studies, 30 (1): 1～15

Fan S G. 2003. Public investment and poverty reduction. What have we learnt from India and China? ADBI conference "Infrastructure investment for poverty reduction: What do we know?" Tokyo, Japan. 12～13 June 2003

Fan S G, Zhang L X, Zhang X B. 2002. Growth, inequality and poverty in rural China: The role of public investments. IFPRI Research Report 125. Washington, D. C.: International Food Policy Research Institute. Economic

Development and Cultural Change, 50 (4)

Foster J, Greer J, Thorbecke E. 1984. A class of decomposable poverty measures. Econometrica, 52 (3): 761 ~ 766

Guggenheim S, Wiranto T, Prasta Y et al. 2004. Indonesia's Kecamatan Development Program: A large scale use of community development to reduce poverty. A case study from "Reducing poverty, sustaining growth——What works, what doesn't, and why. A global exchange for scaling up success". Scaling up poverty reduction: A global learning process and conference. Shanghai, China. 25 ~ 27 May 2004

Hossain M. 1988. Credit for alleviation of rural poverty: The Grameen Bank in Bangledesh. Research Report No. 65. Washington: International Food Policy Research Institute

Kakwani N O. 1980. Income inequality and poverty. Oxford : Oxford University Press

Knight J. 2000. Trends in poverty, inequality and the achievement of international development targets in china. DFID China Programme Retreat. shanghai, China. 29 June 2000

Kristin K, Dale W, Wu X. 2001. Infrastructure coverage and the poor: A global perspective, policy research working paper. Washington, D. C.: World Bank. http: //www-wds. worldbank. org/servlet/WDSContentServer/WDSP/IB/2001/03/26/000094946 _ 01031305310523/Rendered/PDF/multi0page. pdf

Kuznets S. 1955. Economic growth and income inequality. AER, 45 (1): 1 ~ 28

Larson B R, Saadah F, McCrocklin E et al. 2004. Thailand: Addressing HIV/AIDS——Proven solution and new problems. A case study from "Reducing poverty, sustaining growth——What works, what doesn't, and why. A global exchange for scaling up success". Scaling up poverty reduction: A global learning process and conference. Shanghai, China. 25 ~ 27 May 2004

Li Z. 2001. Poverty reduction efforts by government departments in China. International conference on poverty reduction and NGO development in China. 30 October 2001. Beijing, China (unpublished)

Lin Y F, Yang T. 2000. Food availability, entitlements and the Chinese Famine of 1959 ~ 1961, Economic Journal, 110 (46): 136 ~ 158

Lin Y F. 1990. Collectivezation and China's Agricultural Crisis in 1956 ~ 1961. The Journal of Political Economy, 98 (6): 1228 ~ 1252

Maddison A. 1970. Economic progress and policy in developing countries. New York: Norton press

Martin R, Jalan J. 1999. China's lagging poor areas. American Economic Review, 89 (2): 301 ~ 305

Massler B. 2004. Innovative strategies for reducing poverty in the Southern Highlands of Peru. A case study from "Reducing poverty, sustaining growth——What works, what doesn't, and why. A global exchange for scaling up success". Scaling up poverty reduction: A global learning process and conference. Shanghai, China. 25 ~ 27 May 2004

Morduch J. 1997. Microfinance Sustainability: A Consistent Framework and New Evidence on the Grameen Bank. Harvard University Department of Economics (unpublished)

Nadiri M I. 1972. International studies of factor inputs and total factor productivity: A brief survey. Review of Income and Wealth, 18 (2): 129 ~ 154

Park A, Wang S G, Wu G B. 2002. Regional poverty targeting in China. Journal of Public Economics, 86 (1): 123 ~ 153

Reyes C M, Valencia L. 2006-09-07. Poverty reduction strategy and poverty monitoring: Philippine case study (2004). http://siteresources. worldbank. org/INTPAME/Resources/Country-studies/philippines _ povmonitoring _ casestudy. pdf#

Ringen S. 1985. Toward a third stage in the measurement of poverty. Acta Sociologica, 28 (2): 99 ~ 113

Rowntree B S. 1901. Poverty: A study of townlife. London: The Macmillan Company

Samuelson P, Nordhaus A W D. 1998. Economics. Boston: Mass Irwin/McGraw-Hill

Schultz T P. 1984. Studying the impact of household economics and community variables on child mortality. Popula-

tion and Development Review, 10 (suppl.): 215 ~ 235
Sen A. 1999. Development as freedom. Oxford: Oxford University Press
Strauss J, Thomas D. 1995. Human resources: Empirical modeling of household and family decision. *In*: Chenery H, Srinivasan T N eds. The handbook of development economics, Vol. 3, North Holland, pp. 1885 ~ 2023
Syed H, Tudor M. 2001. Linking microfinance and safety net programs to include the poorest: The case of IGVGD in Bangladesh. CGAP Focus Note, (21)
Townsend P. 1979. Poverty in the United Kingdom: A survey of household resources and standards of living. London: Penguin Books and Allen Lane
Whittington D, Swarna V. 1994. The economic benefits of potable water supply projects to households in developing countries. Asian Development Bank, Economics and Development Resource Centre (unpublished)
World Bank. 1992. China: Strategies for reducing poverty in the 1990s. Washington, D. C.: World Bank
World Bank. 2001. China: Overcoming rural poverty. Washington, D. C.: World Bank
World Bank. 2001. Global economic prospects and the developing countries 2001. Washington, D. C.: World Bank
World Bank. 2003. China: Promoting growth with equity. Washington, D. C.: World Bank
Xian Z D. 2004-11-03. Poverty monitoring in rural China: A speech on the Third International Conference on Agricultural Statistics. http://www.unece.org/stats/documents/ces/ac.61/2004/wp.39.e.pdf#search=%22Poverty%20Monitoring%20in%20Rural%20China%22
Yang D L. 1996. Calamity and reform in China state, rural society, and institutional change since the Great Leap Famine. Stanford: CA Stanford University Press
Zhang L X, Huang J K, Rozelle S. 2002. Growth or policy——Which is wining China's war on poverty? Working paper. Center for Chinese Agricultural Policy: Chinese Academy of Sciences
Zhang L X, Rozelle S. 1999. Assessing the impact of poverty alleviation through micro-credit programme: A case study of Yilong County, Sichuan Province. A report to FAO/UNDP (unpublished)
Zhang L X, Rozelle S, Hughart A et al. 1999. Coping with recession: Strategic labor supply decision making in rural China. Working paper. CCAP, Chinese Academy of Agricultural Sciences
Zhang L X, Rozelle S. 2000. Assessing the impact of poverty alleviation through micro-credit programme: A case study of Yilong County, Sichuan province. A Report to UNDP. March 2000